Psychological Tests
A Guide for Counseling
and Education

상담 및 교육 장면에서
심리검사의 이해와 활용

천성문 · 이영순 · 강문선 · 김지윤 · 김해리 · 박은아 · 윤정훈 · 이상일 · 정세영 공저

학지사

☑ 머리말

심리검사라는 용어가 어느 때보다 우리 일상에 더 가깝게 다가옴을 느낀다. 유명한 정신건강 전문가가 출현하는 방송 프로그램이 아니더라도 학업 및 진로, 교육, 자녀 양육과 관련된 내용을 다루는 프로그램에서 심리검사를 진행하고 그 결과를 해석해 주는 장면을 쉽게 볼 수 있다. 과거 임상적 진단 영역의 전유물처럼 여겨지던 심리검사가 이제는 그 특수함에서 벗어나고 있다. 진단명을 제언하기 위한 목적을 넘어서 보통의 삶에서 경험하는 다양한 문제들을 해결하기 위한 도구로 심리검사는 이미 자리 잡고 있다. 그만큼 검사를 하는 사람(검사자)과 받는 사람(수검자) 간의 협력적인 상호작용이 무엇보다 중요하게 된 것이다.

이 협력적인 상호작용에서 가장 중요한 것은 무엇인가? 단순히 검사를 잘 실시하는 것만은 분명히 아니다. 검사에 대한 이해를 바탕으로 수검자의 온도에 맞게 결과를 잘 전달하는 것이 무엇보다 중요하다. 우리가 보통 해석상담이라고 부르는 검사 이후의 과정이 치료적이고 협력적인 상호작용에서 가장 중요한 단계이다. 이 책은 이러한 협력적 상호작용의 중요성에 대한 인식에서 시작되었다.

대학 현장에서 심리검사 수업을 진행하면서 항상 따라다니는 아쉬움이 있었다. 먼저, 심리검사를 처음 접하는 학생들에게 수업을 진행하게 되면 검사의 배경이 되는 이론이나 구조와 같이 검사 요강에서 제공되는 정보에 생각보다 많은 시간을 쓰게 된다는 것이다. 가장 기본이 되는 정보이지만 여기에 치중하다 보면 실제 현장에서 필요한 정보들을 전달하기 위한 시간을 쓰기 어려워진다. 다시 말해서, 현장 실무에서 필요한 정보를 제공하기 어렵다. 다음으로, 한 교수자가 아우를 수 있는 검사 영역에 제한이 존재한다. 그러다 보니 개인의 전문 영역에 국한된 검사들을 가르치게 된다는 점도 분명한 아쉬움이다. 심리검사의 활용 목적이 다양해지는 만큼 학생들에게도 다양한 검사에 대한 정보가 필요하지만 현실은 교수자 전문 영역 중심의 수업이 진행되는 경우가 많다.

저자들은 상담 및 교육 장면에서 심리검사의 중요성과 심리검사를 이용한 협력적 상호작용이라는 실제적 필요성에 맞추어 이 책을 구성하였다. 우선 심리검사를 이해하기 위한 기본적인 지식을 비롯해 심리검사를 위한 면담기법들을 제공하고, 검사를 영역별(지능검사, 성격영역, 투사검사, 진로검사, 학습검사, 정신건강영역, 정서·행동·적응 검사)로 구분하여 기술하였다. 실제 현장에서 주로 사용되는 검사들을 중심으로 구성하였으며, 검사 요강에서 언급하는 기초적인 내용보다는 교육과 상담 장면에서 실무자들이 현실적으로 마주하게 되는 질문들에 대한 답을 제공하기 위해 노력했다.

특히 이 책에서는 심리검사를 위한 면담기법을 비롯해 각 검사별로 사례보고서의 예와 그에 따른 해석상담을 대화체로 기술하였다. 실제 현장에서 검사의 결과를 수검자에게 치료적이고, 협력적인 방법으로 제공하기 위해서는 오랜 경험이 필요하지만 이 책에서 제공하는 정보들이 실무영역에서의 좋은 안내가 될 것으로 기대한다. 마지막으로 심리검사의 결과를 어떻게 보고서로 작성하는지에 대한 내용을 담아 상담 및 교육 장면에서 심리검사를 사용하고자 하는 독자들에게 필요한 정보들을 밀도 있게 제공하기 위해 노력했다.

이 책을 접하는 독자들에게는 개별 검사에 대한 표준화된 검사 요강과 함께 볼 것을 추천한다. 앞서 이야기한 것처럼 이 책을 집필할 때 저자들의 가장 큰 고민이자 목적은 검사 요강에서 언급하는 내용을 최소한으로 포함하면서 현실적으로 도움을 줄 수 있는 책을 기술하는 것이었다. 검사에 대한 온전한 이해를 위해서는 개별 검사의 요강과 함께 이 책을 활용할 필요가 있다. 이 책이 심리검사의 모든 영역에 대한 답이 될 수는 없다. 다만, 상담 및 교육 장면에서 심리검사를 목적에 맞게 선택하고, 실시하며, 수검자의 상태에 맞춰서 결과를 잘 전달할 수 있는 능력을 증진하는 데 필요한 교재로서 활용될 수 있기를 기대해 본다.

끝으로 이 책을 저술할 수 있도록 좋은 기회를 주신 학지사의 김진환 사장님과 출판 과정에서 번거로운 제반 사항들을 친절하게 도와주신 편집진 여러분께 깊은 감사의 마음을 전한다.

☑ 차례

제2장
심리검사를 위한 면담 · 47

제3장
지능검사 · 79

제4장
성격영역(I): 미네소타 다면적 인성검사(MMPI) · 117

제5장
성격영역(II): 기질 및 성격검사(TCI) · 169

제6장
성격영역(III): 기타 성격검사 · 205

제7장
투사검사(I): HTP, KFD, SCT · 279

제**8**장
투사검사(II): 로르샤흐 검사, TAT · 343

제**9**장
진로검사 · 401

제**12**장
정서 · 행동 · 적응 검사 · 599

제**13**장
심리평가 보고서 작성 · 633

제 **1** 장

심리검사의 이해

- 심리검사란 무엇인가에 대해 알아본다.
- 상담심리학자가 사용하는 검사들의 주요 종류에 대해 알아본다.
- 좋은 심리검사가 갖추어야 할 요건에 관해 알아본다.
- 심리검사 도구의 선택, 실시, 해석방법에 관해 알아본다.
- 검사를 사용할 때 지켜야만 하는 심리검사의 윤리적 기준과 지침에 대해 알아본다.

    이 장에서는 개인의 인지, 정서, 행동 및 성격특성 등 개인의 내적인 심리적 특성을 파악하고, 개인 차를 밝혀내는 과학적인 방법인 심리검사의 기본 특성에 대해 알아본다. 또한, 심리검사의 개념과 좋은 심리검사의 기본 요건, 그리고 심리검사의 여러 가지 방법들을 살펴본 후에 검사의 해석방법과 해석상 담에 대해 살펴본다. 끝으로, 검사 오류를 피하기 위해 검사 사용자에게 필요한 것이 무엇인지, 그리고 검사 사용에 따른 검사자의 윤리와 지침 등에 관해 알아본다.

1. 심리검사란 무엇인가

심리검사는 자신의 성격을 이해하는 것에서부터 진단명을 내리기 위한 전문적인 영역에 이르기까지 다양한 영역에서 활용되며 오늘날 우리의 일상생활 전반에 많은 영향을 미치고 있다. 최근에는 스스로에 대한 관심이 점점 많아지면서 심리검사를 활용하여 자신의 성격을 객관적으로 이해하고자 하는 사람들이 늘고 있다. 특히 상담 장면에서는 내담자의 성격, 흥미, 적성, 심리적 어려움 등을 객관적으로 이해하기 위해 심리검사가 중요하게 활용된다.

심리검사(psychological testing)란 개인의 심리적 특성을 객관적이고 표준화된 방식으로 측정하는 것을 의미한다. 개인은 각자 타고난 기질과 발달과정에 따라 다양한 방식으로 삶을 살아가고, 이 과정을 통해 자신만의 독특한 심리적 특성을 만들어 간다. 이렇게 형성된 개인의 지능이나 성격, 흥미, 적응 등의 심리적 특성을 밝히기 위해 일정한 조건에서 검사지를 제시하고 그에 대한 반응을 기록하고 분석하는 것이 심리검사이다. 예를 들어, 직업 선택에 대한 고민이 있는 대학생이라면 직업적성검사를 받고 직업과 관련된 자신의 적성과 흥미는 어떤 특징이 있는지, 이러한 특징은 다른 사람들과 어떤 차이가 있는지, 이를 활용하여 어떻게 진로를 선택할지 생각해 볼 수 있다. 이처럼 우리는 심리검사를 통하여 개인의 성격특성을 객관적으로 이해하고, 다른 사람과 나는 어떤 차이가 있는지, 개인 간의 차이를 확인할 수 있으며, 타인의 행동 반응을 예측할 수 있다.

심리검사는 철학, 생물학, 통계학, 심리학 분야와 함께 개인 간 차이에 대한 연구에서 시작되었다. 1879년 Wundt가 독일에서 최초로 심리학 실험실을 설치하여 운영한 것이 현대적 심리검사의 기원이라고 보고되고 있으며, Cattell(1963)이 10개 항목으로 구성된 지능검사를 시행하면서 정신검사(mental test)라는 용어를 처음 사용하였다. 이후 제1차 세계대전이 발발하면서 전쟁에 동반된 병사들을 적절한 보직에 배치하기 위해 대대적인 지능검사를 활용하면서 심리검사의 비중이 커지기 시작했다. 또한 산업혁명으로 인해 도시로 몰려든 사람들의 직업 적성과 능력을 평가하기 위한 객관적인 검사가 필요해지면서 심리검사는 산업장면에도 크게 활용되었다. 20세기 초반에는 정신분석이 인기를 끌면서 투사적 검사와 객관적인 성격검사의 개발에 영향을 주었으며 이후 성격과 정신병적 진단을 위한 검사가 개발되면서 우리가 흔히 알고 있는 미네소타 다면적 인성검사(Minnesota Multiphasic Personality Inventory: MMPI), 로르샤흐(Rorschach Test) 검사, 주제통각검사(Thematic Apperception Test: TAT) 등의 검사가 개발되었다. 이러한 심리검사 개발 과정을 거쳐 현대 사회에서는 다양한 영역에서 심리검사가 보편적으로 사용되고 있다.

상담영역에서 심리검사를 바라보는 시선은 다양하다. 먼저, 상담이론별로 심리검사에 대한 견해를 살펴보면 다음과 같다. 정신역동적 관점에서는 개인의 무의식적 갈등과 방어기제, 성격발달과 불안 등을 탐색하기 위해 심리검사를 활용할 수 있다고 보았다. 하지만 현상학적 관점에서는 모든 유기체가 자기실현 경향성을 가지고 있다고 보기 때문에 내담자가 주체가 되어 상담을 진행하는 것을 중요하게 여긴다. 즉, 상담자가 주도적으로 실시하는 심리검사는 내담자의 자유로운 성장을 방해하는 장애물로 간주하는 반면, 내담자가 자신을 이해하기 위해 주도적으로 실시하는 심리검사의 경우는 내담자에게 도움될 수 있다고 보았다. 이러한 견해는 심리검사가 언제 어떻게 활용되는지에 따라 내담자에게 도움이 될 수도 있고 되지 않을 수도 있다고 본 것이다. 행동주의적 관점에서는 개인의 문제 행동이 어떤 상황에서, 얼마나 자주, 빈번하고 지속적으로 일어나는지 관심을 가지고 심리검사보다는 행동관찰을 사용하였다. 그러나 최근에는 행동관찰과 더불어 개인의 생각, 느낌, 공상, 신념까지 고려하여, 임상면접, 자기보고식 검사 등을 활용하며 절충된 방법을 활용하고 있다.

상담이론에 관계없이 일부 상담자들은 심리검사에 대한 부정적인 견해를 제시하기도 한다. 심리검사 결과가 개인에 대해 편견을 줄 수 있고, 일부 검사 자료는 신뢰도와 타당도가 검증되지 않아 검사의 효용성이 제한적이라는 비판적 시선도 있다. 또한 인간을 수치화하여 단순하게 분류해 버릴 수 있으며, 내담자가 문제 해결 과정에서 심리검사 결과에 의존하게 만들 수 있다는 비판도 있다. 이러한 비판을 해결하기 위해서 올바른 절차에 따라 개발된 심리검사를 활용해야 하며, 심리검사를 시행하고 결과를 해석할 때도 주의를 기울일 필요가 있다.

심리검사는 일반적으로 다음과 같은 특성을 가진다. 첫째, 심리검사는 개인의 행동특성을 심리적 평가 방식을 활용해 측정한다. 개인의 행동특성을 평가하기 위해, 다양한 행동과 특성을 모두 측정해서 평가하는 것은 불가능하다. 그러므로 개인의 행동특성을 잘 나타내는 독특한 지표를 평가하여, 일반적인 상황에서의 개인의 행동을 예측한다. 둘째, 심리검사는 표준화된 방식을 따른다. 많은 심리검사가 있지만, 신뢰도와 타당도가 검증된 표준화된 심리검사를 사용해야 검사 결과를 신뢰할 수 있다. 셋째, 심리검사는 체계적이고 전문적으로 진행된다. 심리검사 활용에 대해 엄격한 교육과 수련 과정을 통해 충분한 역량을 갖춘 전문가가 체계적이고 전문적으로 심리검사를 진행해야 한다. 상담자가 이러한 전문성을 확보하는 것은 윤리적으로도 중요한 부분으로 다루어지고 있다.

심리검사에 대한 다양한 견해에도 불구하고, 현재 심리검사는 병원, 학교, 기업체, 군대, 공공기관 등 다양한 기관에서 광범위하게 사용되고 있다. 특히 상담기관에서는 내담자의 능력, 적성, 진로, 직업, 성격, 적응과 관련된 다양한 심리검사를 사용하고 있어, 심리검사를 올바르게 이해하고 활용하는 것이 상담자의 필수적 요건으로 자리 잡고 있다. 이를 위해 상담자는 여러 종류의 심리검사가 갖는 장점과 한계를 알고 있어야 하며 다양한 문제를 호소하는 내담자에게 어떤 검사를 활용할 수 있는지 안내할 수 있어야 한다. 또한 심리검사 결과를 활용하여 내담자의 성격특성을 이해하고, 내담자로 하여금 자기이해를 통해 합리적인 결정을 내릴 수 있도록 상담과 심리검사를 통합적으로 활용할 수 있는 능력을 갖추는 것이 필요하다.

2. 심리검사의 활용

심리검사는 개인의 상태와 행동을 이해하고 예측할 수 있는 중요한 정보를 제공한다. 따라서 우리는 개인의 모든 행동을 측정하고 관찰하지 않더라도, 심리검사를 활용하여 개인의 전체 행동을 예측할 수 있다. 이를 위해 심리검사의 기능과 용도를 정확히 파악하여 목적에 따라 심리검사를 활용할 수 있어야 한다. 이 장에서는 심리검사의 기능과 목적, 그리고 상담 단계별 심리검사의 활용에 대해서 알아보고자 한다.

1) 심리검사의 기능과 목적

심리검사의 주요 기능은 개인에 대한 의사결정을 내리기 위해 정확하고 객관적인 정보를 수집하여 필요한 결과를 제공하는 것이다. 심리검사는 병원, 상담센터, 학교, 기업, 군대 등 여러 장면에서 다양한 목적을 위해 수행된다. 병원 장면에서는 수검자의 심리적 문제를 진단하고, 상담 장면에서는 상담자가 내담자를 이해하고 내담자의 의사결정을 돕기 위해 심리검사를 활용한다. 대학에서는 학업능력을 알아보기 위해 수학능력시험 결과를 활용하며, 기업에서는 신입사원을 채용하고 승진, 부서 발령과 같은 인사관리를 위해 심리검사를 실시한다. 이처럼 다양한 장면에서 목적에 맞는 적절한 심리검사를 활용하기 위해서는 심리검사에 대한 올바른 이해와 사용이 필요하다. 특히 오늘날에는 심리검사가 사용되지 않는 분야가 거의 없다고 할 정도로 심리검사의 사용이 늘어나고 있으므로 심리검사의 용도와 기능을 정확히 알고 사용하는 것이 매우 중요하다. 심리검사의 기능은 검사를 실시하는 목적에 따라 다를 수 있지만 여기에서는 진단과 이해, 선발과 분류, 평가와 검증으로 구분한다.

(1) 진단과 이해

진단은 수검자의 이상상태를 파악하고 치료하기 위한 근거를 얻는 것을 의미한다. 주로 병원에서 임상심리 전문가가 환자의 정신건강을 진단하기 위해 심리검사를 실시한다. 초기에는 지적장애 아동을 감별하기 위한 목적으로 심리검사를 실시하였으나, 이후에는 다양한 정서, 행동 및 적응상의 문제를 진단하기 위해 심리검사가 활용되고 있다. 만약 상담 장면에서 상담자가 내담자의 부적응 행동을 이해하고 적절한 치료전략을 세우기 위해 심리검사를 실시했다면, 이는 심리검사의 진단 기능을 활용한 것이라고 볼 수 있다.

이해는 깨달아서 아는 것을 의미한다. 일반적으로 다양한 기관에서 수검자의 특성을 이해하기 위해 심리검사를 수행하는 경우가 많다. 학교에서 적성검사를 진로 상담에 활용하는 경우나, 성격검사를 개인의 특성을 이해하는 데 활용하는 경우가 이에 해당한다. 심리검사가 대중화되면서 사람들이 자신의 성격, 적성 등을 객관적으로 이해하기 위해 심리검사를 받는 경우도 증가하고 있다.

진단이 치료를 목적으로 이상상태를 파악하는 것이라면, 이해는 자기성장과 자아실현을 위해 자신의 특성을 파악하는 것이라는 점에서 차이가 있다.

(2) 선발과 분류

선발은 합리적인 기준에 따라 가장 적합한 후보자를 선정하는 과정을 의미한다. 기업에서 회사에 적절하다고 생각하는 인재를 채용하기 위해 직업적성검사를 실시하고 그 결과를 활용하여 당락을 결정하는 경우가 이에 해당한다. 또한 군대에서 특정한 보직의 군생활에 적응할 수 있는 능력을 평가하여 당락을 결정하는 경우 역시 심리검사의 선발 기능을 활용한 것이라고 볼 수 있다.

분류는 성질이 비슷한 것끼리 종류별로 나누는 것을 의미한다. 기업체에서 이미 채용한 인재를 적합한 업무에 맞게 분류·배치하는 경우, 군대에서 적성분류검사의 결과를 토대로 신병의 병과를 배정하는 경우 심리검사의 분류 기능을 활용한 것이다.

선발이 특정한 기준에 따라 당락을 결정하는 것이라면, 분류는 모든 인원을 특정한 유목에 배치하는 것이라는 점에서 차이가 있다.

(3) 평가와 검증

평가는 프로그램의 효과 또는 수검자의 상태를 판단하기 위한 의사결정을 의미한다. 특정 프로그램을 실시하고 효과를 확인하거나, 수정·보완을 결정하기 위한 자료로 활용하기 위해 심리검사를 활용하는 경우가 이에 해당한다. 정신건강의학과에서 환자를 치료한 뒤 치료 효과를 확인하기 위해 심리검사를 실시하는 경우 역시 심리검사의 평가 기능을 활용한 것이라고 볼 수 있다.

검증은 사회과학 분야에서 연구가설이 참인지 거짓인지를 판별하는 과정이다. '대인관계 증진 프로그램이 대인관계 능력에 효과가 있을 것이다'라는 연구가설을 검증하기 위해 프로그램을 실시하고 대인관계 능력검사를 실시하여 효과성을 확인하는 경우가 이에 해당한다.

평가와 검증은 프로그램 및 치료의 효과성을 본다는 점에서 비슷하다고 볼 수 있으나, 검증은 연구가설을 증명하기 위한 과정이라는 점에서 평가와 차이가 있다.

앞에서 언급한 대로 심리검사는 다양한 목적으로 시행되고 있다. 그러나 상담과 심리치료 장면에서 심리검사의 일반적인 목적은 수검자의 호소문제를 다양한 측면에서 이해하고 문제를 해결하기 위해 도움을 주는 것이다. 상담자는 심리검사를 활용하여 내담자를 이해하고 상담계획을 수립하며, 내담자가 스스로를 이해하도록 돕는다.

상담에서 심리검사의 일반적인 목적은 다음과 같다(김재환, 1984; Shertzer & Stone, 1980).

- 내담자를 명확하게 이해하기 위해 진단 결과를 제시한다.
- 내담자의 심리적 증상과 문제의 심각성을 평가한다.
- 상담자가 내담자의 문제를 다룰 수 있는지 평가한다.
- 내담자의 자아 강도를 평가한다.
- 내담자의 인지 · 정서 · 행동 수준을 평가한다.
- 내담자의 지적 기능을 평가한다.
- 내담자의 성격구조와 성격특성을 평가한다.
- 내담자의 문제에 개입하기 위한 적절한 상담이론, 치료 전략 및 기법을 제시한다.
- 내담자에 대한 이해를 바탕으로 내담자와 치료적 관계를 맺는다.
- 내담자가 자신의 호소문제, 성격유형, 자아 강도 등을 이해하도록 돕는다.
- 상담에 따른 내담자의 변화를 예상하고 상담을 평가한다.

2) 심리검사로 측정하는 것

상담자는 심리검사를 통해 내담자의 성격특성을 이해할 수 있어야 한다. 상담자가 내담자의 성격특성을 이해하기 위해서는 심리검사를 활용해 다음과 같은 특성을 파악하는 것이 필요하다.

(1) 인지적 과정

인지적 과정은 내담자가 세상을 이해하고 받아들이는 방법이라는 점에서 중요한 정보를 제공한다. 인지적 과정이 왜곡된 내담자는 세상에 대한 잘못된 인식으로 인해 다양한 어려움을 겪을 수 있다. 내담자의 인지적 과정을 파악할 때는 지능 수준, 주의집중력, 기억(장기기억과 단기기억), 지각(환청, 환시의 유무), 사고의 내용 등을 확인해야 한다.

(2) 정서 경험

정서는 주관적인 느낌으로 강력한 힘을 가지고 있다. 내담자가 정서 경험과 표현이 적절하다면 일상생활을 건강하게 할 수 있으나, 정서 경험과 표현이 너무 많거나 적게 되면 적응에 어려움을 보일 수 있다. 내담자의 정서를 파악할 때는 정서의 양, 정서의 내용(부정정서, 긍정정서), 정서의 방향(자기지향, 타인지향)을 확인해야 한다.

(3) 동기수준

동기는 에너지를 만들고, 에너지의 방향을 결정하며, 에너지를 조직하고 지속하는 힘을 가지고 있다. 동기수준이 떨어지면 무력하고 무능한 사람처럼 보일 수 있으며, 동기수준이 지나치게 높을 경우 일탈된 부적응 행동이 나타날 수 있다. 내담자의 동기를 파악할 때는 식욕, 성욕과 같은 생리적 동기와, 성취동기, 극복동기와 같은 심리적 동기를 확인해야 한다.

(4) 대인관계

대인관계에서 지속적으로 나타나는 특성, 되풀이되는 대인관계 패턴, 갈등 양상과 갈등 해결 방식, 의사소통 방식 등은 내담자의 삶에 많은 영향을 미친다. 따라서 대인관계에서 적응적인 요소와 부적응적인 요소를 찾고, 이러한 요소들이 내담자의 삶에 어떤 영향을 미치는지에 대해서 점검할 필요가 있다.

(5) 종합적 해석

앞에서 언급한 인지, 정서, 동기는 건강한 개인에게는 조화롭게 나타나 적응적으로 생활하게 한다. 하지만 세 가지 중 한 가지 기능에 이상이 생기면 다른 기능들에도 부정적인 영향을 미쳐 부적응이 가중될 수 있다. 예컨대, 우울한 내담자는 자신, 미래, 세상에 대한 부정적 사고(인지)로 인해 과도한 우울감을 느끼고(정서), 무기력감(동기수준 저하)을 느낄 수 있다. 상담자는 이러한 인지, 정서, 동기를 종합적으로 파악하여 내담자의 특성을 입체적으로 이해해야 한다. 이를 바탕으로 내담자의 두드러진 방어기제와 대처방식, 반복되는 대인관계 패턴, 스트레스에 대한 취약성, 강점 등을 두루 파악하여, 심리검사 결과와 함께 내담자에 대한 관찰, 내담자와의 면담을 종합적으로 해석하는 것이 필요하다.

3) 상담단계별 심리검사의 활용

상담자는 심리검사의 기능과 목적에 알맞게 상담과정에서 심리검사를 활용할 수 있어야 한다. 일반적으로 상담의 초기 단계에서는 내담자와 관계를 형성하고, 내담자 호소문제를 파악하여 상담목표를 수립한다. 상담의 중기 단계에서는 내담자의 저항과 전이를 예상하고 활용하여 효과적으로 상담에 개입해야 하며, 종결 단계에서는 상담과정을 적절히 평가할 수 있어야 한다. 상담의 초기, 중기, 종결 단계에서 심리검사를 활용하는 구체적인 방법은 다음과 같다.

(1) 상담 초기

상담의 초기 단계에서 상담자가 내담자와 신뢰 관계를 형성하는 것은 이후 상담의 진행에 큰 영향을 미친다. 따라서 내담자의 현재 호소문제, 호소문제의 특징, 문제의 심각성 등을 면밀하게 파악하여 내담자를 이해하고 이를 바탕으로 상담의 목표를 수립하는 것이 필요하다.

상담 초기에 심리검사를 활용하는 방법은 다음과 같다.

첫째, 내담자와 관계를 형성하기 위해 심리검사를 활용한다. 상담의 첫 단계는 내담자와 촉진적인 관계를 형성하여 치료 동맹을 맺는 것이다. 상담자는 심리검사를 활용해 내담자의 성격을 파악함으로써 내담자와의 관계 형성을 예측할 수 있다. 예컨대, 권위자에 대한 내담자의 태도를 예측하여, 상담 장면에서 상담자와 어떻게 관계를 맺을지 예상하고 대처할 수 있다. 또한 내담자가 상담에 얼마나 준비되었는지 상담준비도(readiness for counseling)를 확인할 수 있다. 상담준비도란 상담을 통해 도움을 받을 수 있는 내담자의 준비 정도를 의미한다. 상담자는 내담자의 상담준비도를 확인하여, 내담자가 자신의 문제를 인식할 때까지 기다려야 하는지, 문제 해결을 위해 개입할지 결정할 수 있다. 따라서 내담자에 대한 이해를 높여 보다 촉진적이고 신뢰할 수 있는 관계를 형성하는 것을 목적으로 심리검사를 활용할 수 있다.

둘째, 내담자의 호소문제를 파악하는 데 심리검사를 활용할 수 있다. 일반적으로 상담에서는 내담자의 문제를 객관적으로 파악하기 위해 심리검사를 가장 많이 활용한다. 상담자는 상담 초기에 심리검사를 활용해 내담자의 호소문제를 이해하고, 호소문제의 심각성을 파악할 수 있다. 자살·자해의 위험성을 파악해 위기상담을 위한 판별 기준으로 활용할 수 있으며, 정신과적 문제가 있는지, 문제의 심각성은 얼마나 되는지를 파악하여 정신건강의학과로 의뢰해야 하는 내담자인지 판단하는 근거로 활용할 수 있다. 또한 심리검사를 활용해 내담자가 호소하는 문제가 무엇인지, 이러한 문제는 일상생활에 얼마나 영향을 미치는지, 문제의 원인은 무엇인지를 이해할 수 있다. 이러한 이해는 상담목표 설정의 중요한 근거로 활용할 수 있다.

셋째, 상담목표를 설정하는 데 심리검사 결과를 활용할 수 있다. 내담자의 문제를 파악하였다면, 이를 바탕으로 상담의 목표를 설정할 수 있으며, 상담의 목표를 구체적으로 설정하는 데도 심리검사를 활용할 수 있다. 예컨대, 진로문제를 호소하는 내담자의 경우 진로적성검사를 활용하여 내담자에게 필요한 진로목표를 단계별로 설정할 수 있다. 자신에 대한 이해가 부족한 내담자라면 자신의 진로 흥미와 적성을 알아 가는 것을 목표로 할 수 있고, 직업 세계에 대한 이해가 부족한 내담자라면 직업 세계에 대해 이해하고 이를 자신의 진로·적성과 연결하는 것을 목표로 할 수 있다.

(2) 상담 중기

상담의 중기 단계는 상담자와 내담자가 협력하여 호소문제를 해결하고 상담목표를 달성하기 위한 핵심 단계다. 이 단계에서 내담자는 스스로를 탐색하고 통찰하며 자신의 부적응적인 사고·정서·행동 패턴 등을 자각한다. 이 과정에서 상담자는 다양한 상담기법을 활용하여 내담자의 저항과 전이를 적절하게 다루고 개입하는 것이 필요하다. 또한 필요에 따라 적절한 심리검사를 추가적으로 실시할 수도 있다.

상담 중기에서는 내담자의 문제에 구체적으로 개입하기 위해 심리검사를 활용할 수 있다. 상담자는 심리검사 결과를 통해 내담자가 가진 장점과 강점을 파악하여 상담목표를 달성하기 위한 보호자원으로 활용할 수 있으며, 단점과 약점을 파악해 보완하는 것을 상담계획에 넣을 수 있다. 예컨대, 대인관계 문제를 호소하는 내담자에게 가족이나 연인 등 사회적 지지자원이 있는 경우 이들을 정서적 지지자원으로 활용할 수 있으며, 이 내담자에게 의사소통과 관련된 문제가 발견된다면 의사소통 훈련을 활용할 수 있다. 또한 내담자가 자신의 대인관계 양상을 객관적으로 이해하고 수용하는 것을 목적으로 하여 자기이해를 증진하는 데도 활용할 수 있다.

(3) 상담 종결

상담의 종결 단계에서는 전체 상담을 평가하고, 미해결된 과제를 확인하며, 내담자가 앞으로 겪을 수 있는 문제를 예상하고 대처방법을 모색한다. 또한 상담을 통해서 나타난 긍정적인 변화를 어떻게 유지할 수 있는지를 다룬다. 상담의 종결은 상황에 따라 여러 가지 형태로 나타날 수 있으나, 일반적으로 내담자의 호소문제가 어느 정도 해소되었다고 생각할 때 상담을 종결한다.

종결 단계에서는 상담의 종결을 결정하거나, 상담을 통해 내담자가 이룬 성과와 남은 과제를 확인하기 위해 심리검사를 활용할 수 있다. 상담자는 상담 초기에 활용했던 심리검사를 재시행함으로써, 상담 초기와 달리 종결 시 내담자가 어떤 변화를 보이는지 평가할 수 있고 이를 활용해 상담의 성과를 파악할 수 있다. 또한 여전히 남아 있는 문제가 무엇인지 확인하고 내담자와 함께 앞으로 일어날 수 있는 상황을 예측함으로써 향후 나타날 수 있는 문제에 대해 예방할 수 있다.

3. 심리검사의 분류

심리검사가 발전되면서 개인의 다양한 영역을 측정하기 위해 많은 종류의 심리검사가 개발되었다. 이에 따라 심리검사를 분류하는 기준도 다양하게 제시되고 있다. 이 장에서는 능력적 요소를 측정하는 능력검사와 습관적인 행동 경향성을 측정하는 성격검사로 구분하여 알아보고자 한다.

1) 능력검사

능력검사는 문항마다 정답이 있어, 정해진 시간 내에 많은 답을 맞힐수록 개인의 능력이 우수하다는 것을 보여 주는 검사이다. 내담자가 자신의 능력을 최대한 보여 주기 위한 검사라는 점에서 최대수행검사(test of measuring maximum performance)라고도 한다. 능력검사는 지능검사, 적성검사, 성취도 검사로 구분할 수 있다.

(1) 지능검사

지능은 한 개인이 문제에 대해 합리적으로 사고하고 문제를 해결하는 인지적인 능력과 학습 능력을 포함하는 총체적인 능력을 의미한다. 유전이나 지적 능력에 개인 차이가 나타날 수 있다는 Galton의 주장을 시발점으로 하여, 지능의 개념을 구체화하고 지능을 측정하기 위한 다양한 시도들이 이루어졌고 보다 정확하고 세밀하게 지능을 측정하는 방법이 연구되었다. 개발 초기에는 주로 지적장애 아동을 분류하기 위해 지능검사를 활용하였으나, 현재는 재능이 있는 학생을 선별하거나 개인의 적응적 어려움을 평가하는 등 다양한 목적으로 일반인에게도 활용되고 있다. 웩슬러 지능검사(K-WAIS-IV, K-WISC-V), 카우프만 아동용 지능검사(K-ABC-II)와 같은 검사 등이 이에 해당한다.

(2) 적성검사

적성검사는 대부분의 지능검사가 언어능력을 일차적으로 측정하는 한계를 보완하기 위해 만들어졌다. 적성검사를 통해서 언어능력을 제외하고도 다양한 영역에서 개인의 역량을 측정할 수 있으므로, 주로 개인의 진로나 직업을 선택하기 위해 활용되거나, 기업에서 적절한 인재를 선별하여 채용하기 위해 사용된다. 적성검사에는 업무에 필요한 기본적인 능력(예: 의사소통, 컴퓨터 활용 등)을 측정하는 일반적성검사와, 특수한 업무를 하는 데 필요한 능력(예: 미술, 기계, 음악 등)인 특수적성검사가 있다. 워크넷(https://www.work.go.kr)에서 제공하는 직업적성검사, 영업직무 기본역량검사 등이 이에 해당한다.

(3) 성취도 검사

성취도 검사는 교육과 훈련을 통한 성과를 평가하는 것을 목적으로 하며 주로 학교에서 활용한다. 학교에서 시행하는 여러 가지 학업성취도평가(중간고사, 기말고사), 대입수학능력시험 등이 대표적인 성취도 검사에 해당한다. 성취도 검사는 교육한 내용에 대한 성과를 중점적으로 본다는 점에서 보다 넓은 범위를 측정하는 지능검사와 적성검사로 구분할 수 있다.

2) 성격검사

성격검사는 정답이 없는 검사로 질문에 대한 내담자의 반응을 바탕으로 내담자의 특성을 평가하는 검사이다. 일반적인 반응 경향성을 측정하기 위한 검사라는 점에서 전형적 수행검사(test of measuring typical performance)라고도 한다. 상담 장면에서 내담자의 성격, 대인관계 양상, 흥미, 동기, 태도 등을 평가하기 위해 주로 활용된다. 상담 장면에서 주로 사용하는 성격검사는 객관형 검사, 투사적 검사로 구분할 수 있다.

(1) 객관형 검사

객관형 성격검사는 대부분 질문지형 검사로, 검사문항에서 제시하는 다양한 상황에 대해 자신의 주관적인 경험을 예/아니요 또는 다지선다형에서 선택하여 응답하는 자기보고식 검사이다. 객관형 검사를 통해 내담자의 불안, 우울, 자살경향성, 성격특성 등을 측정할 수 있다. MMPI, PAI, MBTI 등이 객관형 검사에 해당한다. 객관형 검사는 검사를 실시, 채점, 해석하는 과정이 비교적 간단하고 검사시간이 짧아서 상담자들이 선호하는 경향이 있다. 또한 신뢰도와 타당도를 검증한 표준화된 검사를 활용할 수 있어 검사 결과의 객관성이 보장되는 장점이 있다. 하지만 문항에서 내담자가 응답할 수 있는 방법이 제한적이라는 점에서 내담자의 독특한 심리적 특성을 다루기 어렵다. 그리고 자기보고식 검사라는 점에서 내담자가 사회적으로 바람직한 사람처럼 보이려는 경향성, 문항의 내용을 읽고 자신이 보이고 싶은 모습으로 의도적으로 응답하려는 반응 경향성을 통제하기 어렵다는 단점이 있다.

(2) 투사적 검사

투사적 검사는 불분명하고 모호한 자극(예: 잉크 얼룩)에 대한 개인의 반응을 통해 성격특성을 평가하는 검사이다. 투사적 검사는 주로 개인의 무의식적인 영역을 밝히기 위해 활용되는 검사로, 개인의 사고 과정과 내용, 무의식적 욕구, 주요한 갈등과 방어기제, 성격의 다양한 특성을 평가한다. 로르샤흐 검사, HTP, TAT 등이 투사적 검사에 해당된다. 투사적 검사는 검사에 대한 풍부한 반응을 관찰함으로써 내담자를 깊이 있게 이해할 수 있으며, 검사 자극이 모호하기 때문에 내담자가 의도적으로 자신을 방어하는 것이 어려워 무의식적인 영역을 확인할 수 있다는 장점이 있다. 하지만 검사자에 따라 채점과 해석이 달라질 수 있어 신뢰도가 떨어지고 타당도에 대한 검증이 빈약하다. 또한 투사적 검사를 활용하기 위해서는 많은 수련과 경험이 필요하여 쉽게 활용하기 어렵다는 단점이 있다.

상담자는 능력검사와 성격검사의 특성을 이해하고, 각 검사의 장단점을 올바르게 파악함으로써 적절한 검사를 선택하고 활용할 수 있는 능력이 필요하다. 따라서 상담 장면에서 상담자들이 주로 활용하는 심리검사에는 어떤 것이 있으며, 이러한 심리검사는 어떤 특성을 가지고 있는지 이해할 필요가 있다.

〈표 1-1〉에서 이와 같은 분류에 따라 상담에서 주로 사용하는 심리검사를 제시하였다.

표 1-1   상담에서 주로 사용하는 심리검사

기준	종류	검사
능력검사	지능검사	• 웩슬러 지능검사(K-WAIS-IV, K-WISC-V) • 카우프만 아동용 지능검사(K-ABC-II)
	적성검사	• 직업적성검사 • 영업직무 기본역량검사
	성취도 검사	• 대학수학능력시험
성격검사	객관형 검사	• 홀랜드/스트롱/U&I 진로탐색/적성검사 • 마이어스-브릭스 성격유형검사(Myers-Briggs Type Indicator: MBTI) • 애니어그램(Enneagram) 검사 • 미네소타 다면적 인성검사(Minnesota Multiphasic Personality Inventory: MMPI) • 성격평가질문지(Personality Assessment Inventory: PAI) • 기질 및 성격 검사(Temperament Character Inventory: TCI) • MLST 학습전략 검사 • U&I 학습유형검사 • 네오 성격검사(Neo Personality Inventory-Revised) • 밀론 임상 다축 성격검사(Millon Clinical Multiaxial Inventory) • 아동행동평가척도(Child Behavior Checklist: CBCL) • GOLDEN 성격유형검사 • 해밀턴 우울척도(Hamilton Rating Scale for Depression) • 벡 우울척도(Beck Depression Inventory: BDI) • 간이정신진단검사(Symptom Cheklist 90-Revised: SCL90-R)
	투사적 검사	• 집-나무-사람 검사(House-Tree-Person: HTP) • 동적 가족화 검사(Kinetic Family Drawing: KFD) • 문장완성검사(Sentence Completion Test: SCT) • 로르샤흐 검사(Rorschach Ink-Blot Test) • 주제통각검사(Thematic Apperception Test: TAT) • 벤더 게슈탈트 검사(Bender Visual Motor Gestalt Test: BGT)

4. 좋은 심리검사의 조건

상담자는 좋은 심리검사를 선택하여 시행할 수 있어야 한다. 이를 위해서는 좋은 심리검사의 조건을 아는 것이 필요하다. 좋은 심리검사를 선택하기 위해서는 다음을 고려해야 한다. 첫째, 검사의 목적에 부합하는 것이어야 한다. 둘째, 신뢰성과 타당성을 갖추어야 한다. 셋째, 개인의 성격, 지능, 적성 등의 개별적인 특성을 검사할 수 있어야 한다. 넷째, 내담자가 객관적으로 어떤 특성을 갖는지를 이해하기 위해 전체 규준에서 어떤 위치에 있는지 알 수 있도록 표준화되어 있어야 한다. 마지막으로, 실시, 채점, 해석 등이 간편하여 실제 상담 장면에서 쉽게 사용할 수 있는 등 실용성이 있어야 한다. 이 장에서는 이와 같은 조건을 고려하여 좋은 심리검사의 조건으로 신뢰도, 타당도, 표준화, 실용도에 대해 살펴보고자 한다.

1) 신뢰도

좋은 심리검사의 첫 번째 조건으로 신뢰도를 들 수 있다. 집 근처의 좋은 식당을 검색했을 때, 많은 사람이 일관성 있게 높은 별점을 매기고 음식이 맛있다고 리뷰한 식당이 있다면 우리는 이 식당이 맛있을 것이라고 기대할 수 있다. 이런 일관적인 반응은 리뷰를 보는 사람에게 식당에 대한 신뢰감을 준다. 이처럼 신뢰도(reliability)는 검사 점수가 얼마나 일관성을 갖는지와 관련된 개념이다. 신뢰도가 높으면 우리가 심리검사를 여러 번 실시해도 일관적으로 비슷한 결과를 도출할 것이라는 예상을 할 수 있다. 물리학이나 화학과 같은 자연과학의 영역에서는 동일한 대상을 반복 측정하여 측정의 표준오차를 계산하고 이를 토대로 측정 도구의 신뢰도를 추정할 수 있다. 그러나 사회과학 영역의 심리검사는 인간을 대상으로 하는 경우가 많기 때문에 반복 측정이 어렵다. 따라서 한 사람을 반복 측정하는 대신, 여러 사람을 동시에 측정하여 오차의 정도를 계산하고 신뢰도를 추정하는 방법을 주로 사용한다. 신뢰도를 측정하는 방법에는 검사-재검사 신뢰도, 동형검사 신뢰도, 반분 신뢰도와 문항내적합치도 등이 있다.

(1) 검사-재검사 신뢰도
검사-재검사 신뢰도(test-retest reliability)는 하나의 검사를 동일한 수검자에게 일정한 시간 간격을 두고 두 번 실시하여 결과가 얼마나 일관되게 나오는지를 바탕으로 신뢰도를 추정하는 방법이다. 하지만 검사-재검사 신뢰도는 신뢰도를 측정하는 방법에서 몇 가지 오류를 포함할 수 있다.

먼저, 동일한 검사를 두 번 실시하므로 이전 검사 경험은 개인의 점수에 영향을 미칠 가능성이 있어 신뢰도에 영향을 준다. 즉, 이전의 검사 내용과 두 번째 검사 내용이 같으므로 학습효과가 생겨 신뢰도가 높아질 수 있다. 다음으로, 검사 간 실시 간격에 따라 신뢰도가 다르게 산출될 수 있다. 두 검사 사이의 시간 간격이 짧으면 의도와 다르게 검사 문항을 연습하고 기억하게 되어 실제의 신뢰도와 무관하게 신뢰도가 높아질 수 있다. 반대로 두 검사의 실시 간격이 너무 길면 수검자의 특성이나 상황이 변화될 가능성이 높아 신뢰도가 낮아질수 있다. 이 외에도 두 번의 검사를 시행해야 하므로 시간이 오래 걸리고 경비도 이중으로든다는 단점이 있다.

(2) 동형검사 신뢰도

동형검사 신뢰도(alternate form reliability)는 검사의 내용과 난이도가 동일한 서로 다른 두개의 검사를 같은 수검자에게 실시해서 결과가 얼마나 일관성 있는지를 바탕으로 신뢰도를추정하는 방법이다. 이는 검사-재검사 신뢰도의 단점을 보완하기 위한 대안적 방법이다. 동형검사 신뢰도를 측정할 경우 검사 문항이 다르므로 검사-재검사 신뢰도에서 검사 문항이 똑같아서 학습효과로 인한 신뢰도의 오류는 걱정하지 않아도 된다. 그러나 실제로 완벽한 동형검사의 제작이 어렵고, 두 검사를 동일한 조건에서 실시해야 한다는 한계가 있다. 또한 두 검사를 연속으로 실시하는 경우 수검자의 피로도를 높일 수 있어 첫 번째 검사와 두번째 검사가 동일한 조건에서 이루어졌다고 평가하는 것이 어려울 수 있다. 마지막으로, 한문항을 해결하면 유사한 문항도 쉽게 해결할 수 있으므로 이전의 검사 실시가 다음 검사에영향을 미치는 이월효과를 완전히 배제하기 어렵다는 한계가 있다.

(3) 반분 신뢰도

반분 신뢰도(split-half reliability)는 한 검사의 문항을 다양한 방식으로 두 부분으로 나누어측정해서, 검사 결과가 얼마나 일관성 있는지를 바탕으로 신뢰도를 추정하는 방식이다. 검사 문항을 나누는 방식으로는 문항이 배열된 순서에 따라 전반부와 후반부로 나누어 두 점수의 관계를 추정하는 전후반분법, 문항의 번호에 따라 홀수와 짝수로 나누는 기우반분법, 비슷한 문항이라고 판단되는 문항을 임의로 짝지어 나누는 짝진 임의 배치법, 난수표에 의해 문항을 나누는 난수표검사법 등이 있다. 이 방법은 다른 신뢰도 검증방법에서 제기되었던 문제점인 측정 시기에 따라 측정하는 내용이 변할 수 있는 점, 검사의 반복으로 검사가학습될 수 있다는 점, 이전 검사로 인해 문항에 대한 반응을 쉽게 할 수 있다는 점 등의 문제점을 극복할 수 있고, 검사를 한 번만 실시하기 때문에 시간과 비용이 절약된다는 장점이 있다. 하지만 문항을 나누는 방법과 전체 문항의 수에 따라 신뢰도가 달라진다는 점에서 한계가 있다. 만일 모든 조건이 동일하다면 신뢰도는 검사의 문항 수가 많을수록 높아지는데 반분 과정에서 문항의 수가 반이 되므로 신뢰도가 작게 나타날 수 있다. 이러한 단점을 극복하기 위해 반분신뢰도에서는 Spearman-Brown(1910)의 수정공식으로 교정하여 신뢰도를 추정한다.

(4) 문항내적합치도

문항내적합치도(item internal consistency)는 한 검사에 있는 문항 하나하나를 독립적인 별개의 검사로 간주하여 문항들의 일관성을 바탕으로 신뢰도를 추정하는 방식이다. 즉, 한 검사에 포함된 문항에 대해서 얼마나 일관되게 반응하는지에 대한 반응일관성을 측정한다. 따라서 검사 문항이 단일 속성을 측정하지 않거나, 문항의 난이도 차이가 큰 경우에는 신뢰도가 작게 나타날 수 있지만, 반분신뢰도의 단점을 보완하고 문항에 대한 반응일관성을 보다 정확하게 측정할 수 있다는 장점이 있다. 또한 반분신뢰도처럼 검사의 단일 시행만으로 신뢰도를 구할 수 있고 계산 방법이 편리하며 다양한 적용이 가능하다는 점에서 많이 사용하는 신뢰도 추정 방법이다. 대표적인 방법으로는 쿠더-리처드슨(Kuder-Richardson) 계수를 활용하는 방법과 크론바흐 알파(Cronbach alpha) 계수를 활용하는 방법이 있다. 쿠더-리처드슨 계수는 응답 문항 유형이 두 가지 종류(예/아니요, 정답/오답)인 이분 문항인 경우에 사용되고, 크론바흐 알파 계수는 응답 방식이 리커트(Likert)식 평정 척도와 같이 다양한 점수 영역(5점, 7점 등)을 가진 검사인 경우에 사용된다. 문항내적합치도의 경우 한 검사 내의 모든 문항이 같은 개념을 측정하고 있다고 가정할 수 있을 때 적절한 방법이다. 검사 내용이 이질적일수록 신뢰도 계수가 낮아지는 경향이 있으므로, 검사가 다양한 이질적인 요인으로 구성되어 있을 때에는 반분신뢰도나 그 외의 신뢰도 추정방법을 적용하는 것이 바람직하다.

2) 타당도

좋은 심리검사의 두 번째 조건으로 타당도(validity)를 들 수 있다. 타당도는 측정하려는 것을 얼마나 제대로 측정하는가와 관련된 요소이다. 예를 들면, 수학 능력을 검사하는 데 지나치게 어려운 단어를 사용하였다면 어휘력이 좋은 사람만 해당 문제를 풀 수 있으므로 이 검사는 '수학 능력'만을 제대로 측정했다고 볼 수 없다. 수학 능력이 높더라도 어휘력이 낮은 경우에는 문제를 이해하지 못해 낮은 점수를 받을 수 있으므로, 해당 검사로 수검자의 수학 능력을 정확하게 측정하기 힘들기 때문에 타당도가 떨어진다고 볼 수 있다. 이처럼 타당도란 검사 점수가 의도한 목적에 따라 제대로 평가되고 해석될 수 있는지 판단하는 것을 의미한다(Aera, 1999). 타당도는 신뢰도와 함께 좋은 심리검사를 위한 필수 조건이다. 타당도를 검증하는 방법으로는 내용타당도, 준거타당도(예언타당도와 공인타당도), 구성(구인)타당도 등이 있다.

(1) 내용타당도

내용타당도(content validity)는 심리검사가 측정하고자 하는 개념의 내용을 적절하게 반영하고 있는지를 평가하는 지표이다. 다시 말해, 해당 심리검사의 문항들이 측정하고자 하는 개념에 대해 얼마나 충분히 다루고 있는지를 확인하는 것이다. 예를 들면, 심리검사에 대한 이해도를 평가하기 위한 문항을 구성한다면 심리검사에 대한 대부분의 개념을 평가할 수 있는 문항을 만들어야 한다. 만일 발달심리학과 관련된 문항을 포함하고 있거나, 심리검사에 대한 중요한 내용이 누락되어 문항이 만들어진다면 타당도가 낮다고 할 수 있다. 내용타당도는 주로 해당 분야의 전문가들이나 심리검사를 개발한 연구자들이 참여하여 검증하며 연구자들의 주관적 요소가 많이 포함된다. 전문가들은 측정하고자 하는 개념과 관련된 항목들이 적절하게 포함되어 있는지, 누락된 부분은 없는지를 검토한다. 내용타당도 평가는 심리검사 개발과 검증 단계에서 매우 중요한 역할을 하므로 내용타당도 평가는 필수적으로 수행되어야 한다. 한편, 내용타당도는 전문가에 의해 이루어지므로 전문가의 주관적 견해에 따라 상이한 검증 결과가 산출되기도 하며 수량화되지 않는다는 단점이 있다.

(2) 준거타당도

준거타당도(criterion validity)는 주어진 준거에 기반해 검사의 타당도를 확인하는 것이다. 예를 들면, 새로 만든 간이우울검사의 결과가 기존에 사용하던 우울검사의 결과와 비슷하게 나타난다면, 새로 만든 심리검사는 준거타당도가 높다고 볼 수 있다. 여기서 간이우울검사의 준거는 기존에 사용하던 우울검사이다. 한 검사가 측정하려는 바를 제대로 측정하고 있다면 관련된 준거와 높은 관련성을 보일 것이라고 가정할 수 있다.

준거타당도는 기준변인이 미래에 있는지 현재에 있는지에 따라 예언타당도(predictive validity)와 공인타당도(concurrent validity)로 구분할 수 있다. 예언타당도는 측정 도구의 검사 결과가 수검자의 미래 행동이나 특성을 얼마나 정확하게 예언하느냐에 따라 결정된다. 예를 들어, 수학능력시험의 점수가 높다면 대학에 입학해서 대학공부를 잘할 수 있을 것을 예상할 수 있다. 공인타당도는 하나의 검사 결과와 다른 방법으로 측정한 검사 결과가 얼마나 일치하느냐에 따라 결정된다. 앞에서 언급한 우울검사 개발에서, 새로 개발한 간이우울검사가 기존에 사용하던 우울검사와 결과가 비슷하다면 공인타당도가 높다고 볼 수 있고, 이에 따라 우리는 손쉬운 간이검사를 활용할 수 있다.

(3) 구성(구인)타당도

구성(구인)타당도(construct validity)는 심리검사가 구성개념(construct)을 잘 측정하는지 확인하기 위해 타당도를 확인하는 것이다. 구성개념이란 직접적으로 측정할 수 없으나 과학적인 이론이나 설명을 위하여 조직적으로 만들어 낸 개념을 말한다. 구성타당도를 평가하기 위해서는 구성개념에 대한 여러 이론을 검토하고 다양한 자료를 활용하는 것이 필요하다. 예를 들어, 우울을 측정하기 위한 검사의 구성타당도를 확인하기 위해서는 우울을 구성하는 요소인 감정적 증상(슬픔, 즐거움이 없음 등), 인지적 증상(죄책감, 자기비판 등), 신체적 증상(무기력, 식욕변화 등)이 우울을 잘 반영하는 적절한 요소인지 확인해야 한다. 이와 같이 구성타당도는 이론을 검증하는 과정에서 중요한 부분이다.

타당도 검증은 검사 도구가 측정하고자 하는 것을 얼마나 제대로 측정하는지를 평가하므로 좋은 심리검사의 기본이라 할 수 있다. 타당도 검증을 거치지 않는다면 심리적 증상을 진단하거나 성격검사, 학업성취도 비교, 교육효과를 확인할 때 잘못된 결론을 내릴 가능성이 높기 때문에 타당도를 확보하는 것은 필수적이다.

3) 표준화

좋은 심리검사의 세 번째 조건으로 표준화(standardization)를 들 수 있다. 표준화는 심리검사를 일정한 규정과 절차에 따라 정해진 대상자들에게 시행했을 때, 심리검사 결과의 해석과 사용을 일관성 있게 할 수 있도록 하는 과정을 말한다. 표준화는 심리검사가 일관성 있고 공정하게 시행되며, 결과의 해석과 활용이 신뢰성 있게 이루어질 수 있도록 하는 중요한 과정이다. 또한 심리검사가 신뢰할 수 있는 도구로서 개별 및 집단의 심리적 특성을 파악하고 이해할 수 있게 하는 데 도움을 준다.

표준화 과정은 다음과 같은 단계로 이루어진다. 첫째, 대표적인 그룹에서 검사의 대상이 될 대상자들을 선정한다. 예를 들어, 특정 연령대의 학생들을 대상으로 하는 학력검사의 경우, 해당 연령대의 학생들을 대표할 수 있는 다양한 학교에서 대상자를 선정한다. 둘째, 심리검사 절차를 설명해야 한다. 대상자들에게 심리검사의 목적과 방법에 대해 설명하고, 심리검사에 참여하는 것에 대한 동의를 얻는다. 이때 대상들이 심리검사에 참여하는 것에 대한 자발성이 보장되어야 한다. 셋째, 심리검사를 실시하는 환경과 조건을 일정하게 유지한다. 이는 심리검사 결과에 영향을 미치는 다른 변수를 최소화하고, 일관성 있는 결과를 확보하여 비교하기 위한 조치이다. 넷째, 심리검사 결과를 표준화된 점수로 변환한다. 이는 대상자들의 성적을 일정한 기준으로 비교 가능하게 만들어 준다. 다섯째, 대상자들에게 심리검

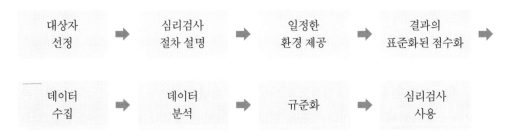

[그림 1-1] 표준화 과정

사를 시행하고, 그 결과를 체계적으로 기록한다. 여섯째, 수집된 데이터를 통계적으로 분석하여 심리검사의 특성과 효용성을 평가한다. 일곱째, 데이터 분석 결과를 바탕으로 심리검사의 점수 범위와 해석방법, 기준치 등을 설정하는데 이것이 심리검사의 규준(규정)이 된다. 마지막으로, 표준화된 규준에 따라 심리검사 결과를 해석하여 사용한다. 이를 통해 심리검사의 타당성과 신뢰성을 보장하며, 적절한 의사결정과 치료 등에 활용할 수 있다. 표준화 과정을 간단히 정리하면 [그림 1-1]과 같다.

4) 실용도

좋은 심리검사의 네 번째 조건으로 실용도(practicability)를 들 수 있다. 실용도란 심리검사가 현실적으로 얼마나 유용하게 활용될 수 있는지를 나타내는 개념이다. 실용도가 높은 심리검사는 측정하려는 속성을 빠르고 편리하게 측정하고, 문제 해결, 의사결정, 진단, 예측 등에 효과적으로 활용할 수 있다. 실용도를 평가할 때는 심리검사의 신뢰도와 타당도뿐만 아니라 현실적으로도 유용하게 활용될 수 있는지 평가해야 한다. 실용적인 심리검사는 다양한 분야에서 광범위하게 활용될 수 있으며, 심리학 연구와 현실적인 문제 해결에 도움을 준다. 따라서 심리검사를 개발하거나 선택할 때 실용도 평가가 필요하며, 심리검사가 실제 현장에서 효과적으로 활용될 수 있도록 고려해야 한다.

실용도를 확보하기 위해 고려할 사항은 다음과 같다. 첫째, 심리검사에 걸리는 시간이 적절한지 평가한다. 실용적인 심리검사는 검사시간이 짧으면서도 정확한 결과를 도출할 수 있어야 한다. 특히 대규모로 심리검사를 시행해야 하는 경우, 검사시간이 짧은 검사가 유용하게 활용될 수 있다. 둘째, 심리검사 결과를 쉽고 빠르게 해석할 수 있는지 평가한다. 실용적인 심리검사는 전문적인 지식 없이도 결과를 이해하고 활용할 수 있어야 한다. 셋째, 심리검사의 사용이 편리한지 평가한다. 실용적인 심리검사는 검사자나 수검자에게 불편함 없이 쉽게 시행될 수 있어야 한다. 넷째, 심리검사의 시행과 관리에 드는 비용이 적절한지 평가한다. 비용이 높으면 실용적인 심리검사로 보기 어렵다. 다섯째, 심리검사가 표준화되어 있어 다양한 상황에서 일관된 결과를 얻을 수 있어야 한다. 여섯째, 심리검사의 대상자들이 응답에 어려움을 겪지 않고 자연스럽게 참여할 수 있는지를 고려해야 한다.

5. 심리검사의 선정과 실시

좋은 심리검사의 조건을 이해했다면 심리검사를 선정하고 실시하는 방법에 대해서 알 수 있어야 한다. 즉, 상담의 실제에서 심리검사를 어떻게 선정하고 실시할 것이며, 검사 결과를 어떻게 채점하고 해석할 것인지, 그리고 그 해석을 상담에서 어떻게 활용할 수 있는지 고민해야 한다. 이를 위한 전체적인 절차는 [그림 1-2]와 같다.

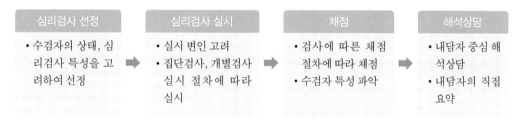

[그림 1-2] 심리검사 선정과 실시, 채점과 해석상담과정

다음에서는 상담의 한 과정으로 심리검사 선정과 실시에 대해 다루고 있다. 심리검사 선정 시 어떠한 것을 유의해야 하는지를 내담자와 상담자의 관점에서 살펴볼 것이다. 이후 심리검사의 실시 장면에서는 심리검사 결과에 영향을 줄 수 있는 변인인 내담자, 상담자, 상황이 어떠한 영향 관계에 있는지를 알아보고 실시 장면의 절차와 일반적인 주의사항에는 어떤 것이 있는지를 살펴보고자 한다.

1) 심리검사 선정

심리검사를 선정할 때는 내담자의 상태와 심리검사의 특성이 모두 고려되어야 한다. 이를 위해 내담자에게 적합한 심리검사를 선정하기 위한 기준이 필요하다. 여기에서는 심리검사 선정 시 고려해야 할 요소에 대해 알아보고, 상담자가 상담의 한 과정으로 심리검사를

선정할 때 유의해야 할 점에 대해서 알아보고자 한다.

(1) 심리검사 선정 시 고려할 요소

심리검사를 선정할 때는 심리검사의 특징을 잘 알고 내담자에게 적합한 심리검사를 선정할 수 있어야 한다. 적합한 심리검사란 내담자의 문제와 관련하여 측정하려는 심리적 특성을 잘 반영한 심리검사를 의미한다. 적합한 심리검사를 선정하기 위해 고려해야 할 사항은 다음과 같다.

첫째, 내담자가 심리검사를 받고자 하는 목적을 명확히 해야 한다. 내담자가 심리적 어려움을 가지고 자신의 문제를 이해하기 위해서인지, 상담자가 내담자 증상의 심각성을 평가하기 위해서인지, 양육권 결정 등을 위해 법정에 제출할 자료로 활용하기 위해서인지 등 목적을 파악해야 적절한 심리검사를 선정할 수 있다. 둘째, 내담자에게 도움이 되는 심리검사를 선정해야 한다. 내담자가 자신의 성격을 이해하기 위해 심리검사를 실시하고자 하는 경우, 성격을 이해하고 싶은 이유를 물어보고, 성격 이해를 바탕으로 직업을 선택하고자 한다면 진로와 관련된 검사를 활용할 수 있다. 셋째, 사용할 수 있는 다양한 심리검사의 특성을 고려하여 가장 적절한 심리검사를 선정해야 한다. 이를 위해 상담자는 다양한 심리검사에 대해 공부하고, 신뢰도와 타당도, 문화공정성, 실용성을 고려하여 심리검사를 선정할 수 있어야 한다. 이와 같이 상담자는 심리검사에 대한 이해를 바탕으로 내담자에 대한 이해, 심리검사의 목적을 두루 고려하는 것이 필요하다.

(2) 상담의 한 과정으로 심리검사의 선정 시 유의사항

일반적으로 좋은 심리검사를 선정하는 것도 중요하지만, 심리검사 또한 상담의 한 과정이므로 상담자는 상담과 연계하여 어떤 과정으로 심리검사를 선정할 것인가에 대해 생각해 볼 필요가 있다. 내담자는 심리검사에 대한 불안이나 두려움을 느낄 수 있고 이는 상담의 전 과정에 영향을 미치게 될 수도 있다. 그러므로 심리검사를 선정할 때는 검사자가 모든 것을 정하기보다는 내담자와 함께 심리검사를 선정함으로써 상담을 더 좋은 방향으로 이끌 수 있는 계기로 활용할 수 있을 것이다.

검사자가 상담을 위해 내담자와 함께 심리검사를 선정할 때는 몇 가지 사항에 유의할 필요가 있다. 첫째, 심리검사가 주는 불안을 낮추기 위해서는 내담자에게 심리검사의 목적이 내담자를 평가하려는 것이 아니라 내담자 스스로가 자신을 더 잘 이해할 수 있도록 돕는 것이라는 점을 분명하게 밝혀야 한다. 또한 어떤 결과가 나오더라도 상담자는 내담자를 수용할 것이라고 느낄 수 있게 해 주어야 한다.

둘째, 가능하면 상담과정에서 어떤 심리검사를 사용할 것인지에 대해 내담자와 의논하는 것이 필요하다(Duckworth, 1990; Healy, 1990). 심리검사의 목적과 특성을 알면 내담자는 심리검사 결과를 통해 더 많은 도움을 받을 수 있게 된다. 심리검사가 자신에게 도움이 된다고 생각하는 내담자는 심리검사를 더 성실히 수행한다. 예를 들면, 능력검사를 받는 내담자가 심리검사의 유용성을 인지하게 되면 자신의 능력을 보여 주기 위해 최대한 노력하며 심리검사에 임하게 된다. 그리고 내담자가 심리검사의 선택 과정에 참여하게 되면 심리검사 결과와 해석을 받아들이는 과정에서도 방어적 태도를 거의 보이지 않게 되고 심리검사 결과를 보다 객관적으로 인식할 수 있게 된다. 그러나 심리검사에 대한 최종적인 결정은 상담자가 해야 할 부분이다. 대신, 어떤 종류의 심리검사를 실시할 것인가를 결정하는 과정은 내담자와 함께 고민할 수 있다.

셋째, 내담자가 심리검사를 받아 보고 싶다고 말하는 내용을 있는 그대로 이해하면 곤란하다. 내담자의 요구대로 심리검사를 실시하기에 앞서 내담자가 심리검사를 요구하는 내적 의미를 탐색할 필요가 있다. 심리검사를 실시하기 전 내담자의 우울이나 불안의 중요한 문제가 있는지 여부를 먼저 확인해야 한다. 내담자는 어떤 문제에 대해서는 직접 도움을 요청할 수도 있지만, 어떤 문제는 드러내고 도움을 요청하는 것이 어려울 수도 있다. 내담자가 심리검사를 신청하는 것은 곧 핵심 문제로 안내하는 중요한 역할을 할 수 있으므로 심리검사를 선정하기 전, 심리검사의 필요성에 대한 의문을 제기할 필요가 있다.

2) 심리검사 실시

심리검사가 어떻게 실시되느냐는 심리검사 결과에 지대한 영향을 미칠 수 있다. 그러므로 심리검사를 실시하기 위해서는 심리검사의 결과에 영향을 주는 변인에 대한 이해가 필요하다. 이와 함께 심리검사가 실시될 때의 일반적인 절차와 주의사항을 알고 심리검사를 실시해야 정확한 심리검사 결과를 얻을 수 있다. 여기서는 심리검사 결과에 영향을 주는 변인과 심리검사 실시와 관련된 절차와 주의사항에 대해 살펴보고자 한다.

(1) 심리검사 실시 시 고려할 변인

심리검사를 실시할 때 고려해야 할 변인으로는 상담에서와 마찬가지로 검사자와 수검자의 라포(rapport) 형성, 검사자 변인, 수검자 변인, 심리검사를 실시하는 상황 변인 등이 있다. 제시한 변인들은 모두 심리검사 결과에 영향을 줄 수 있으므로 구체적인 내용을 다음에 제시하였다.

① 라포 형성

상담 초기 상담자와 내담자의 라포, 즉 치료 동맹을 맺는 것이 중요한 것처럼 심리검사를 실시할 때도 검사자와 수검자 간의 동맹을 형성하는 것이 중요하다. 검사자는 수검자가 심리검사에 대해 관심과 흥미를 갖고 협조적으로 검사에 임하도록 해야 한다. 그리고 검사 수행에 어려움을 느끼더라도 격려해 주고 편안한 분위기를 조성해 주어 검사를 잘 수행할 수 있도록 해야 한다. 특히 수검자의 경우 자신의 문제에 대한 통찰 능력이 부족한 경우가 많으므로 검사 시 반응을 왜곡하거나 긍정 편향된 반응을 할 수 있기 때문에 검사자는 수검자가 일상적인 행동을 있는 그대로 솔직하게 응답하도록 격려해 줄 필요가 있다. 이로 인해 수검자는 자신의 반응을 검열하거나 삭제하지 않고 연상되는 반응을 그대로 할 수 있게 된다. 상담에서 상담의 동기가 중요하듯 검사 상황에서도 수검자가 심리검사 자극에 충분히 반응할 수 있도록 동기를 부여하여야 한다. 아무리 숙련된 검사자라도 수검자가 심리검사 상황에 협조하지 않는다면 심리검사에서 충분한 정보를 얻을 수 없을 것이다. 따라서 검사자는 수검자에게 동기를 부여하고 심리검사 수행에 대한 참여도를 높이는 자신만의 치료 동맹 기술이 있어야 할 것이다.

② 검사자 변인

앞에서 언급한 바와 같이 평가 동맹이 중요한데 평가 동맹에 영향을 미치는 중요한 요인 중 하나는 검사자의 태도이다. 낯선 상황에서 심리검사를 해야 하는 수검자는 검사자의 자세와 태도에 영향을 받게 된다. 검사자의 부드럽고 자연스러운 태도나 냉정하고 엄격한 태도는 수검자의 검사 태도에 큰 영향을 미칠 것이다. 예를 들면, 투사검사에서 신뢰할 만하고 따뜻한 분위기를 이끌어 낸다면 수검자의 반응이 자유롭고 다양하게 나타나겠지만, 딱딱하고 냉정한 분위기에서 검사를 진행한다면 수검자로부터 반감을 불러일으킬 수도 있다. 그러므로 검사자의 전문성 함양뿐만 아니라 공감 능력과 사람을 존중하는 태도는 중요한 검사자 변인이라 할 수 있다. 이 외에 검사자의 나이, 성, 직업적 지위, 수련과 경험, 성격, 외모 등의 변인도 심리검사에 영향을 미칠 수 있다.

③ 수검자 변인

심리검사는 수검자로부터 수검자에 대한 심리적 특성과 정보를 얻어야 하므로 수검자가 중요한 변인으로 작용한다. 수검자의 동기, 성격특성, 저항, 심리검사에 대한 이해 등이 이에 해당한다. 수검자는 검사에 대해 거부감, 두려움, 긴장, 불안, 저항감 혹은 지나친 기대나 의존감 등을 가지고 있을 수 있다. 따라서 검사자는 이러한 수검자의 두려움과 저항을 이해하고 심리검사가 어떤 목적으로 실시되고 수검자에게 어떤 이득이 있는지를 설명함으로써 내담자의 두려움과 저항을 해소해 줄 수 있다. 만약 두려움과 저항을 해소하지 못한 채 심리검사가 이루어진다면 수검자에게서 얻을 수 있는 정보가 왜곡되거나 줄어들 수 있다. 이렇게 되면 심리검사 결과의 해석 또한 제한적일 수밖에 없다. 따라서 수검자의 저항이 매우 강한 경우에는 무리해서 한번에 심리검사를 진행하기보다는 중단하거나 보류하는 것이 필요하다. 예를 들어, 감정적으로 강렬한 상태에 있는 수검자의 경우 감정 상태와 정신 상태를 고려하여 정서적 안정이 이루어지고 난 이후 심리검사를 시행하는 것이 바람직하다. 수검자에 따라 다르지만 모든 심리검사를 한번에 실시하는 것보다 여러 번 나누어 실시하게 되면 검사자와 수검자 간 라포 형성이 촉진되어 더 많은 정보를 얻을 수 있다.

④ 상황 변인

심리검사가 시행되는 상황은 검사자와 수검자 변인만큼이나 다양하다. 심리검사가 시행되는 곳의 시·공간적 환경부터 심리검사 시행 기간이 이에 해당한다. 요즘은 병원에서부터 사설 연구소, 상담센터, 군대, 병무청, 법원, 교도소 등 심리검사가 실시되는 상황 및 장소가 다양해졌다. 어떤 기관에서 심리검사를 실시하든 일반적으로 심리검사는 지나친 소음이나 자극으로부터 보호될 수 있는 곳에서 실시해야 한다. 이를 위해 적절한 채광과 통풍, 안정된 자리 배치와 소음이 없는 조용한 공간이 필요하다. 특히 지능검사나 신경심리검사와 같이 정확성이 요구되는 심리검사의 경우는 특히 소음 관리에 신경 써야 한다. 종합심리검사(full-battery)를 실시하게 되면 보통 3~4시간 이상 걸릴 수 있는데 심리검사 시행 시간과 수검자의 정서적 안정도나 피로감을 고려해서 심리검사를 한번에 시행하기보다는 두세 차례 나누어 실시하는 것이 좋다. 특히 수검자의 지적 능력이나 지각의 예민함 등을 측정하는 인지적 검사와 신경·심리학적 검사의 경우는 수검자가 피로하지 않고 정서적으로 불안정하지 않는 시간과 상황에서 시행되어야 한다.

(2) 심리검사 실시

심리검사는 실시의 방법에 따라 집단검사와 개별검사로 진행할 수 있다. 각 방법에 따라 실시 절차가 다르므로 이를 숙지할 필요가 있다. 그리고 심리검사를 실시할 때 주의해야 할 점이 있으므로 심리검사 실시의 절차와 주의점을 중심으로 살펴보고자 한다.

① 심리검사 실시 절차

심리검사는 많은 수검자에게 동시에 실시하는 집단검사와 한번에 한 사람씩 실시하는 개별검사로 나눌 수 있다. 두 검사의 방법은 수검자가 처한 상황에 따라 선택할 수 있다. 예를 들면, 학기 초 학교에서 학생의 진로 검사를 전 학년을 대상으로 실시한다면 학교에서 한번에 많은 수검자를 대상으로 하기 때문에 집단검사를 실시해야 한다. 그러나 한 학생이 개인의 상황에 따라 필요한 심리검사가 있다면 한 개인을 중심으로 개별검사를 실시할 수 있다.

집단검사는 학생을 조사, 진단, 예측하는 기능을 주로 활용한다. 먼저, 학교 등 단체에서 심리검사의 목표에 맞는 표준화검사 계획을 수립한 후, 매뉴얼대로 심리검사를 실시한다. 이때 교사를 대상으로 심리검사 실시 · 해석방법에 대한 연수를 진행할 수도 있다. 다음으로 학급이나 집단별로 심리검사의 결과를 설명하고, 개별 상담이 필요한 학생을 선정하여 따로 상담을 실시할 수 있다.

개별검사의 경우 집단검사와 달리 개인의 특성을 좀 더 면밀하게 살펴볼 수 있다. 심리검사를 신청했거나 개별검사가 필요한 개인을 대상으로 심리검사를 할 수 있다. 먼저 심리검사에 대한 오리엔테이션을 실시하는데 검사 목적, 검사 진행 절차, 시간 등 개략적인 정보를 제공하는 것이 좋다. 예를 들면, TCI 검사를 내담자에게 소개할 때는 "TCI 검사는 기질 및 성격검사로 자신과 타인의 타고난 기질과 성격을 이해함으로써 보다 나은 삶을 살아갈 수 있

[그림 1–3] 심리검사 실시 절차

도록 도와주는 성격검사입니다."라고 말할 수 있다. 만약 심리검사의 전문적인 부분까지 구체적으로 설명하면 심리검사에 대한 피로도가 높아질 수 있으므로 유의해야 한다. 이후에는 매뉴얼에 따라 심리검사를 실시하고 검사 해석을 진행한다. 검사의 결과에 따라 심층검사를 요하는 수검자를 선정하고 개별 상담을 하거나 심각한 경우 전문 기관에 의뢰하도록 한다. 이후 지속적으로 모니터링하고 종결 이후 추수 상담으로 마무리한다. 집단검사와 개별검사의 실시 절차를 정리하면 [그림 1-3]과 같다.

　② 심리검사 실시의 주의사항

　심리검사를 실시할 때 심리검사의 신뢰도, 타당도 및 윤리적 사용을 보장하기 위해 유의할 점은 다음과 같다.

　첫째, 일관성과 공정성을 보장하기 위해 표준화된 검사 시행 절차를 따라야 한다. 필요한 경우, 특별한 도움이 필요하거나 장애가 있는 수검자의 경우 법률 또는 규정에 따라 추가 시간을 주거나, 수정된 심리검사 형식을 활용하는 등 편의를 제공할 수 있다.

　둘째, 심리검사 매뉴얼에서 제공하는 적절한 채점 방법과 지침을 사용하여 수검자의 응답을 정확하게 기록한다. 주관식 문항이나 주관적 채점 기준에 대한 응답 기록 및 코딩에 대한 특별 지침에 주의하여 심리검사를 실시한다.

　셋째, 자신의 역량과 전문성 영역 내에서만 심리검사를 실시한다. 자신의 전문성을 넘어서는 복잡한 사례나 평가에 직면할 경우, 필요한 교육과 수련 경험을 통해 자격을 갖춘 전문가에게 상담하거나 의뢰해야 한다.

　넷째, 수검자가 평가의 목적과 중요성을 이해할 수 있도록 한다. 수검자가 자신의 능력을 최대한 발휘할 수 있도록 격려하고 위협적이지 않은 환경을 조성하고 수검자가 심리검사 과정에 대해 가질 수 있는 우려나 불안을 해결하도록 돕는다.

6. 심리검사 결과의 채점과 해석

　심리검사마다 정해진 채점과 해석의 기준은 다르지만 채점과 해석의 일반적인 원칙과 유의 사항이 존재하므로 이에 대한 이해가 필요하다. 예를 들면, 채점 시 참고해야 할 매뉴얼, 절차와 관련된 것은 모든 심리검사에 일반적으로 적용되는 내용이므로 이를 중심으로 채점과 해석방법을 제시하고자 한다.

1) 심리검사 결과의 채점과 해석

심리검사 결과를 채점하고 해석하려면 사용되는 심리검사와 관련된 기본 원칙 및 통계 기법에 대한 이해가 필요하다. 이를 위해 심리검사 매뉴얼을 숙지해야 한다. 매뉴얼에는 채점 절차, 해석 지침 및 규범 데이터 등 자세한 내용이 제시되어 있다. 매뉴얼에 제시된 원점수 계산 방법, 표준화 점수(예: 백분율, 표준 점수)로 변환하는 방법, 정해진 규범에 따라 점수를 해석하는 방법 등 심리검사의 채점 절차를 이해해야 한다. 일관되고 신뢰할 수 있는 채점을 위해 규정된 지침과 공식을 정확하게 따라야 한다. 또한 심리검사 결과를 해석하는 데 사용되는 규준을 알고 있어야 한다. 규준은 심리검사가 적용되는 모집단을 대표하는 참조 그룹의 검사 결과를 나타내는데 수검자의 점수를 관련 규준과 비교하여 상대적 위치 또는 기능 수준을 평가할 수 있다.

매뉴얼에 따른 채점이 이루어진 다음에는 심리검사 결과를 종합적으로 해석한다. 이때는 심리검사의 결과(점수)만으로 결론을 내리지 말고, 수검자의 문화적 차이와 개인적 차이를 고려하여 해석할 수 있어야 한다. 수검자의 문화적 배경, 언어능력, 현재 정서 상태, 호소문제 등 심리검사 결과에 영향을 미칠 수 있는 기타 관련 요인을 고려하여 정보를 통합하는 것이 필요하다. 만일 심리검사 결과에 수검자의 정보가 다양하게 제시된다면, 점수의 전반적인 패턴을 분석하고, 다양한 점수 간의 관계를 함께 고려해서 수검자의 특성을 종합적으로 파악해야 한다.

복잡하거나 익숙하지 않은 심리검사 결과를 해석할 때는 다른 전문가에게 자문을 구해야 한다. 동료 또는 상사와 심리검사 결과에 대해 논의함으로써 검사 결과 해석에서 잠재적인 편견을 나타내거나 내용을 놓치지 않고 균형 잡힌 해석을 해야 한다. 수검자의 개인정보를 다룰 때는 윤리적 지침과 법적 요건을 준수해야 하고 심리검사 결과는 수검자가 동의하는 대상, 법적 의무에 따라 승인된 대상과만 공유하도록 한다.

심리검사 결과 해석은 수검자에게 큰 영향을 줄 수 있으므로 신중하게 접근해야 한다. 검사의 해석은 각 검사별로 고유한 해석 매뉴얼이 있으므로 그 매뉴얼을 활용하되 임상적인 측면이나 수검자의 개인적인 특성 등을 다각도로 고려해야 한다. 이와 관련한 심리검사 해석 시 원칙이나 주의사항을 살펴보고 특히 상담 장면에서는 심리검사 해석시 유의사항에 대해 알아보고자 한다.

(1) 심리검사 결과 해석의 주의사항

심리검사 결과의 해석은 신중하고 전문적인 접근이 필요한 중요한 작업이다. 심리검사는 개인의 정서, 인지, 행동 등 다양한 측면을 이해하고 평가하기 위해 사용되어야 한다. 그리고 결과 해석을 통해 내담자의 개인적 특성을 이해하고 내담자가 자기 자신을 이해함으로써 더 나은 방향으로 생활할 수 있도록 해석의 내용을 잘 전달할 필요가 있다.

이를 위해 심리검사 결과 해석을 위해 다음과 같은 점에 주의해야 한다.

첫째, 심리검사는 대부분 키나 몸무게와 같이 직접 측정할 수 있는 것이 아닌, 눈에 보이지 않는 심리적인 요인을 측정하는 간접적인 측정 방법을 사용하기 때문에 실제와는 상당히 차이가 있다는 점에 유의해야 한다. 그러나 간접적인 측정 방법의 사용이 현재로서는 가장 신뢰성이 있는 것이라는 사실을 받아들이고 심리검사 결과를 가볍게 보지 않아야 한다.

둘째, 심리검사가 갖는 한계로서 지필 검사의 단점을 고려할 필요가 있다. 예를 들어, 학업성취도가 높은 학생의 경우 적성검사의 거의 모든 영역에서 높은 적성을 보이나 학업성취도가 낮은 경우는 거의 모든 영역에서 낮은 적성을 보이는 경향이 있다. 이는 바로 심리검사 문항에 대한 이해 부족으로 나타난 결과라 할 수 있다.

셋째, 심리검사 결과는 확실성이나 구체적 예언보다는 가능성의 관점에서 제시되어야 한다. 각종 심리검사의 결과는 수검자를 이해하기 위한 수단일 뿐 수검자를 판단하기 위한 것이 아니라는 점을 명심해야 한다. 표준화된 심리검사의 결과를 해석할 때 수검자의 심리검사 결과와 실제 생활을 관찰한 결과 간의 일치되는 부분을 찾아내어 종합적으로 해석할 필요가 있다.

마지막으로, 심리검사는 내담자의 이해를 확장하는 수단인 것을 인식하고 심리검사 결과를 내담자가 스스로 해석할 수 있도록 한다. 심리검사 결과는 내담자에 대해 이해 가능한 다른 정보들과 관련하여 제시되어야 한다. 그리고 상담자는 내담자가 심리검사 해석의 내용을 이해하는지 확인해야 하며 내담자가 그 정보에 대한 반응을 표현할 수 있도록 격려해야 한다. 심리검사 결과로 나타난 장점과 단점 또한 객관적으로 검토해야 한다.

(2) 심리검사 결과 해석상담 시 주의사항

심리검사 결과에 대한 해석 이후 상담을 실시할 때는 내담자가 잘 이해할 수 있도록 내담자 중심으로 해석상담이 진행되어야 한다. 내담자 중심의 해석상담이 가능하려면 몇 가지 주의해야 할 사항이 있는데 그것은 다음과 같다.

첫째, 심리검사는 내담자가 이미 가지고 있는 정보에 심리검사 자료를 추가한다는 의미로 접근해야 한다. 해석 시작 전, 내담자가 해당 심리검사를 어떻게 지각하는지 물어 그것을 제대로 이해하고 있는지 확인하는 것이 해석과정에서 매우 유용하다. 실시한 심리검사가 어떤 것인가를 내담자에게 상기시키고 심리검사의 결과를 논의하는 것이 좋다. 심리검사의 결과가 내담자의 과거, 현재, 미래 등에 어떻게 연관되며 과거의 정보와 현재의 심리검사 결과가 현재의 의사결정 및 미래의 더 장기적인 계획과 어떻게 관련되는지를 중심으로 상담을 진행할 필요가 있다.

둘째, 내담자 중심으로 해석상담이 이루어져야 한다. 전문적인 용어를 피하고 이해하기 쉬운 용어로 해석이 이루어져야 하고 결과 또한 체계적으로 제시하여 내담자가 더 쉽게 이해할 수 있게 해야 한다. 이와 함께 내담자의 심리검사 결과를 지나치게 규정짓는 것은 피해야 한다.

마지막으로, 해석상담이 끝날 무렵, 전체 해석 결과를 내담자가 직접 요약하도록 한다. 요약 후에는 내담자가 생각한 것과 불일치하거나 오해하는 점들을 충분히 상담 장면에서 이야기할 수 있도록 한다.

7. 심리검사의 윤리적 사용

좋은 심리검사를 선택하여 실시하고 채점, 해석하는 과정의 모든 부분에서 우리는 윤리적으로 심리검사를 사용하고 있는지 고려해야 한다. 이 장에서는 심리검사의 윤리적 사용을 위해 심리검사를 실시할 수 있는 자격, 심리검사자가 갖추어야 할 지식과 경험에 대해서 살펴보고자 한다.

1) 심리검사를 실시할 수 있는 자격

심리검사를 실시하는 사람은 심리학 또는 관련 분야에서 적절한 교육, 전문 지식을 갖추고 일정한 자격을 취득해야 한다. 심리검사는 상담과정에서 내담자의 다양한 심리적 특성을 다루어야 하므로 일정한 자격이 없는 사람이 실시할 경우 윤리적으로 심각한 문제가 생길 수 있다. 만약 일정한 자격을 갖추지 않은 사람이 심리검사를 실시한다면 심리검사 실시의 과정과 결과를 신뢰할 수 없을 것이고, 그 결과 내담자의 복지에도 나쁜 영향을 미칠 것이다. 상담 윤리에서 내담자의 복지는 가장 우선시되어야 할 부분인데 이 부분이 검사자에 의해 문제가 생긴다면 내담자의 복지는 처음부터 보장되지 않는 것과 같다.

전문성을 확보하기 위해서는 각 상담 관련 학회의 심리전문가로의 자격을 갖추거나 각 심리검사 사용 자격을 취득하도록 되어 있다. 심리검사 자격에 관한 전문적 태도와 관련한 것은 학회의 윤리 강령에서도 제시하고 있는데 자격을 갖추더라도 끊임없는 수련을 통해 전문성을 발달시키기 위해 지속적으로 노력해야 한다. 대부분의 경우 자격과 교육은 전문 기관과 학회에서 관리, 감독한다.

2) 심리검사자가 갖추어야 할 지식과 경험

심리검사자는 전문적으로 심리검사를 수행하기 위해 심리학, 통계학, 윤리학 등 다양한 분야를 아우르는 지식과 능력 그리고 경험이 필요하다.

심리검사자가 갖추어야 할 주요 지식과 경험은 다음과 같다.

첫째, 심리학의 기본 원리와 이론에 대한 깊은 이해가 필요하다. 인지, 정서, 사회, 발달 등 다양한 심리학 분야에 대한 지식을 통해 인간에 대한 이해가 깊어지기 때문이다. 그리고 심리검사의 이론적 기반을 이해하고 해당 이론을 실제 상황에 적용할 수 있어야 한다.

둘째, 통계학을 이해하여 데이터를 수집, 분석하고 해석할 수 있어야 한다. 그리고 심리검사 결과의 통계적 유효성을 평가하고 해석할 수 있어야 한다. 심리검사자는 통계 프로그램을 사용하여 검사 데이터를 분석하고, 요인 분석을 수행하고, 문항반응이론 분석을 수행하고, 검사 검증 및 등재를 위한 고급 통계 기법을 적용하는 데 능숙해야 한다.

셋째, 연구 방법론에 대한 지식은 심리검사자에게 매우 중요하다. 심리검사 연구에 사용되는 다양한 연구 설계, 데이터 수집 기법, 통계 절차를 이해해야 한다. 이를 위해서는 실험 설계, 설문 조사 방법, 샘플링 기법 및 통계적 추론에 대해 숙지해야 한다.

넷째, 다양한 심리검사 도구와 방법론에 대한 지식을 습득해야 한다. 검사의 목적과 대상자의 특성에 따라 적절한 도구를 선택하고 사용할 수 있어야 한다. 심리검사자는 검사 결과를 해석하여 결과를 명확하고 의미 있는 방식으로 전달하는 데 능숙해야 한다. 여기에는 검사 데이터를 분석 및 요약하고, 종합적인 보고서를 작성하며, 내담자, 연구자 또는 의사결정권자와 같은 이해관계자에게 적절한 해석을 제공하는 것이 포함된다.

다섯째, 심리검사자는 심리검사 사용에 적용되는 윤리적 원칙과 지침을 잘 이해하고 있어야 한다. 검사 보안, 검사 공정성, 기밀 유지 및 사전 동의와 관련된 문제를 알고 있어야 하며 심리검사의 윤리와 법적 책임을 이해하고 준수해야 한다.

여섯째, 다양한 심리적 문제와 도전에 대처할 수 있는 능력이 필요하다. 검사 결과를 해석하고 개별 내담자나 단체에 적절한 조언을 제공하는 능력이 중요하다. 이와 함께 이론적 지식뿐만 아니라 현장에서의 경험이 중요하다. 다양한 대상자와 함께하는 상황에서 검사를 수행하며 경험을 쌓아야 한다. 심리검사자는 표준화된 절차에 따라 검사를 시행하고 채점하는 실무 경험이 있어야 한다. 또한 지침, 시간, 환경적 고려사항 등 표준화된 시험 관리의 중요성을 이해해야 한다.

일곱째, 상담자로서 내담자와 원활하게 의사소통하고 상담하는 기술이 필요하다. 결과를 이해하기 쉽게 전달하고, 내담자와 협력적으로 작업할 수 있어야 한다.

마지막으로, 심리검사자는 끊임없이 학습해야 하고 심리검사 분야의 최신 연구, 발전 및 사례에 대한 최신 정보를 얻어야 한다. 전문성 개발 활동에 적극적으로 참여하고, 학술대회에 참석하고, 전문 조직 및 네트워크에 참여해야 한다.

심리검사자의 역할은 다양하고 중요하기 때문에, 심리학과 관련 분야에서의 교육과 경험이 풍부하며, 윤리적인 원칙을 준수하는 것이 필수적이다. 또한 국가 또는 지역의 심리검사자 인증 및 라이선스 요구 사항을 지켜야 한다. 이와 관련한 것은 한국심리학회(https://www.koreanpsychology.or.kr), 한국상담심리학회(https://krcpa.or.kr), 한국상담학회(https://counselors.or.kr) 등 각 학회의 윤리규정에서 제시하고 있으므로 이 사항을 숙지하고 준수하기 위해 노력해야 한다.

참고문헌

김계현, 황매향, 선혜연, 김영빈(2012). 상담과 심리검사. 학지사.

김영환, 문수백, 홍상황(2005). 심리검사의 이론과 실제. 학지사.

김재환(1984). 상담과 심리검사: 심리검사의 치료적 활용.

이우경, 이원혜(2019). 심리평가의 최신 흐름. 부산학교상담학회 자료집. 학지사.

천성문, 이영순, 박명숙, 이동훈, 함경애(2021). 상담심리학의 이론과 실제(4판). 학지사.

Aera, A. P. A. (1999). *Standards for educational and psychological testing*. American Educational Research Association.

Cattell, R. B. (1963). Theory of fluid and crystallized intelligence: A critical experiment. *Journal of Educational Psychology, 54*(1), 1–22.

Duckworth, J. (1990). The counseling approach to the use of testing. *The Counseling Psychologist, 18*(2), 198–204.

Shertzer, B., & Stone, S. C. (1980). *Fundamentals of Counseling* (3rd ed.). Houghton Mifflin.

제 **2** 장

심리검사를 위한 면담

- 심리검사를 실시하기 전에 진행하는 면담의 목적과 종류에 대해 알아본다.
- 면담에서 파악해야 할 내용을 알아본다.
- 면담 기술에 대해 알아본다.
- 면담과정에 대해 알아본다.

심리검사를 실시하고 해석하는 과정에서 내담자에 대한 다양한 정보가 필요하다. 내담자의 정보를 파악하고, 내담자를 전체적으로 이해하기 위해서는 평가면담이 중요하다. 심리검사를 위한 평가면담은 치료적 면담과 다를 수 있다. 이 장에서는 내담자의 심리상태를 평가하기 위해 진행하는 면담을 소개하고자 한다. 평가면담의 목적, 면담의 형식, 면담에서 파악해야 할 내용, 면담 기술, 면담과정이 제시되어 있다.

상담 장면에서 만나는 내담자들이 보이는 중상들은 병원이나 임상 장면에서 만나는 내담자들과 비교를 하면 문제가 심각하지 않다. 현실 판단력이 아주 없거나 망상과 같은 사고장애, 정서조절의 심각한 어려움을 보이는 내담자들보다는 발달과정에서 경험하는 학업, 진로, 대인관계문제, 분노와 같은 정서문제를 호소하는 경우가 많다. 따라서 상담자들이 심리검사를 하지 않고, 면담만으로 일차적인 평가를 하고 치료적 개입을 하기도 한다. 상담자의 이러한 일차적인 평가는 자칫 평가를 소홀히 하게 만들고, 정확한 평가 없이 상담을 시작하거나, 상담 진행을 하고 나서 내담자가 이해가 안 될 때 심리검사를 실시하기도 한다. 이러한 과정은 바람직하지 못하다.

상담을 시작하기 전에 내담자를 평가하는 것은 중요하다. 평가와 진단의 주목적은 내담자의 문제 상태를 평가하여 긍정적인 해결책을 제공하고, 성장을 하는 데 필요한 치료계획을 지원하는 것이다(Sommers-Flanagan & Sommers-Flanagan, 2017). 평가와 진단 및 치료계획을 세우는 것은 일정한 순서대로 진행되는 것이 아니며, 전문성이 요구되고 내담자와 협력적으로 이루어져야 한다. 면담에서 이루어지는 내담자의 전반적인 기능의 평가는 여러 가지 내용이 포함된다. 상담자는 면담을 통해 내담자의 호소문제에 대한 포괄적인 정보 및 문제와 관련된 역사적 정보를 파악하고, 이를 통해 내담자를 이해할 수 있다. 또한 면담과 함께 수행되는 정신상태검사, 간단한 선별 척도를 통해 내담자의 증상과 증상의 심각성에 대한 전반적인 정보를 수집할 수 있다.

상담자는 내담자의 문제에 대한 정확한 평가를 한 후에 내담자에 맞게 상담을 진행하는 것이 효율적이다. 평가면담을 위해 상담자는 이상심리에 대한 지식뿐만 아니라 심리평가, 면담방법에 대한 체계적인 훈련이 필요하다. 이 장에서는 평가를 위한 면담에 대해 초점을 두고 소개하고자 한다.

1. 평가면담과 치료적 면담

평가는 주로 내담자에 대한 행동관찰, 면담, 심리검사 등을 통해 이루어진다. 특히 심리검사는 내담자를 면밀하게 이해하기 위한 목적으로 타당화한 다양한 설문과 검사 도구를 통해 내담자의 반응을 알아보고, 이 반응을 통해 내담자의 문제를 이해하는 자료를 얻고자 한다. 내담자가 호소하고 있는 문제와 검사에서 나타난 내담자의 반응과 반응패턴을 이해하기 위해 검사 전 내담자와 관계 형성을 하고 내담자의 상태를 이해하기 위한 면담을 평가면담이라고 할 수 있다.

평가를 위한 면담은 상담 초반에 이루어지고, 심리적인 어려움과 증상의 의미를 이해하기 위한 관련 정보를 얻는 데 더 초점을 둔다. 평가면담의 경우 의뢰된 문제 내용과 의뢰사유에 따라 면담 질문과 내용, 절차가 조금씩 달라질 수도 있다. 예를 들어, 정신과적 진단평가 사례인지, 법적 판단을 위한 감정사례인지, 치료를 위한 심리적 특성 평가인지에 따라 평가 내용이 다르다. 평가면담의 경우 더 객관적이고, 사실적인 정보가 중요하고, 신중을 기해야 한다.

반면에 치료적 면담은 평가면담 이후에 치료 과정 전반에 걸쳐 이루어지며, 이론적 관점에 따라 면담 내용과 방향이 다르다. 그러나 치료적 면담에서도 역시 평가는 계속해서 이루어지며, 대체로 내담자의 이야기를 따라가면서 감정을 표현시키고 경청과 공감에 초점을 두면서 진행한다.

평가면담과 치료적 면담 간의 차이를 엄격하게 구별하기는 어렵지만 미묘한 차이가 있다. 이러한 차이는 면담의 목적, 상담자의 훈련 경험, 면담 시간 등 여러 요인에 의해 영향을 받는다. 평가면담에서 상담자가 내담자의 병리적인 문제를 평가하는 데 지나치게 초점을 두다 보면 내담자의 문제가 드러나는 것을 막아 버리기는 경우가 있다. 상담자가 내담자의 이야기를 잘 경청하고 공감하는 반응에 초점을 둘 때 내담자의 정신병리와 문제를 진단하는 데 도움이 되는 정보를 얻을 수 있다.

2. 면담의 목적

내담자들은 여러 가지 심리적인 문제로 도움을 받고자 상담기관을 방문한다. 상담자는 내담자의 문제의 특징과 원인을 이해하고, 그 문제를 해결하도록 도와주는 역할을 한다. 그러나 내담자들은 처음 상담을 하러 올 때 '내 문제가 심각하지 않을까?' '솔직하게 말을 해도 될까?' 등 걱정이나 불안이 많다. 따라서 면담의 첫 번째 목적은 내담자를 안정시키고 편안한 상태가 되도록 하는 것이다. 이를 위해 상담자는 내담자를 존중하고 친절히 대하며 내담자의 이야기를 잘 경청하고 신뢰관계를 형성하는 것이 중요하다.

면담의 두 번째 목적은 내담자의 정신병리와 증상의 심리적 의미를 이해하고, 치료계획을 세우는 것이다. 내담자들은 자신의 문제를 정확하게 모르는 경우도 있고, 모호하게 이야기하는 경우도 많다. 내담자의 문제는 다차원적이고, 사회적 맥락에서 복잡하게 일어난다. 상담자들은 내담자의 문제의 특징과 문제와 관련된 요인들의 복잡한 상호작용을 구별하기 위해 세밀하게 평가할 필요가 있다. 일반적으로 호소문제의 종류와 특징, 그리고 현재 문제와 관련된 심리사회적 배경정보에 대해 구체적으로 알아봐야 한다. 이를 통해 상담자들은 내담자의 정신병리와 증상의 심리적 의미를 추론하고 이해할 수 있다. 또한 정신병리와 정서적 갈등 간의 관계를 이해하는 것은 치료계획을 세우는 데 도움이 된다.

면담의 세 번째 목적은 면담을 통해 얻은 정보들을 내담자를 이해하고 평가, 해석하는 데 활용하는 것이다. 내담자에 대한 면담 정보가 없이 심리검사를 해석하는 것은 어렵다. 면담 정보와 검사 결과를 가지고 내담자에게 적합한 해석과 보고서 작성이 되어야 한다. 따라서 심리검사 결과를 정확하게 이해하고 해석하기 위해서는 검사 전에 내담자의 기본적인 정보와 심리상태를 알아야 한다.

3. 면담의 종류

심리검사를 위한 면담은 접수면담 시 또는 심리검사를 실시하기 전에 이루어진다. 평가면담은 개방적이고 신뢰할 수 있는 분위기에서 진행할 때 내담자에게 다양한 정보를 얻을 수 있다. 면담을 진행하는 방법은 비구조화된 방식으로 이루어지기도 하고, 구조화된 방식과 반구조화된 방식으로 진행하기도 한다.

1) 비구조화된 면담

비구조화된 면담은 상담자가 면담에서 파악해야 하는 내용은 있으나 형식과 절차를 미리 정해 두지 않고, 내담자와 상호작용 과정에서 면담 내용을 구체화하면서 내담자에 대한 정보를 파악, 수집하는 면담을 말한다. 대체로 심리검사를 신청한 이유나 상담에서 도움받고자 하는 문제를 중심으로 내담자의 특징, 내담자의 처해진 상황에 대해 내담자의 이야기를 따라가면서 유연하게 질문하고, 상담자가 파악하고자 하는 것들을 다양한 맥락에서 알아낸다. 구조화된 면담에 비해 내담자에 대한 풍부한 자료를 얻을 수 있는 장점이 있는데 이러한 자료를 얻기 위해서는 상담자의 숙련된 기술과 자원이 필요하다. 상담자가 숙련된 경험이 많지 않으면 내담자의 적절한 정보를 파악하지 못하는 경우가 많다. 상담자들이 풍부한 경험이 쌓이면 내담자에게 언제 질문을 하고, 언제 침묵을 하며, 언제 명료화를 해야 하는지를 알고, 면담에서 파악해야 될 내용을 자연스럽게 파악하는 것이 가능하다.

2) 구조화된 면담

정신장애 진단체계가 개발되면서 구조화된 면담도구가 개발되기 시작하였다. 구조화된 면담에서는 내담자들에게 파악해야 할 내용, 질문, 진행방법, 반응을 기록하고 분류하는 방법들이 표준화된 방식으로 제시되어 있으며, 해석에 도움이 될 수 있는 기준들이 포함되어 있다. 구조화된 면담 중 하나는 진단 정보를 제공하기 위한 것과 증상의 심각도를 평가하는 정신상태검사나 우울과 단일 증상의 심각도를 평가하기 위한 면담이 있다. 구조화된 면담은 면담 절차와 질문이 구체적으로 제시가 되어 신뢰성이 있으며, 초심자들이 훈련을 통해 접근하기가 용이하다. 그러나 구조화된 면담의 경우 내담자의 상황과 문제에 따라 융통성 있게 접근할 수 없다는 한계가 있다. 또한 구조화된 방식으로 면담을 진행할 경우 내담자들에게 심문받는 느낌을 줄 수 있어 상담자가 내담자를 편안하게 느끼도록 하면서 진행하는 상담자의 역량을 갖추는 게 좋다.

한편, 상담자들이 면담과정에서 비구조화된 면담과 구조화된 면담의 장단점을 살린 반구조적 면담을 이용하는 방법도 있다. 반구조화된 면담은 임상가의 판단에 따라 내용과 절차를 수정하고 상황에 따라 구조화된 면담을 통합해서 사용할 수 있다(김재환 외, 2019).

4. 평가면담의 내용

평가면담에서는 내담자의 부적응적인 문제나 심리검사를 하고자 하는 이유, 문제와 관련된 환경과 생활, 개인의 발달적 정보, 가족 정보들을 포함하여, 면담 시 내담자에게 보이는 말, 표정, 자세 등을 참고로 내담자에 대한 상태를 평가할 수 있다. 상담자가 이용하는 평가 내용과 기록지는 다양하지만 이우경과 이원혜(2012)가 제시한 초기면담기록지 (〈표 2-1〉 참조)는 상담자들이 내담자들에 따라 파악해야 하는 내용들이 구체적이고 통합적으로 제시하고 있다. 이런 평가 내용들을 구체적으로 살펴보면 다음과 같다.

표 2-1 초기면담기록지

| 성명: | 연령/성별: | 평가일: | 평가자: |

주요 호소와 증상

1. 주호소
2. 현 병력
    - 스트레스 요인
    - 증상
    - 이전 문제 이력
    - 문제의 진행과정
3. 기분 및 정도(유형/안정성/적절성)
4. 사고내용
    - 자살사고
    - 망상
    - 강박사고
    - 환각

개인 및 사회영역

1. 아동 및 청소년기
    - 성장과정
    - 성격
    - 건강상태 및 신체 질병
    - 교우관계
    - 교육(최종학력/학업성취/학업문제)
    - 학대(신체적/성적)
2. 가족력
    - 가족환경
    - 부모(연령/직업/성격/환자와의 관계)
    - 형제자매와의 관계(연령/직업/성격/환자와의 관계)
    - 가족력(가족 및 친척들의 질병유무)
3. 성인기
    - 결혼(결혼연령/횟수/자녀수, 연령, 성별/부부문제 등)
    - 배우자(연령/직업/성격/환자와의 관계)
    - 현재 생활환경(동거인/주거/지역/지지망/경제력 등)
    - 직업력(현재 직업/과거 직업력)
    - 대인관계(친구/소속단체)
    - 군대
    - 법적인 문제

4. 과거 신체질환 여부
 ‒주요 병력
5. 물질남용
 ‒종류/사용기간/양/빈도
 ‒사용 상황/이용
 ‒결과(의학적, 직업적, 법적, 재정적)
6. 성격특성
 ‒성격(일생의 행동양식)
 ‒성격의 장점/단점
7. 자살 및 자해시도
 ‒상황/방법/횟수
 ‒결과

출처: 이우경, 이원혜(2012).

1) 비언어적인 행동

　면담이나 심리검사를 실시하는 동안 내담자가 보이는 비언어적인 행동특징들은 내담자가 호소하고 있는 문제, 증상을 이해하는 데 도움을 줄 수 있다. 내담자의 위생상태, 외모나 옷차림, 신체 자세나 태도, 면담 시 표정과 언어표현, 반응방식은 내담자의 정신병리, 성격특성, 정서, 대인관계 방식을 추론하는 데 도움이 된다.

　내담자의 위생상태, 외모, 옷차림은 내담자가 스스로 자기관리를 할 수 있는지를 알 수 있는 대표적인 지표 중 하나이다. 내담자가 청결한지, 시기와 환경에 적절한 옷차림을 하고 있는지를 관찰해야 한다. 신체 자세나 태도는 하루아침에 만들어지는 것이 아니다. 내담자의 정서 상태가 자세로 드러난다. 자세가 반듯한지, 구부정한지, 회피적인지, 저항적인지, 정서적으로 안정이 안 되어 있는지, 느리거나 지체되어 있는지, 힘이 없는지, 협조적인지 등의 태도와 자세를 통해 내담자의 상태를 이해할 수 있는 유용한 정보를 얻을 수 있고, 내담자 문제를 추론할 수 있다.

　내담자의 면담 내용도 중요하지만 면담 시 보이는 표정, 언어표현 방식들이 중요하다. 무표정한지, 흥분되어 있는지, 우울한지, 불안한지, 자신의 이야기를 논리적으로 이야기하는지, 장황하게 하는지, 침묵으로 일관하는지 등의 면담 시 태도와 표현방식은 중요한 관찰사항이다.

2) 내담자의 기본 정보

내담자의 인적사항과 배경정보와 같은 것들은 신청서나 의뢰서에 포함되어 있는 경우도 있다. 내담자를 이해하거나 위기 상황에서 연락을 하기 위해 기본적인 인적 정보들을 구체적으로 알아야 한다. 예를 들어, 내담자 주소, 전화번호, 나이, 성별, 결혼 상태, 직업, 직장 또는 학교, 긴급 상황 발생 시 연락처 등을 파악해야 한다. 이러한 내담자의 기본적인 인적 자료는 삶의 궤적이며, 내담자 문제를 이해하는데 중요하다. 그러나 상담자는 처음부터 정확하게 물어봐야 하는 기본적인 인적사항도 있지만 면담과정 중에 관련한 내용을 표현할 때 이에 대해 질문하거나 구체화하여 파악할 수 있다.

3) 호소문제

상담자는 내담자가 도움을 받고자 하는 어려움이 무엇인지, 이 시점에서 왜 상담을 하게 되었는지에 대해 물으면서 면담을 시작한다. 상담자는 내담자의 문제나 기능이 인지적·정서적·행동적·관계적 측면에서 어떻게 나타나는지를 평가하고, 내담자의 가족이나 주변 사람들이 문제를 어떻게 보고 있는지를 질문함으로써 내담자의 문제에 대해 더 객관적인 평가를 할 수 있다.

특히 상담자는 내담자들이 호소하는 문제에 대해 구체적으로 파악해야 한다. 내담자가 자신의 문제를 자세히 설명하도록 격려하면서 문제의 특징(문제가 무엇인지, 문제의 심각성 정도와 빈도, 문제의 지속기간은 어떠한지), 문제의 역사(문제가 언제 시작되었는지, 문제가 발생했을 때 어떤 사건이 발생했는지, 어떤 요인이나 사람들이 상황에 기여했는지), 이전 문제 이력(문제가 이전에도 발생했는지, 그때의 결과는 어땠는지, 문제를 해결하려고 어떻게 노력해 왔는지), 문제의 유지요인(문제가 어떻게 유지되고 있는지, 어떤 요인이 작용하는지)에 대한 정보를 구체적으로 알아보아야 한다.

한편, 상담을 받기보다는 심리검사를 통해 자신의 객관적인 심리상태를 평가받고자 오는 내담자들이 많다. 이러한 경우는 어떤 계기로, 왜 심리검사를 받으려고 하였는지를 살펴보아야 한다. 심리검사를 받고자 하는 이유 속에 내담자가 어려워하는 문제가 있다. 예를 들어, 내담자들이 자신의 성격을 알아보고 싶어서 심리검사를 받고 싶다고 하는 경우 내담자가 성격을 알고 싶은 이유가 있을 것이다. 이러한 이유를 알아보고자 구체적으로 질문하다 보면 대인관계 문제와 같은 내담자의 진짜 힘들어 하는 문제가 드러나는 경우가 있으며, 이를 바탕으로 내담자가 심리검사를 통해 원하는 문제 해결 방안을 찾도록 내담자에게 도움을 주는 과정이 필요하다.

상담자는 호소문제와 관련된 질문들을 통해 내담자에게 다양한 정보를 얻을 수 있다. 다음과 같은 질문들이 사용될 수 있다.

─상담을 통해 도움받고 싶은 문제가 무엇인가요?

─어떤 문제로 오시게 되었나요?

─심리검사를 통해 알고 싶은 부분이 어떤 것인가요?

─그런 어려움이 현재 생활을 어떻게 방해하고 있나요?

─언제부터 그런 어려움이 발생하였나요?

─그때 어떤 일이 있었나요? (상황, 관계, 생각, 감정 등을 자세히 들어 본다.)

─어떻게 대처해 왔나요? (문제 경과 및 대처과정)

4) 발달사적 정보

내담자의 현재 문제와 정신병리 파악을 하는 것과 더불어 이러한 문제와 증상을 유발하고 있는 역동적 특징이 무엇인지와 어떻게 해서 내담자가 현재의 성격과 특성을 갖게 되었는가 하는 발생학적인 측면을 이해하는 것이 필요하다. 이를 위해 앞에서 파악한 호소문제를 통한 내담자의 증상과 병리, 발달사적 정보를 통한 내담자의 강점, 인생 전반에 걸쳐 어떤 내적 및 외적 자극이 있었으며 그에 대한 반응은 어떠했는지를 살펴볼 필요가 있다.

대부분의 내담자의 문제는 내담자의 성장과정과 사회적 환경과 연관되어 있다. 상담자가 파악해야 할 발달사적 정보는 호소문제와 연관된 내담자의 성장과 발달과정을 검토하는 것이다. 내담자의 문제와 관련된 아동기의 경험과 특징이 내담자의 성격이나 대인관계 방식에 중요한 영향을 미친다. 따라서 유아기, 아동기, 청소년기, 청년기 및 성인기 등 각 발달단계에서 어떤 특징이 있었는지, 그 시기에 발달과제들을 적절하게 해결했는지를 파악할 필요가 있다. 각각의 발달 시기에 내담자들이 어떻게 성장하였고, 성격특성은 어떠한지, 건강상태 및 신체 질병은 없었는지, 주요 대인관계와 대인관계 방식은 어떤지, 학교생활과 학업성취 수준은 어떠했는지, 자라면서 외상이나 학대 경험은 없었는지, 어려움은 어떻게 극복했는지 등을 상세히 파악하는 것이 좋다.

─상담에서 도움받고 싶은 부분이 어린 시절 경험과 연관된 것은 무엇인가요?

─어렸을 때 누구와 함께 자랐나요? 그들과의 관계는 어땠나요?

－발달과정(유아기, 아동기, 청소년기, 청년기, 성인기)에서 특징적인 경험은 무엇인가요?

－정상 분만을 하셨다고 들었나요? 발달(신체, 언어, 상호작용)이 정상적이었다고 들었나요?

－어린 시절 성격은 어땠나요?

－학교생활은 어땠나요? (초 · 중 · 고 시기별로)

－학교 다닐 때 친구들과의 관계에 대해 이야기를 해 주세요

－학업은 어땠나요? (시기별로)

5) 가족력

　내담자의 발달력을 탐색하다 보면 가족들에 대한 정보가 포함된다. 대부분의 내담자의 문제는 가족 맥락 속에서 발생하는 경우가 많다. 내담자의 가족환경이 어떠한지, 경제적인 어려움은 없었는지, 가족들과의 상호작용이 어떠했는지가 내담자의 성격형성과 심리적 갈등에 영향을 미친다. 상담자는 이러한 측면들을 고려하여 부모의 연령, 직업, 성격, 내담자와의 관계, 형제자매에 대한 정보(연령, 직업, 성격, 내담자와의 관계), 가족 간의 갈등 여부, 가족의 갈등이 내담자에게 미친 영향, 내담자의 문제 발생이 가족에게 미친 영향을 알아보아야 한다. 이러한 정보들을 파악하는 데 객관적인 측면도 중요하지만 정서적인 측면 또한 중요하다. 다음과 같은 질문들을 통해 내담자의 가족력을 알아볼 수 있다.

－집안 분위기는 어땠나요?

－부모님의 관계는 어떠신가요?

－부모님은 몇째이시고, 성격은 어떠신가요?

－부모님은 언제 결혼하셨습니까?

－부모님과의 관계는 어땠나요?

－형제자매들과의 관계는 어땠나요?

－가족들과의 관계경험이 현재에 어떤 영향을 미치나요?

－가족 중 심리장애(알코올 중독, 양극성 장애, 우울증, 조현병)로 치료받은 사람이 있습니까?

－자살하거나 자살시도를 한 가족원이 있습니까?

6) 과거 병력

내담자의 문제는 반복되어 온 경우가 많다. 신체적인 문제부터 호소문제와 관련된 문제들이 이전에 있었는지, 어떤 치료를 받았는지, 이러한 문제를 어떻게 극복하려고 노력해 왔는지에 대한 정보를 수집해야 한다. 이러한 정보를 통해 내담자의 문제의 특징, 성격적 특징, 극복할 수 있는 자원들을 알 수 있다.

- 이전에도 신체적·심리적으로 어려운 경험을 한 적이 있었습니까?
- 그때의 경험에 대해 자세히 이야기해 주시겠습니까?
- 어떤 치료를 얼마나 받았습니까?
- 어떻게 문제를 해결하였습니까?

7) 자살사고

사람들은 죽음과 관련된 이야기를 회피한다. 상담자 역시 죽음과 관련된 이야기를 하는 것에 대해 두려움을 가진다. 내담자들은 정서적 문제나 괴로움을 대처하기 위한 한 방법으로 자살을 생각한다. 내담자들이 자살에 대해 이야기할 때 상담자는 자살이 심리적 고통을 표현하는 것이며, 전문적인 지원과 지지의 필요성이 있음을 전달할 필요가 있다. 그러나 상담자들이 자살에 대해 부정적인 생각을 갖거나, 두려움을 갖게 되면 내담자들이 자살사고에 대해 솔직하게 이야기하기 어렵다.

자살의 치명적인 측면 때문에 자살사고나 자살시도에 대해 탐색해야 한다. 자살 위험에 대한 평가에는 자살의도, 자살계획 및 방법, 계획 수립 과정의 진행 상황, 내담자의 정신상태, 특히 우울이나 절망의 정도에 대한 평가가 포함되어야 한다. 자살 가능성에 대한 평가는 잠재적 위험에 대해 지속적인 관찰과 함께 평가가 이루어져야 한다. 내담자가 우울감을 호소할 경우에는 자살사고와 같은 문제들을 고려하여 평가해야 한다. 또한 내담자 위기문제로 폭력과 같은 문제 등을 보고할 수 있다. 이러한 문제는 우울, 최근의 외상 사건의 경험, 피해망상과 같은 문제를 같이 평가하고, 이로 인해 자살, 자해사고는 없는지를 평가해야 한다. 그런 문제가 발생했을 경우 자살계획을 세운 적이 있는지, 자살을 시도한 적이 있는지 등에 대해 알아보아야 한다.

자살사고에 대해 빈도, 촉발요인, 기간, 강도 등을 고려해서 평가를 하는데 면담에서 다음과 같은 질문들이 자살 평가에 사용된다.

－빈도: 얼마나 자주 자살에 대해 생각하나요?

－촉발요인: 언제 그런 생각을 하게 되나요? 무슨 일이 있을 때 그런 생각이 드나요?

－기간: 그런 생각이 시작되면 얼마나 오래가나요?

－강도: 자살에 대한 생각이 얼마나 강한가요? 그냥 머릿속에 떠오르는 정도인가요? 아니면 정말 강력해서 그 생각에서 빠져 나오지 못하는 정도인가요?

8) 약물 남용

상담자들은 내담자의 심리적인 문제에 주로 초점을 두고, 내담자들 역시 약물이나 알코올 사용을 잘 보고하지 않는 경우가 있다. 상담자들은 초기에 내담자의 약물과 알코올 사용 여부를 탐색해야 한다. 약물 남용의 평가에는 사용된 물질의 양, 사용이 통제될 수 있는지 여부 및 사용의 결과에 대한 평가가 되어야 한다.

－술이나 흡연과 같은 것들은 얼마나 하십니까?

－약물을 언제부터 시작하였습니까?

－사용하는 약물의 양이 얼마나 되십니까?

－약물을 하게 된 계기는 무엇이었습니까?

－생활에 어려움을 야기한 적이 있습니까?

5. 아동 및 청소년을 위한 면담

아동 및 청소년은 자발적으로 상담을 받고자 하는 경우가 드물고, 부모나 교사들이 의뢰하는 경우가 많다. 이러한 경우 내담자들은 자발성이 부족하기 때문에 상담자와 관계 형성이 중요하다. 또한 부모나 교사로부터 내담자 문제와 관련된 정보를 수집해야 하는 경우가 많다. 면담에서 청소년과 부모를 함께 만나 면담을 시작하고, 청소년을 먼저 만나는 게 좋을지, 부모를 먼저 만나야 할지를 결정해야 한다. 부모에 대해 저항감이 있는 내담자의 경우 부모를 먼저 만났을 때 비협조적으로 변할 가능성이 있다. 상담자는 부모를 통해 아이가 어떤 문제를 겪고 있는지를 파악해야 한다. 면담 시 부모가 호소하는 어려움이 아이의 문제일 때도 있지만, 부모가 아이상태를 받아들이지 못하여 생기는 문제일 때도 많다.

상담자는 아이가 보이는 호소문제를 구체화하면서 문제가 언제부터 생겼는지 발생학적인 원인을 찾아보는 것이 필요하다. 출생 전후의 부모의 상황과 준비도, 출생 후 아동기 때의 신체발달, 언어발달, 낯가림, 배변훈련, 발달지연 여부 등을 상세하게 알아보아야 한다. 아동들의 문제는 신체 질병과도 관련 있는 경우가 많아서 건강상태나 질병에 대해서도 물어야 한다.

부모들은 아이들의 문제를 기질적인 원인으로 이야기하는 경우가 많다. 한쪽 부모와 닮았다고 한다거나 형제들 간의 차이가 있다고 이야기하면서 아이가 가진 문제에 대해 도움을 요청한다. 이때 상담자는 부모의 결혼과정, 원하는 아이였는지, 부모들의 관계방식, 경제적 형편 등이 아이에게 어떤 영향을 미쳤는지를 파악하는 것이 좋다. 또한 부모들이 인지하고 있는 기질적인 특징, 정서조절능력, 행동적인 특징을 알아보는 것이 필요하다.

아이들을 대상으로 평가면담을 할 때 부모가 보고한 내용으로 인해 선입관을 갖지 않도록 유념하면서 진행해야 한다. 아이들이 상담실에 오게 된 이유가 무엇인지, 자신의 문제가 무엇이라고 생각하는지, 불편한 것들이 무엇인지, 본인이 생각하는 이유는 무엇인지, 학교생활 적응은 어떠한지, 학업수행은 어려움이 없는지, 또래관계는 어떻게 하고 있는지, 마음을 터놓고 지내는 친구가 있는지 등을 구체적으로 파악해야 한다.

6. 선별검사를 통한 면담

직접적인 면담을 통해 내담자의 정보를 묻고 파악할 수 있지만 내담자의 문제의 종류, 문제의 정도를 객관적으로 살펴볼 수 있는 선별척도를 이용하여 내담자를 이해하는 방법이 있다. 대표적으로 정신상태검사, 일반적인 문제 척도, 증상 체크리스트, 정신장애 진단면담 등이 있다.

1) 정신상태검사

정신상태란 내담자의 현재 심리적 기능에 관한 정보를 체계적으로 조직화하고, 평가하는 것을 말한다. 정신상태 평가를 위한 면담을 따로 진행하기보다는 내담자의 과거력과 현재 행동에 관한 기술을 통해 내담자의 정신상태를 평가해야 한다. 임상 장면과 달리, 내담자들이 심각한 정신장애를 보이지는 않아서 모든 내담자들에게 해당되는 것은 아니므로 내담자의 상태에 따라 질문해야 할 내용들이 있다. 그러나 정신상태를 파악하는 내용을 염두에 두고 면담을 진행한다면 내담자의 현재 증상을 파악하거나 내재된 정신장애를 파악할 수 있

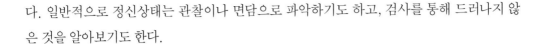

다. 일반적으로 정신상태는 관찰이나 면담으로 파악하기도 하고, 검사를 통해 드러나지 않은 것을 알아보기도 한다.

정신상태검사 내용

1. 외모(신장, 체격 및 기타 신체특징/외양에서 추정되는 연령/옷차림/자세/영양 및 위생상태)
2. 행동(활동수준/눈맞춤/말투)
3. 사고의 흐름(논리성/적절성/연상 등)
4. 언어(이해/표현의 유창함/단어사용/말의 속도와 리듬)
5. 통찰(병식)과 판단

---

(1) 일반적인 외모, 태도, 활동수준

　면담 내용 중 많은 부분이 말로 전달되지만 내담자의 비언어적인 행동을 통해 의사소통을 한다. 내담자의 현재 상태는 비언어적으로 표현되는데 대표적으로 일반적 외모, 행동, 태도로 드러난다. 상담자는 내담자의 일반적인 외모와 신체적 특징(복장, 위생상태, 신체 장애나 흉터, 비만, 홍조 등), 태도와 자세(상담자와 상호작용에 대한 접근 방식이 협조적인지, 저항을 하는지, 긴장되어 있는지), 활동수준(활동이 느리거나 부산한지), 의식수준, 눈맞춤이 적절한지 등을 파악한다. 이러한 상태들은 평균적으로 사람들이 보이는 것들과 비교하여 내담자 문제와 정도를 파악할 수 있다.

(2) 감정과 정서

　내담자가 보이는 감정, 정서는 면담에서 표현하는 내용, 표정, 움직임을 통해 유추할 수 있다. 정서는 깊이, 강도, 지속기간, 적절성 등과 같은 차원으로 평가할 수 있다. 내담자가 표현하는 주된 감정은 무엇인지, 상담자가 객관적으로 평가한 정서가 무엇인지, 정서의 깊이가 어떠한지, 정서가 어느 정도 지속되었는지, 내담자가 처해 있는 상황에 적절한 정서를 느끼고 있는지, 내담자가 면담에서 표현하는 이야기 내용과 정서가 조화를 이루는지, 부적절한지, 감정을 인식하거나 표현과 조절하는 데 어려움이 있는지, 정서가 제한되어 있거나 불안정한지를 관찰하고 평가해야 한다.

(3) 언어와 사고

상담자는 내담자와의 대화에서 언어의 질과 양을 파악해야 한다. 내담자가 사용하는 언어, 언어 유창성, 말의 시작과 흐름이 자연스러운지, 말을 단조롭게 하는지 등을 알아보아야 한다. 또한 표현하는 언어를 통해 사고내용, 사고과정을 파악해야 한다. 사고는 사고내용과 사고과정으로 구별될 수 있는데 사고내용이 비현실적인지 아닌지를 파악하고, 사고과정은 논리적인지 두서없이 이야기하는지, 사고 비약이 있는지를 내담자가 이야기하는 흐름을 통해 파악할 수 있다. 내담자의 이야기 주제가 빠르게 옮겨 다니는지, 이야기가 빈약한지 등을 내담자의 언어표현과 내용을 통해 사고과정을 추론해 볼 수 있다.

(4) 인지 기능

내담자의 지적 기능, 지남력, 기억, 주의력 및 집중력, 지각, 통찰력과 판단력을 파악해야 한다. 지적 기능은 학교나 직업, 학업성적과 같은 과거의 성취경험 등을 질문함으로써 파악할 수 있다. 지남력은 자신이 누구인지, 어디에 있는지, 과거와 현재 사건이 일어난 시간이 언제인지를 인지할 수 있는 능력을 말한다. 또한 면담과정에서 기억과 주의력 및 집중력이 어떠한지 살펴보아야 한다. 통찰력과 판단력은 자신의 문제에 대해 어떻게 이해하고 어떤 태도를 보이는지, 문제에 대한 인식능력이 있는지, 의사결정과정은 적절한지 충동적인지 등을 통해 알아볼 수 있다. 정신과적인 증상이 보일 경우 내담자에게 환각, 환청, 환시 등 지각의 문제가 있는지를 파악해야 한다.

2) 일반적인 문제 척도

대상에 따라 주로 경험하는 문제가 다를 수 있다. 상담기관에 따라 내담자들이 경험할 수 있는 문제목록들을 제시하고 체크하도록 하여 내담자들의 문제를 파악할 수 있다. 일반적인 문제 척도(Inventory of Common Problems: ICP; Hoffman & Weiss, 1986: Hays, 2013에서 재인용)는 대학상담센터에서 대학생들의 문제를 개념화하기 위해 사용할 수 있는 척도이다. 이 척도는 대학생들이 직면할 수 있는 24가지 특정 문제들을 열거하고 있는데 내담자들의 문제 영역을 쉽게 파악할 수 있다.

1. 우울하고, 슬프고, 낙담

2. 자신을 비난하거나, 비판하거나, 비난

3. 낙담하거나 실패한 것 같은 느낌

4. 자살 충동이나 걱정

5. 짜증이 나거나, 긴장되거나, 신경질

6. 두려움

7. 공포나 공황

8. 엉망인 것 같은 느낌

9. 학업 문제

10. 공부에 관심을 갖거나 집중하는 데 어려움

11. 진로나 전공 선택에 대한 어려움이나 우유부단함

12. 학교에서 해야 할 만큼 잘하지 못함

13. 연애나 성적 관계에 문제가 있음

14. 가족 문제

15. 다른 사람들과 잘 지내기 어려움

16. 외롭거나 고립된 느낌

17. 신체적 건강 문제

18. 두통, 기절, 현기증

19. 수면 문제

20. 먹는 것, 식욕, 또는 체중 문제

21. 알코올 문제

22. 마리화나 사용

23. 향정신성 약물의 복용

24. 처방받은 약물의 복용

[그림 2-1] 일반적인 문제 척도(ICP)

출처: Hoffman & Weiss (1986); Hays (2013)에서 재인용.

이 척도는 다음과 같은 여섯 가지 주요 문제 유형을 나타낸다. 우울증(문항 1~4), 불안(문항 5~8), 학업 문제(문항 9~12), 대인관계 문제(문항 13~16), 신체 건강 문제(문항 17~20), 약물 사용 문제(문항 21~24)로 5점 척도로 구성되어 있다.

한편, 다음과 같이 내담자들이 보이는 증상들을 제시하고(Whiston, 2013) 체크하도록 하여 이를 토대로 면담을 진행할 수 있다. 이러한 방식은 내담자가 갖고 있는 문제와 증상들을 전반적으로 알아보는 데에 도움이 된다.

우울 _____	정서적/육체적/성적 학대 _____	진로 문제 _____
불안 _____	폭식 _____	학업 문제 _____
스트레스 _____	구토 _____	경제적 어려움 _____
분노 조절 _____	관계 문제 _____	다문화 문제 _____
공황발작 _____	가족 갈등 _____	수면장애 _____
공포/공포증 _____	친구들과의 갈등 _____	신체적 어려움 _____
슬픔/상실 _____	직장에서 사람들과의 갈등 _____	강박적 사고 _____
자살생각 _____	관계의 부족 _____	술/약물에 대한 우려 _____
원치 않는 성적 경험 _____	우유부단함 _____	주장성의 부족 _____
기타 _____	낮은 자존감 _____	외상 경험/폭행/사고 _____

3) 증상 체크리스트 90-R

증상 체크리스트(Symptom Check List-90-Revised: SCL-90-R)는 다양한 의료 및 정신건강 장면에서 연구 및 임상 목적으로 널리 사용된다. SCL-90-R에는 신체화, 강박증, 대인예민성, 우울, 불안, 적대감, 공포불안, 편집증, 정신증 등 9개 증상 목록이 포함되어 있다. 또한 내담자의 현재 장애 수준과 심도, 증상 수, 장애의 강도 등을 파악할 수 있어 유용하게 활용될 수 있다.

4) 정신장애 진단면담

정신장애가 있는 것으로 보이는 내담자에게 DSM-5(Diagnostic and Statistical Manual of Mental Disorders, Fifth Edition)을 적용해 보는 것이 좋다. 상담자가 구조화된 면접도구인 SCID-5-CV(Structured Clinical Interview for DSM-5 Disorders Clinical Version; First, Williams, Karg, & Spitzer, 2017)를 활용할 경우 면담 내용에 대한 신뢰도와 타당도가 향상된다. DSM-5에 대한 구조화된 임상면담(SCID-5)은 주요 DSM-5 진단(이전의 1축 진단)을 내리기 위한 반구조화된 면담 지침서이다. SCID-5는 DSM-5 진단 분류와 진단 기준에 대한 교육과 훈련 경험이 필요하고, 상담자는 DSM 진단 분류 결정을 위한 면담 기술에 익숙해져야 한다. DSM을 적절하게 사용하려면 체계적인 교육과 사용 경험이 필요하다. 또한 정신장애 평가를 위해 환자 건강 설문지(Patient Health Questionare: PHQ)와 같은 설문지를 사용하여 검사 및 진단 과정을 보완하여 면담을 하는 것이 좋다.

5) 분노, 우울, 불안 등의 정서에 대한 평가

내담자의 부정적 정서들이 면담과정에서 드러나지만 그 정도나 수준이 어느 정도나 되는 지를 알아보는 것도 유용하다. 내담자들이 흔히 보는 정서들은 우울과 불안과 같은 정서이 다. MMPI와 같은 검사들을 통해 알아볼 수 있지만 면담상담 상황에서 BDI(Beck Depression Inventory)나 PHQ와 같은 척도들을 이용하여 면담 시 활용해 볼 수 있다.

또한 분노는 적대적인 태도와 공격적인 행동의 기초가 되는 보편적인 감정이다. 분노의 평가는 위기 개입을 돕고 개인의 분노와 관련된 요인에 대한 이해를 높일 수 있다. 개인의 분노는 상태나 특성 분노 표현 척도를 이용해서 평가할 수 있다. 이 도구는 16세 이상인 개 인의 분노 경험, 표현 및 통제를 측정하도록 되어 있어 활용해 볼 수 있다.

7. 면담 기술

면담을 과학이라기보다는 예술이라고 한다. 면담 기술은 단순하게 지식을 통해 배울 수 있는 것이 아니라 많은 경험을 통해 익혀야 한다. 상담자가 짧은 시간에 내담자에 대한 정보 를 파악하기 위해 내담자와 관계 형성을 하고 효과적으로 면담 시간을 활용해야 한다. 상담 자는 평가면담의 목적을 설명하고, 면담을 진행하는 것이 바람직하다. 그렇지 않으면 내담 자가 면담에서 도움받고자 하는 내용을 길게 하소연하듯이 이야기를 하여 면담에서 파악해 야 하는 내용을 언급하기 어렵게 만드는 경우가 있다. 상담에서 주로 사용하는 방법은 경청, 질문, 재진술, 감정 반영하기 등을 이용하는 것이 효과적이다.

1) 관심 기울이기와 경청하기

관심과 경청은 면담 기술의 중요한 요소이다. 상담자는 내담자의 비언어적 요소와 언어 적 요소에 주의를 기울이면서 관심을 가져야 한다. 또한 내담자의 문제와 관련된 내용들을 구체적으로 묻고, 경청해야 한다. 경청은 내담자가 이야기하고 전달하려는 메시지를 상담 자가 포착하고 이해하는 능력으로 내담자가 전하는 말의 내용뿐 아니라 내면의 동기나 정서 를 읽으면서 사려 깊은 태도로 듣고, 그 의미를 이해하는 것이다(천성문 외, 2023). 상담자는 내담자가 무슨 말을 하고자 하는지 주의집중을 하여 듣고, 내담자의 말을 있는 그대로 이해 하고, 적절한 의미를 찾기 위해 판단하거나 평가하지 않고, 듣는 것이 중요하다.

2) 질문하기

내담자의 이야기에 대해 다양한 질문을 통해 내담자 문제를 탐색하고 구체적인 정보를 수집할 수 있으므로 상담자는 질문하는 방법을 잘 알고 활용해야 한다. 질문은 개방형 질문과 폐쇄형 질문으로 나눌 수 있다. 대화내용에 따라 개방형 질문을 해야 할 경우도 있고, 폐쇄형 질문을 해야 할 경우도 있다. 개방형 질문은 내담자가 중요하게 생각하는 것들을 이야기하도록 하며, 다양한 정보를 이끌어 낼 수 있다는 장점이 있다. 개방형 질문에 대해 내담자들이 자신의 주관적인 반응을 자유롭게 이야기 할 수 있다. 예를 들어, "어떻게 심리적으로 어려운지 말씀해 주시겠어요?" "그럴 때 어떤 생각을 하시나요?"와 같은 질문으로 내담자는 자신의 생각과 감정을 이야기할 수 있다. 상담자들은 내담자들의 반응들에 대해 구체화하거나 명료화하기 위해 추가적인 질문을 하는 것이 좋다. 폐쇄형 질문은 '예' 또는 '아니요'와 같은 반응을 해야 하는 경우나 구체적인 답변이 필요한 경우에 활용할 수 있다. 예를 들어, "우울해서 상담을 받았습니까?" "자살생각을 한 적이 있습니까"와 같이 내용을 파악해야 하는 경우에 이용된다.

3) 재진술하기

재진술하기는 내담자가 전하는 말의 내용이나 의미를 상담자가 반복하거나, 부연 요약하고 설명하는 반응이다. 상담자의 재진술 반응은 내담자에게 자신의 이야기를 경청하고 있음을 알려 주어 신뢰감을 갖도록 한다. 또 내담자가 두서없이 이야기한 내용을 상담자가 재진술을 해 줄 때 자신의 이야기에 더 초점을 맞추어 이야기를 하도록 하는 장점이 있다. 이러한 재진술을 통해 내담자는 자기가 한 말을 돌아보게 되고 문제에 대한 통찰을 얻기도 한다. 평가면담에서 재진술을 하면서 내담자가 이야기한 내용 중 구체적으로 알고 싶은 내용을 질문하는 것이 효과적이다.

4) 감정 반영하기

내담자들이 상담실에 찾는 중요한 이유 중 하나는 자신의 감정을 이해받고 싶어서이다. 평가면담이지만 이러한 감정들에 대해 간과하고 넘어갈 수는 없다. 따라서 상담자는 내담자가 이야기하는 내용들에서 언어적 혹은 비언어적으로 표현하고 있는 감정들을 반영해 주는 것이 필요하다. 감정 반영을 해 줄 때 내담자들은 이해받는 느낌이 들며 자신이 처해 있는 상황에 대해 더 구체적으로 이야기하도록 한다. 그러나 내담자의 문제와 기능의 평가에 초점을 두기 때문에 적절한 반영을 하면서 기본적으로 파악해야 할 내용을 구체적으로 명료화하는 게 필요하다.

5) 감정 타당화하기

감정 타당화(feeling validation)는 내담자가 진술한 감정을 인정하고 타당화하는 기법이다. 예를 들어, '당신이 느끼는 것은 자연스럽거나 정상적인 정서 반응입니다.'라는 뜻을 전달한다. 대체로 내담자들은 자신의 감정을 부정당해 온 경험이 많다. 내담자들은 자신의 감정을 마치 느껴서는 안 되는 감정처럼 여기고, 자신이 그런 감정을 느끼는 것을 자책하거나 비난하여 겪는 고통이 크다. 상담자의 이러한 반응들은 내담자가 온전히 그런 감정을 수용하도록 하며, 자신의 감정이나 경험을 더 개방하도록 하여 상담자가 내담자를 평가하는 데 도움을 받을 수 있다.

6) 해석, 직면, 자기노출, 즉시성

면담에 사용되는 해석, 직면, 자기노출, 즉시성과 같은 여러 가지 기법들은 상담 및 치료 과정에서 더 많이 사용되는 기술들이다. 평가면담에서 이러한 기술들이 때로 초기에 사용될 때도 있지만 초기면담에서는 내담자의 증상이나 진단을 내리는 데 도움이 되는 정보에 초점을 둔 기법들을 사용하는 것이 바람직하다.

7) 구체화 및 명료화

면담 시 상담자들이 겪는 어려움 중의 하나는 내담자의 반응에 대해 좀 더 구체화하고, 명료화하는 것이다. 내담자의 반응이 모호하거나 포괄적일 때가 많다. 상담자는 내담자의 반응을 구체화하는 것이 좋다. 대체로 언제, 어디서, 무엇을, 어떻게, 왜 등의 질문을 통해 내담자의 반응 내용을 구체화시키거나 명료화한다. 상담자는 내담자에게 개방형 질문이나 재진술, 감정 반영을 통해 내담자가 자신의 이야기를 좀 더 할 수 있는 기회를 제공해야 한다.

8. 면담과정

1) 면담 준비

면담을 시작하기 전에 면담 준비를 해야 한다. 먼저, 면담 장소는 독립적으로 사생활이 보장된 곳이 필요하다. 면담 장소는 방음이 잘 되어 있고, 산만하지 않으면서 온화한 분위기의 장소를 마련하여 진행하는 것이 좋다. 또한 면담 장소는 내담자나 상담자 모두에게 안전해야 한다. 최근 들어 상담자나 치료자들이 내담자의 공격적인 성향으로 인해 위험에 노출되는 경우가 있다. 상담자는 면담 장소에 위험신호를 알릴 수 있는 장치를 설치해 놓거나 면담실 밖에 사람이 있는 안전한 곳에서 면담을 진행하여 내담자가 자신이나 타인을 해칠 가능성이 있는 경우에는 외부와 연락을 취하고, 도움을 요청할 수 있어야 한다.

둘째, 상담자는 면담을 진행하기 편안한 위치를 고려하여 자리 배치를 해야 한다. 보통 마주보거나 L자로 앉기도 하는데 시선이 자유롭고, 내담자를 관찰할 수 있는 위치가 적절하다. 평가를 위한 면담은 대체로 면담 후 검사를 실시하는 경우가 있기 때문에 마주보고 앉는 경우가 많다.

셋째, 면담 중에 기록이나 녹음을 할 경우에는 동의를 구하는 것이 바람직하다. 면담 중에 이야기한 정보를 다 기억하기 어렵기 때문에 녹음을 해서 듣거나 기록을 한다면 면담 이후 내담자 문제를 검토하는 데 유용하게 활용할 수 있다. 그러나 기록으로 인해 내담자와의 대화가 방해받지 않도록 유념해야 한다.

마지막으로, 면담 준비에서 중요한 문제는 비밀보장에 대한 것이다. 상담자는 내담자에게 비밀보장의 원칙과 한계에 대해 면담 전에 반드시 설명해야 한다. 내담자가 한 이야기에 대해 비밀을 유지해야 하며, 자살이나 다른 사람을 해칠 가능성이 있는 언급이 있을 경우는 잘 평가하고, 이를 보호자나 관련 기관에 알리고 적절한 조치를 취할 필요가 있다.

2) 상담 및 심리검사 신청서 작성하기

상담 및 심리검사 신청서는 기관마다 구비되어 있는데, 그 양식이 약간씩 다르다. 내담자들이 상담실에 오면 먼저 상담 및 심리검사 신청서를 작성하도록 한다(예: [그림 2-2] 참조). 상담자는 상담신청서를 작성하는 동안 내담자의 태도나 행동을 관찰하면서 면담할 마음을 준비하며 기다린다. 상담자는 상담신청서의 기술 내용 자체만으로도 많은 정보를 얻을 수

심리검사 ☐	사례번호		검사실시자		검사해석자	
개인상담 ☐	사례번호		접수면접자		상담자	

※ 신청일 : 20　　년　　월　　일

이름		성별	남 ☐　여 ☐
소속	학과(전공) : _____　학년 : _____　학번 : _____		
생년월일	년　　월　　일 (　)세	편입여부	없음 ☐　있음 ☐
재수여부	없음 ☐　있음 ☐ (기간　　　　)	휴학여부	없음 ☐　있음 ☐ (기간　　　　)
종교		병역	필 ☐　미필 ☐　면제 ☐
현주소			
핸드폰		E-mail	
주거사항	자택 ☐　하숙 ☐　자취 ☐　기숙사 ☐　친척집 ☐　친구집 ☐　기타 ☐		

1. 찾아오게 된 경위　　① 자진해서　　　　　　☐　　② 선배나 친구가 권해서　　☐

　　　　　　　　　　　　③ 교수님의 권유로　　☐　　④ 안내포스터나 팸플릿을 보고　☐

　　　　　　　　　　　　⑤ 기타　　　　　　　☐　　(　　　　　　　　　　　)

2. 찾아온 목적　　　　① 개인상담　　　　　☐　　② 심리검사　　　　　　　　☐

　　　　　　　　　　　MBTI ☐　HOLLAND ☐　MMPI-2 ☐　MLST ☐　TCI ☐　CTI ☐　PAI ☐　기타 ☐

3. 상담받기를 원하는 내용은 무엇입니까? (구체적으로 적어 주세요)

4. 가족사항(가족 외에 함께 사는 사람은 모두 적어 주세요)

관계	연령	학력	직업	종교	동거여부	가족에 대한 느낌

5. 전에 상담이나 심리치료를 받은 적이 있습니까? 예 ☐　아니요 ☐

　　있다면 언제 (　　　　) 어디에서 (　　　　　)

　　어떤 내용으로 (　　　　　　　　　　　　　　)

　　그만둔 이유 (　　　　　　　　　　　　　　)　　　　　　　　　　뒷면으로☞

【개인정보 수집 · 활용 동의서】

■ 개인정보보호법에 따라 학생상담센터에서 상담 및 심리검사 신청을 하시는 분께 수집되는 개인 정보의 수집 목적, 이용항목, 개인정보의 보유 및 이용기간에 대해 안내하오니 자세히 읽은 후 동의하여 주시기 바랍니다.

1) 개인정보 수집 · 이용 목적 및 수집항목

① 수집된 정보는 학생상담센터 내담자 관리 등의 업무처리 시 사용

② 학생상담센터의 내담자 관리에 필요한 최소한의 정보를 다음과 같이 수집합니다.

−필수정보: 성명, 소속, 생년월일, 휴대전화번호, E-mail /

−선택정보: 주소, 종교, 편입/휴학 등

2) 개인정보 보유 및 이용기간

① 신청서에 기입된 정보 및 신청서 보존기간: 5년간 보관

3) 필수정보에 대하여 개인정보 수집 · 이용에 미동의 시 상담센터 상담불가

※ 학생상담센터 내담자 관리에 필요한 개인정보는 내담자 관리 업무 이외의 다른 목적으로 사용하지 않습니다.

※ 개인정보보호법 15조에 따라 인적사항 및 요청자료 등을 제공하는 것을

□ 동의합니다.   □ 동의하지 않습니다.

【민감정보 수집 · 이용 동의서】

■ 학생상담센터에서 상담 및 심리검사를 신청하시는 분께 수집하는 민감정보의 수집 목적, 이용항목, 보유 및 이용기간을 안내하오니 자세히 읽은 후 동의하여 주시기 바랍니다.

1) 민감정보 수집 목적 및 이용항목

① 수집한 정보는 상담 및 심리검사 업무처리 시 사용

② 학생상담센터에서는 상담 및 심리검사에 필요한 최소한의 정보를 다음과 같이 수집합니다.

−필수정보: 상담 및 심리검사 내용

2) 민감정보의 보유 및 이용기간: 5년

3) 민감정보에 대하여 개인정보 수집 · 이용에 미동의 시 상담 및 심리검사 불가

※ 상담 및 심리검사에 필요한 개인정보는 업무 이외의 다른 목적으로 사용하지 않습니다.

※ 개인정보보호법 제23조에 의거하여 본인의 민감정보를 제공할 것을

□ 동의합니다.   □ 동의하지 않습니다.

서명: (인)

[그림 2-2] 상담 및 심리검사 신청서

출처: 천성문 외(2023).

있다. 내담자가 직접 작성한 도움받고 싶다고 보고한 내용은 내담자가 자신의 문제를 어느 정도나 인식하고 있는지에 대한 정보를 파악하는 데 도움을 준다. 상담자는 신청서를 검토하고, 동의서 작성을 안내하고, 내담자가 자신이 도움 받고자 기술한 내용을 토대로 면담을 시작해야 한다.

3) 내담자와의 관계 형성하기

면담의 주요 목적 중 하나는 상담자를 믿고, 신뢰관계 형성을 하는 것이다. 관계 형성은 내담자와 처음 만날 때부터 시작되며, 면담과정에서도 지속적으로 이루어지고, 관리가 되어야 한다. 관계 형성을 위해 상담자의 언어적 · 비언어적 태도가 중요하며, 내담자를 존중하고, 친절하게 대하는 것이 필요하다. 또한 상담자는 관계 형성을 위한 전문적인 태도와 역량을 갖추는 것이 필요하다. 상담자는 정신병리와 관련된 지식을 갖추고, 면담과정에서 정확하고 분명한 의사전달을 할 수 있을 때 내담자는 상담자를 신뢰할 수 있다(신민섭 외, 2019).

상담자들이 관계 형성을 위해 기본적으로 갖추어야 할 태도로 내담자를 만날 때 먼저 겉과 속이 다르지 않은 일치하는 태도를 가져야 한다. 이를 위해 상담자들은 인격적으로 수련할 필요가 있으며, 면담과정 중 자신의 생각과 감정을 민감하게 알아차리고, 이를 면담 장면에서 적절하게 활용할 수 있어야 한다. 다음으로, 상담자는 내담자를 무조건적 긍정적 존중을 할 필요가 있다. 내담자들은 삶에서 조건적 존중을 받고, 부모들의 조건에 맞지 않을 경우 비난과 평가를 받아 자신을 무가치하게 여긴다. 상담자들을 인간관을 건강하게 정립하고, 내담자를 존재로서 존중하면서 내담자가 겪고 있는 문제를 객관적으로 평가해야 한다. 또한 내담자를 정확하게 공감적으로 이해하는 것이다. 공감적 이해는 상담자가 내담자의 입장에서 내담자의 경험과 그가 느끼는 어려움을 이해하고자 하는 노력을 말한다. 상담자는 면담과정에서 내담자의 문제를 그 사람이 처해 있는 상황과 입장을 고려해서 왜 이 시점에서 발생했는지 정확하게 이해하고, 공감하려고 노력해야 한다. 이럴 때 내담자는 이해받고 있다는 느낌과 함께 상담자의 전문성에 대해 신뢰감을 느낄 수 있다.

4) 면담 실시

상담자는 면담을 시작하기 전에 면담의 목적을 알려 줄 필요가 있다. 특히 평가면담을 진행하기 때문에 다른 때보다 평가에 필요한 질문들을 상담자가 더 많이 할 가능성이 있다. 이러한 방식은 내담자가 오랫동안 담아 놓았던 자신의 어려움을 털어놓고 싶은 내담자의 욕구를 좌절시킬 수 있다. 따라서 면담의 의도를 충분히 전달하면서 시작할 필요가 있다. 이 과정에서 상담자는 라포를 형성하고, 치료 관계를 발전시키며, 내담자가 자신의 이야기를 말하도록 격려를 한다. 효과적인 면담을 위해서는 정보를 수집하고 치료 관계를 구축하는 것 사이의 균형이 이루어져야 한다.

상담자는 면담 시 먼저 내담자 정보를 주의 깊게 듣고 관찰해야 한다. 개방형 질문을 사용하고, 일방적으로 상담자가 이끌지 않도록 하고 내담자가 응답할 수 있는 충분한 시간을 주어야 한다. 또한 내담자의 발달 수준 및 내담자의 다른 인구통계학적 상태를 기반으로 평가 면담 내용과 방식을 바꾸어서 적용하는 것이 좋다.

내담자의 문제를 확인하고 나면 여러 관점에서 문제를 탐색하고, 문제에 대한 구체적인 정보를 수집하고, 문제의 강도를 평가하고, 내담자가 변화 가능하다고 생각하는 정도와 문제를 해결하는 데 사용된 이전 방법을 평가해야 한다. 과거에 도움이 되었거나 내담자가 미래에 도움이 될 것으로 기대하는 행동이나 사건에 대한 정보를 알아본다. 예를 들어, '과거에 문제가 발생할 가능성이 가장 낮았던 때는 언제인가?' '무엇이 문제가 악화되는 것을 막았는가?' '내담자가 상황을 개선하기 위해 취할 수 있는 작은 조치는 무엇인가?' 등이다. 이러한 질문에 대한 답변은 내담자의 문제에 대해 가능한 해결책을 고려하는 데 유용하다.

상담자는 내담자의 증상이 이전에 발생하지 않았고, 증상의 시작이 상대적으로 갑작스러웠거나, 여러 가지 의학적 장애를 겪었거나, 심리사회적 스트레스 요인이 부재하거나 경미한 경우는 내담자의 심리적 증상이 신체 질병에 의해 야기될 수 있다는 가능성을 검토해 보는 것이 좋다. 내담자가 약물치료를 받고 있다면 이러한 약물의 부작용을 검토해야 한다.

상담자는 면담의 오류를 최소화하기 위해 여러 가지 평가 방법을 고려해서 사용해야 한다. 구조화된 및 반구조화된 평가를 사용하여 데이터를 수집하고 교차평가를 한다. 내담자의 정신상태, 자살이나 폭력 같은 위기평가, 약물 남용, 건강문제에 대한 평가를 해야 하며, 이러한 문제는 내담자들이 보고하지 않으면 간과되는 경우가 있어 파악하는 것이 좋다.

한편, 내담자의 반응수준을 파악하고, 내담자가 극단적인 반응을 많이 나타내는 경우 즉각적인 상담 및 가능한 정신건강의학적 진단면담을 고려해야 한다. 또한 내담자가 문제를 최소화하거나 과장할 수 있는 가능성을 고려해야 한다. 증상의 수와 강도를 모두 사용하여 가능한 왜곡을 측정해야 한다. 내담자가 대부분의 항목을 낮은 강도로 표시하면 문제를 최소화할 수 있다. 마찬가지로, 만약 그들이 높은 강도로 많은 문제를 표시한다면, 그들은 그들의 문제를 과장하고 있을 수 있다.

5) 평가면담의 예

내담자는 대학교 4학년 남학생으로 불면과 대인관계의 어려움으로 상담센터를 방문하여 평가면담을 진행한 예이다. 상세한 내용의 평가가 이루어졌지만, 평가면담 흐름의 이해를 돕기 위해 개괄적인 내용을 제시하였다.

상담자 1	어떤 도움을 받고 싶으신가요?	호소문제 파악
내담자 1	불면증으로 잠을 못 자요. 새벽 5시까지 잠을 못 자는 경우가 많고, 그 다음 날은 하루종일 멍해요. 그날 있었던 일이 자꾸 떠오르기도 하고…….	
상담자 2	불면으로 힘드셨겠네요. 언제부터 불면이 시작되었나요?	호소문제 발생 시기 파악하고자 함
내담자 2	불면은 고3 때부터 시작되었어요. 그때부터 성적도 나빠졌고, 대학에 와서도 계속되었어요. 군대에서 불면증이 더 심했어요. 제대 후 자살생각도 하고 더 심해져서 치료도 받았어요.	고3부터 증상이 시작됨
상담자 3	어떤 치료를 어느 정도 받았나요?	이전의 치료 경험 탐색
내담자 3	병원에서 우울증이라고 해서 약도 먹고, 이야기도 하고, 많이 도움이 되었어요.	
상담자 4	치료에서 어떤 도움을 받았나요?	치료 결과를 알아보고자 함
내담자 4	불면증도 많이 줄고, 사소한 일에 신경 쓰고, 열등감이 많고, 저질스런 행동을 하는 아이들과는 안 어울렸는데 많이 대범해지고, 타인의 행동도 인정하고, 내 자신이 가치 있다고 생각하게 되었어요.	
상담자 5	치료를 계속 받았으면 좋았을텐데요?	치료를 지속하지 않은 이유에 대한 질문
내담자 5	그런데 병도 아닌 것 같고, 학교도 다녀야 하고, 돈도 부족해서 치료를 중단했어요. 가족들에게는 이야기를 아직 안 했어요.	치료 중단, 가족과의 소통 문제가 있음을 시사
상담자 6	가족들의 도움이 필요할텐데 가족들에게 이야기 안 한 이유가 있나요?	가족과 대화를 하지 않는 이유 검토
내담자 6	이제까지 늘 혼자 해결하려고 노력했어요.	내담자의 문제 해결 방법을 보여 줌

상담자 7	그러셨군요. 치료 후 좋아졌는데 현재 힘든 점은 무엇인가요?	현재 문제 명료화
내담자 7	불면이 완전히 없어지지 않고, 대인관계가 좋지 않아요. 열등의식이 많아 공부할 때 잡념이 많아 공부가 힘들어요. 취업을 해야 하는데…… 걱정이 많아요. 사실, 취업이 큰 문제가 안 되는 학과라 괜찮은데 공부가 안 되니 불안하고, 집중이 안 되고, 나 혼자 뒤떨어지는 것 같고, 시험기간 다가오면 더 불안해지고…….	
상담자 8	이런 문제가 최근에 더 심해진 계기가 있었나요?	최근의 문제가 심해진 이유 파악
내담자 8	최근 발표과제가 주어졌는데 발표 팀들과 의견 조율이 안 되고 짜증 나고…… 애들이 나를 무시하는 것 같아서 계속 생각이 나요.	
상담자 9	자살생각도 있다고 했는데 어떠신가요?	자살사고에 대한 파악
내담자 9	심하지는 않지만 힘들 때 그런 생각들이 가끔 올라와요.	
상담자 10	가끔이라면 어느 정도인가요? 실제로 자살을 시도한 적은 있나요?	자살시도가 있었는지에 관한 파악
내담자 10	힘들 때 생각하긴 하는데 시도를 한 적은 없어요. 막상 두렵기도 하고…….	
상담자 11	관계에서 무시받는다는 생각이 든다고 했는데 대인관계가 어떻게 어렵나요?	대인관계에 대한 파악
내담자 11	열등의식이 있고, 내가 모자라는 것 같아요. 비웃음을 당할 것 같고, 혹시 나를 필요한 존재로 생각하지 않을까 걱정이 돼요. 그래서 비웃음 안 당하려고 열심히 공부를 했어요. 그래서 시험 일주일 전부터 온 정신 집중을 하고, 공부가 잘 안 되면 신경질이 나요.	대인관계에서 느끼는 정서
상담자 12	많이 힘드셨겠네요. 이런 어려움이 고3 때부터 시작되었다고 하였는데 그때 무슨 일이 있었나요?	발병 상황에 대해 탐색
내담자 12	고3때 공부에 쫓기는 생각을 많이 했어요. 좋은 대학을 가야 되겠다는 압박감을 느꼈어요.	학업에 대한 압박감 시작
상담자 13	공부에 대한 압박감을 많이 느꼈나 보네요. 고3 때 더 압박감을 느꼈나요?	문제의 구체화
내담자 13	고3이라는 시기도 있었지만 어머니가 고생하는 것을 보고 그때 좋은 대학에 가야 한다는 생각을 많이 했어요. 어머니가 한탄을 많이 하고, 사람들이 없이 산다고 무시한다고 말했어요. 그때부터 불면증이 생기고 다른 애들은 꾸준히 공부하는데 나는 시험만 치면 성적이 잘 안나오고…….	공부에 대한 압박감과 어머니에 대한 감정
상담자 14	어머니가 고생하고, 한탄하는 것을 들으면서 도움이 되고 싶었	

나 봐요.

내담자 14	그러니 더 압박이 되고 스트레스, 압박을 받고, 헛구역질 하고	
상담자 15	부모님 나이는? 어떤 일을 하세요? 형제 관계는? 등의 질문이 이루어짐. 어머니에게 도움이 되고자 했던 이유는?	가족의 상황과 가족관계를 파악
내담자 15	아버지가 일찍 돌아가셨어요. 초1 때부터 어머니가 불쌍하다고 생각했어요. 어머니가 우리에게 한탄을 많이 했고, 그래서 성공해야 한다는 생각을 많이 했어요.	
상담자 16	아버지가 일찍 돌아가셔서 어머니가 힘이 드셨나 보네요.	
내담자 16	아무래도 아버지가 안 계시니 생계를 책임져야 되고…… 형편도 넉넉하지 않으니…… 한숨짓고 먼 산 바라보던 모습이 생각나요.	
상담자 17	마음이 많이 쓰이고, 부담이 되셨겠어요. 실제 학업은 어땠어요?	학업/지적인 상태 파악, 학업에 대한 부담감 이해
내담자 17	형제들보다 내가 공부를 잘했어요. 그런데 어머니가 사촌들과도 비교를 많이 했어요. 아버지가 없으니 더 잘해야 된다고…….	
상담자 18	본인의 성격은 어땠나요?	성격에 대한 파악
내담자 18	아버지가 돌아가셨는데 그때부터 좀 허전하고, 어머니가 우울하니 나도 우울했어요. 아버지가 계실 때는 사람들이 나를 좋아했는데 아버지가 안 계시니 까불다가 맞기도 했어요. 어머니도 혼자 기르는 게 힘들었는지 짜증도 많이 내고, 좀 외로웠어요. 또 전학을 어렸을 때 했는데 그때부터 기가 죽고, 친구가 거의 없었어요. 마음대로 하려는 생각은 있으나 안 되고, 기가 죽고…… 우울했어요. 혼자 외로움을 타고.	아버지 사망 이후의 변화
상담자 19	힘들 때 주로 누구에게 이야기를 했나요?	지지자원 파악
내담자 19	어머니가 항상 찡그리고 있어서 다가가기 어려웠어요. 내가 이야기를 해도 딴 곳을 바라보실 때가 많았고, 착하다, 공부 잘한다는 말을 해 주셨어요. 하지만 따뜻하지는 않고, 화를 내지 마라는 말을 자주 하셨어요. 그래서 어머니에게 사랑받으려고 좀 장난도 치고 그랬는데 어머니가 밉상이라고 하셨어요. 친구들이 나를 안 좋게 생각을 할까 걱정을 많이 해요. 형들이 있는데 다들 바빠서…….	어머니와의 상호작용과 대인관계 문제 연결
상담자 20	힘든 점을 표현하기가 좀 어렵고, 많이 담아 두셨네요.	
내담자 20	불안하기도 하고, 어머니가 싫기도 하고…… 그럴 때 아버지가 많이 생각났어요.	

상담자 21	아버지는 어떤 분이셨고, 관계는 어땠나요?	아버지와의 관계 파악
내담자 21	내가 아팠을 때 챙겨 주시던 기억이 나요. 나를 많이 귀여워해 주셨어요. 아버지가 머리도 좋고, 아버지가 계실 때는 사람들이 나를 좋아했어요.	
상담자 22	아버지가 든든하셨었네요. 일찍 돌아가셔서 슬프고 많이 생각 나셨겠어요. 본인의 긍정적인 점은?	감정 반영 긍정적 측면 파악
내담자 22	힘들어도 끈기 있게 해요. 가족들이 모두 끈기가 있어요.	
상담자 23	힘들어도 문제를 해결하려고 노력해 왔던 점도 보이네요. 심리 검사를 받아 본 적이 있었나요?	심리검사 경험에 대한 질문
내담자 23	없었어요. 심리검사를 통해 저도 왜 문제가 있는지 알아보고 싶 어요.	
상담자 24	○○ 씨의 문제를 좀 더 객관적으로 이해하고자 몇 가지 심리검 사를 할 예정이에요. 현재 ○○ 씨가 우울, 불안과 같은 정서가 있어서 이를 좀 더 알아보는 정신건강 관련 심리검사를 실시할 예정이에요. 검사 실시 방법을 안내해 드릴게요. 검사 결과가 나오면 상담을 진행하도록 합시다.	

요약

심리검사를 위한 면담의 중요한 목적은 내담자와의 관계 형성을 하고, 내담자에 대한 다양한 정보를 파악하여 정확한 진단을 내리고, 치료계획에 세우는 데 있다. 면담 방법은 비구조적 면담과 구조적 면담이 있다. 면담에서 파악해야 하는 내용은 호소문제, 발달사적 정보, 가족력, 현재 생활, 정신상태, 위기 상황 등 다양하다. 이러한 내용은 면담과 정신상태검사 등 간단한 척도들을 활용하여 파악할 수 있다. 면담을 위한 기술들은 관심 기울이기와 경청하기, 질문하기, 재진술하기, 감정 반영하기 등이 있다.

학습과제

1. 면담의 목적은 무엇인가?

2. 평가면담과 치료적 면담의 차이에 대해서 설명해 보세요.

3. 평가에서 파악해야 할 내용은 무엇인가?

4. 정신상태검사는 무엇인가?

5. 면담 기술에는 어떤 것들이 있는가?

참고문헌

김재환, 오상우, 홍창희, 김지혜, 황순택, 문혜신, 정승아, 이장한, 정은경(2019). 임상심리검사의 이해. 학지사.

신민섭, 권석만, 민병배, 이용승, 박중규, 정승아, 김영아, 박기환, 송현주, 장은진, 조현주, 고영건, 송원영, 진주희 이지영, 최기홍(2019). 최신 임상심리학. 사회평론아카데미.

이우경, 이원혜(2012). 심리평가의 최신흐름. 학지사.

천성문, 박은아, 이정아, 이지영, 정세영, 차윤희, 김지숙, 김현정(2023). 초심상담자를 위한 상담 기술의 실제. 학지사.

천성문, 안세지, 최지이, 윤정훈, 배문경(2022). 초심상담자를 위한 상담면접의 실제. 학지사.

First, M. B., Williams, J. B. W., Karg, R. S., & Spitzer, R. L. (2017). SCID-5-CV DSM-5 장애에 대한 구조화된 임상적 면담: 전문가 지침서 (*Structured Clinical Interview for DSM-5 disorders Clinician Version*). (오미영, 박용천, 오상우 공역). 학지사. (원서는 2016년에 출판).

Hays, D. G. (2013). *Assessment in counseling: a guide to the use of psychological assessment procedure* (5th ed.). American Counseling Association.

MacKinnon, R., Michels, R., & Buckley, P. (2017). 임상 실제에서의 정신과 면담 (*The Psychiatric Interview in Clinical Practice*). (박성근, 정인과 공역). 하나의학사. (원서는 2016년에 출판).

Sommers-Flanagan, J. & Sommers-Flanagan, R. (2020). 임상면담 기초와 적용 (*Clinical Interviewing* (6th ed.) (조성근, 양재원, 김현수 공역). 학지사. (원서는 2017년에 출판).

Whiston, S. C. (2013). *Principles and Applications of Assessment in Counseling* (4th ed.). Cengage.

제 **3** 장

지능검사

- 지능의 다양한 개념을 알아본다.
- 지능검사의 발달과정을 학습한다.
- 웩슬러 아동지능검사 5판 구성을 살펴본다.
- 웩슬러 아동지능검사에서 지표와 소검사 수치를 해석하는 절차와 방법을 알아본다.

이 장에서는 지능의 개념과 지능검사의 발달과정을 살펴본다. 웩슬러 아동지능검사 5판에서 전체 지능지수와 기본지표, 추가지표, 소검사 종류와 의미를 학습한다. 지능검사 수치를 해석하고 결과를 통합하여 보고서를 작성하는 방법을 익힌다.

지능검사는 개인의 인지 능력을 평가하기 위해 널리 사용되는 검사 도구로서, 지적 결함 및 학습장애의 진단, 특수 프로그램의 필요성, 영재 선발과 특수 교육, 임상적 개입, 신경심리학적 평가와 같은 다양한 목적을 위해 사용되고 있다. 지능검사를 직접 실시하지 않더라도, 정신건강 관련 분야에서 근무한다면 누구나 지능검사를 의뢰하거나 전문가 또는 내담자와 지능에 관해 논의할 기회를 얻는다. 상담자 역시 현장에서 지능검사 관련 주제를 종종 마주한다. 왜냐하면 지능이 성격, 정서, 가치, 동기와 같은 여러 특성들과 함께 한 개인의 총체적인 모습을 구성하는 중요한 요소이기 때문이다. 지능은 내담자가 과거에 겪었거나 현재 느끼는 어려움을 이해하고, 미래를 예측하는 데에 주요한 정보를 제공한다. 아동·청소년의 경우 인지 기능의 현재 수준과 발달 정도가 학업성취와 또래관계, 학교 적응, 추후 교육적 개입에 밀접한 영향을 미치며, 성인의 인지 능력도 진로와 취업, 직장생활과 대인관계에 주요한 영향력을 갖는다. 상담자가 내담자를 이해하고 적절히 돕기 위해 내담자의 인지 능력을 파악하고, 지능과 호소문제 간의 관계, 인지적 요인이 현재 적응에 미치는 영향에 대해 면밀히 확인할 필요가 있다. 특히 내담자가 호소하는 문제(집중의 어려움, 학습 문제, 낮은 동기, 직장 업무에서 잦은 실수나 업무 능력 저하 등)가 인지적 요인과 관련되어 보인다면, 상담자는 이러한 문제가 지능에서 직접적으로 기인하는지 정서장애나 기타 문제를 반영하는지, 여러 요인의 조합인지 판단해야 한다. 상담자가 지능검사를 이해하고 활용하는 능력을 갖춘다면, 내담자에 관한 총체적 이해를 바탕으로 전문성을 유능하게 발휘할 수 있다. 이 장에서는 아동·청소년 심리평가에서 핵심적인 요소인 점을 고려하여, 한국판 웩슬러 아동지능검사 5판의 구조와 특징, 실시 및 해석, 보고서 작성에 대해 살펴보고자 한다.

1. 지능의 개념과 정의

지능이란 무엇인가? 우리는 '지능이 높다' '지능이 낮다'와 같은 표현을 들으면, 대략 그 의미를 이해하여 소통할 수 있다. 하지만 지능이 무엇인지 질문 받으면, 그 개념을 정확하게 설명하기 어려워한다. 학자들은 학문적·이론적 입장에 따라 지능 개념을 다양하게 제시하였다(Legg & Hutter, 2007). 하지만 학자들 간에 지능에 관한 개념적 합의를 이루기 전에, 지능을 측정하려는 시도가 먼저 이루어졌다. 즉, 지능을 측정하기 위해 지능검사 및 지능에 관한 이론이 생겨났다고 볼 수 있다. 심리학자들은 지능을 구성하는 요인과 지능을 측정하는 방법에 관심을 기울였고 이론에 기반하여 지능의 개념을 제시하였다. 지능에 관한 대표적 이론들과 지능검사의 발달을 살펴보고 지능의 개념을 알아보고자 한다.

1) 지능이론

(1) Spearman의 2요인 이론

Spearman(1927)은 "지능은 모든 개인이 공통적으로 가지고 있는 일반 요인(g요인)과 특정한 한 분야에 대한 능력인 특수 요인(s요인)으로 구성되어 있다."는 2요인 이론을 주장하였다.

(2) Thurstone의 기초 정신 능력

Thurstone(1938)은 Spearman의 일반 요인(g요인)에 동의하지 않았고, 지능이 여러 요인으로 구성된다고 생각했다. Thurstone은 지능이 일곱 가지의 구별되는 요인으로 구성된다고 주장하였고, 이를 기초 정신 능력(Primary Mental Abilities: PMA)이라고 불렀다. 그가 제안한 일곱 가지 요인은 언어이해(V요인, Verbal relation), 단어유창성(W요인, Wold fluency), 수리적 사고(N요인, Number), 지각속도(P요인, Perceptual speed), 공간 능력(S요인, Spatial visualization), 기억 능력(M요인, Memory), 귀납적 사고(R요인, inductive Reasoning)로 구성되었다.

(3) Guilford의 지능 구조 모델

Guilford(1967)는 Thurstone의 기초 정신 능력 이론을 확장하여, 지능 구조 모델을 제안하였다. 그는 지능을 정보를 처리하는 능력들의 체계적인 집합체로 여겼고, 정보의 '내용(content)', 정보에 대한 '조작(operation)', 결과의 '산출(product)'의 3차원으로 구성된다고 생각했다. 내용, 조작, 산출의 각 차원들이 각각 5개, 6개, 6개의 하위 요소를 가지고 있으므로, 지능에 180개 요인이 존재한다고 주장하였다($5 \times 6 \times 6 = 180$).

(4) Cattell과 Horn의 유동성 지능—결정성 지능 모델

Cattell(1963)은 지능의 개념을 유동성 지능과 결정성 지능이라는 두 개의 군집으로 제안하였다. 그는 유동성 지능(fluid intelligence: Gf)이 유전적이고 선천적으로 주어지는 능력으로 연령에 따라 증가한다고 보았다. 반면, 결정성 지능(crystallized intelligence: Gc)은 교육과 문화적 환경에 의해 영향을 받는 지식 기반 능력으로 연령에 영향을 적게 받는다고 보았다.

Horn(1965)은 Cattell의 유동성 지능—결정성 지능 이론에 4개 요인(시각처리, 단기기억, 장기기억, 처리속도)을 추가하여 모델을 확장하였다. 이후 청각처리, 판단속도, 양적 능력을 모델에 추가하였고, 그 결과 유동성-결정성 지능 모델이 9개 요인을 포함하는 Cattell과 Horn의 이론으로 발전되었다(Horn, 1991).

(5) Carroll의 3계층 모델

Carroll(1993)은 요인 분석 연구 결과들을 토대로 지적 능력을 세 가지 수준으로 나눈 위계 모델을 개발하였다.

- 계층 III(일반능력, general abilities): Spearman의 g와 유사한 것으로 모든 인지적 수행에 공통적으로 사용되는 지적 능력을 의미한다.
- 계층 II(넓은 인지 능력, broad cognitive abilities): g의 영향을 받는 8개의 넓은 인지 능력 (broad cognitive abilities)이 포함된다. 넓은 인지 능력은 유동지능(Gf), 결정지능(Gc), 일반적 기억과 학습(General Memory and Learning: Gy), 시지각(Broad Visual Perception: Gv), 청지각(Broad Auditory Perception: Gu), 인출능력(Broad Retrieval Ability: Gr), 인지속도(Broad Cognitive Speediness: Gs), 반응시간/결정속도(Reaction Time/Decision Speed: Gt)로 구성된다.
- 계층 I(좁은 인지 능력, narrow cognitive abilities): 70개의 구체적인 특정한 능력들로 구성 되어 있으며, 각각은 가장 밀접하게 관련 있는 넓은 인지 능력에 속해 있다.

(6) CHC 이론(Cattell-Horn-Carroll theory)

Cattell-Horn-Carroll(CHC) 모델은 1990년대 후반에 Cattel과 Horn의 유동성 지능-결정성 지능 이론이 Carroll의 3계층 모델과 하나로 합쳐진 것이다. CHC 이론에 따르면, 지능은 일반 지능 g요인 아래에 16개의 넓은 인지 능력과 80개가 넘는 좁은 인지 능력으로 구성된다. 16개의 넓은 인지 능력은 유동추론(Fluid reasoning: Gf), 결정지능(Comprehension knowledge: Gc), 일반지식(General knowledge: Gkn), 양적 지식(Quantitative knowledge: Gq), 읽기/쓰기 능력(Reading and writing: Grw), 단기기억(Short-term Memory: Gsm), 장기기억 저장 및 인출(Long-term Storage and retrieval: Glr), 시각처리(Visual processing: Gv), 청각처리(Auditory processing: Ga), 후각능력(Olfactory abilities: Go), 정신운동능력(Psychomotor abilities: Gp), 처리속도(Processing speed: Gs), 결정속도/반응시간(Reaction and decision Speed: Gt), 정신운동속도(Psychomotor speed: Gps), 촉각 능력(Tactile abilities: Gh), 운동감각 능력(Kinesthetic abilities: Gk) 등이다. 웩슬러 지능검사는 CHC 이론에 기반을 두고 있고,

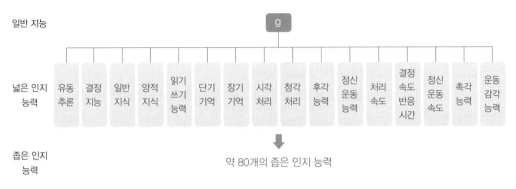

[그림 3-1] 현대 CHC 이론의 구조

언어이해, 시공간, 유동추론, 작업기억, 처리속도를 포함한 5요인과 5요인 점수를 합친 전체 지능지수의 위계구조 형태를 갖고 있다.

2) 지능의 정의

이와 같은 이론들로부터 지능에 대한 수많은 정의를 세 가지 정도로 요약할 수 있다. 첫 번째는 지능이란 학습 능력이자 판단하고 이해하고 추리하는 일반 능력이라는 입장으로, 최초의 지능검사를 만든 Binet가 대표적이다. 두 번째는 지능이란 새로운 환경이나 문제에 적응하는 능력이라는 입장이다. 세 번째는 지능을 추상적인 사고 능력이라고 보는 입장이며, 대표적으로 Thurstone이 이를 주장하였다. 이 장에서는, 웩슬러가 정의한 개념을 따르고자 한다. Wechsler(1939)는 지능에 대해 목적을 가지고 활동하며, 이성적으로 사고하고, 환경을 효과적으로 다루는 전체적인 능력으로 정의하였다. 즉, 지능은 경험을 통해 학습하고, 획득한 지식을 토대로 새로운 문제를 해결하며, 새로운 상황에 적응하는 능력으로 여겨진다.

2. 지능검사의 발달과정

지능검사는 다음과 같은 과정으로 발달되었다. 현대적인 지능검사를 개발한 사람은 프랑스 심리학자인 Alfred Binet(1857~1911)이다. 프랑스에서 의무교육을 실시하면서, 일부 아동들은 정규 교육과정을 학습하기 어렵다는 사실이 드러나 이러한 아동들을 감별할 필요성이 제기되었다. 이에 따라 Binet와 Simon은 프랑스 정부 위원회의 요청으로 1905년에 지적장애 아동을 감별할 목적으로 최초의 지능검사를 개발하였다. 그들은 지능의 구성요소를 이해력, 논리력, 추리력, 기억력으로 보았고, 각 요소를 평가하기 위해 '기억' '산수' '어휘'와 같은 소검사들로 구성된 검사를 제작하였다. 이 검사는 개발자의 이름을 따서 'Binet-Simon 검사'로 명명되었다. 하지만 이 검사는 아동을 대상으로 제작되었으므로 성인용 지능을 평가하는 데 부적합했다. 이후 제1차 세계대전이 발발하면서 신병 선발을 목적으로 성인지능을 측정하고자 언어적 요소가 높게 포함되어 있는 지필 검사인 Army Alpha가 먼저 개발되었고, 이후 문해력이 부족한 신병이나 외국인을 위한 비언어적 검사인 Army Beta가 제작되었다.

　David Wechsler는 1939년에 성인을 대상으로 한 최초의 지능검사인 웩슬러-벨뷰 지능검사(Wechsler-Bellevue Intelligence Scale: WB, Wechsler, 1939)를 개발하였다. 이 지능검사는 전체 지능지수(FSIQ)뿐 아니라 언어적 검사와 동작성 검사 각각에 대한 지수를 포함하였고, 개인이 속한 해당 연령 집단 내에서 상대적인 위치가 어디인지를 평가하는 편차 IQ점수 개념을 제공한다는 점에서 매우 획기적이었다. 웩슬러 성인지능검사(Wechsler Adult Intelligence Scale: WAIS)는 웩슬러-벨뷰 지능검사를 바탕으로 1955년에 개발되었고, 1981년 웩슬러 성인지능검사-개정판(Wechsler Adult Intelligence Scale-Revised: WAIS-R)으로 개정되었다. 이후 1997년과 2008년에 웩슬러 성인지능검사 3판과 4판이 각각 개정되었다. 한편, 국내에서는 1992년 한국임상심리학회에서 WAIS-R을 번안하고 표준화하여 한국 웩슬러 성인지능검사(Korean Wechsler Adult Intelligence Scale: K-WAIS)를 제작하였고, 웩슬러 성인지능검사 4판(Wechsler Adult Intelligence Scale-IV: WAIS-IV)을 국내에서 2012년에 황순택, 김지혜, 박광배, 최진영, 홍상황이 한국판 웩슬러 성인지능검사 4판(Korean Wechsler Adult Intelligence Scale-IV: K-WAIS-IV)으로 표준화하였다. 실시연령은 만 16~69세이다.

　웩슬러 아동지능검사는 1949년 웩슬러-벨뷰 지능검사를 바탕으로 제작되었으며, 이를 국내에서 1974년에 한국 웩슬러 아동지능검사로 표준화하였다. 웩슬러 아동지능검사의 최신 개정판은 2008년에 나온 웩슬러 아동지능검사 5판(Wechsler Intelligence Scale for Children-Fifth Edition: WISC-V)이다. 이를 2019년에 곽금주, 장승민이 한국 웩슬러 아동지능검사 5판(Korean Wechsler Intelligence Scale for Children-Fifth Edition: K-WISC-V)으로 표준화하였다. 실시연령은 만 6세부터 만 16세 11개월이다. 이 장에서는 한국 웩슬러 아동지능검사 5판을 소개하고자 한다.

[그림 3-2] David Wechsler

3. K-WISC-V의 구성

1) 전체 지능지수(Intelligence Quotient: IQ)

K-WISC-V(한국 웩슬러 아동지능검사 5판)는 총 16개의 소검사로 구성되어 있고, 이 중 10개 소검사가 기본 소검사에 해당한다. 전체 지능지수는 기본 소검사 10개 중 7개 소검사 점수를 토대로 산출된다(공통성, 어휘, 토막짜기, 행렬추리, 무게비교, 숫자, 기호쓰기). 전체 지능지수는 일반적인 정신 능력을 반영하고, 개인의 학업성적, 승진, 직업적 성공과 같은 주요한 성취와 관련되어 있다고 알려져 있다.

2) 지표

K-WISC-V는 총 5개의 기본지표척도와 5개의 추가지표척도가 있다. 기본지표척도는 언어이해지표, 시공간지표, 유동추론지표, 작업기억지표, 처리속도지표로 구성된다(〈표 3-1〉 참조). 언어이해지표의 경우 언어적 이해력과 표현력을 측정하고, 시공간지표는 시공간 자극을 인식하고 구체적인 시공간 정보를 처리하는 능력을 측정한다. 유동추론지표는 시각 자극을 이용하여 개념적이고 추상적인 추론을 하는 능력을 측정하고, 사전 경험이나 지식이 거의 부재한 상황에서 주어진 정보를 토대로 새로운 문제를 해결하는 능력과 관련된다. 작업기억지표는 청각적, 시각적 작업기억 능력을 측정하고, 처리속도지표는 시각 정보를 신속하고 정확하게 처리하는 능력, 비교적 단순한 의사결정을 반복적으로 내리는 능력, 시각/운동 협응 능력을 측정한다.

표 3-1 기본지표척도

기본지표	언어이해지표	시공간지표	유동추론지표	작업기억지표	처리속도지표
소검사	공통성 어휘	토막짜기 퍼즐	행렬추리 무게비교	숫자 그림기억	기호쓰기 동형찾기

추가지표척도는 4판에 비해 새롭게 추가된 지표로서, 인지 능력에 대한 추가적 정보를 제공하며, 양적추론지표(QRI), 청각작업기억지표(AWMI), 비언어지표(NVI), 일반능력지표(GAI), 인지효율지표(CPI)로 구성된다(〈표 3-2〉 참조). 양적추론지표는 유동추론의 일종으

표 3-2 추가지표척도

추가지표	양적추론지표	청각작업 기억지표	비언어지표	일반능력지표	인지효율지표
소검사	무게비교 산수	숫자 순차연결	토막짜기 퍼즐 행렬추리 무게비교 그림기억 기호쓰기	공통성 어휘 토막짜기 행렬추리 무게비교	숫자 그림기억 기호쓰기 동형찾기

로, 양적 관계를 추론하는 것이다. 청각작업기억지표는 청각적 작업기억 능력을 측정한다. 비언어지표는 언어적 요구를 최소화한 소검사들로 시공간ㆍ유동추론ㆍ작업기억ㆍ처리속도 능력을 측정한다. 일반능력지표는 전체 지능지수에서 작업기억과 처리속도의 영향을 배제한 점수로, 아동의 전반적인 지적 능력을 측정한다. 인지효율지표는 작업기억지표와 처리속도지표를 묶어서 만든 지표로서, 빠른 시각적 처리와 능숙한 정신 조작과 같은 인지적 효율성을 측정한다.

3) 소검사

〈표 3-3〉에 검사 실시 순서에 따라 소검사를 제시하였다.

표 3-3 K-WISC-V 소검사

소검사	설명
토막짜기 (Block Design)	아동이 흰색과 빨간색으로 이루어진 토막을 사용하여 제한 시간 내에 제시된 모형이나 그림과 동일한 모양을 만든다.
공통성 (Similarities)	아동이 두 개의 단어를 듣고, 두 단어가 어떻게 유사한지를 답한다.
행렬추리 (Matrix Reasoning)	아동은 미완성 행렬이나 연속된 그림들을 보고, 빠진 부분에 해당하는 그림을 답안 중에서 선택한다.
숫자 (Digit Span)	숫자 바로 따라 하기에서는 검사자가 큰 소리로 읽어 준 숫자들을 아동이 들은 대로 따라 한다. 숫자 거꾸로 따라 하기에서는 검사자가 읽어 준 숫자들을 거꾸로, 즉 맨 마지막에 들은 숫자부터 맨 처음에 들은 숫자까지 차례로 따라 한다. 숫자 순서대로 따라 하기에서는 검사자가 읽어 준 숫자들을 크기가 작은 숫자에서부터 큰 숫자 순서로, 즉 크기 순서대로 따라 한다.

기호쓰기 (Coding)	아동은 제한 시간 내에 숫자와 짝지어진 기호를 옮겨 그린다.
어휘 (Vocabulary)	아동은 그림 문항에서 시각적으로 제시된 사물의 이름을 말한다. 언어 문항에서는 구두로 제시되는 단어들의 뜻을 말한다.
무게비교 (Figure Weights)	아동은 제한 시간 내에 무게 균형을 잡을 수 있는 알맞은 답을 선택지 중에서 고른다.
퍼즐 (Visual Puzzles)	아동은 제한 시간 내에 완성된 퍼즐과 동일한 모양을 만들 수 있는 세 개의 선택지를 고른다.
그림기억 (Picture Span)	아동은 제한 시간 동안 제시된 그림들을 잘 기억해서, 차례대로 반응지에서 선택한다.
동형찾기 (Symbol Search)	아동은 제한 시간 내에, 왼쪽에 제시된 탐색기호들을 보고 오른쪽에 제시된 표적기호들 중에 탐색기호와 동일한 것이 있으면 표시하고, 없으면 '아니요'에 표시한다.
상식 (Information)	아동은 일반 지식을 묻는 질문에 대답한다.
공통그림찾기 (Picture Concepts)	아동에게 두 줄 또는 세 줄로 이루어진 그림들을 제시하면, 아동은 공통적인 범주에 해당하는 그림을 각 줄에서 한 가지씩 선택한다.
순차연결 (Letter–Number Sequencing)	아동은 일련의 숫자와 문자를 듣고 각각을 순서대로(숫자는 작은 숫자에서 큰 숫자 순으로, 문자는 가나다 순으로) 정렬하여 회상한다.
선택 (Cancellation)	아동은 제한 시간 내에 무선으로 배열된 그림과 일렬로 배열된 그림을 훑어보고 표적 그림에 표시한다.
이해 (Comprehension)	아동은 일반적인 원칙과 사회적 상황에 대한 이해력을 바탕으로 주어진 질문에 답한다.
산수 (Arithmetic)	아동은 제한 시간 내에 그림 문항과 말하기 문항으로 구성된 산수 문제를 암산으로 푼다.

(1) 언어이해 지표

① 공통성

공통성 소검사는 언어적 추론과 개념 형성 과정, 언어적 추상화 능력을 측정한다. 아동이 두 단어의 공통적인 요소를 인식하고 이를 의미 있는 개념으로 통합하며, 두 단어를 포함하는 가장 가까운 상위개념을 언급할 때 좋은 점수를 얻는다. 간혹 아동이 '(두 단어가) 비슷하지 않다'고 빈번하게 답변하는 경우, 고지식하고 융통성이 부족하거나, 과제에 대한 거부적이고 회피적인 태도를 보이는 것으로 해석할 수 있다.

② 어휘

어휘 소검사는 아동의 어휘 지식과 언어적 개념 형성을 측정한다. 이 소검사를 통해 아동이 언어적 지식을 학습하는 능력, 축적된 단어 지식, 장기기억, 언어적 유창성, 언어발달 정도를 평가할 수 있다. 공통성 소검사에서는 한두 가지 핵심 단어로 점수를 얻을 수 있지만, 어휘 소검사에서는 보다 자세하게 응답해야 하므로 심하게 수줍어하거나 회피하는 아동의 경우 어휘 소검사에서 낮은 점수를 얻을 수 있다.

③ 상식

상식 소검사는 결정성 지능, 장기기억, 이해력, 언어적 표현 능력 등을 측정한다. 아동의 지적 호기심과 교육적 · 문화적 경험, 주변 환경에 대한 관심이 수행에 영향을 미칠 수 있다. 높은 상식 소검사 점수는 아동이 일반적인 지식을 풍부하게 보유하였고 지적 호기심과 장기기억을 우수하게 갖고 있음을 뜻한다.

④ 이해

이해 소검사는 결정성 지능, 언어적 추론 능력, 사회적 판단 능력, 관습과 규범에 대한 이해 능력을 측정한다. 교육과 문화적 경험과 양심과 도덕성의 발달이 소검사 수행에 영향을 미칠 수 있다. 일부의 경우 검사자는 아동이 문항에 응답한 내용을 살펴봄으로써, 아동의 개별적인 행동 양상이나 사고 패턴을 알 수 있다. 예를 들어, 약속을 지켜야 하는 이유에 대해 아동이 '약속이니까 그렇다'와 같은 응답을 한다면, 사회적 상황이나 암묵적 규칙에 대해 단편적으로 이해하므로, 사회적으로 미숙하게 대처하기 쉬움을 알 수 있다.

(2) 시공간 지표

① 토막짜기

토막짜기 소검사는 추상적인 시각 자극을 분석하고 종합하는 능력을 측정한다. 동시처리 능력과 시각-운동 협응 능력, 시각 자극 내에서 전경과 배경을 구별하는 능력도 소검사 수행에 영향을 미친다. 문제 해결 방식의 차이를 살펴볼 수 있는데, 일부 아동은 시행착오적으로 접근하는 반면, 다른 아동은 시각 자극을 잠시 살펴보다가 한꺼번에 맞춘다. 또한 어떤 아동은 자신의 실수를 쉽게 알아채지 못하고 '다했다'고 하는 등 충동성과 주의력 문제를 드러낸다. 한편, 좌절에 반응하는 양상도 행동관찰에서 드러난다. 문항 난이도가 높아지거나 토막을 구성하는 도중에 어려움을 맞닥뜨릴 때, 아동이 쉽게 포기하는지, 아니면 지속적으로 도전하는지 살펴볼 수 있다. 토막짜기 소검사는 가장 먼저 실시하는 소검사이므로 불안이 높은 아동의 경우 수행에 더욱 어려움을 겪을 수 있다.

② 퍼즐

퍼즐 소검사는 비언어적 추론과 추상적 시각 자극을 분석하고 통합하는 능력을 측정한다. 특히 시각화 능력, 즉 시각적 이미지를 정신적으로 생성하는 능력과 높게 관련된다. 시각적 이미지를 작업기억에 저장한 채 정신적으로 조작해야 하므로, 시각작업기억도 요구되는 소검사다. 완벽주의적 태도나 과도하게 조심스러운 성향이 소검사 수행을 저하시킬 수 있다. 아동이 퍼즐 같은 장난감에 노출된 경험이 있는지 여부도 수행에 영향을 미친다. 블록 쌓기, 퍼즐과 같은 장난감에 흥미가 매우 낮고 놀아 본 경험이 극히 적은 아동의 경우 시각적 구성 능력을 계발할 기회를 충분히 얻지 못하여 낮은 점수를 얻을 수 있다.

(3) 유동추론 지표

① 행렬추리

행렬추리 소검사는 유동적 추론 능력을 측정하는 대표적인 검사 중 하나이다. 아동은 시각 자극의 모양과 색깔, 크기 등 다양한 정보를 활용하여 반복적 패턴이나 기저의 규칙을 찾아낸다. 지각적 조직화 능력, 동시적 처리, 부분과 전체의 관계를 파악하는 능력이 소검사 수행에 영향을 미친다. 시간 제한이 없는 과제임에도, 일부 아동은 빠르게 잘못된 답을 선택하거나 어렵다면서 수행을 포기하여, 충동성을 나타내기도 한다.

② 무게비교

무게비교 소검사는 양적 추론, 귀납적 및 연역적 추론 능력을 측정한다. 문항마다 시각 자극의 모양과 색깔, 크기와 관련된 규칙이 달라지므로 매번 접근방식을 바꿔야 하기 때문에, 수행할 때 실행 기능이 높게 요구된다. 높은 무게비교 소검사 점수는 비언어적 정보에 대한 추론 능력, 수학적 추론 능력, 시각작업기억, 인지적 유연성 등이 우수함을 의미한다.

③ 공통그림찾기

공통그림찾기는 귀납추론 능력, 유동추론 능력, 상위개념 형성 능력, 범주화 능력, 관계 파악 능력 등을 측정한다. 아동의 시각적 민감성, 교육적·문화적 경험과 지적 호기심 등이 소검사 수행에 영향을 미칠 수 있다. 공통그림찾기 소검사는 공통성 소검사와 유사하게 상위개념 형성 능력을 측정하지만, 시각적으로 제시되는 다양한 사물들을 살펴보고 답안을 선택하면 되므로, 공통성 소검사에 비해 언어적 표현 능력이 보다 낮게 요구되는 특징을 갖고 있다.

④ 산수

산수 소검사는 암산 능력, 수학적 추론 능력, 수학적 문제 해결 능력, 주의집중력, 청각적 순차처리 능력, 양적 개념을 이해하는 능력을 측정한다. 산수 소검사는 수학 성취도와 밀접한 관련이 있고, 수학 능력과 교육적 경험, 주의집중력, 청력 등의 영향을 받는다.

(4) 작업기억 지표

① 숫자

숫자 소검사는 단기기억, 작업기억, 기계적인 암기력, 주의집중력, 정신적 조작 능력, 청각적 변별 능력을 측정한다. 또한 숫자 바로 따라 하기, 숫자 거꾸로 따라 하기, 숫자 순서대로 따라 하기로 세 종류가 연이어 제시되므로, 새로운 규칙에 따라 수행 방식을 즉각 바꾸는 유연성이 필요하다. 숫자 거꾸로 따라 하기와 숫자 순서대로 따라 하기는 숫자 바로 따라 하기에 비해서, 더 복잡한 정신적 조작 능력과 주의집중력, 순차처리 능력을 요구한다. 검사자는 아동이 1과 2와 같은 발음이 유사한 숫자를 변별하기 어려워하는지, 숫자들을 정확하게 기억하지만 순서를 틀리는지와 같은 실점 양상을 파악할 수 있다. 또한 기억 향상을 위해 사용하는 전략을 살펴보는 일도 중요하다. 어떤 아동은 숫자를 입으로 되뇌이면서 외우고 다른 아동은 손가락으로 숫자를 쓰면서 암기한다. 기억을 위한 전략을 갖고 있지 않은 아동의 경우 숫자 소검사에서 더욱 낮은 수행과 자신감이 결여된 모습을 보일 수 있다.

② 그림기억

그림기억 소검사는 작업기억, 주의집중력, 시각처리 능력, 순서화 능력, 시각적 단기기억과 반응 억제 능력을 측정한다. 시각적 기억력과 밀접한 소검사지만, 상당수 아동들은 자극을 기억하려고 단어들을 되뇌는 전략을 사용하기 때문에, 언어적 작업기억도 요구된다(예: '꽃' '구름'을 말로 반복함). 소검사가 진행되면서 앞 문항에 나왔던 그림이 뒷 문항에서 반복적으로 제시되므로, 아동은 이전에 암기했던 것을 잊고 새롭게 암기해야 하는 부담을 안게 된다.

③ 순차연결

순차연결 소검사는 청각적 단기기억, 청각적 변별 능력, 주의집중력, 청각적 순차처리 능력을 측정한다. 아동이 숫자들과 문자들을 듣고, 숫자는 숫자대로, 문자는 문자대로 순서대로 배열한다. 한글을 미처 익히지 못한 저학년 아동이나 한글 학습에 어려움을 겪는 경우에, 가나다 순으로 배열하기 어려워서 낮은 점수를 얻는 경우가 있다.

(5) 처리속도 지표

① 기호쓰기

기호쓰기 소검사는 시각적 단기기억, 시각-운동 협응 능력, 소근육 협응 능력, 시각적 변별 능력, 연합 학습 능력(자극과 자극, 특정 자극과 그에 대한 반응이 결합됨을 학습하는 것)을 측정한다. 동형찾기 소검사에 비해 기호쓰기 소검사 점수가 낮은 아동은 소근육 발달 정도를 확인하고 평소 운동화 끈 묶기, 젓가락질, 글씨쓰기, 그림그리기, 종이접기와 같은 활동을 어느 수준으로 하는지 질문하는 일이 필요하다.

② 동형찾기

동형찾기 소검사는 시각적 변별 능력, 시각-운동 협응 능력, 의사결정 속도, 통제 및 조절 능력, 주의집중력, 시각적 단기기억 등을 측정한다. 동형찾기 소검사에서는 기호를 직접 그리지 않으므로, 손을 움직이는 운동 속도보다 정보처리속도를 더 많이 반영한다. 어떤 아동은 답을 선택한 후에 자신의 답이 맞는지 틀리는지 확인하느라 시간을 지체한다. 이같이 완벽주의적이거나 선택을 어려워하는 특성이 수행에 부정적 영향을 줄 수 있다.

③ 선택

선택 소검사는 검사 수행 속도, 시각적 주사 능력, 시지각처리 능력, 시각적 변별 능력, 의사결정 능력 등을 측정한다. 주의집중력과 시각-운동 협응 능력, 시간 압박하에 과제를 수행하는 능력도 소검사 수행에 영향을 미친다. 아동이 강박적인 특성을 보이는 경우, 선택을 주저하여 시간을 지체하면서 낮은 수행을 보일 수 있다.

4. 실시와 채점

지능검사를 실시하려면, 우선 어떤 소검사가 아동의 인지 능력을 평가하는 데 적합한지 선택해야 한다. 전체 지능지수를 산출하기 위해서는 7개 소검사를 실시하면 되지만, 기본 지표척도를 모두 산출하려면 10개 소검사를 실시해야 한다. 추가지표척도를 모두 산출하려면, 10개 소검사에 더해서 산수와 순차연결 소검사를 추가로 실시하면 된다. 수학에 어려움이 있는 아동의 경우 산수 소검사를 추가로 실시하는 것이 아동의 문제를 이해하는 데 도움이 된다. 더불어, 산수 소검사를 마친 후 종이와 수식을 제공하여 수행하게 함으로써, 아동이 실점한 이유가 암산에서의 실패인지 수식을 세우지 못했기 때문인지 변별할 수 있다.

지능검사의 구체적인 실시와 채점은 매뉴얼을 참고하도록 권유한다. 이 과정에서 간과되는 부분은 검사자와 아동 간 라포를 쌓는 일이 선행되어야 한다는 점이다. 지능을 평가받는 일은 대부분 아동에게 상당한 부담으로 작용한다. 검사자는 아동의 불안을 낮추고 아동이 보유한 인지 기능을 최대한 발휘하도록 격려할 필요가 있다. 아동에게 지금 기분을 질문하고 안심시키는 것도 라포를 쌓는 방법 중 하나이다.

5. 지능검사 해석 7단계

지능검사 해석 7단계를 [그림 3-3]에 제시하였고, 세부 내용은 다음과 같다.

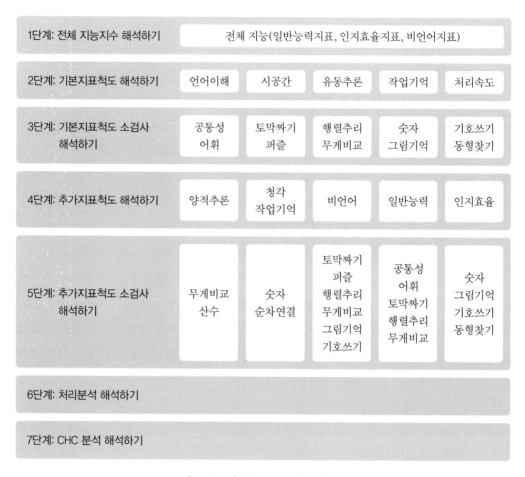

1단계: 전체 지능지수 해석하기	전체 지능(일반능력지표, 인지효율지표, 비언어지표)				
2단계: 기본지표척도 해석하기	언어이해	시공간	유동추론	작업기억	처리속도
3단계: 기본지표척도 소검사 해석하기	공통성 어휘	토막짜기 퍼즐	행렬추리 무게비교	숫자 그림기억	기호쓰기 동형찾기
4단계: 추가지표척도 해석하기	양적추론	청각 작업기억	비언어	일반능력	인지효율
5단계: 추가지표척도 소검사 해석하기	무게비교 산수	숫자 순차연결	토막짜기 퍼즐 행렬추리 무게비교 그림기억 기호쓰기	공통성 어휘 토막짜기 행렬추리 무게비교	숫자 그림기억 기호쓰기 동형찾기
6단계: 처리분석 해석하기					
7단계: CHC 분석 해석하기					

[그림 3-3] 지능검사 해석 7단계

1) 1단계: 전체 지능지수 해석하기

전체 지능지수를 해석하는 단계로, 전체 지능지수의 단일성을 살펴본다. 전체 지능지수는 언어이해, 시공간, 유동추론, 작업기억, 처리속도 영역의 7개 소검사인 공통성, 어휘, 토막짜기, 행렬추리, 무게비교, 숫자, 기호쓰기를 통해 산출한다. 만약 7개 소검사 중 하나를 실시하지 못했을 경우, 다른 소검사로 대체하거나 전체 지능지수 대신, 비례배분된 환산 점수의 합계를 사용한다. 7개 소검사 중 하나를 다른 소검사로 대체할 경우, 소검사에 따라 대체 가능한 소검사를 선택하여 실시하면 된다(〈표 3-4〉 참조). 7개 소검사로 지능지수 점수를 산출할 수 있으나, 인지 기능의 면밀한 평가를 위해서는 기본지표척도들을 모두 산출할 수 있는 10개 소검사 이상을 실시하는 것이 바람직하다.

전체 지능지수 점수를 포함해 지표점수를 〈표 3-5〉와 같이 질적으로 분류하고, 아동의 인

표 3-4 전체 지능지수 산출을 위한 소검사의 대체 가능한 소검사

전체 지능지수 산출에 포함된 소검사	대체 가능한 소검사
공통성	상식 또는 이해
어휘	상식 또는 이해
토막짜기	퍼즐
행렬추리	공통그림찾기
무게비교	공통그림찾기 또는 산수
숫자	그림기억 또는 순차연결
기호쓰기	동형찾기 또는 선택

표 3-5 지표점수의 질적 분류

점수	분류
130 이상	매우 우수
120~129	우수
110~119	평균 상
90~109	평균
80~89	평균 하
70~79	낮음
69 이하	매우 낮음

출처: Wechsler (2014c), 곽금주(2021)에서 재인용.

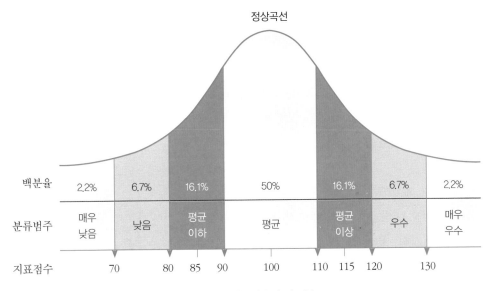

[그림 3-4] 지표점수의 정규분포

지 능력을 같은 연령대의 아동과 비교하여 해석할 수 있다. 전체 지능지수와 지표점수는 평균이 100, 표준편차가 15이고, 이는 같은 연령대 아동들의 절반가량이 90에서 110 사이의 점수를 얻는 것을 의미한다. 전체 지능지수와 지표점수 역시 소검사 점수처럼 다섯 개 범주로 나누는데, 점수가 130점 이상이면 매우 우수, 120~129이면 우수, 110~119는 평균 상, 90~109는 평균으로 분류하고, 80~89는 평균 하, 70~79는 낮음, 69 이하면 매우 낮음으로 분류한다. WISC−IV판에서는 70~79를 경계선으로 분류하였으나, 5판부터는 낮음으로 명명하였다.

전체 지능지수 해석에 앞서, 점수의 단일성을 확인해야 한다. 전체 지능지수는 전반적인 인지 능력을 요약한 합산점수이다. 그러나 인지발달이 고르게 이루어지지 않은 아동 · 청소년의 경우 합산점수가 인지 능력을 정확하게 요약하기 어렵다. 그러므로 전체 지능지수 점수를 해석하기 전에, 기본지표점수가 고르게 분포되어 있는지 확인할 필요가 있다. Flanagan과 Kaufman(2004)에 따르면, 일반적으로 가장 높은 기본지표점수와 가장 낮은 기본지표점수 차이가 23점(1.5표준편차) 이상일 때 점수가 고르지 않아, 지능지수 점수가 전반적인 인지 능력을 정확하게 반영하지 못한다고 판단한다. 이 경우에는 지능지수 대신 일반능력지표, 인지효율지표, 비언어지표를 사용하여 전반적인 지적 능력을 설명한다(Kaufman, Raiford, & Coalson, 2015: 곽금주, 2021에서 재인용).

2) 2단계: 기본지표척도 해석하기

기본지표를 구성하는 소검사 점수들 간에 큰 차이가 있다면, 기본지표는 단일 능력을 나타내는 것으로 해석될 수 없다. 먼저, 언어이해지표를 구성하는 소검사 환산 점수들 간 차이 크기가 5점(1.5표준편차)보다 크거나 작은지 확인한다. 만약 5점 미만일 경우 해당 지표점수는 단일한 능력을 나타낸다고 여기고, 지표점수를 해석할 수 있다. 만약 5점 이상일 경우 해당 지표가 단일하다고 볼 수 없으므로, 소검사별로 능력을 기술하고 지표 해석에 주의를 기울여야 한다. 언어이해지표 해석과 동일한 방법으로 시공간지표, 유동추론지표, 작업기억지표, 처리속도지표를 해석한다.

(1) 기본지표 해석하기

기본지표척도는 다음과 같이 해석할 수 있다. 높은 언어이해지표 점수는 언어적 의사소통 능력, 어휘지식, 정보재인 능력, 장기기억 인출 능력, 언어적 추론 능력, 언어적 문제 해결 능력이 높음을 의미한다. 낮은 언어이해지표 점수는 언어적 의사소통 능력과 언어적 학습 능력이 부족하고 장기기억 인출과 언어적 추론 능력의 발달이 낮음을 의미한다. 사회적 장면에서 심한 불안을 경험하거나 선택적 함구증으로 진단받은 아동·청소년의 경우 언어적 능력을 충분하게 보유하였음에도 검사 장면에서 능력을 충분히 발휘하기 어려워 낮은 점수를 얻을 수 있다. 낮은 사회경제적 지위나 학대와 같은 요인 역시 언어 능력을 발달시키는데 방해 요소로 작용할 수 있으므로, 이러한 경우 언어이해지표의 낮은 점수를 상황적 요인과 연결지어 설명하는 것이 적합하다. 높은 시공간지표 점수는 시공간 추론 능력, 정신적 회전 능력, 시각적 주의력, 시각-운동 협응 능력이 뛰어남을 의미하고, 낮은 시공간 처리 능력은 시각적 처리 능력, 시각-운동 협응 능력의 부족, 시각적 부주의를 가리킨다. 높은 유동추론지표 점수는 비언어적 정보에 대한 귀납추론, 양적 추론, 동시처리 능력, 추상적 사고 능력이 높음을 뜻하고, 낮은 유동추론지표 점수는 시각 정보를 분석하고 추론하는 능력과 양적 추론 능력의 어려움을 의미한다. 높은 작업기억지표 점수는 주의집중력, 작업기억, 순서화 능력이 뛰어남을 가리키는 반면, 낮은 작업기억지표 점수는 부주의함과 낮은 작업기억 기능을 의미한다. 높은 처리속도지표 점수는 시각적 변별 능력, 주의집중력, 시각-운동 협응 능력이 높고, 인지적 처리속도와 의사결정 속도가 빠름을 뜻하며, 낮은 처리속도지표 점수는 시각적 변별력과 주의력의 부족, 느린 인지 속도와 의사결정을 의미한다.

(2) 기본지표의 강점 및 약점 분석하기

WISC-V 결과보고서는 각 기본지표점수와 함께 비교점수를 제시하는데, 비교점수는 다섯 개 지표점수(언어이해지표, 시공간지표, 유동추론지표, 작업기억지표, 처리속도지표)의 합을 5로 나눈 값이다. 각 기본지표점수에서 비교점수를 뺀 차이의 절댓값이 해당 임계값(통계적으로 유의미하다고 볼 수 있는 최소한의 차이 값)보다 크거나 같을 경우 유의미한 차이로 판단한다. 비교점수보다 통계적으로 유의미하게 높은 지표점수는 강점에 해당하고, 비교점수에 비해 유의미하게 낮은 지표점수는 약점에 해당한다. 누적비율은 해당 점수 차이가 축적된 비율을 의미하며, 누적비율을 통해 아동의 점수 차이가 얼마나 빈번하거나 드물게 일어나는지 평가할 수 있다. 누적비율의 준거집단은 '전체표본' 혹은 '능력수준'을 선택할 수 있는데, 전체표본은 전체집단을 기준으로, '능력수준'은 전체 지능지수가 동일한 수준으로 분류된 집단을 기준으로 비교하는 것이다. 일반적으로 전체집단을 기준으로 한 '전체표본'을 사용하지만 아동의 전체 지능지수가 매우 높거나 낮을 경우 '능력수준'을 사용할 수 있다.

(3) 기본지표의 차이 분석

다섯 가지의 기본지표점수를 비교하여, 인지 능력에 유의미한 차이가 있는지 살펴볼 수 있다. 지표점수 간 차이의 절댓값을 해당 임계값과 비교하여 분석한다.

3) 3단계: 기본지표척도 소검사 해석하기

(1) 기본지표척도 소검사 점수를 해석하기

소검사 점수는 1에서 19까지 점수를 가지며, 평균은 10, 표준편차는 3이다. 또한 소검사 점수를 세 가지 혹은 다섯 가지 범주로 나눌 수 있는데, 보다 정교한 해석을 위해 〈표 3-5〉와 같이 다섯 가지로 분류하는 방법이 유익하다(Sattler, 2008).

표 3-6 소검사 점수의 질적 분류

소검사 점수	분류
16~19	매우 우수/예외적 강점/매우 잘 발달
13~15	평균 상/강점/잘 발달
8~12	평균
5~7	평균 하/약점/빈약하게 발달
1~4	매우 낮음/예외적 약점/매우 빈약하게 발달

출처: Sattler (2008).

(2) 기본지표 소검사들에서 강점과 약점을 분석하고 소검사들 간의 차이를 비교하기

기본지표척도의 10개 소검사 점수를 평균 점수와 비교하여 해당 소검사 점수가 아동의 능력 안에서 인지적 강점 혹은 약점을 나타내는지 확인할 수 있다.

개인의 능력 안에서 인지적 강점과 약점을 해석할 때 또래집단 내 위치를 함께 고려하면서 기술할 필요가 있다. 예를 들어, 지적장애 아동이 일부 소검사에서 개인적 강점을 보일 수 있는데, 이를 단순하게 강점이라고 기술한다면 보고서를 읽는 독자가 강점의 의미를 혼동할 수 있다. 이 경우 '아동이 다른 인지 능력에 비해 ○○ 능력에서 상대적인 강점을 보이지만, 또래 아동에 비해서는 발달이 느림을 고려해야 한다'고 기술할 수 있다.

(3) 기본지표척도 소검사 차이를 비교하기

기본지표척도를 구성하는 소검사들 간 차이를 비교하여, 아동의 인지특성에 대해 추가적 정보를 얻을 수 있다. 총 5개 기본지표를 구성하는 10개 소검사들을 기본지표에 따라 5쌍으로 나눠 비교한다. 예를 들어, 어떤 아동이 동형찾기 점수보다 기호쓰기 점수를 유의미하게 높게 얻었다면, 시각적 변별 능력에 비해 글씨쓰기 능력, 시각-운동 협응 능력을 잘 발달시켰음을 의미한다.

4) 4단계: 추가지표척도 해석하기

추가지표척도는 학교와 일상생활에서의 특정한 인지 수행과 관련된다. 양적추론지표는 학습장애 중 수학장애를 판별하는 데 유용하게 쓰이고, 청각작업기억지표는 시력이 손상된 아동의 작업기억 능력을 평가하는 데 활용된다. 일반능력지표는 작업기억과 처리속도의 영향을 최소화한 전반적인 인지 능력을 측정하기 때문에, 작업기억과 처리속도에서 결함을 보이는 학습장애 아동과 주의력결핍 과잉행동장애 아동의 전반적인 지적 능력을 설명하기 위한 목적으로 전체 지능지수를 대체하는 지표로 쓰일 수 있다. 비언어지표는 청각장애 아동과 같이 언어표현에 어려움이 있는 아동의 경우에서 전반적인 인지 기능을 요약하는 지표로서 전체 지능지수 대신 사용될 수 있다. 인지효율지표는 작업기억과 처리속도 소검사로 구성되고, 빠르고 정확하게 정보를 처리하는 능력을 반영한다. ADHD와 같이 인지적 효율성에서 결함을 보이는 아동이 인지효율지표 점수를 낮게 얻는다.

추가지표척도를 해석하려면, 우선 추가지표척도가 단일한지 여부를 확인한 후, 단일할 경우에는 지표점수를 해석하고 그렇지 않은 경우에는 소검사별로, 개별적으로 해석한다.

표 3-7 추가지표척도가 측정하는 능력

지표	내용
양적추론지표	수학공식을 정신적으로 수행하는 능력
청각작업기억지표	청각적으로 제시되는 자극을 기억하는 능력
비언어지표	언어 능력을 최소화한 일반적인 지적 능력
일반능력지표	작업기억과 처리속도에 보다 적게 관련된 일반적인 지적 능력
인지효율지표	작업기억과 처리속도를 합산한 능력

5) 5단계: 추가지표척도 소검사 해석하기

추가지표척도를 구성하는 소검사별로 점수를 해석한다. 추가지표척도를 구성하는 소검사들 중에서 [무게비교-산수], [숫자-순차연결] 두 쌍의 소검사 차이 비교를 할 수 있다. 예를 들어, 무게비교와 산수는 양적추론지표를 구성하는 소검사로, 모두 아동의 수학 능력과 양적 개념을 이해하고 활용하는 능력을 측정한다. 무게비교 점수가 산수 점수에 비해 유의미하게 높을 경우, 자극이 시각적으로 제시되고 청각작업기억의 요구가 적을 때 양적 추론 능력을 가장 잘 발휘함을 의미한다. 반면, 산수 점수가 무게비교 점수에 비해 유의미하게 높다면, 자극이 시각보다 청각적으로 제시될 때 양적 추론 능력을 더 잘 발휘함을 의미한다.

6) 6단계: 처리분석 해석하기

처리점수는 검사 수행 시 아동이 사용하는 문제 해결 전략이나 오류의 특성 등 아동의 인지 과정에 대한 정보를 제공한다. 검사 수행에 대한 질적 분석과 구체적인 오류 분석, 수행에 영향을 주는 다양하고 복합적인 원인을 파악할 수 있다. 예를 들어, 어떤 아동이 토막짜기 소검사에서 난이도가 높은 문항까지 토막을 제시된 모양과 동일하게 맞출 수 있으나, 이음새를 완벽하게 맞추느라 시간을 지체하였다. 토막짜기 소검사는 빠르게 문제를 완료할수록 가산점을 얻기 때문에, 아동은 시간보너스를 충분히 얻지 못한 셈이다. 이 경우 아동의 토막짜기 소검사 점수는 시공간 능력뿐만 아니라 완벽주의 성향으로 인해 시간을 지체하는 특성을 반영하므로, 토막짜기 소검사 점수만을 토대로 해석하면 아동의 수행 양상에 대한 질적 정보를 놓치게 된다. 이 경우 시간보너스가 없는 토막짜기 점수와 토막짜기 점수를 비교한 처리분석 결과를 활용해, 아동이 시간보너스를 얻지 못하여 토막짜기에서 보다 낮은 수행을 했음을 밝히는 것이 좋다. 또 다른 예시로, A아동은 토막짜기 소검사에서 토막 9개 중 8개를 맞췄으나 하나를 틀려서 해당 문항에서 0점을 얻었고, B아동은 토막 9개 중 1개도 맞추지 못하여 0점을 얻었다. 토막짜기 부분점수는 제한 시간 안에 정확하게 배열된 토막에 대한 점수를 산출함으로써 앞의 사례와 같은 수행의 세부적 양상을 나타낸다. 처리점수가 사용된 소검사들은 토막짜기, 숫자, 그림기억, 순차연결, 동형찾기, 기호쓰기, 선택이다.

표 3-8 소검사별 처리점수 종류

토막짜기	시간보너스가 없는 토막짜기, 토막짜기 부분점수, 토막짜기 공간크기 오류, 토막짜기 회전 오류
숫자	숫자 바로 따라 하기, 숫자 거꾸로 따라 하기, 숫자 순서대로 따라 하기, 가장 긴 숫자 바로 따라 하기, 가장 긴 숫자 거꾸로 따라 하기, 가장 긴 숫자 순서대로 따라 하기
그림기억	가장 긴 그림기억 자극, 가장 긴 그림기억 반응
순차연결	가장 긴 순차연결
동형찾기	동형찾기 세트 오류, 동형찾기 회전 오류
기호쓰기	기호쓰기 회전 오류
선택	선택(무선 배열), 선택(일렬 배열)

숫자 소검사의 경우 처리점수의 차이 비교를 두 가지 방식으로 할 수 있다. 첫 번째는 점수를 비교하는 것이고, 두 번째는 제시된 숫자 자극을 몇 자리까지 따라 할 수 있었는지 차이를 비교하는 것이다.

7) 7단계: CHC 분석 해석하기

7단계는 CHC 이론에 따라 지능검사 결과를 분석하는 과정이다. 이에 대한 내용은 곽금주(2021)에서 얻을 수 있다.

6. 상담 장면에서 지능검사 활용법

1) 지능검사가 필요한 사례

지능검사의 일반적인 목적은 지적 능력을 평가하기 위함이다. 지능검사를 통해 수검자의 지능 수준이 어느 정도인지, 인지적인 문제 해결 능력은 어느 정도인지 평가할 수 있다. 최근 느린 학습자 선별과 개입 필요성이 교육계와 상담 분야에서 주요하게 대두된다. 전체 지능이 70~79점 수준일 경우 느린 학습자로 명명되는데, 이들은 지적장애에 해당할 만큼 뚜렷한 발달 지연을 보이지 않기 때문에, 초기에 선별되지 않고 성장하면서 학령기에 학습 문제와 또래관계 문제, 정서 문제를 보이는 경향이 있다. 그로 인해 학습에 대한 거부감과 또래관계 문제, 낮은 자아상과 같은 문제로 상담기관에 내원하는 경우가 많다. 이러한 경우에 상담자는 내담자가 호소하는 문제가 인지 기능 문제와 주요하게 관련되어 있는지 파악해야 하고, 만약 그렇다면 느린 학습자에 대한 효과적인 개입을 마련하기 위해 내담자의 지능 수준과 양상을 평가하는 일이 중요하다. 느린 학습자더라도, 각기 장점과 약점이 다르므로 개별적 중재 방안을 마련해야 하기 때문이다. 또한 주호소와 관련된 특수한 영역에서의 인지 능력을 평가하기 위해 지능검사를 사용할 수 있다. 예를 들어, 주의집중의 어려움을 호소하는 내담자의 평가와 개입을 위해 지능검사에서 작업기억과 처리속도 결과를 살펴볼 수 있다. 아동에 대한 진단을 내리고 치료계획을 수립하는 데도 지능검사를 활용할 수 있다.

2) 검사자의 의무

한국 웩슬러 아동지능검사를 실시하는 검사자는 심리학적 평가에 대한 대학원 과정이나, 전문가 수준의 훈련과 경험을 갖추고 있어야 한다. 훈련된 전문가의 감독 아래에 검사를 실시하고 채점할 수 있지만, 해석은 반드시 평가에 관한 적절한 훈련을 받은 사람이 제공해야 한다(곽금주, 장승민, 2018). 또한 검사자는 평가할 대상과 나이, 언어 환경, 임상적 · 문화적 · 교육적 배경이 비슷한 아동 · 청소년을 검사해 본 경험을 충분히 갖고 있어야 한다. 지적장애 아동의 경우 장애등급 재판정을 위해 2년에 한 번씩 지능검사를 받는다. 그 외 경우라면, 대다수 사람은 태어나서 평생 한 번이나 많으면 두 번 정도 지능검사를 받게 된다. 따라서 검사자가 지능검사에 대한 해석을 제공할 때, 수검자 입장에서는 전문가와 지능에 대해 논의하는 기회를 다시 얻지 못할 수도 있음을 염두에 두고, 정보를 신중하게 제공하고 소통할 필요가 있다.

3) 지능검사 해석에서 유의할 점

(1) 지능에 영향을 미치는 다양한 요인을 고려하기

지능검사에서 측정한 점수를 바로 지능이라고 간주하는 것을 경계해야 한다. 왜냐하면 현재 지능검사는 개인의 능력 자체보다 개인이 현재까지 학습한 것을 측정하기 때문이다. 예를 들어, 청소년이 어려서부터 운동선수로 훈련받아서 학교 수업에 적게 참여한 경우, 이러한 성장 배경이 지능검사 결과에 영향을 미쳤을 것임을 명시할 필요가 있다. 이러한 맥락에서 지능검사는 능력검사보다 성취검사로 간주하는 것이 타당하다. 또한 지능검사는 인지적 능력과 비인지적 요소에 함께 영향을 받는다. 가령 우울이나 불안, 좌절에 대한 인내력, 목표 인식과 성취동기, 의욕 수준, 성격특성, 정신병리 등은 개인이 지능검사를 수행하는 데 상당한 영향을 미칠 수 있다. 우울한 아동이나 청소년은 전반적인 의욕이 저하되어 빠른 수행이 필요한 처리속도 소검사에서 낮은 수행을 보이기 쉽다. 지능검사에 거부적이고 비협조적인 아동은 자신의 잠재력에 못 미치는 수행을 할 것으로 예측된다. 만약 검사자가 비인지적 요소를 주의 깊게 고려하지 않는다면, 지능검사 검수가 곧 아동 · 청소년의 인지 능력을 가리키는 것으로 성급하게 결론 내릴 수 있다.

(2) 양적 분석과 질적 분석을 통합하기

지능검사 수치는 개인 간 비교와 개인 내 비교를 위한 중요한 정보가 된다. 예를 들어, 아

표 3-9 질적 분석에서 고려할 점

검사에 임하는 태도	성급하고 충동적인 행동. 지나친 긴장과 불안. 어려운 문제에서 쉽게 포기하는 행동. 거부적이거나 냉소적인 태도
반응시간/검사시간	반응하는 데 시간이 오래 걸림. 질문이 끝나기 전에 미리 대답하거나 과제에 착수함. 전체 검사시간이 과도하게 오래 걸리거나 과도하게 짧음
검사 반응이나 반응패턴의 비일관성	쉬운 문항에서 실패하고 어려운 문항에서 성공함. 숫자 바로 따라 외우기에서 저조한 수행을 보였으나, 거꾸로 따라 외우기/순서대로 따라 외우기에서 높은 수행을 함
특이하거나 기괴한 반응을 하는 경우	질문에서 벗어난 응답을 하거나 비전형적인 단어를 사용함
응답하는 방식의 특징	감정적인 응답을 함. 불필요한 부분까지 과도하게 설명함. 특정 소검사에 거부감을 표현함

동이 언어이해 100점, 시공간 80점을 얻었다면, 아동에게 시공간 능력이 언어이해 능력에 비해 개인적 약점이고, 또래와 비교하더라도 시공간 능력이 약점으로 작용한다. 수치가 의미하는 바를 정확하게 해석하는 것은 지능검사 해석에 필수적인 단계이나, 양적 해석만으로는 충분하지 않다. 수치만으로는 개인의 특성을 타당하게 설명하기 어렵기 때문이다. 예를 들어, 청소년 두 명이 전체 지능 점수를 동일하게 100점으로 받았다고 하자. 한 학생은 검사 내내 손톱을 물어뜯거나 다리를 흔들었고, 이전에 답한 문제를 틀린 것 같다며 현재 과제에 집중하기 어려워했으며 쉬는 시간을 두 차례 요청하였다. 반면, 다른 학생은 질문에 상세하게 답하고자 노력하였고 '모른다'고 편안하게 답할 수 있었으며, 검사를 마친 후 '최선을 다한 것 같다'며 만족해했다. 이 경우, 두 사람의 전체 지능지수가 같더라도 지능이 같다고 말하기 어렵다. 전자의 청소년은 불안으로 인해 능력을 충분히 발휘하지 못했을 가능성이 있다. 따라서 '청소년의 인지적 잠재력이 현재 지능지수 이상으로 추정되나 수행 불안으로 인해 잠재력을 충분히 발휘하지 못했을 것. 평가 상황에 대한 불안이 적응에 부정적인 영향을 미치고 있음'이라고 설명할 필요가 있다. 즉, 개인의 인지 능력에 관한 타당하고 풍부한 설명을 하려면, 수치에 대한 양적 분석과 행동관찰을 고려한 질적 분석을 통합하여 제시하는 일이 중요하다. 질적 분석에서 주의를 기울일 점을 〈표 3-9〉에 제시하였다.

(3) 수검자와 지능검사에 관해 소통하기

해석상담 때 수검자가 지능검사에 대해 갖고 있는 지식을 확인하는 일이 중요하다. 검사자는 지능이 무엇이라고 생각하는지 수검자에게 묻고 응답 내용을 확인한 후, 지능검사에서 측정하고자 하는 지능의 의미를 설명해 줄 수 있다. 이를 통해 내담자가 지능에 대해 정확하게 인지하도록 돕고, 지능검사 해석에 앞서 준비시킬 수 있다. 웩슬러(1975; 황순택, 김지혜, 박광배, 최진영, 홍상황, 2016에서 재인용)는 지능검사에서 점수 이상의 것을 얻는다고 하였다. 검사자는 수검자가 지능검사를 점수로만 단순하게 이해하지 않도록 교육할 필요가 있다.

지능검사 결과는 단순히 인지 기능의 장점과 약점뿐만 아니라 수검자가 어떠한 자극을 능숙하게 학습하거나 처리하는지 혹은 어떤 조건에서 학습을 용이하게 할 수 있는지에 관한 정보를 포함한다. 또한 특정한 문제나 도전을 해결하고 일부 능력을 지속적으로 계발하거나 보완한다면, 학습과 문제 해결 능력을 증진할 수 있음을 의미한다.

> 우리가 검사를 통해 측정하려 하는 것은 검사가 실제 측정하고 있는 것이 아니다—상식이 아니며, 공간지각이 아니며, 추론 능력이 아니다. 이것은 그저 목적에 이르는 수단일 뿐이다. 지능검사가 측정하는 것은 보다 중요한 어떤 것이다. 즉, 한 개인이 자신과 관련된 세계를 이해하는 능력과 도전에 대처할 수 있는 자원의 풍부함이다.

수검자와 검사 결과를 소통할 때, 지능지수의 분포와 수검자가 해당하는 위치를 그려서 설명하면 수검자가 결과를 명확하게 이해하는 데 도움이 된다(그림 3-4 참조). 지능점수는 좌우대칭의 종 모양의 분포를 가지는데, 평균 점수 100점을 중심으로 다수가 몰려있고 점수가 높아지거나 낮아질수록 점수에 해당하는 인원이 감소한다. 수검자가 분포를 잘 이해하지 못할 경우, 점수를 단순하게 서열화하여 생각하거나 1점 차이를 과도하게 크게 여기기도 한다.

수검자들이 지능 결과를 다양하게 해석하고 때로는 검사자가 의도하지 않은 오류를 범하기 때문에, 신중하게 소통할 필요가 있다. 어떤 내담자의 경우 자신의 지능이 [평균 하] 수준임을 알고 나서, 대학 입시에 떨어질 것이라는 예상을 하고 낙담할 수 있다. 또 다른 내담자는 지능검사 결과가 현재 생활에 대해 어떤 도움이 될지 궁금해할 수 있다. 어떤 부모의 경우, 초등학생 자녀의 지능이 [낮음] 수준임을 알게 된 후, 지능이 앞으로 학업성취도와 어떤 관련이 있는지, 앞으로 공부를 시키는 게 의미 없지 않은지 질문하기도 한다. 건강한 개인도 하나 이상의 영역에서 평균보다 낮은 점수를 받을 수 있으나(Brooks, Holdnack, & Iverson, 2011), 일부 수검자들은 1개 소검사 점수가 [평균 하] 수준임을 알고 자신에게 어떤 문제가 있는지 당혹스러워한다. 따라서 지능검사를 해석하는 전문가는 지능검사 점수가 의미하는 바를 알고 전달함과 동시에 수검자의 다양한 질문과 궁금증에 대답할 준비가 되어 있어야 한다. 지능이 시간에 따라 안정적인지, 지능에서 유전과 환경은 어떠한 영향을 미치는지, 양육자가 아동의 지능 발달에 어떻게 관여하는지, 교육적 중재와 상담이 지능과 어떠한 관계를 맺는지 등 수검자가 검사자에게 하는 구체적인 질문 아래에는 지능과 관련한 다양한 이슈가 존재한다. 전체 지능에 유전이 미치는 영향이 50% 정도라는 점, 학력과 IQ 간에 강한 관련성이 있지만 인과적으로 해석할 수 없다는 점, 개인의 지능은 유전적 요인뿐만 아니라 초기 교육환경, 후기 교육과 직업 경험, 현재의 정서 상태, 정신장애, 검사 당시 상황 요인과 상호작용한 결과로 나타난다는 내용을 숙지하는 것이 지능에 관한 논의를 할 때 도움이 된다. 또한 양육자와 상담할 때 아동에게 상호적이고 풍부한 언어 경험을 제공하고 아동의 탐색과 도전을 격려하며, 아동의 학교생활과 학습에 꾸준한 관심과 지지를 보이는 것이 인지발달에 긍정적인 영향을 미침을 교육할 수 있다.

지능검사 기본지표를 설명하기

기본지표를 의인화하여 설명하면, 내담자가 검사 결과를 보다 생생하게 이해할 수 있다. Weiss, Saklofske, Holdnack과 Prifitera(2020)는 다음과 같은 의인화를 사용하여 기본지표를 설명하였다.

첫 번째, 언어이해지표는 도서관 사서와 유사하다. 예를 들어, 아동이 '거북이'라는 단어를 설명한다면, 저장된 장기기억을 탐색하여 인출할 것이다. 동물원에서 봤던 거북이를 떠올리거나 해양생물도감에서 읽었던 거북이 사진을 생각해 낼 수도 있다. 아동은 거북이의 생김새와 함께 탄생과 성장, 죽음, 사는 곳, 수명, 움직임, 관련된 동물들과 같은 세부 정보들을 함께 인출할 것이다. 도서관에 거북이와 관련된 책이 충분히 꽂혀 있어야(정보의 저장), 사서가 그 책을 얼른 꺼내 올 수 있다(정보의 인출). 따라서 언어이해지표는 장기기억에 저장된 언어지식과 이를 신속하고 효율적으로 인출하는 능력과 관련된다.

두 번째, 시공간지표를 건축가에 비유할 수 있다. 건축가는 2차원의 설계도를 그리면서 3차원으로 완성된 이미지를 떠올린다. 반대로 3차원 이미지를 2차원으로 바꿀 수도 있다. 이같이 시각적 이미지를 생성하고 조작하는 능력이 시공간지표에서 측정하는 것이다.

세 번째, 유동추론 능력은 탐정에 비유될 수 있다. 예를 들면, 셜록 홈즈가 왓슨을 보자마자 그의 외양과 자신이 알고 있는 전쟁에 대한 정보를 토대로, 최근 전선에서 돌아온 군의관임을 유추하였다. 유동추론 능력은 여러 정보를 종합하여 새로운 상황에서 문제를 해결하는 능력에 해당한다.

네 번째, 작업기억지표는 식당지배인과 유사하다. 식당지배인은 고객으로부터 음식 주문을 받고 이를 잠시 기억하여 부엌에 전달한다. 단기적으로 정보를 기억하고 정확하게 회상하는 능력이 작업기억지표에서 측정하는 핵심적 능력이다.

다섯 번째로, 처리속도지표는 식당 점원에 비유될 수 있다. 점원은 손님이 일어난 자리를 빨리 파악하여 식기를 정리하여 정돈한다. 단순하고 반복적인 일을 빠르고 신속하게 처리하고자 노력한다. 공항에서 엑스레이로 위험물을 탐지하는 직원도 식당 점원과 유사한 능력을 발휘한다. 눈으로 캐리어 사진들을 연속적으로 훑으면서 위험해 보이는 물건을 재빠르게 고른다. 이같이 처리속도 소검사에서는 속도와 정확성, 빠르고 정확한 판단이 중요하다.

지능검사에서 95% 신뢰구간의 의미

자녀의 지능검사를 위해 기관을 찾으신 부모님들로부터 종종 듣는 말이 있다. "검사 전에 아이 컨디션 관리를 하려고 노력했어요." 수검자의 검사 당일 신체적 건강과 지능검사 수치가 관련 있을까? 당연히 그렇다. 감기에 걸려서 두통과 콧물에 시달리는 수검자는 검사 당일에 제 능력을 발휘하기 어렵다. 반면, 전날 밤 충분한 수면을 취하고 아침 식사를 여유롭게 마치고 기분 좋게 검사실에 들어온 수검자는 자신이 가진 인지적 능력 이상을 발휘할 수 있다. 따라서 지능검사에서 나온 전체 지능지수는 그 사람이 가진 인지 능력뿐만 아니라 상황적 변인과 같은 다른 요인도 함께 반영하는 수치이다. 검사 결과에 영향을 미치는 변인은 검사 불안, 검사에 대한 사전 지식이나 이전 경험, 수검 능력, 수검 전 활동이나 경험, 수검 태도와 동기, 검사자가 수검사에게 갖는 기대, 검사자와 수검자 간의 조합, 검사자의 당시 심신 상태 등 다양하다. 그러므로 지능검사 점수가 다양한 요인을 반영함을 염두에 두고 해석하는 일이 중요하겠다.

지능검사에서 한 사람의 인지 기능을 크게 두 가지 방식으로 설명한다. 첫 번째는 1개의 숫자, 즉 전체 지능지수로 요약하여 표현하는 방식이고, 두 번째는 신뢰구간이란 개념을 사용하는 방식이다. 예를 들어, 아동이 전체 지능지수 99점, 95% 신뢰구간을 [93~105]로 받았다고 하자. 이는 지능지수를 하나의 점수로 표현하자면 99점이지만, 구간으로 표현하자면 [93~105]로 표현할 수 있다는 뜻이다. 95% 신뢰구간은 동일한 지능검사를 100번 받으면 95번은 [93~105] 사이의 점수를 받음을 의미한다. 아동이 최상의 신체적·정신적 상태에서 검사를 받으면 좋겠지만, 그렇지 않을 때도 자주 있다. 그러한 경우 아동 점수를 받아들이기 어려워하고 재검사를 요청하기도 한다. 따라서 검사자가 해석할 때 당일 상황적 요인 때문에, 수검자가 자신의 실력을 보다 적게 발휘했을 가능성이 있을 경우 이를 설명하고 신뢰구간으로 인지 능력을 이해하는 것이 보다 적합함을 수검자에게 전달하는 일이 도움된다.

Carol Dweck의 마인드셋

지능은 고정된 것일까? 지능은 변화 가능한 것일까? Carol Dweck은 스탠퍼드대학 심리학과 교수로, 지능에 대한 사람들의 마인드셋(mind set)을 연구했다. 어떤 사람들은 지능을 고정되어 변화할 수 없는 것으로 여겼고, 다른 사람들은 지능을 개발 가능한 것으로 생각했다. 지능에 대한 고정 마인드셋을 가진 사람들은 자신의 능력에 대해 타인의 긍정적인 평가를 받는 데 관심을 기울이는 반면, 성장 마인드셋을 가진 사람들은 새로운 것을 배워서 능력을 향상시키는 데 주의를 기울였다. 성장 마인드셋이 개인의 학업성취, 직장 적응에 미치는 효과 크기가 일관되지 않고, 긍정적인 결과와 항상 연관되지 않기 때문에 추후 연구될 부분이 있으나(Yeager, & Dweck, 2020), 마인드셋 연구는 지능에 대한 개인의 태도의 중요성을 제기하였다. 따라서 검사자가 수검자에게 지능검사 결과를 해석할 때, 정보를 전달함과 동시에 지능에 대해 어떤 태도를 갖고 있는지 확인할 필요가 있다. 만약 지능에 대한 고정 마인드셋을 갖고 있던 수검자가 기대에 못 미치는 지능 점수를 얻고 이를 실패의 증거로 여긴다고 하자. 이때 검사자가 성장 마인드셋을 소개함으로써 지능 점수를 새로운 시각에서 볼 수 있도록 도와준다면, 수검자는 성공과 실패의 이분법에서 벗어나 자신의 장점과 단점을 수용하고 지적 능력을 지속적으로 계발하려는 노력을 기울일 수 있다.

(4) 지능검사와 개입

지능검사를 받은 수검자와 검사를 의뢰한 사람들(예, 부모)은 결과를 토대로 앞으로 자신이 무엇을 해야 할지에 관심을 갖는다. 즉 지능검사의 가장 마지막 단계는 개입에 대해 설명하는 것이다. 상담자들이 지능검사 결과에 따른 일반적인 개입 내용을 인지한다면, 내담자와 지능검사 결과를 원활하게 소통하고 앞으로 의사결정을 효과적으로 조력할 수 있다.

개입의 원칙은 수검자의 강점을 지속적으로 계발하면서 약점을 보완하거나 상쇄하는 것이다. 예를 들어, 언어이해지표가 [평균 상] 수준, 타 지표들이 [평균] 수준인 아동에게는 언어적 이해력과 표현력을 강점으로 지속적으로 유지할 수 있는 전략이 요구된다. 이 경우 검사자가 부모에게 아동의 언어적 능력이 강점임을 전달하면서, 강점을 발휘할 수 있는 이유를 질문한다("아이가 언어적 능력을 강점으로 잘 계발할 수 있었던 이유가 뭐라고 생각하시나요?"). 부모가 이유를 찾으면, 이를 아동의 자원이자 노력의 결과로 인정하면서, 현재 잘하고 있는 행동을 지속하도록 격려한다("어려서부터 아이가 책에 관심을 갖도록 도와주셨네요. 아이가 책을 즐겨 읽고 있네요. 이 부분을 지속하신다면, 아이가 언어적 능력을 강점으로 계속 발휘할 수 있을 겁니다."). 다른 예로, 다른 지표들은 [평균] 수준이지만 작업기억지표와 처리속도

지표가 [낮음] 수준인 아동의 경우, 작업기억 기능과 정보처리속도가 개인적 약점이자 또래들과의 비교에서도 약점으로 작용하므로 이를 보완할 수 있는 전략이 중요하다. 먼저, 부모에게 인지적 약점이 실생활과 학습 장면, 또래관계, 정서적 영역에서 야기할 수 있는 일반적인 어려움들을 제시하고, 실제 아동이 경험하는 어려움을 확인한다("주의력과 정보처리속도가 부족하면, 실수를 자주 하거나 들었던 얘기 중에 일부만 기억하고, 그림을 그리거나 필기를 할 때 속도가 느려서 시간 안에 끝마치기 어려울 수 있어요. 부모님 보시기에는 어떤가요?"). 이후 약점을 보완하기 위한 방법을 전달한다("아이에게 한꺼번에 여러 개 지시를 하면, 아이가 다 기억하기 어려워요. 아이에게 가까이 가서 눈을 맞추고 하나씩 간단하게 지시하시는 게 도움 돼요.").

개입과 중재는 서비스를 받는 대상이 보이는 장점과 약점과 서비스를 제공하는 주체(예: 교사, 의사, 언어/인지 치료사, 상담자 등)에 따라 세부적 내용이 서로 다르다. 이 글에서는 지능검사 결과 기본지표에서 약점이 나타날 때, 개입에 참고할 수 있는 일반적인 정보를 제시한다.

① 언어이해지표가 약점인 경우

아동이 단어의 의미를 이해하기 어렵고, 자신의 생각을 표현하기 위한 어휘를 부족하게 갖고 있다. 따라서 아동에게 말할 때 단순한 언어로 지시하고 이해했는지 확인한다. 아동의 말을 연령에 적합한 어휘와 문장으로 바꾸어 말함으로써 정교하게 언어를 사용하는 모델을 보여준다. 새로운 책을 읽을 때 무슨 내용인지 간략히 설명하고, 아동이 그에 관해 무엇을 알고 있는지 질문한다("이 책은 사슴벌레가 알에서 태어나서 어른벌레가 될 때까지 어떻게 자라고 생활하는지에 대한 이야기야. 사슴벌레에 대해 어떤 걸 알고 있니?"). 이를 통해 학습에 대한 흥미를 유발하고, 새로운 정보를 기존에 갖고 있는 지식에 연결하여 언어적 지식을 확장한다. 수업 전후에 잘 모르는 어휘를 확인하고 그 뜻을 학습한다.

② 시공간지표가 약점인 경우

아동이 책상이나 사물함과 같은 공간에 물건을 정리하거나 시각적 이미지를 머릿속에서 떠올려보기 어려워한다. 따라서 개별 물건을 두는 장소를 정해서 반복적으로 익히도록 돕고, 표나 그래프, 지도를 읽고 해석하는 방법을 가르친다. 시각 과제를 할 때는 혼자서 말하면서 수행하는 등 언어적 능력을 활용하도록 돕고("이 그림에는 세모가 있는데 저 그림에는 세모가 없으니까, 서로 달라."), 글쓰기를 할 때 제목, 서론, 본론, 결론 부분으로 지면을 미리 나눈 후에 시작하는 방법을 가르친다.

③ 유동추론지표가 약점인 경우

아동이 제시된 정보를 근거로 새로운 문제를 해결하기 어려워하고, 여러 단계를 포함하는 과제에서 혼란을 겪는다. 따라서 아동에게 따라야 하는 절차나 단계를 목록화하여 가르친다("숙제를 하려면, 첫 번째로 책상을 정리하고 연필과 지우개를 올려두는 거야. 두 번째는 어떤 숙제가 있는지 확인해. 만약에 다른 사람 도움이 필요하면 얘기해. 세 번째는 숙제를 하는 거야. 네 번째는 틀리거나 빠뜨린 게 없는지 다시 확인해. 마지막으로 숙제를 책가방에 넣는 거야."). 우선순위를 정하고 계획을 세워서 실행하며 결과를 평가하는 문제 해결 전략을 모델로 보여주고, 이를 반복하여 익히도록 한다.

④ 작업기억지표가 약점인 경우

아동이 복잡한 활동에서 순서를 놓치고, 방금 보거나 들었던 정보를 회상하는 데 어려움을 겪는다. 따라서 가능한 한 짧고 간단하게 지시하고, 여러 개 활동을 연이어 해야 하는 경우 단계별로 하나씩 구체적으로 지시한다. 기억을 보조할 수 있는 방법을 익히게 한다(예: 노트에 적기, 녹음하기 등).

⑤ 처리속도가 약점인 경우

과제를 완수하기까지 시간이 오래 걸리고 글을 천천히 읽으며, 풀 수 있는 문제더라도 시간이 오래 걸린다. 따라서 아동에게 충분한 시간을 주어 과제를 완수하게 하거나 과제를 줄여서 제한된 시간 내에 끝낼 수 있도록 한다. 과제에 소요되는 시간을 스스로 예상하게 하고, 점차 시간을 줄이기 위해 반복적으로 연습한다. 상담 장면에서도 아동에게 반응할 수 있는 시간을 넉넉히 주고, 응답하기까지 기다려준다.

지능검사 결과를 분석하여 치료적 개입을 계획하고 실행하는 과정은 뇌의 가소성 원리에 바탕을 두고 있다. 신경생물학적 측면에서 인지발달이나 학습과정은 신경세포들 간의 연결을 체계적으로 만들어가는 과정이다. 뇌는 경험에 기초하여 새로운 연결망을 발전시키므로, 전문가나 주변 사람들이 아동의 현재 인지발달 수준과 필요한 경험을 확인하고 이를 직접 제공하거나 제공하는 환경을 유도함으로써 신경세포들 간의 연결을 촉진할 수 있다. 따라서 지능검사를 해석할 때 개인에 맞춤화된 치료적 개입이 인지발달에 긍정적 영향을 미친다는 믿음을 갖고 개입을 전달하는 것이 중요하다.

7. 심리평가보고서 및 해석상담의 예

1) 심리평가보고서

이름	김○○
인적사항	9세, 남아, 초등학교 3학년
내방경위	초등학교 3학년 재학 중인 남아로, 교사 보고에 따르면 급우들에 비해 높은 학교 성적을 거두고 있다고 함. 하지만 모에게는 공부하기 싫고 어렵다고 호소한다고 함.
배경정보	모와 면담한 결과, 언어와 운동 발달이 또래에 비해 다소 빨랐다는 아동은 평소 운동을 좋아하고 활동적인 성격이라고 함. 어린이집과 유치원 적응 당시 분리불안과 같은 어려움은 없었고, 초등학교 적응 역시 무난하게 하고 있다고 함. 교사 보고로 학교생활에 모범적이고 학습 능력이 또래에 비해 높다고 하나, 아동은 올해부터 모에게 공부가 어렵고 싫다고 말한다고 함. 모는 어려서부터 공부보다 놀이를 강조했지만, 아동이 곧 고학년을 앞두고 있으므로 올해부터 아동에게 선행학습을 직접 시키기 시작했다고 함. 아동은 빨리 끝낼 수 있는 과제인데도 문제를 느리게 풀면서 시간을 끈다고 함.
검사태도	보통 체구에 캐주얼한 차림, 뚜렷한 이목구비의 아동으로 모와 함께 내원하였음. 위생상태가 깔끔하였고, 눈맞춤이 적절하였음. 검사실에 들어와서 허리를 깊이 굽혀서 인사했고, "간식 먹어도 돼요?"라고 허락을 구하는 등 점잖고 예의 바른 인상을 주었음. 의자에 미동 없이 앉아서 검사를 수행하였음. 말 속도는 빠르지 않은 편이었고 신중하게 과제를 수행했음. 지능검사에서 질문을 들으면 잠시 생각하다가 차분하게 대답하였고, 이전에 '모른다'고 답했던 문제를 다시 생각해서 응답하기도 했음. 지능검사에서는 상당히 진중한 모습을 보였으나, 면담 중에는 장난을 치거나 자주 웃고, 자리에서 일어나서 몸을 이리저리 움직이며 질문에 답하는 등 활달하고 활발한 인상을 주었음.

	전체 지능 106 (평균)	

언어이해 108 (평균)	시공간 100 (평균)	유동추론 97 (평균)	작업기억 125 (우수)	처리속도 105 (평균)

	공통성	어휘
언어이해	12	11
시공간	토막짜기	퍼즐
	10	10
유동추론	행렬추리	무게비교
	8	11
작업기억	숫자	그림기억
	14	15
처리속도	기호쓰기	동형찾기
	10	12

검사 결과

전체 지능은 106으로 [평균] 수준에 해당하고, 작업기억 기능이 우수하며, 나머지 인지 기능은 또래와 비교해 양호하게 평가됨. 같은 연령대 기준으로 인지 기능이 낮은 순서에서 높은 순서로 1부터 100까지 배열했을 때, 아동은 66번째에 해당하고, 95% 신뢰구간은 [100∼112]로 나타남.

아동의 인지적 강점은 작업기억 기능으로, 청각 자극을 암기하고 조작하는 능력, 시각 자극을 입력하여 인출하는 능력이 [우수] 수준으로 뛰어남. 이러한 강점이 새로운 정보를 학습하고 효율적으로 처리하는 데 긍정적인 요인으로 작용할 것으로 생각됨.

언어이해 능력을 살펴보면, 언어적 상위개념 형성 능력과 어휘력이 [평균] 수준으로 발달해 있음. 시공간 능력 역시 [평균] 수준으로, 시각적 처리 능력, 지각적 조직화 능력, 시각 이미지 생성 능력도 무난하다고 평가됨. 유동추론 소검사들의 수행도 [평균] 수준으로 낯선 상황에서 유연한 문제 해결 능력, 부분과 전체의 관계를 이해하는 능력, 양적 추론 능력이 또래와 비교해 무난한 수준임. 정보처리속도 소검사들의 수행 역시 [평균] 수준으로, 시각−운동 협응 능력, 소근육 협응 능력, 시각적 탐색과 변별 능력이 모두 무난하게 나타남.

종합하면, 전반적인 인지 기능이 양호한 아동으로, 언어적 이해 및 표현 능력, 언어적 정보를 저장하고 인출하는 능력, 시공간 능력, 유동추론, 작업기억, 처리속도 전반을 또래에 비해 양호하게 보유하고 있음. 모 보고에 따르면, 집에서 공부하는 시간에 산만한 행동을 보인다고 하나, 검사 결과 주의집중력 문제는 시사되지 않는다. 학습에 집중하지 못하는 행동과 '공부가 어렵다'는 호소는 학습에 대한 부담감 및 거부감과 상당 부분 연관된 것으로 보임. 선행학습을 시작한 상황이 아동에게 스트레스 요인일 수 있는 바, 선행학습에 대한 아동의 태도를 살펴보고 학습에 대한 부담감과 좌절감을 낮추며 유능감을 경험할 수 있는 개입이 필요한 것으로 생각됨.

해석상담 요약	• 지능검사 결과, 아동의 인지 기능이 양호하고 특히 작업기억 기능이 우수함. • 실제 학업성취도가 양호하고 인지 기능도 또래보다 높음에도, '공부가 어렵다'는 생각을 갖고 있음. 학습에 대한 낮은 자신감과 위축된 태도가 시사됨. 그 원인을 살펴볼 필요가 있음.
개입 방향과 제언	• 아동이 선행학습으로 인해 공부를 어렵고 부담스럽게 경험할 수 있으므로, 선행학습을 유보하고 복습하는 차원으로 접근하는 것이 도움되겠음. • 부모가 아동에게 학습 상황에서 자주 꾸지람과 지적을 하고 '공부를 싫어도 해야 하는 것'으로 교육하면, 아동이 학습에 부담감과 거부감을 느낄 수 있음. '어떤 과목은 좀 더 어렵고, 어떤 과목은 좀 더 쉽다, 어려운 것도 계속 공부하다 보면 쉽고 재미있어질 수도 있다, 어려운 과목을 도움 받으면서 할 수 있다. 어려운 부분이 나오면 모두 이해하지 않아도 된다, 나중에 다시 보면 쉽게 할 수 있다'와 같은 유연한 생각으로 교육할 필요가 있음. • 모와 놀이를 하는 등 정서적 교류를 원하는 아동에게 모와의 학습이 욕구좌절감을 유발할 수 있으므로, 놀이와 학습 간 균형을 유지하는 것이 좋겠음.
제언	• 성취 가능한 학습 목표를 정해 꾸준히 이룸으로써 학습에 유능감을 느끼도록 함. • 부모가 아동이 학습에 유연한 생각을 갖도록 조력하며, 놀이와 학습 간 균형을 맞추는 것이 필요함.

2) 해석상담

검사자 1	안녕하세요, 어머니. 지능검사를 통해서 자녀에 대해 어떤 부분을 알면, 자녀와 어머니에게 도움이 되실 것 같으세요?	검사에서 내담자 어머니가 원하는 바를 확인함.
어머니 1	공부를 열심히 하면 좋겠는데, 어렵다고 해요. 고학년이 되었으니 제가 공부를 시키려고 하는데, 많이 힘들어하고요. 학교 선생님 말씀이 공부를 잘한다고 하시거든요. 왜 어렵다고 하나, 뭘 잘하고 뭘 못하나 이런 걸 알고 싶어요.	
검사자 2	지능검사를 살펴보면, 또래들 평균과 유사한 수준이고 작업기억 기능은 [우수] 수준으로 높아요. 단기기억, 주의력, 암기 능력이 매우 뛰어나요. 이 부분은 ○○이가 공부할 때 장점이거든요. 어머니는 일상생활에서 아이 주의력, 기억력, 암기력에 대해서 어떻게 생각하셨나요?	지능검사에서 나타난 아동의 장점을 부각함. 일상생활에서도 아동의 장점이 나타나는지 정보를 탐색함.
어머니 2	저는 전혀 몰랐어요. 올해부터 제가 아이 공부에 신경을 쓰기 시작했고, 저에게는 힘들다고만 하니까, 공부하다가도 일어나려고 하고 딴짓을 하거든요. 주의력이 좋은 줄은 전혀 몰랐어요.	

| 검사자 3 | 어머니 말씀은 공부하다가 행동이 산만해 보여서, 주의력이 좋다고 생각 못 하셨다는 뜻일까요? | 어머니 말을 명료화함. |

검사자 3 어머니 말씀은 공부하다가 행동이 산만해 보여서, 주의력이 좋다고 생각 못 하셨다는 뜻일까요?　　어머니 말을 명료화함.

어머니 3 선생님 주의력이 좋은 애가 맞나요? 책상에 앉아서 공부를 진득하게 못 해요. 밖에서 나는 소리를 다 듣고 반응하고요.

검사자 4 주의력, 기억력과 관련된 점수가 높다는 뜻은 청각/시각 자극에 다른 사람보다 더 예민하다는 뜻일 수도 있어요. 그런데 어머니 말씀을 들으면 공부하는 걸 힘들어하고 싫어하는 것처럼 들리는데, 어머니 생각에 아이가 공부에 대해 어떻게 느끼는 것 같나요?　　공부에 대한 아동의 태도를 탐색함.

어머니 4 싫다고 하죠. 왜 싫은지 모르겠어요. 공부는 해야 하는 게 아닌가요? 저는 그냥 공부했는데 아이는 왜 해야 하는지 모르겠다고 자꾸 말해요.

검사자 5 인지 기능이 부족하지 않고 학교 선생님 말씀도 공부를 잘한다고 하고 현재 공부가 객관적으로 어렵지 않을 텐데, 어렵다고 하는 이유가 있을까요?　　아동의 어려움을 구체화함.

어머니 5 선행학습을 하고 있어서 그럴까요? 내년 것을 배우고 있거든요.

검사자 6 어머니 말씀처럼 선행학습이 어려워서, 힘들다고 할 수 있을 것 같아요. 공부할 때 집중을 못하는 것 같은 모습은 집중력이 부족해서 그런 건 아니에요. 검사할 때는 매우 집중해서 했고 검사 결과도 집중력이 아동의 강점이거든요. 하지만 지능검사 할 때는 긴장한 채 의자에 앉아 있다가, 끝나고 나서 밝은 표정으로 의자에서 일어나서 돌아다니고 몸을 계속 움직이더라고요. 어쩌면 답이 있는 문제를 풀어야 하거나 시험을 보면 잘해야 한다고 부담감을 느끼고, 긴장하는 것처럼 느껴져요. 부담감이 커서 더 공부를 하기 싫을 수도 있고요. 어머니는 어떻게 생각하세요?　　아동의 행동에 대한 새로운 가설을 제시함.

학습과제

1. 지능의 정의를 기술하시오.

2. 유동성 지능과 결정성 지능의 정의를 설명하시오.

3. 웩슬러 아동지능검사 5판에서 기본지표 5개와 그에 해당하는 소검사 종류를 기술하시오.

참고문헌

곽금주(2021). K-WISC-V 이해와 해석. 학지사.

곽금주, 장승민(2018). K-WISC-V 실시와 채점 지침서. 인싸이트.

황순택, 김지혜, 박광배, 최진영, 홍상황(2016). K-WAIS-IV 기술 및 해석 요강. 한국심리주식회사.

Brooks, B. L., Holdnack, J. A., & Iverson, G. L. (2011). Advanced clinical interpretation of the WAIS-IV and WMS-IV: Prevalence of low scores varies by level of intelligence and years of education. *Assessment, 18*(2), 156-167.

Carroll, J. B. (1993). *Human cognitive abilities: A survey of factor-analytic studies (No. 1).* Cambridge University Press.

Cattell, R. B. (1963). Theory of fluid and crystallized intelligence: A critical experiment. *Journal of Educational Psychology, 54*(1), 1-22.

Dweck, C. S. (2023). 마인드셋: 스탠퍼드 인간성장 프로젝트 (*Mindset: the new psychology of success*). (김준수 역). 스몰빅라이프. (원저는 2007년에 출판).

Dweck, C. S., & Yeager, D. S. (2019). Mindsets: A view from two eras. *Perspectives on psychological science, 14*(3), 481-496.

Flanagan, D. P., & Kaufman, A. S. (2004). *Essentials of WISC-IV assessment.* John Wiley.

Guilford, J. P. (1967). *The nature of human intelligence.* McGraw-Hill.

Horn, J. L. (1965). *Fluid and crystallized intelligence: A factor analytic study of the structure among primary mental abilities.* University of Illinois at Urbana-Champaign.

Horn, J. L. (1991). Measurement of intellectual capabilities: A review of theory: A review of theory. In K. S. McGrew, J. K. Werder & R. W. Woodcock (Eds.), *Woodcock-Johnson technical manual* (pp. 197-232). Riverside.

Legg, S., & Hutter, M. (2007). A collection of definitions of intelligence. In B. Goertzel & P. Wang,

Frontiers in Artificial Intelligence and applications (pp. 17–24). IOS Press.

Sattler, J. M. (2008). *Assessment of children: Cognitive foundations* (5th ed.). Author.

Sattler, J. M., Dumont, R., & Calson, D. L. (2016). *Assessment of children: WISC-V and WPPSI-IV*. Jerome M. Sattler.

Spearman, C. (1927). The measurement of intelligence. *Nature, 120*, 577–578.

Thurstone, L. L. (1938). Primary mental abilities. *Psychometric Monographs, 1*, ix–121.

Yeager, D. S., & Dweck, C. S. (2020). What can be learned from growth mindset controversies?. *American psychologist, 75*(9), 1269–1284.

Wechsler, D. (1939). *The measurement of adult intelligence*. Williams & Wilkins Co.

Weiss, L. G., Saklofske, D. H., Holdnack, J. A., & Prifitera, A. (2020). WISC-V: 임상적 활용과 해석 지침서 [*WISC-V clinical use and interpretation* (2nd ed.).]. (이명경, 안성희, 엄정호, 이채연, 성현모, 이민주, 양혁, 이상민 공역). 학지사. (원저는 2019년에 출판).

제**4**장

성격영역(I):
미네소타 다면적 인성검사(MMPI)

- 검사의 개발 과정에 대해서 알아본다.
- 개별 척도의 의미와 내담자들의 특성을 연결 지어 생각해 본다.
- 검사의 해석 과정과 유의해야 할 사항에 대해서 알아본다.
- 사례보고서 작성과 해석상담의 과정에 대해서 알아본다.

학습개요

　　미네소타 다면적 인성검사(Minnesota Multiphasic Personality Inventory, 이하 MMPI)는 전 세계에서 가장 많이 사용되는 객관적 심리검사이다(Butcher, 2010; Greene, 2011). 원판 MMPI는 1943년 미네소타 대학교의 Starke R. Hathaway 박사와 Jovian C. McKinley 박사에 의해 임상 장면에서 심리적 부적응을 겪고 있는 환자들을 효율적이면서 타당하게 평가하고, "신체적 문제 혹은 의학적 질병과 관련이 있는 심리적 요인을 측정"하기 위한 심리검사를 개발하기 위한 목적으로 제작되었다(McKinley & Hathaway, 1943). 현재는 장애 진단을 위한 임상 장면을 비롯해 상담 및 기타 심리치료 장면에서 개인의 심리적 상태나 특성을 파악하고 치료적 개입 전략을 수립하기 위한 도구로 사용될 뿐 아니라 인사선발이나 정신건강 상태에 대한 선별, 법적 자문과 같은 분야에서 광범위하게 사용되고 있다(Archer, Buffington-Vollum, Stredny, & Handel, 2006; Camara, Nathan, & Puente, 2000).

　　대표적인 객관적 성격검사인 MMPI는 여러 가지 장점이 있다. 실시와 채점이 간편하고, 다양한 척도들이 수검자의 내적 상태에 대한 추론을 가능하게 한다. 특히 MMPI의 다양한 타당도척도는 다른 어떤 검사보다 수검자의 검사태도에 대한 많은 정보를 제공해 준다. 그리고 오랜 시간 축적된 경험적 자료들은 MMPI라는 검사의 결과를 보다 신뢰할 수 있게 만든다. MMPI가 좋은 검사라는 것은 틀림없는 사실이지만 이 검사가 가진 이점을 잘 활용하기 위해서는 심리검사 및 평가에 대한 전체적인 이해와 정신병리에 대한 기본적 지식, 그리고 수검자의 인구통계학적인 특성부터 의뢰 사유, 그리고 검사 결과를 통합적으로 개념화할 수 있는 능력이 필요하다. 이러한 능력은 체계적인 수련 과정 및 임상 경험이 필요하다. 이 장에서는 MMPI가 다양하게 적용될 수 있는 장면 중에서 비임상 장면인 상담이나 교육 영역에서 MMPI를 올바르게 사용하기 위한 다양한 정보들을 제공하고, 해석 과정에서 고려해야 할 지침들을 전달하고자 한다.

1. MMPI의 개발 과정과 역사

1) 원판 MMPI의 개발

1930년대 후반 미네소타 대학교 의과대학에 근무하던 동료인 Hathaway 박사와 McKinley 박사는 기존 성격검사의 한계점을 개선할 수 있는 새로운 형태의 성격검사를 제작하고자 했다. 당시의 성격검사들은 특정한 이론적 기반과 전문가의 안면 타당도에 근거해 개발되었고, 환자들의 자기보고에 전적으로 의지해 평가한다는 한계를 가지고 있었다. 당시의 접근 방식은 실제 환자들 경험과 일치하지 않는 경우가 많았으며, 환자들이 자신의 감정과 경험을 솔직하게 보고할 수 있는 능력과 의지가 있다는 전제가 환자들의 독해력과 이해력, 그리고 이차적 이득과 같은 상황적 요인이 결과에 미치는 영향을 간과했기 때문에 검사 결과의 타당성에 대한 회의적인 의견이 많았다. 이러한 까닭에 Hathaway와 McKinley를 포함해 당시 많은 임상가는 객관적 성격검사의 타당도 향상이 필요하다는 의견에 동의하였다.

Hathaway와 McKinley는 MMPI 개발 과정에서 기존의 성격검사의 효율성을 저해하는 요인을 개선하기 위해 노력했다. 대표적으로 검사에 포함된 각 문항이 집단을 구체적으로 변별할 수 있도록 경험적 접근(empirical keying approach)을 채택했다. 이 경험적 접근은 당시로는 매우 혁신적인 개발 방식이었다. 그리고 수검자의 검사 참여 당시의 태도를 측정해 검사 결과의 타당성을 확인할 수 있는 타당도척도(validity scales)를 추가해 수검자의 기만적인 조작이나 왜곡을 평가할 수 있도록 했다(McKinley & Hathaway, 1944). 이와 같은 고려를 기반으로 3개의 타당도척도와 10개의 임상척도를 포함하는 원판 MMPI가 개발되었다(McKinley & Hathaway, 1943, 1944).

2) MMPI-2로의 개정과 한국판 MMPI의 개발

1942년 처음 출판된 MMPI는 최초 출간 이후 약 40년간 별도의 개정 작업 없이 사용되었다. 1982년이 되어서야 MMPI의 저작권을 가지고 있던 미네소타 대학교 출판부에서는 재표준화 위원회가 구성되었고 개정 작업을 주도하였다. 재표준화 위원회는 원판과 개정판의 연속성을 확보하려고 노력하는 동시에 시대적 변화와 흐름에 맞추는 데 개정 작업의 주안점을 두었고(Butcher et al., 1989), 최종적으로 총 567문항으로 구성된 MMPI-2가 개발되었다.

한국판 MMPI의 경우, 1963년에 원판 MMPI가 처음 국내 표준화되었다(정범모, 이정균, 진위교, 1963). 그 후 1989년 한국임상심리학회에 의해 실제 활용 과정에서 드러난 번역상 문제와 사회문화적 변화를 반영하지 못하는 오래된 규준의 문제를 해결하기 위해 재표준화되었고 개정판을 출시하였다(김영환 외, 1989). 2001년에는 한국판 MMPI-2 표준화 위원회가 구성되면서 MMPI-2 표준화 작업이 시작되었으며, 최종적으로 2004년에 미네소타 대학교 출판부로부터 최종 번역판에 대한 승인을 받아 한국판 MMPI-2가 출시되었다(김중술 외, 2005).

3) MMPI-2 재구성판의 개발과 MMPI-3

(1) MMPI-2 재구성판의 개발

MMPI-2 재구성판(MMPI-2-Restructured Form: 이하 MMPI-2-RF)은 MMPI-2의 단축되고 재구조화된 새로운 형태의 검사이다. MMPI-2-RF는 전체 문항 수가 338개로 기존의 MMPI-2보다 실시 시간이 짧아 상대적으로 간편하다는 장점이 있고, 새로운 문항이 추가되지 않았으므로 수검자가 MMPI-2를 실시했다면 MMPI-2-RF로 변환하는 것이 가능하다. 같은 이유로 MMPI-2-RF의 모든 척도는 기존의 MMPI-2의 척도들과 중복된다. 또한 MMPI-2의 규준 표집을 그대로 사용하였으며, 거의 동일한 방식으로 타당도척도를 개발하였다(Ben-Porath & Tellegen, 2011).

표 4-1   MMPI-3의 척도 소개

■ **타당도척도(10개)**
CRIN(Combined Response Inconsistency), VRIN(Variable Response Inconsistency), TRIN(True Response Inconsistency), F(Infrequent Responses), FP(Infrequent Psychopathology Responses), FS(Infrequent Somatic Responses), FBS(Symptom Validity Scale), RBS(Response Bias Scale), L(Uncommon Virtues), K(Adjustment Validity), CNS(Cannot Say).

■ **상위척도(3개)**
EID(Emotional/Internalizing Dysfunction), THD(Thought Dysfunction), BXD(Behavioral/Externalizing Dysfunction).

■ **재구성 임상척도(8개)**
RCd(Demoralization), RC1(Somatic Complaints), RC2(Low Positive Emotions), RC4(Antisocial Behavior), RC6(Ideas of Persecution), RC7(Dysfunctional Negative Emotions), RC8(Aberrant Experiences), RC9(Hypomanic Activation).

■ 특정문제 척도(26개)

• Somatic/Cognitive and Internalizing Scales

　　Somatic/Cognitive(MLS: Malaise, NUC: Neurological Complaints, EAT: Eating Concerns, COG: Cognitive Complaints), Internalizing(SUI: Suicidal/Death Ideation, HLP: Helplessness/Hopelessness, SFD: Self-Doubt, NFC: Inefficacy, STR: Stress, WRY: Worry, CMP: Compulsivity, ARX: Anxiety-Related Experiences, ANP: Anger Proneness, BRF: Behavior-Restricting Fears).

• Externalizing and Interpersonal Scales

　　Externalizing(FML: Family Problems, JCP: Juvenile Conduct Problems, SUB: Substance Abuse, IMP: Impulsivity, ACT: Activation, AGG: Aggression, CYN: Cynicism), Interpersonal(SFI: Self-Importance, DOM: Dominance, DSF: Disaffiliativeness, SAV: Social Avoidance, SHY: Shyness).

■ 성격병리 5요인(PSY-5) 척도(5개)

AGGR: Aggressiveness, PSYC: Psychoticism, DISC: Disconstraint, NEGE: Negative Emotionality/Neuroticism, INTR: Introversion/Low Positive Emotionality.

MMPI-2-RF는 별도의 임상척도를 포함하고 있지 않지만, 재구성 임상척도(Restructured Clinical scales)를 비롯해 51개의 새롭거나 개정된 척도들로 구성되어 있다. 국내에서는 미국과 동일한 방식으로 MMPI-2-RF에 대한 표준화 연구가 진행되었고, 2011년 매뉴얼이 출시되었다(한경희, 문경주, 이주영, 김지혜, 2011).

(2) MMPI-3의 개발

MMPI-3는 규준의 개선과 적용 범위를 넓히기 위한 새로운 문항과 척도들을 제공하기 위해 새롭게 개발되었다(Ben-Porath & Tellegen, 2020a). MMPI-3 개발 과정에서는 MMPI-2-RF의 누적된 경험적 기반을 해치지 않고 연속성을 유지하는 것에 가장 우선적인 주안점을 두었다. 따라서 이름과는 달리 MMPI-2가 아닌 MMPI-2-RF의 개정판으로 보는 것이 타당하다. 최종적으로 총 335개의 문항과 52개의 척도로 구성된 MMPI-3가 개발되었다(Ben-Porath & Tellegen, 2020a, 2020b). 국내에서도 표준화 작업을 진행하고 있으며 2025년 이후 출판될 것으로 예상한다. MMPI-3의 문항들은 〈표 4-1〉과 같다. 단, 아직 국내 표준화가 완료되지 않았기 때문에 척도명은 모두 원문의 내용으로 제시하였다.

2. 실시와 채점

1) 실시지침 및 고려사항

(1) 평가자에 대한 고려사항

MMPI-2/A는 매우 복잡하고 정교한 심리검사이며, 이 검사의 결과를 해석하기 위해서는 심리검사에 대한 이론적 지식을 비롯해 정신병리와 심리진단에 대한 체계적인 지식이 필요하다. 이 지식을 습득하기 위해서는 공인된 전문가로부터 임상 훈련을 받고 자격을 취득하는 과정이 필수적이다. MMPI-2/A의 구매와 사용을 위해서 요구되는 자격 요건이 있다. MMPI 구매가 가능한 자격증은 〈표 4-2〉에 제시하였다. 이 자격들을 갖추거나 유관 자격을 갖추고 있으면서 등록된 전문가가 실시하는 교육을 15시간 이상 이수한 경우 검사의 구입과 활용이 가능하다.

표 4-2   MMPI의 구입이 가능한 자격증

자격증 발급기관	자격증
보건복지부	정신건강의학과 전문의
	정신건강임상심리사 1급/2급
여성가족부	청소년상담사 1급/2급
한국발달심리학회	발달심리사 1급(발달심리전문가)
한국산업인력공단	임상심리사 1급/2급
한국상담심리학회	상담심리사 1급(상담심리전문가)/2급(상담심리사)
한국상담학회	1급 전문상담사
	수련감독 전문상담사/전문영역 수련감독자
한국임상심리학회	임상심리전문가

위 자격증은 취득 과정에 심리평가와 정신병리 교육, 종합적인 심리평가 실습이 포함되어 있는 자격증이다. 추가적인 자격 요건은 마음사랑 홈페이지(https://maumsarang.kr/maum/order/guide.asp)에서 확인할 수 있다.

(2) 수검자에 대한 고려사항

MMPI-2가 자기보고형 검사라는 점을 고려할 때 평가자는 수검자가 문항을 읽고 이해할 수 있는 능력이 있는지 가장 먼저 확인해야 한다. MMPI-2 매뉴얼에는 독해력의 수준을 초등학교 6학년 수준으로 명시해 놓았다. 수검자의 독해력이 확인되었더라도 기타 임상 상태가 검사 수행을 방해하지 않는지 확인해야 한다. 검사에 협조할 수 없을 정도로 혼란스럽거나 안절부절못하는 상태만 아니라면, 수검자의 심리적 문제로 인해 MMPI-2를 실시하기 어려운 경우는 드물다. 다만, 난독증, 수용성 실어증, 특수학습장애, 약물중독 금단상태, 장기간의 약물 남용에 기인한 신경장애, 환각상태, 주요우울장애의 현저한 정신운동지체, 극단적 주의산만을 보이는 조증상태와 같은 문제가 있을 때는 검사를 실시하지 않아야 한다 (Butcher et al., 2001).

2) 실시와 채점

MMPI-2의 실시는 지필형과 온라인 모두 가능하다. 평가자는 어떤 방법으로 실시하든지 바람직한 검사 결과를 낼 수 있는 실시 환경을 제공하고자 노력해야 한다. 검사를 실시하기 전, 평가자는 수검자와 라포(rapport)를 형성하기 위해 노력해야 한다. 이 과정은 수검자가 자신의 감정과 경험에 대해서 최대한 협조적으로 검사를 통해 드러낼 수 있도록 해 준다. 검사에 대한 사전 동의를 얻고, 검사에 대한 전반적인 안내와 함께 이 검사를 통해 얻을 수 있는 이점과 해석상담에 대해서 안내하는 것도 중요하다.

검사를 실시하는 물리적 환경도 중요하다. 수검자가 외부 환경이나 타인의 간섭을 받지 않고 검사를 수행할 수 있도록 독립적이면서도 조용하고 청결한 공간이 필요하다. 혹시 모를 수검자의 질문에 적절히 응답하고 검사 수행 과정에서 나타나는 수검태도를 관찰하기 위해서 평가자가 동석하여 실시하는 것이 가장 좋다.

온라인 실시는 인증코드 방식과 PC 앱(Mscore) 방식이 있다. 인증코드 방식은 검사자가 채점 프로그램을 통해 수검자에게 인증코드를 발송하면 수검자가 온라인 검사 사이트 (mtest.kr)에 접속해서 인증코드를 입력한 후 실시하는 방식이다. PC 앱(Mscore) 방식은 방해받지 않는 검사실 등에서 검사자의 감독하에 바로 온라인으로 검사를 실시하게 된다. 검사 종료 후, 다음과 같은 몇 가지 질문을 통해 검사 당시의 경험에 대한 정보 수집이 필요하다.

- 검사 하시면서 힘들지는 않으셨나요? (힘들었다면) 어떤 점이 가장 힘드셨나요?
- 검사를 한번에 완료하셨나요? 아니면 나눠서 하셔야 했나요? (나눠서 했다면) 어떤 이유였을까요?
- 검사를 하면서 어떤 생각이 많이 드셨나요?

한국판 MMPI-2의 채점은 해당 출판사에서 제공하는 자동 채점 프로그램이나 공식 웹페이지(https://mscore.kr)를 이용한다. 평가자는 수검자의 답안지를 전체적으로 검토하여 적절하게 응답했는지 확인하고, 답안지에 기록된 응답의 변화(기록 방법이나 사용한 필기구 등)가 특이할 때는 추가적인 질문을 하거나 결과지와 함께 보관하는 것도 좋은 방법이다.

3. MMPI-2의 구성 및 해석

1) MMPI-2 해석의 절차

MMPI-2는 오랜 시간 누적된 경험적 자료를 토대로 수검자에 대한 수준 높은 이해를 할 수 있도록 도와준다. 다만, 검증이 필요한 가설을 제공하는 것이지 이 검사의 결과만으로 진단을 내리거나 수검자의 특성을 확언하는 것은 아니다. MMPI-2는 의뢰 사유와 호소문제가 무엇인지와 같은 수검자 특성에 따라서 해석이 달라질 수 있는 복합적인 과정을 가진 검사이다. 따라서 검사 결과에만 기초해 '無정보 해석(blind interpretation)'을 하지 않아야 한다. MMPI-2의 해석은 일반적으로 다음과 같은 단계를 거친다.

- 검사에 임하는 수검자의 태도를 평가한다.
- 척도별 점수를 확인한다.
- 임상척도의 코드 유형 및 척도 간의 연관성을 확인한다.
- 재구성 임상척도, 성격병리 5요인 척도, 내용척도, 보충척도 점수를 확인한다.
- 결정적 문항을 검토한다.
- 결과 해석을 통합적으로 기술한다.

2) 타당도척도

MMPI-2 결과를 평가하면서 가장 먼저 해야 할 과정은 바로 검사 결과의 해석 가능성을 파악하는 것이다. 타당도척도는 수검자의 성격 및 행동특성에 대한 정보를 제공한다. 타당도척도를 개발한 본래의 목적은 검사 결과의 타당성 여부를 확인하는 것이지만, 타당도척도를 잘 활용하면 수검자의 심리적 특성과 관련된 가설도 다양하게 만들어 낼 수 있다. 평가자는 이 검사를 통해서 수검자가 자기 자신을 어떤 모습으로 보이고 싶어 했는가에 대한 답을 찾을 수 있다.

(1) 무응답

무응답 점수는 수검자가 응답하지 않은 문항의 수를 의미한다. 문항에 대한 반응을 누락했거나, '그렇다'와 '아니다' 모두에 응답하거나 중간 지점에 표기한 경우, 모두 무응답으로 처리된다. 무응답 점수를 어디까지 허용할 것인지에 대한 엄격한 규정은 없으나 통상적인 상한선은 원점수 30점(30개)이다. 수검자가 무응답하는 이유로는 주로 부주의하거나 혼란스러움, 고의로 거짓 응답하는 것에 대한 회피, '그렇다'와 '아니다' 중 선택하지 못하는 우유부단함, 문항의 내용과 관련된 경험의 부족 등이 있다. 무응답 점수와 관련된 기준은 검사 결과를 해석할 수 있는지와 관련 있다. 협조적인 수검자는 무응답 점수가 0점인 결과가 일반적이다. 다만, 온라인 실시의 경우 무응답의 발생에 대해서 검사자가 재권유할 수 없으므로 검사 실시 전 충분한 안내가 필요하다.

무응답 점수가 30점 이상인 경우 타당하지 않은 자료로 간주해 척도들을 해석하지 않는다. 30점 미만인 경우에도 해석에 매우 조심해야 한다. 평가자는 무응답이 5개 이상이라면 다음 사항들을 확인해야 한다.

- 빠뜨린 문항의 내용이 특정 주제와 관련 있는가? 특정 주제(예: 가족과 관련된 문항)에 대한 문항에 일관되게 응답하지 않았다면 그 주제는 수검자의 심리적 문제에 대한 가설을 만드는 데 중요한 재료가 될 수 있다.
- 빠뜨린 문항의 위치가 어디인가? 370번 이후에 발생한 무응답 점수는 기존의 타당도척도와 임상척도 점수에는 영향을 미치지 않는다. 다만, 다른 척도들의 점수에는 영향을 미친다.

(2) 무선반응 비일관성 척도(Variable Response Inconsistency: 이하 VRIN)

VRIN 척도는 의미가 유사하거나 상반되는 67개 문항 쌍(예: '수면이 피로회복을 가져온다'와 '잠을 자주 깨고 불충분하다')으로 이루어져 있다. VRIN 척도는 이러한 문항 쌍에서 일관되지 않은 응답을 할 때마다 원점수가 1점씩 채점된다. 즉, VRIN 척도의 원점수는 비일관적으로 응답한 문항 쌍의 개수이다.

VRIN 척도의 T점수가 80점(원점수 13점) 이상이면 수검자가 문항의 내용과 상관없이 무선적으로 반응한 것으로 간주하고 검사 결과를 해석하지 않는다(Butcher et al., 2001). 검사수행 당시 수검자의 부주의나 일시적인 주의력 저하 등에 대해서 파악해야 한다. 검사 실시

전, 수검자의 독해 능력과 심리적 상태에 대한 평가가 진행되었다면, VRIN 척도의 상승은 우유부단하거나 비협조적인 태도로 인한 무선적 반응일 가능성이 가장 크다. VRIN 척도의 T점수가 65점 이상이면서 다음에 언급할 고정반응 비일관성(TRIN) 척도의 점수도 T점수 65점 이상이라면 수검자의 비일관적 응답 경향이 더욱 분명해진다.

VRIN 척도의 T점수가 65~79점(특히 79점에 가까울수록)인 경우, 검사 결과에 비일관된 수검태도가 영향을 미치고 있을 가능성이 있기 때문에 해석에 주의가 필요하다. T점수가 80점 이상이면 검사자료의 타당성이 의심되므로 해석하지 않도록 권고하고 있다(Butcher et al., 2001). 특히 VRIN 척도와 함께 비전형(F) 척도가 동반 상승했을 때는 VRIN 척도의 상승이 비전형 척도의 상승에 영향을 주었을 가능성을 반드시 고려해야 한다.

(3) 고정반응 비일관성 척도(True Response Inconsistency: 이하 TRIN)

TRIN 척도는 VRIN 척도와 마찬가지로 비일관적 반응 혹은 모순되는 반응을 탐지한다. TRIN 척도에 포함된 문항 쌍은 총 23개로 내용이 상이한 문항끼리 짝지어져 있다. 따라서 수검자가 무분별하게 '그렇다(모두 긍정)' 혹은 '아니다(모두 부정)' 라고 답하는 특정한 반응 양식을 파악하는 데 유용하다. 결과지에는 TRIN 척도의 점수와 함께 T 혹은 F 알파벳이 표기되어 있다. 이것은 수검자의 '그렇다(True)'/'아니다(False)'의 응답 방향을 나타낸다.

VRIN 척도와 마찬가지로 T점수가 80점 이상이면(T와 F 응답 방향 모두) 검사자료의 타당성이 의심되므로 해석하지 않도록 권고하고 있다(Butcher et al., 2001). T점수가 65~79점이면서 '그렇다(T)' 방향이라면 TRIN 점수의 상승으로 인해 L, K, S척도가 낮아질 수 있으며, '아니다(F)' 방향이라면 반대로 높아질 수 있다. 따라서 TRIN 척도 점수 상승 및 그 응답 방향에 따라 해석에 유의해야 한다.

(4) 비전형 척도(Infrequency scale: 이하 F척도)

F척도는 규준집단 중 10% 이내의 사람들이 응답하는 방식으로 응답하는 경향성을 평가한다. 따라서 수검자가 F척도에 포함된 문항에 하나씩 시인할 때마다 보통의 사람들이 동의하는 전형적인 견해로부터 멀어지게 된다. 그래서 이 척도를 비전형 척도라고 부른다.

F척도는 다양한 문항으로 구성되어 있지만 주로 정신증을 강조하는 문항들로 구성되어 있다는 점을 유의해야 한다. F척도는 비일관적인 응답 태도나 독해력 부족, 심각한 정신병리나 증상의 가장(꾀병)과 같은 다양한 이유로 상승할 수 있다. 따라서 F척도의 상승을 정확하게 해석하기 위해서는 앞서 언급한 비일관성 척도를 비롯해 다른 타당도척도의 점수를 참고해야 하며, 평가 장면에 따라서 평가 기준을 다르게 설정할 필요가 있다. 보통 입원환자와

표 4-3 F척도의 점수별 해석 지침

높은 T점수[1]	80점 이상	• VRIN, TRIN 척도 점수 확인(80점 이상이면 무효화 프로파일). • FP척도 점수가 100점 이상이라면 의도적 과장 가능성 큼. • F척도의 90점은 꾀병과 실제 정신병리를 구분하는 좋은 기준.
	65~79점	• TRIN 척도 점수 확인(80T 이상이면 비일관적 태도로 인한 상승 가능). • 실제 임상적 수준의 심리적 문제를 경험하고 있을 가능성. • 검사자에게 도움을 구하기 위한 증상 과장(L과 K척도의 하강 동반).
중간 T점수	40~64점	• 자신의 경험이나 태도, 감정과 행동에 대해서 인정. • 심리적 문제가 만성화되어 있을 가능성(호소문제 특성 확인).
낮은 T점수	40점 미만	• 자신을 일반적인 사람들과 같은 방식으로 보이려고 노력함(방어적 태도). • 잘 보여야 하는 장면(인사선발 등)에서 실시한 경우 종종 나타남.

외래환자 그리고 비임상 장면 순으로 해석에 대한 기준점수가 높다. 한편, F척도의 약 1/3가량이 임상척도 6, 7, 8, 9와 중복되기 때문에 F척도가 상승하면 함께 상승한다.

(5) 비전형-후반부 척도(Infrequency-Back scale: 이하 F_B척도)

F척도의 마지막 문항은 361번이다. 그리고 전체 문항 중 82%의 문항이 300번 이내에서 채점된다. 그래서 검사 후반부에서 나타나는 수검자의 태도 변화를 확인할 수 없다는 제한을 극복하기 위해 개발된 것이 F_B척도이다. F_B척도는 281번부터 시작되며 문항의 95%가 300번부터 채점되기 때문에 MMPI-2를 실시하는 도중, 피로감 혹은 불성실성 때문에 나타나는 수검태도의 변화에 민감하다. F_B척도의 구성방식은 F척도와 유사하다. 그렇지만 F척도가 주로 정신증 증상을 평가하는 반면, F_B척도는 급성 스트레스, 공황, 두려움, 우울감 등과 같은 문제를 평가한다. 답안지의 기록 방식에 대한 변화를 확인하거나, 온라인으로 진행되었을 경우 검사 종료 후 진행 과정에서의 어려움 등에 대한 추가적인 질문을 해 보면 좋다.

(6) 비전형-정신병리 척도(Infrequency-Psychopathology scale: 이하 Fp척도)

Fp척도는 실제 정신건강의학과 환자들조차 잘 인정하지 않는 매우 심각한 정신병리를 나타내는 문항들로 구성되어 있다. 따라서 Fp척도에서 매우 높은 점수를 받은 수검자는 규준집단에서 흔히 응답하지 않는 쪽으로 응답했을 뿐만 아니라 환자집단에서도 흔히 응답하지 않는 쪽으로 응답했다고 볼 수 있다. 즉, 의도적으로 나쁜 증상을 보이려고 했을 가능성을 고려

---

1) 높은 T점수의 기준은 문헌마다 다소 차이가 있다. 절대적인 점수가 아님에 유의해야 한다.

해야 한다(부정왜곡). 실제로 증상 가장 집단(malingering group)을 변별하는 능력도 F척도보다 Fp척도가 더 우수하다고 알려져 있다(Rothke et al., 2000; Strong et al., 2006). Fp척도의 점수가 T점수 100점 이상이면 꾀병 가능성이 높으므로 프로파일 해석을 하지 말고, 70점 이상인 경우 꾀병 가능성을 고려해서 기타 정보를 수집해 신중한 해석이 필요하다(Bagby et al., 1995).

(7) 증상타당도 척도(Symptom Validity scale: 이하 FBS척도)

FBS척도는 개인의 신체적 상해와 관련된 소송 맥락에서 나타나는 꾀병을 탐지하기 위해 개발되었다(Lees-Haley et al., 1991). Lees-Haley 등(1991)은 43개 문항을 논리적으로 선택하여 척도를 개발하였다. 이 과정에서 상해 소송 당사자를 임의로 증상 가장 집단으로 구분하여 비교하는 방식을 선택했기 때문에 반복검증과 교차 타당화가 불가능하다. 그리고 과대보고 경향을 측정하는 척도들과 중복 문항은 소수에 불과하고 신체 증상을 측정하는 척도와 중복 문항이 많다. 결과적으로 수검자가 신체 증상, 불안감, 스트레스를 인정하고, 반사회적 특성과 냉소적 태도를 부인하면 쉽게 상승한다. 따라서 척도가 상승하더라도 신중한 해석이 요구되며, 척도의 타당성에 대해서는 현재까지도 의견이 분분하다. 한편, FBS척도는 개발 당시 부정왜곡을 탐지하는 척도라는 점을 강조해서 FBS(Faking Bad Scale)라고 명명하였으나 부정왜곡이라는 표현이 폄하적인 의미가 내포되어 있으며 편견을 유발한다는 의견에서 증상 타당도로 변경하고 약어는 유지하였다(Williams et al., 2009).

(8) 부인 척도(Lie scale: 이하 L척도)

L척도는 심리적 문제나 도덕적 결점을 고의적으로 축소해서 보고하는 부인(denial) 반응

표 4-4 L척도의 점수별 해석 지침

높은 T점수	80점 이상	• TRIN 척도 점수 확인(80F 이상이면 비일관적 태도로 인한 상승 가능). • 아주 심한 긍정 왜곡 경향으로 인해 해석 불가.
	70~79점	• TRIN 척도 점수 확인(64F~79F이면 비일관적 태도로 인한 상승 가능). • 긍정왜곡 가능성으로 아주 신중한 해석 필요.
	65~69점	• 도덕적 견해에서의 순진성과 경직성. • 세련되지 못하고, 통찰력이 부족하며, 자신이 다른 사람들에게 어떻게 받아들여지고 있는지에 대한 의식이 부족함. • 부정적 평가를 방지하기 위해 과소보고 했을 가능성.
낮은 T점수	45점 미만	• 사소한 잘못과 결함을 드러내는 것에 대한 솔직함. • 다른 사람들이 자신을 어떻게 보는지에 대해서 영향을 덜 받음.

을 탐지하기 위해 개발되었다. L척도는 누구나 지니고 있을 법한, 사소한 결점이나 부정적 감정과 욕구조차 부인하면서 자신을 필요 이상으로 완벽하고 이상화된 방식으로 좋게 보이려는 '순진한' 태도를 측정한다(Nichols, 2011). L척도의 상승이 부인 반응 경향과 관련이 있으므로, L척도가 상승하면 임상척도는 상승하지 않는다. 인사선발, 양육권 분쟁, 보호관찰 평가와 같이 긍정적 평가를 받아야 하는 상황에서 경미한 상승이 나타나기도 한다. 이건 자연스러운 현상이므로 상황을 고려한 평가가 필요하다. 일반적으로 교육 수준과 지적 수준이 높고 심리적으로 세련된 사람들은 L척도에서 유의한 상승을 나타내는 경우가 드물다.

(9) 교정 척도(Correction scale: 이하 K척도)

K척도는 수검자의 방어적 태도를 탐지하고, 임상척도의 정신병리 탐지 민감도를 개선하려는 목적으로 개발되었다. 우선, K척도는 질문의 의도가 명백한 문항들로 이루어진 L척도와 달리, 좀 더 교묘한 문항들로 이루어져 있다. 그러므로 경직되고 순진한 태도로 부인하려는 수검자가 L척도에서 상승이 나타난다면, 심리적으로 세련되고 교묘한 태도로 자신을 방어하려는 수검자의 경우 K척도가 상승한다. K척도의 높은 점수는 과소보고, 낮은 점수는 과대보고와 밀접한 관련이 있으나, 경미하게 상승한 경우에는 자아 강도와 같은 심리적 자원이 풍부하고 현실적 문제에 대한 대처 능력을 갖추고 있음을 반영하기도 한다.

다음으로, K척도가 가지는 방어적 수검태도 특성을 임상척도에 합산하면, 임상척도의 민감도가 개선되어 정신병리가 있는 사람들을 더 높은 확률로 구분할 수 있다. 실제 정신병리를 지니고 있지만 K척도의 영향으로 임상척도가 상승하지 않는 특이한 현상이 벌어지는 것을 교정(correction)하는 것이다. 그래서 이 척도를 교정 척도라고 부른다. 척도 1, 4, 7, 8, 9가

표 4-5 K척도의 점수별 해석 지침

높은 T점수	75점 이상	• 지나치게 방어적인 태도로 검사 무효화 가능성. • 스스로 잘 통제하고 있으며 적응적으로 지내고 있음을 드러내려는 의도.
	65~74점	• 인사선발 등 인상관리가 필요한 장면에서 흔함. • 상황적 요인에 의해 나타난 방어적 태도 고려.
	45~64점	• 자신의 장점과 단점에 대해서 자연스럽게 인정하는 태도. • 적절한 수준의 개방적 태도와 스트레스에 대한 대처 능력 보유.
낮은 T점수	35~45점	• 과대보고 혹은 스트레스나 일상생활의 요구에 대한 대처 자원 제한. • 자기비판, 비관, 불만족, 냉소, 과민, 불안정, 무기력.
	35점 미만	• 대개 과대보고 가능성 큼. • 급성 스트레스 문제로 인해 적절한 자기방어가 불가능한 상태 고려.

K척도의 교정이 적용되는 척도들이다. 이 척도들의 공통적 특성은 다른 임상척도에 비해서 모호한 문항의 비율이 낮다는 것이다. 그래서 모호한 문항들로 이루어진 K척도로 교정한다고 생각하면 쉽다.

(10) 과장된 자기제시 척도(Superlative Self-Presentation: 이하 S척도)

S척도는 '과장된 방식의 자기제시'를 평가하기 위해 개발되었다(Butcher & Han, 2014). L척도와 K척도가 임상 집단을 대상으로 개발되었다면, S척도는 비임상 집단의 '자기기만에 기반한 인상관리'와 같은 방어적 태도를 탐지한다. 비임상 집단의 이러한 태도는 인상관리가 필요한 인사선발, 보호감찰 평가, 자녀 양육권 평가 등에서 흔히 나타난다.

TRIN척도가 65점 이상 상승했다면(특히 80점 이상), 방어적 태도보다는 '아니다' 방향의 응답 패턴으로 인해 상승했을 가능성이 있다. TRIN척도가 정상범위라면 S척도의 75점 이상은 타당하지 않은 프로파일, 70~74점은 전형적인 자기기만과 제한된 통찰, 그리고 과장되게 자신을 긍정적으로 제시하려는 인상관리 태도를 반영한다. S척도가 65점 이상 상승한 경우에는 5개의 소척도(S1: 인간의 선함에 대한 강한 믿음, S2: 평온, S3: 삶에 대한 만족, S4: 참을성/성마름의 부인, S5: 도덕적 결함의 부인) 상승을 확인해야 한다.

(11) Gough의 F-K 지표

F척도가 정신병리의 수준에 민감하고, K척도가 방어적 성향의 수준에 민감하다는 점을 앞서 다루었다. 단순하게 생각하면 실제 증상을 경험하는 사람들은 F척도가 상승하고 K척도는 하강할 것 같지만 그렇지 않다. 실제로 심각한 정신병리를 경험하는 환자들도 어느 정도는 방어하려고 노력한다. 따라서 심각한 정신병리(높은 F척도 점수)를 나타내는 사람이 매우 낮은 방어적 능력(낮은 K척도 점수)을 보이면 의도적으로 증상을 과장하거나 왜곡하고 있을 가능성이 크다.

F-K 지표는 두 척도의 원점수 차이로 계산되며, 지표의 값이 0보다 크면 과대보고, 작으면 과소보고와 관련이 있다. 절대적인 기준은 없지만 MMPI-2 재표준화 집단에서 평균 원점수는 남성이 -10.77점, 여성이 -11.37점이었다. 재표준화 집단에서 하위 2.5%에 해당하는 남녀의 평균 원점수는 -22점이었다는 점을 참고하면 좋다. 정신병리를 과장하려는 환자들의 경우 F-K 지표의 값이 20~25점 범위에 있는 경우가 많고, 25점을 초과하는 경우는 분명한 과장을 의미한다. 20점에 근접하는 값을 보이는 수검자의 경우, 검사를 통해 얻을 수 있는 이차적 이득에 대한 확인이 필요하다. 반대로 -11~-16점 정도의 값은 증상이나 고통이 없는 상태를 강조하려는 태도가 강하고, 자신을 지나치게 긍정적으로 나타내고자 하는

태도를 의미한다. −20점 이하의 값은 매우 분명한 방어적 태도를 의미한다. 다만, 수검자가 검사를 통해 자신의 실제에 대해서 보고하는 것에 대한 불편감을 느낄 수 있는 상황, 예를 들면 동의하지 않은 심리검사의 실시 등에 대해서 고려해야 한다.

3) 임상척도

MMPI-2에는 10개의 임상척도(clinical scales)가 있다. 임상척도를 해석할 때 몇 가지 주의해야 할 점이 있다. 첫째, '진단적 용어의 함정'이다. 각 척도의 명칭은 개발 당시 진단적 기준집단의 이름을 따라 명명되었지만 오랜 시간 누적된 경험적 근거들은 개별 임상척도의 상승이 해당 척도의 진단명과 관련된 문제가 항상 나타나는 것이 아님을 밝혀왔다. 즉, 진단명과 관련된 임상척도의 명칭이 오해를 일으킨다. 실제 평가 장면에서도 진단적 명칭은 MMPI-2에 익숙하지 않은 상담자나 기타 치료자가 해석 과정에서 '진단적 용어의 함정'에 빠지게 만들어 편향된 해석을 하게 한다. 임상척도를 번호로 부르는 것은 이런 문제를 줄여 줄 수 있다.

둘째, '임상적 범위의 함정'이다. MMPI-2에서는 평균에서 1.5표준편차 상승한 T점수 65점을 정신병리적으로 '유의하게 상승한 수준'이라고 정의하고 있다. 그렇지만 65점이라는 점수는 절대적인 점수는 아니다. 정상집단과 임상집단을 가장 신뢰 있게 구분해 주는 점수이기는 하지만 100%는 아니다. 임상척도는 수검자의 증상이나 고통의 심각성에 영향을 받지만 앞서 언급한 다양한 타당도척도의 영향도 받기 때문에 T점수 65점이라는 기준은 검사자가 관심을 가져야 하는 하나의 기준점으로 받아들이는 것이 옳다.

셋째, 낮은 점수(T점수 40점 이하) 해석의 문제이다. 일반적으로 비임상 집단에서 나타나는 낮은 임상척도 점수는 긍정적 특성을 보이며, 평균보다 더 높은 적응 수준을 나타낸다(Keiller & Graham, 1993). 그렇지만 임상 집단에 동일하게 적용될 수 없으며, 낮은 점수가 반드시 높은 점수가 의미하는 것의 반대 내용(혹은 상태)을 의미한다고 추측하면 안 된다(Graham, 2011; Graham et al., 1997). 높은 점수와 마찬가지로 낮은 점수도 검사자가 관심을 가져야 할 하나의 기준점으로 보아야 하며, 수검자가 처한 상황의 특정한 맥락에서 이해해야 한다.

(1) 척도 1: 건강염려증(Hypochondriasis: Hs)
척도 1은 개인이 호소하는 몸의 이상이나 신체질환과 같은 건강 문제에 대한 비정상적인 걱정을 드러낸다. 건강염려증은 자체로 명백한 의학적 원인이 발견되지 않았거나 모호하고

표 4-6 척도 1의 해석과 치료적 시사점

높은 T점수	• 모호하고 전반적인 신체적 불편감의 호소(만성적). • 실제 신체적 질병이 있는 사람도 의학적 상태에 비해 더 비관적임. • 생기가 없고, 불만족스러우며, 비관적이고 냉소적인 관점을 가지지만 반사회적인 방식의 행동화는 거의 나타나지 않음. • 이기적이고 자기중심적, 자기도취적임. • 스트레스를 다루는 것과 관련되어 오랫동안 지속되어 온 성격 양식의 결과물 • 직업적·사회적 기능이 저하되지만, 기능의 상실은 드묾.
낮은 T점수	• 신체적 기능에 대해 드러나게 염려하지 않고 효율적으로 생활함. • 회복력이 높고 기민하여 활력적인 사람. • 다만, 매우 낮은 점수(<35점)는 자기 신체에 체념적이고 무관심할 정도로 흥미를 잃었을 가능성이 있음(우울 관련).
치료적 시사점	• 신체형 장애, 통증장애, 불안장애, 우울장애와 관련됨. • 현재 복용하고 있는 약물이 있는지 확인 필요. • 신체 증상의 원인에 대한 통찰이 부족하지만, 전문가의 해석에 거부적임. • 초기 접근은 지지적이면서, 비직면적 치료가 이상적임. • 의존적 애착을 형성한 타인과의 관계 탐색(기대와 충족 간의 균형). • 내적 스트레스를 처리하는 방법으로 주장 훈련이나 교육이 효과적임.

다양한 신체적 증상을 호소하면서 질병에 대한 공포를 느끼고 자신의 건강 상태에 과도하게 집착하고 걱정하는 상태를 말한다. 따라서 척도 1은 건강에 대한 염려와 함께 신체적 증상 호소가 늘어날수록 점수가 높아진다. 척도 1은 포함된 문항들이 매우 동질적이어서 임상 소 척도가 개발되지 않았다.

(2) 척도 2: 우울증(Depression: D)

척도 2는 의욕 저하, 무망감이나 무가치감, 비관적 태도, 절망감, 생각이나 행동이 느려지고 때때로 죽음이나 자살에 몰두함을 특징으로 하는 기분 상태인 우울의 여부 및 그 심각도를 측정하기 위해 개발되었다(Butcher et al., 2001). 척도 2는 기분 척도로 약간의 의욕 저하나 효율 저하를 포함하여 일과성이거나 아주 잠깐의 정서 상태에 민감하다. 따라서 MMPI-2에서 가장 흔하게 상승하는 척도이기도 하다. 척도 2는 내담자 스스로가 그들 자신이나 주변 환경에 대해 편안하고 안전하게 느끼는 정도를 측정하기 때문에 높은 점수는 불안정감이나 불만족감을 나타낸다고 볼 수 있다(Greene, 2011). 이 불만족감에는 걱정이나 긴장뿐만 아니라 적대적 충동의 부인까지 포함된다. 한편, 척도 1보다 실제 신체적 질병 상

표 4-7 척도 2의 임상 소척도

D1. 주관적 우울감	불행감, 불쾌감, 비관적, 자살, 재미없음, 걱정하는 느낌과 수면 문제, 주의집중의 어려움, 전반적인 무가치감과 같은 명백한 불편감.
D2. 정신운동지체	적대감이나 충동성의 부인, 심신의 에너지 저하와 추진력의 부족, 사회적 관계의 회피.
D3. 신체적 기능장애	신체 기능에 몰두, 신체적 기능 회복에 대한 부정적 평가, 식욕감소, 체중 변화, 허약감 등 우울의 생리적 증상.
D4. 둔감성	흥미 상실, 정신적 감퇴나 쇠약감 및 주의 산만, 업무 시작의 곤란과 자신감의 결여.
D5. 깊은 근심	가치가 없거나 소용없다는 느낌과 에너지가 부족한 느낌, 비참함, 심란한 기분, 무망감, 부정적 생각의 반추.

표 4-8 척도 2의 해석과 치료적 시사점

높은 점수	• 현재의 우울증 상태(반응성 혹은 만성적 우울증). • 수면, 식욕, 성욕, 집중력, 기억에서의 문제 경험 가능. • 자신감이 낮고, 열등감과 무능감을 경험하며, 일을 다시 시작하기 어렵고 장애물을 만나면 쉽게 포기해 버림. • 흥미나 관심의 범위가 제한되어 있고, 동기나 의욕 수준도 낮음. • 과민하고 짜증스러운 기분, 초조감, 긴장감을 경험하며, 부정적 자극에 민감하며, 반면에 긍정적 자극에 대해서는 둔함. • 과도한 책임감, 높은 개인적 기준, 내적 처벌 등 우울증을 경험하기 쉬운 성격특성. • 정해진 시간에 일을 끝내기 어렵고, 낮은 수행으로 인한 갈등 경험. • 죽음이나 자살과 관련된 생각에 몰두해 있을 가능성(특히 척도 4, 6, 8, 9 등의 동반 상승 시 주의).
낮은 점수	• 명랑함, 낙관주의, 쾌활함, 고양된 활동과 사회적 흥미, 정신적 각성을 반영. • 다만, 매우 낮은 점수 (<35점)는 조증 상태에서 보이는 과대함, 다행감, 통제곤란을 반영하기도 함.
치료적 시사점	• 기분부전장애, 주요우울장애, 우울한 기분을 동반한 적응장애 등 기분장애 스펙트럼과 관련. • 다양한 치료 방식(통찰치료, 인지 재구조화, 자기주장훈련, 자존감 증진 등)에 비교적 순응하며, 좋은 결과로 이어짐. • 낮은 적응 수준을 보인다면 약물치료나 자살 위험성 평가 필요. • 주관적으로 경험되는 우울감에 대한 초기 지지는 관계 형성의 좋은 재료이지만 내인성/외인성 우울을 구분하는 것은 중요함. • 초기 치료 목표는 안정감을 제공하고 중요한 대상들과의 일상적이면서도 긍정적인 경험을 시작하게 하는 것을 포함함. • 주관적으로 해결되었다고 느끼면 치료를 조기에 종결하는 경향이 있음.

태에 대해 더 민감하다(Nichols, 2011).

(3) 척도 3: 히스테리(Hysteria: Hy)

척도 3은 히스테리 진단을 돕고, 전환(conversion) 증상이 나타나기 쉬운 환자를 측정하기 위해 개발되었다. 척도 3에 포함된 문항들은 크게 두 가지 범주로 구분될 수 있는데, 첫째는 신체 증상의 호소이고 두 번째는 사회적으로 외향적인 스타일, 즉 '자신이 유별나게 사회화가 잘 되어 있다고 생각하는지'에 대한 내용이다.

표 4-9 척도 3의 임상 소척도

Hy1, 사회적 불안 부인	사회적 상호작용을 편하게 느끼는 외향성, 6문항뿐이라 T점수 65점 이상의 상승이 불가능하며, 해석의 기준점 또한 56점일 때(6문항 중 5문항에 인정) 유의하게 보아야 함.
Hy2, 애정 욕구	애정과 관심을 받고자 하는 욕구가 강함, 지나친 낙천주의, 사람에 대한 믿음과 신뢰를 강조하고 타인에 대한 분노와 의심을 부인하는 경향, 대인관계에서 갈등을 피하는 것을 선호함.
Hy3, 권태-무기력	전반적인 생기 부족과 신체적 불편감의 호소, 허약감이나 피로감.
Hy4, 신체 증상 호소	두통, 통증, 불편감, 심혈관 문제와 같은 특정 신체 증상 호소, 타인에 대한 적대감 부인.
Hy5, 공격성 억제	공격성과 과민성 및 분노의 억제, 타인의 반응에 예민한 태도.

표 4-10 척도 3의 해석과 치료적 시사점

높은 점수	• 통찰력이 적고 스트레스를 받을 때 신체적 증상으로 더 많이 나타남. • 상승의 정도는 부인(denial)의 정도로 해석(문항의 채점 방향도 '아니다'가 78%). • 부인과 억압이 이 척도의 주된 방어기제이며, 부인과 억압으로 대처가 안 될 때 스트레스가 증가하면 신체화가 나타남. • 애정과 인정을 갈구하는 유치한 자기중심성을 보이고 욕구를 간접적이고 우회적으로 드러냄. • 옷차림이나 말, 행동에서 성적으로 도발적인 경우가 있으나 애정과 인정, 돌봄을 구하기 위한 경우가 많음. • 두통, 소화기 증상, 흉통, 쇠약감 등 모호한 신체 증상에 대해 호소하는 경우가 많고 그 기원이나 심리적 상태에 대한 통찰이 부족함. • 책임 회피나 관심 획득의 목적으로 신체화를 사용하고, 신체 증상에 대해서 무관심하거나 낙천적인 태도를 보임.

	• 사교적이지만 대인관계가 얕아서 요구라고 여겨지는 것에 대해 억울해하고 분하거나 해결할 수 없어서 두려운 것에 대한 책임감에서 신체적 염려를 만들어 내기도 함. • 교육 수준이 높고 사회경제적 지위가 높은 사람이 경미한 상승을 보이면 타인에게 호감을 주고 적응적으로 기능할 수 있음.
낮은 점수	• 스스로는 편안하고 만족한다고 표현하면서 사회적으로 고립되어 있고 비우호적으로 보일 수 있음. • 스스로 현실적인 사람이라고 생각하겠지만, 염세적이고, 냉담하며, 무관심하고 다소 냉소적인 것처럼 보임. • 상호작용의 방식이 솔직하고 직설적이고 거친 경우가 있어 갈등을 경험함.
치료적 시사점	• 신체적 문제에 초점이 되는 경우가 빈번하며, 정서적·신체적 문제는 없다고 거의 즉각적으로 부인하는 모습을 보일 수 있음. • 낙관적 사고방식과 인정 욕구로 인해 치료 초기에 좋은 태도를 보일 수 있으나 치료자가 심리적 원인에 초점을 맞추고 통찰을 증가시키고자 하면 비협조적인 태도나 조기 종결될 가능성 있음. • 치료자는 내담자의 방어를 수용하는 태도를 가지는 것이 좋음. • 통찰보다는 즉각적인 조언이나 문제 해결적 접근을 선호하며, 장기 목표보다 단기 목표 설정이 중요할 수 있음.

(4) 척도 4: 반사회성(Psychopathic deviate: Pd)

척도 4는 정상범위의 지능을 갖고 있고 문화적 결손이나 심각한 정신적 문제가 없음에도 반사회적 일탈을 지속적으로 보이는 사람들을 구분하기 위해 개발되었다. 개발 당시의 준거집단도 거짓말, 무단결석, 절도, 성적인 문제, 과도한 음주를 보이는 젊은 남녀였다. 강도 등의 중범죄가 아니라는 점을 유념해야 한다. 개발 단계에서도 특정 문제 행동의 심각도보다 행동 패턴의 지속성과 일관성을 강조했다. Greene(2011)은 '문제적 대인관계와 소외감'이 척도 4를 더 잘 나타낸다고 제안하기도 했다.

표 4-11 척도 4의 임상 소척도

Pd1. 가정 불화	현재와 과거에 있었던 가족과의 문제, 사랑이 없는 가정에서 탈출하고 싶은 소망, 가정의 분위기가 유쾌하지 않다고 평가함.
Pd2. 권위 불화	권위적 인물이나 관습에 대한 반감, 반항심, 행동통제결여 및 충동성, 과거의 규칙 위반이나 법적인 문제가 있었음을 보고함.

Pd3, 사회적 침착성	타인의 애정이나 인정에 대한 욕구가 필요 없는 강한 외향성, 사회적 상호작용에서 지나치게 밀어붙이며, 상대방에 대해 둔감하고 공격적이거나 고압적인 경향, 총 6문항으로 원점수 5점 이상을 유의한 상승으로 봄.
Pd4, 사회적 소외	소외감, 소속감의 부재, 어려움에 대한 책임을 외부로 돌리는 것과 사회적 관계에서 만족감 부족, 타인에 대한 불신.
Pd5, 내적 소회	삶에 대한 불만족, 불행감과 오해받는다는 느낌, 낙심, 죄책감이나 자기비난이 심하고, 후회, 희망이 없고 불행한 느낌.

표 4-12 척도 4의 해석과 치료적 시사점

높은 점수	• 자신에게 부여되는 규칙과 규율에 저항적이고 소소한 규칙 위반과 위법 행동이 반복됨. • 부모, 교사 등 권위적인 인물에 대한 반항과 가족 내 갈등이 흔함. • 좌절에 대한 인내력 부족, 만족지연의 실패, 삶에 대한 쾌락주의적 접근 등이 기타 중독 문제로 이어질 수 있음. • 행동 표출의 문제, 반항적 태도, 권위에 대한 분노, 감정적이고 사회적인 소외감 등 과거력이 있다면 기질적인 특성을 고려해야 하며, 과거력이 없다면 소외되는 상황에서 상황적 적응을 위한 반응으로 간주. • 정서 표현의 조절 미숙이 종종 상대방에 대한 언어적 및 신체적 공격성의 형태로 나타날 수 있고, 전형적으로 정서의 깊이가 매우 낮아서 공감과 같은 타인과의 정서적 상호작용에 어려움이 나타날 수 있음. • 미성숙하고 유아적·이기적·자기중심적 특성이 강함. • 자신의 행동에 무책임하고 자신으로 인해 발생한 문제를 갖고 구성원이나 사회의 탓으로 돌림. • 반사회적 일탈 과거력이 없으나 최근 분명한 스트레스 사건이 있었다면 '일시적인 정서적 마비'.
낮은 점수	• 타인과의 관계에서 진실하고 신뢰 있고, 사회적 합의에 부응하려는 도덕적 의무감을 가짐. • 겸손하며, 경쟁적이지 않고, 타인으로부터 이득을 쟁취하려 하지 않음. • 관습적이고 보수적이며, 권위에 수용적이고 관심의 범위가 협소하고 안전과 지위에 집착하고 변화에 두려움을 느낌.

치료적 시사점	• 반사회적 성격장애, 경계선 성격장애, 자기애적 성격장애. • 자진해서 치료적 장면으로 오는 경우는 매우 드물고, 배우자, 고용주, 법원의 명령 등과 같은 강압적인 상황에서 오는 경우가 많아 전문가를 만나려는 목적이 현실적이라는 점을 고려해야 함. • 자신이 경험하는 문제의 원인을 외부로 돌리고 합리화하려는 경향이 커서 자신의 변화보다 대처를 위한 현실적인 정보를 요구하는 경우가 많음. • 실제 경험에 기반해 내담자의 선택과 회피에 대한 피드백을 주면서도 거부감을 느끼게 하지 않기 위해 적당한 수준의 공감을 반복해야 함. • 치료 초기에는 스트레스를 유발하는 외부 사건이나 상황의 해결에 초점을 두면 관계 형성에도 좋음. • 장기간의 치료계획보다는 단기간의 행동적으로 초점화된 목표와 중재가 더 효과적일 수 있음.

(5) 척도 5: 남성성–여성성(Masculinity–Femininity: Mf)

원판 MMPI에서 척도 5는 실제로 동성애적 느낌 때문에 당황하거나 성적 정체감에 혼란감을 경험하는 남성들을 탐지하기 위해 개발되었다(McKinley & Hathaway, 1943). 원판 MMPI에서 병리적인 특성으로 이 척도를 설명한 것과 달리, MMPI-2에서는 종교적 혹은 성적으로 불쾌하다고 여겨지는 문항들이 삭제되었으며, 남성과 여성의 흥미, 활동 및 직업에 대한 문항들과 성적인 걱정, 민감성, 소극적인 사회생활, 냉소주의와 불신에 대한 문항들로 구성되어 있다. 척도 5는 성역할에 대한 유연성을 측정하기도 하지만 기본적으로 인지적 유연성을 고려해야 하며, 교육 수준과 사회경제적 지위 등을 고려한 해석이 필요하다.

표 4-13　척도 5의 해석과 치료적 시사점

높은 점수(남성)	• 관계에서 성숙하고 유능하고, 자제심 있고, 내부 지향적이며 통찰력 있고, 자신의 삶과 스스로에 대한 편안함을 느낌. • 효율적인 의사소통을 할 수 있고 말로 표현을 잘함. • 전통적인 남성적 역할이나 관심사에 대한 흥미가 낮음. • 예술적인 취미를 가지고 있으며 섬세하고 감수성이 풍부함. • 외적으로 보이는 모습과 친밀감을 중요시.
낮은 점수(남성)	• 자신의 동기에 대한 성찰이 없고, 생각하기보다는 행동하기를 선호함. • 관심의 영역이 편협해 보이며 전통적인 남성 면모를 과시함. • 모험적이며, 활동적인 움직임, 운동 경기 등 경쟁적 활동을 선호함.

높은 점수(여성)	• 전통적인 여성적 역할이나 관심사에 대한 흥미가 낮음. • 진취적이고, 성취 지향적이며, 경쟁적이고 자기주장이 강함. • 분별력 있고, 강한 정신력을 지니고 있으며, 현실적인 사람.
낮은 점수(여성)	• 친밀감, 현재의 감정에 대한 예민성과 염려. • 양육적이고 지지적인 양상을 보이면서 헌신적이고 인내력이 높음. • 꼼꼼하고 외적인 모습에 신경 쓰며, 심미적인 관심사를 지님. • 갈등을 적극적으로 피하려 하고 지나치게 염려하는 태도가 종속적인 모습으로 보일 수 있음.
치료적 시사점	• 높은 점수의 남성과 낮은 점수의 여성은 심리치료에 대한 친근감 지님. • 낮은 점수의 남성과 높은 점수의 여성은 현실적인 조언을 요구하는 경향이 있고, 분석적이거나 감정에 대한 피드백은 불편할 수 있음.

(6) 척도 6: 편집증(Paranoia: Pa)

척도 6은 편집증적 심리상태나 태도를 측정한다. 이 척도는 조증망상, 피해사고/망상, 과민성, 냉소주의에 대한 경직된 부인 등의 노골적인 정신증적 사고를 포함한다. 척도 6은 방어기제로의 '투사'에 대한 가장 일반적인 측정치이며, 자신이 원하지 않는 것에 대한 동기나 책임을 외부로 돌리고, 분노, 분개 및 통제 상실에 대해 합리화하는 것을 강조한다.

표 4-14 척도 6의 임상 소척도

Pa1. 피해의식	세상을 위협적이라고 지각, 자신이 오해나 부당한 대우, 불필요한 통제와 간섭을 받는다고 지각, 자신의 문제와 좌절 및 실패에 대해 외부 탓을 하는 것, 극단적인 피해 사고, 부정적 감정의 책임을 투사.
Pa2. 예민성	자신이 무언가 특별하고 다른 사람과 다르다는 생각, 극도로 예민함, 예민한 감정을 중요하게 여기고 지나치게 주관적임, 기분 전환을 위해 위험하거나 자극적인 활동을 추구.
Pa3. 순진성	도덕적 가치에 대한 확언과 높은 기준, 타인의 의도에 대해 과도하게 너그러움, 둔감한 순진성 그리고 불신이나 적대성의 부인.

표 4-15 척도 6의 해석과 치료적 시사점

높은 점수	• 도덕적이거나 혹은 신체적인 공격을 두려워하고 쉽게 오해받았다고 느끼고 부당한 일을 당했다고 느낌. • 고발이나 의심 및 공격을 위한 '부당함을 수집' 혹은 권위를 축적하고, 자기 정당화로 사용하는 데 집중함, 그 이유는 막다른 궁지에 몰려 기댈 곳이 없거나 없게 될 것이라는 느낌 때문. • 매우 예민하고 이미 일어난 일에 대한 자의적 해석(투사, 합리화, 주지화). • 따지기를 좋아하는 성격으로 많은 분쟁에 휘말리며, 분쟁은 협상을 위한 것이 아니라 스스로 방어하기 위함. • 정서적으로 불안정하고 변덕스러우며, 경직된 사고와 행동을 보임. • 특히 자율성과 지위, 정체감이 침해받는 것에 대해 예민하고 두려워함.
낮은 점수	• 흔하지 않음. 냉소적인 특성을 보일 가능성이 있으며, 대부분의 다른 사람에 대해 자기중심적이고 자신에게만 몰두하고 이기적이며, 상대방을 착취할 준비가 되어 있다는 편집증적 태도의 한 측면일 가능성.
치료적 시사점	• 예민함, 투사 경향, 대인관계에 대한 불신은 치료를 힘들게 하는 요인. • 치료자가 중립적이고, 형식을 지키고, 자기통제적일 때 안정감을 느낌. • 불안을 자극하는 지나친 친절이나 친밀한 표현은 피하는 게 좋음. • 높은 점수의 수검자는 첫 회기 이후 치료를 중단하거나 치료 과정에서도 종결을 암시하는 말로 치료자를 자극하기도 함. 이때 치료자는 더 안정감 있는 모습을 보여야 함. • 치료는 인지적 유연성의 회복과 역할 수행에 초점을 맞춰 경직된 인지 습관을 해소해 고립감을 감소시킴.

(7) 척도 7: 강박증(Psychoasthenia: Pt)

척도 7은 과도한 자기회의 및 걱정을 하거나 긴장을 경험하고 결정하기 힘들어하는 것, 강박적인 생각에의 몰입, 강박적인 충동과 행동, 모호한 불안과 낮은 자신감, 불안정감을 가진 사람들로 묘사된다. Greene(2011)은 척도 7이 MMPI-2 문항에 포함되어 있는 주관적 고통감과 부정적 정서에 대한 복합 측정치라고 언급하였다. 자신에 대한 기대 수준이 높고, 목표 달성 실패 시 우울감과 죄책감을 느끼기 쉽다. 척도명과 달리, 강박장애나 강박증적 성격 장애와의 관련성은 높지 않다.

표 4-16 척도 7의 해석과 치료적 시사점

높은 점수	• 주요 특성은 걱정이며, 실수나 빈틈의 예방책으로 걱정을 반복. • 낮은 자신감과 자기 능력에 대한 의심, 자기비난, 높은 예민성, 긴장, 충동을 통제하려는 엄격한 노력, 변덕스러움, 주의집중의 어려움, 반추 및 걱정, 적대감 억제의 특징이 있는 부정적 정서성. • 강박 사고, 강박 행동, 의례적 행동, 반추적 사고를 반복. • 쉽게 불안해지고, 두려움을 느끼고 효율적인 사고는 어려움. • 피로감이나 에너지 소진, 불면 등을 호소. • 일을 시작하지 못하고 미루거나(지연행동), 자신과 타인에 대한 과도한 기준(완벽주의)으로 인해 기대보다 낮은 수준의 성과를 보임. 이 낮은 성과는 결국 우울감과 죄책감을 일으킴. • 사고는 융통성이 없고, 경직되어 있으며, 지나치게 도덕적임. 상황을 지나치게 부정적으로 지각하고 과민반응을 보임.
낮은 점수	• 느긋하고, 불안감이나 걱정 및 두려움 없이 책임을 다할 수 있음. • 자제심과 자신감이 있고 현실적이며, 스스로를 잘 정리하고 체계화함.
치료적 시사점	• 불안장애, 공포증. • 높은 주관적 불편감은 치료 과정에 오래 머무르게 함. • 인지적 재구성, 이완 기법, 체계적 둔감화 등 불안에 직접적으로 적용할 수 있는 치료적 개입에 반응. • 내담자의 완벽주의적 성향이나 경직된 태도, 합리화의 방어기제는 통찰 지향적인 심리치료와 어울리지 않음.

(8) 척도 8: 조현병(Schizophrenia: Sc)

척도 8은 조현병 환자나 유사한 증상을 보이는 사람들을 탐지하기 위해 개발되었다. 그러나 조현병은 고유하면서도 다양한 행동, 정서 및 인지 증상을 포함하기 때문에 조현병 환자와 정상인을 구분하는 것은 쉽지 않다. 척도 8의 T점수가 75점 이상 상승하는 경우 조현병으로 진단 내려질 가능성이 높다는 점에서 개발 목적을 일부 달성했다고 여겨지지만, 진단의 특수성에는 여전히 부족하다는 의견이 많다. 실제로도 척도 8에서 정신병적 내용의 문항은 약 10%에 불과하며, 조현병 환자에 대한 변별력은 60% 수준으로 알려져 있다.

척도 8은 조현병뿐만 아니라 정신병적 특징이 있는 조증과 우울, 외상후 스트레스 장애(PTSD)와 불안장애, 경계선 성격장애와 분열성 성격장애, 물질사용장애로도 상승할 수 있다. 이렇게 다양한 증상으로 인해 상승하는 척도 8은 척도를 구성하는 문항에 매우 다양하고 이질적인 내용들이 포함되어 있기 때문이다. 따라서 임상 소척도의 확인이 중요하다.

표 4-17 척도 8의 임상 소척도

Sc1, 사회적 소외	다른 사람들과 신뢰관계를 맺지 못하는 느낌, 타인과 의미 있는 관계로부터의 철수, 이해받지 못하는 느낌, 모욕당하고 불공평하게 벌을 받고, 가족이나 남들이 자신을 해치려 한다고 믿고 있음. 그들로부터 동떨어져 있다는 느낌의 소외감.
Sc2, 정서적 소외	자기 자신을 이방인으로 경험하는 것, 두려움, 우울감, 절망감, 무정서, 무감동, 흥미나 관심, 열망이 없어 '삶으로부터의 병리적 이탈'.
Sc3, 자아통합결여: 인지적	비현실감, 기이한 사고 과정, 주의집중 및 기억 문제, 자신의 인지 과정을 통제하지 못하는 느낌, 간혹 정신을 잃은 것 같은 느낌.
Sc4, 자아통합결여: 동기적	심리적 허약함의 느낌, 의욕상실, 무력감, 과도한 억제, 정신적 무기력, 일상에서 즐거움을 주는 흥미에서의 철수, 주의집중·판단·기억과 같은 인지적 작업에서의 문제 경험, 스트레스의 탈출구로 환상이나 몽상.
Sc5, 자아통합결여: 억제 부전	감정과 충동의 통제가 어려움, 침착하지 못하고, 지나치게 활동적이며, 과민하고 통제할 수 없는 정서를 경험하며 때때로 자신들이 무엇을 했는지 알지 못하는 경우가 있음.
Sc6, 기태적 감각경험	자기(self)와 신체 이미지의 지각에서 낯설어짐을 느낌, 경련이나 흔치 않은 쇠약감, 무감각, 잠깐의 현기증, 목소리 변성, 미각 상실, 이명, 이인증, 웃음 및 울음 발작, 피부 민감성이 높아지기도 함.

표 4-18 척도 8의 해석과 치료적 시사점

높은 점수	• 다른 사람에게는 기이하거나 특이하며, 수줍어 보일 수 있고, 심지어 분열되어 보이기도 함. • 기분과 정동은 시간의 흐름에 따라 변하지만 기저의 조용하고 생기 없는 정동이 중심을 이루는 경향. • 정신증적 삽화 직전의 전구 단계, 경계선 성격장애, 심한 부적응을 보이는 청소년, 꾀병 환자의 경우에도 상승 가능. • 자신이 다른 사람들보다 열등하고, 다른 사람들로부터 이해나 수용을 받지 못한다는 느낌, 소외감, 고립감을 경험하고 사회적으로 위축되어 있으며 타인과의 접촉을 회피함. • 많이 내성적이고 수줍음이 많으며 대인관계 기술이 서툰 사람일 수 있음.
낮은 점수	• 친절하고 책임감 있고 신중하며, 문제 해결 시에 상상력이 부족해 보이기도 하고, 사고 경향이 실제적이면서 구체적.

치료적 시사점	• 조현병과 같은 정신증적 문제를 비롯해 만성적이고, 심각하며, 다루기 힘들고, 와해되어 있는 특징을 보이는 장애들에서 나타날 수 있음. • 약물(입원) 치료의 필요성에 대한 평가가 필요하며, 현재의 기능 수준에 따라 치료 개입의 시작과 수준의 가변성이 큼. • 심리치료는 당면한 구체적이고 실용적인 문제의 해결에 초점을 맞춰서 진행함. • 손상이 심한 환자 수준의 문제에는 구조와 지지, 기술 습득과 사회화 경험 등 문제 중심 접근이 도움이 됨.

(9) 척도 9: 경조증(Hypomania: Ma)

척도 9는 사고의 비약, 정서불안, 약간 고양된 기분을 측정하는 문항으로 이루어져 있다. 이 척도가 반영하는 성격특성은 경조증으로 불리는 정동장애로, 심신의 에너지 및 활동 수준, 정서적 흥분성, 과민하고 짜증스러운 기분, 과장된 자기지각 등 경조증의 구체적인 증상을 포함한다. 척도 9를 해석할 때 가장 주의해야 할 점은 이 척도의 상승이 고양된 채로 유지된 모습을 나타내지 않는다는 것이다. 경조증 삽화가 순환되는 주기적 특성이 나타남에 유의해야 한다.

표 4-19 척도 9의 임상 소척도

Ma1. 비도덕성	자기 자신 및 타인의 동기와 목적에 냉담함, 사람들이 이기적이고 기회주의적이고 정직하지 못하므로 자신도 동일하게 행동하고자 하며 동시에 죄책감에 대해서는 부인하는 '편의주의적'인 도덕성.
Ma2. 심신운동 항진	과잉행동, 생각하거나 감정을 경험하기보다는 행동을 통해 내적 긴장을 해소하려고 함, 말과 생각, 행동의 양이 증가, 쉽게 지루해하고 이를 달래고자 모험적인 행동을 함.
Ma3. 냉정함	사회적 상황에서 자신감을 확신하면서 사회적 불안과 예민성을 부인, 타인의 의견, 가치, 태도에 대한 둔감함.
Ma4. 자아 팽창	자신의 능력이나 가치에 대해 전형적으로 비현실적인 긍정적 평가, 대인관계에서 수동적 상황을 견디지 못하고 저항하고 분개함.

표 4-20 척도 9의 해석과 치료적 시사점

높은 점수	• 도망치거나 행동화하는 것을 통해 개인적 고통으로부터 거리를 둠. • 외현화하면서 정서적 고통을 부인하고, 감정들을 직접 다루기보다 운동영역으로 옮기려 노력함. • 대개 짜증을 잘 내거나 기분을 제어하기 어렵고, 쉽게 화를 냄, 적대적이며 자신의 계획이 좌절되거나 방해받았을 때 공격적 행동을 보일 수 있음. • 기분이 불안정하고 급변함, 평소 기분이 고양되어 있고, 다행감, 유쾌함, 행복함, 들떠 있는 것으로 보이지만 반박이나 반대, 거절에 직면하면 성마름이 겉으로 표출되었다가 다시 슬픔으로 전환되어 우울 삽화를 경험할 수 있음. • 자신의 인지 능력이 향상되었다는 느낌으로 여러 가지 일을 동시다발적으로 벌이지만 목표를 달성하기 어렵고, 계획적으로 일을 처리하지 못함. • 통제받거나 제약받는 것을 싫어하고 장황하거나 말이 많은 양상을 보이면서도 정작 자신은 타인을 빈번하게 방해함. • 관계에서 외향적이며, 사회적 갈망이 있으나 대인관계에서의 융통성은 상당히 떨어져 친숙한 정도나 사회적 위치의 차이 등을 고려하지 않은 획일화된 경향.
낮은 점수	• 낮은 에너지와 활동수준을 반영하고 우울감을 느낄 수 있음. • 만성적으로 피로감을 느끼거나, 일을 수행하는 데 문제가 있을 수 있고, 공허감이나 고갈된 느낌과 자신감과 동기의 부족을 경험.
치료적 시사점	• 양극성 장애, 기분장애, 물질사용장애, 성격장애. • 치료 과정에 집중하기 어려우며 치료 예후가 좋지 않음, (경)조증 삽화와 함께, 우울 삽화가 분명할 경우 약물치료를 고려해야 함. • 자살에 대한 민감한 평가 필요(특히 양극성 장애와 물질사용문제 있는 경우) • 치료 관계에서도 신뢰를 경험하기 어렵고 치료자에게 적대감이나 공격성을 표현하기도 함. • 생산적이고 특별해지고자 하는 자기상을 타당화해주고 좀 더 생산적일 수 있도록 활력 수준을 조절해 주는 것을 도움. 즉, 내담자가 지닌 활력을 어떻게 긍정적으로 활용할 수 있을지에 대한 논의가 치료적 동맹에 도움이 됨. • 치료 관계의 형성 이후에는 자신의 바람과 타인의 기대를 구분하는 것과 같이 보다 현실적인 목표를 세워야 함.

(10) 척도 0: 사회적 내향성(Social introversion: Si)

척도 0은 사회적 내향성 및 외향성 척도에서 극단적인 점수를 받은 대학생들을 대상으로 개발되었다. 이를 통해 대인관계나 사회적 활동을 회피하는 경향을 평가하고자 했다. 척도 0의 내용 영역은 내향성의 '주관적 측면'으로 수줍음과 자의식, '객관적 또는 사회적 측면'으로 사회적 회피로 구분된다. 일반적 부적응이나 주관적 고통, 특히 우울한 기분과 개인적 부

표 4-21 척도 0의 임상 소척도

Si1. 수줍음/자의식	수줍음, 사회적으로 미숙하고 어색한 느낌, 부적절감, 당황하는 것에 대한 두려움, 낯선 상황에 대한 불편감.
Si2. 사회적 회피	사회적 모임을 좋아하지 않고 적극적으로 피함, 사회적 관계에 관여하지 않으려 함.
Si3. 내적/외적 소외	냉소적 태도, 과민성, 다른 사람과 겉도는 느낌, 자기비판적이고 우유부단함.

적절감을 반영하는 척도들과 상관이 높으며, 수줍음, 자의식 및 집단 상황에서 느끼는 불편감 등에 민감하다.

척도 0의 상승은 다른 척도의 병리적 특성이나 부적응을 심화(특히 척도 2, 7, 8의 자기 반추)시킬 수 있지만 행동화 경향성(특히 척도 4와 9)은 낮춰 주는 역할을 하기도 한다. 반면, 척도 0의 하강은 상승한 다른 척도의 병리적 특성이나 부적응을 완화시킬 수 있으며, 적응상의 어려움을 극복하기 위해 사회적 관계를 추구하게 하는 역할을 하기도 한다. 따라서 척도 0은 다른 임상척도의 일반적 해석을 정교하고 풍부하게 만든다.

표 4-22 척도 0의 해석과 치료적 시사점

높은 점수	• 감정 표현은 엄격하게 통제하며, 다른 사람들이 자신의 감정을 부정적으로 여기지 않을까 걱정함. • 집단이나 군중 속에서 불편한 것과 더불어 자극에 민감하고, 자극을 과잉 추정하는 경향이 불편감을 일으킴. • 겸손한 사람으로 보이며, 결정에 있어서 우유부단한 경향이 있음, 일 처리에 정해진 방법을 따르는 것을 선호. • 특히 이성과의 관계에서 불편함을 느낌. • 권위에 대해서는 복종적이고 순응적이고 매우 수용적이고, 갈등을 경험하지 않기 위해서 양보하거나 수동적인 태도를 보이거나 관여하지 않음.
낮은 점수	• 사교적이고 활달하며, 자신감 있고 외향적임. • 사회적 인정이나 지위, 권력에 대한 욕구를 비롯해 대인관계 욕구가 강함, 지나친 사회적 존재감으로 인해 남들에게 위협감을 주거나 기회주의적이고 기만적이고 피상적이며 변덕이 심한 모습으로 평가될 수 있음. • 남들과 어울리는 것을 선호하지만 혼자 있을 때는 불안감을 느낌.

치료적 시사점	• 적응장애, 사회불안, 사회공포증. • 높은 점수의 경우, 새로운 관계를 시작하는 것에 대한 불편감이 치료 장면에도 미루다가 늦게 찾아오게 하지만 치료자를 권위적인 인물로 보고 잘 따름, 사회기술훈련이나, 지지적이고 수용적인 분위기의 집단치료가 유용함. • 낮은 점수의 경우, 치료자와의 관계가 피상적이며 쉽게 싫증을 느끼고 자신에 대한 성찰이 어려움.

4) 코드 유형 해석

임상척도는 단독으로 상승하기보다 여러 척도가 동반 상승하는 경우가 더 흔하다. 코드 유형(code type)은 T점수 65점 이상 상승한 임상척도를 기준으로, 가장 높은 점수를 보인 척도들의 조합을 의미한다. 코드 유형 해석의 방법은 2개의 상승 척도를 이용하는 2 코드 유형(2 code type)이 가장 일반적이며, 다음으로 유의하게 상승한(세 번째로 상승한) 척도의 특성을 추가해 3 코드 유형으로 해석하기도 한다. 코드 유형 해석은 MMPI-2 해석의 기본이라고 할 수 있으며, 단일 척도를 기반으로 한 해석보다 수검자의 상태나 특성에 대해서 더 유용한 정보를 제공해 준다. 이 절에서는 가장 잘 정의된 코드 유형 네 가지의 해석을 살펴보고자 한다. 코드 유형 해석의 고려사항은 다음과 같다.

-증상의 해석을 위해서는 반드시 T점수 65점 이상 상승한 척도만 이용한다.
-잘 정의된(definded, 경험적으로 빈번하게 나타나는) 코드 유형만을 해석한다.
-상승한 척도의 T점수가 높을수록 증상에 대한 추론이 적절하고 정확해진다.
-척도 5와 0은 코드 유형에는 포함되지 않지만, 참고할 수 있다.
-한 척도의 T점수가 10점 이상 높으면 단독 상승으로 간주한다.

(1) 1-3/3-1 코드 유형: 신체적 불편감

신체적 불편감과 건강에 대해 몰두한다. 사소한 건강의 변화에도 불안해하고, 특히 스트레스 상황에서 신체 증상을 보인다. 증상은 주로 사지의 불편감이나 섭식 및 수면 문제와 관련이 있다. 무감각, 진전, 현기증과 피로감 호소가 흔하다. 이들은 무능력하지는 않아도 전반적인 효율성이 저하되어 있으며, 스트레스 정도에 따라서 신체 증상이 나타나는 빈도나 심각도의 수준이 달라진다.

1-3/3-1 코드 유형은 분노나 적개심과 같은 부정적 정서를 직접적으로 표현하지 않기

때문에 부정적 감정과 스트레스를 신체 증상으로 표출한다. 또한 다른 사람들에게 자신을 자신감 있고, 긍정적이고, 친절하고, 활기차고, 책임감 있으며, 정상적인 사람으로 보이고 싶어 한다. 비록 통증과 걱정에 시달리고 있지만 다른 모든 측면에서는 잘 적응하고 있는 사람으로 보이려고 한다. 상황의 밝은 면에 주목하고, 불쾌하거나 당혹스러운 상황은 회피한다. 외부로부터 자신의 생각보다 더 의존적이고 요구적이라는 평가를 받는다.

관심과 애정을 지나치게 요구한다. 사회적인 인정과 수용받는 것을 중요하게 여긴다. 사회적으로 바람직한 사람으로 보이기 위해서 사회적 가치와 관습, 규범 등에 순응적인 모습을 보이지만 실제로는 자기중심적이며 미숙하고 이기적이어서 관계가 피상적이다. 자신이 느끼기에 충분한 관심과 애정을 받지 못한다고 여겨지면 상대방에 대한 적개심과 분노감을 느낀다. 그러나 직접적인 표현은 하지 않고 억압 등의 방어기제를 통해 통제하다가 수동적이고 간접적으로 표현한다. 이때 신체 증상이 나타나는 경우가 많으며, 신체 증상을 통해 대상이나 상황을 조작해서 관심과 애정을 얻으려고 노력한다.

척도 3이 우세한 경우, 자신의 신체적 고통에 대해서 다소 낙관적이며, 주로 위장 계통이나 호흡기 혹은 심혈관 질환 등의 신체 증상을 호소한다. 이들은 부인과 억압을 통해 불편감을 조절하려고 노력하며, 사교적이면서도 수동의존적이다. 신체 증상은 자신이 원하는 관심과 애정을 얻거나 중요한 역할을 할 수 있는 대상을 조종하기 위한 도구로 쓰인다.

치료적으로는, 신체적 고통의 원인에 대한 심리적 접근과 통찰에 저항적이다. 그러면서도 치료자가 즉각적인 해결책을 제공해 줄 것으로 기대한다. 피암시성이 높고, 관심의 초점은 신체 증상에서 벗어나는 것이다. 정작 자신들의 심리적 경험에 대한 보고가 서툴고 회피적이며 지나치게 정상적으로 보이고자 하는 욕구가 커서 겉으로 보이는 것보다 상태가 더 나쁠 가능성이 있다. 치료 예후도 좋지 않다.

신체 증상과 현재의 스트레스를 직접적으로 연결하지 않으면서 자신의 신체 증상을 통해서 '말하려는 것'을 허용해 주는 것이 중요하다. 자기주장훈련, 갈등 해결적 개입, 게슈탈트 치료 등을 적용하면 자신들이 정말 '말하려는 것'을 건강한 감정으로 표현하게 만들 수 있다. 전환장애 외에 주요우울장애, 섭식장애, 수면장애, 기분부전장애, 연극성 성격장애, 수동-공격적 성격특성 등에서 이러한 코드 유형을 보인다.

(2) 2-7/7-2 코드 유형: 주관적 고통감의 수준

2-7/7-2 코드 유형은 정신건강의학과나 상담기관에서 매우 흔하다. 이 코드 유형을 가장 잘 기술하는 것은 불안해하거나 혹은 안절부절못하는 우울감이다. 긴장, 불안, 걱정, 불길한 예감, 강박 사고, 침습 사고 등을 보이며, 초조해할 뿐만 아니라 과도하게 자기성찰적

이고 자신의 실패에 대해서 끊임없이 반추한다. 불면증과 같은 수면 문제와 피로감의 호소도 흔하다. 인정과 성취 욕구가 강하지만 스스로에 대한 기대 수준이 높고, 일과 관련된 사안의 모든 측면을 고려하는 경향이 있고, 의사결정을 내리는 데 어려움을 겪기 때문에 기대만큼의 목표 달성에는 실패하기 쉽다. 책임감이 높아 지나치게 많은 책임에 얽매여 빈번하게 우울해지며 내적인 스트레스 수준이 높아 신체증상 호소가 흔하다. 강박적이고 꼼꼼하며, 완벽주의적 특성을 보인다. 죄책감 및 자기비난을 빠르게 느끼지만, 긍정적인 성취에 대해서는 상대적으로 덜 민감하다.

이들은 강박적이고, 완벽주의적이며, 필요 이상의 높은 책임감을 유지한다. 이 특성은 좋은 치료 예후로 이어지는 경향이 있다. 규칙을 준수하고, 치료자와의 관계에서 언급한 것을 이행하려고 애쓴다. 척도 상승의 수준이 높고 그만큼 높은 불안을 경험하는 내담자의 경우 이완 훈련과 사고 중지 기법이 도움이 될 수 있다. 그리고 인지적 재구조화, 파국화를 멈추게 만드는 기법이 도움이 될 수 있다. 한편, 물질사용 관련 문제가 있는 경우에는 자살 위험성에 대해서 주의 깊게 살펴야 한다. 주요우울장애를 비롯한 기분장애, 우울감을 동반한 불안장애, 공포증, 강박장애, 회피성 성격장애나 수동-공격적 성격특성 등에서 이러한 코드 유형을 보인다.

(3) 4-9/9-4 코드 유형: 반사회적 충동성

4-9/9-4 코드 유형의 사람들은 권위에 도전하고, 신뢰와 감정적 친밀감 및 자기희생적 헌신에 어려움을 보인다. 이들은 자기애적(혹은 미성숙한 자기중심성)이고, 남을 잘 속이고, 힘과 통제의 관점에서 대인관계를 평가한다. 자극추구적이고, 지루함과 좌절을 견디지 못한다. 충동적이고 욕구 중심적인 성향은 보편적인 사회 가치와 관습, 규범을 무시하는 반사회적 행동을 일으켜 반복적인 갈등을 경험하게 한다. 반복적인 갈등을 경험하게 하는 또 하나의 특징은 자신의 행동이 초래할 결과를 고려해 계획적으로 행동하지 못하고, 즉각적인 욕구 충족에 초점이 맞춰진 충동적 행동을 보이기 때문이다. 부정적인 결과를 경험하고 짧은 시간 후회하지만, 합리화하는 경향과 충동성이 문제를 반복되게 만든다. 낮은 인내력과 높은 충동성은 이 코드 유형을 보이는 사람들이 물질사용과 관련된 문제를 경험하게 만든다.

이 유형의 사람들은 외향적이고, 정력적이며 자신감에 차 있어 원하는 바를 향해 적극적으로 행동한다. 모험적인 행동과 유창한 말솜씨 등으로 인해 첫인상은 호감을 준다. 그렇지만 긍정적인 첫인상 이면에 숨겨진 불안정하고 의존적이고 미성숙한 특성은 관계가 지속될수록 낮은 공감 능력과 이기적이고 자기중심적인 태도, 충동적이고 무책임함 등이 드러나 관계를 유지하기 어렵게 만든다.

이들은 법원의 명령, 이혼이나 고용 위기와 같은 현실적인 문제를 경험하지 않으면 치료를 찾지 않는다. 자신의 책임을 외부로 돌리는 경향으로 인해 보통의 사람들보다 죄책감이나 불안을 적게 경험하기 때문이다. 치료에 오더라도 치료자를 어렵게 만드는 유형이다. 치료자는 무수히 많은 어려움에 직면하게 되며, 치료의 진행이 더디고 호전이 없는 경우도 흔하다. 치료 과정에서도 욕구 지연이 어렵고, 경험과 시행착오를 통해서 배우지 못하는 모습을 보인다. 자신의 욕구를 충족하기 위한 목적으로 '경쟁을 하는' 스스로의 모습을 치료자에게 투사하는 경향이 있다. 치료자는 현재 치료자에 대한 불만을 언어적으로 표현하는 방식으로 적극적인 참여를 유도할 수 있다. 반사회적 성격장애, 양극성 장애의 조증 삽화 등에서 이러한 코드 유형을 보인다.

⑷ 6-8/8-6 코드 유형: 정신증적 문제

6-8/8-6 코드 유형의 상승은 정신증적 문제를 나타낸다. F척도와의 동반 상승은 편집증적인 사고, 기인한 경험, 인지적 · 정서적 혼돈, 분열된 감각경험 등을 인정했다는 것을 의미한다. 이 유형의 사람들은 의심이 많고, 상대방을 불신한다. 다른 사람의 의도를 미심쩍어하고 부정적으로 지각한다. 주위 사람들과 거리를 두고 홀로 지내는 경향이 있다. 스트레스에 의해 쉽게 인지적인 혼돈을 경험하고 감정 기복이 심하다. 타인에 대해 적대적이고, 이들의 행동과 정서를 예측하는 것은 쉽지 않으며 때때로 부적절한 모습을 보인다.

사고 과정은 과잉일반화, 잘못된 해석, 사고의 이탈/우회, 명백한 망상 등의 특징을 보인다. 집중력을 유지하고 생산성 있는 활동을 하기 어렵고, 심한 경우 현실 검증 능력의 손상과 정신적 혼란감이 나타날 수 있다. 우울감과 기이한 두려움, 공포, 강박 사고 등이 존재할 수 있으며 상대방의 요구에 적절하게 반응하지 못하고 자신의 공상에 몰두해 주변 환경에 무관심하고 비협조적이다. 억제되어 있고 수줍은 듯 보이다가도 갑자기 화를 내거나 심한 불안을 보이기도 한다.

따라서, 약물치료가 우선 고려되어야 한다. 증상이 자신과 타인에 얼마나 위험한가에 따라 입원이나 통원 치료를 결정하기도 한다. 이들은 이미 인지적 · 정서적으로 혼돈된 상태이기 때문에 통찰을 지향하는 치료는 반드시 피해야 한다. 심리치료는 지지적이어야 하며, 가능하다면 즉각적인 행동 교정을 시도하기보다는 인지와 정서를 안정시키는 방향으로 진행되어야 한다. 대화는 현실적 근거에 기반해 구조적으로 진행되는 것이 좋다. 구체적이고 행동 지향적인 개입이 효과적이며, 사회 기술 훈련, 자기주장훈련, 사회적응에 필요한 면접 기술 등이 도움이 될 수 있다. 편집성 성격장애, 조현형 성격장애, 양극성 장애 등에서 이러한 코드 유형을 보인다.

5) 재구성 임상척도

Tellegen 등(2003)은 각각의 임상척도 간에 중복되는 문항이 존재하고, 측정하는 증상 자체가 중복되어 독립적인 해석이 어렵다는 문제를 해결하기 위해 재구성 임상척도(Restructured Clinical scale: 이하 RC척도)를 개발하였다. 임상척도들 사이에 공통적인 영역이 지나치게 크면 여러 개의 임상척도가 동시에 상승하거나 하강하는 현상이 발생하는데, RC척도는 이 문제를 해결할 수 있다. RC척도는 우선 모든 임상척도에 포함되어 공통요인을 형성하는 문항들을 추출해 의기소침(Demoralization: RCd) 척도로 명명하고, 각 임상척도에서 의기소침의 영향을 제외하여 총 8개의 씨앗척도(seed scale)를 도출해 총 9개의 RC척도가 구성되었다. 한편, 임상척도 5와 0에 상응하는 RC척도는 개발되지 않았다. 그 이유는 이 두 임상척도가 정신병리를 직접적으로 측정하지 않는다고 판단했기 때문이다.

RC척도는 기존 개별 임상척도의 제한을 극복하고, 보다 정제된 해석을 가능하게 한다는 장점이 있다. RC척도에서 높거나 낮은 점수가 관찰되었을 때 검사자가 고려할 수 있는 해석적 가설은 다음과 같다. 임상척도와 RC척도의 상승 패턴이 유사할 때 검사자는 결과 프로파일과 관련된 더 강한 확신을 가질 수 있다. 반면, 임상척도는 상승했지만 상응하는 RC척도가 상승하지 않은 경우는 그 임상척도의 핵심적 구성개념(핵심 증상)에 대한 추론을 조심해야 한다. 전반적인 의기소침(RCd)으로 인해 상승한 결과일 수 있다. 그리고 수검자의 성격적 측면을 반영할 수도 있다. RC척도는 상승했으나 상응하는 임상척도가 상승하지 않은 경우는 RC척도의 핵심적인 구성개념과 연관된 특성을 고려해야 한다. 임상척도가 상승하지 않은 것은 의기소침한 성향이 적기 때문일 수 있다.

표 4-23 재구성 임상척도(RC)의 구성 및 설명

척도	척도 설명
RCd	의기소침(Demoralization): 불쾌감, 불안, 무능력, 자기의심을 보이고, 우유부단함과 스트레스 상황에서 쉽게 포기하는 경향을 반영. 주도성과 자신감이 없으며 효능감이나 역량이 감소된 수준에서 기능함. 낮은 점수의 경우 만족, 낙천성, 일상적인 스트레스에 대한 자신감 등을 나타냄.
RC1	신체 증상 호소(Somatic Complaints): 머리, 목, 가슴의 통증 및 감각 문제를 강조하는 폭넓은 신체적 호소를 반영. 감각운동 기능이나 위장 기능, 통증, 일반적 건강 상태에 대해 염려. 증상들은 종종 극적이고 화려하며 일부의 경우 관심을 끌려는 의도가 포함. 낮은 점수는 신체적 몰두, 건강에 대한 걱정으로부터 자유로움을 나타냄.

RC2	낮은 긍정 정서(Low Positive Emotions): 우울한 기분보다는 자기효능감과 즐거움의 부족 (무쾌감증), 무기력, 동떨어진 느낌, 자신감의 부족, 비관주의를 반영. 높은 점수는 욕구, 에너지, 흥미, 동기의 결여와 철수를 반영. 낮은 점수는 낙관주의, 쾌활함, 사회적 관심, 자신감, 에너지, 참여를 나타냄.
RC3	냉소적 태도(Cynicism): 타인에 대한 불신을 나타냄. 사람들을 이기적이고 오직 개인적 관심에 의해서만 동기화되며, 친밀한 관계가 흔히 불신으로 특징지어진다는 관점을 반영.
RC4	반사회적 행동(Antisocial Behavior): 물질 사용/남용과 그로 인한 부작용이 있고 범죄행위는 아니더라도 비행을 저지르며, 학교 규칙을 따르지 않고 무단결석하거나 가족과 갈등이나 불화가 있음을 인정하는 내용으로 되어 있음. 80점(여성은 85점)에 이르면 반사회적 행동을 보이지 않는다 해도 통제 상실, 권위적 인물에 대한 적대감, 행동화, 기회주의, 거짓말 등 폭넓은 수준의 반사회적 성향을 시사. 낮은 점수는 물질 남용/의존의 부재, 법적·윤리적 준거의 준수, 솔직하고 존중하는 대인관계를 시사.
RC6	피해의식(Idea of Persecution): 타인의 행동과 동기를 의심하고, 타인의 언어와 행동에 숨어 있는 악의적인 의도를 읽어 내려고 애씀. 자신이 다른 사람들 때문에 곤경에 빠졌다고 타인을 비난. 대인관계가 힘들고 타인으로부터 소외되어 있음. 80점 이상 상승하면 편집증적인 수준의 망상과 환각을 경험하고 있을 가능성을 고려.
RC7	역기능적 부정적 정서(Dysfunctional Negative Emotions): 불안, 걱정, 만성적 근심, 공포감과 아울러 과민성, 성마름, 조급함과 쉽게 화를 내는 성향을 반영. 높은 점수의 경우 자신과 타인들에게 화가 난 가운데, 긴장되고 압도된 것처럼 보임. 반추, 짜증, 수면 곤란이 흔함. 80점에 이르면 특이한 몰두, 관계관념, 비합리적인 공포를 수반하는 초기 단계의 정신증이 드러날 수 있음. 낮은 점수의 경우 정서적·인지적 통제가 적절하고, 스트레스에 잘 대처하며, 자족하는 가운데 다른 사람들과 원만하고 조화로운 관계를 맺음.
RC8	기태적 경험(Aberrant Experiences): 비정상적인 감각경험이나 '특이하다'고 기술되는 경험, 비현실감을 반영. 높은 점수의 경우 환각이 없더라도 혼란되어 보이며 불안, 빈약한 집중력, 판단력, 의심, 망상적 사고(관계, 피해, 조종 등)와 더불어 정신병적 양상을 보일 가능성이 높음.
RC9	경조증적 상태(Hypomanic Activation): 빠른 분노 폭발, 지각된 도발에 대한 보복 행동, 다행감, 비약적 사고, 자극추구 등을 반영. 높은 점수를 받는 사람들은 공격적이고, 자존감이 팽창되어 있으며, 도발적인 모습을 보일 가능성이 높음. 좌절을 견디지 못하며 쉽게 흥분하고 과잉반응하며 충동을 조절하지 못하는 것처럼 보임.

출처: Ben-Porath & Tellegen (2008); Handel & Archer (2008); Tellegen et al. (2003).

6) 성격병리 5요인 척도

성격병리 5요인 척도(PSY-5)는 성격병리에 적용하기 위해 개발된 차원적인 5요인 모델
을 나타낸다. 기존의 성격병리 5요인 이론에 기초한 NEO-PI-R(Costa & McCrae, 1992)와 유
사하지만, 정상적인 성격특성에 대한 설명을 넘어 성격특성의 부적응과 성격장애 진단의 차

표 4-24 성격병리 5요인 척도(PSY-5)의 구성 및 설명

척도	척도 설명
AGGR	공격성(Aggressiveness): 모욕적이고 약탈적인 공격성, 다른 사람을 지배, 정복, 파괴하고자 하는 적대적인 욕구를 반영함. 자기주장, 우월감과 통제 회피라는 주제를 강조함. 공격성, 적대감, 지배성은 잔인하고, 계산적이며, 의도적이고 차가운 경향이 있음. 높은 점수의 경우, 위협을 통해 사람들을 통제하고, 자아개념이 과대하고 팽창되어 있으며, 분노에 차 있음. 공격자와 동일시, 제로섬 게임으로서의 상호작용, 권위주의적 콤플렉스 등 다양한 편집 증적 역동성을 보임.
PSYC	정신증(Psychoticism): 활성화된 정신병적·피해적 내용과 그 외 특이한 경험, 백일몽, 불신과 의심을 반영함. 이상한 외모와 행동, 신념을 보이며, 개인의 기능이 위태롭고 대인관계가 소원해질 만큼 물리적·사회적 세계와의 관계에서 부조화가 있음. 65점 이상 상승하면 피해의식과 양성 증상을 보이며, 환상과 백일몽에 사로잡히고, 현실과 동떨어진 가운데 은밀한 적대감을 지니기 쉬움. 이들은 부당하게 대우받는다고 느끼고 쉽게 분개.
DISC	통제 결여(Disconstraint): 편의주의적 도덕성, 비행, 감각 추구, 충동성과 성적 탈억제. 대담성을 반영하는 행동 통제력 상실의 폭넓은 차원을 다룸. 높은 점수는 탈억제적인 성격구조를 반영함. 충동조절이 어렵고, 규칙이나 규율에 반항하며, 윤리적인 제약에 무관심하고, 신체적 위협에 대담하며 자기중심적인 충실성을 보임. 낮은 점수의 사람들은 관습적이고, 동조적이며, 통제적인 경향이 있음.
NEGE	부정적 정서성/신경증(Negative emotionality/Neuroticism): 걱정, 초조, 불안, 긴장, 짜증과 분노, 두려움과 죄책감을 초래하는 스트레스에 압도된 느낌을 반영함. 스트레스에서 비롯된 불쾌하고 혐오스러운 정서와 함께 파국으로 치달을 만큼 자기통제가 버겁다는 것이 주요 주제. 높은 점수의 경우, 무기력하고, 의존적이며, 우유부단하고, 불안정함. 불만을 호소하면서도 도움을 거부하는 모순적인 태도, 자살, 자해 행동을 보일 수 있음. 낮은 점수의 경우 정서적으로 느긋하고 침착한 상태를 반영.
INTR	내향성/낮은 긍정적 정서성(Introversion/Low positive emotionality): 사회적 이탈 및 정서적 회복력의 결여를 반영함. 에너지 수준이나 즐거움을 느끼는 능력의 저하, 사회적 어색함/불편감 및 철수를 나타냄. 높은 점수의 경우, 무쾌감증, 에너지 상실, 낮은 자존감, 사회적 상황을 회피하는 모습을 보일 수 있고, 낮은 점수의 경우, 사회적이고 활동적이며 따뜻하고 사회적으로 매력적인 모습을 보임.

원적 요소를 제공하기 위해 개발되었다(Harkness, McNulty, & Ben-Porath, 1995). PSY-5척도 또한 다른 척도와 마찬가지로 T점수 65점 이상의 높은 점수를 해석한다. 다만, 통제 결여(DISC) 척도와 내향성/낮은 긍정적 정서성(INTR) 척도는 40점 이하의 낮은 점수에 대해서도 해석할 것을 권하고 있다(Graham, 2011).

7) 내용척도

　내용척도(Content Scales)는 내적 일관성이 높고, 척도 간의 중복 문항을 최소화하여 임상척도에 비해 상대적으로 독립적이다. 임상적 특성을 잘 반영하고 있어 비교적 합리적이고 직관적이면서도 임상척도의 해석에 도움을 줄 수 있다. 수검자는 내용척도를 통해 자신이 겪고 있는 가장 현저한 증상과 제일 심각한 문제를 자유롭게 호소할 수 있다. 내용척도는 수검자가 치료자와 다루고 싶은 문제 및 그 수준을 직접적으로 확인할 수 있다는 장점이 있다. 반면, 그만큼 직접적인 문제를 나타내는 명백한 문항들로 이루어져 있어 수검태도에 민감하다.

　내용척도는 다음과 같은 네 가지 주제 영역으로 분류된다. 첫째, 수검자가 경험하고 있을지도 모르는 증후군이나 부적응적 인식을 나타내는 '내적 증상 행동', 둘째, 수검자가 다른 사람을 대하는 방식을 나타내는 '외적 공격 성향', 셋째, 수검자가 삶의 요구를 얼마나 자신감 있게 처리하는가에 대한 정보를 주는 '부정적 자아상', 넷째, 다양한 사회적 관계에서 오는 문제와 관련된 '일반 문제 영역'이다. 한편, 내용척도도 소척도가 있다. 내용 소척도는 모척도의 T점수가 60점 이상이면서, 내용 소척도의 점수가 65점 이상일 경우 해석한다. 내용 소척도 또한 모척도와 마찬가지로 수검태도를 고려한 해석이 필요하다.

표 4-25 내용척도의 구성 및 설명

척도	척도 설명
	내적 증상 행동
ANX	불안(Anxiety): 과도한 걱정, 긴장, 수면 곤란과 주의집중의 문제를 포함한 일반화된 불안을 나타냄. 공황 상태에 가까운 정신적 붕괴에 대한 두려움과 실망, 재정적 어려움, 실행하지 못하는 결정 등으로 인해 극도로 쉽게 동요되고 압박감을 받는 느낌을 포함.
FRS	공포(Fears): 일반화된 두려움과 특정 공포를 나타냄. ① 고전적 공포 유형의 특정 공포, ② 쥐, 뱀, 거미와 같은 동물, ③ 지진, 번개, 폭풍, 불, 물과 같은 자연적 현상, ④ 세균, 세포 조직의 손상을 통한 신체적 상실, ⑤ 일반적인 신경증적 두려움. • 소척도: FRS1(일반화된 공포), FRS2(특정 공포)

OBS	강박성(Obsessiveness): 지나치게 분주해 보이지만 상당히 비효율적인 인지적 활동을 주로 표현. 우유부단함, 침습적 사고, 세부사항에 대한 몰두, 자기회의 등 의사결정에 압력을 가하는 고려사항에 끝없이 전념하거나 행동을 취하는 것에 대한 두려움을 반영. 낮은 점수의 경우 자기확신을 가지고 신속한 의사결정을 보임.
DEP	우울(Depression): 깊은 근심, 불쾌감, 침울함, 피로, 흥미 상실, 자기비난, 성마름 등을 반영. 낮은 점수는 고양되거나 팽창된 기분을 나타내기보다 우울함의 부재(또는 부정)를 시사. • 소척도: DEP1(동기 결여), DEP2(기분부전), DEP3(자기비하), DEP4(자살사고)
HEA	건강염려(Health Concerns): 높은 점수는 건강에 대한 염려나 몰두, 스트레스에 대한 반응으로 인한 신체화 경향을 반영. 대체로 피로, 불면, 신경과민 등을 나타내며, 염세주의, 분노 표현과 같은 성격특성 또한 드러낼 수 있음. • 소척도: HEA1(소화기 증상), HEA2(신경학적 증상), HEA3(일반적인 건강염려)
BIZ	기태적 정신상태(Bizarre Mentation): 망상적 사고가 아니더라도 독특하고 이상한 생각을 반영. 높은 점수를 보이는 사람들은 침입적이고 파괴적인 생각과 경험으로 괴롭힘을 당하고 있다고 보고. • 소척도: BIZ1(정신증적 증상), BIZ2(분열형 성격특성)
	외적 공격 성향
ANG	분노(Anger): 분노 충동 및 분노 삽화를 보고함. 높은 점수를 받은 사람은 성마르고 감정을 잘 조절하지 못하며 좌절을 견디지 못하고 자주 화를 표현함. 이로 인해 재산상 손실, 타인에 대한 상해를 일으킬 수 있음. • 소척도: ANG1(폭발적 행동), ANG2(성마름)
CYN	냉소적 태도(Cynicism): 사람들이 파렴치하고, 부도덕하며, 이기적이고, 불성실하고, 비겁한 동기를 실행한다는 근거 없는 염세적 신념을 반영함. 높은 점수의 경우, 삶을 정글로 보며, 사람들 모두 이기적이고 비도덕적이라고 합리화하여 자신의 위선, 속임수 등을 정당화함. • 소척도: CYN1(염세적 신념), CYN2(대인적 의심)
ASP	반사회적 특성(Antisocial Practices): 타인의 동기와 감정에 대한 냉소주의와 둔감함을 반영. 규칙이나 관습을 어기는 일에 동정적이며, 과거 규칙을 어기고 권위적 대상과 갈등을 겪었음을 인정. 반사회적 행동보다 태도에 더 초점이 맞춰져 있음. • 소척도: 반사회적 태도(ASP1), 반사회적 행동(ASP2)
TPA	A유형 행동(Type A): A유형 성격의 세 요소(조급함, 과몰입, 경쟁심) 중 두 요소를 포함. 높은 점수의 경우, 쉽게 적대감이나 복수심을 느끼며 자기중심적이고, 분개하고, 의심이 많고, 공감이 부족함. • 소척도: TPA1(조급함), TPA2(경쟁 욕구)
	부정적 자아상
LSE	낮은 자존감(Low Self-Esteem): 개인적으로 대인관계에서 결함이 있다고 느끼고, 자신감이 저하되어 있고, 쉽게 자신을 비난하며, 어려움에 직면하여 쉽게 포기하는 경향을 반영. • 소척도: LSE1(자기회의), LSE2(순종성)

	일반 문제 영역
SOD	사회적 불편감(Social Discomfort): 높은 점수는 내향성을, 낮은 점수는 외향성을 나타냄. 수줍음과 자의식, 당혹감, 어색함, 어리석은 행동을 할 것에 대한 두려움, 과묵함, 드러나고 싶지 않은 욕구, 모임이나 낯선 사람에 대한 회피, 혼자 있는 것을 선호. • 소척도: SOD1(내향성), SOD2(수줍음)
FAM	가족 문제(Family Problems): 가족 간의 부조화와 불화를 나타냄. 갈등, 질투, 오해나 소홀함으로 소란스러움. 관심, 애정, 지지의 부족으로 가정은 정서적 자양분이 될 수 없는 장소로 여겨지며 박탈감을 느끼는 가운데 서로에게 신랄하고 적대적으로 반응. • 소척도: FAM1(가정불화), FAM2(가족 내 소외)
WRK	직업적 곤란(Work Interference): 일의 맥락에서 형성된 고통과 무능력을 나타냄. 직업 수행력과 관련한 긴장, 걱정, 패배주의, 피로, 자신감 부족, 주의산만과 우유부단함, 포기 경향성 등을 포함. 높은 점수를 받은 사람은 결함이 있고 무능하다고 느끼거나 그런 식으로 자신이 보이기를 원하고 낮은 점수는 자신감, 인내, 적절한 에너지 자원, 협력하는 능력 등을 시사.
TRT	부정적 치료지표(Negative Treatment Indicator): 계획을 세우고 결정, 목표를 달성하는 것에 대한 무망감, 타인은 자신을 이해하지 못한다고 느낌, 치료자를 포함한 타인을 신뢰하지 못하는 태도 등을 반영. • 소척도: TRT1(낮은 동기), TRT2(낮은 자기개방)

8) 보충척도

보충척도(Supplementary Scales)는 타당도척도와 임상척도의 해석을 보충하며, MMPI-2가 평가할 수 있는 임상적 문제와 장애의 범위를 넓혀 주는 역할을 한다. 다른 척도들과 마찬가지로, T점수 65점 이상일 때 높은 점수로, 40점 이하는 낮은 점수로 간주한다.

표 4-26 보충척도의 구성 및 설명

척도	척도 설명
A	불안(Anxiety): 의사결정과 집중의 어려움, 불쾌감, 불안감, 걱정, 피로, 좌절, 자신감 부족, 열등감, 고립된 느낌 등을 반영. 높은 점수의 경우, 경험하는 불안이 외적인 위협에 대한 느낌보다 그들 자신의 무능함에 대한 느낌으로 나타냄. 자존감이 낮고, 다른 사람들과의 상호작용을 불편해하며, 소극적이고, 쉽게 당황해함. 낮은 점수는 타당도척도의 패턴이 방어적이지 않다면 편안하고, 친절하며, 자신의 능력에 대해 자신감을 시사.

R	억압(Repression): 정서를 억제하고, 감정을 자극할지도 모르는 사람이나 환경과의 상호작용을 회피하는 것을 시사. 높은 점수의 경우, 복종적이고, 쉽게 흥분하지 않으며, 인습적이고, 예측이 가능함. 갈등을 유발하는 상황을 꺼리며 과잉학습된 환경에 안주하는 것을 선호함. 정서는 내면화되어 있고, 직접적으로 표현되지 않음. 낮은 점수는 감정과 충동에 대한 즉각적인 접근, 개방성 등을 시사.
Es	자아 강도(Ego strength): 신체적 · 생리적 안정성, 대처 능력이나 대처의 적절성, 도덕적 태도, 현실감각, 공포나 유아기적 불안을 반영. 높은 점수를 받은 사람은 재치 있고, 자립적이며, 원칙과 결단력이 있고 진취적이며 참을성이 있음. 낮은 점수를 받은 사람은 불안정하고 과잉반응하며, 스트레스에 직면했을 때 혼란에 빠지기 쉬움.
Do	지배성(Dominance): 자신감, 독립성, 이완성, 솔직성, 사교성, 좋은 사회적 기술과 판단력, 건설적인 사회적 태도, 꾸준함, 자제력 등을 반영. 높은 점수의 경우, 편안하고, 침착하며, 창의적이고 사회적 관계에서 영향력이 있음.
Re	사회적 책임감(Social Responsibility): 규칙과 기대에 대한 순응, 모범적 행동, 낮은 자극추구와 과민성, 자의식, 분노, 분개, 냉소적 태도 등의 부인 등을 반영. 높은 점수를 받는 사람은 관습에 순응적이면서 관대하고 차분함, 꾸준함, 타인과 협동, 업무와 관련된 구조화된 환경에서 최상의 수행과 성취를 보임.
Mt	대학생활 부적응(College Maladjustment): 낮은 자존감, 활력 부족, 냉소적 태도/안절부절 못함의 세 요인으로 구성. 높은 점수의 경우, 무능하고 비관적이며 매사에 늦장. 불안하고, 걱정이 많고, 스트레스에 신체 증상을 보이며, 삶이 고달프다고 느낌.
PK	외상후 스트레스 장애(Post-Traumatic Stress Disorder): 불안, 걱정, 수면장애, 죄책감과 우울감, 침습적 사고와 감정조절의 어려움, 이해받지 못하고 학대받는 느낌 등 심리적 혼란의 내용을 다룸.
MDS	결혼생활 부적응(Marital Distress): 가족 간 갈등, 놓쳐 버린 기회에 대한 아쉬움, 인생이 실패했다는 느낌 등을 반영. 높은 점수는(특히 남자의 경우) 가족관계에 초점을 둔 유의한 불쾌감과 고통을 시사. 이들은 우울하고, 화가 나 있으며, 삶이 힘들다고 느끼고 있고 대인관계도 제한되어 있음. 결혼 관계에 있지 않은 환자들에게는 적합하지 않을 수 있음.
Ho	적대감(Hostility): 냉소적 태도, 과잉 민감성, 공격적 반응, 사회적 회피의 네 요인으로 구성. 적대감보다는 냉소적 태도를 강조. 높은 점수를 받는 사람은 냉소적이고, 의심이 많고, 적대감보다는 증오심이, 분노보다는 비열함이 큼. 다른 사람이 처벌받는 것을 은근히 즐기고, 사람들을 믿지도 않고, 친절이나 온정을 베풀지 않음. 낮은 점수를 받는 사람은 너그럽게 다른 사람들을 평가하고, 그들과 잘 지내기를 바람.
O-H	적대감 과잉통제(Overcontrolled Hostility): 적대감/분노, 충동의 과잉통제, 이에 대한 인식 부족을 반영. 높은 점수의 경우, 아주 도발적인 자극에도 적절하게 대응하지 않는 반면, 분노와 적대감을 축적시켰다가 예기치 못하게 폭력적이고 파괴적인 폭발을 일으키는 경향. 이들은 경직되어 있고, 사회적으로 소외되어 있으며, 어떤 형태의 심리적인 어려움도 인정하기를 꺼려 함.

MAC-R	MacAndrew의 알코올 중독(MacAndrew Alcoholism): 인지적 손상, 학교 부적응, 대인관계 능력, 위험 감수, 해로운 습관, 남성적 흥미 등의 요인이 있음. 높은 점수를 받은 사람은 대담하고 활기차며, 자신감이 있고 자기주장을 잘하고, 외향적이고, 충동적이며 쾌락과 자극을 추구하고, 반항적이며 권위에 분개하고, 체포된 적이 있거나 법적인 문제를 겪었을 수 있음. 낮은 점수를 받은 사람은 소심하고, 무력하고, 통제되어 있으며 권위를 존중하고 공격적이지 않음.
APS	중독 가능성(Addiction Potential): 해로운 습관, 긍정적인 치료 태도, 사교성, 경조증, 위험 감수, 수동성의 여섯 요인이 있음. 높은 점수의 경우, 과잉 민감성, 죄책감, 성마름, 정서적 고통과 더불어 책임감이 없고, 행동화할 가능성을 시사.
AAS	중독 인정(Addiction Acknowledge): 음주 문제를 인정하는 강한 한 요인과 알코올 이외의 물질사용 및 이로 인한 사회생활의 문제를 나타내는 약한 두 요인이 있음. 높은 점수의 경우, 물질사용 및 이와 관련된 문제들을 인정. 낮은 점수를 받는 사람은 문제를 부인.
GM	남성적 성역할(Gender Role-Masculine): 두려움이나 불안 및 신체 증상의 부인, 전형적인 남성적 활동에 대한 관심, 감수성 부인, 독립성과 과단성 강조를 반영. 높은 점수의 경우, 자신감, 솔직 담백함, 목표에 대한 집념, 걱정, 사회적 억제 등으로부터의 자유로움 등 전통적으로 남성적 강인함의 일부로 여겨져 온 속성들을 보이는 경향.
GF	여성적 성역할(Gender Role-Feminine): 비사회적·반사회적 행동의 부인, 전형적인 여성적 역할 선호, 감수성 인정, 여성으로서의 만족감과 동일시를 반영. 높은 점수는 사회적으로 세심한 주의, 신뢰할 수 있고 순종적이며, 책임 있는 위치에서 부적절한 행동과 갈등을 피하는 전통적인 여성적 속성과 관련.

4. MMPI-2 재구성판(MMPI-2-RF)의 구성 및 해석

이번에는 MMPI-2-RF에서 새롭게 추가된 척도들을 중심으로 소개하고자 한다. 따라서 개정되었으나 명칭이나 해석에서 MMPI-2와 동일한 재구성 임상척도(RC)와 성격병리 5요인 척도(PSY-5)는 제외했다.

1) 타당도척도

MMPI-2-RF의 타당도척도는 MMPI-2의 척도를 개정한 8개의 척도와 새롭게 추가된 하나의 타당도척도로 구성된다. 한국판 MMPI-2 기준으로는 2개의 척도가 새롭게 추가되었다. 추가된 척도는 비전형 신체적 반응 척도(Infrequent Somatic Responses: 이하 Fs척도)와 반응 편향 척도(Response Bias Scale: 이하 RBS척도)이다. 이 외에도 일부 척도의 명칭이 변경되었다.

Fs척도는 신체적 증상 호소에 비전형적으로 표기하는 사람들을 탐지하기 위해 개발된 척도이다. T점수 74점 이상의 높은 점수는 신체적 호소에 대한 과대보고 또는 심각한 의학적 증상을 나타낼 수 있으며, 실제 증상이 있더라도 90점에 가까운 점수를 보인다면 증상에 대한 과장을 고려해야 한다. 100점 이상의 매우 높은 점수는 비일관적 반응이나 신체적 호소의 과대보고를 의미한다.

RBS척도는 법적 신경심리 및 장애평가 장면에서 증상의 과대보고 경향성을 탐지하기 위해 개발되었다. T점수 67~76점의 상승은 기억 문제와 관련되고, 과대보고 경향성이 없다면 정서적 요인과 관련되어 있을 가능성이 있다. 80점 이상의 높은 점수는 실제 기억 문제를 지닌 사람이 정상적 반응보다 더 높은 수준의 증상을 호소하고 있음을 의미하고, 과대보고의 가능성도 고려해야 한다. 100점 이상의 매우 높은 점수는 비일관적 반응이나 기억 문제에 대한 과대보고를 의미한다.

표 4-27 MMPI-2-RF의 타당도척도

약어	이름
VRIN-r	무선반응 비일관성(Variable Response Inconsistency)
TRIN-r	고정반응 비일관성(True Response Inconsistency)
R-r	비전형 반응(Infrequent Responses)
Fp-r	비전형 정신병리 반응(Infrequent Psychopathology Responses)
Fs-r	비전형 신체적 반응(Infrequent Somatic Responses)
FBS-r	증상타당도(Symptom Validity)
RBS-r	반응 편향 척도(Responses Bias Scale)
L-r	흔치 않은 도덕적 반응(Uncommon Virtues)
K-r	적응타당도(Adjustment Validity)

2) 상위차원 척도

상위차원 척도(Higher-order Scales)는 MMPI-2-RF에 포함된 주요 척도들의 개념을 통합하는 구조를 제공하고, 임상적으로 의미 있는 영역과 그 수준에 대한 정보를 제공하기 위해 개발되었다(Tellegen & Ben-Porath, 2011). 상위차원 척도는 정서적/내재화 문제, 사고 문제, 행동적/외현화 문제라는 세 가지 영역으로 구분된다. 상위차원 척도에서 상승하지 않았다면 그 영역에 해당하는 특정한 임상적 문제의 가능성이 없다는 것이다.

표 4-28   MMPI-2-RF의 상위차원 척도

척도명(약어)	해석
정서적/내재화 문제(EID)	• 2-7 코드 유형의 기본적 특성을 공유. • RCd, RC2, RC7과 매우 높은 상관관계를 나타냄.
사고 문제(THD)	• 8-6 코드 유형과 관련된 사고장애 영역의 측정치.
행동적/외현화 문제(BXD)	• 4-9 코드 유형의 기본적 특성을 공유. • 부족한 충동통제가 핵심인 광범위한 어려움을 나타냄. • 범죄의 과거력뿐만 아니라 폭력 및 학대 행동이 높은 점수와 관련.

3) 특정문제 척도

특정문제 척도(Specific Problems: 이하 SP척도)는 재구성 임상척도에서 측정하는 문제나 특징뿐 아니라 자살사고나 수줍음처럼 재구성 임상척도에서 직접적으로 측정하지 않는 문제들을 설명한다. 총 4개의 문제 영역(신체/인지 증상, 내재화, 외현화, 대인관계)으로 나누어지며, 유의하게 상승하지 않은 점수(T점수 65점 미만)는 해석하지 않는다.

표 4-29   특정문제 척도

척도명	특정문제 척도
신체/인지 증상 척도	신체적 불편감(MLS), 소화기 증상 호소(GIC), 두통 호소(HPC), 신경학적 증상 호소(NUC), 인지적 증상 호소(COG).
내재화 척도	자살/죽음사고(SUI), 무력감/무망감(HLP), 자기회의(SFD), 효능감 결여(NFC), 스트레스/걱정(STW), 불안(AXY), 분노 경향성(ANP), 행동 제약 공포(BRF), 다중 특정 공포(MSF).
외현화 척도	청소년기 품행 문제(JCP), 약물남용(SUB), 공격성향(AGG), 흥분성향(ACT).
대인관계 척도	가족 문제(FML), 대인관계 수동성(IPP), 사회적 회피(SAV), 수줍음(SHY), 관계 단절(DSF).

4) 흥미척도

흥미척도(Interest Scales)는 심미적-문학적 흥미(Aesthetic-Literary Interests: AES)와 기계적-신체적 흥미(Mechanical-Physical Interests: MEC) 척도로 구성되어 있다. 이 척도들은 기본적으로 다른 척도들과 상관이 없으며 수검자의 흥미 유형에 대한 정보만을 제한적으로 제공한다. 따라서 두 척도 모두 높을 수도 있고, 모두 낮을 수도 있다. 한편, 흥미척도는

MMPI-3에서 삭제되었다.

5. 사례보고서 및 해석상담의 예

1) 사례보고서

이름	민○○
인적사항	51세, 여성, 전업주부, 고등학교 졸업, 무교 가족관계: 배우자(남편), 아들 두 명
내방경위	가족을 비롯한 가까운 사람들과의 관계에서 부정적인 생각이 많이 들고, 수면에 들기 어려울 만큼 불편감이 생겨 약을 처방받아 먹던 중 심리상담에 대한 필요성을 느껴 자발적으로 상담을 신청함.
배경정보	• 내담자는 특별한 건강상의 문제나 적응의 어려움을 겪지는 않았으나 스스로 돌아보면 어린 시절부터 걱정이 많은 성격이었다고 함. 다양한 걱정들을 항상 머리에 가지고 살았던 것 같다고 하며, 항상 최악의 상황을 먼저 머리에 떠올리는 것이 습관이 되어 자신을 괴롭혔다고 함. • 최근 스트레스를 받거나 마음이 불편해지면 잠에 들기 어려웠다고 함. 자려고 침대에 누워서 두세 시간씩 그날 있었던 일들에 대해서 반복적으로 생각한다고 하며, 수면 외에도 소화불량이나 피로감이 쌓여 있는 상태라고 함. 그래서인지 가족들, 특히 배우자나 아들들에게 사소한 일에도 짜증이 심해지고 스스로 감정에 대한 관리가 되지 않는다고 느끼고 있다고 함. 자주 만나던 친구들과의 만남을 줄이고 있는 중이라고 함. 그러나 가족들과의 관계는 좋으며 배우자를 비롯한 두 아들이 자신을 많이 이해해 주어 고마움을 느끼고 있다고 함.
검사태도	▶ 검사 소요 시간 온라인으로 검사를 실시하였으며, 내담자의 보고에 따르면 약 1시간 정도 소요되었다고 함. 그리고 검사 도중 쉬는 시간 없이 한번에 실시하였다고 함. ▶ 행동관찰 온라인으로 실시되어 직접적인 관찰은 불가능하였음. 검사 완료 후 내담자에게 검사 실시 상황에서 느낀 불편감에 대한 질문에서, 문항이 많아 어려웠다고 보고하였으며, 검사가 자신에게 도움이 되는지에 대한 의문이 들었다고 응답함.

검사 결과

▶검사 결과
• 타당도척도에서, 증상타당도 척도(FBS)의 상승이 나타났으나 해석이 불가능한 정도의
  상승은 아니었음. 그 외에 척도들은 모두 평균 수준의 점수를 보여 도출된 검사 결과를
  타당하게 해석할 수 있을 것으로 생각됨.

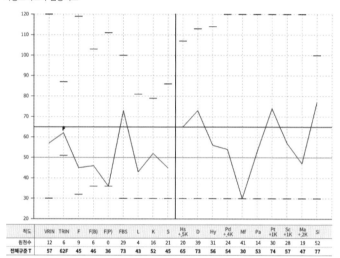

MMPI-2 다면적 인성검사 II 결과표

· 개인고유번호 :   · 이름 : 민OO   · 나이 : 51   · 성별 : 여자
· 소속기관 1 :   · 소속기관 2 :

타당도척도와 임상척도

척도	VRIN	TRIN	F	F(B)	F(P)	FBS	L	K	S	Hs +.5K	D	Hy	Pd +.4K	Mf	Pa	Pt +1K	Sc +1K	Ma +.2K	Si
원점수	12	6	9	6	0	29	4	16	21	20	39	31	24	41	14	30	28	19	52
전체규준 T	57	62F	45	46	36	73	43	52	45	65	73	56	54	30	53	74	57	47	77

* Mf척도의 T점수는 성별규준에 의한 것임.

재구성 임상척도와 성격병리 5요인 척도

척도	RCd	RC1	RC2	RC3	RC4	RC6	RC7	RC8	RC9						AGGR	PSYC	DISC	NEGE	INTR
원점수	13	13	10	5	4	2	19	2	11						7	3	4	24	25
전체규준 T	56	57	57	43	45	49	77	44	47						46	40	31	72	73

내용척도

척도	ANX	FRS	OBS	DEP	HEA	BIZ	ANG	CYN	ASP	TPA	LSE	SOD	FAM	WRK	TRT
원점수	18	11	10	12	21	1	13	9	7	10	4	17	9	19	10
전체규준 T	75	53	58	51	67	40	75	45	43	51	44	68	52	61	51

보충척도

척도	A	R	Es	Do	Re	Mt	PK	MDS	Ho	O-H	MAC-R	AAS	APS	GM	GF
원점수	23	22	20	16	25	31	23	7	20	17	13	2	22	16	36
전체규준 T	59	56	30	57	68	72	61	58	50	62	33	43	54	32	64

검사 결과	• 임상척도의 상승 유형은 2-7 코드 유형으로 보임. 내담자는 현재 임상적 수준의 주관적 불편감을 경험하고 있는 것을 보이며, 척도 1번과 0번의 동반 상승을 통해서 생각해 볼 때, 내담자가 경험하고 있는 주관적 불편감은 최근의 경험에 의한 것이라기보다는 비교적 오래전부터 경험해 온 것으로 생각할 수 있겠음. 또한 주관적인 불편감이 주로 신체적 문제와 관련되어 경험되고 있을 가능성이 커 보임. 재구성 임상척도(RC)에서도 RC7(역기능적 부정정서)의 상승이 나타난 것을 통해 내담자가 현재 경험하고 있는 핵심 증상이 부정정서로 인한 것으로 생각되며, 이와 관련하여 성격병리 5요인 척도(PSY-5)에서의 부정적 정서성/신경증(NEGE), 내향성/낮은 긍정적 정서성(INTR)의 상승은 현재 내담자가 경험하고 있는 부정정서와 관련된 핵심 증상이 성격적인 측면에서 고려되어야 함을 의미하겠음. 내용척도를 통해 살펴볼 수 있는 내담자의 주된 내적 불편감은 주로 불안(ANX), 건강염려(HEA)인 것으로 보이며, 내면의 부정정서는 관계에서 분노(ANG)와 같은 조절되지 않는 정서로 나타나고 있겠음. 내담자의 불편감은 주로 사회적 관계(SOD)에서 경험되는 것으로 보이며, 척도 0과 성격병리 5요인 척도(PSY-5)의 INTR의 동반 상승이 이러한 결과를 지지하겠음. 추가적으로, 현재 내담자는 스트레스에 대한 대처(Es) 능력이 저하된 상태이며, 자신의 대처 능력에 대한 주관적인 인지 수준(Mt) 또한 낮은 상태임.
해석상담 요약	• 검사 결과에서 나타난 주관적 불편감과 부정적 정서성이 실제 생활에서도 나타나고 있는 것으로 보임. 일상적인 사소한 자극에도 민감하게 반응하고 반복적으로 생각하는 태도가 나타나고 있으며, 이러한 어려움은 다양한 장면에서 오랫동안 누적되어 온 것으로 보임. • 스트레스에 대한 대처가 제대로 이루어지지 않고 있으며, 가까운 관계에서의 불편감 또한 반복적으로 경험해 왔음. 내적으로 처리되지 않은 스트레스는 수면을 방해하는 반복되는 사고나 소화불량 등의 신체적 문제로 경험되고 있음. • 자신의 부정적인 생각이 나를 힘들게 한다는 인식을 가지고 있는 것으로 보이며, 변화에 대한 욕구와 필요성 또한 충분히 가지고 있는 것으로 보임.

개입 방향과 제언	• 기본적인 스트레스 관리 기술 안내
	  −주관적으로 경험하는 스트레스 수준에 대해 알아차리기
	  −스트레스와 신체 증상 간의 관련성에 대해 인지하기
	  −외부 자극에 대한 즉각적인 반응을 지연하고, 대안적인 반응 연습하기
	• 부정적으로 편향된 사고에 대한 개입
	  −다양한 장면에서 불편감을 일으키는 자동적 사고와 부정적 감정에 대해 탐색하기
	  −반복적으로 나타나는 역기능적 정서와 부정적 사고에 대해서 정의하기
	  −대안적 사고에 대해서 탐색하고 가정에서부터 적용해 보기

제언	• 수면 문제 해결을 위한 내담자의 도움 추구 행동에 대해 긍정적으로 반응하고 유지할 수 있도록 지지하는 것이 필요. • 가족에 대한 긍정적 인식은 치료 과정에서 좋은 지지자원으로 활용될 것으로 기대됨.

2) 해석상담

(검사를 마친 후 해석상담을 진행하는 회기)

상담자 1	반갑습니다. 일주일 만에 다시 만나네요. 어떻게 지내셨는지 궁금합니다.
내담자 1	뭐 그냥 여전히 스트레스에 휩싸여서 지냈던 것 같네요.
상담자 2	스트레스에 휩싸여서 지냈다라는 말에서 한 주간 얼마나 힘드셨는지 조금은 느껴집니다. 오늘은 이전에 실시한 검사 결과를 같이 보려고 합니다. 어떤 검사였는지 기억나시나요?
내담자 2	네, 뭐 문항이 많았던 검사 말씀하시는 거지요?

상담자 3   네, 맞습니다. 미네소타 다면적 인성검사(MMPI-2)였고, 말씀하신 대로 문항이 참 많았지요. 이 검사하시는 분들이 참 다양한 경험을 했다고 말씀해 주세요. ○○ 님은 검사하시면서 어떤 생각이 많이 드셨는지 궁금하네요.   *검사 시 겪은 어려움에 대한 질문*

내담자 3   자세히는 기억 안 나는데, '뭐가 이렇게 많지?' '언제 끝나지?' 이런 생각들 많이 했던 것 같네요. 그리고 사실 죄송하지만 이게 나한테 정말 도움이 되는 것들인지 의심되었어요.

상담자 4   네, 그런 생각들에 대해서도 충분히 공감합니다. 이 검사가 문항이 많아서 ○○ 님을 좀 힘들게 했지만, 그만큼 현재 경험하시는 다양한 어려움에 대해서 많은 정보를 준다는 것은 분명합니다. 그리고 우리는 그 정보를 가지고 ○○ 님에게 도움이 되는 방향으로 활용할 겁니다.   *검사 실시 중 겪은 어려움에 대한 공감과 안내하기*

내담자 4   네, 알겠습니다.

상담자 5   검사 결과에 대해서 본격적으로 이야기를 해 보겠습니다. 검사 결과를 봤을 때 제가 종합적으로 느낀 인상이 있었는데요. 혹시 말씀드려도 될까요?   *검사 결과를 전달하기 전 허락 구하기*

내담자 5   네.

상담자 6   가장 먼저 든 생각은, ○○ 님이 보이는 것보다 참 오랫동안 힘들었겠다는 겁니다. 그리고 무엇이 ○○ 님을 이렇게 오랫동안 힘들게 했는지 같이 이야기 나눠 보고 싶다는 생각이 들었습니다.

내담자 6   아…… 괜히 울컥하네요. 이 검사에서 이런 내용이 나오는 것도 신기하네요.

상담자 7 물론입니다. 어떤 마음 상태에서 검사를 하면 이런 결과가 나올까? 고민해 보면 검사하신 분들의 마음이 조금은 그려지기도 합니다.

내담자 7 그렇군요. 신기하네요.

상담자 8 검사 결과에 대해서 조금 더 구체적으로, 그리고 ○○ 님의 이야기를 함께 해 볼까요?   검사 결과를 전달하기 전 허락 구하기

내담자 8 좋습니다.

상담자 9 현재 ○○ 님에게 가장 큰 어려움을 주는 것은 부정적으로 기울어진 마음인 것 같네요. 이건 상황을 바라볼 때 부정적인 것에 더 민감하게 반응하거나 안 좋은 생각을 많이 하는 것을 모두 포함합니다. 성격적인 측면도 그렇고, 현재 경험하는 핵심 문제 또한 동일하게 나타났네요. 실제 생활에서는 어떠신지 궁금합니다.   결과에 대한 설명, 열린 질문으로 현재 어려움에 대한 탐색

내담자 9 그런가요? 틀린 말은 아닌 것 같습니다. 안 좋은 생각이 불쑥 떠오를 때도 많고, 그대로 행동했다가 가까운 친구들과도 다툰 적이 최근에도 있거든요.

상담자 10 최근에 대인관계에서 관련된 문제를 경험하신 거네요.   단순 반영하기

내담자 10 네. 친구는 별거 아니라고 이야기하는데 저는 그걸 그냥 못 넘기고 물고 늘어지게 되고…… 결국 다투고 또 화해하고…… 근데 그러다가 안 보는 친구들도 많아요. 친구들도 이런 저를 불편해하는 것 같고…… 그러다 보면 모임도 잘 안 나가게 되고…….

상담자 11 말씀하신 걸 들어 보니 관계에서의 어려움과 불편감이 생각보다 많고 오랫동안 진행되어 온 것 같네요. 분명한 불편감이 있으셨을 것 같은데 스트레스를 받으면 주로 어떤 식으로 경험되는지 여쭤 봐도 될까요?

내담자 11 누우면 잠 못 자고 계속 생각나고요. 그런 생각 하다 보면 잠을 잘 못 자요. 그래서 최근에는 병원에 가서 수면 유도제를 처방받았거든요? 그걸 먹으면 그나마 좀 잘 자는 정도? 아, 소화불량도 있어서 불편하고 뭐 그런 것들 있네요.

상담자 12 오, 그래도 불편감을 그대로 두지 않고 병원도 방문하시고 노력해 오셨네요. 이 부분은 정말 잘하신 것 같아요.   인정하기

내담자 12 칭찬받을 일인가요?

상담자 13 그럼요. 분명히 칭찬해 드리고 싶네요. 불편해도 그대로 계시는

분들이 참 많습니다.

내담자 13 아, 네…….

상담자 14 지금까지의 이야기를 잠시 정리해 봐도 될까요?

내담자 14 네.

상담자 15 말씀하신 것을 정리해 보면, 지금도 많은 불편감을 느끼고 계신데, 그 스트레스는 주변 사람들과의 관계에서 사소한 것도 그냥 넘기지 못해서 불면이나 소화불량 같은 신체적 불편감으로 경험되고 있으시네요. 결국 ○○ 님에게 도움 되지 않는 생각들이 자꾸 떠올라 힘들어지는 것 같네요. 어떠세요?

내담자 15 네, 맞아요. 한번 생각이 떠오르면 그 생각에 휩쓸려서 다른 생각을 잘 못해요.

상담자 16 아, 휩쓸린다는 표현이 인상적이네요.

내담자 16 네. 이 표현이 제일 맞는 것 같아요. '왜 그렇게 말했을까?' '숨은 의미가 있는 것 같은데?'라는 생각이 머리를 온통 차지해서 잠도 못 자고 다음 날 또 힘들고…… 그 생각의 잔재가 머리에 조금씩 다 남아 있어요. 그러다 보면 그 말했던 친구 만나면 또 생각나고, 그러다 보면 모임도 잘 안 나가게 되고…… 반복이네요.

상담자 17 불편감이 반복되고 있는 거네요.

내담자 17 그렇죠. 말하다 보니 제가 너무 답답한 사람 같이 느껴져서 부끄럽네요.

상담자 18 전혀 아닙니다. 내가 무엇 때문에 힘든지 생각해 보고 말로 표현할 수 있다는 건 정말 좋은 능력입니다. 제가 ○○ 님을 이해하는데 좋은 재료들이 될 것 같아요.

내담자 18 그렇게 말씀해 주시니 고맙습니다.

상담자 19 제가 조금 더 궁금한 것이 있습니다. 여쭤 봐도 될까요?

내담자 19 네.

상담자 20 검사 결과를 살펴보면, ○○ 님의 성격적인 측면도 조금 현재의 불편감을 일으키고 있다고 나오는데요. 잘 아시는 것처럼 성격이라는 게 하루아침에 만들어지는 건 아니듯이. 예전에도 혹시 지금과 같은 불편감을 느끼신 적이 있는지도 궁금합니다.

내담자 20 음…… 아니라고는 말 못 하겠네요. 학창 시절 때도 항상 신경 많이 쓰고, 주변 친구들보다 사소한 일에도 스트레스 많이 받았거든요. 학교 시험 볼 때도 너무 떨려서 약 먹고 시험 치러 간 적

(우측 주석)

정보전달에 대한 허락 구하기

검사 결과와 연결된 현재의 어려움에 대해서 요약하기

단순 반영하기

허락 구하기

열린 질문으로 현재 어려움과 관련된 과거 경험 탐색

도 있었고, 취업 면접 보는 것처럼 평가받는 상황에서는 뭐 거의 매번 덜덜 떨리고 숨 막히고, 준비했던 거 하나도 말 못 하고 실패했던 것 같네요. 진짜 가고 싶은 회사도 있었거든요.

상담자 21　평가를 받는 장면에서의 불편감도 있으셨네요. 앞에서는 관계　　요약하기
에서의 불편감에 대해서도 말씀해 주셨고요. 공통점은 부정적
인 생각과 함께 신체적인 불편감이 있다는 것이고요.

내담자 21　네, 맞아요. 왜 이럴까요?

상담자 22　누구나 그럴 수 있습니다. 지금부터는 우리가 말씀하신 물음에　　검사 결과 및 탐색에
대해서 이야기해 볼 수 있을 것 같은데요. 이 과정이 ○○ 님이　　기반한 상담으로의 연결
경험하시는 불편감을 줄이는 데 도움이 될 수 있을 거라는 기대
가 됩니다. 어떠세요?

내담자 22　네. 저는 좋습니다.

학습과제

1. MMPI 개발 과정에서 채택된 '경험적 접근'이 중요한 이유를 설명하시오.
2. MMPI-2의 타당도척도 중 '좋은 모습'을 보이고 싶을 때 상승하는 척도와 '안 좋은 모습'을 보이고 싶을 때 상승할 수 있는 척도를 구분해 보시오.
3. MMPI-2-RF에 새롭게 추가된 타당도척도를 나열하고 그 특징을 기술하시오.
4. 사업장의 임직원 300명의 정신건강 평가를 위해 MMPI를 사용하기로 했다. MMPI-2와 MMPI-2-RF 중 어떤 것을 사용할 것인가? 그리고 그 이유는 무엇인지 설명하시오.
5. 내용척도의 해석 과정에서 타당도척도에 대한 확인이 중요한 이유는 무엇인가?
6. MMPI-2-RF의 특정문제 척도의 네 범주와 그 하위척도들을 나열하시오.

참고문헌

김영환, 김재환, 김중술, 노명래, 신동균, 염태호, 오상우(1989). 다면적 인성검사 실시 요강(개정판). 한국가이던스.

김중술, 한경희, 임지영, 이정흠, 민병배, 문경주(2005). 다면적 인성검사 II 매뉴얼. (주)마음사랑.

정범모, 이정균, 진위교(1963). MMPI 다면적 인성검사 검사법 요강. 코리안테스팅센터.

한경희, 문경주, 이주영, 김지혜(2011). 다면적 인성검사 2 재구성판 매뉴얼. (주)마음사랑.

Archer, R. P. (2005). *MMPI-A: Assessing adolescent psychopathology* (3rd ed.). Routledge.

Archer, R. P., Buffington-Vollum, J. K., Stredny, R. V., & Handel, R. W. (2006). A survey of psychological test use patterns among forensic psychologists. *Journal of personality assessment, 87*(1), 84-94.

Bagby, R. M., Buis, T., & Nicholson, R. A. (1995). Relative effectiveness of the standard validity scales in detecting fake-bad and fake-good responding: Replication and extension. *Psychological Assessment, 7*(1), 84-92.

Ben-Porath, Y., & Tellegen, A. (2008). *Minnesota Multiphasic Personality Inventory-2-Restructured Form Manual*. University of Minnesota Press.

Ben-Porath, Y. S., & Tellegen, A. (2011). *Minnesota Multiphasic Personality Inventory-2 Restructured Form: Manual for administration, scoring, and interpretation*. University of Minnesota Press.

Ben-Porath, Y. S., & Tellegen, A. (2020a). *MMPI-3 Manual for administration, scoring, and interpretation*. University of Minnesota Press.

Ben-Porath, Y. S., & Tellegen, A. (2020b). *Minnesota Multiphasic Personality Inventory-3 (MMPI-3): Technical manual*. University of Minnesota Press.

Butcher, J. N. (2010). Personality assessment from the nineteenth to the early twenty-first century: Past achievements and contemporary challenges. *Annual Review of Clinical Psychology, 6*, 1-20.

Butcher, J. N., Dahlstrom, W. G., Graham, J. R., et al. (1989). *MMPI-2: Manual for administration, scoring*. University of Minnesota.

Butcher, J. N., Graham, J. R., Ben-Porath, Y. S., Tellegen, A., Dahlstrom, W. G., & Kaemmer, B. (2001). *MMPI-2: Manual for administration, scoring, and interpretation* (Rev. ed.). University of Minnesota.

Butcher, J. N., & Han, K. (2014). Development of an MMPI-2 scale to assess the presentation of self in a superlative manner: The S scale. In *Advances in personality assessment* (pp. 25-50). Psychology Press.

Butcher, J. N., & Williams, C. L. (1992). *Essentials of MMPI-2 and MMPI-A interpretation*. University of Minnesota Press.

Camara, W. J., Nathan, J. S., & Puente, A. E. (2000). Psychological test usage: Implications in professional psychology. *Professional psychology: Research and practice, 31*(2), 141-154.

Costa Jr, P. T., & McCrae, R. R. (1992). Four ways five factors are basic. *Personality and Individual Differences, 13*(6), 653-665.

Friedman, A. F., Bolinskey, P. K., Levak, R. W., & Nichols, D. S. (2014). *Psychological assessment with the MMPI-2/MMPI-2-RF*. Routledge.

Graham, J. R. (2011). *MMPI-2 Assessing personality and psychopathology* (5th ed.). Oxford University Press.

Graham, J. R., Ben-Porath, Y. S., & McNulty, J. L. (1997). Empirical correlates of low scores on MMPI-2 scales in an outpatient mental health setting. *Psychological Assessment, 9*(4), 386-391.

Greene, R. L. (1991). *The MMPI/MMPI-2: an interpretive manual*. Allyn & Bacon.

Greene, R. L. (2011). *The MMPI-2/MMPI-2-RF: an interpretive manual* (3rd ed.). Allyn & Bacon.

Handel, R. W., & Archer, R. P. (2008). An investigation of the psychometric properties of the MMPI-2 Restructured Clinical (RC) scales with mental health inpatients. *Journal of Personality Assessment, 90*(3), 239-249.

Harkness, A. R., McNulty, J. L., & Ben-Porath, Y. S. (1995). The Personality Psychopathology Five (PSY-5): Constructs and MMPI-2 scales. *Psychological Assessment, 7*(1), 104-114.

Keiller, S. W., & Graham, J. R. (1993). The meaning of low scores on MMPI-2 clinical scales of normal subjects. *Journal of Personality Assessment, 61*(2), 211-223.

Lees-Haley, P. R., English, L. T., & Glenn, W. J. (1991). A Fake Bad Scale on the MMPI-2 for personal injury claimants. *Psychological Reports, 68*(1), 203-210.

McKinley, J. C., & Hathaway, S. R. (1943). The identification and measurement of the psychoneuroses in medical practice: The Minnesota Multiphasic Personality Inventory. *Journal of the American Medical Association, 122*(3), 161-167.

McKinley, J. C., & Hathaway, S. R. (1944). The MMPI: V. Hysteria, hypomania and psychopathic deviate. *Journal of Applied Psychology, 28*, 153-174.

Nichols, D. S. (2011). *Essentials of MMPI-2 assessment* (2nd ed.). John Wiley & Sons, Inc.

Rothke, S. E., Friedman, A. F., Dahlstrom, W. G., Greene, R. L., Arredondo, R., & Mann, A. W. (1994). MMPI-2 normative data for the FK index: Implications for clinical neuropsychological, and forensic practice. *Assessment, 1*(1), 1-15.

Rothke, S. E., Friedman, A. F., Jaffe, A. M., Greene, R. L., Wetter, M. W., Cole, P., & Baker, K. (2000). Normative data for the F (p) Scale of the MMPI-2: Implications for clinical and forensic assessment of malingering. *Psychological Assessment, 12*(3), 335-340.

Strong, D. R., Glassmire, D. M., Frederick, R. I., & Greene, R. L. (2006). Evaluating the latent structure of the MMPI-2 F (p) scale in a forensic sample: A taxometric analysis. *Psychological Assessment, 18*(3), 250-261.

Tellegen, A., & Ben-Porath, Y. S. (2011). *Minnesota Multiphasic Personality Inventory-2 Restructured Form: Technical manual.* University of Minnesota Press.

Tellegen, A., Ben-Porath, Y. S., McNulty, J. L., Arbisi, P. A., Graham, J. R., & Karmmer, B. (2003). *The MMPI-2 restructured clinical(RC) scales.* University of Minnesota Press.

Williams, C. L., Butcher, J. N., Gass, C. S., Cumella, E., & Kally, Z. (2009). Inaccuracies about the MMPI-2 fake bad scale in the reply by Ben-Porath, Greve, Bianchini, and Kaufman(2009). *Psychological Injury and Law, 2*, 182-197.

제 **5** 장

성격영역(II) :
기질 및 성격검사(TCI)

학습목표 ?

- 검사의 개발 과정에 대해서 알아본다.
- 개별 척도의 의미와 내담자들의 특성을 연결 지어 생각해 본다.
- 검사의 해석 과정과 유의해야 할 사항에 대해서 알아본다.
- 사례보고서 작성과 해석상담의 과정에 대해서 알아본다.

학습개요

　　기질 및 성격검사(The Temperament and Character Inventory, TCI)는 미국 워싱턴대학교 명예교수인 C. R. Cloninger의 심리생물학적 인성 모델에 기반해 개인의 기질 및 성격을 측정하기 위해 개발되었다(Cloninger et al., 1993). Cloninger의 심리생물학적 인성 모델에서는 인성(personality)을 기질(temperament)과 성격(character)이라는 두 개의 구조로 구분하고 있다. 기질은 환경적 자극에 자동적으로 일어나는 정서적 반응 성향이다. 유전적으로 타고나며, 생애 안정적으로 유지된다. 기질은 인성 발달의 원재료이며, 기본 틀로 작동한다. 성격은 기질이라는 원재료를 바탕으로 환경과의 상호작용 속에서 형성된다. 성격은 개인이 어떤 목표와 가치를 추구하는지, 자신을 어떤 사람으로 이해하고 동일시하는가를 포함하는 자기개념(self-concept)에서의 개인차와 관련된다. 타고난 기질과는 다른 고차원적인 인지 과정을 반영하며, 생애 지속적으로 성숙한다(Cloninger, 2008). TCI는 이들을 구분하여 측정함으로써 기질의 정서적인 과정과 성격의 합리적인 과정이 역동적이고 비선형적으로 상호작용하는 인성의 본질을 제대로 이해할 수 있게 해준다(Cloninger, 2008).

　　TCI는 자극추구(Novelty Seeking), 위험회피(Harm Avoidance), 사회적 민감성(Reward Dependence), 인내력(Persistence)이라는 네 가지 차원을 통해 기질을 측정하고, 자율성(Self-Directness), 연대감(Cooperativeness), 자기초월(Self-Transcendence)이라는 세 가지 차원을 통해 성격을 측정한다. 총 일곱 가지의 차원들은 독립적으로도 한 개인의 삶에 영향을 미치지만 상호작용함으로써 개인이 태어나고 성장하는 과정에서 고유하고 패턴화된 양상을 만들어 준다. 이 패턴화된 양상은 성숙하고 적응적인 행동으로 표현되기도 하지만, 정서·행동적인 취약성에도 영향을 미친다. 이 장에서는 TCI를 올바르게 사용하기 위한 다양한 정보들을 제공하고, 해석 과정에서 고려해야 할 지침들을 전달하고자 한다.

1. TCI의 개발 과정과 역사

1) TCI의 개발 과정

Cloninger는 생물학적인 기반을 지닌 기질 차원을 측정하기 위해 서로 독립적인 차원으로서의 세 가지 기질 차원, 즉 자극추구, 위험회피, 보상 의존성을 측정하는 TPQ (Tridimensional Personality Questionnaire)를 개발했다(Cloninger, 1987). TPQ의 개발과 적용은 두 가지 측면에서 의미가 있다. 우선, 초기 보상 의존성 차원의 하위 요인으로 있던 인내력이 독립적인 기질 차원이라는 것과 보상 의존성이 사회적 상호작용에서의 민감성 차원에 국한된 것으로 밝혀졌다. 결과적으로, 기질 차원은 총 네 가지로 정리되었으며, 보상 의존성 차원은 사회적 민감성으로 명칭이 수정되었다. 다음으로, TPQ는 개인의 기질적 특성을 파악하는 데 매우 유용하였으나, 이 결과만으로 잘 적응하는 사람과 그렇지 못한 사람을 구분하는 데 한계가 있었다. 따라서 기질뿐 아니라 성격 차원 평가의 필요성이 대두되었다.

1994년 TPQ 연구 결과를 기반으로, 개인의 기질유형에 대한 이해와 함께 성격장애를 진단하고, 예측하며, 발생과정을 설명하기 위한 목적으로 TCI가 개발되었다(Cloninger et al., 1994). TCI는 총 240문항으로 구성되었으며 성인용으로 개발되었다. 이후 문항을 현대화하고 내용의 이해도를 높이며, 척도의 형식을 2점 척도에서 5점 척도로 개선한 TCI 개정판 (TCI-R)이 발표되었다(Cloninger, 1999). 이후 TCI-R의 단축형인 TCI-RS(Goth et al., 2003a)를 비롯해 다양한 연령대에 적용 가능한 독일판 TCI 검사군(Inventory Family): JTCI 3-6/ JTCI 7-11/JTCI 12-18이 개발되었다(Goth, 2004a, 2004b; Goth et al., 2003a, 2003b; Schmeck et al., 2000).

2) 한국판 TCI 검사군

우리나라에서 사용되고 있는 TCI도 만 3세 이상의 유아부터 아동, 청소년 및 성인에 이르기까지 모든 연령대에서 적용될 수 있는 검사군(TCI Family)을 이루고 있다. 연령대에 따라서 총 4개의 유형으로 나누어지지만 동일한 개념과 명칭을 지닌 척도와 하위척도로 구성되어 있다.

유아용(JTCI 3-6)은 만 3세부터 6세까지의 미취학 유아를 대상으로 하고, 아동용(JTCI 7-11)은 초등학생을 대상으로 한다. 청소년용(JTCI 12-18)은 중고등학생을 대상으로 하고,

표 5-1 한국판 TCI 검사군

한국판 검사명	독일판 검사명	대상	문항수	실시방식
기질 및 성격검사-유아용	JTCI 3-6	미취학 유아동	86	양육자 보고
기질 및 성격검사-아동용	JTCI 7-11	초등학생	86	양육자 보고
기질 및 성격검사-청소년용	JTCI 12-18	중고등학생	82	자기보고
기질 및 성격검사-성인용	TCI-RS	대학생 및 성인	140	자기보고

성인용(TCI-RS)은 만 19세 이상의 대학생 및 성인을 대상으로 한다. 한국판 TCI 검사군은 각 연령대에 적합한 문항과 규준을 포함하고 있다. 연령대별로 기질 및 성격유형의 특성과 발달 양상을 보다 더 정확하게 이해할 수 있게 해 준다. 한편, 유아용과 아동용은 양육자가 보고하는 방식이며, 청소년용과 성인용은 자기보고 방식이다.

2. 실시와 채점

1) 실시지침 및 고려사항

(1) 평가자에 대한 고려사항

TCI 검사 결과를 정확하게 해석하기 위해서는 발달심리학, 성격심리학, 정신병리와 심리진단에 대한 체계적인 지식이 필요하다. TCI의 구매와 사용을 위한 자격 요건은 MMPI와 동일하다. 이 자격들을 갖추거나 관련 자격을 갖추고 있으면서 등록된 전문가가 실시하는 워크숍을 이수한 경우 구입과 사용이 가능해진다. 구체적인 내용은 출판사 홈페이지에서 확인 가능하다(https://maumsarang.kr/maum/order/guide.asp).

(2) 수검자에 대한 고려사항

TCI 검사군은 검사 유형에 따라서 정해진 보고 방식(양육자 혹은 자기보고)을 지키는 것이 중요하다. 다만, 양육자 보고 방식의 경우 응답의 신뢰성을 확보하기 위해 아동에 대해서 잘 알고 있는 주 양육자가 심리적으로 안정된 상태에서 보고할 것을 안내해야 한다. 주 양육자가 심리적 문제를 경험하고 있는 경우 다른 양육자가 보고하는 것이 좋다. 또한 부모가 함께 평가하는 것도 좋은 방법이다. 자기보고의 경우에도 검사를 수행하기 어려운 수준의 시력 문제를 비롯해 인지적 · 정서적 문제가 있을 때는 검사를 실시하지 않아야 한다.

2) 실시와 채점

TCI는 지필 방식과 온라인 방식 모두 가능하다. 어떤 방식을 사용하든지 타당한 검사 결과를 얻기 위해서는 조용하고 방해받지 않는 공간에서 수검자가 검사를 받을 수 있도록 안내해야 한다. 검사 실시 전, 검사자는 수검자에게 검사의 목적과 소요 시간(성인용은 20~25분, 나머지 유형은 15분 정도), 결과에 대한 비밀보장 등 기본적인 정보를 충분히 전달해 주어야 한다. 특히 양육자 보고의 경우 최대한 객관적인 입장에서 아동이나 유아에 대해 평가할 수 있도록 설명해야 한다.

온라인 실시는 인증코드 방식과 PC앱(Mscore) 방식이 있다. 인증코드 방식은 검사자가 채점 프로그램을 통해 수검자에게 인증코드를 발송하면 수검자가 온라인 검사 사이트(mtest.kr)에 접속해서 인증코드를 입력한 후 실시하는 방식이다. PC앱 방식은 방해받지 않는 검사실 등에서 검사자의 감독하에 바로 온라인으로 검사를 실시하게 된다. 검사 종료 후, 다음과 같은 몇 가지 질문을 통해 검사 당시의 경험에 대한 정보 수집이 필요하다.

- 검사하면서 힘들지는 않으셨나요? (힘들었다면) 어떤 점이 가장 힘드셨나요?
- 검사를 한번에 완료하셨나요? 아니면 나눠서 하셔야 했나요? (나눠서 했다면) 어떤 이유였을까요?
- 검사를 하면서 어떤 생각이 많이 드셨나요?

3) 채점 및 결과 확인

TCI의 채점은 온라인으로 진행된다. 지필 방식으로 실시한 경우, 수검자의 답안을 공식 웹페이지(http://mscore.kr)에 입력하여 채점할 수 있다. 수검자의 답안을 전체적으로 확인하여 무응답이나 기본 정보가 입력되었는지 확인한다. 수검자의 이름과 나이, 성별 정보를 입력하고, 청소년용과 성인용의 경우 규준집단을 선택해야 한다. 나이와 성별, 선택한 규준집단에 따라서 수검자의 표준점수가 다르게 산출되므로 주의해야 한다. 규준집단의 경우 청소년용은 중고등학생 규준 중에서 해당하는 것을 선택하면 된다. 성인용의 경우 대학생과 일반 성인 규준이 있는데, 대학 재학 중이 아니더라도 20대 초중반의 성인이라면 대학생 규준을 선택하는 것이 적합하다(민병배, 오현숙, 이주영, 2021). TCI의 결과지는 기질 및 성격 척도의 원점수와 표준점수(T점수, 백분위 점수), 하위척도의 원점수가 제시된다. 검사 결과지의 예시는 [그림 5-1]과 같다.

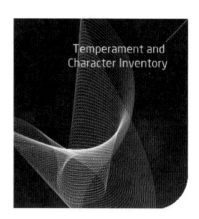

TCI™

기질 및 성격검사
성인용 결과지

검사일 : 20210101

≡	**DATA SUMMARY**	
이름 : 홍길동		개인고유번호 : 123
성별 : 남자		연령 : 만 20 세
소속기관 1 : 마음사랑		소속기관 2 :
규준집단 : 일반성인		무응답수 : 0

📊	**TCI-RS 프로파일**					
TCI-RS	척도	원점수	T점수	백분위	30 백분위 그래프 70	
기질	자극추구(NS)	34	57	74	NS ▓▓▓▓ 74	
	위험회피(HA)	40	53	66	HA ▓▓▓ 66	
	사회적 민감성(RD)	41	48	39	39 ▓ RD	
	인내력(PS)	32	38	11	11 ▓▓▓ PS	
성격	자율성(SD)	47	49	44	44 ▓ SD	
	연대감(CO)	43	35	5	5 ▓▓▓▓ CO	
	자기초월(ST)	27	51	56	ST ▓ 56	
	자율성+연대감(SC)	90	41	18		

* T점수는 원점수를 평균 50, 표준편차 10인 점수로 변환한 표준 점수임.

* 백분위 점수가 30 이하이면 해당 척도의 특성이 낮은 것을, 70 이상이면 해당 척도의 특성이 높은 것을 의미함.

* 무응답은 0~4점 척도의 중간값(2)으로 대체되어 원점수, T점수 및 백분위 점수가 산출되었음.

 maum sarang   원저자: C. R. Cloninger | 한국판 저자: 민병배, 오현숙, 이주영
Copyright (c) 1992 by C. R. Cloninger. | Copyright of the Korean edition (c) 2007 by Maumsarang Co., Ltd.
㈜마음사랑의 허락 없이 이 결과지의 일부 또는 전부를 무단으로 공개, 배포하거나 변형하는 행위를 절대 금합니다.

TCI™ 기질 및 성격검사 성인용 결과지

홍길동 (남자/20세) / 20210101

* 규준집단의 평균(M) 및 표준편차(SD)에 따라 원점수의 상대적 위치를 나타낸 표입니다.
　TCI 하위척도들에 포함되는 문항 수가 매우 적으므로 하위척도 결과는 참고자료로만 활용하시기 바랍니다.

TCI-RS 하위척도

척도	하위척도	원점수	규준집단 M (SD)	낮은 점수	-1SD M +1SD	높은 점수
자극추구 (NS)	NS1	9	9.5 (3.2)	관습적 안정성		탐색적 흥분
	NS2	7	7.0 (3.3)	심사숙고		충동성
	NS3	9	6.0 (3.2)	절제		무절제
	NS4	9	5.2 (3.2)	질서정연		자유분방
위험회피 (HA)	HA1	8	7.8 (4.1)	낙천성		예기불안
	HA2	9	9.9 (3.0)	(낮은) 불확실성에 대한 두려움		(높은) 불확실성에 대한 두려움
	HA3	12	8.7 (3.6)	(낮은) 낯선 사람에 대한 수줍음		(높은) 낯선 사람에 대한 수줍음
	HA4	11	8.7 (3.4)	활기 넘침		쉽게 지침
사회적 민감성 (RD)	RD1	8	11.1 (2.9)	(낮은) 정서적 감수성		(높은) 정서적 감수성
	RD2	10	10.5 (3.0)	(낮은) 정서적 개방성		(높은) 정서적 개방성
	RD3	13	11.6 (3.3)	거리두기		친밀감
	RD4	10	9.4 (2.6)	독립		의존
인내력 (PS)	PS1	12	12.7 (3.0)	(낮은) 근면		(높은) 근면
	PS2	6	10.7 (3.0)	(낮은) 끈기		(높은) 끈기
	PS3	7	10.4 (3.7)	(낮은) 성취에 대한 야망		(높은) 성취에 대한 야망
	PS4	7	9.9 (3.5)	(낮은) 완벽주의		(높은) 완벽주의
자율성 (SD)	SD1	12	12.7 (2.9)	(낮은) 책임감		(높은) 책임감
	SD2	12	11.6 (3.1)	(낮은) 목적의식		(높은) 목적의식
	SD3	6	6.8 (1.9)	(낮은) 유능감		(높은) 유능감
	SD4	5	4.2 (1.7)	(낮은) 자기수용		(높은) 자기수용
	SD5	12	12.5 (3.2)	(낮은) 자기일치		(높은) 자기일치
연대감 (CO)	CO1	11	12.6 (2.8)	(낮은) 타인수용		(높은) 타인수용
	CO2	6	9.6 (2.5)	(낮은) 공감		(높은) 공감
	CO3	9	9.9 (2.5)	(낮은) 이타성		(높은) 이타성
	CO4	9	8.9 (2.6)	(낮은) 관대함		(높은) 관대함
	CO5	10	15.1 (2.5)	(낮은) 공평		(높은) 공평
자기초월 (ST)	ST1	10	9.1 (4.0)	자의식		창조적 자기망각
	ST2	8	7.4 (4.1)	(낮은) 우주만물과의 일체감		(높은) 우주만물과의 일체감
	ST3	9	9.2 (5.4)	합리적 유물론		영성수용

[그림 5-1] 검사 결과의 예시

출처: https://maumsarang.kr/maum/service/tci_interpretation.asp

3. TCI의 구성 및 해석

TCI는 자극추구, 위험회피, 사회적 민감성, 인내력이라는 총 4개의 기질척도와, 자율성, 연대감, 자기초월이라는 총 3개의 성격척도로 구성된 검사이다. 총 7개의 기질 및 성격척도는 각각 의미적으로 구분된 하위척도를 포함하고 있다. 성인용의 경우 총 29개의 하위척도가 있다. 적용 대상에 따라 문항 수는 다르지만 동일한 개념의 척도와 하위척도로 측정될 수 있도록 구성되어 있다. 한국판 TCI 검사군의 기질 및 성격척도와 하위척도의 구성은 〈표 5-2〉와 같다.

1) 척도의 구성

(1) 자극추구(Novelty Seeking: NS)

자극추구 척도가 측정하는 것은 새롭거나 신기한 자극에 이끌리면서 행동이 활성화되는 정도이다. 즉, 흥분과 보상을 추구하는 탐색 활동과 처벌과 단조로움을 적극적으로 회피하는 성향을 나타낸다.

이 척도에서 높은 점수를 보이는 사람은 자극적인 모험을 추구하고, 새로운 상황이나 자극을 추구한다. 쉽게 지루해하고 자유분방하며 주변을 활발히 탐색하면서 지루함을 극복하기 위해 노력한다. 새롭고 자극적인 것을 추구하는 만큼 즉흥적인 인상에 따라 충동적으로 행동하기도 하며, 감정의 변화도 많다. 반면, 이 척도에서 낮은 점수를 보이는 사람은 성미가 느리고, 정적이고 심사숙고해서 행동한다. 검소하고 절제되어 있으며, 새로운 자극에 대한 흥미가 적고 익숙하고 안정적인 것에서 편안함을 느낀다(민병배, 오현숙, 이주영, 2021; 오현숙, 민병배, 2004). 자극추구 척도에서 높고 낮은 점수를 받는 사람들을 기술하는 단어와 하위척도별 설명은 〈표 5-3〉 〈표 5-4〉와 같다.

표 5-2　TCI 검사 유형별 척도 및 하위척도 구성

척도명	성인용	청소년용	아동용	유아용
기질척도				
자극추구 (NS)	NS1: 탐색적 흥분/관습적 안정성 NS2: 충동성/심사숙고 NS3: 무절제/절제 NS4: 자유분방/질서정연	NS1: 탐색적 흥분/관습적 안정성 NS2: 충동성/심사숙고 NS3: 무절제/절제 NS4: 자유분방/질서정연	NS1: 탐색적 흥분/관습적 안정성 NS2: 충동성/심사숙고 NS3: 무절제/절제 NS4: 자유분방/질서정연	NS1: 탐색적 흥분/관습적 안정성 NS2: 충동성/심사숙고 NS3: 무절제/절제 NS4: 자유분방/질서정연
위험회피 (HA)	HA1: 예기불안/낙천성 HA2: 불확실성에 대한 두려움 HA3: 낯선 사람에 대한 수줍음 HA4: 쉽게 지침/활기 넘침	HA1: 예기불안/낙천성 HA2: 불확실성에 대한 두려움 HA3: 낯선 사람에 대한 수줍음 HA4: 쉽게 지침/활기 넘침	HA1: 예기불안/낙천성 HA2: 불확실성에 대한 두려움 HA3: 낯선 사람에 대한 수줍음 HA4: 쉽게 지침/활기 넘침	HA1: 예기불안/낙천성 HA2: 불확실성에 대한 두려움 HA3: 낯선 사람에 대한 수줍음 HA4: 쉽게 지침/활기 넘침
사회적 민감성 (RD)	RD1: 정서적 감수성 RD2: 정서적 개방성 RD3: 친밀감/거리두기 RD4: 의존/독립	RD1: 정서적 감수성 RD2: 친밀감/거리두기 RD3: 의존독립	RD1: 정서적 감수성 RD2: 정서적 개방성 RD3: 친밀감/거리두기 RD4: 의존/독립	RD1: 정서적 감수성 RD2: 친밀감/거리두기 RD3: 의존독립
인내력 (PS)	PS1: 근면 PS2: 끈기 PS3: 성취에 대한 야망 PS4: 완벽주의	PS1: 근면 PS2: 끈기	PS1: 근면 PS2: 끈기 PS3: 성취에 대한 야망 PS4: 완벽주의	PS1: 끈기 PS2: 완벽주의 및 성취에 대한 야망
성격척도				
자율성 (SD)	SD1: 책임감/책임전가 SD2: 목적의식 SD3: 유능감/무능감 SD4: 자기수용/자기불만 SD5: 자기일치	SD1: 책임감/책임전가 SD2: 목적의식 SD3: 유능감/무능감 SD4: 자기수용/자기불만	SD1: 책임감/책임전가 SD2: 목적의식 SD3: 유능감/무능감 SD4: 자기수용/자기불만	SD1: 목적의식 SD2: 자기수용/자기불만
연대감 (CO)	CO1: 타인수용 CO2: 공감/둔감 CO3: 이타성/이기성 CO4: 관대함/복수심 CO5: 공평/편파	CO1: 타인수용 CO2: 공감/둔감 CO3: 이타성/이기성 CO4: 관대함/복수심 CO5: 공평/편파	CO1: 타인수용 CO2: 공감/둔감 CO3: 이타성/이기성 CO4: 관대함/복수심 CO5: 공평/편파	CO1: 타인수용 CO2: 공감/둔감 CO3: 이타성/이기성 CO4: 관대함/복수심 CO5: 공평/편파
자기초월 (ST)	ST1: 창조적 자기망각/자의식 ST2: 우주 만물과의 일치감 ST3: 영성수용/합리적 유물론	ST1: 창조적 자기망각/자의식 ST2: 우주 만물과의 일치감 ST3: 영성수용/합리적 유물론	ST1: 환상 ST2: 영성	ST1: 환상 ST2: 영성

표 5-3 자극추구(NS) 척도에서 점수가 높은 사람과 낮은 사람의 특징

높은 사람의 특징	낮은 사람의 특징
충동적인	심사숙고하는
주변을 활발히 탐색하는	경직되고 융통성 없는
마음이 쉽게 변하는	우직스러운
쉽게 흥분하는	태연자약하고 금욕적인
성질이 급한	성미가 느린
씀씀이가 헤픈	검소하고 절약하는
화를 잘 내는	절제하는

표 5-4 자극추구(NS)의 하위척도와 그 설명

하위척도		설명
NS1: 탐색적 흥분/관습적 안정성	높은 점수	낯선 상황이나 장소 등 새로운 자극을 탐색하는 것을 즐김, 감각 추구적이며, 새로운 생각이나 활동에 쉽게 빠지고 쉽게 싫증을 냄, 비관습적임.
	낮은 점수	익숙한 장소나 사람, 상황에서 만족을 느낌, 특별한 이유 없이 자신의 생활 방식을 바꾸려 하지 않음, 관습적임.
NS2: 충동성/ 심사숙고	높은 점수	쉽게 흥분하고, 감정 변화가 크고, 기분파, 성급한 의사결정, 충동조절의 어려움, 주의가 산만함.
	낮은 점수	심사숙고, 의사결정의 세밀함, 분석적, 주의집중력을 유지함.
NS3: 무절제/절제	높은 점수	돈, 에너지, 감정을 절제하지 않음, 무계획적, 화려하고 거칠 것이 없는 사람으로 보임.
	낮은 점수	아끼고 조심하며 매사에 통제를 잘함, 검소하고 때로는 인색함.
NS4: 자유분방/ 질서정연	높은 점수	원하는 바를 이루지 못할 때 쉽게 흥분하며, 규칙과 규제에 불만이 있음, 법이나 규칙을 쉽게 어기기도 함.
	낮은 점수	조직적, 질서정연하고 체계적, 규칙과 규율이 있는 활동을 더 선호함, 화를 잘 표현하지 않음.

(2) 위험회피(Harm Avoidance: HA)

위험회피 척도가 측정하는 것은 혐오스러운 자극이나 위험한 상황을 접하면 행동이 억제되고 위축되는 유전적인 경향성이다. 즉, 처벌이나 위험이 예상될 때 이를 회피하기 위해 행동이 억제되며 이전에 하던 행동까지도 중단하게 되는 성향을 의미한다.

이 척도에서 높은 점수를 받는 사람은 조심성이 많고 쉽게 긴장하며, 자신을 곤란하게 하

거나 난처하게 만들 만한 상황에 대해서 민감하게 반응한다. 다른 사람들은 신경 쓰지 않는 것에 대해서도 걱정이 많고 상황을 해석하는 데에도 비관적인 측면이 있다. 에너지 수준이 낮아서 쉽게 피곤해한다. 반면, 이 척도에서 낮은 점수를 보이는 사람은 낙관적이며, 걱정이 적고, 이완되어 있으며, 과감하고 용기가 있다. 사회적 상황에서 사교적이고 자신감 있는 모습을 보인다. 또한 에너지 수준이 높고 활발하며 정력적이라는 인상을 준다(민병배, 오현숙, 이주영, 2021; 오현숙, 민병배, 2004). 위험회피 척도에서 높고 낮은 점수를 받는 사람들을 기술하는 단어와 하위척도별 설명은 다음과 같다.

표 5-5 위험회피(HA) 척도에서 점수가 높은 사람과 낮은 사람의 특징

높은 사람의 특징	낮은 사람의 특징
조심성 많은	자신감 있는
미리 염려하고 걱정하는	걱정 근심이 없는
쉽게 지치는	정력적이고 활력이 넘치는
억제된	거리낌이 없는
비관적인	낙관적인
두려움이 많은	위험을 무릅쓰는
수줍어하는	사교적인

표 5-6 위험회피(HA)의 하위척도와 그 설명

하위척도		설명
HA1: 예기불안/ 낙천성	높은 점수	아직 일어나지 않은 일, 특히 나쁜 일이 일어날 것에 대한 걱정이 많음, 창피하거나 당혹스러움을 반추함.
	낮은 점수	낙관주의자, 태연하며 거리낌이 없음.
HA2: 불확실성에 대한 두려움	높은 점수	불확실한 상황에 대한 두려움, 쉽게 긴장하고 불안과, 걱정이 많음, 변화에 대한 적응이 어려움.
	낮은 점수	위험한 상황에서도 침착하고, 자신감 있으며, 변화에 대해 쉽게 적응함.
HA3: 낯선 사람에 대한 수줍음	높은 점수	수줍고 자기주장이 부족함, 때때로 사회적 관계를 회피하며, 낯선 상황에서 쉽게 위축됨.
	낮은 점수	사교적이고 대담함, 자기주장이 강하고 사회적 활동을 즐김.
HA4: 쉽게 지침/ 활기 넘침	높은 점수	쉽게 지치고 피곤함, 질병이나 스트레스 회복이 더딤.
	낮은 점수	정력적이고 힘이 넘침, 활력이 유지됨.

(3) 사회적 민감성(Reward Dependence: RD)

사회적 민감성 척도가 측정하는 것은 사회적 보상 신호에 민감하게 반응하는 유전적 경향성이다. 즉, 타인의 칭찬과 같은 사회적 보상 신호와 타인의 감정을 민감하게 파악하고, 그에 따른 정서적 행동의 개인차를 측정한다. 이 척도에서 높은 점수를 받는 사람은 마음이 여리고 애정이 많고 따뜻하며, 타인의 반응에 민감하고 헌신적이다. 사회적 접촉을 좋아하며, 사교적이다. 반면, 이 척도에서 낮은 점수를 보이는 사람은 실용적이고 강인하며 타인의 감정에 둔감하고 무관심하다. 냉정해 보이며 혼자 있는 것을 선호한다. 타인과 거리를 유지하면서 안정감을 느낀다(민병배, 오현숙, 이주영, 2021; 오현숙, 민병배, 2004). 사회적 민감성 척도에서 높고 낮은 점수를 받는 사람들을 기술하는 단어와 하위척도별 설명은 다음과 같다.

표 5-7 사회적 민감성(RD) 척도에서 점수가 높은 사람과 낮은 사람의 특징

높은 사람의 특징	낮은 사람의 특징
동정심 많은	감정에 영향을 안 받는
따뜻한	정서적으로 차가운
감수성이 예민한	둔감하고 실용적인
감정이 쉽게 변하는	혼자 지내는
마음을 여는	거리를 두고 떨어져 지내는
의존적인	독립적인

표 5-8 사회적 민감성(RD)의 하위척도와 그 설명

하위척도		설명
RD1: 정서적 감수성	높은 점수	마음이 여리고 정에 약함, 감수성이 높고, 동정심, 이해심이 많음, 감성적 호소에 쉽게 동요됨.
	낮은 점수	실리적인 사람, 강인하고 현실적이며 타인과 거리를 유지, 냉정하고 무관심한 인상.
RD2: 정서적 개방성	높은 점수	자신의 감정이나 경험을 잘 드러냄, 타인에게 쉽게 다가가고 가까워짐.
	낮은 점수	타인과 거리를 둠, 자신을 잘 드러내지 않음.
RD3: 친밀감/ 거리두기	높은 점수	개인 생활보다 친밀한 관계를 선호, 자신의 경험이나 감정을 이야기하는 것을 좋아함, 타인의 거부나 모욕에 예민함.
	낮은 점수	타인과 거리를 두고 지내기를 선호, 개인적이고 독립적, 타인의 거부나 모욕에도 둔감함.

RD4: 의존/독립	높은 점수	정서적 지지와 승인을 얻는 것에 관심, 의존적, 타인의 보호와 지배를 자극하고 이끌어 냄.
	낮은 점수	사회적 자극에 둔감하고 영향을 받지 않음, 독립적이고 자족적임.

(4) 인내력(Persistence: PS)

인내력 척도가 측정하는 것은 지속적인 강화가 없더라도 한번 보상된 행동을 일정 시간 동안 꾸준히 지속하려는 유전적인 경향성이다. 간헐적으로 보상이 주어지거나 예상할 수 없는 상황에서도 자신의 행동을 지속하려는 성향의 개인차를 의미한다. 이 척도에서 높은 점수를 받는 사람은 부지런하고 열심히 하며 끈기가 있고, 좌절과 피로에도 불구하고 행동을 이어 갈 수 있다. 보상이 기대되는 상황에서 더 노력을 기울인다. 목표를 달성하기 위해서는 좌절과 피로감도 하나의 개인적 도전으로 받아들이고 이겨 내려고 노력한다. 이 척도에서 낮은 점수를 받는 사람은 보상이 안정적으로 기대되는 상황에서도 게으르고 비활동적이며 끈기가 부족하다. 행동의 시작이 더디고, 반드시 해야 하는 일만을 마지못해서 한다. 좌절과 피로감을 느끼면 쉽게 포기하는 경향이 있다(민병배, 오현숙, 이주영, 2021; 오현숙, 민병배, 2004). 인내력 척도에서 높고 낮은 점수를 받는 사람들을 기술하는 단어와 하위척도별 설명은 다음과 같다.

표 5-9 인내력(PS) 척도에서 점수가 높은 사람과 낮은 사람의 특징

높은 사람의 특징	낮은 사람의 특징
부지런한	게으르고 나태한
끈기 있는	의지가 약한
성취에 대한 야망이 있는	야망이 없는
성공을 위해 많은 희생	능력보다 더 적게 성취
완벽주의	실용주의

표 5-10 인내력(PS)의 하위척도와 그 설명

하위척도		설명
PS1: 근면	높은 점수	부지런하고, 일을 미루지 않음, 성취를 위해 노력함.
	낮은 점수	게으르며, 노력이 부족함, 일을 미룸.
PS2: 끈기	높은 점수	실패, 좌절, 피로에도 포기하지 않음, 노력을 유지함.
	낮은 점수	쉽게 포기함, 현실과 타협, 일을 완료하지 못함.

PS3: 성취에 대한 야망	높은 점수	성공과 성취를 향한 열망이 강함, 야심이 있음, 도전적인 과제를 즐기고 많이 성취함.
	낮은 점수	성취에 대한 야망이 적고, 현재에 만족, 능력에 비해 성취가 적음.
PS4: 완벽주의	높은 점수	최선을 이루기 위해 노력함, 모든 일에 지칠 때까지 노력함, 융통성 부족, 고집스러움.
	낮은 점수	현실과 타협, 실용주의, 최소한의 노력.

(5) 자율성(Self-Directedness: SD)

자율성 척도는 자신을 하나의 자율적인 개인으로 이해하고 동일시하는 정도를 측정한다. 즉, '자율적 개인'으로서의 자기개념을 가지고, 높은 가치를 부여하며, 자신이 선택한 목표와 가치를 이루기 위해서 자신의 행동을 조절하고 통제할 수 있는 능력을 의미한다. 여기에는 자신의 선택에 대한 책임의 수용, 목적의식과 의미 있는 목표의 추구, 목표 추구 행동에서의 유능감과 주도성, 그리고 자신의 한계에 대한 수용과 자존감이 포함된다.

이 척도에서 높은 점수를 받는 사람은 성숙하고 강하며, 책임감 있고 믿을 만한 사람으로 보인다. 목표 지향적이고 건설적이면서도 대인관계를 이끄는 역할이 어울린다. 자신이 선택한 목표에 맞게 자신을 조절할 수 있는 사람이지만 자신의 목표에 어긋나는 지시나 명령에는 저항적인 모습을 보일 수도 있다. 이 척도에서 낮은 점수를 받는 사람은 미성숙하고, 약하며, 상처받기 쉽고, 남을 원망하거나 비난하는 경향을 보인다. 책임감이 부족하고 신뢰받지 못하며 비효율적이다(민병배, 오현숙, 이주영, 2021; 오현숙, 민병배, 2004). 자율성 척도에서 높고 낮은 점수를 받는 사람들을 기술하는 단어와 하위척도별 설명은 다음과 같다.

표 5-11 자율성(SD) 척도에서 점수가 높은 사람과 낮은 사람의 특징

높은 사람의 특징	낮은 사람의 특징
책임감 있는	책임을 전가하고 원망하는
목적의식이 있는	목적의식이 없는
자원이 풍부한	무능한
자기를 수용하는	공허한
잘 훈련된	훈련이 안 된
믿을 만한	비효율적인

표 5-12 자율성(SD)의 하위척도와 그 설명

하위척도		설명
SD1: 책임감/ 책임전가	높은 점수	자신의 태도나 행동에 대한 책임을 받아들임, 타인에게 신뢰를 줌.
	낮은 점수	자신의 행동에 대한 책임을 수용하지 않음, 책임감 없는 사람으로 보여짐.
SD2: 목적의식	높은 점수	목표 지향적인 사람, 즉각적인 욕구를 지연시키면서 장기적인 목표와 가치를 추구.
	낮은 점수	삶의 방향이나 목적, 의미를 찾으려고 애씀, 장기적인 목표가 불확실, 즉각적인 욕구에 따라 행동함.
SD3: 유능감/ 무능감	높은 점수	심리적 자원이 풍부하고 효율적·생산적이고 주도적이며 유능하고 혁신적인 사람으로 보임.
	낮은 점수	비효율적인 사람으로 보임, 문제 해결 능력과 자신감이 낮음.
SD4: 자기수용/ 자기불만	높은 점수	자신의 장점과 한계를 모두 인정, 자신감 있고 훈련과 노력을 유지함.
	낮은 점수	자존감이 낮고, 자신을 그대로 받아들이지 못함.
SD5: 자기일치	높은 점수	자신의 가치나 목표와 일치하는 행동을 유지.
	낮은 점수	자신의 목표와 일치하지 않는 습관, 자기패배적이고 의지가 약함.

(6) 연대감(Cooperativeness: CO)

연대감 척도가 측정하는 것은 자신을 사회의 한 부분으로 이해하고 동일시하는 정도이다. 즉, 연대감은 타인에 대한 수용 능력과 타인과의 동일시 능력에서의 개인차를 의미한다. 이 척도에서 높은 점수를 받는 사람은 공감적이고 동정심이 많고 지지적이다. 공정하며, 도덕적 원칙이 분명하고 이타심을 가지고 협력한다. 자신의 욕구나 선호만큼 타인의 욕구나 선호를 이해하고 존중한다. 이 척도에서 낮은 점수를 받은 사람은 자신에게 몰두해 있고 타인에게 관대하지 않고 비판적이다. 자신의 이익을 추구하며, 다른 사람의 권리나 감정에 대한 배려가 부족해 비협조적이거나 기회주의적으로 보인다(민병배, 오현숙, 이주영, 2021; 오현숙, 민병배, 2004). 연대감 척도에서 높고 낮은 점수를 받는 사람들을 기술하는 단어와 하위척도별 설명은 다음과 같다.

표 5-13 연대감(CO) 척도에서 점수가 높은 사람과 낮은 사람의 특징

높은 사람의 특징	낮은 사람의 특징
마음이 부드러운	마음이 너그럽지 못한
공감적인	민감하지 못한
도움을 주고 싶어하는	적대적인
자비심이 많은	복수심이 많은
원칙적이고 공정한	기회주의적인
타인을 지지하는	타인을 비판하는
타인을 존중하는	비협조적인

표 5-14 연대감(CO)의 하위척도와 그 설명

하위척도		설명
CO1: 타인수용	높은 점수	관대하고 우호적, 자신과 다른 타인을 쉽게 수용함.
	낮은 점수	자신과 다른 목표나 가치를 지닌 타인에게 비판적임.
CO2: 공감/둔감	높은 점수	타인의 감정을 고려하고 목표나 가치를 존중함.
	낮은 점수	타인의 감정에 둔하고 관심과 배려가 적음.
CO3: 이타성/이기성	높은 점수	타인에게 도움을 주고, 지지적, 격려와 위로를 줌.
	낮은 점수	자기중심적이거나 이기적인 사람으로 보임.
CO4: 관대함/복수심	높은 점수	동정과 자비심이 많음, 건설적인 관계를 위해 노력함.
	낮은 점수	자신에게 상처 준 사람에게 직·간접적으로 공격함.
CO5: 공평/편파	높은 점수	정직하고 양심적이며 진실함, 공평과 정직을 강조함.
	낮은 점수	기회주의적, 이득에 따라 편파적으로 행동함.

(7) 자기초월(Self-Transcendence: ST)

자기초월 척도가 측정하는 것은 자신을 '우주의 통합적인 한 부분'으로 이해하고 동일시하는 정도이다. 우주 만물과 자연을 수용하고 동일시하며, 이들과 일체감을 느끼는 능력의 개인차를 측정한다. 개인으로서의 자신보다는 통합된 전체 중 한 부분으로의 자신을 중요하게 생각한다. 이 척도에서 높은 점수를 받는 사람은 꾸밈이 없고 충만하며 참을성이 있고 창조적이며 영적인 사람으로 기술된다. 모호함과 불확실성을 잘 견디며, 자신의 성공뿐 아니라 실패에 대해서도 감사할 줄 아는 겸손한 사람으로 인식된다. 이 척도에서 낮은 점수를 받은 사람은 자긍심이 높고 참을성이 적고 상상력이 부족해 예술에 대한 관심이 적다. 자의

식이 강하고 유물론적이며 모호함이나 불확실함, 경이로움 등을 잘 견디지 못한다. 따라서 자신과 주변 환경에 대해서 통제하려고 애쓴다(민병배, 오현숙, 이주영, 2021; 오현숙, 민병배, 2004). 자기초월 척도에서 높고 낮은 점수를 받는 사람들을 기술하는 단어와 하위척도별 설명은 다음과 같다.

표 5-15 자기초월(ST) 척도에서 점수가 높은 사람과 낮은 사람의 특징

높은 사람의 특징	낮은 사람의 특징
자기를 잊는	상상력이 부족한
묵묵히 따르는	통제적인
영적인	유물론적인
밝게 열려 있는	소유욕이 많은
이상주의적인	관습적인
창조적인	현실적인
불확실성을 잘 견디는	만족하지 못하는

표 5-16 자기초월(ST)의 하위척도와 그 설명

하위척도		설명
ST1: 창조적 자기망각/ 자의식	높은 점수	집중하거나 몰입할 때 자기 경계를 초월, 창조적이고 독창적임.
	낮은 점수	자신의 개별성에 대한 인식을 유지, 관습적이고 무미건조해 보임.
ST2: 우주 만물과의 일치감	높은 점수	우주와의 강렬한 유대감, 이상주의적임.
	낮은 점수	개인주의적 성향, 객관적인 태도를 보임.
ST3: 영성수용/합리적 유물론	높은 점수	기적이나 초감각적인 경험, 영적인 현상을 믿음.
	낮은 점수	유물론과 객관적 경험주의만을 받아들임.

2) TCI의 해석 단계

TCI 프로파일의 해석은 다음과 같은 단계로 이루어진다(민병배, 오현숙, 이주영, 2021).

(1) 개별 척도의 해석

4개의 기질과 3개의 성격척도 점수 각각에 대해서 개별적으로 해석한다. 개별 척도의 해석에서 기준이 되는 분할점은 평균점을 중심으로 백분위 점수 기준 상위 30%(T점수 55점 이상)를 높음(High), 하위 30%(T점수 45점 이하)를 낮음(Low), 나머지는 중간(Medium)으로 해석한다. 척도의 점수는 높음/중간/낮음이라는 세 가지 차원으로 구분하여 해석할 수 있다. 그렇지만 극단적으로 높고 낮은 점수(보통 상·하위 5% 수준)의 경우 개별 척도에서 의미하는 바가 더 일관되고(more consistent), 안정적(more stable)이고, 강하게(more intense) 나타난다는 점을 고려해야 한다.

표 5-17 유형 분류를 위한 구분점

구분		범위		비율
		T점수	백분위	
H(High)	높음	55≦T	70≦P	30%
M(Medium)	중간	45<T<55	30<P<70	40%
L(Low)	낮음	T≦45	P≦30	30%

(2) 기질유형의 해석

4개의 기질척도 중에서 자극추구, 위험회피, 사회적 민감성의 상호작용 관점에서 해석한다. 세 가지 척도의 프로파일에 대한 형태분석을 통해 기질유형을 분류하고 유형별 일반적 특성을 해석한다. 이때에도 극단적으로 높고 낮은 점수는 의미하는 바가 더 크다. 기질유형의 분류에 인내력 척도는 들어가지 않는다. 그렇지만 인내력 척도 점수의 수준이 수검자의 삶에 어떻게 영향을 미치고 있는지에 대해서 반드시 확인해야 한다.

(3) 성격척도와 기질유형의 연계 해석

자율성+연대감(SC)척도를 통해 현재의 성격적 성숙 정도를 평가하고, 성숙 정도가 기질유형에 미치는 조절적 영향을 해석한다. 성격 성숙 수준이 낮음(Low)일 때는 실제 성격적 미성숙과 최근 경험한 스트레스 사건(episode)으로 인한 일시적인 저하를 구분해야 한다.

(4) 성격유형의 해석

세 가지 성격 차원(자율성, 연대감, 자기초월)의 조합으로 이루어진 성격유형을 분류하고, 유형의 일반적 특성을 해석한다.

3) 기질유형의 해석

각 기질 차원은 서로 상호작용하여 독특한 정서적·행동적 패턴을 만들어 낸다. 따라서 개인이 특정한 상황을 접하게 되면, 일부 기질 차원이 활성화되어 상호작용함으로써 다양한 행동반응으로 나타나게 된다. 단일 기질 차원의 특성에 대해서는 각 척도에 대한 설명에서 기술되었다. 다음으로는 두 가지 혹은 세 가지 기질의 조합이 정서적·행동적 패턴으로 전개되어 표현되는지를 사분면 도해를 통해 알아보고자 한다(민병배, 오현숙, 이주영, 2021).

(1) 자극추구(NS)와 위험회피(HA)의 상호작용

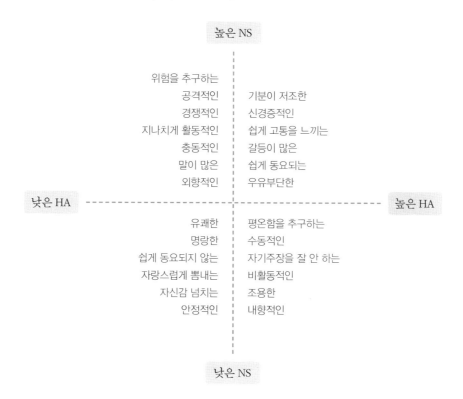

(2) 자극추구(NS)와 사회적 민감성(RD)의 상호작용

(3) 위험회피(HA)와 사회적 민감성(RD)의 상호작용

(4) 자극추구(NS), 위험회피(HA) 및 사회적 민감성(RD)의 상호작용

세 가지 기질 차원을 각 차원의 높고 낮음에 따라 조합하면 총 여덟 가지의 기질유형이 나타난다. 각 기질 차원은 다양한 성격장애의 하위 유형을 분류하기 위한 재료가 되고, 기질 차원의 조합으로 이루어진 기질유형은 성격장애의 하위 유형과 그 행동 양상을 비교적 정확하게 설명한다(Cloninger & Svrakic, 2000). 여덟 가지 기질유형의 조합과 관련된 성격장애 범주는 〈표 5-18〉과 같다.

표 5-18 여덟 가지 기질유형과 관련 성격장애 범주

자극추구 (NS)	위험회피 (HA)	사회적 민감성 (RD)	기질유형	성격장애
H	H	L	폭발적인	경계선
L	L	H	신뢰할 수 있는	안정된
H	L	L	모험적인	반사회성
L	H	H	조심스러운	회피성
H	L	H	열정적인	연극성
L	H	L	조직적인	강박성
H	H	H	예민한	자기애성
L	L	L	독립적인	조현성

표 5-19 여덟 가지 기질유형의 특성

HHL(폭발적인, 경계선)
- 풍부한 감수성과 순발력을 지닌 열정적이고 자유분방한 사람.
- 상황 변화에 따른 감정 변화의 폭이 큰 편이며, 자신의 감정을 강하게 표현하기 때문에 정열적인 느낌을 줌.
- 대상에 대한 좋고 싫음이 분명하고, 비록 그것이 남들의 생각과 달라도 크게 개의치 않음.
- 즉각적인 임기응변에 재주가 있고, 남들이 주저하는 일에도 담대하게 행동함.
- 충동적이고, 감정이 불안정하며, 인간관계에서의 갈등이 잦을 수 있음.
- 즉흥적인 충동에 이끌려 행동하는 면이 있고, 성급한 행동을 보일 수 있음.
- 강렬한 감정을 여과 없이 표현하며, 다른 사람의 감정을 세심하게 배려하지 못함.
- 친밀한 관계를 오래 유지하는 것이 힘들고, 대개 애정과 분노가 뒤섞인 관계를 맺는 편임.

LLH(신뢰할 수 있는, 안정된)

- 어려운 일을 당해도 좌절하지 않고 꿋꿋하고 대담하게 일을 해결함.
- 여러 사람과 온화하고 긍정적인 관계를 형성하면서 다른 사람들의 심정을 잘 헤아려 자기보다 먼저 배려하고 생각 해주는 믿음직한 면모를 지님.
- 매사를 침착하고 신중하게 다루고, 대체로 유쾌하고 낙천적인 태도를 지님.
- 동정심과 인정이 많고, 착실하고 양심적임.
- 다른 사람들에게 신뢰감과 안정감을 주며, 부드럽고 따뜻한 감정을 잘 표현하는 반면 쉽게 화를 내거나 흥분하는 일은 별로 없음.
- 전통이나 원칙을 강조하는 모습과 다소 권위적인 태도를 보이기도 함.
- 너무 낙관적으로만 생각하다가 예상치 못한 실수를 범하기도 함.
- 사회적인 상황에서 거절이나 모욕을 당하는 것에 다소 취약함.
- 비난을 받으면 쉽게 마음이 상하고 좌절감을 느낌.

HLL(모험적인, 반사회성)

- 흥미와 관심의 범위가 넓고 활동적이며, 모험적이고 대담하며, 자기주장이 강한 독립적인 사람.
- 새로운 가능성에 도전하는 것을 즐기고 불확실하거나 어려움이 예상되는 상황에서도 적극적으로 일을 추진해 나감.
- 주변의 눈치를 보지 않고 자유분방하게 자주적으로 행동함.
- 사소한 대인관계 갈등이나 마찰에 개의치 않고 거리낌 없이 행동함.
- 충동적이고 공격적이며, 주변 사람들에게 무심하고 냉정하다는 인상을 줄 수 있음.
- 자신의 행동이 초래할 파장이나 부정적인 영향을 미리 충분히 고려하지 않아서 실수를 범하는 경우가 많음.
- 침착성이 부족하고 비계획적인 모습으로 보일 수 있음.
- 다른 사람의 감정을 잘 고려하지 못하고 분노 표현이 잦으며, 경쟁적인 상황에서는 공격적인 모습을 보이고, 정서적으로는 냉소적인 편임.

LHH(조심스러운, 회피성)

- 어떤 결정을 내리기 전에 오랜 시간을 두고 여러모로 생각하는 신중한 사람.
- 모험적인 일은 되도록 피하고, 익숙하고 안정적인 일을 선호함.
- 자신의 결정에 대해 다른 사람의 지지나 확인을 받기 원함.
- 공손하고 양심적이며, 다른 사람의 입장과 감정을 충분히 배려함.
- 자신의 의견을 강하게 내세우지 않으며, 주변 사람들과의 갈등이나 마찰이 적음.
- 겁이 많고 자신감이 부족하며 남들에게 의지한다는 인상을 줄 수 있음.
- 혹시라도 실수하거나 실패할 것에 대해 걱정을 많이 하기 때문에 사소한 일에 집착할 수 있음.
- 자신에 대한 회의나 불신을 보일 때가 있고, 중요한 결정을 남에게 떠넘기는 경우가 있음.
- 원만한 인간관계를 맺는 편이지만 사람들로부터 스트레스를 받으면 상당히 힘들어하며, 의지할 사람이 주변에 없으면 불안해짐.

• 거절에 대한 두려움이 크고, 적극성이 필요한 일에서는 위축될 수 있음.

HLH(열정적인, 연극성)
• 사람들과 어울림을 즐기고, 무리 속에서 인정받고 사랑받는 것을 좋아함.
• 사교적이고 감정이 풍부한 매력적인 사람.
• 자신의 느낌이나 생각을 호소력 있게 전달하는 재주가 있으며, 분위기를 주도하는 능력이 있음.
• 다른 사람의 감정을 잘 파악하고 배려하여 따뜻하게 표현할 수 있음.
• 남들의 이목이 자신에게 집중되는 상황을 선호하고, 일의 부정적인 측면보다는 긍정적인 측면을 먼저 보고 열정적으로 몰입하는 모습을 보임.
• 감정의 기복이 심하고 정서적으로 불안정한 인상을 줄 수 있음.
• 감정을 다소 과장하여 표현하며, 외부적인 상황에 매우 민감하게 반응함.
• 관계 초기에는 매력적인 인상을 주지만 다소 피상적이라는 평을 들을 수 있음.
• 신중한 검토나 계획이 부족하고, 구체적이고 세부적인 사항보다는 주관적이고 모호한 인상을 중시하는 경향으로 인해 자칫 오해를 살 수도 있음.

LHL(조직적인, 강박성)
• 작고 사소한 일도 소홀히 여기지 않고 꼼꼼히 챙기며, 정해진 원칙과 기준을 잘 따르는 엄격하고 조심성 많은 사람.
• 곤란한 일이 있어도 끈기와 인내력을 가지고 견뎌 내며, 만족스러울 때까지 집중하여 일을 완수하려고 함.
• 자신의 감정을 겉으로 잘 드러내지 않으며, 검소하게 절제하며 살아감.
• 융통성이 부족하고 경직되어 있으며 지나친 완벽주의자라는 인상을 줄 수 있음.
• 순서나 형식에 매달리다가 일의 효율성이 저하되는 경향이 있음.
• 전반적인 흐름을 놓친 채 사소한 것에 집착하는 경우가 있음.
• 감정 표현이 부족한 편이며, 특히 부드럽고 따뜻한 감정 표현이 서툴러서 남들에게 메마른 사람이라는 평을 듣기도 함.
• 대인관계나 여가 활동의 폭이 넓지 않으며, 새로운 인간관계를 맺는 일에 어려움을 느낌.

HHH(예민한, 자기애성)
• 감수성이 풍부하여 다양한 감정을 섬세하게 느끼면서도 원만한 인간관계를 위해 직접적으로 감정을 표현하는 일은 별로 없는 신중하고 민감한 사람.
• 새롭거나 흥미로운 일에 쉽게 끌리기도 하지만, 사소한 부분에 대해서도 심사숙고하기 때문에 매사에 빈틈이 없음.
• 대인관계에서 공손하고, 거친 감정을 경솔하게 드러내는 경우는 별로 없음.
• 자기주장은 강하게 펼치지 않으면서 남의 의견에 귀를 기울이며 사람들과의 관계에서 상처받지 않으려고 조심함.
• 근심이 많고 비관적이며 주변 사람들의 평가에 민감하다는 인상을 줄 수 있음.

- 지나친 조심성 때문에 걱정이 많고, 사소한 것까지 신경을 쓰다가 빨리 지치고 수동적인 모습을 보이게 됨.
- 주변 사람들과의 갈등 상황에서 당황하고 우유부단한 모습을 보일 수 있음.
- 대개 화가 나거나 불만이 있어도 우회적으로만 표현하나, 때로는 억제된 감정을 충동적으로 드러내기도 함.

LLL(독립적인, 조현성)
- 어려움에 부딪혀도 쉽게 동요하지 않고 침착함을 유지하고, 매사를 스스로 판단하고 소신 있게 행동하는 독립적인 사람.
- 혼자 지내는 것을 선호하고, 개인적인 관심이나 흥미가 있는 일에 꾸준히 몰입하는 경향이 있음.
- 혼자 독창적으로 할 수 있는 일들에서 창의적인 능력을 발휘할 수 있고, 남들이 하지 않는 기이하고 별난 생각들을 자주 함.
- 주변 사람들의 칭찬이나 인정에 연연하지 않으며, 자신이 원하는 일을 꾸준히 지속함.
- 무리 속에 있을 때도 있는 듯 없는 듯 잘 드러나지 않음.
- 주변 사람들에게 무관심하고, 사람들과 잘 어울리지 않고, 냉담하고 냉정함.
- 새로운 사람을 사귀는 게 어렵고 자신의 감정을 잘 표현하지 않아서, 스스로 감당하기 힘든 어려운 일을 당했을 때 주변 사람들의 도움이나 지지를 받기 힘듦.
- 상황의 변화에도 잘 반응하지 않아서 단조롭고 메마른 사람으로 보일 수 있음.
- 누군가가 갑자기 접근해 오거나 친밀한 관계를 요구하면 불안해짐.

출처: 민병배, 오현숙, 이주영(2021); 오현숙, 민병배(2004).

4) 성격유형의 해석

성격은 한 개인의 가치와 목표를 포함하는 정신적 특성이다. TCI의 성격특질이 잘 발달한 사람은 자신의 감정을 잘 조절할 수 있어서 자신이 추구하는 가치와 목표를 잘 이뤄 낼 수 있다. 즉, 기질로 인해 결정된 행동 양상의 최초 반응을 자신의 가치와 목표, 그리고 자기개념에 맞추어 조절할 수 있는 능력을 의미한다. 따라서 각 성격 차원에서 점수가 높은 사람은 낮은 사람에 비해 전반적으로 더 성숙하고 건강하고 행복하며 도덕적인 경향을 보인다(민병배, 오현숙, 이주영, 2021). 다음으로는 두 가지 혹은 세 가지 성격 차원의 조합이 정서적·행동적 패턴으로 전개되어 표현되는지를 사분면 도해를 통해 알아보고자 한다(민병배, 오현숙, 이주영, 2021).

(1) 자율성(SD)과 연대감(CO)의 상호작용

```
                        높은 SD
                          │
  약자를 괴롭히는          │
      경멸하는         │  성숙한
  남을 마구 부리는      │  효율적이고 유능한
      경쟁적인         │  충실하게 본분을 지키는
      지배하려는       │  밝고 유쾌한
                          │
낮은 CO ─────────────────┼───────────────── 높은 CO
                          │
      미성숙한          │  복종적인
  느리고 부진한       │  관대한
      의욕 없는        │  수치스러워하는
  뒤로 물러서 있는    │  남에게 의존하는
  유대관계가 어려운   │  자기패배적인
                          │
                        낮은 SD
```

(2) 연대감(CO)과 자기초월(ST)의 상호작용

```
                        높은 CO
                          │
  타인을 신뢰하는         │
 정중하고 예의 바른    │  사려 깊고 친절한
 솔직하고 직선적인    │  덕망 있고 선한
      전통적인         │  애정 어린
      보수적인         │  융통성 있는
                          │
낮은 ST ─────────────────┼───────────────── 높은 ST
                          │
      이기적인          │  타인을 의심하는
 남을 생각하지 않는   │  질투하는
      무정한           │  통찰력이 날카롭고 영민한
  양보하지 않는       │  특이하고 별난
                          │
                        낮은 CO
```

(3) 자율성(SD)과 자기초월(ST)의 상호작용

(4) 자율성(SD), 연대감(CO), 자기초월(ST)의 상호작용

세 가지 성격 차원의 조합으로 이루어진 성격유형은 〈표 5-20〉과 같다.

표 5-20 여덟 가지 성격유형

자율성(SD)	연대감(CO)	자기초월(ST)	성격유형
L	L	L	풀이 죽은/우울한
H	H	H	창조적인
H	H	L	조직화된
L	L	H	비조직화된/조현형
L	H	H	감정적인/순환성
H	L	L	독재적인
H	L	H	광신적인/편집성
L	H	L	의존적인

표 5-21 여덟 가지 성격유형의 특성

LLL(풀이 죽은/우울한)
- 자기중심적이고 미성숙하며, 감정의 기복이 심함.
- 인생은 힘든 세상에서 벌이는 고달픈 싸움이라고 생각하는 경향이 있음.
- 자기 자신에 대한 수치심과 불행감을 느끼거나 다른 사람에게 분노나 미움을 갖는 등 전반적으로 부정적인 감정에 압도되기 쉬움.
- 긍정적인 감정을 느끼는 때가 적어서 좋은 일이 있을 때조차 긍정적인 정서 반응을 보이지 못함.
- 대체로 가라앉은 기분에 젖어 있으며, 우울감이나 무력감을 잘 느끼고, 우울증에 취약함.

HHH(창조적인)
- 창조적이고 수용적이며 사려 깊고 성숙한 모습을 보임.
- 대체로 긍정적인 감정을 자주 느끼고, 개인적인 욕구를 넘어서 더 의미 있는 목표와 가치를 추구하려는 동기가 높음.
- 자신의 중요성을 과대평가하지 않는 겸손한 사람으로서, 인생의 불행이나 고통에 대해서도 어느 정도 평화롭게 받아들일 준비가 되어 있음.
- 타인을 위한 사랑을 실천하는 데에서 기쁨을 느끼고, 자기실현적인 특성을 지님.
- 비록 현재는 삶이 불행해도 결국 모든 일은 궁극적으로 최선을 향해 나아가고 있다고 느낌.

HHL(조직화된)
- 매사에 합리적이며 남에게 신뢰를 줌.
- 자기 목표가 분명하고 자신의 선택과 결정에 대한 책임 의식이 뚜렷할 뿐 아니라 다른 사람의 감정을 공감하고 배려하는 성향도 높아서 일을 효율적으로 추진하면서도 원만한 관계를 유지함.
- 정신적인 가치보다는 물질적인 가치에 관심이 많아서 현실적인 삶에서 힘을 발휘할 수 있는 권력이나 재력에 많은 관심을 가짐.
- 일을 추진하는 과정에서 새롭고 창조적인 방식을 만들기보다 분석적인 사고력과 합리성에 입각한 효율적인 방식을 따르는 경향을 보임.

LLH(비조직화된/조현형)
- 말이나 생각이 체계적이거나 논리적이지 못하고, 상상과 공상이 많음.
- 논리적으로 분석하고 사고하는 능력이 부족하고, 신비주의적이거나 마술적인 사고(예: 육감이나 텔레파시)를 보이는 경우가 있음.
- 행동 방식이 다소 부적절하거나 특이하게 보일 수 있음.
- 타인에 대한 신뢰가 부족하여 다른 사람들과 친밀한 정서적인 관계를 형성하지 못함.
- 타인에 대한 의심과 불신이 깊어질 때는 불필요한 피해의식을 가지게 되는 경우도 있을 수 있음.

LHH(감정적인/순환성)
- 타인에게 따뜻하고 공감적이며 사려 깊은 모습을 보이지만, 한편으로는 다른 사람들로부터 거절당하는 것에 예민하고 상처받기 쉬움.

- 거절당하는 상황에 직면하면 공허감과 수치심을 느끼며 우울해지는 경향이 있음.
- 기분 변화의 폭이 크고 잦은 편이어서 행동 조절에 어려움을 겪을 수 있음.
- 장기적인 목표를 추구하기 위해 일관적인 행동 방식을 유지하는 데 곤란을 경험할 수 있음.

HLL(독재적인)
- 목적의식이 분명하고 목표 지향성이 뚜렷하여 자신의 행동을 효율적으로 통제하는 모습을 보임.
- 논리적이고 자기통제력이 강하며, 자기중심적이고 권위적인 특성을 보임.
- 상하관계에서는 자신의 목표를 이루기 위해서 아랫사람을 몰아붙이는 방식의 리더십을 선호하는 데 이러한 모습이 공격적이고 권위적으로 보이기도 함.
- 타인에 대한 관대함과 참을성이 부족하고, 조급한 성향으로 인해 분노나 적개심의 감정을 잘 느낌.

HLH(광신적인/편집성)
- 자기 목표 의식은 분명하지만 다른 사람을 쉽게 믿지 못하여 안정적이고 신뢰할 수 있는 관계를 형성하는 데 어려움을 겪을 수 있음.
- 일이 잘못되거나 부정적인 결과가 초래되었을 때, 타인을 비난하거나 원망하는 모습을 보일 수 있음.
- 사람들이 일반적으로 보이는 취향과는 달리, 다소 독특하고 특이한 것들에 대해 매력을 느끼고 흥미가 있음.

LHL(의존적인)
- 따뜻하고 협조적이며, 순종적이고 의존적이며, 다른 사람을 잘 믿는 경향이 있음.
- 다른 사람의 사소한 거절이나 비판 등에 쉽게 상처를 입고 수치심을 느낌.
- 다른 사람들의 지지와 관심을 잃는 것이 두려워, 친구를 사귈 때 한편으로는 의존하고 싶으면서도 다른 한편으로는 거절을 두려워하는 양가적인 태도를 보일 수 있음.
- 자신에 대한 강한 동정심을 느끼기도 하고, 불안정한 공허감을 메우고자 함.
- 스트레스가 심해지는 경우, 비전형적인 우울 증상(예: 음식을 많이 먹거나 지나치게 잠을 많이 자는 등)을 보일 수 있음.

출처: 민병배, 오현숙, 이주영(2021); 오현숙, 민병배(2004).

4. 사례보고서 및 해석상담의 예

1) 사례보고서

이름	이○○
인적사항	60세, 남성, 공기업 근무, 대학 졸업, 천주교 가족관계: 배우자(아내), 딸 두 명
내방경위	내담자는 공기업 퇴직을 앞두고 있음. 퇴직 후 새로운 생활을 시작하기 위해 대학원 진학을 고려하고 있으며, 자신에 대한 이해를 위해 심리검사를 의뢰함.
배경정보	내담자는 공기업에 20년간 재직하였으며, 현재 정년퇴직을 앞두고 있음. 재직 기간 동안 별다른 어려움 없이 직무를 수행할 수 있었으며, 동료들과의 관계에서도 어려움이 없었다고 함. 퇴직을 앞두고 새로운 공부를 시작하고자 다양한 고민을 하고 있음.
검사태도	▶검사 소요 시간 검사실에서 온라인으로 검사를 실시하였으며, 약 20분 정도 소요되었음. 또한 쉬는 시간 없이 한번에 실시하였음. ▶행동관찰 검사실에서 온라인으로 실시하였음. 검사 과정에서 특별한 불편감 호소가 없었으며 신중하게 검사에 임하였음.
검사 결과	▶검사 결과

TCI-RS	척도		원점수	T점수	백분위	백분위 그래프
기질	자극추구(NS)		19	32	2	NS
	위험회피(HA)		21	35	6	HA
	사회적 민감성(RD)		24	27	2	RD
	인내력(PS)		47	52	58	PS 58
성격	자율성(SD)		67	71	99	SD 99
	연대감(CO)		58	54	62	CO 62
	자기초월(ST)		35	55	71	ST 71
	자율성+연대감(SC)		125	67	94	

- 기질유형을 살펴보면, '독립적인' 유형(LLL)으로 평가되었음. 수검자는 어려움에 부딪혀도 쉽게 동요하지 않고 침착함을 유지할 것으로 보이며, 독립적으로 개인의 관심이나 흥미에 몰입하는 경향이 있을 것으로 생각됨. 주변의 피드백에 영향을 받기보다는 자신이 원하는 일을 꾸준히 지속할 것으로 기대되며, 무리에서 존재감을 드러내는 것보다 혼자 조용히 지내는 것을 선호하겠음. 한편, 유형 내 모든 기질척도의 점수가 현저히 낮아 기질유형의 특성이 더 크게 영향을 미치고 있을 가능성이 고려됨.

검사 결과	• 성격유형을 살펴보면, 수검자는 독창적이며, 창의성이 풍부하며, 자신의 장단기 목표를 분명하게 설정하고 이를 일관되게 추구할 수 있겠음. 특히 수검자가 보유한 높은 점수의 자율성은 목표 달성을 위한 자기 조절과 통제에 도움을 주고 있겠음. 예술이나 심리적 분야에 대한 관심이 많고, 결과보다는 자신의 노력과 그 과정에 대해서 온전히 수용하는 모습을 보이겠음. • 종합하면, 수검자는 자신에 대해 성숙한 모습으로 평가할 수 있을 내적 자원을 충분히 보유하고 있는 것으로 보이며, 높은 수준의 자기조절 능력을 통해 목표를 꾸준히 추구할 수 있을 것으로 기대함. 다만, 창의적이고 새로운 것을 추구하기보다는 자신의 고유한 관심과 흥미영역에서 그 성취가 더 높겠으며, 타인의 피드백에 영향받는 결정보다 자신의 선택과 꾸준함을 추구하는 것에 집중하는 것이 좋겠음. 한편, 이러한 기질 및 성격유형의 경우 압도적인 스트레스 상황에서 주변 사람들에게 다소 냉담하고 냉정해 보이거나 메마른 사람으로 평가받을 수 있어 주의가 필요함.
해석상담 요약	• 기질과 성격특성에 대한 이해 　-내담자의 기질 및 성격특성에 대한 정보를 제공 　-기질 및 성격유형과 관련된 경험을 탐색하고 자기이해를 증진 • 내담자의 동기유발 　-내담자가 보유한 현실적 목표 달성을 위한 동기유발적 접근
개입 방향과 제언	• 자기이해에 기반한 현실적 문제 해결 접근 　-진로와 관련된 탐색을 위해 세부적인 목표를 설정 　-내담자의 높은 동기수준을 적극적으로 활용해 능동적 정보 탐색 및 실천 행동 지지 • 추가적인 심리검사 실시 　-진로에 대한 관심 및 자기이해에 대한 추가적인 정보를 제공하기 위해 진로 및 적성에 대한 추가적인 검사 실시
제언	• 내담자의 새로운 진로 탐색에 대한 높은 동기수준이 향후 상담 진행에 긍정적으로 활용될 것으로 기대됨. • 내담자의 생애 전환기 지지자원으로 활용될 수 있는 가족 등의 관계를 탐색하고, 지속적인 스트레스 관리가 필요하겠음.

2) 해석상담

(검사 실시와 해석상담이 진행하는 회기)

상담자 1　한 주 만에 뵙네요. 어떻게 지내셨는지 궁금합니다.

내담자 1　네, 뭐 그럭저럭 지낸 것 같습니다.

상담자 2　이번 주에는 우리가 기질 및 성격검사라는 것을 실시하고 내가 어떤 사람인지 알아보기로 했었는데 기억하고 있으신가요?

내담자 2	네, 검사하고 해석해 주신다고 했던 것 기억합니다.

상담자 3   좋습니다. 우리가 실시할 검사는 선천적으로 타고나는 기질과
후천적으로 성숙하는 성격을 통해서 자신의 사고, 감정, 행동,
대인관계 양상을 비롯해 선호 경향 등을 폭넓게 이해할 수 있게
도와주는 검사입니다. 내가 나에 대해서 응답하는 것인 만큼 어
떤 마음 상태에서 검사를 실시하는지도 결과에 영향을 미치는
데요.

내담자 3   그럴 것 같네요.

상담자 4   네, 잘 알고 계시네요. 검사 시작하기 전에 혹시 지금 마음이 불   검사 실시 전 심리적
편하다거나 신경 쓰이는 것이 있다거나 하시면 말씀해 주시겠   상태 확인
어요?

내담자 4   뭐 조금 긴장되기는 합니다만 불편한 것은 아닙니다.

상담자 5   좋습니다. 그럼 여기 검사 안내사항을 천천히 읽어 보시고 준비
되시면 시작하시면 됩니다.

(검사를 진행함)

내담자 5   다 끝났습니다.

상담자 6   수고 많으셨습니다. 검사하는 동안에 다양한 생각이 떠오를 수   열린 질문으로 검사
있는데요. ○○ 님은 어떠셨는지 궁금하네요.   진행 과정에서 발생한
어려움에 대한 탐색

내담자 6   생각보다 문항이 많네요? 그래도 할 만했습니다.

상담자 7   좋습니다. 이제 검사 결과를 가지고 ○○ 님에 대한 이야기를
시작해 보겠습니다.

내담자 7   아…… 이게 좀 떨리네요…….

상담자 8   충분히 그러실 수 있지요. 하나 분명하게 말씀드릴 수 있는 건   검사 결과 해석에 대한
우리는 ○○ 님이 어떤 분인지 이해하기 위해서 검사를 하는 것   불안감 다루어 주기
이지 진단을 하기 위한 목적으로 검사를 하는 건 아니라는 겁니
다. 조금 더 편하게 생각하셔도 좋을 것 같습니다.

내담자 8   네, 감사합니다.

상담자 9   기질은 유형으로 해석합니다. 여기 보시는 것 개별 점수가 있지
만 높고 낮음에 따라서 옳고 그름을 의미하는 것은 아닙니다.
다만, 아주 높거나 낮은 경우에는 그 기질 차원의 영향을 참 많
이 받으면서 살아왔을 수 있겠다는 수준으로 받아들이시면 좋
겠습니다.

내담자 9   네.

상담자 10 ○○ 님의 기질유형은 '독립적인' 유형으로 나왔습니다. 이 유형의 특징을 몇 가지 말씀드리면, 이름처럼 삶의 대부분의 의사결정을 주체적으로 결정합니다. 어려움에 부딪혀도 동요하지 않고 침착한 편이고요. 타인과의 상호작용보다는 혼자서 자신의 관심에 따라 몰입하는 경향도 있습니다. 이런 모습이 주변 사람들에게 독창적이거나 별난 생각을 하는 사람으로 보일 수 있습니다. 다른 사람의 피드백이나 칭찬에 연연하지 않고 자신이 하고 싶은 일을 중심으로 노력하는 유형입니다.   검사 결과 해석하기

내담자 10 아, 이게 제가 타고난 선천적인 특성이라는 건가요?

상담자 11 네, 맞습니다. ○○ 님이 타고난 기질은 이런 특성을 가진다는 거지요.

내담자 11 네.

상담자 12 ○○ 님은 이 유형에 속하지만 모든 기질 차원의 점수가 백분위 기준으로 아주 낮아서 앞서 설명드린 유형의 특성이 더 강하게 영향을 미쳐 왔을 수 있겠습니다. ○○ 님의 성격유형은 독창적이고, 창의적인 측면이 있습니다. ○○ 님은 스스로 목표를 정하면 꾸준히 추구해서 달성하는 경향이 있겠습니다. 여기 보시면 성격 차원 중에서 자율성 점수가 아주 높은데요. 이렇게 높은 점수는 ○○ 님이 자신의 목표를 달성하기 위해 스스로를 조절하고 통제하는 데 많은 도움을 주었을 것으로 보입니다. 스스로 생각하시기에 자신의 모습과 비교해서 어떤 것 같으세요?   결과 해석 및 실제 삶의 경험에 대한 열린 질문하기

내담자 12 제가 오랫동안 공기업 생활을 했거든요? 이게 공무원 같지만 기획을 해야 될 때도 있고, 직원들도 많고…… 말도 많고…… 말씀하신 것 중에서 다른 사람 신경 쓰기보다는 그냥 내가 하고 싶은 일 잘 진행한다는 건 정말 맞는 것 같아요.

상담자 13 그래요? 방금 말씀하신 것과 관련된 경험이 많으셨던 것 같습니다.   결과 해석 및 실제 삶의 경험에 대한 열린 질문하기

내담자 13 제가 경력직으로 들어가서 처음에 사람들 입방아에 많이 오르내렸거든요. 그런데 저는 별로 신경 안 썼어요. 제 직렬이 일반 행정도 아니었고, 특수 직렬이라서 제가 맡은 일만 잘하면 된다고 생각했거든요. 뭐 그런 거야 자신 있었으니까요. 다른 사람들이 뭐라고 하든지 내 일을 잘하면 되니까요. 해마다 개인에게 부여되는 성과 목표치도 있는데 그냥 저는 그거 목표보다 조금

더 채운다는 생각으로 분기별로 계획 잘 세워서 하면 저는 사실 어렵지 않았어요. 다른 사람들이 힘들다고 하소연할 때 '사실 왜 이걸 어려워하지?'라고 공감 못 했거든요.

상담자 14 그러셨군요. ○○ 님이 가지고 계신 기질유형과 아주 높은 자율성 점수가 맡은 직무에서 성과를 유지하는 데 많은 도움이 되셨던 것 같네요. | 검사 결과와 관련된 탐색에 대한 공감적 반응하기

내담자 14 말씀해 주신 걸 들으니 그렇네요. 저는 정말 크게 어렵지 않았거든요.

상담자 15 네. 좋습니다. 방금 말씀하신 걸 들으니까 과거 경험에서 기질과 성격의 영향이 분명하게 느껴지신 것 같네요.

내담자 15 네. 이해가 분명히 되네요.

상담자 16 지금 정년퇴직을 앞두고 새로운 공부를 시작하려고 하신다고 말씀하셨던 게 기억이 납니다. | 결과 해석과 면담 목적과의 연결

내담자 16 네. 정년퇴직을 앞두니까 은퇴라는 말을 주변에서 자꾸 하는데…… 이게 사실 좀 저는 아니라고 생각했거든요? 나는 새로운 걸 또 시작하고 그걸 잘할 수 있을 것 같은데 은퇴라는 단어를 붙이고 싶지는 않다는 생각이 많이 들었습니다. 회사 생활 하면서 후배 직원들이랑 이야기 나눠 보고, 고충들 들어 주고 하면서 남 이야기 더 잘 들어 줄 수 있는 방법에 대해서 공부하고 싶다는 생각을 계속하고 있었거든요.

상담자 17 퇴직 후에 공부하고자 하는 영역이 있으셨네요. | 단순 반영하기

내담자 17 네. 사실 오래전부터 생각해 왔던 거라서요. 인터넷 동영상도 많이 보고 책도 좀 사서 보고…… 그러다 보니 더 확고해진 것 같네요.

상담자 18 좋습니다. ○○ 님의 마음에서 확고한 결정이 있다는 게 느껴지네요. | 내담자의 준비 상황과 결심에 대한 인정과 지지하기

내담자 18 그런가요? 부끄럽네요.

상담자 19 저는 아주 좋아 보입니다. 이제 ○○ 님은 정년퇴직 후에 어떤 것부터 본격적으로 시작할지 고르고 실천하시는 일만 남으신 거네요.

내담자 19 대학원에 진학할 겁니다.

상담자 20 이조차도 이미 준비하고 계셨네요. 그리고 그 결심이 분명하게 느껴지네요. 대학원 진학도 생각보다 다양한 정보와 의사결정 | 내담자의 준비에 대한 격려와 실제적 상담으로

이 필요할 것 같습니다. 우리가 지금부터는 말씀하신 대학원 진   의 연결하기
학이라는 목표와 관련한 실제적인 이야기들을 나눠 보는 것도
좋을 것 같습니다. 어떠세요?

내담자 20 네. 저는 좋습니다.

○ ○ ●   ▢▢▢⊠

학습과제

1. TCI에서 측정되는 기질의 네 가지 차원의 특징에 대해서 기술하시오.

2. 인내력이 높고 낮음에 따라 얻을 수 있는 장점과 단점에 대해서 설명하시오.

3. 성격 차원 중 '자율성만' 높은 사람과 '연대감만' 높은 사람이 우리에게 어떤 모습을 보일지 설명하시오.

4. 기질 차원은 높고 낮음에 따라 옳고 그름에 대해서 나누지 않지만 성격 차원은 높은 것이 적응에 유리하다고 한다. 그 이유는 무엇인지 설명하시오.

5. TCI 검사가 활용될 수 있는 영역과 그 방법에 대해서 논의하시오.

참고문헌

민병배, 오현숙, 이주영(2021). 기질 및 성격검사 통합 매뉴얼 개정판. ㈜마음사랑.

오현숙, 민병배(2004). 기질 및 성격검사-청소년용. ㈜마음사랑.

Cloninger, C. R. (1987). A systematic method for clinical description and classification of personality variants. *Archives of General Psychiatry, 44*, 573-588.

Cloninger, C. R. (1999). A new conceptual paradigm from genetics and psychobiology for the science of mental health. *Australian & New Zealand Journal of Psychiatry, 33*(2), 174-186.

Cloninger, C. R. (2008). The psychobiological theory of temperament and character: comment on Farmer and Goldberg (2008). *Psychological Assessment, 20*(3), 292-299.

Cloninger, C. R., Przybeck, T. R., Svrakic, D. M., & Wetzel, R. D. (1994). *The Temperament and Character Inventory (TCI): A guide to its development and use*. Washington University.

Cloninger, C. R., & Svrakic, D. M. (2000). Personality Disorders. In B. J. Sadock & V. A. Sadock (Eds.), *Comprehensive Textbook of Psychiatry* (7th ed., pp. 1723-64). Lippincott Williams & Wilkins.

Cloninger, C. R., Svrakic, D. M., & Przybeck, T. R. (1993). A psychobiological model of temperament and character. *Archives of General Psychiatry, 50*(12), 975-990.

Goth, K. (2004a). *Kurzbeschreibung des JTCI/7-11-Junior Temperament und Charakter Inventar*. Klinik für Psychiatrie und Psychotherapie des Kindes-und Jugendalters der JW Goethe-Universität Frankfurt am Main.

Goth, K. (2004b). *Kurzbeschreibung des TCI R Kurz Temperament und Charakter Inventar*. Klinik für Psychiatrie und Psychotherapie des Kindes-und Jugendalters der JW Goethe-Universität Frankfurt am Main.

Goth, K., Cloninger, C. R., & Schmeck, K. (2003a). *Das temperament und charakter inventar kurzversion für erwachsene-TCI R Kurz*. Frankfurt: JW Goethe University, Dept. of Psychology.

Goth, K., Cloninger, C. R., & Schmeck, K. (2003b). *Das Junior Temperament and Charakter Inventar for das Kindergartenalter-JTCI/3-6*. Klinik für Psychhiatrie und Psychotherapie des Kindes-und Jugendalters der JW Goethe-Universität Frankfurt am Main.

Schmeck, K., Goth, K., Meyenburg, B., & Poustka, F. (2000). *Das junior und charakter inventar-JTCI 12-18*. Klinik für Psyciatrie und Psychotherapie des Kindes-und Jugendalters der Goethe-Universität Frankfurt am Main.

(주)마음사랑 https://maumsarang.kr/maum/service/tci_interpretation.asp

제**6**장

성격영역(III) :
기타 성격검사

● 성격검사의 필요성을 이해한다.
● MBTI 성격유형검사의 특징과 검사 실시 과정을 이해하고 검사의 활용 예를 학습한다.
● GOLDEN 성격유형검사의 특징과 검사 실시 과정을 이해하고 검사의 활용 예를 학습한다.
● CST 성격강점검사의 특징과 검사 실시 과정을 이해하고 검사의 활용 예를 학습한다.

학습개요

이 장에서는 심리검사 중 개인적 특성을 측정하여 사람들이 어떻게 유사하고 어떻게 다른지를 이해해 보는 성격검사에 대해 살펴보고자 한다. 이러한 성격검사는 자신의 성격에 대한 이해 증진과 자신의 성격이 대인관계에 미치는 영향에 대한 이해를 증진시킬 수 있다. 그리고 사회적인 상황에서 자신이나 타인의 행동을 이해하고 예측할 수 있도록 도와 보다 성숙한 인간으로 타인과의 조화로운 삶을 살아갈 수 있도록 돕는다. 이 장에서는 일반인들이 자신의 성격을 이해하는 것에 도움을 줄 수 있는 성격검사 도구인 MBTI 성격유형검사, GOLDEN 성격유형검사 그리고 긍정심리에 기반한 CST 성격강점검사의 개요, 발달과정과 역사, 검사의 구성, 실시와 채점, 해석방법을 소개하고자 한다. 마지막으로, 각각의 검사도구를 활용한 해석상담 사례보고서를 통해 검사를 활용한 상담의 예를 제시해 보고자 한다.

성격은 개인이 가지고 있는 고유한 품성을 일컫기 때문에 성격의 수는 곧 사람의 수만큼 존재한다고 볼 수 있다. 그럼에도 불구하고 성격을 유형화하면 다양한 성격을 보다 구체적이고 효과적으로 이해할 수 있다. 객관적 성격검사는 평가 내용이 검사의 목적에 따라 미리 결정되어 있고 일정한 형식에 따라 반응하도록 구성되어 있어 개인의 독특성보다는 개인마다 공통적으로 지니고 있는 특성이나 차원을 상대적으로 비교하는 데 더 유용하다.

한편, 성격검사는 성격요인들의 속성을 연속선상의 차원으로 기술하느냐, 아니면 비연속적인 범주로 구분하여 기술하느냐에 따라 차원 모델과 유형론 혹은 범주 모델로 나뉠 수 있다. 전자는 인간의 성격을 몇 개의 차원에 고정시키고 그 차원에서 개인이 얼마만큼의 특성을 소유하고 있는지를 기술한다. 후자는 인간의 성격이 질적으로 서로 다르고 분명히 구분되는 비연속적인 범주로서 기술한다. 따라서 같은 범주 내에 속한 사람들의 성격은 유사성이 높지만 범주 간의 경계가 분명하여 범주 밖의 사람은 비교적 유사성이 희박하다.

성격유형론은 성격을 몇 개의 유형으로 간주하는 범주화의 원리에 따라 성격을 설명한다. 때문에 성격을 몇 개의 연속 변량으로 간주하는 특질론에 입각한 성격검사보다 성격을 보다 쉽게 이해할 수 있어 실용성을 크게 증대시키는 장점이 있다(박철용, 2020). 이 장에서는 성격검사 중 성격에 대해 잘 알려진 Carl Jung의 '심리학적 유형 이론'(1964)을 기초로 성격검사를 개발한 대표적 검사인 MBTI 성격유형검사와 GOLDEN 성격유형검사에 대해 살펴보고자 한다. 더하여, 최근 긍정심리학 기반 연구가 활발하게 이루어지면서 긍정심리학에서 제시하고 있는 긍정 특질론에 근거하여 개인의 긍정적 성품과 덕목을 측정하는 자기보고형 검사인 성격강점검사(Character Strengths Test)에 대해 살펴보고자 한다.

1. MBTI

MBTI(Myers-Briggs Type Indicator)는 자기보고에 의해 선천적으로 타고난 개인의 선호성을 측정함으로써 개인이 어떤 기능을 주로 사용하고 어떤 태도를 선호하는지를 이해하게 한다. MBTI는 16가지의 성격유형 중 자신의 성격유형과 그 성격의 특성을 이해하고, 자신의 타고난 성격적 잠재력 이해에 도움을 주는 검사이다(양영숙, 2000). 이 장에서는 MBTI 검사의 이해와 성격유형에 따른 분류방법, 16가지 성격유형의 특징 및 상담 장면에서의 MBTI 검사의 활용에 대해 살펴보고자 한다.

1) 개요

MBTI 검사는 Carl G. Jung의 심리유형론을 근거로 Katharine C. Briggs와 그녀의 딸 Isabel Briggs Myers에 의해 고안된 자기보고식 성격유형검사이다. 한국에서는 1988~1990년에 걸쳐 심혜숙과 김정택에 의해 한국판 성격유형검사 개발이 시작되었고 1990년 6월 문화적 차이를 고려한 표준화 작업을 거쳤다.

MBTI 검사는 사람들을 공통된 특징에 따라 묶을 수 있다는 기본 전제를 가지고, 네 가지의 분리된 지표(index)에 근거하여 16가지 성격유형으로 분류하고 있다. 네 가지 지표는 기본적인 선호경향(선호도 또는 선호성) 중의 하나를 나타내고 있는데, '선호경향'이란 개인이 더 지속적이고 일관성 있게 사용하며 상대적으로 더 쉽고 편안하게 사용하는 타고난 경향성을 말한다. 선호경향은 사람들이 특정 상황에서 '무엇에' 주의를 하느냐뿐만 아니라, 내용에 대해 '어떻게' 결론을 내리는가에 영향을 미친다(김정택, 심혜숙, 1994).

| C. G. JUNG | Isabel Briggs Myers | Katharine Cook Briggs |

[그림 6-1] MBTI 검사와 관련된 인물

출처: https://www.mbti.co.kr/

이러한 선호경향성은 Jung의 이론에 근거를 둔 것이다. Jung(1971)에 의하면 인간 서로 간의 견해 차이는 인간의 판단을 미리부터 결정하고 제약하는 그 사람의 유형(type)이며, 유형론은 사람의 마음이 다르다는 것을 강조하기 위해 만든 것이 아니라 모든 사람이 다 다르지만 자세히 보면 몇 가지의 특징적인 경향으로 나눌 수 있음을 강조한다. Jung은 심리유형을 두 가지 측면에서 보고 있는데, 그중 하나는 일반적인 태도상에서 보는 유형으로 내향적 태도와 외향적 태도를 말한다. 외향적 또는 내향적이라는 인간의 일반적 태도는 그 개체의 주체와 객체에 대한 태도에 따라 구분된다. 그 사람의 태도가 객체를 주체보다 중요시하면 그는 외향적 태도를 취하는 것으로 볼 수 있고, 반대로 객체보다도 주체를 중요시하면 내향적이라 볼 수 있다(Jung, 1936, 1971).

Jung(1971)은 인간의 정신 기능을 인식 기능으로서의 감각과 직관, 그리고 합리적 기능으로서의 사고와 감정으로 분류했다. 감각과 직관 기능은 이성적 고려를 거치지 않고 직접적으로 인식되므로 비합리적 기능으로 보고, 사고와 감정은 모두 옳고, 그름, 좋고, 싫음 등의 판단을 내리는 과정이므로 합리적 기능으로 보았다. 이 각 기능을 구성하는 두 기능은 서로 극을 이루어 대립하고 있다. 개인의 내부에 있는 정신적 에너지의 양은 일정하다는 항상성의 원리가 적용되어 한 기능이 주로 발달하게 되면 반대 극의 기능은 억제되어 가장 미분화된 열등 기능이 된다. 하지만 Jung(1971)은 성격의 완성을 완전성에 두지 않고 원만성에 두었다. 즉, 주기능과 그 반대 기능을 두루 발달시켜 나가는 과정에서 균형과 분화를 성취하는 것이 성격유형 발달의 과업이며 인격의 완성으로 보았다. 이 과업은 일생을 통하여 끊임없이 역동적으로 계속 되어야 한다고 하였다.

MBTI 이론이 가진 장점은 사람들이 가지고 있는 성격유형상의 차이를 미리 예견하여 보다 건설적으로 대처할 수 있게 해 준다는 데에 있다. 이러한 특성들로 MBTI 검사는 긍정적인 자아개념을 확립하고, 다른 사람의 성격유형을 이해하여 원만한 인간관계를 유지할 수 있도록 돕는 유용한 도구로 알려지면서 상담 및 심리치료, 교육, 인간관계 훈련 분야에서 널리 사용되었고 1980년대에 들어와서는 인사관리, 인력개발, 조직개발 등 다양한 분야에서 사용되어 교육 훈련 전문가들에게 폭넓은 인기를 얻고 있다.

2) 발달과정과 역사

MBTI는 Carl Gustav Jung의 '심리학적 유형(Psychological types)' 이론에 근거하여 1900~1975년까지 무려 3대에 걸쳐 70여 년 동안 계속적으로 연구 개발한 인간이해를 위한 성격유형검사이다. Katharine Cook Briggs는 자서전 연구를 통하여 인간의 개인차를 연구하던 중 1920년에 Jung의 심리유형론을 접한 뒤, Jung의 이론에 입각하여 개인의 차를 유추해 낼 심리적 도구를 만들기 위해 각 개인의 성격적 특성을 20여 년간 관찰하였다. 그리고 그녀의 딸인 Isabel Briggs Myers는 오랜 기간의 연구 끝에 MBTI Form A, B, C, D, E를 거쳐 1962년 최종판인 F가 출판되었고 1977년 Form G를 출판하였다. 현재는 Form J, K, M, Q까지 개발되었다. 여기에는 Jung이 간략하게 언급한 JP 지표도 첨가(김정택, 심혜숙, 2013)하여 Jung의 심리유형 이론을 보다 쉽게 이해하여 일상생활에서 유용하게 활용할 수 있도록 하였다.

MBTI의 발달사를 좀 더 자세히 살펴보면, Jung은 기본적인 심리학적 과정을 구분하여 서술하고 그러한 과정이 어떻게 조합되어서 개인의 성격을 결정하는지 설명하였다. Jung의 심리유형 이론의 요점은 인간의 행동이 겉으로 보기에는 멋대로이고, 예측하기 힘들 정도로 변화무쌍해 보이지만, 사실은 매우 질서정연하고 일관성이 있으며, 몇 가지의 특징적인 경향으로 나누어져 있음을 강조한다(Jung 1976). 그리고 심리유형 이론의 특징은 심리적 영향의 역동적(力動的)인 관계를 중시하는 데 있다.

Jung(1971)은 JP 지표에 대해 대체로 판단적 입장을 갖는 판단형(Judging)의 사람은 의식적 성격 측면을 잘 파악하고, 인식형(Perceiving)의 사람들은 무의식적인 성격에 영향을 받는다고 하였다. 이는 판단(J)은 정신현상의 의식적 동기에 더욱 관심을 가지고 인식(P)은 단지 일어난 일을 기록하기 때문이라고 하였다. MBTI에서 Myers와 Briggs는 이 JP지표의 기능을 더욱 확장시켜 네 가지 선호지표 중 하나의 지표로 사용함으로써 Jung의 이론이 보다 많은 사람들에게 실제적인 도움을 줄 수 있도록 만들어 놓았다(김정택, 심혜숙, 2013). 즉, 개인마다 외부로부터 정보를 수집하고(감각-sensing, 직관-intuition), 자신이 수집한 정보에 근거해 행동을 결정하는 데 있어서 선호하는 방법(사고-thinking, 감정-feeling)이 근본적으로 다르다는 것이다. 그리고 이러한 기능을 사용할 때 어떤 태도를 취하는가에 따라 외향(extrovert)과 내향(introvert), 그리고 판단(judging)과 인식(perceiving)으로 구분하여 심리적 에너지의 방향 및 생활양식들을 이해할 수 있게 하였다(김명준, 강새하늘, 남한, 2021).

3) 검사의 구성

MBTI Form M검사는 모두 93문항으로 구성되어 있으며, E(외향)-I(내향), S(감각)-N(직관), T(사고)-F(감정), J(판단)-P(인식)의 네 가지 척도의 관점에서 인간을 이해하고, 이 네 가지 척도 중 각 개인이 선호하는 네 가지 선호지표를 알파벳으로 표시하여(예: ISTJ) 결과 프로파일에 제시한다.

(1) 네 가지 선호경향성

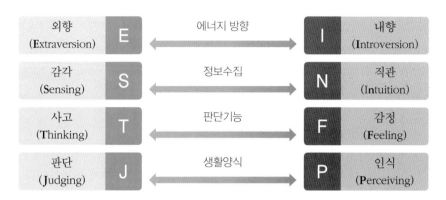

[그림 6-2] MBTI의 네 가지 양극 선호지표

① 외향(E)-내향(I)

태도 또는 에너지의 방향을 의미한다. 외향적 태도(E)를 가진 사람은 에너지의 방향이 주로 외부세계의 사람이나 대상을 향한다. 그리고 자신이 아닌 다른 사람들이나 외부적 사건에 더 관심이 많으며 밖으로 나가 여러 사람을 통해서 이해하고 배운다. 그에 반해 내향적 태도(I)를 가진 사람은 에너지 방향이 주로 내부세계의 경험이나 생각으로 향한다. 소수의 사람을 깊이 있게 사귀는 것을 선호하며, 조용하고 신중하여 이해한 후에 행동하는 경향을 가진다. 때때로 혼자만의 공간이 필요하고 생각이나 사색을 통해 에너지를 비축한다.

② 감각(S)-직관(N)

인식기능 또는 인식과정을 의미한다. 이 두 기능은 세상을 어떻게 자각하고 정보를 수집할 때 어떤 것에 주의를 기울이는지에 대한 선호경향이다. 감각형(Sensing)은 오감을 통해서 직접적으로 인식되는 정보에 관심을 두며, 경험과 사실적이고 구체적인 것에 주의를 기울이므로 현실적이고 실제적이다. 세부적인 사실을 잘 기억하고 실용적이며 일처리를 정확하게 하지만 **숲을 보지 못하고 나무만을 보는 경향**이 있어 전체를 조망하지 못하는 경우가 많다. 반면, 직관형(Intuition)은 감각을 통해서 들어오는 정보를 육감이나 통찰을 통해서 즉각 번역하여 그 이면의 가능성이나 의미를 보려고 한다. 직관을 선호하는 사람은 **상상**을 하고 미래지향적이며 추상적이고 개념적이다. 또 이들은 현재보다는 미래의 가능성을 보려고 하며 관습적인 것보다는 창조적이고 독창적인 것을 선호한다. 반면 전체를 보는 눈이 있으나 **구체적이고 현실적인 부분을 간과**할 수 있다.

③ 사고(T)-감정(F)

판단기능 또는 판단과정을 의미한다. 이 두 기능은 의사결정과 판단의 선호경향이다. 사고형의 관심 주제는 사실과 진리이다. 사고형(thinking)은 객관적인 사실과 원리 원칙에 입각하여 공정하게 판단을 하거나 의사결정을 하려고 한다. 결정을 내릴 때 이성적인 측면에서 개인적 가치와 욕구에 중립을 유지하려고 애쓰는 경향이 있다. 분석적이고 논리적이며 옳고 그름을 판단한다. 감정형(feeling)의 관심은 객관적인 사실이나 논리적인 분석이 아니라 사람과의 관계에 있다. 개인의 가치나 집단의 가치, 이상, 이해, 의미 등을 중요시하며 따뜻하고 우호적인 인간관계에 초점을 두고 상황적이고 주관적인 측면에서 좋다, 나쁘다로 판단한다.

④ 판단(J)-인식(P)

외부세계에 대처하는 생활양식을 의미한다. 판단을 선호하는 사람(사고-감정)은 정보를 수집하는 과정(감각-직관)보다는 신속한 결론을 내리기를 선호한다. 판단(J)이란 어떤 것을 평가한다는 의미가 아니라 외부에서 들어오는 정보를 받아들이기보다 이를 토대로 하여 결론을 내리고 종결을 짓고 활동을 계획하는 것을 의미한다. 그리고 어떤 일이든 조직적 · 체계적으로 추진하며 모든 것을 미리미리 준비하여 정한 시간 안에 끝을 보아야 직성이 풀리는 성향을 말하며 외부로 표현되는 행동도 단호하고 빈틈없고 생산적이며 목적의식이 뚜렷하다. 반면, 인식형은 감각과 직관을 선호하는 유형으로 정보가 들어오는 것을 관찰하며 새로운 정보를 받아들이기 위해 결정을 최대한 유보하며 개방적이고 유연성 있는 생활방식을 선호한다. 호기심이 많고 융통성 있으며 흐름에 맞추어 순응하려고 한다. 계획적이고 통제적인 것을 싫어하며 새로운 경험과 새로운 상황에 놓이는 모험을 즐기며 자유를 좋아한다.

(2) 16가지 성격유형 도표

MBTI를 실시할 때에는 외향(E) 혹은 내향(I), 감각(S) 혹은 직관(N), 사고(T) 혹은 감정(F), 판단(J) 혹은 인식(P) 중의 하나에 답하게 되고, 선호경향 중에서 선택된 문자는 [그림 6-3]의 16가지 성격유형으로 나누어진다.

네 가지 선호지표를 조합하여 만들어진 16가지 성격유형 도표는 MBTI를 효과적으로 이해하고 응용하는 기초가 된다. MBTI 검사는 비진단검사이므로 MBTI 검사 결과는 성격의 좋고 나쁨, 혹은 어떤 특성이 많고 적음을 나타내는 양적인 검사가 아니라, 건강한 정상인을 상대로 그가 16가지 성격유형 중 어디에 속하는지를 알아보는 분류가 목적이다. MBTI는 각자가 인정하는 반응에 대한 자기보고를 통하여, 인식과 판단 과정에서 나타나는 사람들의 근본적인 선호성을 알아내고 각자의 선호성이 개별적으로 또는 복합적으로 어떻게 작용하는지

ISTJ 세상의 소금형	**ISFJ** 임금 뒤편의 권력형	**INFJ** 예언자형	**INTJ** 과학자형
ISTP 백과사전형	**ISFP** 성인군자형	**INFP** 잔다르크형	**INTP** 아이디어 뱅크형
ESTP 수완좋은 활동가형	**ESFP** 사교적인 유형	**ENFP** 스파크형	**ENTP** 발명가형
ESTJ 사업가형	**ESFJ** 친선도모형	**ENFJ** 언변능숙형	**ENTJ** 지도자형

[그림 6-3] 16가지 성격유형 도표

출처: https://play.google.com/store/apps/details?id=com.hfx.mbti.korea

를 결과들을 통해 예측함으로써 나 자신에 대한 이해 뿐만 아니라 인간관계를 개선하기 위해서 참으로 중요한 도구이다. 즉, MBTI는 성격에 대한 결론을 내리는 잣대가 아니고 자기 탐색을 돕는 하나의 도구로 선호점수 자체가 능력의 유무와 많고 적음을 나타내지는 않는다. 사과나 배와 같은 과일이 각각 독특한 맛과 향기와 빛깔이 있듯이 사람도 자기의 향기와 빛깔과 맛과 같은 심리적 경향을 선천적으로 타고난다고 이해할 필요가 있다. MBTI 앱에서는 각각의 성격유형을 클릭하면 성격유형의 특징, 선호직업, 선호영화, 자기계발, 관련 동영상을 볼 수 있도록 구성해 두었다.

4) 실시와 채점

(1) 검사 대상

MBTI는 개인의 심리적 선호에 관한 문항들에 스스로 응답하게 하여 자신의 검사 결과를 통해 성격유형을 분류하는 설문형식의 지필 검사이므로 정신적 장애가 있거나 생활상의 극심한 변화나 곤란을 겪고 있는 사람의 경우는 MBTI 검사를 통해 자신의 성격유형을 제대로 확인하지 못할 수도 있다. 성인용은 대체로 고등학교 이상의 학력을 가진 일반인들이 검사를 받을 수 있다. 어린이 및 청소년용 성격유형검사인 CATI는 초등학교 4학년부터 중학교 3학년까지의 어린이 및 청소년이 받을 수 있다.

(2) MBTI 검사의 목적

각 MBTI 검사는 개인의 선천적인 경향, 즉 내면의 빛깔, 향기, 마음의 모습을 검사를 통해서 알아보고자 하며 검사로 자신의 선천적인 경향과 잠재력을 인식하고 수용할 수 있도록 돕는다. 인간관계의 많은 갈등은 각자가 타고난 선호경향이 근본적으로 다르다는 것을 충분히 체험하고 이해하면 해결되는 것이 많다. 그러므로 MBTI 검사는 자신의 고유성에 대해 인정하고 수용하여 타인을 이해하고 좋은 관계를 성립해 나갈 수 있도록 돕는 것을 목적으로 한다.

(3) 검사 실시 전의 유의사항

- −진단을 목적으로 하지 않아 좋고 나쁨의 개념이 없음을 안내한다.
- −맡은 역할을 하기에 적합한 성격이 아닌, 자기 본래의 선호도를 알아 가는 것이 중요하므로 이상형대로 체크하지 않도록 한다.
- −질문에 대한 설명 혹은 대독을 금지하며 검사 전, 검사가 적절하지 못한 사람[예: 심한 정신병리적 기질이 있는 사람, 심리적으로 스트레스를 많이 받고 있는 사람(이혼, 사망, 이사, 실패, 행운, 직업전환 등), 강요에 의해 참석한 사람, 문항 해독 능력이 적절치 않은 사람 등]을 선별하도록 한다.

(4) 문항 선택의 기준 및 답안지 작성법

- −문항 선택은 지속적으로 일관성 있게 사용하는 경향, 자연스럽고 편안한 경향, 크게 의식하지 않고 자주 쓰는 경향, 상대적으로 더 쉽게 끌리는 경향에 표시하도록 한다.
- −답안지는 문항에는 맞고 틀린 답이 없으므로 시간제한은 없으나 너무 오래 고민하지 않고 A 혹은 B 위에 ×표 한다.
- −검사지에는 어떤 체크도 하지 않는다.
- −의식적으로 일관성 있게 응답할 필요는 없다.
- −선호도가 비슷하다고 생각될 때는 최대한 좀 더 선호되는 문항에 체크하도록 하고 정말 답하기 힘들 때는 몇 문항은 비워도 된다.
- −수검자는 검사지의 '검사를 받기 전에 읽어 볼 사항'을 읽은 후 응답자의 인적사항 등 간단한 기재 사항을 기입한다.
- −단체검사에서는 검사자가 '검사를 받기 전에 읽어 볼 사항'을 큰 소리로 읽어 줄 수 있다.

〈검사를 받기 전에 읽어 볼 사항〉

MBTI 검사는 진단검사나 능력평가 검사가 아니며 개인의 타고난 심리적 경향과 그 경향이 지니는 성격의 역동을 파악하여 개인의 생활에 도움을 주고자 실시 하는 검사입니다. 검사에는 정답이 없으므로 오래 생각할 필요가 없고 자연스러운 마음가짐으로, 습관처럼 편안하고 자연스럽게 자주 느끼고 행동하는 경향에 답해 주십시오.

(5) 채점

MBTI Form G까지는 선호문자별 원점수가 동점일 경우 해당 문자를 X로 표기하였고 T-F 선호지표에서 남성과 여성의 채점을 구분하여 서로 다른 점수를 부여하였다. 하지만 MBTI Form M형에서는 성차를 반영하는 문항을 배제함으로써 보다 편리하게 원점수를 산출할 수 있게 되었다. 그리고 MBTI Form M부터는 동점 없애기 공식(tie breaking formula)이 적용되어 원점수가 동점이면 I, N, F, P로 분류하였다. 이러한 이유는 해당 선호문자가 미국 인구에서 전체적으로 드물기 때문에 어떤 사람이 이러한 선호에 가깝다면 '주류(majority)' 선호로부터 환경적인 압력을 받았을 것으로 가정하기 때문이었다(Myers et al., 2013). 하지만 국내에서는 외향보다 내향 인원의 비율이 높은 것을 고려하여 E-I 지표 원점수가 동점일 경우 I로 표기하고, 나머지 지표는 동일하게 동점일 경우 N, F, P로 분류하였다(김정택, 심혜숙, 1990).

따라서 Form M에서 문항별 단일 가중치 형태로 채점하여, E-I, S-N, T-F, J-P 지표의 원점수를 각각 산출한 뒤 〈표 6-1〉에 제시한 자가채점의 분류 기준에 근거해 선호문자를 결정한다. 즉, 산출된 점수 중 짝수로 구성된 S-N, T-F, J-P 지표의 경우 원점수가 문항 수의 중간값 이상일 경우 동점 없애기 공식에 따라 N, F, P로 선호문자를 결정하고, 홀수로 구성된 E-I 지표는 원점수가 11점 이상이면 I로 선호문자를 결정한다. 이후 지표별 선호문자를 나열하여 ISTJ, ENFP와 같은 선호유형을 산출하게 된다.

표 6-1 Form M 자가채점 분류 기준표

지표	문항 수	자가채점 분류 기준(동점없애기 방식 적용)
E-I	21	I의 원점수가 11점 이상이면 I, 아니면 E
S-N	26	N의 원점수가 13점 이상이면 N, 아니면 S
T-F	24	F의 원점수가 12점 이상이면 F, 아니면 T
J-P	22	P의 원점수가 11점 이상이면 P, 아니면 J

응답자의 정확한 유형 분류를 위해 MBTI 채점 방식에도 지속적인 개선이 있었으며, 미국에서는 Form M으로 개정되면서 기존 자가채점 방식에 더해 컴퓨터 채점이 새롭게 도입되었다. MBTI Form M은 자가채점용 버전과 온라인 채점 버전 두 가지가 있고, 학교에서 집단으로 검사를 실시하게 될 경우 컴퓨터 채점이 가능하다. MBTI Form Q는 온라인으로만 검사가 가능해 온라인 채점 버전만 있다.

5) 해석방법

MBTI 결과 해석은 반드시 MBTI 사용 교육을 받은 전문가만이 할 수 있으며 검사자와 수검자가 공동으로 참여하는 과정이어야 함을 강조한다. 그리고 해석 시 "당신은 이러이러한 유형입니다."라고 단정적으로 말하는 대신 "이것은 당신이 성격을 드러내는 방식을 보여 줍니다. 이 성격유형이 자신에게 맞는 것 같습니까?"라는 말을 하면서 검사 결과에 나온 유형에 대한 판단은 최종적으로 응답자에게 맡긴다.

(1) 해석

해석의 첫 단계에서는 MBTI 검사(test)는 하나의 지표(indicator)이므로 좋고 나쁨 혹은 병들고 건강한 유형은 없음을 설명한다. 또한 어떤 유형에 속할지라도 각 선호성의 양측을 어느 정도는 사용하고 있음을 설명한다. 이를테면 사람들은 양손을 모두 사용하지만 처음에는 보다 숙달된 손의 사용을 선호하게 되는 것과 같다. 그리고 사람들은 보통 자신이 좋아하는 과정을 이용하여 더 많은 기술을 사용하고 발달시킴을 안내한다. 만일 검사 결과로 나온 유형에 내담자가 동의하지 못하는 경우 내담자는 검사자의 도움을 받아 어떤 유형이 자신을 더 정확하게 기술하는지 스스로 찾아내거나 결정할 수 있다.

표 6-2 선호 분명도

범주	해석
매우 분명	대부분의 피검자는 자신의 성격특징과 검사 결과가 '매우 유사'하다는 데 동의함.
분명	대부분의 피검자는 자신의 성격특징과 검사 결과가 '타당하다'는 데 동의함.
보통	대부분의 피검자는 검사 결과의 설명에 '거의 동의'하지만, 반대 선호도 사용할 수 있기 때문에 해석자는 자신의 설명이 적절한지를 피검자에게 확인해 볼 필요가 있음.
약간	여기에 해당하는 피검자는 한두 문항의 변화에 따라 유형이 변화될 수 있음. → 해석자는 대극 모두를 설명하고, 주의 깊게 피검자의 반응을 살펴볼 필요가 있음.

해석의 두 번째 단계에서는 내담자의 네 가지 선호성을 설명한다. [그림 6-3]과 같은 유형 도표를 설명할 때에는 개인의 유형에 관한 설명을 먼저 읽어 주고 나서 인접한 유형의 설명과 비교하고, 결과를 실제로 활용할 수 있도록 유형에 대한 상세한 안내를 해 준다. 즉, 인식과 판단의 조합(ST, SF, NF, NT)과 인식과 판단을 충분히 이용하는 방법, 인식과 판단에서 상반된 것들(SN이나 TF)의 상호 유용성에 관해 설명한다.

(2) 개인 내 심리유형 역동(주기능, 부기능, 3차기능, 열등기능)

심리유형 역동(Psychological type dynamic)이란 네 가지 선호지표의 심리기능(S/N, T/F), 태도(E/I), 외부 세계에 대처하는 경향(J/P) 사이의 역동적 상호관계 조합을 의미한다. 유형 역동 특성은 개인이 심리기능(S/N, T/F) 각각에 에너지의 양과 흐름을 어떻게 사용하는가에 달려 있다. 그러므로 미발달된 부기능의 영향을 설명하며 업무 장면에서 유형의 영향에 대해 설명하는 것도 유용하다.

표 6-3 주기능, 부기능, 3차기능, 열등기능

ISTJ	ISFJ	INFJ	INTJ
1) S감각(주기능)	1) S감각(주기능)	1) N직관(주기능)	1) N직관(주기능)
2) T사고(부기능)	2) F감정(부기능)	2) F감정(부기능)	2) T사고(부기능)
3) F감정(3차기능)	3) T사고(3차기능)	3) T사고(3차기능)	3) F감정(3차기능)
4) N직관(열등기능)	4) N직관(열등기능)	4) S감각(열등기능)	4) S감각(열등기능)
ISTP	ISFP	INFP	INTP
1) T사고(주기능)	1) F감정(주기능)	1) F감정(주기능)	1) T사고(주기능)
2) S감각(부기능)	2) S감각(부기능)	2) N직관(부기능)	2) N직관(부기능)
3) N직관(3차기능)	3) N직관(3차기능)	3) S감각(3차기능)	3) S감각(3차기능)
4) F감정(열등기능)	4) T사고(열등기능)	4) T사고(열등기능)	4) F감정(열등기능)
ESTP	ESFP	ENFP	ENTP
1) S감각(주기능)	1) S감각(주기능)	1) N직관(주기능)	1) N직관(주기능)
2) T사고(부기능)	2) F감정(부기능)	2) F감정(부기능)	2) T사고(부기능)
3) F감정(3차기능)	3) T사고(3차기능)	3) T사고(3차기능)	3) F감정(3차기능)
4) N직관(열등기능)	4) N직관(열등기능)	4) S감각(열등기능)	4) S감각(열등기능)
ESTJ	ESFJ	ENFJ	ENTJ
1) T사고(주기능)	1) F감정(주기능)	1) F감정(주기능)	1) T사고(주기능)
2) S감각(부기능)	2) S감각(부기능)	2) N직관(부기능)	2) N직관(부기능)
3) N직관(3차기능)	3) N직관(3차기능)	3) S감각(3차기능)	3) S감각(3차기능)
4) F감정(열등기능)	4) T사고(열등기능)	4) T사고(열등기능)	4) F감정(열등기능)

심리유형 역동은 성격유형의 16가지 특징들에 대해 마음의 기능적(functional) 측면을 설명하는 것으로 각 유형의 특성과 더불어 유형에 따른 주기능, 부기능, 3차기능, 열등기능 등을 다루는 데 Isabel Myers는 주기능을 배의 '선장'으로, 부기능을 '1등 항해사'로 표현하였다.

- 주기능이란 배의 돛과 같이, 펼치면 바람이 부는 대로 자연스럽게 저절로 움직이는 '가장 사용하기 쉬운 기능'으로 네 가지 기능 중 자신이 가장 편하고 즐겨 사용하는 개인성격의 핵심에 해당한다.
- 부기능이란 배의 방향키와 같이, 돛의 균형을 잡아 주며 원하는 방향으로 나아가게 조절하는 '두 번째 기능'으로 주기능을 보좌하고 균형을 유지하기 위해 사용하는 기능을 의미한다.
- 3차기능이란 방향키를 제어할 수 있는 줄(로프)과 같지만 성격유형 특성으로 잘 드러나지 않는 '부기능의 반대 기능'으로 의식과 무의식의 사다리 역할을 한다.
- 열등기능이란 닻(anchor)과 같이, 배를 멈추게 할 정도로 강한 힘을 가지고 있지만 움직이는 배에서는 드러나지 않는 '무의식적 차원에 있는 것으로 주기능의 반대기능으로 자신의 내부에는 존재하지만 살아가면서 가장 사용하지 않아 가장 퇴색되어 있는 기능을 의미한다.

① 판단형이면 T/F를 외부 e로 사용
② 주기능 Fe와 상호보완을 위해 Si로 사용
- 주기능(삶의 원동력): Fe
- 부기능(주기능의 균형): Si
- 3차 기능(부기능의 반대): Ne
- 열등기능(무의식, 주기능의 반대): Ti

해석
- 주기능: F(감정) Fe
- 부기능: S(감각) Si
  → 인간 중심의 가치를 사용하면서 외부세계의 일을 결정한다.
    부기능 감각이 결정을 내릴 수 있도록 '사실'을 제공한다.
- 3차기능: N(직관, 부기능의 반대)
- 열등기능: T(사고)
  → 주관적 가치를 판단의 바탕으로 살기 때문에 결정 상황에서 객관성과 논리를 사용하는 데 어려움이 있을 수 있다.

Tip! 성격유형별 심리유형 역동

	유형	주 기능	부 기능	3차 기능	열등 기능
S: 감각 N: 직관 T: 사고 F: 감정	ESTP	S	T	F	N
	ESFP	S	F	T	N
	ENFP	N	F	T	S
	ENTP	N	T	F	S
	ESTJ	T	S	N	F
	ESFJ	F	S	N	T
	ENFJ	F	N	S	T
	ENTJ	T	N	S	F

	유형	주 기능	부 기능	3차 기능	열등 기능
S: 감각 N: 직관 T: 사고 F: 감정	ISTJ	S	T	F	N
	ISFJ	S	F	T	N
	INFJ	N	F	T	S
	INTJ	N	T	F	S
	ISTP	T	S	N	F
	ISFP	F	S	N	T
	INFP	F	N	S	T
	INTP	T	N	S	F

6) 사례보고서 및 해석상담의 예

(1) MBTI를 활용한 부모-자녀 관계 이해

① 사례보고서

이름	김○○
인적사항	26세, 여성, 회사원
내방경위	취업 후 모의 간섭이 불편하게 느껴지고 잦은 말다툼으로 갈등을 겪고 있어 상담 신청
배경정보	내담자는 대학 졸업 후 첫 취업을 하였고 첫 월급을 받은 후 취업 준비하는 동안 하지 못했던 쇼핑과 친구들과의 만남 등으로 너무 즐거움. 하지만 모는 내담자의 월급을 확인하고 저축과 소비에 대해 간섭을 함. 또한 내담자의 늦은 귀가시간으로 갈등 중임.
검사태도	검사시간은 20분가량 소요되었으며 내담자는 집중하여 검사를 진행함.
검사 결과	• 내담자: ENFP

• 내담자: ENFP

선호지표	E	N	F	P
선호 분명도 지수	21	8	9	12

• 모: ISFJ

선호지표	I	S	F	J
선호 분명도 지수	11	26	11	5

해석상담 요약	• 내담자: ENFP 어떤 일을 할 때 풍부한 상상력과 영감을 발휘하여 즉흥적이고 빠르게 해결하는 편. 관심 있는 일이면 무엇이든 해내는 열성파이며 주기능인 '직관기능'으로 항상 새로운 도전에 대한 관심을 갖지만 열등기능인 '감각기능'과 3차기능인 '사고기능'을 개발하지 않으면 잘못 선택된 프로젝트에 빠져 에너지 낭비를 할 가능성이 있음. • 모: ISFJ 책임감이 강하고 헌신적이며 세부적이고 인내심이 강함. 일을 처리할 때 현실감각을 가지고 실제적이고 조직적으로 수행하며 '감각기능'을 주기능으로 하여 꼼꼼하고 정보를 잘 다루며 경험을 통해 자신이 생각한 것이 틀렸다고 인정하기 전까지, 꾸준히 밀고 나가는 편. 하지만 대처기술이 효율적이지 않고 감각에만 의존하게 되어 3차기능인 사고기능의 개발이 필요하며 열등기능인 '직관기능'을 신뢰하지 않으려는 경향이 있음.
개입방향	내담자가 자각하는 자신의 성격과 모의 성격에 대해 이야기해 보고 어떤 부분에서 갈등이 일어나는지 스스로 탐색할 수 있도록 함. 이후 검사 결과 해석을 통해 갈등을 완화할 수 있는 방법에 대해 탐색함.
결과	모와 갈등이 일어나는 부분에 대해 이해하게 되었으며 내담자가 가지고 있는 열등기능을 알고 이를 개발할 수 있도록 노력하는 계기가 되었음.
제언	가계도를 함께 그리며 모뿐만 아니라 가족 전체의 역동을 함께 살펴보면 더 효과적인 가족 탐색이 가능할 것으로 생각됨.

② 해석상담

상담자 1 반갑습니다. 한 주간 잘 지내셨나요?

내담자 1 안녕하세요? 그동안 회사 가고 친구랑 맛있는 것도 먹고 재밌게 보냈어요! 비록 중간중간 엄마의 잔소리가 있었지만요.

상담자 2 엄마의 잔소리가 있었지만 말하는 목소리와 표정이 밝아 보이고 재밌게 보냈다고 하니 좋아 보이네요! 지난주 검사했던 건 기억하나요? — 상담동기 확인

내담자 2 네! MBTI 검사요! 저 너무 궁금해요!

상담자 3 어떤 부분이 궁금했을까요?

내담자 3 그냥 제 성격이 어떤지 궁금하기도 엄마의 잔소리도 좀 피하고 싶기도 하고…… 하하하. — 심리검사를 신청한 이유

상담자 4 ○○ 씨가 생각하는 본인의 성격은 어떤가요? — 탐색 질문

내담자 4 음, 저는 재미나고 활동적인 걸 좋아하는 거 같아요. 그래서 친구들 만나는 것도 좋아하고 새로운 경험을 하는 것도 좋아해요. 대신 조금 지루하면 금방 싫증내는 편이에요. 또 계획을 세우고 — 내담자 자신이 생각하는 성격 확인

계획대로 실천하는 게 어려워요.

상담자 5	아하~ ○○ 씨가 생각하는 성격은 그렇군요. 그럼, ○○ 씨 성격 중에서 어떤 부분이 어머니와 제일 많이 부딪히는 거 같아요?	문제 탐색 질문
내담자 5	최근에 취업을 해서 월급을 받으면서 사고 싶었던 옷도 사고 못 만나던 친구들이랑 만나면서 맛있는 것도 먹고, 놀다 보니 집에 조금 늦게 들어가긴 하는데…… 사실 취업 준비 동안에는 친구도 못 만났거든요. 저도 이제 성인인데 엄마가 걱정해서 하는 말인지는 알겠지만 자꾸 간섭으로 들려서 듣기 싫고 화가 나요. 그러다 보니 저도 엄마한테 짜증을 내게 되는 것 같아요.	모와 갈등하는 원인 탐색
상담자 6	간섭으로 들린다면 짜증 날 수도 있겠네요. 주로 어떻게 간섭을 하나요?	공감 및 탐색 질문
내담자 6	그냥 월급 얼마 받았냐, 요즘 늦게까지 놀러 다니고 쇼핑을 많이 하는데 적금이나 저축은 어떻게 할 거냐, 앞으로 계획은 뭐냐 하면서 자꾸 물으시는 거예요.	
상담자 7	그런 말들이 ○○ 씨에게 어떻게 들리길래 간섭으로 느껴질까요?	역동 파악 질문
내담자 7	제가 알아서 잘할 텐데…… 물론 저축이라든지 이런 것들도 중요하지만 전 다양하고 새로운 경험이 나중에는 저에게 더 큰 자원이 될 거라고 생각해요. 하지만 엄마는 그저 아끼고 저축해서 지금 직장에서 더 나은 곳으로 갈 수 있는 계획을 세우고 준비하라고만 하니 너무 답답해요.	
상담자 8	많이 답답했을 것 같네요. 그럼, 어머니는 ○○ 씨에게 왜 그런 말을 하시는 것 같으세요?	관점 전환 질문
내담자 8	음, 아버지가 가게를 하셨는데 잘 벌 때도 있고 못 벌 때도 있고, 항상 불안정했던 거 같아요. 그래서 어머니는 늘 가계부를 쓰시고 필요한 곳에만 돈을 썼어요. 그런 습관이 있는 엄마가 보기에 제가 너무 계획 없이 돈을 쓴다고 느끼는 게 아닐까요?	
상담자 9	네, ○○ 씨 이야기를 들어 보니 어머니는 ○○ 씨와 다른 부분이 있어 보이네요. 그럼, 검사 결과를 살펴보며 어떤 부분에서 어머니와 갈등이 있을 수 있는지 한번 확인해 볼까요?	해석상담 동기 형성
내담자 9	네!	
상담자 10	먼저, MBTI 성격유형검사는 네 가지 선호경향에 따라 유형을 나눈 거예요. 이러한 선호경향은 내가 사과를 더 좋아하는지 포도를 더 좋아하는지, 오른손이 편한지 왼손이 편한지와 같이 내	MBTI 성격유형검사의 특성 안내

가 더 좋아하는 것, 내가 더 편하게 사용하는 것을 알아보는 것이기 때문에 무엇이 더 좋다거나 이것이 옳다거나 하는 판단을 내리는 것이 아니라는 것이 중요해요. 이해되시나요? (네) 검사 결과를 보니 ○○ 씨의 유형은 ENFP 외향적 직관형이라고 나왔어요.

내담자 10 아~ ENFP는 어떤 성격유형인가요?

상담자 11 ENFP는 풍부한 상상력을 가지고 있고 순간적인 에너지를 통해 어떤 일이든 즉흥적이고 빠르게 해결하는 힘이 있어요. 또 관심이 있는 일이면 무엇이든 열정을 가지고 하지요. 그래서 새로운 것들에 관심을 많이 가지고 도전하는 것을 좋아해요. 들어 보니 ○○ 씨가 생각했던 성격과 어떤가요?

    성격의 장점 안내

내담자 11 어머 맞아요! 딱 제 이야기예요!

상담자 12 그렇지만 ENFP 성격은 너무 많은 일들을 벌이는 경우가 있어 모든 일에 마무리가 안 되는 경우도 있기 때문에 ENFP의 가장 열등한 기능인 '감각기능'을 개발할 필요가 있어요. 그런데 어머니 검사 결과를 보니 감각기능이 ○○ 씨 어머니께서 가장 잘 사용하는 기능으로 나왔어요.

    성격의 열등기능 안내 및 모와의 차이 안내

내담자 12 네…… 맞아요. 사실 저는 막 신이 나서 이것저것 시작하는데 막상 끝까지 못하고 포기하는 경우가 많아요. 그럴 때 엄마는 하나를 해도 제대로 하라셨는데 저에게 부족한 부분이 엄마가 잘하는 거라니 조금 이해가 되네요. 그래서 엄마가 얘기하시면 뭔가 내가 잘하지 못하는 것을 들추는 것 같아 야단맞는 것 같고 잔소리처럼 들렸을까요? 하하…….

    내담자의 통찰

상담자 13 하하. 네, 그럴 수도 있겠네요. 실제로 어머니는 ISFJ로 내향적 감각형이세요. ISFJ 유형은 책임감이 강하고 세부적이고 인내심이 강해요. 그래서 어떤 일이든 끝까지 수행하려 하죠. 즉, ○○ 씨가 제일 약한 '감각기능'을 잘 활용하기 때문에 꼼꼼하고 정보를 잘 다루는 편이라 이런 부분에서 ○○ 씨를 이해하기 어려울 수 있어요. 하지만 ISFJ 유형은 경험을 통해서 스스로 내가 틀렸음을 확인하기 전까지는 잘 인정하지 않는 부분이 있어 이런 부분이 ○○ 씨와 갈등을 만들 수도 있겠네요.

    문제상황을 다양한 관점에서 이해할 수 있도록 도움

내담자 13 맞아요. 엄마는 어떻게 저렇지 싶을 정도로 인내심이나 책임감이 강해요. 하지만 제가 하려는 일들에 대해서는 계속 물어보고

믿지 못하는 것처럼 느껴져요. 그럼 선생님, 지금 엄마와의 갈
등이 성격의 차이 때문이라면 영원히 해결할 수 없는 걸까요?

상담자 14 그렇지 않아요. 물론 쉽지 않겠지만, 서로가 잘못된 것이 아닌   문제 해결을 위한
다름을 이해하고 서로의 방식을 인정하는 노력이 필요해요. 우   통합해석
리가 오른손을 잘 사용한다고 해서 왼손을 평생 사용하지 못하
는 것은 아니잖아요? 왼손도 계속 연습하면 오른손만큼은 아니
라도 불편함이 없이 사용할 수 있게 되는 것처럼 서로 보완할
필요가 있는 부분을 확인하고 각자의 열등기능을 채워 나가면
관계가 유연해질 수 있겠지요.

내담자 14 그렇군요. 그럼 어떻게 하면 좋을까요?

상담자 15 음, 먼저 다음 상담시간에 어머니와 함께 이 부분에 대해 이야기   검사 결과 및 탐색
해 보면 좋을 거 같아요. 서로의 유형에 대해 이해해 보고 어떤   기반 상담 연결
부분 때문에 계속 갈등이 생겼는지, 그리고 서로 어떻게 이것을
조율해 갈 수 있는지에 대해서 함께 이야기해 보면 어떨까요?

내담자 15 네. 좋을 거 같아요!

상담자 16 오늘 MBTI 성격유형검사 결과를 간단히 살펴보았는데 어땠나요?   해석상담 소감 듣기

내담자 16 저와 엄마의 특성이 조금 이해되어서 엄마와의 불편함이 조금
이라도 해결될 수 있겠구나라는 기대가 생겼어요.

상담자 17 기대가 된다니 저도 좋습니다. 그럼, 다음 주 어머님과 함께 뵙
기로 하죠

내담자 16 네, 엄마도 좋아하실 것 같아요. 다음 주에 뵐게요. 감사합니다.

(2) MBTI를 활용한 커플 관계 이해

① 사례보고서

이름	이○○
인적사항	25세, 남성, 대학교 3학년 재학 중
내방경위	10개월가량 만나고 있는 여자친구와 잦은 갈등으로 인해 성격유형검사 신청함.
배경정보	군대 제대 후 복학하여 같은 동아리에 있는 24세 4학년 여자친구와 10개월 째 연애 중. 최근 여자친구는 취업 준비로 자격증 시험과 포트폴리오 준비로 바쁜 상황임.
검사태도	검사시간은 20분가량 소요되었으며 내담자는 집중하여 검사를 진행함.

	• 내담자: INTP				
검사 결과	선호지표	I	N	T	P
	선호 분명도 지수	12	15	21	25
	• 여자친구: ESFP				
	선호지표	E	S	F	P
	선호 분명도 지수	10	19	13	26

해석상담 요약	• 내담자: INTP 평소 조용한 편이나 관심 있는 분야에 대해서는 말을 잘함. 특히 주기능이 '사고기능'으로 매우 논리적이고 분석적이어서 객관적인 비평을 잘하며 인과관계에 관심이 많음. 하지만 사고기능에 많이 의존하기 때문에 열등기능인 '감정기능'을 개발하지 않으면 자신과 타인이 무엇에 관심이 있는지 놓치기 쉬움. • 여자친구: ESFP 친절하고 수용적임. 어떤 상황에도 잘 적응하고 개방적이며 대체로 사람들을 잘 받아들임. 이론이나 책보다는 실제의 경험을 더 선호함. 어떤 결정을 내릴 때 '사고기능'의 논리적인 분석보다는 '감정기능'의 인간 중심의 가치를 많이 따름. 하지만 자신의 가치관이나 자기주장을 위해 논리적인 사고를 바탕으로 하는 판단기능을 개발할 필요가 있음.
개입방향	내담자와 내담자의 여자친구의 경우 생활양식을 제외하고는 반대 선호로 나왔음. 이에 각 척도에 대한 개별 해석을 통해 다름을 이해할 수 있도록 함. 또한 현재 반복되고 있는 문제 패턴과 연결시켜 다툼이 서로의 다른 선호경향성을 이해하지 못한 것에서 발생한 것임을 알게 함. 이를 통해 서로를 이해하고 협력할 수 있는 관계로 발전할 수 있도록 함.
결과	네 가지 선호척도 해석을 통해 내담자 스스로에 대한 이해도를 높이고 현재 여자친구와 어떤 상황에서 어떤 선호경향 때문에 갈등이 심해지는 것인지 이해하게 됨.
제언	검사는 같이 진행하였지만 시간이 여의치 않아 해석상담은 따로 진행되었음. 커플이 함께 와서 해석상담을 진행하고 이와 동시에 경험했던 문제들을 함께 풀어 갔다면 더 효과적일 것으로 생각됨. 시간이 될 때 커플 상담을 신청할 수 있음을 안내해도 좋을 것 같음.

② 해석상담

상담자 1 안녕하세요? 일주일 동안 잘 지냈나요?

내담자 1 네, 안녕하세요. 그냥 똑같았어요. 여전히 여자친구와 화해하지 못하고 서먹서먹하게 일주일이 지났어요.

상담자 2 화해하지 못하고 일주일 동안 지냈다니 마음이 많이 불편했을 공감 반영으로 긍정적
것 같아요. 심리검사도 ○○ 님이 여자친구에게 함께 하자고 권 상담 관계 형성
하셨죠?

내담자 2	네. 분명히 여자친구와 저는 서로 사랑하는데 자꾸 서로 이해 받지 못한다고 자주 느껴요. 그러다 보니 싸우게 되고…… 무엇 때문인지 딱 알면 좀 시원할 것 같아서 친구커플의 추천으로 MBTI 성격유형검사를 신청하게 되었습니다.	심리검사를 신청한 이유
상담자 3	네. 기억하고 있어요. 그럼, 이제 지난주에 실시한 MBTI 성격유형검사 결과를 같이 볼까요? 혹시 검사하는 데 어렵거나 궁금한 점은 없으셨어요?	심리검사 시 어려움 탐색
내담자 3	네, 크게 어려운 점은 없었습니다. 다만, 둘 중에 한 가지를 고르는 것이 고민되는 것들이 조금 있었습니다. 둘 다에 해당되는 부분이 있더라구요.	
상담자 4	맞습니다. 우리가 오른손잡이라고 해서 왼손을 전혀 사용하지 않는 것이 아닌 것처럼, 문항의 두 가지 다 사용합니다. 하지만 어떤 것이 좀 더 편하고 익숙한 것인지를 묻는 검사입니다. 그리고 이를 통해 ○○ 님이 어떤 성격유형인지를 알 수 있게 되지요. 안내 드린 대로 하셨나요?	검사 경험에 대한 공감과 수검태도 확인
내담자 4	네, 말씀해 주신 대로 조금 더 편한 것을 선택했습니다. 여자친구의 성격유형은 ESFP라고 들었습니다. 그래서 저는 어떤지 궁금했습니다.	
상담자 5	○○ 씨의 성격유형은 INTP입니다. 여자친구분의 결과와 다른 부분이 있어 보입니다.	내담자와 여자친구의 검사 결과가 다름을 안내
내담자 5	P를 제외하고 다 다르네요! 그럼, 저희는 거의 반대성향의 사람인 건가요?	
상담자 6	반대라기보다 아까 이야기했듯이 양손을 다 사용하지만 오른손을 조금 더 편하게 사용하는지, 왼손을 좀 더 편하게 사용하는지와 같은 선호경향이 다른 것이라고 할 수 있어요. 제가 ○○ 씨의 성격유형에 대해 해석해 드릴 거예요. 들으면서 INTP의 성향이 자신과 맞는지도 확인해 보세요.	검사 결과 이해에 대한 안내
내담자 6	네, 알겠습니다.	
상담자 7	먼저, E와 I는 태도 또는 에너지 방향을 이야기해요. E는 외향적 태도로 내가 갖고 있는 에너지가 주로 밖으로 향해요. 그래서 외부활동에 관심이 많고 글을 쓰는 것보다 말로 표현하는 것을 더 선호합니다. 반면, I는 내향적 태도로 에너지가 자기 자신, 즉 안으로 향해요. 그렇기 때문에 깊이 사색하는 것을 선호하고 말	성격유형의 특성에 대해 해석상담 실시

보다 글을 적어 표현하는 것을 선호하는 편이랍니다. ○○ 씨는 어떤 쪽을 더 선호하시나요?

내담자 7 저는 많은 사람들을 만나서 이야기하는 것보다 조용히 시간 보내는 것을 좋아하는 거 같아요. 하지만 여자친구는 다양한 모임에 저와 함께하길 원해요. 이런 부분이 서로 달랐던 거군요. — 검사 결과와 일상생활 비교

상담자 8 네, 맞아요. 다음으로 S와 N에 대해 말씀드릴게요. S와 N은 정보를 어떻게 수집하는지를 나타내요. S는 감각형으로 시각, 미각, 촉각, 청각, 후각의 오감을 통해 내가 경험한 것을 기초로 사실적이고 구체적으로 정보를 받아들이려고 해요. 반대로 N은 직관형으로 오감을 통해 들어오는 정보를 육감이나 통찰을 통해서 받아들이는 성향이 있어요. — 결과 해석

내담자 8 음…… 조금 어려운거 같아요.

상담자 9 그렇죠? 그럼, 제가 질문을 하나 해 볼게요. ○○ 씨는 '사과' 하면 무엇이 떠오르나요? — 결과 이해를 돕기 위한 추가질문

내담자 9 백설공주요!

상담자 10 아~ ○○ 씨는 백설공주가 떠올랐군요? 왜 백설공주가 생각났는지 여쭤 봐도 될까요?

내담자 10 음, 사과라고 하닌간 독사과를 먹고 잠든 백설공주가 그냥 떠올랐어요.

상담자 11 그러셨군요! S의 감각형은 주로 빨갛다, 과일, 달다와 같은 오감으로 경험한 사실적인 답을 하는 경우가 많아요. 하지만 ○○ 씨와 같은 N의 직관형은 백설공주와 같이 사과가 가지고 있는 사실을 통해 알 수 있는 또 다른 정보를 얻는 것에 익숙합니다. ○○ 씨와 여자친구는 평소에 어떤 것 같나요? — 결과 해석 및 내담자와 여자친구와의 관계에서의 탐색 질문

내담자 11 저는 어떤 것을 보면 여러 가지 상상도 해 보고, 또 여러 가지 시도를 해 보려고 하는데, 여자친구는 조금 더 현실적인 거 같아요. 그래서 가끔 여자친구가 제가 하는 이야기를 뜬구름 잡는 소리 같다고 하거나 무시할 때가 있어 조금 짜증 날 때가 있었어요.

상담자 12 맞아요. 충분히 그럴 수 있어요. 여자친구가 ○○ 씨의 말을 무시하거나 하면 속상했을 것 같아요. ○○ 씨 말대로 감각형은 자신이 경험한 사실에 근거하기 때문에 경험해 보지 않은 것에 대해 잘 받아들이지 못하는 경향이 있어요. 하지만 반대로 직관형의 경우 새로운 것을 생각하다 보니 현재보다 미래지향적인 — 결과 이해를 돕기 위한 안내

면이 있어서 가끔 너무 비약적으로 생각하게 되죠. 그래서 감각형인 사람에게는 뜬구름 잡는 소리로 들릴 수도 있답니다.

내담자 12 아~ 그런 차이가 있군요. 그런 말을 할 때 저를 무시한다고 생각했는데 여자친구가 왜 저에게 그런 말을 했는지 조금은 이해되네요.

결과 해석상담을 통한 타인 이해

상담자 13 네. 여자친구분께서 ○○ 씨를 무시하려고 한 것보다는 서로 정보를 받아들이는 성향이 달라 그랬을 수 있어요. 그래서 서로의 다른 성향을 이해하는 것이 중요해요. 다음으로 T와 F에 대해 이야기해 볼게요. T와 F는 조금 전에 이야기한 감각형, 직관형을 통해 받아들인 정보에 대해 어떻게 결정하고 선택하는지를 나타내요. T는 사고형으로 논리적이고 분석적인 성향으로 머리로 이해되는 객관적인 진실을 추구하는 반면, S는 감정형으로 상징적이고 가슴으로 느끼고 사람과 관계의 조화를 추구하는 성향이에요. 그래서 사고형은 어떤 문제에 대해 사실적으로 접근해서 문제를 해결하려는 경향이 높고 감정형은 문제를 겪고 있는 그 사람의 상황이나 감정에 대해 더 집중을 하는 경향이 있지요. ○○ 씨는 어떤가요?

내담자 13 어떤 문제가 생기면 그 문제를 빨리 해결하기 위해 방법을 찾는 것이 더 중요하지 않나요? 그래서 전 여자친구가 어떤 문제가 생겨 힘들어하면 그 문제를 빨리 해결할 수 있도록 도와주려고 하는데 여자친구는 저보고 전혀 도움이 되지 않고 자기 마음을 이해하지 못한다고 해요.

선호경향성의 차이로 인한 커플관계에서의 어려움

상담자 14 아하, 그런 경험이 있으시군요! 조금 더 자세히 말씀해 주실 수 있을까요?

문제 상황에 대한 구체화

내담자 14 지난주 화요일 일인데요. 여자친구가 시험을 망쳐서 많이 속상해하고 있었어요. 그래서 저는 원래 네가 잘 못하는 과목이었고 하지만 지금 열심히 공부하고 있으니 조금만 더 노력하면 다음 시험은 잘 칠 수 있을 거라고 위로했죠. 하지만 여자친구는 계속 우울해했어요. 그래서 전 여자친구를 도와주기 위해 열심히 검색해서 그 과목과 관련된 책을 추천해 주었어요. 그런데 여자친구는 저에게 남자친구가 전혀 도움이 안 되고 내 마음도 몰라준다면서 가 버렸어요. 그런데 이런 일들이 요즘 들어 자주 반복되는 것 같아요.

선호경향성 차이로 인한 갈등 에피소드

상담자 15	그러셨군요. ○○ 씨는 여자친구를 도와주기 위해 노력을 했는데 여자친구는 전혀 도움이 안 된다고 해서 많이 속상했겠네요.	내담자에게 필요한 공감 반응 모델링
내담자 15	네. 사실 그때는 서운하기도 하고 도대체 제가 무엇을 잘못한 거지 싶어 화도 났었는데…… 지금 검사 결과를 듣고 있으니 여자친구는 저에게 그런 걸 원한 게 아니었던 거 같네요. 상담자님이 저에게 해 주는 그런 말이 필요했던 것 같네요.	해석상담 및 적절한 모델링 제시를 통한 갈등원인 이해
상담자 16	아하! 그런 생각이 들었군요? 그럼 여자친구는 ○○ 씨에게 어떤 위로가 필요했을까요?	갈등 해결을 위한 구체적 방법 질문 갈등 원인 통찰
내담자 16	음…… 잘은 모르겠지만…… "고생했어?" "열심히 했는데 생각했던 것만큼 성적이 안 나와서 많이 속상했겠다." 이런 말일까요? 사실, 가끔 친구들에게도 이런 말을 들었어요. 지금 문제의 답을 알려 달라는 것이 아니지 않냐, 누가 몰라서 너한테 하소연하냐고, 그냥 '괜찮냐' 한마디 하면 된다고. 근데 사실 전 그게 무슨 도움이 되는지 모르겠더라구요. 막상 그 상황이 되면 생각이 안 나기도 하구요. 아마 여자친구와 싸우는 것도 이런 이유가 크겠죠?	
상담자 17	맞아요. 쉽진 않으셨을 것 같은데 지금은 적절하게 잘 표현하셨어요. 이러한 다름을 인정하고 이해하기 시작했다는 것이 매우 중요한 거 같아요. 서로가 미워서 그렇게 하는 것이 아니라 서로 사랑해서 도움이 되기 바라는 마음에 하는 것들이 서로의 성향 차이로 인해 온전히 전달되지 않는 경우가 많아요.	내담자 성향에 부합하는 공감과 변화에 대한 필요성 안내
내담자 17	네. 여자친구와 함께 이 부분을 이야기해 봐야겠어요. 그래서 제가 사랑하지 않고 걱정하지 않아서 그런 말을 한 것이 아니라, 이러한 차이가 있었고, 서로의 성향에 맞추고 이해해 보는 노력을 해 보자구요.	변화에 대한 동기 확인
상담자 18	서로의 결과를 가지고 함께 나눈다는 말에서 ○○ 씨가 얼마나 여자친구를 생각하는지 잘 전해지네요. 마지막으로, 생활양식의 선호에 따라 나뉘는 J의 판단과 P의 인식에 대해 이야기할게요. 먼저, J는 규칙적이고 계획적인 생활양식을 선호하는 편이에요. 반면, P는 탄력적이고 유연성 있는 생활양식을 선호하는 편이지요.	강점 인정과 해석상담
내담자 18	하하. 이런 면은 여자친구와 제가 잘 맞는 것 같아요.	

상담자 19 네. 선호 분명도도 비슷해서 이 부분은 잘 맞으실 것 같네요. 마   선호 분명도에 대한
지막으로, INTP를 종합적으로 살펴보면 내향적 사고형이라고   안내와 유형에 대한
이야기해요. 이런 유형의 사람들은 매우 분석적이고 논리적이   해석 및 커플 상담으로의
며 객관적인 비평을 잘하는 편이에요. 그렇기 때문에 인과관계   권유
에 관심이 많은 편이죠. 그런데 INTP 유형의 사람들이 가장 약
한 기능이 F인 감정이에요. 이런 부분이 감정형인 여자친구와
의 갈등을 유발할 수 있을 것으로 보여져요. 조금 전에 ○○ 씨
가 말한 것처럼 여자친구와 함께 이야기를 나누고 서로를 더 이
해하게 되면 더 좋은 관계가 될 수 있을 거 같아요. 함께 상담을
받는 것도 도움이 될 것 같네요.

내담자 19 이번 검사를 통해서 저에 대해 더 잘 알게 되었어요. 또 무엇보   상담성과 확인
다 여자친구와 무엇 때문에 계속 갈등이 생기는지도 알게 되어
좋았습니다. 여자친구와 함께 상담 받는 것을 이야기해 봐야겠
네요. 감사합니다.

2. GOLDEN 성격유형검사-만 18세 이상의 성인

성격유형론은 범주화의 원리에 따라 성격을 몇 개의 유형으로 간주하여 성격을 설명한
다. 성격유형론의 이러한 특성으로 오랜 세월에 걸쳐 수많은 사람들이 Jung의 성격유형론
을 받아들이며 그 가치를 인정하였으며 현대 심리학계에서도 성격 5요인 모형(Big 5 Model)
이 포괄적인 성격구조를 보여 주는 모형으로 인정받고 있다.

성격 5요인 모델은 인간의 성격특성을 범주화하기 위한 하나의 체계로서 보다 과학적인
방법으로 제안되었다. Golden 성격유형검사(Golden personality type profiler, 이하 Golden 검사)는
Jung의 이론에 기초한 성격유형검사의 취약점을 성격 5요인 이론으로 보완하여 이론적 타당성을
동시에 확보한 성격유형검사이다(Golden, 2005b).

1) 개요

Golden 검사는 1993년 Edward Golden이 개발한 과학적이고 실용적인 검사로 의미분석법
에 기초한 7점 척도를 채택하여 신뢰도, 타당도 및 변별도를 높였다. 그리고 **중립응답을 허용함**

	Dr. Edward Golden	Dr. John Golden

[그림 6-4] Golden 검사와 관련된 인물

출처: Golden (2022).

으로써 문항에 대한 양가적 태도나 정확한 판단이 어려운 경우 발생하는 무작위 응답 등의 측정오차를 줄여 측정의 타당도를 높였다. 또한 성격 5요인 모형 중에서 다섯 번째 요인인 스트레스에 대한 반응인 정서적 안정성을 측정함으로써 성격의 다섯 가지 요인을 모두 포함하여 이론적 타당성과 함께 유형검사의 유용성을 확보하여 다섯 가지 포괄적 차원(Global Dimension)을 통해 개인의 성격특성을 설명함으로써 이론적 완성도를 높였다(오인수 외, 2022).

　Golden 검사는 1부터 4까지는 Jung의 유형 이론에 기반을 두었고 마지막 포괄적 차원 5는 정서안정성으로 성격 5요인 이론에 기반을 두고 있다. Golden 검사는 네 가지 포괄적 차원, 즉 에너지를 집중시키는 방식, 정보를 수집하는 방식, 의사결정을 내리는 방식, 선호하는 생활방식에 핵심어 조합을 통해 개인에게 맞는 16가지의 성격으로 분류하는 방식을 사용하고 있

표 6-4　Golden 성격유형검사와 성격유형론, 성격 5요인 이론의 개념적 중첩

Golden 척도	Jung의 성격유형론	성격 5요인
외향(Extraverting)/ 내향(Introverting)	외향(Extraverting)/ 내향(Introverting)	외향성 (Extraversion)
감각(Sensing)/ 직관(iNtuiting)	감각(Sensing)/ 직관(iNtuiting)	경험에 대한 개방성 (Openness to Experience)
사고(Thinking)/ 감정(Feeling)	사고(Thinking)/ 감정(Feeling)	친화성 (Agreeableness)
조직(organiZing)/ 적응(Adapting)	판단(Judging)/ 인식(Perceiving)	성실성 (Conscientiousness)
긴장(Tense)/ 차분(Calm)	─	정서 안정성 (Emotional Stability)

출처: 오인수 외(2022).

으며, 이러한 16가지 분류를 각각 '유형(type)'이라고 불렀다. Golden 검사에서 가정하는 성격유형론, 성격 5요인 이론의 개념적 중첩을 요약하면 〈표 6-4〉와 같다.

즉, Golden 척도의 외향/내향 차원은 MBTI 검사에서도 동일하며 성격 5요인의 외향성과 일치하는 개념이다. 같은 방식으로 감각/직관은 경험에 대한 개방성과, 사고/감정은 친화성과, 조직/적응은 성실성의 요인과 매칭된다. Golden 검사는 성격 5요인 모형의 정서 안정성을 측정하기 위해 다섯 번째 포괄적 차원인 긴장(Tense)과 차분(Calm) 척도를 추가하였다. 해당 차원은 개인이 자신의 삶에서 경험하게 되는 불안이나 긴장의 정도를 반영하는 것으로 긴장 척도가 높을 경우 예민하며 불안과 긴장 수준이 높고, 다른 사람보다 스트레스에 유연하게 대처하기 어려울 수 있다고 본다. 반대로 차분 척도가 높을 경우 정서적으로 안정되고 차분하며 편안하고 다른 사람보다 스트레스에 유연하게 대처할 수 있지만, 자신이 경험하는 문제들을 억압하고 있거나 둔감하여 인식하지 못하는 것일 수도 있다고 본다(Golden, 2022).

Golden 검사와 MBTI와의 차이점은 Golden 검사는 Jung의 심리유형이론과 성격 5요인 이론을 통합하였다는 것이다. 그리고 MBTI 검사는 이분 척도의 양자택일 방식을 사용하지만 Golden 검사는 7점 척도를 사용하여 성격유형 분류의 정확성에 좀 더 관심을 두었다. 그리고 10개의 포괄 척도(10 Global Scales)뿐만 아니라 36개의 세부 척도(36 Facet Scales)를 제시하여 같은 유형 안에서 발생할 수 있는 이질적 성격을 보다 충분히 설명하고 있다.

그래서 외향형이라도 외향의 네 가지 세부 척도를 통해 다양한 외향성을 이해할 수 있으며 정서 안정성 점수를 활용하면 자기이해를 도와 좀 더 깊이 있는 상담으로 활용될 수 있다. 그리고 Golden 검사는 집단검사를 통해 집단 구성원의 성격유형의 분포와 역동을 다면적으로 이해할 수 있는 **팀보고서**를 제공해 주므로 이를 활용하면 학교, 기업, 교회 등 다양한 조직에서 팀워크 증진 및 관계 개선에 도움받을 수 있는 장점도 있다.

2) 발달과정과 역사

Golden 검사의 개발자인 Edward Golden은 1954년 성격 5요인의 초기모형인 Bernreuter Personality Inventory에 관해 학위논문을 쓴 심리학자이다. 당시 MBTI 검사 개발에 전공자로 참여했던 David Saunder는 Big 5의 다섯 번째 요인을 MBTI 검사가 포함해야 한다고 주장(박철용, 2020)했으나 받아들여지지 않았을 때 Edward Golden은 그의 의견에 동의하여 성격 5요인 모델과 Jung의 이론적 개념을 통합하여 1993년 Golden 검사를 개발하였다.

현재 Golden 검사는 그의 아들인 John Golden에 의해 업데이트되어 전 세계 13개국의 언어(영어, 프랑스어, 독일어, 터키어, 체코, 러시아어 등)로 번역되어 보급 및 활용되고 주로 인적자원개발(Human Resource Development) 분야의 기업교육, 취업 및 진로교육 등에서 사용되고 있다(오인수 외, 2023). 한국에서는 오인수, 송해덕, 성태제, 손지향, 이보람, 김량이 2022년 Golden 성격유형검사의 한국 타당화 작업을 완성하였고 인싸이트를 통해 보급되고 있다. 또한 2024년 오인수, 성태제, 손지향, 이보람은 Golden 성격유형검사 아동·청소년용을 표준화하였고 마찬가지로 인싸이트를 통해 보급되고 있다. 검사자는 Golden 성격유형검사의 올바른 실시 및 활용을 위해 싸이트에서 제공하는 소정의 프로그램에 참여하는 것을 권장하고 있다.

3) 검사의 구성

Golden 검사는 총 125문항으로 구성되어 있고, 〈표 6-5〉에서와 같이 10개의 포괄 척도 뿐만 아니라 36개의 세부 척도로 구성되어 있다. 각 포괄 척도는 일반적으로 상반되는 척도 또는 심리학적으로 반대되는 2개의 척도(예: 외향 vs. 내향)로 미시적인 수준에서 더 구체적인 구성요소들을 나타내는 세부 척도를 포함하고 있다. 세부 척도 또한 본질적으로 양극성을 띠고 있다. 예를 들어, 외향의 세부 척도인 '말이 많은(Talkative)'은 내향의 세부 척도인 '조용한(Quiet)'과 심리적으로 반대되는 측면이다.

표 6-5 Golden 5차원 핵심 성격요인

	포괄적 차원 1 에너지를 집중시키는 방식 (Energy Direction)		포괄적 차원 2 정보를 수집하는 방식 (Information Gathering)		포괄적 차원 3 의사결정 내리는 방식 (Decision Making)		포괄적 차원 4 선호하는 생활방식 (Lifestyle Orientation)		포괄적 차원 5 일상 스트레스에 대한 반응 (Response to Daily Stressors)	
포괄 척도	외향 Extraverting	내향 Introverting	감각 Sensing	직관 iNtuiting	사고 Thinking	감정 Feeling	조직 organiZing	적응 Adapting	긴장 Tense	차분 Calm
세부 척도	말이 많은 Talkative	조용한 Quiet	구체적인 Concrete	추상적인 Abstract	이성적인 Rational	감성적인 Empathetic	계획적인 Planned	유연한 Open Ended	염려하는 Concerned	낙관적인 Optimistic
	사회적으로 대담한 Socially Bold	내성적인 Reserved	실용적인 Practical	혁신적인 Innovative	자율적인 Autonomous	분석적인 Compassionate	일관된 Reliable	임기응변적인 Casual	확신이 적은 Unsure	자신감 있는 Confident
	개방적인 Outgoing	친밀한 Intimate	관습적인 Conventional	미래지향적인 Visionary	분석적인 Analytic	따뜻한 Warm	신중한 Deliberate	즉각적인 Spontaneous		
	참여적인 Participative	성찰적인 Reflective	전통적인 Traditional	유행을 따르는 Trendsetting	경쟁적인 Competitive	보살피는 Nurturing	동조하는 Conforming	동조하지 않는 Nonconforming		

출처: 오인수 외(2023).

검사의 유형은 〈표 6-6〉에서와 같이 성격유형과 일상 스트레스에 대한 반응으로 나누어지고 [그림 6-5]와 같은 성격유형으로 분류된다.

표 6-6 Golden 성격유형검사와 성격유형론, 성격 5요인 이론의 개념적 중첩

성격유형

 외향(**EXTRAVERTING**)
에너지가 외부의 사람들과 사물을 향한다.

◀ **에너지**를 어디에 집중시키는가? ▶

내향(**INTROVERTING**)
에너지가 내부의 생각과 아이디어를 향한다.

 감각(**SENSING**)
정보를 정확하고 상세하며 문자 그대로 처리한다.

◀ **정보**를 어떻게 인식하는가? ▶

직관(**INTUITING**)
정보를 상징적이고 보편적인 방식으로 처리한다.

 사고(**THINKING**)
논리와 합리성을 바탕으로 의사결정을 내린다.

◀ **의사결정**을 어떻게 하는가? ▶

감정(**FEELING**)
공감과 동정심에 가치를 두고 의사결정을 내린다.

 조직(**ORGANIZING**)
계획적이고 조직적이며 규칙적인 생활양식을 선호한다.

◀ 어떠한 **생활양식**을 선호하는가? ▶

적응(**ADAPTING**)
개방적이고 유연하며 새로운 생활양식을 선호한다.

일상 스트레스에 대한 반응

 긴장(**TENSE**)
자신의 행동에 대한 결과를 걱정하고 불확실하게 생각한다.

◀ 일상 **스트레스**에 대해 어떻게 반응하는가? ▶

차분(**CALM**)
자신감 있고, 차분하고 느긋한 경향이 있다.

출처: https://inpsyt.co.kr/psy/item/view/GOLDEN_CO_SG

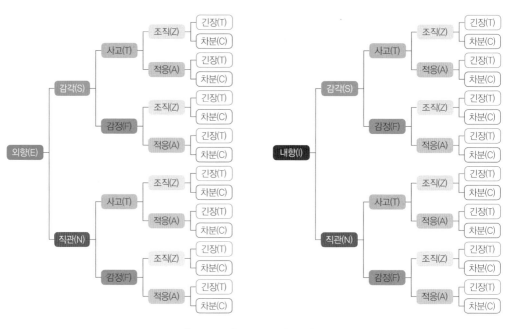

[그림 6-5] Golden 성격유형

출처: 오인수 외(2023).

(1) 포괄 척도

포괄 척도는 개인의 성격에 대한 종합적인 설명을 제공한다. 네 가지 포괄적 차원들은 Jung의 이론에 기반하여 에너지 방향, 정보처리, 의사결정 및 생활양식에 나타나는 개인의 특성을 설명한다. 다섯 번째 포괄적 차원은 Big 5 이론에 기반한 것으로, 일상생활에서 스트레스에 어떻게 반응하는지 개인의 정서 안정성을 설명하는 것으로 〈표 6-7〉과 같다.

표 6-7 포괄 척도

〈Jung 이론에 기반〉

외향(E)/내향(I)	■ 개인의 관심과 에너지의 방향이 어디로 향해 있는지를 설명 • E점수가 높은 사람은 외부의 사람들과 사물에 집중하며 외부에 초점을 두는 경향이 있다. • I점수가 높은 사람들은 내부의 사고와 생각에 집중하며 내면에 초점을 두는 경향이 있다.
감각(S)/직관(N)	■ 개인이 정보를 수집, 해석하며 적용하는 방식을 설명 • S점수가 높은 사람은 오감을 통해 세상을 인식하고 감각 정보를 정확하고 구체적이며 문자 그대로 처리하는 경향이 있다. • N점수가 높은 사람은 직관을 사용하여 통찰력을 강화시키며 상징적이고 포괄적인 방식으로 정보를 처리하는 경향이 있다.
사고(T)/감정(F)	■ 개인이 어떻게 의사를 결정하고 결론에 도달하는지에 대해 설명 • T점수가 높은 사람은 논리와 합리성을 바탕으로 의사를 결정하는 경향이 있다. • F점수가 높은 사람은 공감과 동정에 기초하여 의사를 결정하는 경향이 있다.
조직(Z)/적응(A)	■ 개인이 세상을 어떻게 살아가는지를 설명 • Z점수가 높은 사람은 질서정연하고 조직적이며 계획적인 생활방식을 선호하는 경향이 있다. • A점수가 높은 사람은 유연하고 개방적이며 즉각적인 생활방식을 선호하는 경향이 있다.

〈성격 5요인 이론에 기반〉

긴장(T)/차분(C)	■ 개인이 일상생활에서 스트레스에 어떻게 반응하는지를 설명 • T점수가 높은 사람은 자신의 행동에 대한 결과를 걱정하고 신경 쓰며 불확실하게 생각하는 경향이 있고, 자신이 바꿀 수 없는 것들에 대해 우려하는 경향이 있다. • C점수가 높은 사람은 자신감이 있고 타인이 어떻게 생각할지에 대해 낙관적이며 신경 쓰지 않는 경향이 있다. 또한 다른 사람들이 긴장하고 걱정할 수 있는 상황에서도 차분하고 느긋한 경향이 있다.

출처: Golden (2022).

성격유형은 Jung의 이론에 기반한 처음 4개 차원의 포괄 척도를 조합하여 분석한다. 처음 4개의 포괄 척도를 포함한 대표적인 예로 어떤 개인은 외향(E), 감각(S), 감정(F) 및 적응(A)인 ESFA형이 된다. 성격유형은 네 가지 차원 전반에 걸친 개인의 점수들을 기반으로 하여 16가지 가능한 성격 조합 중 하나를 나타내며 〈표 6-8〉과 같다.

표 6-8 16가지 성격유형과 특징

ISTA(생산형)	ISFA(실행형)	INFA(지지형)	INFZ(예견형)
• 조용하고 내성적인 • 효율적이고 편의주의적인 • 예리하게 환경을 관찰하는 • 방법과 이유에 관심을 보이는 • 삶에 대한 냉철한 관찰자	• 차분하고 친절하며, 겸손하고 자유분방한 • 성실한 수행자 • 높은 기준을 가진 이상주의자 • 날카로운 감각 • 순간의 활동에 완전히 몰입할 수 있는	• 깊이 배려하며 아이디어 지향적인 • 중재 역할 • 프로젝트에 몰입하는 • 차분한 열정으로 성장과 발전을 장려하는	• 차분하게 결정하는 • 타인의 복지에 관심을 가지는 • 타인을 도우려는 생각에 몰두하는 • 업무에 창의적인 노력을 쏟는
ESTA(촉진형)	**ESFA(사교형)**	**ENFA(격려형)**	**ENFZ(멘토형)**
• 정세에 따라 적용가능한 현실주의자 • 주변을 매우 잘 관찰하는 • 일을 자신의 방향으로 움직이는 데 숙달된 • 자극적인 일을 즐기는	• 따뜻하고, 친절하며, 매력적이고, 재치 있는 • 직면한 문제를 잘 해결하는 • 삶의 단순한 즐거움을 즐기는 • 분위기를 돋우는	• 열정적이고 매력적이며 재미있는 • 선천적으로 호기심이 많고 상상력이 풍부한 • 모든 사람을 아는 • 주변의 대인관계에 관심이 많은	• 반응적이고 책임감이 있는 • 외향적, 활동적, 사교적인 • 타인에게서 최선을 이끌어 내는 것을 즐기고 촉매 역할을 함 • 열성적임
ESTZ(관리형)	**ESFZ(지원형)**	**ENTA(임기응변형)**	**ENTZ(선도형)**
• 실용적이고 현실적인 • 생산성과 효율성에 가치를 두는 • 관리를 즐기는 • 집단을 질서 있게 만드는 게 탁월한	• 사교적이고, 지지적이며, 마음이 따뜻한 • 능동적으로 팀에 참여하는 • 타인에게 도움이 되는 • 인간관계 기술을 사용하여 중요한 관계를 유지하는	• 창의적이고 자신감이 있는 사상가 • 지적이고 솔직한 • 쟁점의 양면을 논의하는 • 멀티태스킹을 잘함	• 직접적이고 전략적인 • 자신 있고 박식함 • 솔직하고 단호함 • 타고난 조직의 설립자 및 리더

ISTZ(유지형)	ISFZ(보호형)	INTA(창조형)	INTZ(전략형)
• 진지하고, 전통적이며, 조용한 • 과업지향적이고, 허튼소리를 하지 않는 • 일의 실행 및 완수에 있어 뛰어난 • 집단의 자원을 보존하도록 노력하는	• 신뢰할 수 있고 책임감 있는 • 공감적이고, 차분하며, 양심적인 • 공손하고 매우 헌신적인 • 팀을 지원하기 위해 독립적으로 일하는	• 관심사가 매우 분명한 • 논리에 능숙한 • 이론, 과학, 아이디어에 관심을 갖는 • 관심 주제에 오롯이 몰두하는	• 독자적인 사상가 • 명확한 비전에 기초한 계획을 수립하는 • 높은 성취욕 • 역량을 강조하는

출처: 오인수 외(2023).

(2) 36개의 세부 척도

세부 척도는 포괄 척도에 대한 보다 구체적인 구성요소들을 나타낸다. 이러한 특수성은 포괄 척도에서 비슷한 점수를 받은 개인들 간의 차이를 이해하는 데 중요하다. 예를 들어, 두 명의 사람이 모두 외향(Extraverting)에서 높은 점수를 받을 수 있지만, 그 이유는 다를 수 있다. 한 개인은 '말이 많고(talkative)' '사회적으로 대담한(Socially Bold)' 측면에서 뚜렷한 선호도를 가질 수 있지만, '개방적인(Outgoing)' 측면과 '참여적인(Participative)' 측면에서는 낮은 선호도를 가질 수 있다. 반면, 다른 한 명은 그 반대의 패턴을 보일 수 있다. 세부 척도는 같은 유형 안에서의 개인과 상황에 따른 적합성과 개인의 차이를 더 정확하게 이해할 수 있도록 도와, 같은 유형 안에서 발생할 수 있는 이질적 성격을 보다 충분히 설명할 수 있다. 관련하여 〈표 6-5〉 Golden 5차원 핵심 성격요인을 참고하기 바란다.

(3) GOLDEN 성격유형검사 문항

Golden 검사의 문항들은 개인의 성격을 분석하기 위해 개발된 문항 외에도, 일반적으로 **특정 상황**(예: 직장)에 따라 개발된 문항을 포함하고 있다. 특정 상황과 관련된 문항을 제시하면 응답자가 문항을 쉽고 명확하게 이해할 수 있으므로, 검사에 적합한 반응을 보이며 일관성 있고 정확한 응답을 할 가능성이 높아진다.

Golden 성격유형검사는 선호도, 특정 상황에 대한 감정 및 개인의 성격 이외에도 행동을 측정한다. 선호도와 감정은 행동 이전에 일어나는 것으로, 선호도는 주어진 상황에서 한 개인이 실제로 어떻게 행동하는지 또는 무엇을 말하는지를 나타내는 것은 아니다. 이러한 이유로, Golen 검사에는 선호도뿐만 아니라 **행동**에 대한 문항들이 포함되어 있어 개인의 성격에 대해 보다 더 정확하게 설명할 수 있다.

Golden 검사에서는 연속적인 평가 항목으로 설계하여 각 항목에 대해 7점 척도로 응답할 수 있도록 선택지가 제시되고 중립적 응답 선택지 또한 제공된다.

4) 실시와 채점

(1) 검사 대상

Golden 검사도 MBTI와 마찬가지로 개인의 심리적 선호에 관한 문항들에 스스로 응답하게 하여 자신의 검사 결과를 통해 성격유형을 분류하는 설문형식의 지필 검사이다. 그러므로 정신적 장애가 있거나 생활상의 극심한 변화나 곤란을 겪고 있는 사람의 경우는 검사를 받을 수 없다. 그리고 Golden 검사는 만 18세 이상의 성인이 실시할 수 있는 검사도구로, 대체로 고등학교 이상의 학력을 가진 성인, 노인을 대상으로 한다(아동·청소년용은 18세 미만 아동·청소년이 대상).

(2) Golden 검사의 목적

Golden 검사는 나와 다른 성격유형의 특성을 이해할 수 있도록 도와 친구, 연인 및 부부, 부모-자녀 관계 등 다양한 대인관계 영역에 적용하여 대인관계에서 보다 효과적으로 의사소통하고, 새로운 의사소통 기술을 습득하여 개인의 관계 능력을 확장시키는 것을 목적으로 한다. 그리고 자신의 심리적 특성 및 행동적 특성을 객관적으로 파악하여 진로 선택, 진로 설계 등 자기개발 확장을 돕고자 한다. 또한 Golden 검사는 팀 구성원의 성격유형과 특성 이해를 도울 수 있어 성격유형별 유사점 및 차이점 인식과 개인차를 확인할 수 있다. 따라서 구성원 전체의 역동 파악과 구성원 간 의사소통 방식에 대한 점검, 문제점과 해결 방안을 탐색할 수 있어 관계 개선을 통한 업무성과 향상 및 긍정적 조직문화 형성을 돕고자 한다.

(3) 검사 실시 전의 안내사항

- 이 검사는 개인의 성격특성을 알아보기 위한 질문들로 구성되어 있습니다. 다음의 유의사항을 반드시 숙지한 후 검사를 진행해 주시기 바랍니다.
- 이 검사는 개인의 선호를 알아보기 위한 것으로 맞는 답과 틀린 답이 없습니다.
- 자신의 평소 생각이나 행동 등 자신에게 더 편안하고 익숙한 것에 응답하세요.
- 시간제한은 없으나 너무 깊이 생각하지 말고 편안하게 응답해 주세요.

(4) 검사 실시

Golden 성격유형검사는 조용하고 밝은 환경에서 시행하는 것이 중요하다. 피검자의 정확한 응답 및 원활한 협조를 위하여 좋은 조명, 편안한 의자, 적절한 책상 또는 테이블, 컴퓨터 화면, 키보드 및 마우스의 편안한 위치, 그리고 소음과 기타 방해요소가 없는 물리적 조건이 요구된다.

① 검사 실시방법

• 검사를 실시하기 전에는 피검자에게 검사의 특성 및 목적에 대한 안내를 충분히 제공하여야 하며, 검사 결과의 비밀보장에 대한 안내도 이루어져야 한다.

• 검사는 개인 및 집단 모두 온라인과 오프라인으로 실시가 가능하다.

• 검사를 실시하는 데 약 25~30분 정도 소요되나, 소요 시간에는 개인차가 발생한다. 따라서 집단으로 검사를 실시할 경우에는 검사를 먼저 마친 피검자가 다른 피검자의 검사 수행을 방해하지 않도록 지도, 감독해야 한다.

• 일반적으로 검사를 시작하여 한번에 마칠 것을 권장하지만, 부득이한 경우 검사를 두 번에 나누어 실시할 수 있다.

② 온라인 검사

• 검사자가 피검자에게 온라인 검사가 가능한 코드를 발급해 주거나, 검사 실시가 가능한 인싸이트 홈페이지에 접속하도록 안내한다.

• 피검자가 검사 유의사항을 모두 확인한 후 '검사 시작' 버튼을 클릭하면 검사가 시작되며, 검사를 진행하는 동안 피검자는 일부 문항을 건너뛸 수 있다. 이러한 경우에는 반드시 건너뛴 문항으로 나중에 다시 돌아가서 검사를 마치도록 한다. 검사를 끝내기 전에 피검자는 언제든지 검사 항목을 검토할 수 있다.

• 피검자에게는 모든 질문에 빠짐없이 답을 하도록 안내해야 한다.

• **검사를 일시적으로 중단해야 할 경우에는 인싸이트 홈페이지 내 '중간저장' 기능을 사용하도록 안내한다. 이 경우 추후 이어서 검사를 진행한다.**

• 온라인상에서 검사를 실시할 경우 '검사 완료' 이후에는 응답 수정이 불가능하므로 신중하게 검사를 마칠 수 있도록 안내해야 한다.

③ 오프라인 지필 검사

• 검사의 첫 페이지에 제시된 검사 유의사항을 충분히 숙지하고 검사에 응시하도록 하

며, 검사 응시 전 피검자가 궁금한 내용에 대해 질문할 수 있도록 기회를 주고, 피검자의 질문에 대답한 뒤 검사를 시작하도록 한다.

• 오프라인으로 검사를 실시할 경우에는 잘못 기입한 응답이나, 바꾸고 싶은 답안에 × 표시를 하고 새로운 답에 표시하면 된다.
• 피검자에게는 모든 질문에 빠짐없이 답을 하도록 안내해야 한다.
• 오프라인에서 검사를 실시하였더라도 채점은 인싸이트 홈페이지에서 이루어진다.
• 오프라인 검사를 실시할 경우, 피검자가 작성한 응답지를 '답안 입력' 모드로 홈페이지에 그대로 입력하면 Golden 성격유형검사 결과보고서가 자동으로 생성된다. 채점을 일시적으로 중단해야 할 경우에는 홈페이지 상에서 '중간저장' 기능을 활용하여 임시로 저장할 수 있다.

(5) 채점

검사 결과의 채점을 완료한 이후에는 답안 수정이 불가능하다. 따라서 오프라인으로 실시한 검사 응답지를 홈페이지에 입력할 시에는 피검자의 응답이 모두 올바르게 입력되었는지 확인하여야 한다. 점수 계산은 검사 완료 후 인싸이트 홈페이지에서 응답 결과를 분석 처리하면 곧바로 채점이 진행된다. 분석이 완료되면 인싸이트 홈페이지에서 결과보고서를 즉시 확인할 수 있으며 PDF 형태로 저장, 인쇄할 수 있다. 검사자는 피검자의 결과보고서에 포함된 정보를 공유하는 데 있어 신중해야 한다. 예를 들어, 모든 심리검사 결과와 마찬가지로 Golden 성격유형검사 결과는 피검자 자신의 결과를 다른 사람들과 공유하는 것에 동의(예: 조직 내 팀 빌딩 시간에 검사를 실시하는 상황 등)하지 않는 한, 비밀이 보장되어야 한다.

5) 해석방법

Golden 검사의 결과보고서는 개인이 검사 결과를 해석하고 그 결과를 관련된 행동들(예: 의사소통, 팀워크)과 연관시켜 이해하기 쉽도록 자세한 설명을 제공한다. 결과보고서에는 다음과 같은 설명이 포함된다.

–다섯 가지 포괄적 차원에 대한 결과
–Jung의 유형 선호도(네 가지 포괄적 차원에 근거함)
–Big 5 이론의 정서 안정성(일상 스트레스에 대한 반응)
–강점 및 성장을 위한 조언

-세부 척도에 대한 결과

(1) 결과보고서의 주요 특징

① 모든 척도에 대한 정보

Golden 검사에서 하나의 특성(예: 외향성)이 강하다는 것은 그 반대되는 특성(예: 내향성)이 약하다는 것을 의미한다. 하지만 오른손잡이나 왼손잡이가 반대쪽 손을 완전히 사용하지 못하는 것이 아니듯이, 한쪽의 특성이 강하다고 해서 반대되는 쪽의 특성이 없거나 완전히 결여되어 있다는 것을 의미하지는 않는다. 따라서 결과보고서에는 각 차원의 반대 요소를 포함하여, 모든 척도의 점수를 제공한다.

② 조직 대 적응

MBTI에서 판단 대 인식(J vs. P)이라고 불렸던 포괄 척도는 Golden의 요인 분석 결과, 조직(organiZing) 대 적응(Adapting)이 보다 더 정확한 용어임이 입증되어 조직 대 적응(Z vs. A)으로 용어가 바뀌었다.

③ 유형 내 차이점 이해하기

Golden 검사 결과보고서에는 세부 척도에 대한 설명이 제공된다. 포괄 척도를 바탕으로 한 개인에 대한 설명은 성격유형을 전반적으로 설명하는 데 유용하다. 그러나 세부 척도에 관한 설명은 동일한 포괄 척도나 같은 성격유형을 나타내는 점수를 받은 사람들 간의 차이를 가려 낼 수 있게 한다.

④ 스트레스에 대한 반응

Golden 검사는 다섯 번째 포괄적 차원으로 일상 스트레스에 대한 반응을 통해 정서적으로 얼마나 안정되어 있는지를 측정하는 긴장(Tense)/차분(Calm)을 포함하고 있다. 해당 정보는 개인이 적절한 생활방식을 선택하고, 스트레스를 다루는 대처 기제를 개발하고 개선하는 데 도움이 될 수 있다.

결과 해석 시 포괄 척도 해석을 위한 안내는 〈표 6-9〉에 제시하였다.

표 6-9   포괄 척도의 해석

포괄 척도	검사 결과 해석		
외향(E) vs 내향(I)	E 점수가 높은 사람		I 점수가 높은 사람
개인의 관심과 에너지의 방향은 어디로 향해 있는가?	외부의 사람들과 사물에 집중하여 외부에 초점을 두는 사람	⟺	내부의 사고와 생각에 집중하며 내면에 초점을 두는 경향
감각(S) vs 직관(N)	S 점수가 높은 사람		N 점수가 높은 사람
개인이 정보를 수집, 해석하며 적용하는 방식은 어떠한가?	오감을 통해 세상을 인식하고 감각 정보를 정확하고 구체적이며 문자 그대로 처리하는 경향	⟺	직관을 사용하여 통찰력을 강화시키며 상징적이고 포괄적인 방식으로 정보를 처리하는 경향
사고(T) vs 감정(F)	T 점수가 높은 사람		F 점수가 높은 사람
개인이 어떻게 의사를 결정하고 결론에 도달하는가?	논리와 합리성을 바탕으로 의사결정하는 경향	⟺	공감과 동정에 기초하여 의사결정하는 경향
조직(Z) vs 적응(A)	Z점수가 높은 사람		A 점수가 높은 사람
개인이 세상을 어떻게 살아가는가?	질서정연하고 조직적이며 계획적인 생활방식을 선호하는 경향	⟺	유연하고 개방적이며 즉각적인 생활방식을 선호하는 경향
긴장(T) vs 차분(C)	T 점수가 높은 사람		C 점수가 높은 사람
개인이 일상생활에서 스트레스에 어떻게 반응하는가?	자신의 행동에 대한 결과를 걱정하고 신경 쓰며 불확실하게 생각하는 경향이 있고, 자신이 바꿀 수 없는 것들에 대해 우려하는 경향	⟺	자신감이 있고 타인이 어떻게 생각할지에 대해 낙관적이며 신경 쓰지 않는 경향 또한 다른 사람들이 긴장하고 걱정할 수 있는 상황에서도 차분하고 느긋한 경향

출처: 오인수 외(2023).

세부 척도는 같은 유형 안에서의 개인의 차이를 더 정확하게 이해할 수 있도록 돕는 것으로 해석을 위한 예시는 [그림 6-6]에 제시하였다.

2. GOLDEN 성격유형검사-만 18세 이상의 성인   241

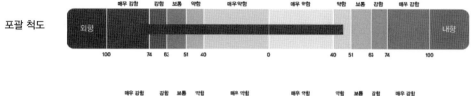

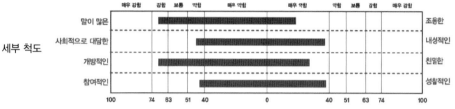

[그림 6-6] 세부 척도의 해석

출처: 오인수 외(2023).

(2) 응답 강도

Golden 검사 보고서에는 해당 검사를 구성하는 각 척도에서 개인이 얼마나 높거나 낮은 점수를 받았는지에 근거하여 '응답 강도'에 대한 설명이 제공된다. 하나의 특성(예: 외향)이 강하다는 것은 반대되는 특성(예: 내향)이 없거나 부족하다는 것을 의미하지는 않기 때문에, Golden 검사는 각 차원을 구성하는 서로 반대되는 척도들을 포함하여 개인의 모든 포괄 척도 및 세부 척도 점수를 제공한다. Golden 검사의 척도 점수는 1점에서 100점까지의 범위를 가진다. 척도 점수는 각 척도에서 개인이 받은 원점수를 전체 점수로 나누고 그 값에 100을 곱하여 계산한다.

Golden 검사의 응답 강도는 '매우 약함' '약함' '보통' '강함' '매우 강함' 총 5개의 범주로 나

표 6-10 척도 점수 범위에 따른 강도 범주

응답 강도 범주	척도 점수 범위
매우 강함	74점 이상
강함	63점 이상 74점 미만
보통	51점 이상 63점 미만
약함	40점 이상 51점 미만
매우 약함	40점 미만

누어진다. 본 검사에 응시한 피험자 응답 자료에 기반하여, 전체 포괄척도 및 세부 척도의 척도 점수 분포에 따른 Z점수를 기준으로 각 응답 강도에 해당하는 점수를 〈표 6-10〉에 제시하였다. 응답 강도는 개인별 결과보고서에도 제시하므로 [그림 6-6] 세부 척도의 해석에서 확인할 수 있다.

(3) 색분류 척도 및 특이 응답

파란색(좌측)과 주황색(우측) 구성표는 서로 쌍을 이루는 포괄 척도와 세부 척도를 구별하는 데 사용된다. '특이 응답'이라고 불리는 ★ 표시는 해당 척도와 관련된 항목들에 대한 개인의 응답이 포괄 척도와 세부 척도에서 서로 다른 유형을 보일 때 사용된다. 예를 들어, 개인이 포괄 척도에서 사고(T)인 것으로 식별되었지만, 감정(F) 포괄척도의 하위 요인인 '보살피는'에 해당하는 세부 척도가 높은 패턴을 보이는 경우가 이에 해당된다. 이 경우 결과보고서에서 '보살피는' 세부 척도는 '★'이 표시된다.

[그림 6-7] 특이 응답 해석 예시에 제시된 피검사는 주로 사고(T)형임을 보여 준다. '특이 응답' 표시는 세부 척도 결과가 포괄 척도 결과와 반대된다는 것을 의미하고, 해당 표시가 없는 것은 세부 척도 결과가 포괄척도 점수와 일치한다는 것을 의미한다. [그림 6-7]에 나타난 첫 번째 세부 척도는 '특이 응답' 표시가 없으며, 이는 첫 번째 세부 척도 결과가 검사 대상의 포괄 척도 점수와 일치한다는 것을 나타낸다. 하지만 네 번째 세부 척도는 사고보다는 감정이라고 식별된 사람에게서 예상 가능한 패턴을 보여 주어 '특이 응답' 표시를 나타내고 있다.

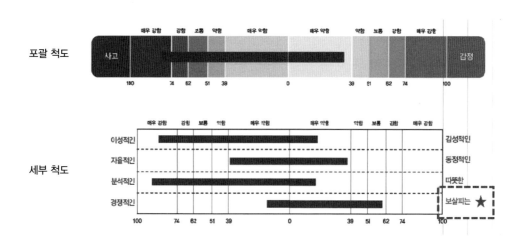

[그림 6-7] 특이 응답 예시

출처: 오인수 외(2023).

특이 응답은 응답자의 '독특한' 성격의 일면을 보여 주는 것으로 다음 질문을 사용하여 응답자의 자기 탐색을 도울 필요가 있다.

－특이 응답 패턴이 자신의 성격특성을 잘 설명하는가?
－특이 응답 성격유형은 다른 일반 응답 성격유형과 어떻게 조화를 이루어 왔는가?
－특이 응답 성격유형이 발달하도록 촉진했을 환경적 특성이나 개인적 경험이 있다면 무엇인가?
－특이 응답 성격유형은 주로 언제, 어디서 주로 효과적으로 발휘되는가?

Tip! 특이 응답 해석 시 고려할 점

• 포괄 척도와 반대 방향의 성격유형은 성격 발달의 중요한 단서가 될 수 있음.
• 방향에 의해 특이 응답의 유무가 결정되지만 특이 응답의 정도 역시 해석 시 고려해야 함.
• 일반적 패턴이 아닌 특이한 패턴은 응답자의 독특하고 고유한 성격특성을 결정짓는 요소임.
• 특이 응답의 원인은 다양할 수 있으며 성격 발달에 결정적 영향을 미친 주요 사건이나 환경적 요인에 의해 형성될 수 있음.
• 유형 역동(type dynamics)의 관점에서 특이 응답을 해석하는 것도 가능함.

(4) 결과에 대한 자기 탐색 및 자기 검증

Golden 검사는 성격 구성요소들을 정확하고 신뢰성 있게 측정하는 척도이다. 대부분의 사람들은 결과보고서에 나타난 성격유형 특성에 대한 설명과 척도의 결과가 매우 정확하다고 느낀다. 하지만 검사 결과보고서에 제시된 설명이 정확한지의 여부는 피검자가 직접 판단할 수 있다. 검사 결과를 탐색하고 결과가 적합한지 또는 적합하지 않은지를 확인하는 과정을 '자기 검증(Self-Validation)'이라고 한다. 이 과정은 모든 피검자들에게 권장되지만, 세부 척도 점수뿐만 아니라 포괄 척도 점수가 '매우 약함'(40점 미만) 범위 또는 '약함'(40~51점 미만) 범위에 있는 경우와 '특이 응답'이 나타날 때 특히 중요하다.

예를 들어, 어떤 사람의 결과가 ENTZ로 나타날 수 있지만, 그 사람의 사고(T) 강도는 '보통'일 수 있고, 사고(T)의 세부 척도 점수는 감정(F)의 세부 척도 점수보다 '약간' 더 높을 수 있다. 이러한 경우에는 실제로 ENTZ가 ENFZ보다 자신을 더 잘 설명하는 유형인지에 대한 판단을 자료에 근거하여 피검자가 스스로 판단할 수 있도록 두 유형의 설명을 모두 읽어 보도록 해야 한다.

6) 사례보고서 및 해석상담의 예

(1) Golden을 활용한 진로 고민 중인 대학생 사례

① 사례보고서

이름	최○○
인적사항	21세, 남성, 대학교 1학년, 재수 경험 있음, 무교
내방경위	현재 전공이 자신에게 맞는지 궁금하고 진로를 어떤 방향으로 설정해야 할지 고민되어 상담 신청함.
배경정보	대학입시 준비할 때 의대를 지망했으나 결과가 그에 미치지 못해 현재 학교와 전공을 선택하게 되었음. 현재 전공도 자신에게 잘 맞는 편이라 생각하지만 주변에서는 한 번 더 의대 도전을 권유하는 상황에서 본인도 약간 갈등하고 있음. 현재 과의 특성상 학부과정 3년 후 박사과정까지 이어지기 때문에 한 학기당 듣는 학점이 많고 공부 양이 많아 여유시간이 별로 없음. 그래서 다양한 경험을 하면서 진로를 탐색할 환경이 안 됨.
검사태도	검사 소요 시간 약 30분으로 평균에 해당됨. 이 외 특이 사항 없음.
검사 결과	▶ 성격유형: ENTA-C ▶ 포괄 척도 및 세부 척도 결과

	검사 결과									

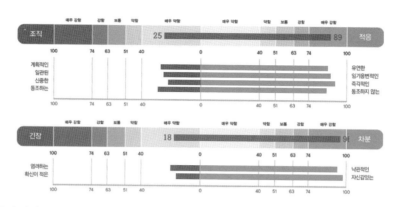

검사 결과

▶특이 상황: 직관(N)의 세부 척도 중 '구체적인' 항목의 점수가 약간 높게 나와 부가적인 정보 파악 필요

해석상담 요약

• 검사 결과 내담자의 성격유형은 ENTA-C 유형으로 매우 역동적이며 미래지향적인 삶을 추구하는 유형임. 관심의 폭이 넓고 가능성을 발견하면 지속적으로 일하며 새로운 목표를 성취하기 위해 몰두하며 그 과정에서 거의 지치는 법이 없음. 논리를 중시하며, 원할 때 사람들과 잘 어울릴 수 있는 대인관계 기술을 가지고 있음. 신속한 결정과 기민한 행동이 필요한 업무에 탁월함. 직관을 활용하여 새로운 것을 발견하는 데 탁월하며 배우는 것을 좋아함. 자신에 대한 강한 확신이 있으며 출중한 지적 능력으로 인해 자신이 원하는 것들을 달성하는 데 유리함.

• 해석상담 결과, 내담자는 어떤 일에서든 자신감이 높고 다양한 분야에 관심이 많으며 도전적이고 모험적인 과제를 즐기는 것을 확인함. 자신감이 높고 긴장 수준은 매우 낮아 상황에 대해 긍정적인 반면, 자신감이 지나쳐 계획하고 준비하는 것이 잘 안 되어 일에 차질이 생기는 경우가 반복되어 왔음. 고등학교 때 계획이 어렵고 꾸준히 하는 것이 힘들어 내신을 포기하고, 시험문제를 안 풀어 버리는 등 행동을 할 때 위험을 고려하지 않고 극단적인 선택을 했음. 재수생활을 할 때도 성적이 계속 하락하는데도 리스크를 감수하는 선택을 했었음. 그러한 특성이 대학 1학년 1학기 때 학업이나 생활에도 차질을 줌. 날마다 해야 할 일의 양이 있지만 그날 컨디션에 따라 기복이 심한 편이고, 긴장이나 걱정을 하지 않다 보니 앞으로 발생할 상황에 대비를 하거나 위험을 감지하는 것이 취약함. 내담자의 이런 성격특성으로 꾸준하고 장기적인 성취를 보이기에는 취약한 부분이 있는 것으로 확인됨.

개입방향

• 규칙적이고 꾸준한 생활습관 형성
  - 일상생활을 하거나 학업을 할 때 계획을 세우고, 그날 할 일을 수행했는지 점검함.
  - 나에게 맞는 운동을 정하여 매일 규칙적으로 실행함.
• 진로 탐색
  - 자신의 관심 분야에 대한 구체적인 자료를 수집하고, 자신의 특성과 관심에 따라 진로 방향을 좁힐 수 있도록 함.
  - 여러 랩실 중 자신의 관심 순으로 다양하게 경험해 보고 자신의 성격특성과 흥미를 기준으로 하여 평가해 보도록 함.

결과	▶생활에서의 변화 • 플래너를 이용하여 하루 해야 할 일 목록을 작성하고, 달성 여부를 체크하고 있음. • 술을 끊고, 게임 계정을 삭제했음. • 규칙적으로 운동을 하여 컨디션이 좋아짐. 주변으로부터 얼굴이 좋아졌고 어떻게 늘 기분이 좋냐는 피드백을 받음. • 과제 수행 시 예전처럼 미루지 않고, 시간을 좀 더 확보하는 것이 가능해짐. ▶진로 탐색 －진취적이고 여러 사람과의 협업을 할 수 있는 랩실을 선택하여 진로의 방향성을 잡아가고 있음.
제언	• 계획을 세우고 시간관리를 하면서 일상생활을 규칙적으로 지속하는 것을 꾸준히 체크할 필요가 있음.

② 해석상담

상담자 1 오늘은 지난주에 실시했던 Golden 성격유형검사 결과를 함께 살펴보도록 하겠습니다. ○○ 씨의 성격유형은 ENTA－C 유형으로 나왔습니다. ENTA－C 유형의 전반적 특성에 대해서 이야기를 먼저 해 볼게요. 이 유형은 역동적이고 미래지향적인 삶을 추구하는 유형이라 할 수 있어요. 가능성을 발견하면 지속적으로 일하고 새로운 목표를 성취하기 위해서 굉장히 몰입하고 지치지 않는 유형이지요. 관심의 폭이 넓은데, 이런 다양성이 삶에서 행복의 구심점이 될 수가 있죠. 배우는 것도 좋아하고 자신에 대한 강한 확신이 있는 편이에요. 검사 결과를 들어 보니 어떤가요?

내담자 1 대체로 맞는 거 같아요. 저는 다른 성격검사에서도 외향형으로 나오는 편이고, 사람들하고 어울리고 대화 나누는 것도 매우 좋아해요. 배우는 것도 좋아하고 관심사가 정말 다양한 분야에 걸쳐져 있어요.

상담자 2 그런 성향이 현재 생활에서 어떤 영향을 주는지 구체적으로 이야기해 볼 수 있을까요?

내담자 2 랩실에 선배들하고도 실험할 때 잘 어울리는 편이에요. 흥미가 전 영역에 걸쳐져 있으니 사람들하고 대화할 때 두루두루 참여가 가능하니까 좋아요.

(우측 주석)
성격유형검사 결과
해석 및 내담자의 의견
질문

성격유형검사 결과
해석 및 내담자의 의견
질문

상담자 3	그렇군요. 그런데 세부 척도 결과를 살펴보면 **특이 응답**을 한 부분이 있어요. 정보를 수집하고 해석하는 방식에서 ○○ 씨는 직관을 사용하는데, 세부 척도를 살펴보면 '구체적인'이 59, '추상적인'이 56으로 오히려 감각에 해당하는 세부 척도가 약간 높게 나왔어요. 이러한 부분에 대해서 어떻게 생각하시나요?	자신의 성격이 일상생활에 미치는 영향 탐색 질문
내담자 3	저는 구체적인 것을 좋아해요. 정확하게 수치로 나와 있는 걸 좋아하죠. 숫자로 된 것들은 기억에 잘 남아요. 애매모호한 설명을 안 좋아해서 추상적인 건 별로 선호하지 않죠.	
상담자 4	이러한 부분에 영향을 준 환경적 요인이나 과거 경험이 있었나요?	특이 응답에 대한 결과
내담자 4	어릴 때부터 국기책을 쉴 때마다 보면서 외웠어요. 저는 수학에서 계산하는 것보다 수치로 나오는 걸 더 좋아했던 것 같아요. 그냥 말로 설명한 것보다 더 기억에 남아요. 크다, 작다보다는 구체적으로 제시했을 때 더 잘 이해가 되죠.	해석 및 차이에 대한 내담자 자기 검증 질문
상담자 5	어릴 때부터 그런 경험이 있고 좋아했었군요. 구체적인 것 뿐만 아니라 추상적인 것도 비슷하게 높게 나왔어요. 이러한 부분은 어떤가요?	차이에 대한 자기 탐색 질문
내담자 5	어릴 때부터 환경적으로 영향이 있었던 거 같아요. 엄마가 꾸준히 미술관 수업을 데리고 다녔었거든요. 여섯 살 때부터 2주에 한 번씩 꼭 미술관에 가서 그림도 그리고 수업도 했었어요. 어릴 때 엄마가 시도 한번 써 봐라 해서 썼었고, 글쓰기도 계속해서 시켜서 지금도 사람들이 저보고 글을 잘 쓴다고 해요. 이건 정말 환경적인 요인이죠.	
상담자 6	**이러한 특성이 현재 생활이나 학업 등에 어떤 영향을 주나요?**	유사한 부분에 대한
내담자 6	흥미가 역사나 음악, 경제, 사회, 과학 등 전 영역에 걸쳐 있으니까 모든 대화에 다 참여 가능해서 좋아요. 제가 자료 서칭하는 거 좋아하거든요. 궁금하면 바로 검색하고 그걸 기억도 잘하는 편이에요. 그래서 프로젝트 할 때 도움이 많이 되죠.	자기 검증 질문
상담자 7	그렇군요. 이번에는 점수가 가장 높게 나온 다섯 가지 세부 척도를 중심으로 살펴볼게요. '자신감 있는' '유행을 따르는' '참여적인' '긍정적인' '이성적인'이 가장 높게 나왔어요. 이런 특성이 ○○ 씨의 장점을 얼마나 잘 설명하나요?	성격특성이 미치는 긍정적 영향 탐색 질문
내담자 7	들으면 다 제 이야기인 거 같아요. 사람에 대해서나 일을 하거나 공부할 때 자신감이 심하다 싶을 정도로 강해요. 웬만해서는 다	

	될 거 같다는 생각이 들고 실제로도 하는 대로 되는 편이에요.	
상담자 8	이런 점이 강점으로 작용할 수 있겠네요. 그렇다면 반대로 부정적인 영향도 있나요?	높은 세부 척도 결과에 따른 부정적 영향 탐색 질문
내담자 8	있어요. 자신감이 너무 강하다 보니까 모험을 많이 하죠. 안 될 거 같은 생각이 안 드니까 계획하고 준비하는 게 잘 안 돼요. 또 자신감이 있다 보니 준비를 철저하게 못해서 미흡한 상태로 제출하게 되죠. 그러면 다음에 또 그걸 분석하면서 스텝이 꼬이게 돼요.	
상담자 9	자신감이 넘치다 보면 마음먹으면 다 잘할 수 있을 거 같고, 그러다 보면 준비에 소홀해질 수도 있겠네요. 그럼, 이런 부분에 대해서 어떻게 보완할 수 있을까요?	부정적 영향에 대한 해결 방안 탐색 질문
내담자 9	내가 대학 와서 너무 놀았나 생각이 들었어요. 우리 과 특성상 술을 되게 많이 마셔요. 그러다 보니 생활이 무너진 느낌이 들었어요. 오전에 벌써부터 다운되고 힘든 느낌이 들고요. 그래서 술을 끊어야 할 것 같아요. 게임도 계정을 삭제하는 게 좋을 거 같고요.	
상담자 10	좋은 생각이네요. 생활이 무너진 느낌이라면 빨리 일상을 회복하고 규칙적인 생활로 돌아오는 것이 중요하겠지요.	변화의 의지 고취 시킴
내담자 10	네, 그리고 운동도 하면 좋지 않을까요. 아무래도 체력이 떨어지니까.	
상담자 11	좋아요. 일주일 동안 실천해 보고 같이 이야기 나눠 보도록 해요. 앞서 점수가 가장 높게 나온 세부 척도를 살펴봤는데, 이번에는 점수가 가장 낮은 다섯 가지 세부 척도에 대해 살펴볼게요. '확신 없는' '전통적인' '성찰적인' '염려하는' '감성적인'으로 나타났는데, 이런 부족한 특성이 ○○ 씨의 성취에 어떤 영향을 준 적이 있나요?	낮은 세부 척도 결과로 인한 영향 탐색 질문
내담자 11	그렇게까지 영향을 준 건 아닌 것 같아요. 저는 실패에도 굴하지 않고 안 되면 또 하지 생각하는 편이거든요.	
상담자 12	이런 부분에 대해 조언을 받아 본 적 있나요?	구체화 질문
내담자 12	아, 부모님이 하시는 말씀이에요. 엄마가 저랑 거의 반대라 이런 부분에 대해 자주 말씀해 주셨어요.	
상담자 13	그럼, 1학기 때는 일이 자꾸 밀리고 결과가 좋지 않다고 했는데 2학기 때는 어떻게 극복해 나갔나요?	예상되는 부정적 영향에 대한 해결 방법

내담자 13	제가 계획 세우고 그런 게 잘 안 되니까 캘린더에 적어 놓고 웬만하면 남들 할 때 참여해서 하려고 했어요. 옆에서 도와줄 때 도움받고 같이 하려고 해요. 그러니까 좀 나아지더라고요. 또 말을 할 때 남들 기분 생각해서 말해야 하는데 직설적으로 말하는 편이니까. 감성적인 친구나 공감을 원하는 친구들은 기억해 뒀다가 그 사람에 맞춰서 이야기하려고 해요.	탐색 질문
상담자 14	○○ 씨가 이성과 논리를 중요시 여기기 때문에 반대로 타인에게 미치는 영향에 소홀할 수가 있는데, 이미 그런 부분을 생활 속에서 실천하고 있네요. 일상의 스트레스에 대한 반응으로는 차분 점수가 96점으로 매우 높게 나타났어요. 이 부분에 대해서는 어떻게 생각하시나요?	내담자의 장점 격려 및 스트레스 반응 탐색 질문
내담자 14	저는 긴장을 잘 안 하고 걱정도 딱히 없어요. 그래서 모르는 사람과 만나서 이야기할 때도 긴장을 안 하고 쉽게 빨리 친해지는 편이에요.	
상담자 15	이런 것들이 과거 혹은 현재에 어떤 영향을 주었나요?	스트레스 대처 반응이 일상에 미친 영향 탐색
내담자 15	고등학교 때 내신 준비가 어려워서 내신을 포기했어요. 거기다 리스크를 감수하는 성격이다 보니 2학년 시작하자마자 시험 자체를 안 풀어 버렸어요. 제가 걱정이나 긴장을 잘 안 한다고 했잖아요. 그래서 위험감지를 잘 못해요. 결과가 안 좋아도 걱정을 안 해서 문제예요.	
상담자 16	그래서 우리가 앞서 이야기 나눴던 것처럼 생활 속에서 실천할 수 있는 방법들을 사용하면서 자신의 부족한 부분을 강화시켜 나가는 게 필요하다고 생각해요.	결과 및 면담 간 통합 해석
내담자 16	네, 그래서 계획을 세우는 연습을 하고, 당일 해야 할 일들을 체크하고, 규칙적으로 하는 게 필요할 거 같아요.	
상담자 17	좋아요. ○○ 씨가 말한 것처럼 동료들과 함께 하는 것도 도움이 되겠네요. ENTA 유형은 새로운 일에 참여하는 것을 선호하는 편이고, 도전적이고 변화가능한 환경에서 동기부여가 되는 편이고 기술과 창의성을 사용하는 것에 흥미가 있지요. ○○ 씨의 성격특성이 현재 전공과 어떤 면에서 잘 맞다고 생각하시나요?	성격유형 특성과 내담자 주호소 문제와의 통합적 탐색 질문
내담자 17	부모님은 반수를 권유하시고 저도 그럴 생각이 있었는데, 대학 오니까 저희 과가 연구적인 지원이 아주 탄탄하거든요. 공부하는 게 제 적성에 맞는 거 같아요. 대학 오니까 진짜 이해했다는	

즐거움이 있고 그걸 바로 실생활에서 쓸 수 있어서 좋은 거예요. 예를 들어서, 미적분을 어디에다 써? 그러잖아요. 그런데 확률이나 행렬 같은 건 인공지능 만드는 데 필수거든요. 이런 걸 이해할 때마다 조금씩 채워지는 느낌이 있어요.

상담자 18 ○○ 씨 말은 현재 전공이 ○○ 씨의 성격특성이나 강점에 잘 맞다고 느끼는 것 같네요. 원래 의대진학을 원했었는데, 현재 전공에서 흥미를 느끼고 관심이 기울어진 것 같은데 어떤가요?

진로에 대한 고민 해결
방향 구체화 질문

내담자 18 네, 현재로선 그렇다고 볼 수 있어요. 오늘 검사 결과를 들어 보니 더 그런 생각이 들어요. AI 분야는 워낙 변화가 빠르고 크니까 어디로 가야지 내가 대체 불가한 인력이 될까 그게 고민이에요.

상담자 19 좋아요. 고민의 방향이 좁혀졌다니 반갑네요. 그럼 앞으로 ○○ 씨의 진로방향을 좀 더 찾아보면 좋겠어요. 지금까지 결과를 함께 살펴보았는데, 어떤가요?

검사 해석상담에 대한
소감 듣기

내담자 19 제 성격의 특성이나 감정 그리고 보완해야 할 점에 대해서 알 수 있어서 좋았고, 제 성격특성과 제 전공이 잘 부합되는 거 같아서 좀 후련해요.

상담자 20 좋습니다. 그럼, 이것으로 오늘 해석상담을 마칠게요.

3. 성격강점검사 CST-성인용/청소년용

성격강점검사(Character Strengths Test: CST)는 긍정심리학에서 제시하고 있는 긍정 특질론에 근거하여 개인의 긍정적 성품과 덕목을 측정하는 자기보고형 검사이다. 긍정 특질론은 인간의 행복과 자기실현에 기여하는 긍정적인 심리적 특질에 대한 과학적 연구로서 긍정심리학의 핵심적인 연구주제이다. 긍정심리학의 창시자인 Martin Seligman(2006)은 "심리학은 인간의 약점과 장애에 대한 학문만이 아니라 인간의 강점과 덕성에 대한 학문이기도 해야 한다. 진정한 치료는 손상된 것을 고치는 것만이 아니라 우리 안에 있는 최선의 역량을 이끌어 내는 것이어야 한다."고 주장하며 인간의 긍정적인 측면을 과학적으로 연구함으로써 인간의 행복과 성장을 지원하고자 하는 학문 분야(권석만, 2008)를 이끌었다.

1) 개요

긍정심리학은 보통 사람들이 지니는 강점과 미덕에
대한 과학적인 연구로 '평범한 사람들'에게서 그들이
잘 기능하고, 올바르게 행동하며, 그들의 삶을 향상시
키도록 만드는 것이 무엇인지를 찾아내려고 하였다.
그래서 긍정심리학에서는 '타고난 적응능력과 학습한
기술들을 성공적으로 활용하면서 효율적으로 잘 살아
가는 사람의 특징은 무엇인가? 여러 가지 역경에도 불
구하고 목적의식을 가지고 의연하게 살아가는 많은

Martin Seligman

[그림 6-8] 성격강점검사와 관련된 인물

사람들의 삶을 어떻게 심리학적으로 설명할 것인가?' 하는 물음을 탐구하였다.

긍정심리학은 개인, 집단 그리고 사회가 성장하고 번창하도록 만드는 요인들을 발견하고
촉진하는 것을 목표로 하며 긍정 상태, 긍정 특질, 긍정 조직을 긍정심리학의 세 기둥이라고
불렀다(Seligman, 2002). 첫째, **긍정 상태**(positive states)란 인간이 주관적으로 경험하는 다양
한 긍정적 심리상태로 행복감, 안락감, 만족감, 사랑, 친밀감 등과 같은 긍정 정서를 비롯하
여 자신과 미래에 대한 낙관적 생각과 희망, 열정, 활기, 확신 등이 포함된다. 둘째, **긍정 특
질**(positive traits)이란 개인이 가진 긍정적인 성격강점과 덕성을 의미한다. 긍정 특질은 개인
이 지속적으로 나타내는 긍정적인 행동양식과 탁월한 성품으로 창의성, 지혜, 끈기, 성실성,
겸손, 용기, 열정, 리더십, 낙관성, 유머, 영성 등이 포함된다. 마지막으로, **긍정 조직**(positive
institutions)은 구성원 행복과 역량 발휘를 지원할 뿐만 아니라 효율성과 도덕성을 겸비한 조
직으로 가족, 학교, 기업체, 정부기관, 군대, 사회의 긍정 조직 특성을 연구할 뿐만 아니라 긍
정 조직으로의 변화 방법을 탐구하여 개인의 행복과 조직의 번영을 추구한다.

그동안 심리학은 인간을 부적응과 정신장애로 몰아가는 부정적인 특질의 연구에 관심을
집중해 왔다. 그 결과, 인간이 나타내는 다양한 심리적 약점, 단점, 결함 그리고 이상심리와
성격장애에 대한 이해가 깊어졌으며 DSM과 같은 정교한 분류체계가 개발되어 있다. 반면
에 인간의 긍정 특질에 대한 이해는 상대적으로 매우 미흡한 상태여서 긍정심리학은 인간
이 지니는 다양한 긍정적 성품과 강점을 밝히고 계발하는 것을 목표로 긍정 특질에 관한 긍
정심리학의 연구성과에 근거하여 성격강점검사를 개발하였다. Seligman(2006)은 개인이 지
니는 대표강점을 발휘하며 사는 것이 진정한 행복이라고 주장하였는데 **대표강점**(signature
strength)이란 개인을 잘 나타내고 그의 독특성을 보여 주는 긍정적인 성격적 특질을 뜻한다. 모
든 사람은 나름대로 다양한 긍정적인 강점과 자질을 지니고 있지만, 그들 중 어떤 것은 그들

의 개성에 더 중요하고 핵심적인데 이러한 특징적 강점을 꾸준히 계발하게 되면 시간이 흐름에 따라 더욱 발전하여 개인의 탁월한 덕목과 재능이 될 수 있다고 보았다.

긍정심리학자인 Christopher Peterson과 Martin Seligman(2004)은 인간의 성격강점과 덕목에 대한 VIA(행동의 가치) 분류체계(the Values-in-Action Classification of Character Strengths and Virtues)를 제시하였다. 아울러 웹상에서 24개의 성격강점을 측정할 수 있는 자기보고형 검사인 VIA-IS(Values in Action Inventory of Strengths; www.authentichappiness.com)를 개발하여 활용하고 있으나 아직 한국어판은 개발되어 있지 않은 상황이었다. 이러한 이유로 한국의 문화적 배경을 고려한 성격강점검사 도구를 개발하기 위해 대학생을 대상으로 표준화 작업을 거쳐 성격강점검사 도구를 개발하였고, 중·고등학생을 대상으로 표준화 작업을 한 성격강점검사-청소년용(Character Strengths Test for Adolescents: CST-A)을 개발하였다.

성격강점검사의 목적은 첫째, 자신의 대표강점을 좀 더 명료하게 파악함으로써 자기이해를 증진하는 동시에 자기계발과 자기성장의 토대를 마련하기 위함이다. 둘째, 상담자는 성격강점검사 결과를 통해 내담자의 강점을 좀 더 명료하게 이해함으로써 상담과정을 효과적으로 진행하기 위함이다. 셋째, 행복과 성장을 촉진하는 집단프로그램이나 집단상담의 경우 참가자의 강점을 평가하여 활용함으로써 프로그램의 효과를 증진하기 위함이다. 넷째, 학교, 기업체, 정부기관, 군대와 같은 다양한 장면에서 구성원의 대표강점을 명료하게 인식함으로써 그러한 강점을 효과적으로 발휘하도록 돕기 위함이다. 마지막으로, 성격강점검사는 성격강점과 관련된 다양한 주제의 연구에 사용하기 위함이다. 성격강점검사를 개발한 목적 중 하나는 한국에서 성격강점 및 관련된 연구를 촉진하고 지원하기 위한 것이다.

2) 발달과정과 역사

성격강점의 구성요소에 대한 연구는 긍정심리학의 창시자라 할 수 있는 Peterson과 Seligman(2009)이 개인이 지닌 재능과 강점을 충분히 발현함으로써 행복한 삶을 누리고자 하는 이들에게 적극적으로 도움을 주기 위해선 긍정적 특질을 체계적으로 분류하는 작업이 필요함을 주장하면서 활발하게 진행되었다. 강점 분류체계는 1999년 Don Clifton에 의해 시작되었고 이어 Seligman과 Peterson은 긍정적 성격강점 기준을 만들기 위한 VIA연구소(Values in Action Institute)를 설립하였다. VIA연구소에서는 성격강점 덕목 구성을 위해 다양한 문화에서 존재하고 있으며 수많은 윤리학자, 철학자 및 종교사상가에 의해서 연구되어 온 인간의 긍정적 특질을 집대성하여 행복과 자아실현에 영향을 미치는 강점들로 성격강점과 덕목의 분류체계를 구성하였다(박은아, 2014).

성격강점의 구성요소는 역사, 문화, 철학, 심리학, 교육학 등의 학문을 토대로 추출된 여섯 가지 핵심 덕목인 **지혜와 지식**(wisdom & knowledge), **용기**(courage), **인간애**(humanity), **정의**(justice), **절제**(temperance), **초월성**(transcendenc)과 이와 관련된 24개의 강점에 범주와 위계를 부여함으로써 구체화되었고 Peterson과 Seligman(2004)에 의해 DSM에 상응될 수 있는 심리적 강점과 덕성에 대한 분류체계인 **성격강점과 덕목에 대한 VIA 분류체계**가 개발되었다.

(1) 성격강점과 덕성의 선발기준

인간이 나타내는 심리적 강점과 탁월성은 매우 다양하다. 성격강점과 덕성은 개인이 지속적으로 나타내는 행동양식과 성품으로, 긍정적으로 타고난 능력(ability)이나 재능(talent)과는 다음에 제시된 이유들로 구분되어야 한다(Peterson & Seligman, 2004).

첫째, 재능과 능력은 강점과 덕목에 비해서 **선천적**으로 타고나는 것이며 환경에 의해 변화되기 어렵고 의도적으로 나타내기 어려운 것이다. 예를 들어, 지능은 다분히 선천적이며 자신이 지능을 높이고자 노력한다고 해서 지능이 증가되는 것이 아니다. 둘째, 강점과 덕목은 그 자체로 긍정적인 가치를 지니는 반면, 재능과 능력은 그 자체보다 그 **구체적 성과**에 의해 가치를 지닌다. 예를 들어, 우수한 지능(IQ)은 학업이나 업무를 통해서 탁월한 성과를 나타낼 때 그 가치를 인정받는다. 때로는 우수한 지능으로 범죄나 해로운 행위를 범했을 경우 오히려 사회적인 해악을 미칠 수도 있다. 반면에 친절성, 정직성, 지혜와 같은 강점과 덕목은 그 자체로 가치를 지닌 것이며 대부분 도덕적으로 긍정적인 것이다.

이러한 이유로 Peterson과 Seligman을 비롯한 VIA 연구진들은 긍정적 특질의 분류체계를 구성하기 위해 다양한 시대와 문화에서 소중하게 여겨졌던 수십 개의 성격강점들을 추출하였다. 그리고 이러한 강점들을 다음과 같은 열 가지 기준에 따라 세밀하게 검토하였다(Peterson & Seligman, 2004).

- **보편성**: 대다수 문화에서 긍정적 덕목으로 여겨지고 있는가?
- **행복 공헌도**: 다양한 긍정적 행동과 성취를 촉진함으로써 그 소유자와 다른 사람의 행복에 기여하는가?
- **도덕성**: 그 자체로 도덕적인 가치를 지니는가?
- **타인에의 영향**: 한 사람에 의해서 표현될 경우, 다른 사람에게 부정적인 영향을 미치지는 않는가?
- **반대말의 부정성**: 반대말이 확실히 부정적인 것으로 간주되는가?
- **측정가능성**: 측정될 수 있도록 개인의 행동(생각, 감정, 행위)으로 표출되는 것인가? 또한

상황과 시간의 변화에도 안정성을 나타내는가?

- **특수성**: 다른 강점들과 잘 구별되는 것인가? 다른 강점들로 분류될 수 있는 것은 아닌가?
- **모범의 존재**: 모범적 인물에 의해서 구체화될 수 있는가?
- **결핍자의 존재**: 현저하게 부족한 사람들이 존재하는가?
- **풍습과 제도**: 사회는 이러한 강점을 육성하기 위한 풍습이나 제도를 지니고 있는가?

(2) VIA 분류체계의 구조

VIA 분류체계에 포함된 6개의 핵심덕목과 그 하위 요소인 24개 성격강점과 덕성은 다음과 같다(권석만, 2008; Peterson & Seligman, 2004).

① 지혜 및 지식과 관련된 강점들

지혜 및 지식(wisdom & knowledge)과 관련된 강점들은 더 나은 삶을 위해서 지식을 습득하고 활용하는 것과 관련된 인지적인 강점들(cognitive strengths)이다. 많은 철학자들은 지혜와 이성을 다른 덕목의 구현을 지원하는 최상의 덕목으로 5개의 하위 요소로 구성되어 있다.

- **창의성**(creativity, 독창성, 창의력): 어떤 일을 하면서 새롭고 생산적인 방식으로 생각하는 능력으로서 참신한 사고와 생산적인 행동방식을 포함한다.
- **호기심**(curiosity, 흥미, 모험심): 일어나고 있는 모든 경험과 현상에 대해서 흥미를 느끼는 능력으로서 다양한 주제와 화제에 매혹되어 조사하고 발견하는 것을 포함한다.
- **개방성**(open-mindedness, 판단력, 비판적 사고력): 사물이나 현상을 다양한 측면에서 철저하게 생각하고 검토하는 능력으로서 모든 증거를 동등하게 취급하고 새로운 증거에 따라 신념을 수정하는 태도를 포함한다.
- **학구열**(love of learning): 새로운 기술, 주제, 지식을 배우고 숙달하려는 동기와 능력을 의미한다.
- **지혜**(wisdom, 통찰, 안목): 사물이나 현상을 전체적인 관점에서 생각하고 다른 사람에게 현명한 조언을 제공해 주는 능력을 뜻한다.

② 인간애와 관련된 강점들

인간애(humanity)와 관련된 강점들은 다른 사람을 보살피고 친밀해지는 것과 관련된 대인관계적 강점들로 일대일 관계에서 나타나는 개인의 사회적 강점과 관련된 3개의 하위 요소로 구성되어 있다.

−사랑(love): 다른 사람과의 친밀한 관계를 소중하게 여기고 실천하는 능력으로 다른 사람을 사랑할 수 있고 다른 사람으로부터 사랑을 받아들일 수 있는 능력을 의미한다.

−친절성(kindness, 이타성, 배려심, 동정심): 다른 사람을 위해서 호의를 보이고 선한 행동을 하려는 동기와 실천력으로서 다른 사람을 돕고 보살피는 행동을 포함한다.

−사회지능(social intelligence, 정서지능, 사회성): 자신과 다른 사람의 동기와 감정을 잘 파악할 뿐만 아니라 다양한 사회적 상황에서 어떻게 행동하는 것이 적절한지를 잘 아는 능력을 의미한다.

③ 용기와 관련된 강점들

용기(courage)와 관련된 강점들은 내면적·외부적 난관에 직면하더라도 추구하는 목표를 성취하려는 의지와 관련된 강점들로 4개의 하위 요소로 구성되어 있다.

−용감성(bravery, 용맹성): 위협, 도전, 난관, 고통으로부터 위축되지 않고 이를 극복하는 능력을 의미하며 저항이 있더라도 무엇이 옳은지 이야기하고 인기가 없을지라도 신념에 따라 행동하는 것을 포함한다.

−끈기(persistence, 근면성, 인내심): 시작한 일을 마무리하여 완성하는 능력을 의미하며, 장애에도 불구하고 일련의 계획된 행동을 지속하거나 과업을 성취하는 과정에서 기쁨을 느끼는 것을 포함한다.

−진실성(authenticity, 정직성, 진정성): 진실을 말하고 자신을 진실한 방식으로 제시하는 능력으로서 자신을 거짓 없이 드러내고 행동이나 감정을 수용하고 책임지는 것을 포함한다.

−활력(vitality, 열정, 열망): 활기와 에너지를 가지고 삶과 일에 접근하는 태도를 의미하며, 생기와 생동감을 느끼며 삶을 도전적으로 사는 것을 포함한다.

④ 절제와 관련된 강점들

절제(temperance)와 관련된 강점들은 지나침으로부터 우리를 보호해 주는 긍정적 특질들로서 극단적인 독단에 빠지지 않는 중용적인 강점들로 4개의 하위 요소로 구성되어 있다.

−관대성(forgiveness, 용서, 관용): 나쁜 일을 한 사람들을 용서하는 능력으로서 잘못을 행한 자를 용서하고, 사람들에게 다시 기회를 주며, 앙심을 품지 않는 것을 포함한다.

−겸손(modesty, 겸양): 자신이 이루어 낸 성취에 대해서 불필요하게 과장된 허세를 부리지 않는 태도로서 자신의 성취나 업적을 떠벌리지 않고, 세인의 주목을 구하지 않으며, 스

스로를 특별한 존재로 생각하지 않는 것을 포함한다.

- 신중성(prudence, 조심성): 선택을 조심스럽게 함으로써 불필요한 위험을 다루지 않으며 나중에 후회할 일을 말하거나 행하지 않는 능력을 말한다.
- 자기조절(self-regulation, 자기통제): 자신의 다양한 감정, 욕구, 행동을 적절하게 잘 조절하는 능력을 의미한다.

⑤ 정의와 관련된 강점들

정의(justice)와 관련된 강점들은 건강한 공동체 생활과 관련된 사회적 강점으로 개인과 집단 간 상호작용을 건강하게 만드는 3개의 하위 요소로 구성되어 있다.

- 시민의식(citizenship, 책임감, 협동심, 충성심): 자신이 속한 집단의 이익을 추구하고자 하는 책임의식으로서 사회나 조직 속에서 자신에게 주어진 임무와 역할을 인식하고 부응하려는 태도를 뜻한다.
- 공정성(fairness): 편향된 개인적 감정의 개입 없이 모든 사람을 동등하게 대하고 모두에게 공평한 기회를 주는 태도를 의미한다.
- 리더십(leadership, 지도력): 집단활동을 조직화하고 그러한 활동이 진행되는 것을 파악하여 관리하는 능력으로서 구성원을 고무시켜 좋은 관계를 창출해 내고 사기를 진작시켜 각자의 일을 해내도록 지휘하는 것을 포함한다.

⑥ 초월과 관련된 강점들

초월(transcendence)과 관련된 강점들은 현상과 행위에 대해 의미를 부여하고 커다란 세계인 우주와의 연결성을 추구하는 초월적 또는 영적 강점으로 5개의 하위 요소로 구성되어 있다.

- 심미안(appreciation of beauty and excellence, 감상력): 다양한 삶의 영역에서 나타나는 아름다움, 수월성, 뛰어난 수행을 인식하고 평가하는 능력을 의미한다.
- 감사(gratitude): 좋은 일을 잘 알아차리고 그에 대해 감사하는 태도를 뜻한다.
- 낙관성(optimism, 희망, 미래지향성): 최선을 예상하고 그것을 성취하기 위해 노력하는 태도를 의미한다.
- 유머감각(humor, 쾌활성): 웃고 장난치는 일을 좋아하며 다른 사람에게 웃음을 선사하는 능력을 말한다.

-영성(spirituality, 종교성, 신앙심): 인생의 궁극적 목적과 의미에 대한 일관성 있는 신념을 가
지고 살아가는 태도를 말한다.

3) 검사의 구성

성격강점검사는 VIA 분류체계에 근거하여 6개의 핵심덕목과 24개의 하위척도와 더불어
검사반응에 영향을 미칠 수 있는 피검자의 검사 태도를 측정하는 **사회적 선희도**(피검자의 긍정
적 왜곡 성향을 측정하여 표준화 과정을 통해 강점들 간 동일한 규준을 마련함)를 포함하여 총 25개의 하
위척도로 구성되어 있다. 성격강점검사의 구조는 [그림 6-9]와 같으며 성격강점검사의 25개
하위척도는 각각 10개의 문항으로 총 250문항이며 각 문항은 피검자에 의해서 Likert 4점 척도
로 평정된다.

[그림 6-9] 성격강점검사의 구조

출처: 권석만 외(2022).

그리고 성격강점검사-청소년용(CST-A)은 24개의 성격강점을 측정하는 24개의 하위척
도와 더불어 피검사자의 주관적 행복 척도와 긍정왜곡 성향을 측정하는 사회적 선희도 척도
를 포함하여 모두 26개의 하위척도로 구성되어 있다. 그리고 24개의 강점과 주관적 행복 및 사
회적 선희도를 평가하기 위해 각각에 대해서 7개의 문항을 선정하여 총 182개 문항이며, 각 문항은 피검
사자에 의해서 Likert 4점 척도로 평정된다.

4) 실시와 채점

(1) 실시방법

① 인터넷을 통한 온라인 검사
검사 실시를 원하는 개인은 누구나 유료로 이용이 가능하며, 인싸이트 홈페이지(https://www.inpsyt.co.kr)에 접속하여 회원가입 후, 로그인하여 '심리검사 실시' 페이지에서 CST 성격강점검사를 클릭하여 검사를 실시할 수 있다.

컴퓨터상에 지시문과 검사문항이 제시되면 편안한 분위기에서 각 문항에 해당하는 응답을 입력한다. 총 검사 소요 시간은 20~30분이며 모든 검사문항에 응답하면 바로 검사 결과 확인이 가능하다.

② 검사지를 통한 오프라인 검사
인싸이트 홈페이지에서 CST 성격강점검사 검사지를 구매하여 검사지의 각 문항에 해당하는 응답을 작성할 수 있다. 총 검사 소요 시간은 20~30분이며 검사를 실시한 후 응답한 내용을 검사자 또는 피검사자가 인싸이트 홈페이지에 로그인하여 채점을 진행하면 된다. 홈페이지 메인화면의 My page에서 검사 실시를 누르고 답안입력/온라인검사 실시 버튼을 누르고 피검자의 검사반응을 입력하면 웹상에서 검사 결과 확인이 가능하다.

③ 기관 또는 학교를 통한 단체검사
인싸이트 홈페이지나 팩스를 통해 단체검사를 신청할 수 있다. 총 검사 소요 시간은 단체 장면을 기준으로 30~40분이며, 검사자가 OMR 답안지를 수거하여 인싸이트로 우송하면 단체검사 프로파일 양식(A3)에 맞춘 결과 프로파일을 받아 볼 수 있다.

(2) 채점
- 온라인 검사의 경우, 인싸이트 홈페이지에서 검사 실시 종료와 동시에 결과가 자동으로 산출되어 바로 결과 확인 및 출력이 가능하다.
- 오프라인 검사의 경우, 검사지와 온라인 채점전용 답안지(My page 심리검사 실시에서 다운로드)를 이용하여 검사를 실시한 후 기재된 답안을 인싸이트 홈페이지의 심리검사 채점 프로그램에 입력하면 결과가 자동으로 산출되어 결과 확인 및 출력이 가능하다.
- 기관 및 학교를 통한 단체검사의 경우, 검사 실시 후 검사자가 피검자의 답안지를 수거

하여 인싸이트로 우송하면 2주일 이내에 결과 프로파일을 받아 볼 수 있다.

5) 해석방법

(1) 성격강점검사의 결과보고서 유형

성격강점검사의 결과보고서는 성인용과 청소년용 모두 네 가지 형태, ① 일반용–단순형, ② 일반용–종합형, ③ 전문가용, ④ 연구자용으로 제시될 수 있다. 각각의 경우는 피검자 또는 검사 의뢰자의 필요에 따라 제공된다. 검사 결과의 해석과 활용방법은 각 경우에 따라 달라질 수 있다.

① 일반용–단순형

피검자에게 검사 결과를 전달하는 가장 단순한 형태로서 24개 성격강점 중에서 원점수가 상대적으로 가장 높은 5개의 대표강점만을 우선순위별로 해석내용과 함께 전달한다. 24개 모두의 강점을 제시하지 않은 이유는 피검자들이 자신의 대표강점보다 상대적으로 낮은 강점들에 주목하여 자신에 대한 부정적인 평가를 할 수 있기 때문이다.

② 일반용–종합형

피검자 또는 검사 의뢰자에게 24개 강점 모두에 대한 원점수가 막대그래프로 형태로 제시된다. 피검자는 자신의 5개 대표강점뿐만 아니라 24개 모두에 대한 정보를 얻을 수 있다. 동점인 경우에는 표준편차가 작은 강점을 우선적으로 제시한다. 일반용–종합형의 검사보고서에서는 ㉠ 원점수에 근거한 피검자의 강점별 프로파일, ㉡ 5개 대표강점과 해석내용, ㉢ 5개 대표강점의 활용방안, ㉣ 핵심덕목별 프로파일, ㉤ 2차원 구조상 대표강점의 위치, ㉥ 24개 성격강점의 설명표가 제시된다.

③ 전문가용

피검자의 검사를 의뢰한 전문가(예: 상담자, 교육자, 집단프로그램 운영자, 기업체 인사관리자 등)에게 성격강점검사의 다양한 검사 결과를 전달하기 위한 것이다. 전문가용 검사보고서에서는 ㉠ 원점수에 근거한 피검자의 강점별 프로파일, ㉡ 5개 대표강점과 해석내용, ㉢ 5개 대표강점의 활용방안, ㉣ 2차원 구조상 대표강점의 위치, ㉤ 핵심덕목별 프로파일, ㉥ 사회적 선희도 보정 T점수에 근거한 강점별 프로파일, ㉦ 24개 성격강점의 설명표, ㉧ 검사 결과의 활용과 유의사항이 제시된다.

④ 연구자용

연구자를 위해서 연구목적에 따라 통계적 분석을 할 수 있도록 다양한 검사 결과를 전달한다. 24개 성격강점과 사회적 선희도의 원점수, 사회적 선희도를 보정한 24개의 강점 점수, 사회적 선희도를 보정한 24개 강점의 T점수를 엑셀파일 또는 호환가능한 파일의 형태로 연구자에게 제공한다. 이 밖에도 연구자의 요청에 따라서 다양한 세부적인 검사 결과를 제공할 수 있다.

(2) 해석 활용

성격강점검사의 검사 결과는 다양한 방식으로 활용될 수 있다. 피검자가 자신의 대표강점을 구체적으로 인식함으로써 자기이해와 자기계발에 활용할 수 있을 뿐만 아니라 상담자나 교육자는 내담자나 학생의 강점을 이해하여 그들을 긍정적으로 변화시키는 기초 자료로 활용할 수 있다. 아울러 다양한 기관에서는 구성원의 강점을 고려하여 그들의 역할과 활동 부서를 결정하는 데에 활용할 수 있다.

① 자기계발을 위한 대표강점의 발견

긍정심리학의 창시자인 Seligman(2006)은 누구나 두 가지에서 다섯 가지의 대표강점을 지니고 있다고 주장한다. Seligman은 "자신의 숨겨진 강점을 발견하여 계발하면 그것이 자신의 참모습이 된다. 행복한 삶의 공식은 자신의 대표강점을 일상생활 속에서 매일 발휘하여 커다란 만족과 진정한 행복을 경험하는 것이다."라고 주장한다. 일반적으로 대표강점은 다음과 같은 특징을 지니고 있다(Peterson & Seligman, 2004).

- 자신의 진정한 본연의 모습 '이게 바로 나야'라는 느낌을 준다.
- 그러한 강점을 발휘할 때(특히 처음에 발휘할 때) 유쾌한 흥분감을 느끼게 된다.
- 그러한 강점과 관련된 일을 배우거나 연습할 때 빠른 학습 속도가 나타난다.
- 그러한 강점을 발휘할 수 있는 새로운 방법을 지속적으로 찾게 된다.
- 그러한 강점과 일치되는 방향으로 행동하고 싶은 열망을 느낀다.
- 그러한 강점을 사용할 수밖에 없다는 느낌, 즉 그러한 강점의 표현을 멈추거나 억제할 수 없는 듯한 느낌을 느낀다.
- 그러한 강점은 숨겨져 있던 자신의 능력이 드디어 발현되어 나타나는 것처럼 여겨진다.
- 그러한 강점을 활용할 때는 소진감보다 의욕과 활기가 넘치게 된다.
- 그러한 강점과 관련된 중요한 일들을 만들어 내고 추구하게 된다.

-그러한 강점을 사용하고자 하는 **내재적 동기**를 지닌다.

대표강점을 찾아내어 활용하는 것은 자아실현에 있어서 매우 중요하다. Peterson과 Seligman(2004)은 우리에게 자신의 대표강점들을 파악하고 이러한 강점 중 하나를 택하여 일주일 동안 매일 그러한 강점을 일상생활 속에서 다양한 방식으로 활용해 보라고 권유한다. 대표강점을 인식하여 발휘하는 것은 행복 증진의 효과적인 방법으로 확인된 바 있다(Seligman, Steen, Park, & Peterson, 2005). 대표강점의 인식은 피검자의 생활에 다양한 긍정적 변화를 유발할 수 있다. 우선, 피검자는 자신의 성격강점을 구체적으로 인식함으로써 긍정적인 자기상을 형성하는 동시에 자기존중감이 향상될 수 있다. 또한 자신의 대표강점을 일상생활의 주요 장면(예: 학업이나 직업 활동, 가족관계, 대인관계, 여가생활 등)에 활용함으로써 긍정적인 성과를 거둘 뿐만 아니라 자신과 타인의 행복 증진에 기여할 수 있다. 아울러 대표강점을 잘 발휘할 수 있는 진로나 활동 장면을 선택하는 데에도 도움이 될 수 있다. 이처럼 성격강점검사는 피검자의 대표강점을 명료하게 제시함으로써 자기이해를 증진하고 자기계발과 성장을 촉진함으로써 좀 더 행복하고 생산적인 삶을 영위하도록 도울 수 있다.

자기이해와 자기계발을 위해 성격강점검사를 하는 경우에는 피검자에게 '일반용-단순형'의 검사보고서를 제시하는 것이 바람직하다. 그러나 피검자가 자신의 전반적인 강점 분포와 더불어 좀 더 자세한 검사 결과를 알고자 하는 경우에는 '일반용-종합형'의 검사보고서를 받아 볼 수 있다. 성격강점검사의 경우 자신의 강점을 찾기 위한 검사 도구이므로 상대적으로 낮은 점수의 강점들을 자신의 약점으로 받아들이지 않도록 유의해야 한다.

② 상담 및 코칭 장면: 내담자의 균형적 이해와 성장 지원

성격강점검사는 개인의 강점을 발견하도록 도움으로써 자신과 타인에 대한 긍정적 측면을 인식하여 개인에 대한 종합적이고 균형적인 평가를 하는 데 기여할 수 있다. 상담이나 코칭 장면에서 상담자는 성격강점검사를 통해 내담자의 강점을 이해함으로써 다양한 도움을 받을 수 있다. 첫째, 상담자는 내담자의 문제점과 단점뿐만 아니라 그의 강점과 자원을 명료하게 인식함으로써 내담자를 균형적이고 종합적으로 이해할 수 있다. 둘째, 내담자의 강점을 이해함으로써 상담자는 내담자에 대한 긍정적 관점과 존중감이 증진될 수 있다. 셋째, 내담자의 강점뿐만 아니라 상담자 자신의 강점을 인식함으로써 내담자와 상담자의 치료적 관계를 효과적으로 형성하고 심화할 수 있다. 넷째, 구체적인 검사 결과에 근거하여 내담자의 강점을 제시함으로써 내담자의 자기존중감을 향상시키고 인생에 대한 자신감과 희망감을 고취할 수 있다. 다섯째, 상담자는 내담자로 하여금 자신의 강점을 활용하고 발휘하도록 격

려함으로써 일상생활 속에서 만족감과 성취감을 경험하도록 도울 수 있다. 내담자의 부적응 문제는 약점과 단점을 감소시키는 작업뿐만 아니라 강점과 장점의 발휘를 통해서 개선될 수 있기 때문이다. 이 밖에도 상담자는 내담자의 강점에 근거하여 진로나 활동영역을 선택하는 데에 도움을 줄 수 있다.

내담자로 하여금 자신의 강점을 발견하고 활용하도록 돕는 것은 긍정심리치료와 긍정심리 코칭의 가장 중요한 요소이다. Seligman(2002)이 제시하고 있듯이, "심리학은 인간의 약점과 장애에 대한 학문만이 아니라 인간의 강점과 덕성에 대한 학문이기도 해야 한다. 진정한 치료는 손상된 것을 고치는 것만이 아니라 우리 안에 있는 최선의 가능성을 이끌어 내는 것이어야 한다." 이 경우에 심리전문가는 검사 결과에 대한 풍부한 해석을 위해 '전문가용' 검사보고서를 통해서 내담자의 대표강점뿐만 아니라 전반적인 강점 분포를 이해하는 것이 바람직하다. 내담자 자신의 지각된 강점을 반영하는 원점수 프로파일과 더불어 타인과의 상대적 비교를 통한 내담자의 강점을 이해할 수 있는 T점수 프로파일을 참고할 수 있다. 이 밖에도 6개의 핵심덕목이나 2차원 구조상의 대표강점을 파악함으로써 내담자의 성격강점에 대한 전반적 양상을 다각적으로 이해할 수 있다.

③ 교육 장면: 학생의 강점 이해와 성장 지원

성격강점검사는 다양한 교육 장면에서 교육자가 학생의 강점을 이해함으로써 그들의 역량을 효과적으로 발휘하며 성장하도록 지원하는 데 활용할 수 있다. 학생지도의 경우, 교육자는 학생의 학업, 대인관계, 진로선택 등에 대한 자문을 하는 멘토의 역할을 하게 된다. 교육자는 학생이 삶 속에서 겪는 어려움을 극복하도록 도울 뿐만 아니라 학생으로 하여금 자신의 역량을 최대한 발휘하며 성장하도록 촉진하면서 전공이나 진로 선택을 비롯한 다양한 선택과정을 지원하게 된다. 이러한 역할을 하게 되는 교육자는 학생의 성격적 강점과 자원을 구체적으로 잘 이해하는 것이 중요하다. 학생으로 하여금 현실적인 문제를 잘 해결하도록 도울 뿐만 아니라 자신의 긍정적 특성과 강점을 잘 이해하여 발휘하도록 지원하는 것이 학생지도의 핵심이기 때문이다.

또한 학생의 자기성장이나 인생설계를 지원하는 다양한 유형의 교양수업에서도 성격강점검사를 통한 강점 이해는 도움을 제공할 수 있다. 자신의 성격적 강점을 깊이 이해하고 계발하여 발휘하는 것은 심리적 성장과 자기실현에 중요할 뿐만 아니라 진로 및 직업 선택 시에 고려해야 할 필수적 사항이기 때문이다. 이 밖에도 학교 장면에서 이루어지는 다양한 자기계발 프로그램(예: 리더십 향상 프로그램, 대인관계 증진 프로그램, 진로탐색 프로그램 등)에서도 참가학생의 강점을 인식하고 활용하도록 돕는 것이 중요한 요소가 될 것이다.

④ 다양한 조직 장면: 구성원의 업무배치와 역량발휘 지원

성격강점검사는 기업체, 정부기관, 군대와 같은 조직에서 인사관리자나 상사가 구성원과 부하직원의 강점을 이해함으로써 그들의 역량을 효과적으로 발휘하며 성장하도록 지원하는 데 활용할 수 있다. 기업체나 정부기관의 경우, 직원의 성격강점을 평가하여 그들의 강점을 잘 발휘할 수 있는 부서나 업무에 배치할 수 있다. 상사는 부하직원의 강점을 인식함으로써 그들에 대한 긍정적 이미지와 호감을 지니게 될 뿐만 아니라 부하직원을 적재적소에 배치함으로써 조직의 효율성과 생산성을 극대화할 수 있다. 부하직원 역시 자신의 강점을 발휘할 수 있는 부서나 업무를 담당하게 될 때, 역량을 최대한 발휘할 수 있을 뿐만 아니라 업무에 대한 흥미와 열정을 느낄 수 있게 된다.

군대의 경우에도 사병의 강점을 인식하는 것은 효과적인 업무배치뿐만 아니라 사병의 군 생활 적응 지원에 도움이 될 수 있다. 사병의 강점을 발휘할 수 있는 적절한 부서에 배치하고 내무반 생활에서도 적절한 역할을 분담하는 것은 군대의 효율성과 더불어 사병의 군 생활 적응을 증진할 수 있다. 군대라는 조직사회에서 사병들은 자신의 강점을 인식하고 그에 적절한 부서와 역할을 경험하면서 강점을 발휘하고 더욱 발달시키는 자기계발의 유익한 기회를 얻을 수 있을 것이다.

조직의 효율성과 구성원의 행복감을 동시에 증진하는 주요한 방법은 구성원의 강점을 파악하여 그들이 흥미를 느끼며 역량을 발휘할 수 있도록 적재적소에 배치하는 것이다. 이것이 긍정조직의 주된 특성이자 긍정조직으로 변환되는 핵심적 요건이다.

6) 사례보고서 및 해석상담의 예

(1) 성격강점검사를 활용한 불안감을 호소하는 성인 사례

① 사례보고서

이름	김○○
인적사항	21세, 여성, 대학교 2학년 휴학, 아르바이트 중, 천주교
내방경위	진로 및 취업 고민, 생계유지의 어려움 등 불안정한 생활에 대한 불안으로 상담 신청함.

배경정보	한부모 가정으로 모, 동생과 함께 살고 있음. 모의 병세로 내담자가 실질적 가장이며, 가정 경제의 어려움으로 대학을 휴학하고 현재 종일 아르바이트를 하고 받는 월급으로 가족을 부양하고 있음. 가족을 보호해야 한다는 책임감과 부담감이 공존하고 있으며, 이 밖에 진로 결정의 어려움, 불안정한 현실에 대한 불안감이 있음. 나름대로 독서, 취미생활, 자격증 취득 등 자기계발을 위해 노력하고 있으나 미비한 상태이며, 현재 월급으로는 생계가 어려워 이직을 고민 중임.
검사태도	검사시간 약 20분, 검사에 흥미를 보이며 적극적인 태도로 임함.

▶핵심덕목 및 강점별 프로파일 원점수 평균

핵심덕목	성격강점
지혜(2.5)	창의성(2.3), 호기심(2.2), *개방성(2.8), 학구열(2.4), *지혜(2.7)
인간애(2.2)	사랑(2.2), 친절성(2.0), 사회지능(2.4)
용기(2.3)	용감성(2.3), 끈기(2.6), 진실성(1.9), 활력(2.4)
절제(2.0)	관대성(1.5), 겸손(1.9), 신중성(2.2), 자기조절(2.3)
정의(2.5)	시민의식(2.1), *공정성(2.7), *리더십(2.8)
초월(2.4)	심미안(2.5), 감사(2.4), *낙관성(2.9), 유머감각(2.3), 영성(1.7)

▶대표강점

순위	대표강점	소개
1	낙관성 (2.9)	미래를 긍정적으로 바라보고 희망 속에서 최선을 예상하며 그것을 성취하기 위해 노력하는 태도
2	개방성 (2.8)	어떤 주제나 현상을 다양한 측면에서 냉철하게 생각하고 객관적으로 검토하는 능력
3	리더십 (2.8)	집단 활동을 조직하고 효과적으로 지휘하며 관리하는 능력
4	지혜 (2.7)	어떤 문제 상황을 전체적인 관점에서 파악하고 최선의 해결책을 찾아내어 다른 사람에게 현명한 조언을 제공하는 능력
5	공정성 (2.7)	편향된 개인적 감정의 개입 없이 모든 사람을 동등하게 대하며 공평한 기회를 부여하는 태도

검사 결과

해석상담 요약

- 내담자의 전체 강점별 평균 점수는 2.3으로, 자신의 강점을 인식하는 수준이 높은 편임. 내담자의 대표강점은 낙관성, 개방성, 리더십, 지혜, 공정성 순이었으며, 2차원 구조상에서 대표강점 위주로 살펴보면, 내담자는 자기 및 타인 지향적이고 지성적 강점이 두드러지게 나타남.
- 해석상담 결과, 내담자는 가정경제의 어려움, 진로 및 취업에 대한 불안을 가지고 있으면서도 '그래도 지금 열심히 하고 있으니 잘 될 것이다.' 하는 미래에 대해 희망적이고 긍정적인 태도를 가지고 있음. 이러한 낙관성은 내담자의 생활원동력으로 작용할 뿐만 아니라 각종 진로탐색 및 적극적인 구직활동, 원만한 대인관계를 유지하는 등 내담자의 삶에 긍정적인 영향을 미치고 있는 것으로 확인됨.

	• 내담자는 힘든 상황에서도 주거지 마련, 생계급여, 취업 등 정부지원제도 및 주변 자원을 적극적으로 활용하는 지혜를 발휘하여 위기 상황을 잘 타개해 나가고 있음. 또한 자신이 맡은 업무에서도 편향되지 않은 객관적인 태도로 상황을 판단하며 업무처리가 원활하여 우수사원으로 인정받고 있는 등 자신의 강점을 일상생활 속에서 적절히 잘 활용하고 있는 것으로 여겨짐.
개입방향	▶강점 강화 및 활용 −삶에서 '불안정'한 것에 초점을 맞추는 것이 아닌 '안정적'인 것에 초점을 맞추어 부정적인 사고를 변화시킴. −어려운 상황에서도 긍정적인 태도를 유지할 수 있었던 경험을 공유하고, 이를 더욱 강화하기 위한 방법을 탐색 −진로 및 취업, 경제적 지원, 대인관계 증진 등과 관련된 다양한 정보와 새로운 경험의 기회를 제공함으로써 직면한 문제에 도전할 수 있도록 도움 −내담자의 지혜로 문제 및 갈등 상황에 대처하는 방법 모색 ▶강점을 활용한 행동계획 수립 −하루에 5분씩 내 삶에서 '안정적'인 것을 찾고 이를 기록하기 −2주일에 진로 및 취업 관련 관심 분야 도서 1권 읽기 −진로 및 취업, 경제적 지원제도 등 수집한 정보를 적극 활용하여 생활에 적용하기 −대인관계에서 '거절당하는 상황'의 장단점을 작성해 봄으로써 부정적인 상황에서도 긍정적인 시각을 갖도록 하기
결과	▶상담 종결 시점 사전−사후 비교분석 • 불안 수준(1~10점): 8점 → 2점 • 삶의 만족도(1~10점): 3점 → 8점 • 자아효능감(1~10점): 4점 → 8점 • 내담자는 강점을 활용한 행동훈련을 통해 일상생활에서 자신의 강점을 보다 효과적으로 활용하고 적용하는 등 강점 활용 능력이 향상되었으며, 이로 인해 더 나은 환경으로의 이직, 삶의 질 향상, 진로방향 설정 등의 결과를 성취함.
제언	• 장기적인 계획을 세움으로써 내담자의 지속적인 발전 전략과 더불어 어려움에 부딪혔을 때 자기관리 및 대처전략을 함께 수립하는 것이 필요함.

② 해석상담

상담자 1　안녕하세요. 지난번에 성격강점검사를 실시했는데, 오늘은 검　　검사 경험 점검
　　　　　사 결과에 대해 함께 이야기 나누어 볼게요. 이 검사를 하면서
　　　　　좀 어떠셨나요?
내담자 1　내가 처한 상황이나 지금 나의 모습들을 들여다볼 수 있었어요.

그리고 가족이나 직장동료 관계에 대해서도 많이 생각해 볼 수 있었던 것 같아요.

상담자 2   검사를 통해 지금 내 모습과 내가 처한 상황들, 그 외에도 나와 관련된 대인관계에 대해서 생각해 보셨네요. 어떤 생각들이 들었나요?   **검사를 통해 이해된 대인관계에 대한 구체화 질문**

내담자 2   그냥 내가 일상생활에서 어떤 태도를 가지고 있는지 알게 됐고, 또 예전에는 인간관계 폭이 좁았는데 요즘에는 일을 하면서 사람을 많이 만나다 보니 그 사람들에 대해서도 느낄 수 있었던 것 같아요.

상담자 3   ○○ 씨 자신과 요즘 함께하고 있는 사람들 속에서 나의 마음을 들여다볼 수 있는 시간이었네요. 평소 ○○ 씨는 일상생활에서 어떤 상황이나 사건이 발생했을 때 어떤 태도로 그 상황이나 사건을 바라보는 것 같으세요?   **일상생활에 대한 내담자의 평소 관점 탐색 질문**

내담자 3   음…… 주로 '어떻게 해결하면 좋을까?' 생각하는 것 같은데…… 부정적인 사건이라면 '잘 해결할 수 있을까?' 걱정이 앞서기도 해요.

상담자 4   그렇죠. 누구나 부정적인 사건을 겪으면 충분히 그렇게 생각할 수 있어요. 평소에 우리는 일상생활에서 자신의 강점이나 약점을 활용하는 데, 주로 강점보다 약점에 초점을 맞추는 경향이 있어요. 자신의 강점을 잘 알지 못하거나, 강점이 충분함에도 강점을 활용하는 데 무관심한 경우가 대부분이지요. 하지만 자신의 행복한 삶을 위해 나의 강점을 알고 이를 적절하게 활용하는 것은 아주 중요해요. 이 검사를 통해 ○○ 씨의 강점을 찾고, 이 강점들을 잘 활용할 수 있는 방법을 함께 생각해 보면 좋을 것 같아요.   **내담자의 평소 습관에 대한 공감 반응 및 성격강점검사의 유용성 안내**

내담자 4   아~ 그렇구나. 네 좋아요.

상담자 5   (검사 소개에 적혀 있는 강점들을 보며) 여기서 ○○ 씨의 강점은 무엇이라고 생각하나요?   **강점 인식에 대한 탐색 질문**

내담자 5   음…… 저는 호기심이랑 학구열이랑 친절성이랑 끈기랑 신중성이랑 음…… 또 공정성? 그리고 낙관성인 것 같아요.

상담자 6   오~ 많은 부분을 강점이라고 느끼고 있네요. 멋진데요! 그럼, 결과는 어떻게 나왔는지 한번 살펴볼까요? (강점별 결과점수를 보여 주며) 각 항목별 점수를 살펴보면 2점 이상으로 높은 편이에요. ○○ 씨가 생각한 것처럼 많은 부분을 자신의 강점이라고   **결과에 대한 내담자의 생각을 확인하기 위한 탐색 질문**

인식하고 있는 것 같아요. 그중에서도 가장 점수가 높게 나온 다섯 가지는 낙관성, 개방성, 리더십, 지혜, 공정성이네요. 결과를 보니 어떠신가요?

내담자 6 　우와, 제가 이렇게 강점을 많이 가지고 있나요? 저는 낙관성이 이렇게 높은 줄 몰랐어요. 제가 생각한 거랑은 다르네요. 하하.

상담자 7 　○○ 씨가 다양한 강점을 골고루 가지고 있네요. 특히 낙관성에서 가장 높은 점수가 나왔는데, 이 강점은 ○○ 씨의 생활에서 어떻게 작용하고 있나요?　　　　　自身의 강점이 일상 생활에 미치는 영향 탐색 질문

내담자 7 　음…… 무엇이든 좋은 쪽으로 생각하려고 하는 것 같아요. '잘할 수 있을 거야.' '열심히 하다 보면 되겠지.' 하는? 그래서 뭐든 열심히 하려고 해요.

상담자 8 　그렇군요. 어떤 상황이든 ○○ 씨는 잘 해낼 수 있을 것이라는 믿음과 희망이 있네요. 이전에 낙관성을 활용했던 경험이 있다면 무엇이 있을까요?　　　　　강점 활용에 대한 과거 경험 탐색 질문

내담자 8 　음…… 지금 떠오르는 건 엄마랑 저랑 동생이랑 이렇게 셋이 사는데 엄마는 아프서서 일하기 힘들고, 동생은 학생이라 공부를 해야 하는 상황에서 이 상황을 탓하거나 원망하기보다 '내가 열심히 노력해서 잘 이끌어야겠다. 그러면 우리는 잘살 수 있어.' 하는 마음이 있었던 것 같아요.

상담자 9 　혼자서 해결하기 힘든 상황임에도 ○○ 씨는 낙관성을 발휘해서 어려운 상황을 잘 헤쳐 나가고 있네요. 이 밖에 다른 강점들을 활용했던 경험이 있나요?　　　　　공감 반응을 통한 내담자의 강점 인정 및 다양한 강점 활용에

내담자 9 　음…… 지혜? 최근에 이사를 가야 되는데 경제적으로 어렵다 보니 적은 돈으로 집을 구하기가 쉽지 않았어요. 그런데 지원받을 수 있는 제도도 알아보고, 또 보증금이 낮은 동네는 어딜지 찾아보기도 하고…… 이렇게 정보를 활용해서 노력한 덕분에 적은 돈으로도 괜찮은 집을 구할 수 있었어요.　　　　　대한 과거 경험 탐색 질문

상담자 10 　최근에 이사 문제로 고민이 많았겠네요. 그럼에도 지원받을 수 있는 것들은 무엇이 있는지, 또 어떤 동네로 갈 수 있을지 직접 찾아서 지혜롭게 판단한 덕분에 가족들과 함께 살 수 있는 집을 구했네요. 대단해요.　　　　　강점 인정을 위한 내담자의 경험 구체화 반응

내담자 10 　하하. 주변에서도 많이 도와주서서 더 열심히 알아볼 수 있었던 것 같아요. 또 개방성이랑 공정성도 요즘 제가 노력하고 있는

부분인데, 일하면서 동료들이랑 많은 시간을 보내거든요. 일할 때는 내 감정이나 생각대로 하기보다 동료들의 말에 귀 기울이고 가장 효율적이고 올바르게 선택하려고 노력하고 있어요. 손님들한테도 내 감정에 치우치지 않고 모두에게 친절하게 대하려고 노력하는 모습도 이 강점인 것 같아요.

상담자 11 일을 효율적으로 잘하기 위해서 직장동료들에게도, 손님들에게도 개방적이고 공정한 태도로 임하고 있네요. 집에서도 직장에서도 ○○ 씨는 강점 활용을 정말 잘하고 있는 것 같아요. 그렇다면 ○○ 씨의 강점들 중에 일상생활에서 좀 더 발전시키고 싶은 강점이 있다면 무엇인가요?
내담자 강점에 대한 인정 및 격려와 변화에 대한 의지 고취

내담자 11 음…… 저는 용감성을 키우고 싶어요. 대인관계에서 거절당할까 봐 망설여질 때가 있어서…… 일을 할 때도 동료들한테 부탁하거나 질문을 해야 할 때가 있는데 '안 해 주면 어떡하지' '무시하면 어떡하지' 하는 생각들이 들어서 쉽게 다가가기가 힘들어요.

상담자 12 ○○ 씨가 용기 내서 다가갔는데 거절당하면 너무 속상하죠. 이런 거절당할 것 같은 상황에서 용감성을 키우기 위해 ○○ 씨의 강점을 활용한다면 어떤 방법이 있을까요?
변화를 위한 강점 활용 방안에 대한 탐색 질문

내담자 12 음…… 긍정적으로 생각하는 것? 낙관성? '거절하는 것은 나쁜 것이 아니다.' '상대방이 거절한다 해도 나를 무시하는 것이 아니라 바빠서 그런 것이다.'라고 생각할 수 있을 것 같아요.

상담자 13 오, 낙관성을 활용해서 긍정적인 사고를 할 수 있겠군요. 좋아요. 그렇다면 ○○ 씨의 낙관성으로 용감성을 강화하고 발전시키기 위해 행동계획을 세운다면 어떤 계획을 세울 수 있을까요?
변화를 위한 구체적인 행동계획 수립에 대한 질문

내담자 13 음…… 거절하는 것이 나쁜 것이 아닌 이유를 찾아볼 수 있을 것 같아요. 예를 들면, 메모장에 적어 본다거나…….

상담자 14 좋은 방법이네요. 거절당할 것 같거나, 거절당한 상황에서 거절에 대한 긍정적인 이유를 찾아서 메모장에 적는다면 거절에 대한 ○○ 씨의 생각이 달라질 수 있겠네요.
구체적 방안에 대한 격려

내담자 14 네, 맞아요. 그렇게 좋게 생각한다면 거절이 두렵지만은 않을 것 같아요. 상대방을 더 잘 이해하게 될 수도 있을 것 같고.

상담자 15 네, 좋아요. 그럼 거절당할 것 같은 상황이나, 거절당하는 경험을 할 때마다 '거절'에 대한 긍정적인 이유를 한 가지 이상 찾아보고, 메모장에 적어 보는 것을 목표로 하면 어떨까요?
변화를 위한 구체적인 행동목표 설정을 돕는 질문

내담자 15	네. 할 수 있을 것 같아요. 그렇게 하다 보면 용기도 좀 생길 것 같고 사람들한테 좀 더 쉽게 다가갈 수 있을 것 같아요.	
상담자 16	네. 이렇게 용감성뿐만 아니라 다른 강점들도 이렇게 계획과 행동목표를 세워서 차근차근 이루어 나가다 보면 ○○ 씨의 강점은 더욱 빛이 날 거예요. 오늘 성격강점검사 결과에 대한 해석상담을 해 보았는데 어떠셨나요?	검사 해석에 대한 소감 나누기
내담자 16	음, 평소에 제 강점에 대해서 잘 생각해 보지 않아 저한테 이렇게 강점이 많은 줄 몰랐어요. 또 이렇게 강점이 많은 제 자신이 뿌듯하기도 해요. 또 설명을 듣기 전에는 이게 나한테 어떻게 강점이라는 것인지 잘 와닿지 않았는데 선생님의 설명을 들으니 선명해졌어요. 불안감도 낮아지는 것 같아요.	
상담자 17	○○ 씨가 몰랐던 자신의 강점을 발견하고 뿌듯하기까지 하다니 저도 기쁘네요. 그리고 강점 인식으로 불안감도 낮아진다고 하니 강점 활용에 대한 기대감도 생기네요. 이 검사 결과에 대해서 더 궁금한 것은 없으신가요?	내담자 변화에 대한 공감 반응과 변화의 의지 고취
내담자 17	음…… 네! 없습니다. 감사합니다.	
상담자 18	네. 나중에라도 검사에 대해서 궁금한 것이 있거나 다른 도움이 필요한 경우 도움을 줄 수 있으니 편안하게 물어보세요. 그럼, 오늘 해석상담은 이것으로 마칠게요. 안녕히 가세요.	

(2) 성격강점검사를 활용한 학업 스트레스가 있는 청소년 사례

① 사례보고서

이름	김○○
인적사항	14세, 여성, 중학교 2학년, 기독교
내방경위	학업성적 저하, 시험불안 등 학업 스트레스로 상담 신청함.
배경정보	내담자는 초등학교부터 중1 때까지 성적을 상위권으로 유지해 왔으나, 중학교 2학년이 되고부터 학업 수준이 높아져 성적이 중위권으로 떨어짐. 부모는 괜찮다며 내담자를 지지하고 격려했으나 시험이 끝나고 나면 몇 날 며칠을 울면서 밤을 지새우거나 수업에 집중하지 못하는 등 불안증세를 보임. 내담자는 "내 미래는 망했어."라고 이야기하는 등 공부를 잘하지 못하면 성공하지 못할 것이라는 비합리적 신념을 가지고 있음.

검사태도	검사시간 약 30분, 검사에 무관심해 보이지만 문항을 꼼꼼하게 읽고 검사에 성실하게 임함.

▶핵심덕목 및 강점별 프로파일 원점수 평균

핵심덕목	성격강점
지혜(2.3)	창의성(2.29), *호기심(2.57), 개방성(2.14), 학구열(1.86), *지혜(2.43)
인간애(2.6)	사랑(2.57), 이타성(2.57), *사회지능(2.71)
용기(1.4)	용감성(1.71), 끈기(0.57), 진실성(1.0), 활력(2.14)
절제(1.0)	관대성(0.43), 겸손(0.71), 신중성(1.29), 자기조절(1.57)
정의(2.1)	*책임감(2.57), 공정성(1.43), *리더십(2.43)
초월(2.4)	감상력(2.14), *감사(2.57), 낙관성(2.57), *유머감각(2.71), 종교성(1.86)

▶주관적 행복도: 12점

▶대표강점

순위	대표강점	소개
1	유머감각 (2.71)	인생의 역설적인 측면을 포착하여 유쾌하게 전환시키는 능력으로서 웃고 장난치는 것을 좋아하며 타인에게 웃음을 선사하는 태도
2	사회지능 (2.71)	다른 사람의 동기와 감정을 예민하게 잘 포착하여 적절하게 행동하며 다양한 대인관계 상황에 효과적으로 대응하는 사회적 능력
3	호기심 (2.57)	다양한 현상에 대해서 흥미를 느끼고 매혹되어 좀 더 자세하게 탐색하고 추구하는 개방적인 태도
4	책임감 (2.57)	사회나 조직 속에서 자신에게 주어진 임무와 역할을 인식하고 책임감 있게 행동하는 능력과 자세
5	감사 (2.57)	자신의 삶에 대하여 긍정적인 면을 잘 알아차리고 감사함과 축복감을 느끼고 표현하는 능력과 태도

해석상담 요약

- 내담자의 전체 강점별 평균 점수는 1.9로, 자신의 강점을 잘 인식하고 있는 것으로 보임. 내담자의 대표강점은 유머감각, 사회지능, 호기심, 책임감, 감사 순이었으며, 2차원 구조상에서 대표강점 위주로 살펴보면, 내담자는 자기 및 타인 지향적이고 감성적 강점이 매우 두드러지게 나타났음.

- 해석상담 결과, 내담자는 대부분의 강점을 높게 인식하고 있지만, 끈기와 관대성은 상대적으로 낮은 편에 속함. 또한 내담자는 '미래에 행복하게 잘 살기 위해서는 공부를 열심히 해야만 한다.'는 강한 비합리적 신념을 가지고 있지만 이러한 부담감과는 달리 공부에 대한 동기 및 끈기가 부족함. 그리고 원하는 목표를 달성하지 못하면 스스로를 비난하고 자책하는 패턴이 반복됨.

- 주관적 행복도는 12점으로 평균 점수에 속하는 편이며, 내담자의 보고에 따르면 가족관계, 학교생활, 또래관계 등 관계적인 측면에서는 만족감이 높은 반면에 학업성적에서 상당한 스트레스를 경험하며 비관적인 태도를 보이고 있음. 이에 내담자가 가진 여러 가지 강점을 활용하여 학업 스트레스에 건강하게 대처할 수 있도록 개입하는 것이 요구됨.

	• 긍정적인 측면으로는 유머감각이 뛰어나 주변을 늘 즐겁게 만들고, 타인에 대한 깊은 관심으로 친구들의 마음을 잘 파악하여 친구들에게 인기가 많았으며, 늘 타인에게 감사할 줄 아는 겸손한 태도를 가지고 있음. 또한 자신이 맡은 역할은 책임감 있게 해냄으로써 가정 및 학교에서 신뢰를 받고 있음. 이러한 내담자의 강점은 건강한 사회적 지지체계의 형성을 도와 내담자의 삶에 긍정적인 영향을 미치지만, 현재 내담자는 불확실한 미래에 대한 불안감에 압도되어 상황에 대한 객관적인 판단을 하기 어려운 것으로 보임.
개입방향	▶ 강점 강화 및 활용 －학업 스트레스 및 어려움에 대한 부정적인 감정을 유머를 통해 완화시킴. －다양한 방법의 학습 경험을 통해 내담자의 호기심을 유발하여 학습 동기를 향상시킴. －사회적 지지체계를 강화하여 학업 스트레스 및 어려움에 대한 지지자원을 확보함. ▶ 강점을 활용한 행동계획 수립 －책임감을 키워 실천 가능한 학업 목표를 세우고 달성할 수 있도록 격려하기 －매일 감사일기 작성 등 긍정적 마인드를 갖추며 스트레스 관리하기 ▶ 비합리적 신념 수정하기 －비합리적 신념을 구체적으로 탐색하며 이에 대해 논박하기 －비합리적 신념이 떠오를 때마다 긍정적인 생각 및 언어로 전환하여 긍정적인 자기 대화 유도하기
결과	▶ 상담 종결 시점 사전－사후 비교분석 • 학업 스트레스(1~10점): 9점 → 4점 • 학업성적: 중위권 → 중상위권 • 자아효능감(1~10점): 2점 → 7점 • 내담자는 비합리적 신념이 떠오를 때마다 긍정적 언어로 대항하는 긍정적 자기 대화를 통해 불안을 낮춤으로써 학습 동기 및 수업 집중도가 향상됨
제언	• 구체적이고 장기적인 학업계획을 수립함으로써 주도적인 학습이 가능하도록 조력하는 것이 필요함.

② 해석상담

상담자 1 ○○아, 잘지냈니?. 지난주에 ○○이의 성격강점을 알아보는 검사를 했었는데 오늘은 그 검사 결과에 대해서 함께 이야기를 나누어 보려고 해. 지난주에 검사해 보니 어땠어?   검사경험 탐색 질문

내담자 1 음…… 그냥…… 체크하면서 내가 좋아하는 것이 뭔지, 내가 잘하는 것이 뭔지 알 수 있어서 좋았던 것 같아요.

상담자 2 검사를 하면서 ○○이가 좋아하는 것, 잘하는 것에 대해 알게 되었네. ○○이가 좋아하는 것과 잘하는 것은 어떤 것들이 있니?   검사 과정에서의 내담자 경험 탐색 질문

내담자 2	음…… 이런 것도 잘하는 건지는 잘 모르겠는데…… 음…… 그냥 친구들의 마음을 잘 알아주고 좋아하는 일에 진심인? 또 친구들이 저한테 재밌대요. 그래서 말을 재밌게 하는 것도 잘하는 것 같아요.	
상담자 3	우와~ 상대방의 마음을 잘 알아주는 건 정말 대단한 건데! ○○이는 친구들의 마음을 잘 알아주는구나. 또 좋아하는 것들에는 진심이고, 말도 재밌게 해서 친구들이 ○○이를 참 좋아하겠다! 검사하면서 어렵거나 다른 궁금한 점은 없었어?	강점 인정으로 신뢰감을 형성하며 검사에 대한 관심 고취
내담자 3	하하…… 그런가…… 음…… 네. 딱히? 없었던 것 같아요.	
상담자 4	그랬구나. 그럼, 검사 결과를 한번 같이 살펴보자. (검사 소개에 적혀 있는 강점들을 보며) 여기에 있는 강점 중에 ○○이가 가지고 있는 강점은 뭐라고 생각해?	내담자가 인식하고 있는 강점 탐색
내담자 4	음…… 내 강점…… 이것저것 궁금한 것들이 많아서 호기심? 음…… 또요?	
상담자 5	응. ○○이가 조금이라도 가지고 있다고 생각하는 강점이면 모두 다 얘기해도 괜찮아.	자신감 회복을 위한 허용적인 분위기 형성
내담자 5	음…… 그럼 창의성? 그리고 사랑도 많은 것 같기도 하고…… 아, 그리고 친구들이 또 재밌다고 그러니까 유머감각도…… 음, 이제 끝인 것 같아요.	
상담자 6	오, 창의성, 사랑, 유머감각까지. ○○이는 다양한 매력이 있구나. 친구들에게 재밌다는 얘기를 많이 들었나 보구나. 유머감각은 친구들 이야기가 생각나서 선택한 거야?	내담자가 인식하는 강점 인정과 구체적인 탐색
내담자 6	음…… 네. 저도 뭐 좀 그렇게 생각하기도 하고.	
상담자 7	그렇구나. ○○이는 자신의 유머가 친구들을 기분 좋게 해 주고 있다는 걸 스스로도 잘 알고 있구나. 이렇게 ○○처럼 자신의 강점이 무엇인지 알고 있는 경우도 있지만, 자신이 어떤 강점을 가지고 있는지 모르는 친구들도 많거든. 모든 사람은 강점을 다 가지고 있는데 말이야. 자신의 강점을 잘 알고 있으면 자신감을 가질 수 있고, 일상생활에서 갈등이나 문제를 해결해 나가는 데에도 아주 큰 힘이 돼. 그럼, 이제 ○○이의 검사 결과가 어떻게 나왔는지 같이 한번 살펴볼까? (강점별 결과 그래프 점수를 보여 주며) 이 그래프 점수를 보니 어때?	강점 인식의 중요성과 검사의 필요성 안내로 해석상담에 대한 관심 고취
내담자 7	음, (핵심덕목 중) 지혜, 인간애, 초월이 높은 것 같아요. 그리고	

사회지능, 오? 유머감각도 제일 높아요!

상담자 8   그렇네! ○○이가 생각했던 강점들도 높은 점수로 나왔구나! 이   내담자 인식을 인정하며
건 그만큼 ○○이가 네 강점을 잘 이해하고 있다는 거야. 멋진데?   자신감 고양

내담자 8   하하…… 그래요? 좀 신기하네요…… 내가 생각한 게 잘 맞을지
몰랐어요. 하하.

상담자 9   ○○이가 잘 파악하고 있네. (대표강점 결과점수를 보여 주며)   결과 공유 및 대표
그중에서도 제일 높은 다섯 가지 강점의 점수는 유머감각, 사회   강점에 대한 내담자
지능, 호기심, 책임감, 감사네. 이 다섯 가지가 ○○이가 느끼는   인식 탐색 질문
○○이의 제일 큰 강점이야. ○○이의 대표 강점을 보니까 어때?

내담자 9   뭔가…… 부끄럽기도 하고. 신기해요. 저한테 이런 강점이 있는
지…… 몰랐어요.

상담자 10   그럴 수 있어. 사람마다 강점이 있지만 찾으려고 노력하지 않으   강점 찾기의 중요성
면 잘 안 보일 수도 있거든. 그런데 ○○이는 이미 너무 잘 알고   안내 및 강점이 생활에
있는 걸? 그중에서도 가장 높게 나온 강점은 유머감각이랑 사회   미치는 영향 파악
지능이야. ○○이의 유머감각이나 사회지능 강점은 ○○의 생활
에 어떻게 영향을 주고 있는 것 같아?

내담자 10   음…… 영향…… 음, 확실하게 잘 모르겠지만 그냥 친구들끼리
있을 때 재밌는 얘기로 친구들을 웃기면서 분위기를 좋게 만들
어요. 그리고 사회지능은 음…… 제가 친구들의 마음을 잘 알아
주고 잘 지내서 높게 나온 것 같아요.

상담자 11   오, 그렇구나. ○○이 강점은 친구들이랑 함께 있을 때 더욱 돋   강점에 대한 인정과
보이네. 또 과거에 ○○이가 강점을 활용한 적이 있다면 기억에 남   강점 활용 경험에 대한
는 경험이 있을까?   탐색

내담자 11   과거에…… 음, 아, 6학년 때 외할머니가 돌아가셨는데 엄마가
너무 슬퍼하고 힘들어하는 거예요. 나도 슬펐는데…… 저한테
는 할머니지만 엄마한테는 엄마가 없어진 거니까…… 엄마가
며칠 동안 울었어요. 그래서 엄마를 웃게 해 주고 싶어서 매일
엄마 옆에서 재밌는 얘기를 막 했었는데 무슨 얘긴지는 잘 기억
이 안 나는데 어떤 얘기를 했는데 엄마가 제 얘기에 막 웃는 거
예요. 그때 너무 기분이 좋았어요.

상담자 12   아이구. 외할머니가 돌아가셨을 때 ○○이도 많이 슬펐겠다. 그   힘든 상황 강점 활용
런데 슬퍼하는 엄마가 걱정돼서 ○○이가 재밌는 얘기로 엄마를   격려 및 호소 문제 초점
웃게 해 드렸구나. 최근에 ○○이는 이렇게 힘들고 슬펐던 적 있어?   맞추기

내담자 12	음……네, 사실, 제가 1학년 때까지만 해도 공부를 잘했거든요. 못해도 반에서 2, 3등은 했었는데…… 지금은 열심히 해도 10 등…… 밖에 안 나와요. 진짜 왜 그런지 모르겠어요. 똑같이 열심히 했는데. 이 성적으로는 아무것도 못해요. □□고등학교도 못 갈 걸요? 진짜…… 망했어요.	
상담자 13	열심히 했는데 기대만큼 성적이 안 나와서 너무 속상했겠다. 또 ○○이는 성적이 안 나오면 망했다는 생각이 드는구나.	공감 반영
내담자 13	네. 이걸로 뭘 할 수 있겠어요. △△학과 가고 싶었는데 이 성적으로는 절대 안 돼요. 그래서 그냥 다 포기하려고요.	
상담자 14	○○이가 가고 싶은 학과도 미리 정해 놓고 공부도 열심히 했는데 마음처럼 잘되지 않았구나. 아까 엄마가 힘들고 슬플 때 ○○이가 재밌는 얘기로 위로해 줬다고 했는데 ○○이는 이런 힘든 상황을 어떻게 견디고 있어?	공감과 강점을 활용한 문제 상황 대처방법 탐색 질문
내담자 14	음…… 그냥…… 울기…… 잘 모르겠어요.	
상담자 15	그동안 많이 슬펐구나. 힘들 때 우는 거 말고는 다른 방법이 없었네. 그럼, ○○이가 이렇게 힘들고 슬플 때 ○○이가 가진 강점을 활용한다면 어떻게 활용할 수 있을까?	강점을 활용한 대처방법 탐색 질문
내담자 15	음…… 슬플 때 재밌는 생각하기…….	
상담자 16	오, 그럼 시험 성적이 잘 안 나와서 슬플 때 ○○이가 어떤 재밌는 생각을 할 수 있을까?	공감과 강점 활용방안 탐색 질문
내담자 16	음…… 시험 망쳐서 슬플 때 웃긴 개그나 친구들이랑 했던 재밌는 얘기들을 떠올리면 웃길 것 같아요.	대처방법 구체화하기
상담자 17	오, 슬플 때 ○○이가 가진 유머감각을 활용하면 슬픔을 덜어 낼 수 있겠는데! 앞으로 시험을 못 봐서 슬프거나 망했다는 생각이 들 때 이런 재밌는 생각을 하면서 부정적인 감정을 이겨 내 보는 건 어떨까?	대처방법 격려와 구체적인 방법 제안
내담자 17	하하, 상상하니까 좀 웃긴데. 잘될지 모르겠는데 한번 해 볼게요.	
상담자 18	그래. 지금까지는 성적이 떨어질 때 내가 원하는 학교에도 못갈 것 같다는 생각이 먼저 들어 포기하고 싶은 부정적인 마음에 집중했다면 이제는 ○○이가 가지고 있는 강점으로 긍정적인 마음을 키워 보는 거야. 처음에는 쉽지 않겠지만 한가지씩 연습을 해 나가면 점점 더 강점을 잘 활용할 수 있게 될 거야! 또 어떤 강점을 활용해 볼 수 있을까?	강점 활용 의지 고취 및 새로운 대안 탐색

내담자 18　선생님 이야기를 들으니 조금씩 용기가 나요. 공부를 할 때 부담감이 많아 집중하기 어려웠는데, 이제는 공부하면서 알게 된 것을 정리해서 친구들에게 알려 주면 공부가 조금은 재미있을 것도 같아요. 자신은 없지만

상담자 19　○○이는 정말 자신의 강점을 잘 활용하는구나! 호기심이 많으니 새롭게 알게 된 것에 집중하고, 친구들을 좋아하니 내가 배운 것을 함께 공유하며 즐거움을 느끼고!! 지금처럼 ○○이가 할 수 있는 방법들을 활용해 나가면서 선생님하고 계속 상담하면 스트레스를 좀 더 잘 관리할 수 있게 될 것 같은데 어떠니?
　　　　　　강점 활용 구체화와 격려 및 지속적인 상담 권유

내담자 19　네. 저도 그렇게 해 보고 싶어요. 정말 공부를 잘하고 싶거든요!

상담자 20　○○이가 긍정적으로 생각하고 자신감을 느끼는 것 같아 선생님도 힘이 나네! 오늘 선생님이랑 같이 성격강점검사 결과에 대해서 이야기 해봤는데 어땠어?
　　　　　　변화 의지 격려 및 마무리 소감

내담자 20　재밌었어요. 웃기기도 하고. 내가 가진 강점이 많다는 것이 신기하기도 했어요. 뭔가 희망도 느껴져서 좋아요.

상담자 21　유머감각이 있어 이런 상황도 재미있게 여기는구나! 앞으로 ○○이가 가진 강점들을 하나하나 활용하는 연습을 같이 해 보자. 그럼 오늘 해석상담은 여기까지 하는 걸로 하고, 우리는 다음 주에 또 만나자.
　　　　　　강점 강화와 연습 의지 고취

학습과제

1. MBTI 유형을 결정하는 네 가지 선호지표와 특징에 대해서 설명하시오.
2. MBTI 검사의 목적과 해석상담 시 유의점에 대해 설명하시오.
3. 유형별로 S/N, T/F 기능에 대한 선호도와 능숙한 정도에 따른 심리유형 역동에 대해 설명하시오.
4. MBTI 유형 중 하나를 예시로 하여 대인관계에서 경험할 수 있는 유능감과 문제 상황, 극복을 위한 대안을 제시하시오.
5. Golden 성격유형검사의 목적과 특징에 대해 설명하시오.
6. Golden 성격유형검사 다섯 가지 포괄적 차원에 대해서 설명하시오.
7. Golden 성격유형검사와 MBTI 검사와의 유사점과 차이점에 대해 설명하시오.

8. Golden의 성격유형검사 문항의 특징에 대해 설명하시오.

9. 성격강점검사(CST)의 특징에 대해서 설명하시오.

10. 성격강점검사(CST)의 목적을 설명하시오.

11. VIA 분류체계에 포함된 6개의 핵심덕목에 대해 설명하시오.

참고문헌

권석만(2008). 긍정심리학: 행복의 과학적 탐구. 학지사.

권석만, 유성진, 임영진, 김지영(2022). 성격강점검사 전문가 지침서. 어세스타.

김명준, 강새하늘, 남한(2021). MBTI Form M의 자가채점과 컴퓨터채점 비교. 심리유형과 인간발달, 22(2), 93-112.

김정택, 심혜숙(1990). 성격유형검사(MBTI)의 한국 표준화에 관한 일연구. 한국심리학회지: 상담 및 심리치료, 3(1), 44-72.

김정택, 심혜숙(1994). 16가지 성격유형의 특성. 어세스타

김정택, 심혜숙(2013). MBTI Form M 매뉴얼. 어세스타

박영숙, 박기환, 오현숙, 하은혜, 최윤경, 이순묵, 김은주(2019). 현대심리평가의 이해와 활용. 학지사.

박은아(2014). 유아교사의 성격강점과 행복과의 관계에서 직무스트레스 대처방식의 매개효과. 경성대학교 교육대학원 석사학위논문.

박철용(2020). MBTI의 의미. 하움

양영숙(2000). MBTI를 활용한 부모교육 프로그램이 어머니의 자아수용과 양육태도에 미치는 효과. 동국대학교 교육대학원 석사학위논문.

오인수, 손지향, 이보람, 성태제, 송해덕, 김량(2022). GOLDEN 성격유형검사의 한국 타당화. 교육혁신연구. 32(4), 81-110.

오인수, 손지향, 이보람, 성태제, 송해덕, 김량(2023). GOLDEN 성격유형검사 특별과정 지침서. 인싸이트.

이부영(1998). 분석심리학. 일조각.

임영진(2010). 성격 강점과 긍정 심리치료가 행복에 미치는 영향. 서울대학교 대학원 박사학위논문.

Golden, J. P. (2022). GOLDEN 성격유형검사 전문가 지침서 (*Golden Personality Type Profiler technical manual*). (오인수, 송해덕, 성태제, 손지향, 이보람, 김량 공역). 인싸이트. (원서는 2005년에 출판).

Golden, J. P. (2005). *Golden Personality Type Profiler technical manual*. NCS Pearson.

Jung, C. G. (1921). *Psychologische typen*. Rascher.

Jung, C. G. (1931). *A Psychological Theory of Types*. In The Collected Works of C. G. Jung. Vol. 6. Routledge & Kegan Paul.

Jung, C. G. (1936). *Psychological Typology*. In the Collected Works of C. G. Jung. Vol. 6. Routledge & Kegan Paul.

Jung, C. G. (1971). *Psychological Types*. In the Collected Works of C. G. Jung, Vol. 6. Routledge & Keran Paul.

Myers, I. B., McCaulley, M. H. (1995). MBTI 개발과 활용 (*MBTI Manual: A Guide to the Development and Use of the Myers-Briggs Type Indicator*).(김정택, 심혜숙, 제석봉 공역). 한국심리검사연구소. (원서는 1987년에 출판).

Myers, I. B., McCaulley, M. H., Quenk, N. L., & Hammer A. L. (2013). MBTI Form M 매뉴얼(*MBTI$^{®}$ manual*). (김정택, 심혜숙 공역). 어세스타. (원서는 1998년에 출판).

Peterson C., & Seligman, M. E. P. (2004). *Character strengths and virtues: A handbook and classification*. Oxford University Press/American Psychological Association.

Peterson, C., & Seligman, M. E. P. (2009).긍정심리학의 입장에서 본 성격강점과 덕목의 분류 (*Character strenghs and virtues: a handbook and classification*). (문용린, 김인자, 원현주, 백수현, 안선영 공역). 한국심리상담연구. (원서는 2004년에 출판).

Seligman, M. E. P. (2002). Positive psychology, positive prevention, and positive therapy. In C. R. Snyder & S. J. Lopez (Eds), *Handbook of positive psychology* (pp. 3-9). Oxford University Press.

Seligman, M. E. P. (2006). 긍정심리학 (*Authentic happiness*). (김인자 역). 물푸레. (원서는 2002년에 출판).

Seligman, M. E. P., Rashid, T., & Parks, A. C. (2006). Positive psychotherapy. *American Psychologist, 11*, 774-788.

Seligman, M. E. P., Steen, T. A., Park, N., & Peterson, C. (2005). Positive psychology progress: Empirical validation of intervention. *American Psychology, 60*, 410-421.

인싸이트 https://inpsyt.co.kr/psy/item/view/GOLDEN_CO_SG

한국 MBTI연구소 https://www.mbti.co.kr/

MBTI https://play.google.com/store/apps/details?id=com.hfx.mbti.korea

- 투사검사의 특성과 종류에 대해 설명할 수 있다.
- HTP 검사를 실시하고, 해석방법을 제시할 수 있다.
- 사례보고서에 작성된 HTP 검사 결과를 해석상담에서 활용할 수 있다.
- KFD 검사의 목적과 특징에 대해 설명할 수 있다.
- KFD 검사를 지시에 맞게 실시하고, 해석방법을 제시할 수 있다.
- KFD 검사 결과를 해석상담에서 활용하여 내담자의 가족 역동을 이해할 수 있다.
- SCT 검사가 개발된 배경에 대해 이해하고, 검사 구성에 대해 설명할 수 있다.
- SCT 검사의 지시와 실시를 주의 사항에 맞게 설명할 수 있다.
- SCT를 해석하고 상담 장면에 적용하는 방법을 이해할 수 있다.

학습개요

　'투사(projection)'란 자신의 불편하거나 부적절한 감정 혹은 동기를 다른 사람이나 상황에 돌려서 어려움에 대처하는 방어기제다(고요한, 2021). 이는 정신분석학적 개념의 정의에 해당되며, 투사검사에서 사용되는 투사는 좀 더 포괄적인 의미로 사용된다.

　즉, 투사검사의 투사는 지각(perception)과 통각(apperception)을 통해 이해할 수 있다. 지각은 감각 인상에 근거한 인식인 반면, 통각은 이 지각에 더하여 의미가 부여되는 것이다(Murray, 1981). 어렸을 적 하늘에 떠 있는 구름을 보고 그 구름이 무엇인지 맞추기 놀이를 해 봤을 것이다. 어떤 친구는 뭉게구름을 보고 토끼라고 할 수 있고, 다른 친구는 수류탄이 터져 폭발하는 것이라고 말할 수 있다. 이처럼 불특정한 대상에 대해 보는 사람마다 객관적 지각과 이에 대한 의미 있는 주관적 해석이 다르기 때문에 반응하는 양상은 서로 달라질 수 있다. 그런데 타인이 지각하는 것과 비슷한 반응을 하는 경우와 그렇지 않은 경우에는 그 이면의 심리적 특성이 다른 것으로 볼 수 있다. 지각의 왜곡으로 타인과 다르게 지각하기도 하고, 지각은 객관적으로 했지만 주관적으로 의미를 부여하는 통각 과정을 투사한 경우일 수 있는데 아마 예시로 든 친구일 경우, 후자에 해당될 것으로 보인다. 이 친구의 내면 심리 세계를 추측하기로는 미해결된 분노감이 강하게 내재되어 있는데 이를 인식하지 못하다가 스트레스 상황에서 적절하지 못하게 표출할 가능성이 있을 수 있다. 단 어떤 심리검사든지 일대일 해석은 위험하기 때문에 반드시 다른 검사와 교차검증을 할 필요가 있겠다.

　이러한 원리를 활용하여 투사검사에서는 검사 자극과 검사 상황을 지각하고 해석하는 방식을 통해 수검자의 심리적 특징을 이해하기 때문에 객관적 검사에 비해 자극이 모호하고 애매하다. 모호하고 애매한 자극은 수검자로 하여금 평소에 의식하지 못한 무의식적인 내면의 욕구, 감정, 불안, 갈등, 문제 해결 방식, 사고방식 등을 투사하도록 하여 수검자의 무의식적인 내면세계를 탐색할 수 있도록 돕는다. 7장에서는 다양한 투사검사 중, 집-나무-사람 그림검사(House-Tree-Person Test: HTP), 동적 가족화 검사(Kinetic Family Drawing: KFD), 문장완성검사(Sentence Complete Test: SCT)를 살펴보고자 한다.

1. 집–나무–사람 그림검사(HTP)

1) 개요

'그림은 개인의 심리적 현실과 주관적 경험을 드러낸다.'는 관점을 배경으로 투사적 그림 검사가 발전하였는데 가장 대표적인 투사적 그림검사 중의 하나는 Buck(1948)의 집–나무– 사람 그림검사(House-Tree-Person Test: HTP)이다. 원래 Buck은 Goodenough(1926)의 인 물화(Draw-A-Person: DAP)를 확장하여 지능 평가를 하려고 했고, DAP와 같은 채점 체계를 사용하여 양적으로 지능을 측정하였다. 그러나 지능 이외에도, HTP가 수검자의 성격에 관 한 정보를 제공한다는 것을 발견한 후, 개인의 내면세계 이해를 돕는 투사적 그림기법으로 사용되었다.

HTP는 투사적 그림검사 중에서도 개인의 심층적인 측면을 잘 드러내는 검사로 진단도 구, 치료도구, 선별도구 및 신뢰감 형성 도구 등 여러 가지 방법으로 사용되어 왔다. 특히 수 검자의 전체 성격을 파악하거나 치료의 예후를 알아내는 진단 선별용으로 사용되기도 한 다. 초기 정신증의 발병을 탐지하는 데 있어서 HTP가 로르샤흐(Rorschach) 검사보다 더 민 감한 예측 도구라고 여겨지기도 하고(Zucker, 1948), 자유연상을 촉진시켜 더 깊은 수준의 통찰력을 위한 치료도구로 사용할 뿐만 아니라 치료적 변화를 측정하기 위한 선별도구로도 사용 가능하다(Buck, 1970). 또한 모든 연령대의 수검자들은 집, 나무, 사람을 친근하게 느끼 고, 쉽게 그릴 수 있어서 저항이 적고, 솔직하며 자유로운 언어표현이 가능하다(Buck, 1970). 뿐만 아니라 수검자의 민감성, 성숙도, 효율성, 융통성 및 성격의 통합 정도를 나타내는 상 징적인 의미가 매우 풍부하여 수검자에 대한 상세한 정보를 제공해 준다는 것이 HTP의 큰 장점이다.

2) HTP 실시

(1) 검사도구
A4 용지 여러 장, 연필, 지우개, 초시계, 깨끗한 책상

(2) 지시 및 실시방법

① 전체 검사에 대한 지시

"지금부터 몇 가지 그림을 그려 보겠습니다. 잘 그리고 못 그리는 것은 상관없으니 제가 말하는 그림을 자유롭게 그려 보세요."

• 집 그림

종이를 가로로 제시해서 수검자에게 주지만 만약 수검자가 종이를 세로로 돌려 그리려고 할 경우 가로로 그릴 것을 권유해 보고, 그럼에도 불구하고 세로로 그리기를 원한다면 그 이유를 묻고 원하는 방향으로 그리도록 내버려 둔다.

"집을 그려 보세요."라고 지시한 후, 만약 수검자가 어떤 집을 그려야 되는지 질문한다면 구체적인 답변을 하기보다는 수검자가 스스로 선택할 수 있도록 개방형으로 답변한다.

• 나무 그림

종이를 세로로 제시한 후, "나무를 그려 보세요."라고 지시한다.

• 사람 그림

종이를 세로로 제시한 후, "사람을 그려 보세요. 단, 사람을 그릴 때 막대기처럼 그리거나 만화처럼 그리지 말고 사람의 전체, 전신상을 그려 주세요."라고 지시한다. 지시에 따라 한 사람을 그렸다면 이후에는 "방금 그리신 사람과 반대되는 성을 그려 보세요."라고 지시한다.

Tip! 그리기 단계에서 주의할 점

- 수검자가 그리기를 거부하거나 그림을 잘 못 그린다고 이야기하면, 이 검사는 그림 솜씨가 아니라 그림을 어떻게 그리는지를 보고자 하는 것이니 편안하게 그리라고 함.
- 도구(자, 각도기 등)를 사용해도 되냐고 질문할 때 손으로만 그리라고 함.
- 수검자가 그리는 방법, 그림의 내용 등에 대해 질문할 경우: 예를 들어, "어떤 집을 그려야 하나요?" 라고 묻는다면 마음 내키는 대로 그리면 된다고 하면 됨.
- 사람 그림에서 얼굴 혹은 상반신 등 신체 일부만을 그린다면 다른 종이를 주면서 사람의 전신을 그려 보라고 다시 안내함.

• 사람 그림에서 만화 캐리커처, 막대형 그림 등으로 그리는 수검자에게도 다른 종이를 주면서 일반적인 사람 그림을 그려 보라고 안내함.

• 수검자의 언어적 · 비언어적 행동을 면밀히 관찰하고 모든 특징적 행동은 기록하는 것이 중요함.

   – 그림 그리는 시간이 지나치게 짧게 혹은 오래 걸리는가?

   – 특정 부분을 묘사하는 데에 더 어려움을 보이는가?

   – 그림 그리는 방식이 충동적인가? 혹은 지나치게 상세하고 꼼꼼하게 그리는가?

   – 그림 그리는 동안 혼잣말을 한다거나 어느 순간 표정 변화가 나타나는가?

   – 그림 그리는 순서가 비전형적인가?(예: 발 → 다리 → 손 → 팔 → 목 → 몸통 → 얼굴)

② 사후 질문

사후 질문은 수검자가 그린 그림의 이유를 파악하기 위해 다양한 질문이 가능하다. 정형화된 질문은 없지만 일반적으로 다음과 같은 질문을 주로 사용하며 추가 질문을 통해 정보를 더 얻기도 한다.

• **집 그림**

   – 이 집은 무엇으로 만든 집인가요?

   – 이 집에는 누가 살고 있나요?

   – 사는 사람들은 어떤 사람(들)인가요?

   – 이 집의 분위기가 어떤가요?

   – 나중에 이 집이 어떻게 될 것 같나요?

• **나무 그림**

   – 이 나무는 어떤 나무인가요?

   – 이 나무는 몇 살 정도 되었나요?

   – 이 나무는 죽었요? 살았나요? 살았다면 나무의 건강은 어떤가요?

   – 이 나무의 주변에는 어떤 것들이 있나요?

   – 이 나무가 소원이 있다면 어떤 소원이 있나요?

-나중에 이 나무는 어떻게 될 것 같나요?

-나무를 그리면서 혹시 생각나는 사람이 있었나요? 있었다면 누구인가요?

• **사람 그림(각각의 그림에 대해 질문)**

-이 사람은 무엇을 하고 있나요?

-이 사람은 몇 살쯤 됐나요?

-이 사람은 어떤 생각과 감정을 느끼고 있나요?

-이 사람이 소원이 있다면 어떤 소원이 있나요?

-나중에 이 사람은 어떻게 될 것 같나요?

3) HTP 해석방법

투사적 그림검사를 해석할 때 주의할 점은 인상주의적 분석, 형식적 분석과 내용적 분석 모두를 고려하여 해석해야 하고, 수검자의 반응 1개만을 가지고 일대일 해석을 하거나 단순화된 해석을 피해야 한다. 예를 들어, 과하게 큰 그림을 그렸거나 필압이 매우 강하다고 하여 조증이나 정신증으로 단정 짓지 않기를 바란다. 일반 아동이나 성인들의 경우에도 충동성이나 조직화의 어려움을 보이는 경우 나타날 수 있는 가능성이 있기 때문이다. 이처럼 같은 그림이라도 개인마다 개인사가 달라서 내면세계를 투사하는 것이 모두 다르기 때문에 같은 역동이라고 할지라도 다른 상징을 의미할 수 있겠다.

그렇다면 검사를 해석하는 데 있어서 무엇이 더 필요할까? 물론 그림의 일반적인 상징이나 의미도 중요하지만 그림을 통해서 수검자가 무엇을 나타내고자 하는지 확인할 필요가 있다. 특히 상담에서 심리검사를 해석할 때 해석자의 참조체계와 이론적 견해에 따라서 다양한 해석적 의미를 지닐 수 있다는 것을 수검자에게 설명함으로써 단순한 해석의 기대와 검사 결과의 의존을 방지할 수 있다. 또한 모든 심리검사가 마찬가지겠지만 다른 심리검사의 결과와 수검자의 행동관찰, 배경정보, 면담 등 다양한 자료를 통합하고 교차검증하여 해석하는 것이 매우 중요하다. 일반적으로 그림검사의 해석은 인상주의적 분석, 형식적 분석과 내용적 분석의 세 가지로 구분된다. 인상주의적 접근은 HTP 검사의 그림을 한눈에 볼 수 있도록 펼쳐 놓고 감상하듯 직관적으로 하는 해석이며, 그 느낌이 검사자의 것인지 수검자의 것인지 구분할 수 있을 정도로 자기이해가 높아야 한다. 따라서 형식적 분석과 내용적 분석

Tip! 해석 단계에서 주의할 점

- 단순화된 해석은 피함.
- 같은 그림이라 할지라도 개인마다 그러한 공상을 산출해 낸 개인사는 다름.
- 그림 내용의 일반적인 의미보다 그 수검자가 무엇을 나타내고자 하는지 확인하는 것이 필요함.
- 다른 심리검사 결과, 행동관찰, 배경정보 등 다양한 자료와 통합하여 해석하는 것이 중요함.

을 기반으로 좀 더 풍성한 해석을 추가하고자 할 때 하는 것이 더 효과적이다.

(1) 인상주의적 분석

인상주의적 분석은 그림이 검사자에게 주는 주관적 인상에 근거하여 수검자의 심리적 특성에 대해 해석하는 방법이다. 검사자가 그림을 보고 전체적인 인상에 대해 '무언가 쓸쓸한 느낌이 든다' '경직된 느낌이 든다' 등의 직관적이고 정서적인 표현을 할 수 있다. 또는 '이 나무는 열매를 잘 맺을 것 같다' '이 집은 단단한 재료로 지어져서 튼튼해 보인다'와 같이 인지적인 인상을 나타낼 수도 있다. 이러한 정서적·인지적인 직관적 인상을 예민하게 파악하기 위해서는 검사자의 풍부한 공감 능력과 직관력, 예민함이 요구되며, 이는 풍부한 임상적 경험에서 비롯된다. 중요한 점은 전반적인 인상주의적 분석만으로 수검자의 심리상태를 단정지어 해석해서는 안 되며, 전체적이고 종합적으로 수검자를 이해하기 위해서 반드시 다른 임상적 자료와 통합적으로 검증하며 조심스럽게 해석해야 한다. 인상주의적 분석에서 얻은 가설을 형식적 분석과 내용적 분석에서 검증해 가면서 해석에 활용하는 단초로서 활용하는 것이 바람직하다.

(2) 형식적 분석

집, 나무, 남성상, 여성상 등을 어떻게 그렸는지 그 구조를 분석하는 방법이 형식적 분석이다. 검사 수행 시간 및 태도, 순서, 크기, 위치, 선의 강도와 필압, 선의 질과 방향, 세부 묘사, 지우기, 대칭, 왜곡, 투명성, 움직임, 회전, 불필요한 내용추가 등을 통해 수검자의 성격이나 정서 상태를 파악할 수 있다.

① 검사 수행 시간 및 태도

그림을 그리는 수검자의 태도는 수검자의 호소문제와 관련하여 의미있는 단서들이 많기 때문에 이를 주의 깊게 관찰하고 포착한다면 해석에 있어서 중요한 단서가 될 수 있다. 특히 그리는 데 소요된 시간을 기록함으로써 얻을 수 있는 정보가 많다. 수행 시간이 지나치게 짧은 경우 무성의, 회피적인 태도, 성급하고 충동적인 행동 경향 등을 고려해 볼 수 있다. 반면, 소요 시간이 지나치게 오래 걸리는 경우 이를 면밀히 살펴보면 다양한 가설을 세울 수 있다. 지시를 듣고 난 후, 그림을 그리기 시작할 때까지 시간이 오래 걸린 경우, 아마도 그 그림이 수검자에게 특별한 의미가 있거나 갈등을 유발하고 있음을 시사한다. 또한 그림을 수정하거나 세부 요소를 자세히 묘사하느라 시간이 많이 소요되는 경우가 있는데 이때에는 불안감, 초조감, 지나치게 정확성을 기하려는 완벽성, 강박적 태도 등을 고려해 본다. 전반적으로 그리는 속도 자체가 느릴 경우는 무력감, 낮은 동기수준, 정신운동속도 저하의 가능성이 제기된다.

② 순서

수검자가 그림을 그려 나가는 동안 순서나 그리는 양상의 경향을 주의 깊게 살펴봐야 한다.

• 사람 그림에서 발부터 그린 경우

일반적으로 사람 그림은 머리부터 그리기 시작하는데 어떤 수검자는 발부터 시작해서 위로 올라가 머리까지 그리는 등 비전형적인 순서로 그리는 경우가 있다. 이런 경우에는 현실 검증력의 저하나 사고장애의 가능성을 고려해 볼 수 있으며, 자폐 스펙트럼 장애, 전반적 발달장애에서도 이러한 특성이 관찰되기도 한다. 사회불안이 심한 사람의 경우 얼굴을 그리기 힘들어서 발을 먼저 그리는 경우도 종종 있다. 간혹 발이 심리적으로 중요한 사람의 경우, 예를 들어 아버지가 교통사고로 하반신 마비일 때 자녀가 그리는 그림에서 발을 먼저 그리기도 한다. 이 밖에 반항성이 높거나 품행장애의 청소년일 경우 관습에 대한 거부감이 높기 때문에 얼굴보다 발을 먼저 그리기도 한다.

• 사람 그림에서 성별을 그리는 순서

성별을 그리는 순서도 의미 있는 해석의 지표가 될 수 있는데 대부분 사람들은 자신과 동성의 사람을 먼저 그려 나간다. 그러나 이성을 먼저 그렸을 경우, 성 정체감이나 성역할에 대한 갈등을 경험하고 있을 가능성을 고려해 볼 필요가 있다. 또한 특정 이성에 대한 심리적 비중이 큰 상태로 고려해 볼 수 있는데 예컨대, 중요한 타인이 이성이라면 이성을 먼저 그려 나갈 수 있다. 또는 자기 확신이 부족할 경우 자신과 동일시하는 동성을 그리지 못하여 이성을 먼저 그리기도 한다. 그 외의 해석 가능성도 다양하겠지만 특히 이성을 먼저 그렸다고 해서 모두 이러한 해석을 하는 것은 아니며, 다른 심리검사 결과나 수검자의 배경에 대한 정보를 고려한 후 신중하게 해석해야 한다.

• 그림을 그리는 과정 동안 수행 수준의 변화

그림을 그리는 과정 동안 그 추이를 분석하는 것도 수검자의 다양한 특성에 대한 단서를 제공해 준다. 즉, 그림을 그리는 동안 수행의 질, 수행 속도, 그림을 묘사하는 정교함의 정도에 변화가 있는지, 그림 종류에 따라 수행의 질이나 수행 방식에 변화가 있는지 등을 살펴볼 필요가 있다. 처음에는 세부 묘사를 자세하게 하다가 수행하는 동안 생략이 많아지는 경우가 있는데 이는 집중력 부족이나 쉽게 싫증을 내는 성향을 고려해 볼 수 있다. 반면 처음 그림은 단순하게 그리다가 차츰 자세하고 정교한 그림을 그린다면 어떤 심리적 자극을 받을 때 연상과정이 활발해지고 심리적 에너지 수준이 높아지는 성격특성일 가능성이 있다. 또는 처음에 어떤 자극을 접하면 쉽게 상황적 불안을 느끼지만 시간이 지나면서 점차 안정감을 찾고 연상이 활발해졌을 가능성을 고려할 수 있겠다.

③ 크기

그림의 크기는 수검자의 심신 에너지 수준, 충동성, 자신감, 자기상, 자기지각 등을 시사하고 있을 때가 많다. 보통 크기는 종이 크기의 약 2/3 정도에 해당된다.

• 지나치게 큰 그림

지나치게 크기가 큰 그림은 심신 에너지의 항진, 충동성, 행동화 경향, 과도한 자신감, 자아경계가 취약해져서 나타나는 자아 팽창이나 과대 사고 등을 시사한다. 또는 자신에 대한 열등감, 부적절감에 대한 보상, 반동형성 등 일종의 방어를 반영할 수도 있으며, 임상적으로는 조증/경조증 삽화, 반사회적 성격, 뇌 손상이나 지적장애 등을 고려해 볼 수 있다.

• 지나치게 작은 그림

지나치게 크기가 작은 그림은 위축감, 무력감, 지나친 자기 억제, 불안감, 열등감, 부적절감, 자신감 저하 등을 반영하며, 검사 상황에 대한 회피적·방어적 태도를 나타내는 것일 수도 있다. 한편, 그림을 다소 작거나 크게 그릴 수 있는데 이러한 경우 엄격한 해석은 자칫 왜곡된 해석이 될 수 있으므로 개인의 개성, 외향/내향, 적극/소극 등으로 조심스럽게 해석할 필요가 있다. 어떤 그림이든 지나친 또는 현저한 등의 평균 범주를 넘어선 경우가 수검자의 성격이나 정서를 이해하는 의미있는 단서로 볼 수 있겠다.

④ 위치

용지의 어느 부분에 그림을 그렸는지에 따라서 수검자의 심리적 단서를 이해하는 데 도움이 될 수 있다.

• 용지 중앙에 위치한 그림

일반적으로 그림을 용지 중앙에 그리는 경우는 대부분 연령에서 보편적으로 나타나는 양상이다. 이러한 경우는 적정 수준의 안정감을 지니고 있음을 시사한다. 반면, 지나치게 정중앙을 그리려고 애쓰는 경우는 수검자가 불안정감이 심하고 지나치게 자기중심적이며, 인지적 · 정서적으로 경직되어 있으며, 대인관계에서 완고하고, 융통성이 부족함을 나타내는 것일 수도 있다.

• 용지의 우측/좌측에 치우친 그림

이론적으로 용지의 좌측이나 우측에 치우친 그림에 대한 의미는 분명치 않다. 그러나 여러 가지 경험적 연구에 의거하여 살펴보면, 우측에 치우친 그림은 욕구 만족지연 능력과 자기통제력이 잘 유지되어 있고 비교적 안정된 성향을 나타내며, 외향성, 남성성, 미래성을 상징하기도 한다. 좌측에 치우친 그림은 즉각적인 만족을 추구하고 행동화, 충동성 등을 반영하며, 내향적 경향, 자의식이 강함, 공상적임, 여성적 경향을 의미하기도 한다.

• 용지 상단/하단에 치우친 그림

상단에 치우친 그림은 포부 수준이 높고, 현실 세계보다는 자신만의 공상 세계에서 만족감을 얻고자 하는 경향이 있음을 반영한다. 또는 객관적으로 현실을 보지 못하고 지나치게 낙관주의적으로 사고하면서 대인관계나 사회적 상황에서 무관심, 회피적 태도와 관련된다고 보고되었다(Machover, 1949). 반면, 하단에 치우친 그림은 내면에 불안정감이 높고, 심한 수준의 불안감이 내재되어 있으나, 안정감을 강조하고 있으며, 이로 인해 과도하게 지지를 추구하거나 의존적이며 우울한 상태에 있을 가능성을 시사한다.

• 용지 귀퉁이에 치우친 그림

용지의 네 귀퉁이에 치우치게 그린 그림은 위축감, 두려움, 자신 없음 등을 시사한다.

⑤ 선의 강도와 필압

선의 강도와 필압은 수검자의 심신 에너지 수준에 대한 지표로서 긴장의 정도, 충동성 등에 대한 정보를 제공해 준다. 보통은 필압을 적당히 다양하게 사용하는 것이 더 일반적이며, 융통성과 적응 능력을 반영한다. 과도하게 특정 영역을 진하게 그리며 강조하는 경우 그 영역에 대한 고착이나 그 부분이 상징하고 있는 갈등 측면으로 해석을 고려할 필요가 있다.

• 지나치게 진하고 강한 강도의 선

성격적으로 스트레스 상황 시 쉽게 불안, 위축되어 압도당할 가능성이 높음을 시사한다. 또한 극도의 긴장감과 불안감을 반영하기도 한다. 편집증적 경향이 높거나, 공격성이 외현화되는 경향이거나, 충동성을 시사한다.

• 지나치게 흐리고 약한 강도의 선

낮은 에너지 수준, 감정 표현의 억제와 억압, 우유부단, 소심함, 두려움, 불안감 등을 반영한다. 임상 장면에서 우울, 불안, 강박 증상을 동반한 신경증 상태 또는 만성 조현병 환자의 경우 지나치게 흐린 선으로 그리는 경향이 있다.

⑥ 선의 질과 방향

• 선의 질

정확하고 안정된 선은 심리적으로 균형이 있고, 일관성 있으며, 의욕적인 것으로 여겨진다. 선을 그릴 때 한번에 직선의 긴 획을 많이 사용하여 그리는 경우, 단호함, 안정감, 야심에 차 있고 포부 수준이 높음을 나타낸다. 반대로 획을 짧게 끊어서 그린 그림은 충동적이고 흥분하기 쉬운 성향과 관련된다. 선을 스케치하듯 이어 가는 그림은 정확함이나 신중함에 대한 욕구, 우유부단함, 소심함, 불안정감, 새로운 환경에 대한 불안 등을 반영한다. 선을 빽빽하게 채워 넣어 마치 면의 형태처럼 보이는 그림은 높은 수준의 긴장감과 공격성의 가능성을 시사한다.

• 선의 방향

일정한 선의 방향은 목표가 있고 안정적인 것으로 해석할 수 있다. 선을 그릴 때 가로획과 세로획을 더 강조해서 그리는 경우가 있는데 먼저 가로 방향의 수평선을 강조한 경우는 나약함, 두려움, 자기 보호적 경향성과 관련될 수 있다. 세로 방향의 수직선을 강조한 경우, 단호함, 결단력, 자기주장적 성향, 과잉 활동성을 의미한다. 획의 방향을 수시로 바꾸어 그렸다면 정서적으로 동요되어 있고, 불안정하며, 자기 확신과 일관성이 부족함을 시사한다. 마구잡이식의 지그재그 방향으로 선을 그린 경우 내재된 적대감으로 해석하기도 한다.

⑦ 세부 묘사

세부 묘사는 그림을 어느 정도 상세하게 그리는지를 나타내며, 일상생활에서 실제적인 면을 의식하고 처리해 가는 능력과 관련이 있다.

• 그림 전반에 걸쳐 세부 묘사가 과도한 경우

자신과 외부와의 관계를 적절하게 통합하지 못하고 환경에 대해 지나친 관심과 강박적 성향, 억제적 경향, 주지화 경향, 정서적 혼란 등을 나타낸다. 때로는 스스로 행동화할 것에 대한 두려움을 방어하는 일환으로서 세부 묘사를 과도하게 하는 경우도 있다. 특정 부위에 대해 지나치게 자세히 세부 묘사를 한 경우에는 그 부분이 상징하는 심리적 측면과 관련하여 내적 갈등이 있음을 시사한다.

• 적절한 세부 묘사를 생략한 그림

낮은 에너지와 위축감 등 우울한 상태를 반영하는 것으로 해석하기도 한다. 또한 그림의 필수 구성요소에 대한 세부 묘사가 빈번히 생략된 경우에는 현실 검증력이 손상된 정신증적 상태를 고려해 볼 수 있다.

⑧ 지우기

그림을 그릴 때 적당한 지우기는 가소성과 순응성을 나타낸다. 그러나 그림을 그리면서 지나치게 수정을 많이 하는 경우는 내면의 불안감, 우유부단함, 불확실성, 자신에 대한 불만족 등과 관련될 수 있다. 특히 반복적으로 지우고 다시 그렸음에도 불구하고 그림의 질이 향상되지 않을 경우는 그림을 그린 대상이나 그것이 상징하는 대상과 관련하여 강한 정서적 갈등을 느끼고 있음을 시사한다.

⑨ 대칭

그림에서 대칭은 어느 정도 지니고 있는 것을 감안하고서도 지나치게 강조된 그림의 경우, 융통성 부족, 경직된 성격특성, 정서의 과도한 억압과 통제, 주지화 경향, 강박적 성향 등을 나타낸다. 반면, 대칭성이 결여된 경우, 불안정감이 높고 신체적인 면의 부적응감을 지니고 있으며, 정신증적 상태나 뇌 손상, 지적장애 등을 시사할 가능성이 높다.

⑩ 왜곡

수검자가 일반적인 형태로 대상을 그리지 않고 왜곡된 형태로 그리는 경우인데 해석의 지표로서 의미 있는 단서가 될 수 있다. 왜곡의 수준이 심하지 않은 수준이라면 수검자의 불안과 심리적 갈등을 시사한다. 반면, 심각한 수준의 왜곡이라면 현실 검증력 장애의 가능성을 고려해 볼 필요가 있으며, 정신증적 상태, 기질적 뇌 손상, 심한 지적장애 등을 지닌 사람들에게 왜곡된 그림이 종종 나타난다.

⑪ 투명성(투시)

투명성은 정서적·기질적 원인에 의해 성격의 통합을 상실하고, 현실 검증력의 장애로 자기와 외부와의 관계를 제대로 지각하지 못하여 구별되지 않는 상태를 나타낸다. 일반적으로 병적인 징조, 즉 조현병 환자에게 주로 나타나는데 대체로 현실적으로 볼 수 없는 대상의 내부가 투시된 그림을 주로 그린다. 또한 연령에 따라서 해석을 유의할 필요가 있는데 6세 미만의 미취학 아동은 미술 발달단계 중, 형태 개념을 형성하는 도식기에 해당되어 투시화를 일반적으로 그리는 반응으로 해석하므로 정상 범주로 해석한다. 주로 배 속의 음식, 옷을 입은 상태에서 유방과 배꼽, 바닷속 물고기, 집안의 가구 등으로 투시화를 표현한다. 학령기 아동의 경우 지적장애나 뇌 손상, 심리적 미숙함 등을 나타낸다.

⑫ 움직임

집 그림의 움직임은 잘 표현되지 않지만 나무나 인물화는 움직임이나 여러 동작으로 표현되는 경우가 많다. 만약 움직임이 지나치지 않는다면 심리적 유능성을 나타낸다. 그러나 움직임이 거의 표현되지 않는 경우, 지적 능력의 제한, 우울감의 상태를 나타내고, 성격이 경직되어 융통성이 없는 조현병 환자가 그리는 경우가 많다. 그러나 정신병리가 아니더라도 유연성이 부족하거나 적응 곤란을 경험할 때 움직임이 없는 완고한 형태로 표현되기도 한다. 이와 반대로 움직임이 지나치게 많이 표현되는 경우라면 과잉 활동을 보이는 ADHD 아동 혹은 조증이나 경조증 상태를 시사한다.

⑬ 회전

검사자가 종이를 제시할 때마다 모든 종이를 다 회전시켜서 그림을 그리는 경우 반항적·부정적 경향성을 고려해 볼 수 있다. 만약 같은 방향으로 계속 종이를 돌려서 기계적으로 반복 회전하는 모습을 보인다면 인지적 경직성, 보속증의 가능성이 시사된다. 특정 주제에서 종이를 회전하는 경우는 그 주제와 관련된 심리적 불편감과 갈등을 경험하고 있을 가능성이 높다.

⑭ 불필요한 내용추가

검사자가 지시한 집, 나무, 사람 이외에 다른 내용을 추가하여 그리는 경우, 부가적인 사물들이 나타내는 다양한 상징적인 의미의 가능성을 열어 두고 검토하는 것이 필요하다. 주로 부가적인 요소들을 많이 포함시키는 경우는 관심이나 의존 욕구가 강한 경향, 인지적으로 산만한 경향을 지녔을 가능성이 높다.

(3) 내용적 분석

형식적 분석은 그림을 어떻게 그렸는지 그 구조를 살펴보는 방식이라면 내용적 분석은 무엇을 그렸는가를 다룬다. 사후 질문과 형식적 분석을 고려하여 집, 나무, 남자 상, 여자 상의 명백하고 큰 특징을 먼저 다루며, 각 그림에 해당되는 상징적 내용을 해석한다.

① 집

집 그림은 수검자가 성장하여 온 가정 상황을 의미한다. 자신의 가정생활과 가족관계를 어떻게 인지하고, 그것에 대해 어떤 감정과 태도를 갖고 있는지 반영되기도 하며, 이상적인 장래의 가정과 과거의 가정에 대한 소망을 나타내기도 한다. 집 그림을 해석할 때, 그림의 전체적인 특성을 고려하고, 지붕, 벽, 문, 창 등의 필수 부분이 어떻게 묘사되고 있는지 살펴볼 필요가 있다.

• 지붕

지붕은 개인의 정신적인 부분인 생각, 관념, 기억 및 생활의 공상적인 영역을 반영하며, 수목화의 수관이나 인물화의 머리 부분과 유사한 상징적 의미를 지니고 있다. 일반적으로 80% 이상이 전통적인 주택을 그리는데 간혹 교회, 절, 학교, 빌딩 등을 그리는 경우 수검자가 표현하고 싶은 메시지가 무엇이었는지 질문을 통해 파악하는 것이 필요하다.

> • 지붕을 생략한 경우
> 매우 드문 경우이긴 하나, 내적 공상 활동이 효율적이지 못한 상태를 의미한다. 또는 사고장애를 보이는 정신증적 상태의 현실 검증력 손상을 시사할 가능성이 높으며 그 밖에 지적장애, 심한 수준의 심리적 위축 등을 나타낼 수 있다.

• 지붕의 크기

지붕을 매우 작게 그렸을 경우, 내적 사고 활동을 회피하고 억제·억압하는 경향을 나타낸다. 반대로 지붕을 지나치게 크게 그린 경우는 내적 인지 활동을 매우 중요하게 여기거나 공상 세계에 몰입하고 있음을 나타낸다. 또한 대인관계에 대해 좌절감을 경험하거나 위축되어 내적 공상에 몰두함으로써 즐거움을 느끼고 욕구를 충족시킬 때 나타날 가능성이 높으며 더 나아가 자폐적 공상이 활발한 경우 등이 이에 해당된다.

• 지붕의 강조

빗금이나 덧칠, 장식 등을 통해 지붕을 과도하게 강조하는 경우, 내적 공상과 인지 활동이 활발한 상태임을 반영한다. 이는 조현병 환자들이 나타내는 자폐적인 공상이나 우울한 상태에서 공상을 통한 가상적 소망 충족 시도 등을 시사하기도 한다. 기와나 널빤지를 그려서 지붕을 정교하게 표현하려고 한 경우는 높은 불안감을 통제하고자 시도하는 강박적 방식으로 추론해 볼 수 있다.

• **벽**

집 그림에서 벽은 외부와 내부를 분리시켜주고, 외부로부터 집을 보호해 주는 역할을 한다는 점에서 수검자의 자아 강도와 자아 통제력을 나타낸다. 수목화의 기둥이나 인물화의 몸통과 유사한 상징적 의미를 지니고 있다.

• 벽의 형태

벽이 견고하지 못하고 허술한 그림은 자아 강도와 자아 통제력이 취약해져 있음을 시사한다. 더 나아가, 벽의 선이 연결되지 않았거나 벽을 아예 그리지 않은 그림은 매우 드물긴 하나, 자아의 붕괴, 심한 현실 왜곡, 자아 통제력의 와해 등을 나타내고, 심한 정신증적 상태의 환자들에게서 주로 나타나기도 한다. 벽의 경계선을 지나치게 강조하는 경우가 있는데 정신증 초기 상태에서 자아와 경계를 유지하기 위해서 의식적으로 과도하게 노력하는 경우 나타나기도 한다.

• 벽을 정교하고 자세히 그린 경우

때때로 돌이나 벽돌, 나무 무늬의 결 등을 벽에 정교하게 자세하게 그린 경우에는 사소한 것에 지나치게 집착하거나, 자아 통제감을 유지하려는 완벽주의, 강박적인 성격 경향을 반영하는 경우가 많다.

• 문

문은 집과 외부를 연결하는 통로이며 환경과 직접적으로 상호작용한다. 따라서 수검자와 환경 간 직접적 접촉이나 소통하는 방식, 대인관계에 대한 태도 등의 정보를 제공해 준다.

• 문을 생략한 경우

외부와 접근하는 통로를 생략했다는 것은 가정환경에서 타인과 접촉하지 않으려는 감정, 환경과의 소통이 차단되어 있는 회피적이고 철수적인 태도를 반영한다. 주로 대인관계에서 불안감, 저항감, 고립감, 소외감 또는 가족 안에서 거리감을 경험하는 수검자일 때 문이 생략되어 나타나며, 현실 접촉이 곤란한 정신증적 상태일 경우에도 나타난다.

• 문을 지나치게 크게 그린 경우

사회적 접촉에 대한 욕구가 매우 과도함을 반영하며, 애정과 관심에 대한 욕구나 의존 욕구가 강하거나, 사회적 접근을 과도하게 하면서 타인에게 특별한 존재로 비춰지고 싶은 욕구를 나타낸다.

• 문을 지나치게 작게 그린 경우

외부 환경과의 접촉을 꺼리는 경향을 나타내며 타인과 관계를 맺고 싶은 욕구와 거부당할 것에 대한 두려움이 교차하는 양가감정과 불안감을 느낄 가능성이 높다.

• 문의 개방성

외부 환경을 향한 자기 노출의 정도나 욕구를 반영하는데, 열려 있는 문은 외부로부터의 정서적 지지와 접촉, 상호작용을 강하게 소망하는 것을 반영한다. 문고리에 자물쇠 등을 그려 넣어 문의 폐쇄성을 강조한 그림은 외부 환경이나 대인 접촉에 대해 방어적이고 경계적인 태도, 과도한 염려 등을 나타내는 것을 시사한다.

• 창문

창문은 안에서 밖을 내다볼 수 있게 하고, 밖에서 타인이 안을 들여다볼 수 있게 하는 간접적 통로이다. 창문을 매개로 하여 외부 환경과 상호작용을 가능하게 한다는 점에서 문과 마찬가지로 외부 환경과 상호작용에 대한 욕구, 대인관계에 대한 수검자의 주관적인 경험인 사고와 감정 등과 관련이 있다.

- 창문을 생략한 경우

간혹 창문을 생략해서 그린 그림이 나타나는데 이는 대인관계에 대한 주관적인 불편감을 느끼고 있는 것과 관련되며 대인관계에서 부정적인 경험으로 인해 위축된 상태를 시사한다.

- 창문을 지나치게 많이 그린 경우

지나치게 창문을 많이 그린 경우도 건강한 지표로 볼 수 없는데 이는 자기 개방이나 대인관계에 대한 욕구가 지나친 것으로 해석하며, 타인의 인정이나 수용을 받고 싶은 소망을 반영하기도 한다.

- 창문에 세부적인 장식을 덧붙인 경우

창문에 커튼이나 차양, 창틀 등을 덧붙여 그린 경우, 환경과 접촉에 대한 준비가 되어 있으며, 문의 개방성 정도의 해석과 유사하게 분석해 볼 수 있다.

- 굴뚝

굴뚝은 일반적으로 식사 준비를 할 때 집에서 불을 피워서 연기가 나오는 곳이므로 가족들이 불을 쬐거나 식사하는 것처럼 온정적이고 따뜻한 느낌을 갖는 것과 관련되어 있다. 따라서 가족관계의 분위기, 가족 교류의 양상, 가족 구성원들 간의 애정욕구 등에 대한 정보를 제공한다. 굴뚝을 생략했다면 가정 내 심리적인 따뜻함의 부재, 양가감정, 회피 등으로 해석할 수 있으나, 우리나라의 문화적 특성상, 외국과 다르게 굴뚝을 잘 그리지 않는 경우가 많기 때문에 임상적 의미를 크게 담지는 않는다. 굴뚝에서 연기가 나게 그린 그림은 가정 내 불화나 가족관계에서 긴장감이 있음을 반영한다. 만약 연기 색상이 짙게 강조되었다면 가정생활에 대한 높은 긴장감과 불안, 환경에 대한 압력, 애정욕구의 좌절감 및 결핍감 등을 경험하는 것으로 해석할 수 있다.

- 기타 부수적 사물

집 그림에서 집을 그리라고 지시했으나 집 이외에 배경 혹은 장식으로 부수적인 사물들을 그리는 경우가 있다. 부수적인 사물들이 수검자의 호소문제나 특징적 문제와 연결될 수 있으므로 그 의미가 무엇인지 신중하게 살펴볼 필요가 있다. 집 주변에 태양을 그린 경우, 성인이라면 부모와 같은 대상에 대한 존재를 갈망하고 있음을 반영한다. 아동이라면 미성숙한 발달로 인한 강한 애정 욕구 또는 부모 대상에 대한 좌절감으로 해석해 볼 수 있다. 집 주위에 잔디나 나무, 꽃 등을 그렸을 경우 수검자가 생동감과 에너지를 높게 지니고 있음을 반영하나, 지나친 경우는 강한 의존 욕구를 나타낸다. 그 밖에 집 주위에 울타리나 담장을 둘렀을 경우 자신을 방어하고 안전감을 방해받고 싶지 않아 하며, 경계적인 태도를 시사한다. 아울러 기타 부속물을 강조하는 경우 사후 질문을 통해 그 의미를 파악해야 한다.

• 조망/원근감
일반적으로는 정면으로 집을 그리지만 때로는 조망과 관점을 달리하여 그리거나 원근감을 나타낸 그림도 있다. 집에 대한 조망과 원근감은 외부 환경이나 대인관계에 대해서 수검자가 어떤 관점이나 태도를 지니고 있는지를 나타낸다.

> • 위에서 아래로 내려다보는 조망
> 이를 흔히 새가 하늘에서 내려다보는 것처럼 그린 그림이라고 하여 '새의 관점(Bird eye view)'이라고 한다. 이는 현재 가정 상황에 대한 불만감과 불편감을 지니고 있어 벗어나고 싶은 욕구 또는 반감 등이 내재되어 있는 것을 나타낸다.
>
> • 아래에서 위로 올려다보는 조망
> 이와 반대로 아래에서 위로 올려다보는 조망은 마치 벌레가 땅에서 하늘을 올려다보는 것처럼 그린 그림이라고 하여 '벌레의 관점(Worm's eye view)'이라고 불린다. 이 조망은 자신이 집보다 아래쪽에 위치하기 때문에 가족 안에 수용되지 못하고 거절이나 거부당한 느낌, 애정 욕구의 좌절감, 열등감, 부적절감 등을 상징한다.
>
> • 멀리 떨어진 조망
> 멀리 떨어져 있는 듯이 그린 그림은 가정과 상징적으로 멀리 떨어지고자 하는 소망과 관련되어 있으며 현재 가족 상황에 대해 적절하게 대처할 수 없다는 무력감을 느끼는 것으로 시사된다.

② 나무
나무 그림은 수검자의 기본적인 자기상과 자기개념을 상징한다. 즉, 무의식적으로 느끼고 있는 자신의 모습을 나타낸 것으로 볼 수 있으며, 정신적 성숙도를 이해할 수 있다. 나무 기둥 또는 줄기, 가지 등의 필수적 요소를 중심으로 해석할 필요가 있다.

• 수관과 잎
수목화에서 수관은 나무의 가장 윗부분으로, 줄기 끝에 가지와 잎이 달린 부분을 뜻한다. 이는 가옥화에서 지붕, 인물화에서 머리의 상징적 의미와 유사하며 내적 공상과 사고 활동을 시사한다. 잎은 생산적이고 겉으로 드러나 보이는 외적인 부분을 나타내며 수검자의 정서 상태 또는 성격에 대한 정보를 제공하기도 한다.

- 수관의 크기가 크고 구름같이 펼쳐져 있는 경우

적극적으로 공상 활동을 하고, 때로는 현실에 대한 불만족감이나 현실 부정의 일부로써 공상에 지나치게 몰두할 가능성을 시사한다.

- 수관을 아무렇게나 엉키듯 뒤죽박죽 그린 경우

정서적 흥분이나 불안정성, 충동성, 높은 흥분, 혼란스러운 내적 상태를 의미한다.

- 수관을 여러 번 덧칠해 음영이 지나치게 드러난 경우

불안감, 우울감, 과민함 등 불안정한 정서 상태를 고려해 볼 수 있다.

- 잎이 무성한 나무

생산성이나 자신을 능력 있게 보이고 싶어 하는 유능함을 반영한다. 잎 하나하나를 매우 자세하고 정확하게 묘사했다면 강박적 성향을 나타낸다고 볼 수 있다.

- 가지나 수관에 비해 잎이 지나치게 큰 경우

내면의 부적절감을 과잉보상하려는 경향을 고려해 볼 수 있다.

- 끝이 뾰족한 잎

공격적인 행동화 경향을 반영한다.

- **기둥**

나무의 기둥은 나무 전체를 지탱하고 성장과 발달에 있어 에너지와 창조적 생명력을 반영한다. 즉, 수검자의 자아 강도, 성격 구조의 견고함, 심리적 발달에 대한 지표를 제공해 주며, 가옥화의 벽이나 인물화의 몸통이 상징하는 것과 유사한 것으로 해석된다.

- 기둥을 적당히 두껍고 크게 그린 경우

심신 에너지 수준이 높고 자아 강도가 강함을 나타낸다.

- 기둥을 지나치게 크게 강조한 경우

실제 자아 강도나 성격 구조가 취약하여 이를 과잉보상하려는 시도로 해석할 수 있다.

• 좁고 가느다란 기둥

실제 자신을 약하다고 지각하거나 위축되고 무력해 있는 모습을 시사한다.

• 나무의 기둥을 안 그렸을 경우

극히 드물긴 하나, 자아 강도가 매우 악화되거나 혹은 와해되어 정신증적 상태임을 시사할 수 있다. 또는 심한 자기 부적절감, 수동성, 위축감 등을 반영한다.

• 기둥에 그려진 옹이구멍

성장 과정에서 경험한 외상적 사건, 자아의 상처 등을 의미한다. 옹이를 뿌리 쪽에 가깝게 그릴수록 어린 나이에 경험한 심리적 외상을 의미한다. 때때로 옹이구멍 안에 동물이나 열매 등을 그려 넣은 경우가 있는데 이는 현재 심리적으로 위축된 자아 상태를 안전한 장소에 자신을 숨기고 싶은 소망을 반영하며, 손상되고 고갈된 자아의 힘을 회복받고 싶은 욕구를 나타낸다.

• 가지

나무의 가지는 기둥으로부터 영양분을 흡수하고 꽃과 열매를 맺어 결과물을 만드는 중요한 통로로서 역할을 한다. 튼튼하고 풍성한 가지를 나타내는 경우, 외부 환경에 대해 자원과 대처 능력 등을 적절히 지니고 있음을 반영한다. 가지는 인물화에서 팔과 무의식적 측면에서 유사한 상징적 의미를 지니며, 현 상황에 대한 대처 능력, 변화와 성취에 대한 소망, 이를 추구하고 노력하는 태도 등을 나타낸다.

• 가지를 생략한 경우

환경과의 상호작용 상황에서 매우 억제되고 위축되어 있으며, 사회성 발달이 부족하여 타인과 어울리는 데 매우 어려워하고 자신감이 부족하며, 우울감을 느끼고 있을 가능성이 시사된다.

• 가지를 크고 굵게 그린 경우

성취동기나 포부 수준이 매우 높은 상태를 의미한다.

• 가지를 지나치게 크게 그린 경우

성취동기와 포부 수준이 매우 높은 것으로 해석할 수도 있으나, 이와 반대로 환경과의 상호작용 또는 문제 해결에 대한 자신감이 없어서 이를 과잉보상하고자 하는 시도로 볼 수 있다.

• 가지를 지나치게 작게 그린 경우

상황을 대처하는 데 있어서 수동적이며, 세상에 나가는 것에 대해 자신의 태도를 억제하고 있음을 나타낸다.

• 뿌리

뿌리는 나무가 땅에 서 있을 수 있도록 든든한 기반을 잡아 주는 역할을 한다. 따라서 뿌리는 상징적으로 수검자가 내적으로 느끼는 자기 자신에 대한 안정감, 안전에 대한 욕구, 현실 접촉의 정도를 반영한다.

• 뿌리와 지면을 생략한 경우

자신에 대한 불안정감, 부적절감을 나타낸다.

• 땅을 그리지 않은 채 나무 기둥의 끝이 종이 밑면에 닿게 그린 경우

자신의 내적 자원을 통해 안정감을 경험하지 못하고, 외적 자원을 통해 안정감을 얻고자 하는 미숙한 의존 욕구를 의미할 수 있다. 스스로에 대한 부적절감과 우울감을 반영하기도 한다.

• 뿌리를 지나치게 강조한 경우

자기 자신에 대한 불안정감을 느끼지만 이를 과도하게 보상하고자 하는 시도라고 볼 수 있다.

• 뿌리를 땅 밑으로 투영하여 그린 경우

현실 검증력이 손상되었음을 시사할 가능성이 높으며 자아 붕괴에 대한 공포와 두려움을 느끼는 초기 정신증적 상태와 관련된다고 볼 수 있다.

• 내용 및 주제

수목화에서 전체적인 내용과 주제는 수검자 개인의 심리상태와 성격특성을 나타낸다.

• 과일나무

성인이 과일나무를 그린 경우, 애정과 의존 욕구와 관련된 심리적 미숙함을 의미하며, 아동에게는 과일나무가 흔히 나타나는데 주로 사과나무를 그리는 경우가 많으며, 애정과 의존 욕구를 반영한다.

• 가지가 축 처진 버드나무

수검자의 우울감, 무기력감을 반영한다.

• 죽은 나무

심리적으로 매우 혼란감을 경험하고 있고, 심한 우울과 죄책감, 부적절감, 무가치감, 열등감, 자기손상감, 절망감 등을 나타낸다. 사후 질문을 통해 나무가 죽은 이유에 대해 파악하고 내·외적 문제가 무엇인지를 통해 심리적 고통감이 외부 환경요인 때문인지, 성격적 취약성 등의 내부 요인 때문인지 탐색할 필요가 있다.

> • 열쇠 구멍 모양의 나무
>
> 수검자의 검사에 대한 비협조적인 태도, 낮은 검사 동기, 반항감, 적대감 등을 시사한다. 최소한 노력을 기울이는 방어적 태도를 나타내며 억압된 분노 폭발이 잠재되어 있는 경직된 상황일 가능성이 높다. 때때로 아동의 경우 우울하고 위축되었을 경우 열쇠 구멍 나무를 매우 작게 그리는 경우도 나타난다.

③ 사람

인물화는 수목화와 마찬가지로 자기상에 대한 핵심적 측면이 투사되어 나타나는데 수목화가 무의식적 자기개념이 반영된다면 인물화는 좀 더 직접적이고 의식적인 수준에서의 자기개념과 감정 또는 중요한 타인의 표상이나 감정 등을 나타낸다. 때때로 자기의 현실상이나 이상상을 표현하기도 하며, 수검자의 심리적인 부분과 신체 상태를 나타내기도 한다.

• 머리

사람의 머리는 신체의 핵심 부분으로 지적 능력, 공상 영역의 몰두, 합리적인 통제, 개인 상호관계에 대한 관심과 자아개념 등의 정보를 제공한다. 따라서 가옥화의 지붕과 수목화의 수관과 비슷한 상징적 의미를 가진다.

> • 몸통을 비롯한 다른 신체 부위에 비해 머리를 지나치게 크게 그린 경우
>
> 다양하게 해석되는데 먼저 자신의 지적인 능력에 대한 관심이나 과시, 지적인 야심, 성취욕, 지적인 활동을 추구하는 경향 등이 강한 것을 나타낸다. 또한 내면에는 자신의 능력에 대한 불안과 의구심이 내재되어 있어서 이를 과도하게 보상하고자 주지화하는 태도를 보일 가능성이 있다.
>
> • 머리를 지나치게 작게 그린 경우
>
> 자신의 지적 능력과 부적절감, 무능감, 열등감을 느끼고 있고, 수동적이고 위축된 태도를 나타낸다.

• 얼굴

얼굴은 정체성을 보여 주는 가장 중요한 신체 부위로 자신의 감정이나 욕구를 표현하는 등 세상과 상호작용하며 의사를 전달하는 주요 수단이다. 따라서 얼굴의 방향이나 표현 방식을 통해 환경과 대인관계에 대한 태도 등에 대한 정보를 얻을 수 있다.

• 얼굴의 방향

옆얼굴을 그리는 경우, 자신감이 부족하거나, 외모에 대해 불안감을 느끼고 있기 때문에 직접적인 사회적 접촉을 회피하고 있는 태도가 시사된다. 얼굴이 전혀 보이지 않게 뒷모습을 그리는 경우가 있는데 이는 자신의 외모에 대한 심한 수치감, 외부에 대한 높은 예민성과 경계적 태도, 억압된 분노감 등을 반영하며, 이로 인해 세상과 직면하기를 꺼려 하고 극도로 회피적인 태도를 보이는 것으로 해석할 수 있다. 신체는 정면으로 그렸지만 얼굴은 옆모습을 그린 경우가 드물게 나타나는데 이는 심리적 퇴행, 사고장애, 지적장애, 뇌 손상 및 신경학적 장애를 의심해 볼 수 있다.

• 눈

눈은 마음의 창으로 내면의 감정을 드러내고 외부와의 접촉을 형성하는 기본적인 감각기관으로 볼 수 있다. 따라서 타인과 어떻게 관계를 맺는지, 자신의 감정을 다른 사람에게 어떻게 전달하고 이를 스스로 어떻게 느끼는지에 대한 정보를 제공해 줄 수 있다.

• 눈을 생략한 경우

타인과의 감정을 교류하는 데 있어서 극심한 불안감을 경험하고, 사회적 관계를 회피하며, 철수되어 있음을 의미하고 사고장애의 가능성을 고려해야 한다.

• 눈을 매우 크게 그린 경우

애정과 관심에 대한 욕구가 강하거나 대인관계에서 정서적 교류를 하는 데 있어서 지나치게 예민함을 나타낸다.

• 눈을 너무 작게 그린 경우

사회적 상호작용에 있어서 위축되어 있고, 두려움, 걱정, 회피하고자 하는 태도를 반영한다.

• 눈동자를 진하게 강조한 경우

타인에 대한 의심이나 방어적인 태도를 보이며, 편집증적 경향이 있음을 시사한다.

• 귀

귀는 눈과 마찬가지로 외부로부터 정보를 수용하는 감각기관이다. 눈에 비해서 귀는 비교적 수동적인 기관이며, 외부 자극을 수용하고 이에 반응하는 방식을 파악할 수 있다. 귀를 그리지 않는 경우가 흔하므로 귀의 생략보다는 귀의 크기, 세부 묘사, 잘못된 위치, 형태 왜곡 등에 대해서 상대적으로 초점을 맞출 필요가 있다.

• 귀를 지나치게 크게 그린 경우

외부 정보를 지나치게 받아들이려고 상당한 노력을 기울이고 있음을 나타내는 것으로 사회적 평가에 대해 지나치게 민감하며 긴장, 불신, 의심 등을 반영한다. 더 나아가, 편집증적 경향, 환청에 대한 가능성을 염두에 두고 면담할 때 이에 대한 추가적인 질문을 통해 정보를 수집하는 것이 필요하다.

• 귀를 지나치게 작게 그린 경우

정서적 자극을 피하고 싶고 위축되어 있음을 반영한다.

• 귀걸이와 같은 장신구

과시적인 성향일 가능성이 높고, 외모에 관심이 많은 수검자에게 주로 나타나며, 너무 자세하게 묘사했다면 자기애적 욕구, 대인관계 불안감, 강박증적인 보상 욕구의 반영으로 해석해 볼 수 있다.

• **코**

코는 얼굴의 중앙 부분에 있고, 눈 다음으로 가장 눈에 띄기 쉬운 부분에 위치하고 있다. 또한 다른 감각기관처럼 외부 세계의 정보를 후각을 통해 받아들인다. 따라서 외부 환경으로부터 오는 정서적 자극을 어떻게 받아들이고 반응하는지에 대해 매우 중요한 정보를 제공하며, 외모에 대한 관심의 정도나 성적 상징 등으로 해석하기도 한다.

• 코를 지나치게 크게 그린 경우

외모에 대해 지나치게 관심이 높거나 정서적 자극에 대해 너무 예민함을 의미할 수 있다.

• 코를 지나치게 작게 그리거나 생략된 경우

외모에 대해 자신감이 매우 없고 위축되어 있으며, 타인과 감정을 교류하는 데 있어서 어려움을 겪고 회피적인 태도를 갖고 있음을 시사한다.

• **입**

입은 세상과 직접 의사소통을 하는 표현의 수단이면서 음식을 섭취하고 생명을 유지하도록 하는 기관으로 정서적 만족감을 얻게 해 준다. 따라서 입은 생존 또는 심리적 욕구를 충족하는 것과 관련된 여러 가지 정서 상태에 대한 정보를 제공한다.

• 입을 지나치게 크게 그린 경우

타인과 정서적 교류를 하는 데 있어서 불안감을 느끼고 이에 대해 자기주장적·공격적 태도를 취하면서 내면의 불안감을 보상받고자 하는 것으로 해석할 수 있다.

• 입을 지나치게 작게 그리거나 생략된 경우

자신의 존재감과 가치감에 대한 좌절감, 무능력감, 무가치감 등을 느끼고 있으며 부모 대상과의 관계에서 갈등과 결핍을 시사한다.

• 입의 모양(성인의 경우)

성인의 경우 치아가 그려졌다면 유아적인 구강 공격성을 표현한 것으로 볼 수 있다. 입을 가로선 하나로만 묘사했다면 타인과 정서적 교류에 있어서 무감각하고 냉정하며 매우 긴장된 것으로 해석할 수 있다.

• 목

목은 머리와 몸통을 이어 주는 중요한 신체 기관이다. 즉, 목은 머리에서 작용하는 인지 활동, 사고, 공상을 몸에서 일어나는 신체 반응으로 연결하는 통로로 적절히 통합되면 마음과 몸의 경험에 대해 통제감과 안정감을 느끼는 것을 의미한다.

• 목을 생략한 경우(성인)

정신과 신체를 조절하는 데 어려움이 있으며, 충동 및 행동 조절 능력이 매우 악화된 상태, 심리적 미성숙함을 나타낸다. 주로 뇌 손상, 사고장애, 지적장애 등의 가능성을 고려해 볼 수 있다. 반면, 자기통제력이 실패할 것에 대한 두려움, 열등감을 해소하기 위해 내적 공상에 몰두할 가능성도 고려해 볼 수 있다.

• 목을 가늘고 길게 그린 경우

충동 및 행동을 지나치게 통제하고자 하는 욕구, 심리적인 위축이나 억제, 융통성이 부족하고 완고한 성향 등을 반영한다.

• 목을 짧고 굵게 그린 경우

통제력이 부족하여 충동적인 감정 표출이나 행동화의 가능성이 높다.

• 팔

팔은 세상과 소통할 때 직접적으로 접촉하고 움직이는 신체 부위로 수목화에서 가지와 유사한 상징적 의미를 갖고 있다. 팔을 그린 특성에 따라 수검자의 주변 환경과의 상호작용 방식, 현실에서의 대처방식과 문제 해결 능력, 자신의 욕구를 어떻게 충족시키고 있는지 등을 나타낸다.

• 두 팔을 생략한 경우
여러 해석의 가능성이 있는데 매우 우울해서 무력감, 부적절감을 느끼고 사회적으로 위축되어 있는 상태 또는 정신증적 상태로 인해 심리적 퇴행과 인지적 왜곡 등을 시사한다.

• 팔을 지나치게 굵게 그린 경우
외부 환경과 타인을 지나치게 통제, 지배하는 행동을 하면서 무능력함을 과도하게 보상하고자 하는 것을 반영한다.

• 팔을 짧고 약하게 그린 경우
외부 환경에 대한 대처 능력, 타인과의 상호작용 능력에 대해 부적절감을 느끼고 행동이 억제되어 있고 수동적인 태도를 나타낸다.

• 뒤로 숨겨져 있거나 옆모습을 그려서 한쪽 팔이 가려지게 그리는 경우
외부 환경이나 타인과 관계를 맺고 싶은 욕구가 내재되어 있으나, 이에 대한 부적절감을 지니고 있어서 양가적 감정을 반영한다.

• 손

손은 외부 환경에 직접적으로 접촉하는 중요한 신체 부위이며, 팔과 유사한 상징적 의미를 지니고 있다. 그러나 팔보다 좀 더 구체적이고 정교하게 자신의 욕구 충족과 문제 해결을 할 수 있도록 도와주는 역할을 하며, 외부 환경에 대한 통제력이나 반응 양식을 통해 대처 능력, 잠재된 공격성 등에 대한 정보를 얻을 수 있다.

• 손을 지나치게 크게 그리거나 여러 번 덧칠하여 강조한 경우
자기 과시적 행동이나 주장을 통해 환경을 통제하고, 자신의 부적절감을 과잉보상하고자 함을 나타낸다.

• 손을 지나치게 작게 그린 경우

자신감이 부족하고, 불안정감과 무력감을 느끼고 수동·억제적인 행동과 태도를 반영한다.

• 주먹 쥔 형태를 강조한 경우

억압된 공격성을 나타낸다.

• 손가락, 손톱, 손마디 등을 지나치게 정교하고 세밀하게 묘사한 경우

공격성이나 불안을 강박적으로 통제하려는 시도, 주지화 등을 나타낸다. 또한 신체 상태에 강박적으로 집착하는 정신증 초기 단계에서도 이런 그림을 그리기도 한다.

• 다리

다리는 몸통과 연결되어 있고, 신체를 지지하고 균형을 잡아 목표 지점으로 이동할 수 있게 도와주며, 환경의 위험으로부터 도피하여 스스로를 보호할 수 있도록 돕는 신체 기관이다. 따라서 현실을 지탱하는 안정감 또는 불안정감, 목표에 도달하도록 하는 대처 능력, 현실을 지탱해 나가는 능력, 신체적·심리적 이동성과 관련이 있다. 특히 아동·청소년의 경우 다리는 독립심과 관련된 이슈가 있을 때 다리를 어떻게 표현하는지 자세히 살펴볼 필요가 있다.

• 다리를 생략할 경우

한쪽 다리만 그렸을 경우 외부 상황에 적절히 대처하지 못하고 현실에 뿌리내리지 못한 불안정감, 자신감 부족, 부적절감 등을 나타낸다. 양쪽 모두 생략한 경우는 이와 같은 부적절감이 매우 심해서 우울한 상태임을 시사한다.

• 상체에 비해 지나치게 긴 다리를 그린 경우

자율성과 독립성에 대한 욕구가 매우 강하고 과잉 행동성, 대처 능력에 대한 부적절감을 과도하게 보상하고자 하는 경향을 시사한다.

• 가늘고 짧은 다리를 그린 경우

외부 환경에 대해 대처 능력의 부적절감과 억제 경향성, 수동적인 태도를 반영한다.

• 발

발은 땅을 딛고 균형을 잡을 수 있도록 도와주고, 원하는 곳으로 이동할 수 있도록 한다. 발은 자율성의 표상이며, 독립성에 대한 욕구를 충족, 성취할 수 있도록 도와준다.

> • 발을 지나치게 크게 그린 경우
>
> 자신의 독립성과 안정감을 지나치게 강조함으로써 자율성의 부적절감에 대해 과잉보상받고자 하는 것을 반영한다.
>
> • 발을 지나치게 작게 그린 경우
>
> 자율성에 대해 부적절감, 두려움을 느끼는 상태, 타인에 대한 의존성을 나타낸다.

4) 사례보고서 및 해석상담의 예

(1) 사례보고서

이름	이○○
인적사항	25세, 남성, 대학원 1학기, 무교 가족관계: 부, 모, 누나
내방경위	생각이 많고 집중이 어려워 공부가 잘 안 되고, 잠이 잘 오지 않아 피곤하여 상담 신청함.
배경정보	수검자는 4개월 전에 모(母)가 근무하는 지역이 아닌 다른 지역에서 모(母)가 어떤 남성분과 함께 차를 마시는 것을 목격함. 2년 전에 모(母)의 외도가 있었던 터라 이에 대해 수검자가 모(母)를 의심하면서 물증은 없고 심증만 있는 상태에서 부모가 이혼할 것에 대한 걱정이 많아지고, 집중 어려움, 수면 곤란 등의 증상이 나타남. 본래 부모와 관계는 겉으로는 친하지도 멀지도 않은 소원한 관계인 것으로 보고하였고, 이번 사건에 대해서 가족 전체가 서로 이야기하기보다는 모른 척하면서 피상적으로 지내는 것으로 표현함.
검사태도	▶검사 소요 시간 집: 1분 40초/ 나무: 53초/ 사람(1): 2분 24초/ 사람(2): 1분 39초 ▶행동관찰 집 그림에서는 초반에 툭툭 끊어진 선으로 그리다가 익숙해지자 직선으로 그리기 시작함. 사람(1) 그림에서는 사람의 머리를 크게 그리다가 지우개로 수정해서 그렸으나, 크기의 변화는 거의 달라지지 않았음. 전반적으로 협조적이었으나, 사후 질문에 대해 대답할 때 자신의 걱정과 지친 모습이 투사되기도 함.
검사 결과	

집	나무	사람(1)	사람(2)

▶사후 질문에 대한 반응

집	나무
Q. 무엇으로 만들어진 집? A. 벽돌. Q. 이 집에 누가 살고 있나? A. 한 사람. 남자. Q. 집 주변에 무엇이 있는가? A. 풀. 나무. 걸어서 10분 정도의 길. Q. 집의 분위기는? A. 조용하고 차분함. Q. 앞으로 이 집은 어떻게 될까? A. 이 사람 말고 다른 사람이 이곳에 살 것 같음. 언젠가 그 사람이 죽고 집이 팔릴 듯.	Q. 어떤 나무? A. 벚꽃 나무. Q. 살았을까? 죽었을까? 건강은? A. 살았음. 아직은 건강함. Q. 몇 살? A. 서른 살. Q. 나무가 소원이 있다면? A. 좀 더 오래 살아서 벚꽃을 최대한 피우고 싶음. Q. 나중에 어떻게 될까? A. 결국 썩어서 인간에게 베일 듯. 나이를 먹어서 미관상 좋지 않아서. Q. 나무 그리면서 생각나는 사람? A. 아버지. 요즘 나이가 많이 드셔서인지 왜소해 보임. 나무도 결국 몸이 썩기 때문에 늘어 가는 아버지 생각남.
사람(1)	사람(2)
Q. 몇 살? A. 스무 살. Q. 무엇을 하고 있나? A. 사람들과 웃으며 이야기함. Q. 기분은? A. 좋아 보임. Q. 무슨 생각? A. 돈 좀 많이 있으면 좋겠다. 먹고 싶은 것, 하고 싶은 것 할 수 있도록. Q. 앞으로 어떻게 될까? A. 잘될 것 같음. Q. 누구인가? A. 나.	Q. 몇 살? A. 스무 살 초반. Q. 무엇을 하고 있나? A. 길을 걷고 있음. Q. 기분은? A. 답답. Q. 무슨 생각? A. 오늘은 뭘 해야 하지? 일을 못 끝내고 나온 거라서 언제 끝내고 쉴 수 있을까. Q. 앞으로 어떻게 될까? A. 지친 하루하루를 보내며 계속 일만 할 듯. 쉬면 '더 쉬어야지.' 하면서 일이 뒤로 미뤄질까 봐. Q. 누구인가? A. 그냥 사람.

검사 결과

• HTP 검사 결과를 살펴보면, 집 그림에서 특징적인 것은 문을 향해 통로를 그린 것인데 이는 친밀한 대인관계에 대한 소망을 지닌 것으로 시사된다. 그러나 집, 나무, 사람 그림의 전체적 인상을 살펴보면, 집과 나무 그림은 용지에 가득 찰 정도로 큰 데 비해, 사람 그림은 상대적으로 작은 것으로 볼 때, 대인관계 기술이 부족하고, 내면의 불만감이 내재되어 있는 것을 고려해 볼 수 있다. 이는 사람 그림에서 팔과 다리가 짧은 것을 볼 때, 스스로의 대처 능력이나 상호작용 능력에 대한 부적절감을 느끼고 수동적 태도를 보이는 것과 일치하는 바이다. 한편, 집과 나무 그림은 비교적 평범한 모습이기 때문에 과잉 해석을 주의해야 할 것으로 보인다.

검사 결과	• 사람 그림에서는 머리가 크게 그려진 것을 볼 때, 생각은 많으나 감정 표현이 매우 억제되어 있고, 주변 일을 다루고 적응하는 방식이 감정을 인식하고 표현하는 것보다 인지적 사고를 통해 생각으로 이루어지고 있음을 추측하게 한다. 사람 그림의 사후 질문에서 "지쳤는데 쉬게 되면 더 쉬고 싶어서 계속 일해요."라고 보고하고, 모든 그림이 완전히 정면을 향해 그려진 바, 자신의 막연한 생각에 대한 걱정과 불안감이 높은 채, 사고가 유연하지 못하고 경직되어 있는 것으로 시사된다. 이와 유사하게 나무 그림에서 커다란 구름처럼 지나치게 크게 그려진 수관을 볼 때, 현재 처한 현실적 어려움을 타개할 수 있는 이상적 모습에 대해 공상에 몰두하고 있는 모습이 반영된 것으로 보인다.
해석상담 요약	• 검사 결과에서 나타난 핵심적인 수검자의 성격 및 정서 특성은 사소한 걱정이 많고, 스트레스 시, 부정적 감정을 억제했다가 한꺼번에 분노감을 표출하는 것으로 대처 능력이 부족한 것으로 보임. • 해석상담 결과, 수검자는 과거에 친구와 대화를 통해 해소하는 방식으로 적응을 유지해왔으나, 최근 모(母)의 외도와 관련한 가정사 노출이 곤란하여 대화를 통해 해소하지 못했음을 자각함. 모(母)와 눈도 마주치지 않는 이유는 단지 모(母)가 싫어서라고 생각했지만 그보다는 과거처럼 자신이 모(母)에게 소리 지르고 무시하게 될까 봐 두려움이 높아서였다는 것을 알게 됨. 평소 화를 내더라도 적절하게 대처하는 방법에 대해 상담을 통해서 도움받길 원함.
개입 방향과 제언	• 사소한 걱정과 관련된 생각 점검 　－걱정과 관련된 생각을 점검 　－걱정을 모두 목록에 작성하고 객관적으로 타당한지 검증 　－부정적 사고를 유쾌한 장면으로 대체하는 사고 중지 기법 안내 • 부정적 감정 해소 　－부정적 감정을 촉발하는 다양한 자극을 인식하도록 격려 　－부정적 감정을 타인에게 직접적·건설적 방식으로 표현하는 효과적 의사소통 기술 안내 　－모(母)에게 내재된 두려움과 욕구를 표현하도록 격려 　－좌절에 대해 좀 더 유연한 반응을 하도록 자기 대화(예: 지나친 기대)를 탐색하고 '꼭 해야 한다'와 같은 당위적 언어를 교정 • 다양한 스트레스 대처방법 고안 　－진정 기법으로 근육이완, 복식호흡, 심상 떠올리기 등을 연습 　－효과적인 문제 해결 기술(예: 문제 인식하기, 대안 생각하기, 선택지 고르기, 행동으로 옮기고 평가하기)을 연습
제언	• 수면 곤란으로 인해 일상의 리듬이 깨진 상태이므로 상담 초반에는 수면 패턴을 조율하여 일상생활을 영위하도록 돕는 것이 우선시 되어야 함. • 모가 외도를 했다고 생각하는 부분이 현실 검증되지 않았기 때문에 섣부른 판단을 하지 않고 객관적으로 검증해 보는 것이 필요함.

(2) 해석상담

상담자 1	(HTP 검사를 하고 일주일 후 내담자를 만나서 해석상담 하는 회기) 지난번 그림검사를 해 보았는데 결과에 대해 궁금하셨을 것으로 생각됩니다. ○○ 님께서는 HTP 검사에 대해서 어떻게 생각하시는지 궁금하네요.
	검사에 대한 생각 확인
내담자 1	네. 사실은 이 검사를 이전에 잠깐 어디서 했었는데 해석은 안 받았었어요. 그런데 방송에서 보면 굴뚝을 그리면 안 좋다고도 하고, 이런 내용을 조금 아는 것이 영향을 주나요?
상담자 2	이전에 검사만 받아 보셨나 보네요. HTP 검사는 대중적으로 많이 알려진 심리검사여서 해석이 일부 알려지기도 했는데 실제로 단편적으로 아는 것이 결과를 크게 좌우하거나 지장을 주지는 않습니다. 특히 해석상담을 받아 보지 않으셨다고 하니 큰 영향을 받진 않았을 것 같네요.
	검사에 대한 오염 정도가 결과에 미치는 영향 설명
내담자 2	네, 그렇군요. 다행이네요.
상담자 3	우선, HTP 검사 결과를 살펴보면, ○○ 님은 요즘 많은 생각을 하시는 것 같은데 주로 어떤 생각들을 하시는지 궁금하네요.
	검사 결과를 통해 현재 어려움에 대한 구체적 탐색
내담자 3	최근에 엄마가 다른 남자분을 만나는 것을 보고 잡생각이 많이 들어요. 이전에도 엄마가 외도해서 누나가 알게 되었는데 '이번에도 엄마가 다른 남자를 만나고 있지 않을까?' '그럼 아빠가 알게 되고 이혼하려나?' 하는 생각들…….
상담자 4	엄마가 또 외도해서 이혼하게 될까 봐 걱정되고 염려가 많아졌겠어요. 언제부터 그랬나요?
	호소문제와 관련한 시기 파악
내담자 4	4개월 전에 엄마가 다른 분과 있는 것을 봤는데 그때 엄마가 회사에 있을 시간이었는데 카페에 계셨고 전화하니까 거짓말을 하셨거든요. 이후에 갈수록 생각이 많아지고, 집중이 안 되고 공부가 어려워졌어요. 잠도 잘 못 자고요.
상담자 5	잠도 못 자고 공부도 안 되니 답답하고 힘들겠어요. 요즘 더 심해지셨다고요.
	공감
내담자 5	네, 맞아요.
상담자 6	검사 결과에서도 ○○ 님의 그런 부분이 드러나 있네요. 막연한 생각만 많아져서 걱정이나 불안감만 높아져 있고, 이러한 감정을 잘 해소하지 못하는 것으로 나타나거든요. 이 사건 이전에는
	검사 결과 전달하며 이전 성격특성 확인

어땠나요?

내담자 6	생각해 보면 평소에도 생각이 많은 편이긴 했어요. 특히 사람들 이랑 갈등 상황에서 걱정이 많은 편이에요. 몇 년 전 오래 사귄 친구랑 절교하는 일이 있었고, 이때도 힘들었어요.	
상담자 7	그러셨군요. 그때는 갈등 상황에서 어떻게 하셨나요?	평소 갈등 대처방식 파악
내담자 7	다른 친구랑 1시간씩 이야기하고 위로가 많이 되었어요. 지금 도 연락하는 친한 친구예요.	
상담자 8	이야기할 친구가 있어서 다행이었네요. 스트레스를 받을 때 보 통 누군가와 이야기하면서 해소하시나 보네요.	대처방식 명료화
내담자 8	네. 주로 그런 편이에요. 말하면 좀 풀리고 개운해요.	
상담자 9	현재 스트레스와 관련해서는 어떻게 해결하려고 해 보셨나요?	현재 호소문제와 관련한 대처방식 파악
내담자 9	그러고 보니 엄마 외도와 관련해서 누구한테 말할 수도 없고 그 래서 더 힘들었던 것 같네요.	
상담자 10	그랬겠어요. 가족들과 혹시 이런 이야기를 나눠 본 적이 있을 까요?	가족들과 상호작용 탐색
내담자 10	이야기를 안 하고 혼자 참다가 아버지한테 말했는데 아버지는 어느 정도 알고 계신 것 같았어요. 신경 쓰지 말라고 하면서 아 버지가 알아서 잘하겠다고 하셨어요.	
상담자 11	그래도 아버지가 그렇게 말씀해 주셔서 한편으론 안심이 되기 도 했었겠어요. 누나와는 어떻게 이야기를 해 봤나요?	공감적 반영, 누나와 상호작용 탐색
내담자 11	누나랑은 원래 별로 안 친했는데 이번 일을 계기로 서로 이야기 하면서 힘들었던 것 말하고 전보다는 가까워진 것 같아요.	
상담자 12	누나와 소통이 별로 없다가 가까워지게 되었다고요.	요약
내담자 12	네. 지금 가족 분위기는 표면적으로 좋다고 생각해요. 그런데 제가 어떻게 해야 할지 잘 모르겠어요.	
상담자 13	겉으로는 분위기가 좋지만 속은 얼마나 조심스럽고 답답하겠어 요. 어떻게 이 상황에서 해야 할지 모르시겠다고요. 검사 결과 에서도 이런 상황에서 스스로 대처하는 것에 대해 적절하지 못 하다고 생각하는 게 있는 것으로 보이네요. 혼자 참았다고 하는 데 이 상황을 어떤 식으로 해결하려고 하셨을지 궁금합니다.	감정 반영, 재진술, 대처와 관련한 검사 결과 해석을 전달하며 구체적인 대처방식 파악
내담자 13	그게…… 오래전에 엄마가 외도했다는 사실을 알고 엄청 화를 내고 엄마를 무시했어요. 거의 사람 취급을 안 할 정도로. 그래 서 시간이 흐르고 나니 죄책감이 들더라고요. 이번에도 엄마가	

외도했다는 것이 정황상 의심이 가니까 요즘에는 거의 엄마 눈
도 안 봐요. 제가 지난번처럼 엄마한테 소리 지르고 무시할 것
같아서요.

상담자 14   엄마에 대해 부정적 감정을 표현하다가 지난번처럼 소리 지르   감정 반영
고 무시하게 될까 봐 두려우신가 보네요.

내담자 14   그런 것 같아요. 지금 말하면서 드는 생각은 엄마가 그냥 싫어
서라고 생각했는데 제 태도가 잘못됐다는 생각이 들고 어떻게
할지 잘 몰라서 말도 안 하고 더 피했던 것 같네요.

상담자 15   그러셨군요. 과거 엄마에게 했던 자신의 태도에 대해 어떤 마음   감정 탐색
이 드시나요?

내담자 15   죄책감이 들죠. 그렇게 하는 게 아니었는데…….

상담자 16   네. 그러셨을 것 같아요. 만약 그 상황에서 어떻게 해야 할지 방   감정 공감. 대처방법의
법을 좀 더 알았다면 어땠을 것 같나요?   필요성 질문

내담자 16   아마도 그렇게까지 엄마한테 화내거나 무시하지 않았겠죠? 근
데 제가 원래 좀 욱하는 게 있어서 그런 것 같기도 해요.

상담자 17   그럼, 이 상황에서만이 아니라 평소 성격도 좀 욱하는 게 있나   검사 결과와 관련하여
보네요. 검사 결과를 보면 생각이 많은 반면, 감정 표현이 매우   욱하는 성격 탐색
억제되어 있어서 한꺼번에 참았다가 화를 내는 듯 하네요.

내담자 17   맞아요. 저희 아버지가 욱하시거든요. 제가 엄마한테 화났을 때
아빠는 자리를 피하시고 안 계셨는데 그게 아마 또 욱하실까 봐
피하신 것 같았어요. 한번 화를 내시면 물불 안 가려서 정말
무섭거든요.

상18   ○○ 님이 아버지와 성격이 그런 부분에서 닮았나 보네요.

내담자 18   네. 저는 엄마한테 그렇게 욱하면서 화내고 싶지 않은데 그게
잘 안 돼서 힘들어요.

상담자 19   이런 부정적인 감정들을 잘 해소하는 것도 중요하니까 소리 지   상담의 목표 제시
르거나 무시하지 않고 화를 내는 방법을 알아 가면 도움이 될
수도 있을 것 같아요.

내담자 19   저도 그렇게 하고 싶어요.

상담자 20   상담에서 스트레스 상황에서 적절히 대처하는 방법과 관련하여   상담 동기와 목적을
이야기 나눠 보시면 어떨까요? 이런 부분에 대해 도움을 받으실   명료화하여 추후 상담을
수 있을 것 같아요.   이용하도록 안내함

내담자 20   네, 좋아요.

2. 동적 가족화 검사(KFD)

1) 개요

동적 가족화 검사(Kinetic Family Drawing: KFD)을 가장 처음으로 도입한 사람은 Hulse (1951)로 아동을 대상으로 자신의 가족을 그려 보라고 요구한 후, 그림 속의 인물들에 대해 자유롭게 이야기하도록 하였다. 이를 통해 아동의 심리적 어려움의 원인이 무엇인지, 부모 또는 형제와의 관계가 어떤지 파악할 수 있고, 가족관계에서 아동이 자신의 위치를 어떻게 지각하는지 알 수 있다고 보고하였다. 이후 가족화 그림에서도 개인의 욕구와 환경적 압력 간의 관계뿐만 아니라 대인관계 등을 살펴볼 수 있다고 제기되긴 했으나 "가족을 그려 보세요."라는 지시만을 했기 때문에 대부분 가족 구성원들 간의 움직임이나 상호작용이 나타나지 않는 경직된 가족화로 표현되었다(Hammer, 1958). 이를 보완하기 위해 정신분석 이론과 장이론 및 지각적 선택성 이론 등을 고려하여 가족 구성원들이 '무엇인가를 하고 있는' 그림을 그리도록 하는 동적 가족화 기법이 개발되었다(Burns & Kaufman, 1970, 1972).

수검자가 나타내는 문제의 원인을 이해하는 데 다양한 요인이 있겠지만 그중 매우 중요한 환경적 요인은 가족으로 볼 수 있기 때문에 KFD를 통해서 수검자가 가족 내에서 자기지각, 가족관계나 환경에 대한 지각 정보를 얻을 수 있다. 또한 가족 내에서의 상호작용을 보다 쉽게 파악하고, 더 나아가 가족 구성원에 대한 감정, 지각이나 태도를 이해하고 이를 통해 수검자들을 진단하고 치료하는 데 중요한 임상적 의미를 제공할 수 있다.

2) KFD 실시

(1) 검사도구
A4 용지 여러 장, 연필, 지우개, 초시계, 깨끗한 책상

(2) 지시 및 실시방법

① 검사에 대한 지시
"당신을 포함해서 당신의 가족 모두에 대해 무엇인가 하고 있는 그림을 그려 보세요. 만화나 막대기 모양 사람이 아니고 완전한 사람을 그려 주세요." 덧붙여 "당신 자신도 그리는 것

을 잊어서는 안 됩니다."라는 말을 한 번 더 해 줄 때도 있다.

② 사후 질문(각 인물들에 대해 질문)

- 이 사람은 지금 무엇을 하고 있나요?
- 이 사람의 좋은 점은 무엇인가요?
- 이 사람의 나쁜 점은 무엇인가요?
- 이 그림을 보면 무슨 생각이 드나요?
- 앞으로 이 가족은 어떻게 될 것 같나요?
- 여기 가족화에 그린 상황 바로 이전에는 어떤 일이 있었을까요?
- 만일 이 그림에서 무엇인가를 바꿀 수 있다면 무엇을 바꾸고 싶나요?

3) KFD 해석방법

KFD를 해석할 때 유의 깊게 살펴볼 부분은 다음과 같다. 가족 구성원 중 어떤 한 사람을 빠뜨리거나 잊어버렸다고 반응하는 경우 수검자가 그 가족 구성원에 대한 부정적인 생각이나 태도를 지니고 있을 가능성이 높다. 또한 자기 자신을 생략하는 경우는 스스로에 대한 부적절감과 비소속감, 낮은 자존감을 의미할 수도 있으며, 이는 수검자에 대한 부모의 불만족, 지나친 비난과 형제들과의 비교가 그 원인이 될 수도 있다. KFD는 인물의 활동, 그림의 양식, 상징, 역동성의 특징을 중심으로 해석한다.

(1) 인물의 활동

가족의 상호작용을 통해 수검자가 지각하는 가족의 역동성을 엿볼 수 있는데, 예를 들어 가족 모두가 상호작용하고 있는지, 일부만 상호작용하고 있는지, 상호작용이 전혀 나타나지 않았는지 등을 고려해 볼 수 있다. 가족 내에서 가족 구성원들의 행동을 중심으로 수검자가 지각하는 가족 구성원들의 역할이 어떤지 살펴볼 수 있다. 특히 발달과정에서 아동의 경우, 부모상, 남성성 및 여성성에 아동의 역할이 영향을 미칠 수 있으므로 전체적인 인물상의 행위를 통해 가족 내 역할 유형을 파악해 볼 수 있다.

(2) 그림의 양식

일반적으로 그림의 양식은 가족 구성원이나 사물의 위치를 용지에 어떻게 구성하고 있는지를 의미한다. 또한 가족 구성원과의 상호작용 측면에서도 해석될 수 있으며, 중요한 가족 구성원과 상호작용하지 못하고 있는 그림은 수검자에게 의미 있는 단서가 될 수 있다. 예를 들어, 다른 가족은 모두 자신과 가까이 그리면서 한 특정 가족 구성원만 멀리 떨어뜨려 그리거나, 어떤 가족 구성원은 생략하거나 자신과 가까이에 가족 구성원을 그리기도 한다. 이는 수검자가 가족 내에서 느끼는 친밀감, 신뢰감과 주관적인 느낌 및 태도와도 관련될 수 있다. 그림의 양식은 다양하며, 그 특징에 따라 살펴보면 다음과 같다.

① 구획화

가족 구성원을 그릴 때, 직선이나 곡선을 사용하여 가족화에서 인물들을 의도적으로 분리하여 그리는 경우이다. 때때로 그림을 그리기 전에 용지를 접은 선으로 구분하고 그 안에 가족 구성원을 각각 그리는 경우도 있다. 가정 내 상호 간의 적극적인 애정 표현이 이루어지지 않을 때, 가족 간의 응집력과 상호작용이 부족한 경우 자주 그려지기도 한다. 또는 외롭거나 억압된 분노감이 있는 경우에도 자주 나타난다. 구획화는 일반적으로 다른 가족 구성원으로부터 자신과 자신의 감정을 철회하고 분리시키려는 욕구를 드러내 주는 것으로 해석되기도 한다.

② 포위

가족 구성원 중 한 명 이상을 선으로 둘러싸이게 그리거나 줄넘기나 책상과 같은 사물로 교묘하게 둘러싸이게 그리는 경우이다. 이때 포위시킨 가족 구성원은 수검자에게 위협적인 대상으로서 분리하거나 제외시키고 싶은 욕구가 표현되는 경우로 해석되기도 한다. 또는 가족관계에서 포위한 대상과 정서적으로 단절되어 있을 가능성도 있다. 두 인물을 같이 포위하는 경우에는 수검자에게 두 사람을 동일시하는 경향이 있음을 암시한다.

③ 가장자리

가족 구성원들을 A4 용지의 가장자리 부분에 나열해서 그리는 경우이다. 가족 내에서 느끼는 문제를 회피하려는 경향이 강하며, 방어적인 것으로 해석할 수 있다. 또한 다른 가족 구성원과 친밀한 관계를 맺는 것에 대해 저항을 보일 가능성 높다.

④ 인물 하선

특정 가족 구성원을 그리고 난 뒤, 특정 인물의 밑에 선을 긋는 경우이다. 인물 하선이 그어진 대상에 대해 불안감이 있거나 가족 구성원 상호 간에 불안정성을 지닌 것으로 시사된다.

⑤ 상부의 선

용지의 윗부분에 한 개 이상의 선을 그리거나 특정 인물상 위에 선을 그리는 경우이다. 가정 내에서 안정감이 부족하거나 불안, 걱정 또는 위기감을 느끼는 수검자에게서 나타난다.

⑥ 하부의 선

기저선처럼 한 개 이상의 선이 종이의 하단을 따라서 그려진 경우이다. 이러한 기저선은 안정 욕구를 의미하며, 주로 가정으로부터 안정감을 제공받지 못하거나, 정서적 지지 또는 인정을 받지 못하는 경우에 주로 보인다.

(3) 상징

동적 가족화에서 나타난 모든 사물들에 대해서 상징적인 의미를 부여하고 해석하는 것은 어려움이 있다. 상징에 대해 해석할 때는 일대일로 해석하는 방식은 지양하며, 다양한 정보들을 고려하여 신중하게 해석할 필요가 있다. 동적 가족화의 경험적 연구들을 고려해 볼 때, 일반적으로 임상적 의미를 부여할 수 있다고 여겨지는 상징의 예를 소개하겠다.

표 7-1 표현 내용에 따른 상징 해석

상징 해석	표현 내용
공격성, 경쟁심	공, 축구공, 그 밖에 던지는 물체, 빗자루, 먼지떨이 등
애정적, 온화, 희망적	태양, 전등, 난로 등이 열과 빛이 적절할 때는 애정적, 온화함, 희망적임. 대신 태양, 전등, 난로의 열이나 빛이 강렬하고 파괴적일 때는 애정이나 양육의 욕구, 증오심을 나타내기도 한다.
분노, 거부, 적개심	칼, 총, 날카로운 물체, 불, 폭발물 등
힘의 과시	자전거, 오토바이, 차, 기차, 비행기 등
우울 감정, 억울함	비, 바다, 호수, 강 등 자연적인 물은 깊은 내면으로 들어간다는 의미에서 우울을 반영한다. 그러나 수영장은 자연적인 물에 해당되지 않기 때문에 이에 속하지 않으므로 기계적인 해석을 주의해야 한다.

(4) 역동성

역동성은 가족 구성원들 간의 감정을 전체적인 맥락 안에서 파악해 볼 수 있는 영역이다.

① 인물 묘사의 순서

수검자가 지각하는 가족 내 힘의 서열을 반영하거나 수검자에게 정서적·심리적으로 중요한 대상의 순서를 반영할 가능성 높다. 만약 아버지보다 어머니를 먼저 그렸을 경우, 어머니가 아버지보다 가정 내 지배적인 영향력을 행사할 가능성을 시사한다. 수검자 자신을 가장 먼저 중앙에 그렸을 경우, 자기중심적 경향이 강함을 시사한다. 가족 이외의 인물을 가장 먼저 그리는 경우도 있는데 이는 가족 내 소속감이나 유대감이 형성되어 있지 않을 가능성이 많으므로 수검자의 호소문제에 중요한 단서를 제공해 줄 수 있다.

② 인물상의 위치
용지 상단에 인물상을 그렸을 경우, 그 가족 구성원이 가족 내에서 가족을 이끌어 가는 주도적인 인물일 가능성이 높다. 반면, 용지 하단에 인물상을 그렸을 경우는 우울하거나 활력이 부족한 인물일 수 있음이 시사된다. 중앙부에 인물을 그렸을 경우, 실제로 가족 내에서 중심인물일 경우가 많으며, 자신을 그렸을 경우 자기중심성의 가능성이 높다. 우측에 그렸을 경우 외향성과 활동성을 시사하고, 좌측에 그렸을 경우 내향성과 침체성을 나타낸다.

③ 인물상의 크기
각 가족 구성원에 대해 지닌 감정과 태도를 시사하며 간혹 가족 구성원의 실제 키를 반영하여 나타난 것일 수도 있다. 키를 크게 그린 경우, 존경받는 대상이거나 권위적인 대상으로 가정에서 중심적 위치에 있을 가능성이 높다. 반면, 키가 작게 그려진 인물상은 가족들에게 무시당하는 위치 있을 가능성이 높다.

④ 인물상 간의 거리
가족 구성원 간 친밀성의 정도나 심리적 거리를 나타낸다. 인물상이 서로 방해물 없이 가까이에 그려졌다면 두 가족 구성원이 서로 친밀함을 의미하거나 가족 구성원 간에 정서적 거리감이 존재하여 이를 보상하고자 하는 표현일 수 있다. 두 인물상의 거리를 멀게 그린 경우, 상호작용이 별로 없어 친밀감의 경험이 부족하고 심리적 거리감을 느끼고 있을 가능성이 높다.

⑤ 인물상의 방향
정면을 향하고 있는 인물상일 경우 수검자가 긍정적으로 지각하고 있는 대상일 수 있으며, 이와 달리 뒷모습이 그려진 인물상은 부정적 태도와 억압적 분노감을 시사한다. 옆면이 그려진 인물상은 양가적인 태도를 취하고 있을 가능성이 높다.

⑥ 인물상의 생략

가족 구성원 중 생략된 가족 또는 지운 흔적이 있는 경우는 수검자가 지워진 가족 구성원에게 양가감정을 느끼거나 그 구성원과 갈등적인 관계에 있음을 시사한다.

⑦ 타인의 묘사

가족화에서 같이 살고 있는 가족 구성원이 아닌 타인을 그리는 경우가 있는데 이는 수검자가 가족 내의 누구에게도 정서적 교류나 친밀감을 느낄 수 없는 상태에 있음을 추측해 볼 수 있다. 가족 이외에 그려진 타인이 누구인지 살펴볼 필요가 있으며, 이 대상은 수검자가 정서적으로 가장 친밀하게 느끼거나 초기에 기본적인 신뢰감이나 애착을 형성했던 대상일 가능성이 높다.

(5) 인물상의 특징

음영, 얼굴 표정, 회전된 인물상, 막대기 모양의 인물상 등의 특성을 통해 인물상의 특징을 해석해 볼 수 있다.

① 음영

음영은 부적응적 지표로 해석되는 경우가 많다. 음영이 그려진 부위에 대해서 몰두하고 있거나 불안감을 느끼고 있음을 시사하며, 음영이 표시된 인물에 대한 분노감이나 적개심 등을 내재하고 있을 가능성이 있다.

② 얼굴 표정

얼굴 표정은 직접적인 정서 반응을 나타내는 것으로, 실제로 수검자가 가족 내에서 지각하는 정서 반응일 수도 있고, 가족 구성원에게 느끼는 감정일 수도 있다. 얼굴 표정을 생략했을 경우, 가족 내에서 느끼는 갈등이나 정서적 어려움을 회피하거나 거리감을 두려는 시도로 볼 수 있다.

③ 회전된 인물상

일부 가족 구성원만 다른 구성원들과 다르게 다른 방향으로 그린 경우, 그 가족 구성원에 대한 거리감, 거부감 또는 갈등적인 감정을 나타낸다.

④ 막대기 모양 인물상

지적 발달장애나 다른 뇌 손상이 없는 수검자가 가족화를 막대기 모양으로 그린 것은 가족 간에 정서적 유대감과 애정적 교류가 부족함을 의미한다. 또는 갈등 관계에 있거나 갈등 관계에 있는 대상에 대한 저항을 나타낼 수도 있다.

4) 사례보고서 및 해석상담의 예

(1) 사례보고서

이름	이○○
인적사항	25세, 남성, 대학원 1학기, 무교 가족관계: 부, 모, 누나
내방경위	생각이 많고 집중이 어려워 공부가 잘 안 되고, 잠이 잘 오지 않아 피곤하여 상담 신청함.
배경정보	수검자는 4개월 전에 모(母)가 근무하는 지역이 아닌 다른 지역에서 모(母)가 어떤 남성분과 함께 차를 마시는 것을 목격함. 2년 전에 모(母)의 외도가 있었던 터라 이에 대해 수검자가 모(母)를 의심하면서 물증은 없고 심증만 있는 상태에서 부모가 이혼할 것에 대한 걱정이 많아지고, 집중 어려움, 수면 곤란 등의 증상이 나타남. 본래 부모와 관계는 겉으로는 친하지도 멀지도 않은 소원한 관계인 것으로 보고하였고, 이번 사건에 대해서 가족 전체가 서로 이야기하기보다는 모른 척하면서 피상적으로 지내는 것으로 보임.
검사태도	▶검사 소요 시간: 2분 19초 ▶행동관찰 가족화를 그리도록 지시한 후, 수검자는 잠시 생각에 잠기고 머뭇거린 후 그림을 그려 나감. 그림을 그린 순서는 나 → 누나 → 아빠 → 엄마 순서로 그려 나갔으며, 엄마를 그리는 시간이 가장 오래 소요되었음. 사후 질문에 대해 대답할 때 모(母)에 대해서 "화는 안 나고 좀 답답한가? 잘 모르겠어요."라며 모(母)에 대한 감정을 명확하게 인식하지 못하는 것으로 관찰됨.

가족화

검사 결과

▶사후 질문에 대한 반응

Q. 가족들이 무엇을 하고 있나요?
A. 집에서 각자 할 일을 해요. 엄마는 요리, 아빠는 누나랑 거실에서 텔레비전을 보면서 이야기해요. 저는 제 방에서 핸드폰 하면서 쉬고 있어요.

Q. 가족 구성원들의 성격은 어떤가요?
A. 아빠는 들어 주는 것도 잘하고 공감도 잘해 주세요. 제가 아빠 성격 닮은 것 같아요. 원래 엄마는 자기주장이 좀 강하고 집에 있으면 서로 자기 말만 해요. 누나랑은 좀 데면데면한데 이번 사건으로 이전보다는 이야기하게 되면서 좀 나아졌어요. 엄마는 이 사건에 대해 전혀 모르시는데 다시 옛날에 안 좋았던 분위기로 돌아가기도 싫고, 엄마를 무시하고 그랬던 것도 싫은데 제가 또 엄마한테 화내고 무시할 것 같아서 티를 안 내요.

Q. 그림에서 무언가를 바꿀 수 있다면 무엇을 바꾸고 싶나요?
A. 저랑 엄마가 식탁에서 같이 밥 먹고 싶어요. 이 그림에서는 집안 분위기가 삭막해 보이네요. 실제로는 편안한 것 같았는데 그림은 아니네……? 가족이 한곳에 모여 있어야 좀 더 좋아 보이고 화목해 보이잖아요.

Q. 나중에 어떻게 될 것 같나요?
A. 아무 일 없다는 듯 조용히 잘 넘어갈 것 같아요.

	가족화 검사 결과, 가족 구성원들 모두를 그리긴 했으나, 직선을 사용하여 구획을 그리고, 가족 모두 분리되어 각자의 일을 하는 옆모습을 그린 것을 볼 때, 가정에서 상호 간 응집력과 상호작용이 부족하고, 심리적 거리감을 느끼는 등 가정 내 애정 욕구가 충족되지 못하는 것으로 보인다. 구체적으로 부와 누나는 거실에서 TV를 보고 있고, 수검자는 방 안에서 혼자 있는 것으로 그린 것으로 보아 부와 누나는 심리적 거리가 가까운 것에 비해 수검자는 상호작용이 저조한 것으로 보인다. 특히 그림의 순서가 나 → 누나 → 아빠 → 엄마의 순서이고, 모를 그릴 때 소요되는 시간이 가장 오래 걸렸으며, 사후 질문에서 "엄마랑 식탁에서 같이 밥을 먹고 싶어요."라고 표현한 것을 볼 때, 모에 대해 상당한 심리적 거리감을 느끼면서도 애정에 대한 욕구와 상충되어 양가감정을 느끼고 있을 가능성이 시사된다. 따라서 가족 내에서 수검자가 어떤 방식으로 상호작용하고 현 문제를 대처하고 있는지 탐색이 필요하며, 모에 대한 양가감정을 인식하고 이를 적절하게 해소할 수 있도록 돕는 것이 필요하다.
해석상담 요약	• 검사 결과에서 나타난 수검자의 가족 내 대처방식은 감정을 인식하거나 표현하는 것을 억제, 부인하는 경향이 높고, 피상적으로 교류하면서 상호작용이 부족한 것으로 보임. • 해석상담 결과, 수검자는 최근 모의 외도라고 의심되는 사건을 목격한 후, 걱정과 근심이 많았으나, 표면적으로는 가족들이 좋은 분위기라고 부인했다는 것을 인식함. 또한 가족들과 갈등 없이 잘 지내고 싶은 욕구가 높다는 것을 알게 됨. 수검자는 갈등이 있으면 관계가 모두 안 좋아질 것으로 생각하는 것, 모를 무조건 이해해야 한다는 생각 등의 이분법적 사고를 주로 나타내고 있으며, 모에 대한 다양한 감정을 억제하면서 양가감정을 느끼고 있음을 인식함. 갈등 상황 시, 관계가 모두 안 좋아질 것으로 생각하면서 감정을 억제하고 부인하는 방식을 사용했는데 이 방법이 아닌 다른 대처방식에 대해 상담에서 도움받길 원함.
개입방향	• 모에 대한 다양한 감정을 허용 　－모에게 느끼는 다양한 감정을 인식하고 표현하도록 돕고, 자기수용을 격려함. 　－모에게 갖고 있는 기대 목록을 작성하고, 비현실적인 기대에 집착하고 있었다면 수정 또는 보완함. • 갈등적 관계에서 대처전략 탐색 　－수검자의 자기 대화('꼭 해야 한다.' '무조건 해야만 한다.')의 당위적 언어나 이분법적 사고를 탐색하고 교정하면서 대안적 자기 대화를 만들어 가도록 도움. 　－좌절에 대해 좀 더 유연성 있고 온건한 반응을 할 수 있도록 다양한 대처 기술 연습 • 가족 내 갈등 해소법 교육 　－모델링, 역할연기, 행동 시연 등을 통해 각 가족 구성원들의 권리와 감정을 존중하는 친사회적 문제 해결법 연습 　－나 메시지, 존중적 의사 표현 등을 통해 모에 대한 공격 표현을 배제하고 자신의 고통스러운 감정을 표현하도록 연습
제언	• 개인상담 이후 필요하다면 가족에게 추가적인 가족치료를 받도록 권유가 필요함. • 대처전략을 다양하게 탐색하고 사용할 수 있도록 돕는 것이 필요함(운동을 더 많이 하기, 내면에 덜 초점 맞추기, 사회활동을 더 많이 하기, 가까운 사람과 대화하기 등).

(2) 해석상담

상담자 1	지난번 KFD 검사를 하고 몇 가지 질문을 드리면서 이야기를 해 보았었는데요. 검사하시면서 어떠셨나요?	검사 실시 전 생각, 감정 확인
내담자 1	제가 검사 끝나고 집에 가는 길에 이런 생각이 들더라고요. 이런 상황에서도 가족들이 겉으로 잘 지내고 좋은 분위기라고 말했는데 내 속은 그게 아니었구나.	
상담자 2	가족들이 갈등 없이 잘 지내길 바라는 마음이 많았나 봐요.	내담자 욕구에 대한 반영
내담자 2	그러니까요. 갈등이 없었으면 좋겠어요. (울먹임)	
상담자 3	그 이야기를 하시면서 눈물이 올라오시네요. 어떤 마음이세요.	감정 탐색
내담자 3	저는 어렸을 때부터 부모님이 자주 다툰 기억이 많아요. 그 속에서 매일 마음 졸이면서 어떻게 하면 분위기를 좋게 할 수 있을까. 그런 걱정이 많았던 것 같아요.	
상담자 4	부모님 다툼이 많았다면 그 속에서 무섭고 걱정이 많았겠어요. 누나는 어땠어요?	공감, 가족 내 누나의 역할 탐색
내담자 4	갈등이 있으면 누나는 밖에 나가거나 신경도 안 썼어요. 저는 혼자서 어떻게 하면 좋을지 전전긍긍했고요.	
상담자 5	혼자서 부모님 갈등을 해결하려고 애쓰면서 힘들었겠어요.	공감
내담자 5	맞아요. 엄마가 외도한 후에 누나가 먼저 알게 되고 저에게 말해 줬는데 그런 이야기하면서 누나랑 친해졌던 것 같아요.	
상담자 6	이전에 누나와 관계는 어땠는데요?	누나와 관계 탐색
내담자 6	전에는 누나랑 별로 안 친했어요. 누나가 학교에서 따돌림을 당했는데 저는 그게 마치 제 모습처럼 보였어요. 저도 초등학교 때 왕따를 당했는데 애들한테 아무 말도 못 하고 당하는 누나를 보면 바보 같고…… 꼭 저 같았어요. 그래서 누나가 싫고 제가 누나한테 비난했던 것 같아요.	
상담자 7	그랬군요. 내가 싫은 내 모습을 누나가 보일 때 그게 싫었나 보네요. 누나 보기가 참 힘들었겠어요. 다시 친해지게 된 계기가 이번 사건이라고 했는데 어떻게 가까워진 건가요?	공감, 누나와 관계 회복 이유 탐색
내담자 7	사실, 지나고 나니 누나가 너무 불쌍하고 제가 너무 미안했죠. 그리고 몇 년 전에 엄마 외도한 것에 대해 누나가 알고도 혼자서 속이 타면서 말하지 않다가 저에게 말해 준 거였어요. 그런 것을 생각하면 누나도 힘들었구나. 그러면서 누나랑 좀 더	

이야기하게 되었어요.

상담자 8 누나도 힘들었을 거라고 생각하네요. 재진술

내담자 8 그렇죠. 저도 그게 얼마나 힘든 건지 아니까요. 근데 이번 사건 때문에 또다시 가족이 갈등을 겪는 것이 싫어요.

상담자 9 (고개 끄덕임) 갈등이 없을 순 없지만 갈등이 있더라도 여러 방법은 있을 수 있지요. 현실을 균형 있게 볼 수 있도록 대안 제시

내담자 9 갈등이 있더라도 방법이 있을 수 있다고요? 어차피 갈등이 생기면 관계가 다 안 좋아지잖아요.

상담자 10 갈등이 생기면 관계가 다 안 좋아질 것이라고 생각하시나 보네요. 관계는 좋다 또는 안 좋다라기보다는 다양한 스펙트럼이 있을 것 같은데요. 엄마와 갈등이 있겠지만 해결하는 방법은 다양할 것 같은데 어떻게 생각하나요? 이분법적 사고에 대해 확장할 수 있도록 다양성에 대한 안내

내담자 10 저는 엄마 입장에서 이해하고 싶지 않아요! 그건 정말 잘못된 행동이고 무슨 일이 있어도 정당화되지 않아요! 그걸 이해할 필요가 없다고 생각해요! (격양된 목소리)

상담자 11 지금 화가 많이 나 보여요. 제 이야기를 듣고 엄마를 이해해야만 한다고 오해했나 보네요. 감정 반영. 내담자의 생각에 대한 원인 파악

내담자 11 네…… 화가 많이 나네요. 갈등을 해결하는 방법은 엄마를 이해해야만 한다는 말 같았어요. 저는 엄마를 이해하기 싫거든요.

상담자 12 이해해야 한다는 생각은 어떻게 하신 거예요? 내담자의 생각에 대한 원인 파악

내담자 12 저희 아빠는 "항상 그럴 만한 이유가 있다. 엄마 상황을 이해해 보자."라는 식으로 말씀하시는데 저는 이해가 안 되고 이해할 필요가 없다고 생각해요. 그건 잘못된 행동이잖아요.

상담자 13 네. 그럴 때마다 답답하셨겠어요. 그럴 만한 이유가 객관적으로 받아들여지고 납득이 되어야 이해도 할 수 있을 것 같은데요. 공감. 행동의 잘잘못을 떠나서 객관적으로 상황 파악이 필요함을 전달

내담자 13 맞아요. 사실, 제가 그 장면을 목격했다고 하지만 아직 상황이 정확히 밝혀진 것이 아니어서 그게 외도인지는 모르겠어요. 근데 출근한 것으로 알고 있는 엄마가 외근했다 쳐도 지역이 다른데 그건 말이 안 돼요.

상담자 14 근무 지역과 엄마가 계신 곳이 달랐다고요. 어떤 상황인지 모르겠지만 이전 외도했던 사실도 있고, 평소와 다른 지역에 계시기도 했고요. 물증은 없지만 심증으로 충분히 의심할 만했겠어요. 공감

내담자 14 그렇죠. 제가 전화를 해 봤는데 엄마가 그 남자와 같이 있으면

서 전화를 안 받았거든요.

상담자 15 전화까지 안 받으니 더 의심될 수 있겠어요. 전화를 안 받고, 다른 지역에 있고, 남자분과 계신다고 해서 외도라고 생각했나 봐요.　　　　요약

내담자 15 네. 생각해 보면 모든 정황이 잘 이해가 가지 않지만 그렇다고 외도라고 하기에는 물증은 없어요. 아직 잘 모르는 상황이어서 화를 내지 않고 소통이 필요할 것 같아요.

상담자 16 그러니까요. 이렇게 ○○ 님이 속앓이를 한다는 것을 가족들은 모르실 것 같은데 가족들과는 어떻게 소통하고 계신가요?　　　　가족과 소통방식 탐색

내담자 16 제가 정말 하나도 드러내지 않고 아무렇지 않게 하거든요. 저는 이런 게 좀 잘 안되고 힘든 것 같아요.

상담자 17 이렇게 잠도 못 자고 집중도 못해서 공부도 안 되고 힘든데 아무렇지 않게 표현을 안 한다니. 그게 더 힘들었을 것 같아요. 속은 앓고 있는데 아무렇지 않게 하려는 게 사실, 에너지가 많이 쓰이고 힘든 일이죠. 검사 결과에서도 엄마에 대해 표현되지 못한 복잡하고 양가적인 마음들이 많은 것으로 나타났어요. ○○ 님이 그럴 만한 이유가 있으실 것 같아요.　　　　공감. 검사 결과와 연결 지어 이유 탐색

내담자 17 제가 힘들다고 표현하면 갈등이 커지고 집안이 시끄러워질 거니까요. 저만 조용하면 잠잠해지겠죠.

상담자 18 집안이 갈등 상황이고 시끄러워지는 것이 너무 싫은가 봐요. 힘들어도 나만 참으면 된다고 생각하는 것 같네요.　　　　명료화

내담자 18 그렇네요. 사실, 참는다고 진짜 좋은 가족은 아니죠. 속은 이미 곪아 있으니까요.

상담자 19 그렇죠. 이런 부분에 대해서 상담에서 이야기 나누다 보면 그 원인이나 방법에 대해 알게 될 수 있는데 혹시 상담에 대한 의향이 있으실까요?　　　　추후 상담 이용에 대한 안내

내담자 19 네. 한번 생각해 보고 말씀드릴게요.

3. 문장완성검사(SCT)

1) 개요

문장완성검사(Sentence Completion Test: SCT)는 다수의 미완성 문장을 수검자가 자기 생각대로 완성하는 검사이다. 단어연상검사에서 변형된 검사로 투사적 검사 중 가장 간편하고 구조화가 잘 되어 있어서 현장에서 가장 널리 사용하는 검사이기도 하다. 투사적 검사중, 로르샤흐 검사와 주제통각검사는 모호한 시각적 자극을 통해 수검자가 투사하도록 한다면, SCT는 완성되지 않은 언어를 통해 투사를 유도하는 검사라고 할 수 있다.

한편, SCT가 객관적 검사인지 투사적 검사인지에 대해 논란이 있기도 해서 반투사적 검사라는 용어가 나올 만큼 의견이 분분하기도 했지만 투사적 검사에 치우쳐 있다고 보는 견해가 대다수이다. 전자의 견해는 아마도 제시된 문항을 보면 이 검사가 무엇을 알아보고자 하는지 쉽게 알 수 있어서 수검자가 의식적으로 통제할 수 있기 때문에 객관적 검사에 더 가깝다고 보기도 한다. 그렇지만 수검자 각자에게 주는 자극의 모호함 수준이 다를 수 있고, 정서적으로 표현되는 미묘한 뉘앙스에 차이가 있을 수 있어서 투사적 검사로서의 가치는 매우 높다고 할 수 있다. SCT는 상담 장면에서 활용할 때 수검자의 욕구나 내적 갈등, 환상, 감정, 태도 및 적응 상태 등을 파악하고 정보를 탐색할 수 있고, 수검자로 하여금 자기 객관화 작업을 할 수 있도록 돕는다는 것이 장점이다.

2) SCT 발달 배경

개발 과정을 살펴보면, Galton이 자유연상검사를 개발하였고 이를 토대로 Cattell이 다시 단어연상검사로 발전하였으며, 이를 Kraepelin과 Jung이 임상적 연구를 통해서 단어연상검사를 구축시켰다. 이후 단어연상검사가 Rapaport와 동료들에 의해서 성격 진단을 위한 유용한 투사법으로 확립하게 되었다. 미완성 문장을 심리검사에 최초로 적용한 사람은 Ebbinghaus(1896)이며, 지능을 측정하기 위해서 미완성 문장완성 방식을 고안하였는데 이후부터는 성격과 태도를 평가하는 검사로 변화되었다. Payne(1928)는 현재 사용되는 방식의 문장완성검사를 최초로 연구하였고, Tendler(1930)는 문장완성검사를 사고 반응과 정서 반응의 진단을 측정하고 평가하는 데 사용하였다. Rohde(1946)는 직접 대화를 통해 질문을 하게 되면 개인으로 하여금 방어적인 태도를 갖게 하고 질문에 의해 대답할 수 있는 반응 영역이 통제되므로 표현의 자유가 제한된다고 주장하며 문장완성검사를 해석할 수 있는 근거를 마련하였다. 아울러 청소년기의 문제를 다룰 때에는 미완성 문장이 인식 또는 표현할 수 없거나 꺼려지는 잠재된 욕구, 욕망, 감정, 태도, 야망 등을 보다 자연스럽게 드러낼 수 있다고 하였다. Stein(1947), Symonds(1947), Rotter와 Willerman(1947), Carter(1947) 등은 경험적 연구를 토대로 문장완성검사가 임상적으로 활용이 가능하다는 것을 나타냈고, 현재 상담 및 임상 현장에서는 Sacks가 개발한 SSCT(Sacks Sentence Completion Test)가 가장 널리 사용된다. 이 장에서는 대중적으로 많이 사용되는 Sacks의 SSCT 성인용을 중심으로 살펴보고자 한다.

3) SCT 구성

SCT는 유료와 무료검사로 구분할 수 있다. 먼저, 유료 검사로 제공되는 문장완성검사는 인싸이트에서 제공하고 있고, 이우경이 개발하였으며, 연령에 따라 성인용, 청소년용, 아동용으로 구분된다. 성인 문장완성검사(SCT)는 기존의 문장완성검사와 마찬가지로, 50문항으로 구성되어 있다. 자기개념, 대인 표상, 감정 인식 및 조절과 관련된 부분은 아동 및 청소년 문장완성검사와 유사하지만 성인 초기에 중요한 일(직업), 사랑의 영역을 추가하였고, 성인 중기인 중

SCT 성인 문장완성검사 분류표

이름 / 성별

영역	주제	문항번호	제시된 문장	해석
자기 (8)	강점	33	내 자신이 가장 자랑스러운 때는	
	약점	9	남들이 잘 모르는 나의 단점은	
		48	바꾸고 싶은 나쁜 습관은	
	자기개념	4	나의 외모는	
		10	나는	
		14	주변 사람들은 나에 대해	
		34	가족들은 나에 대해	
		35	내가 만일	
가족 (7)	엄마	16	우리 엄마는	
		36	엄마와 나는	
	아빠	7	우리 아빠는	
		46	아빠와 나는	
	형제 자매	40	내 형제, 자매는	
	가족 분위기	1	어렸을 때 우리 가족은	
	자녀	12	아이를 키운다는 것은	
타인 및 세상 (8)	친구	5	나에게 좋은 친구는	
	여성/남성	2	대부분의 여자들은	
			내가 바라는 남성상/여성상은(예. 남성일 경우 여성상을 기술)	
			대부분의 남자들은	
	타인	15	내가 싫어하는 사람들은	
		21	대부분의 사람들은	
	세상	30	세상은	
	권위상	38	대부분의 윗사람들은	

영역	주제	문항번호	제시된 문장	해석
꿈/욕구/가치 (7)	꿈	47	내가 꼭 이루고 싶은 꿈은	
	욕구	43	내가 행복하려면	
		44	지금 나에게 필요한 것은	
		29	직업을 갖는 것은	
		46	돈은	
	가치	6	무엇보다 가치가 있는 일은	
		22	내 인생에서 가장 중요한 것은	
시간조망 (6)	과거	17	나의 학창 시절은	
		3	어렸을 때 나는	
		37	내 삶에서 가장 행복했던 때는	
		39	내 삶에서 가장 슬픈 기억은	
	미래	32	나의 미래는	
		41	나이가 더 들면	
부정적 감정과 스트레스 대처 방식 (7)	두려움	8	내가 두려워하는 것은	
	불안	20	나를 가장 불안하게 하는 것은	
	화	13	나를 가장 화나게 하는 것은	
	후회, 부끄럼	27	살아오면서 가장 후회되는 것은	
		28	내가 가장 부끄러워하는 것은	
	스트레스 반응	23	나를 가장 힘들게 하는 것은	
		25	원하던 일이 잘 풀리지 않으면	
사랑, 성, 결혼 (4)	사랑	11	내 삶에서 사랑은	
	성/결혼	42	성에 대한 관심(성행위)은	
		19	이성과 함께 있으면	
		26	결혼(결혼생활)은	
건강, 죽음, 영성 (3)	건강과 죽음	45	나의 건강은	
		50	죽는다는 것(죽음)은	
	영성	49	내가 믿는 신(종교)은	

[그림 7-1] 성인용 문장완성검사 분류표

년기 이후에 더욱 중요한 영성, 가치, 죽음 등에 대한 문항을 삽입하였다(이우경, 2018).

청소년 문장완성검사(SCT-A)는 자기개념, 가족에 대한 지각, 친구 등 대인 지각과 학업 부분을 강조하였다. 에릭슨의 발달단계에서 살펴볼 때, 청소년기의 주요 발달 과제는 정체성이며, 정체성을 형성하는 것은 중요한 선택들을 할 때 많은 도움을 줄 수 있다. 청소년 시기는 또래와의 관계를 통해 정체성이 발달하는 시기이므로 '친구들이 잘 모르는 나의 단점은' '친구들은 나에 대해'와 같은 문항들을 통해 가상의 청중을 의식하는 청소년들의 발달적 특징을 탐색하도록 구성되어 있다. 또한 신체와 외모에 집중하는 경향이 있어 외모에 대한 문항을 통해 청소년기 신체상, 자존감의 기초를 탐색하고자 하는 특징을 지녔다.

SCT-A 청소년 문장완성검사 분류표

학교명 / 학년
이용 / 성별

영역	주제	문항번호	제시된 문장	해석
자기(9)	강점	12	내가 가장 잘하는 것은	
	약점	10	친구들이 잘 모르는 나의 단점은	
		40	고치고 싶은 나쁜 습관은	
	자기개념	3	나는	
		18	내 외모는	
		32	나 자신이 가장 자랑스러운 때는	
		33	친구들은 나에 대해	
		34	부모님은 나에 대해	
		35	내가 만일	
가족(8)	엄마	5	우리 엄마는	
		25	엄마와 나는	
	아빠	14	우리 아빠는	
		26	아빠와 나는	
	형제 자매	24	우리 언니/오빠/누나/형/동생은	
		1	어릴 때 우리 집은	
	가족 분위기	11	우리 가족은	
		8	집에 있을 때 나는	

영역	주제	문항번호	제시된 문장	해석
타인 및 세상(9)	친구	2	친구들은	
		39	내가 제일 좋아하는 친구는	
		4	여자애들은	
		27	남자애들은	
	타인	22	내가 가장 싫어하는 사람은	
		28	내가 가장 본 받고 싶은 사람은	
	세상	38	세상은	
	권위상	7	선생님들은	
		17	어른들은	
행복/꿈/욕구(7)	행복	9	나를 가장 즐겁게 하는 것은	
		30	내가 제일 행복할 때는	
	꿈	31	이다음에 크면	
		36	나의 미래는	
	욕구	6	내가 가장 갖고 싶은 것은	
		13	내가 사랑받는다고 느낄 때는	
		29	내가 돈을 번다면	
학업(2)	공부	20	공부하는 것은	
	학교생활	15	나의 학교생활은	
부정적 감정과 스트레스 반응(5)	두려움	16	내가 가장 두려워하는 것은	
	걱정	21	요즘 제일 걱정이 되는 것은	
	슬픔	19	나를 슬프게 하는 것은	
	스트레스	23	짜증이 날 때 나는	
	반응	37	내가 가장 화가 날 때는	

[그림 7-2] 청소년용 문장완성검사 분류표

아동 문장완성검사(SCT-C)는 주로 초등학생들을 대상으로 심리적 특성을 평가하기 위해 개발되었다. 초등학교 시기는 유치원과는 다르게 정규 학업 과정에 적응하고 또래 친구들을 사귀고 학업에 열중하는 시기이므로 이러한 아동기의 발달적 특징을 고려하여 검사 문항이 구성되었다. 기존 아동 문장완성검사와 다른 점은 문항수가 30문항으로 줄어든 점이다. 저학년의 경우 많은 문항을 작성하는 데 어려움이 있고, 단답식 응답이 많기 때문에 심리적

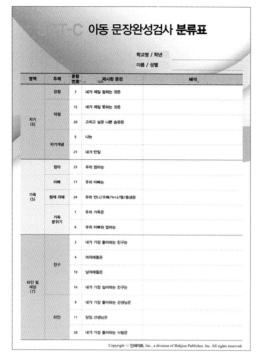 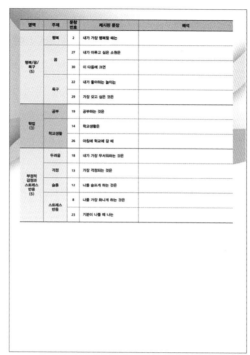

[그림 7-3] 아동용 문장완성검사 분류표

특성과 갈등을 끌어내는 데 한계가 있으므로 간략한 버전으로 개발되었다.

무료 검사로 제공되는 SSCT(Sacks Sentence Completion Test)는 총 50문항으로 구성되어 있으며, 가족, 성, 자기개념, 대인관계 총 네 가지 영역에 대한 개인의 중요한 태도를 확인할 수 있도록 구분된다.

(1) 가족 영역

가족 영역은 어머니와 아버지에 대한 태도 및 가족 전체에 대한 태도의 3개 영역, 12문항으로 구성되어 있다.

- 나의 어머니는
- 나의 아버지는
- 내가 바라기에 아버지는
- 다른 가정과 비교해서 우리 집안은

(2) 성적 영역

성적 영역은 여성과 남성에 대한 태도, 이성관계 및 결혼에 대한 태도와 생각을 파악할 수 있고 3개 영역, 9문항으로 구성되어 있다. 이 영역의 문항들은 사회적 개인으로서의 여성과 남성, 결혼, 성적 관계에 대해 자신의 내면화된 신념이나 감정을 드러내도록 한다.

- 내가 바라는 여인상은
- 내가 성교를 했다면
- 결혼생활에 대한 나의 생각은
- 내 생각에 남자들이란

(3) 자기개념 영역

자기개념 영역은 자신의 능력, 과거, 미래, 두려움, 죄책감, 목표 등에 대한 태도가 포함되며 6개 영역, 23문항으로 구성되어 있다. 이 영역에서 표현되는 태도들은 현재, 과거 및 미래의 자기개념과 자신이 바라는 미래의 자기상과 실제 자기 모습에 대한 정보를 제공한다.

- 내가 저지른 가장 큰 잘못은
- 내가 믿고 있는 내 능력은
- 내가 가장 바라는 것은
- 언젠가 나는

(4) 대인관계 영역

대인관계 영역은 친구와 지인에 대한 태도, 권위자에 대한 태도 등 전반적인 대인관계 특성을 포함한 2개 영역, 6문항으로 구성된다. 이 영역의 문항들은 가족 이외의 타인들에 대한 감정, 자신에 대해 타인들이 어떻게 느끼는지에 대한 수검자의 생각을 나타낸다.

- 내가 없을 때 친구들은
- 윗사람이 오는 것을 보면 나는

• 내 생각에 참다운 친구란
• 내가 싫어하는 사람은

위의 4개의 영역을 각각 세분화하여 총 14개 영역(어머니, 아버지, 가족, 여성, 남성, 이성 관계 및 결혼생활, 친구나 친척, 권위자, 두려움, 죄책감, 자신의 능력, 과거, 미래, 목표)으로 분류될 수 있다. 해석 방식과 형식은 매우 다양하나, 다음의 해석 분류표를 참고하여 연습해 보도록 한다.

SSCT 해석 분류표 (성인용)

피검자: 성별: 나이: 검사일: . . 상담자:

구분	번호	제시 문구	작성 내용	평점
① 어머니에 대한 태도	13	나의 어머니는		
	26	어머니와 나는		
	39	대개 어머니들이란		
	49	나는 어머니를 좋아했지만		
해석요약				
② 아버지에 대한 태도	2	내 생각에 가끔 아버지는		
	19	대개 아버지들이란		
	29	내가 바라기에 아버지는		
	50	아버지와 나는		
해석요약				
③ 가족에 대한 태도	12	다른 가정과 비교해서 우리 집안은		
	24	우리 가족이 나에 대해서		
	35	내가 아는 대부분의 집안은		
	48	내가 어렸을 때 우리 가족은		
해석요약				
④ 여성에 대한 태도	9	내가 바라는 여인상은		
	25	내 생각에 여자들이란		
해석요약				
⑤ 남성에 대한 태도	8	남자에 대해서 무엇보다 좋지 않게 생각하는 것은		
	20	내 생각에 남자들이란		
	36	완전한 남성상(男性像)은		
해석요약				
⑥ 이성, 결혼에 대한 태도	10	남녀가 같이 있는 것을 볼 때		
	23	결혼 생활에 대한 나의 생각은		
	37	내가 성교를 했다면		
	47	나의 성생활은		
해석요약				
⑦ 친구나 친지에 대한 태도	6	내 생각에 참다운 친구는		
	22	내가 싫어하는 사람은		
	32	내가 제일 좋아하는 사람은		
	44	내가 없을 때 친구들은		
해석요약				
⑧권위자에 대한 태도	3	우리 윗사람들은		
	31	윗사람이 오는 것을 보면 나는		
해석요약				
⑨ 두려움에 대한 태도	5	어리석게도 내가 두려워하는 것은		
	21	다른 친구들이 모르는 나만의 두려움은		
	40	내가 잊고 싶은 두려움은		
	43	때때로 두려운 생각이 나를 휩쌀 때		
해석요약				
⑩ 죄책감에 대한 태도	14	무슨 일을 해서라도 잊고 싶은 것은		
	17	어렸을 때 잘못했다고 느끼는 것은		
	27	내가 저지른 가장 큰 잘못은		
	46	무엇보다도 좋지 않게 여기는 것은		
해석요약				
⑪ 자신의 능력에 대한 태도	1	나에게 이상한 일이 생겼을 때		
	15	내가 믿고 있는 내 능력은		
	34	나의 가장 큰 결점은		
	38	행운이 나를 외면했을 때		
해석요약				
⑫ 과거에 대한 태도	7	내가 어렸을 때는		
	33	내가 다시 젊어진다면		
	45	생생한 어린 시절의 기억은		
해석요약				
⑬ 미래에 대한 태도	4	나의 장래는		
	11	내가 늘 원하기는		
	16	내가 정말 행복할 수 있으려면		
	18	내가 보는 나의 앞날은		
	28	언젠가 나는		
해석요약				
⑭ 목표에 대한 태도	30	나의 야망은		
	41	내가 평생 가장 하고 싶은 일은		
	42	내가 늙으면		
해석요약				
일반적 요약				

[그림 7-4] SSCT 해석 분류표

4) SCT 실시

(1) 검사도구

검사 용지, 연필 또는 볼펜, 수정할 때는 지우개는 사용하지 않도록 하고 줄을 긋고 밑에 표기하도록 한다.

(2) 지시 및 실시방법

SCT는 개인과 집단 모두에게 실시할 수 있으며, 시간은 약 20~40분 정도 소요된다. 검사지를 수검자에게 주고 지시문을 함께 읽으면서 검사 시행 방법을 알려 준다. 지시문은 다음과 같다.

"다음에 기술된 문항들은 뒷부분이 빠져 있습니다. 각 문장을 읽으면서 맨 먼저 떠오르는 생각을 뒷부분에 기록하여 문장이 되도록 완성하여 주십시오. 시간제한은 없으나 가능한 빨리하여 주십시오. 만약 문장을 완성할 수 없으면 표시를 해 두었다가 나중에 완성하도록 하여 주십시오(가능하면 한 문항도 빠뜨리지 말고 완성해 주십시오.)."

Tip! 검사 실시 중 주의할 점

• 답에는 정답과 오답이 없으므로 주어진 어구를 보고 맨 먼저 생각나는 것을 쓰도록 함
• 글씨, 글짓기 시험이 아니기 때문에 글씨나 문장의 좋고 나쁨을 걱정하지 않게 함
• 시간제한은 없으나 너무 오랫동안 생각하지 않고 되도록 빨리 쓰게 함
• 검사 소요 시간을 기록해 두도록 함
• 수검자가 직접 문장을 읽고 반응을 쓰는 것이 표준적인 실시방법이지만, 예외로 어린 아동이나 노인, 불안 수준이 높아서 검사 수행이 어려운 경우, 검사자가 문장을 읽어 주고 수검자가 대답한 것을 검사자가 받아 적을 수 있음. 이때 질문 단계를 함께 실시하여 "이것에 대해 좀 더 이야기해 주십시오."라고 설명을 부탁하여 면담 자료로 활용해도 좋음

5) SCT 해석방법

(1) 형식적 특성

먼저, SCT의 특성을 살펴보면서 해석적 활용을 돕고자 한다. SCT는 형식적 특성과 내용적 특성으로 구분해 볼 수 있다. 형식적 특성은 표현 행동, 즉 반응 방식이나 태도를 의미한다. 초시계를 재지는 않지만 반응시간을 비롯하여 단어 수, 표현의 정확성, 질, 수식어구, 단순성, 강박성, 장황성 등과 같은 특성들을 살펴볼 필요가 있다. 처음 문항부터 끝 문항까지 수검자가 반응한 맥락과 내용을 전체적으로 읽어 내려가다 보면 형식적인 면에서 두드러진

특징이 나타나기도 한다. 반복되는 주제나 어휘, 단답형, 긴 설명 등 이러한 형식적인 면에서의 특성을 통해 수검자의 성향을 파악한 후, 내용적 분석을 하는 것이 좋다. 예를 들어, '사랑'이라는 단어가 반복되어 나타나는 경우, 이 수검자에게 현재 '사랑'과 관련된 이슈나 욕구가 높아졌다는 것으로 가설을 세울 수 있다. 물론 '사랑'을 많이 언급했다고 해서 애정이나 관심의 욕구가 높다고 무조건 단정 지을 수는 없지만 적어도 반복되어 그 주제를 많이 언급하는 경우, 그 주제에 대한 욕구가 매우 높아져 있다는 것을 고려해 볼 수 있다.

(2) 내용적 특성

내용적 특성은 표현된 것이 무엇인지를 의미하며, 정서, 강도, 소극성, 상징성 등의 특성들이 중요한 의미를 지닌다. 주로 내용적 해석을 많이 하는데 다음과 같은 예를 통해 이해해 보자.

- 나는 고통스럽다.
- 나는 죽고 싶다.
- 나는 살기 싫다.
- 나는 왜 살아야 할까?

이 반응을 살펴보면, 어떤 뉘앙스를 나타내고 있는가? 모두 죽고 싶다는 뉘앙스를 표현하고 있긴 하지만 각 문장의 정서적 강도와 깊이가 다름을 알 수 있다. '나는 죽고 싶다.'와 '나는 살고 싶지 않다.'는 내용 면에서는 비슷하지만 전자는 죽음에 대한 소망에 가까워져 있다고 볼 수 있는 반면에 후자는 삶이 힘들고 피곤하고 지겹다는 색채가 짙고, 전자에 비해 죽음으로까지 발전하지 않을 가능성이 높다. '나는 왜 살아야 할까?' 이 문장에 담긴 의미는 무엇인지 생각해 보자. 삶의 의미와 가치, 존재의 의미 등을 잘 느끼지 못할 때 드러날 수 있는 심정이 아닐까? 따라서 문장에 반응한 내용뿐만 아니라 내용의 뉘앙스, 정확도와 깊이가 중요함을 놓치지 않고 해석에 반영하는 것이 필요하다.

(3) 네 가지 대표 영역에 관련된 심리적 특성 파악

가족 영역, 성적 영역, 자기개념 영역, 대인관계 영역의 인간에게 중요한 네 가지 대표 영역을 중심으로 구분하고 이것을 다시 하위 영역으로 나누어서 내용적 분석을 하는 것이 중요하다. 한편, 네 가지 대표 영역과 관련된 제시된 문항들을 각 영역별로 구분하여 해석하기

보다는 수검자가 반응한 내용을 기준으로 구분하는 것이 해석의 용이성이 높다. 예를 들어, '내가 어렸을 때는'의 문항은 자기개념의 과거에 해당되는 문항으로 구분될 수 있지만, 수검자가 실제로 '내가 어렸을 때는 부모님이 많이 싸우고 다퉜다.'라고 반응한다면 이는 자기개념 영역으로 구분하기보다는 가족관계 영역으로 구분하는 것이 훨씬 해석하는 데 도움이 될 수 있다.

(4) 스트레스 요인 파악

앞에서 네 가지 대표영역에 대해 살펴보았다면 수검자가 무엇이 힘든지 어느 정도 파악한 상태라고 볼 수 있다. 다음 단계로는 스트레스 요인을 파악하는 데 일반적으로 내적 요인과 외적 요인으로 구분할 수 있다. 내적 요인은 내부적 · 심리적 스트레스에 해당되며 외적 요인은 환경적 · 상황적 스트레스로 인해 발생되는 요인이다. 또한 스트레스 요인은 근접요인과 원격요인으로 구분할 수 있는데 근접요인은 최근 스트레스 요인이며, 주 호소문제와 관련되어 있다. 원격요인은 오래되었으며, 원래 가지고 있던 스트레스 요인에 해당된다. 이 네 가지 영역을 중심으로 수검자가 힘들어하는 영역이 무엇인지 파악해 볼 수 있다.

(5) 정서 대처방법 파악

SCT 문항 중 정서와 관련된 문항이 있는데, 예를 들면 '내가 정말 행복할 수 있으려면' '다른 친구들이 모르는 나만의 두려움은' 등의 문항을 따로 구분해서 파악해 볼 필요가 있다. 어떤 수검자들은 정서와 관련된 문항에 반응하지 않는 경우가 있으며, 이러한 수검자는 정서를 회피하는 것으로 생각해 볼 수 있다. 일반적으로 정서와 관련한 대처방식을 충동적으로 대처하는지, 억제적인지, 조절하는지의 세 가지 측면으로 파악해 볼 수 있는데 수검자의 반응 내용을 읽어 보면서 스트레스에 어떻게 대처하는지 파악해 보는 것도 도움이 된다.

6) 사례보고서 및 해석상담의 예

(1) 사례보고서

이름	송○○
인적사항	36세, 여성, 대학원 3학기, 무교 가족관계: 부, 모, 남동생
내방경위	대인관계에서 깊은 관계를 맺으면 철벽을 치고 단절함.

배경정보	수검자는 어린 시절 부모의 잦은 갈등과 불화로 인해 아동기 유뇨증, 자살사고를 경험하였고, 우울감 등이 높았다고 보고했으며, 학교생활 중 또래관계에서 따돌림과 배신 등을 자주 경험했다고 함. 성인기 동안 사귄 이성 친구와의 관계에서는 버림받을 것에 대한 두려움이 높아서 자신을 헌신하며 관계를 맺었는데 얼마 사귀지 않고 이성으로부터 일방적으로 이별을 통보받았다고 함. 현재 자신의 심리에 대해 깊이 알길 원하고 대인관계를 깊이 맺고 싶은 욕구가 높아서 스스로 의뢰하였음.
검사태도	▶검사 소요 시간: 20분 ▶행동관찰 대부분 무응답 없이 꼼꼼하고 성실하게 반응하였으며, 조심스럽고 신중하게 검사에 임하는 모습이 관찰되었음.

▶전반적인 특징

반응	어머니와 나는 가깝고도 먼 존재다. 나의 어머니는 정말 좋지만 가끔은 버겁다. 남녀가 같이 있는 것을 볼 때 부럽다. 어리석게도 내가 두려워하는 것은 애정이다.
해석	전반적으로 반응 양상을 볼 때, '소망과 두려움' '좋지만 버거움' '가깝지만 먼 존재' 등의 양상으로 보고한 바, 내면에 욕구와 대립되어 충돌되는 갈등이 있는 것으로 보인다. 이러한 내적 갈등 안에서의 양가적이고 복잡한 감정들을 수검자가 어떻게 인지하고 수용하고 있는지 파악할 필요가 있다.

▶가족관계 영역

반응	나의 어머니는 정말 좋지만 가끔은 버겁다. 어머니와 나는 가깝고도 먼 존재다. 대개 어머니들이란 고민이 많은 존재다. 나는 어머니를 좋아했지만 이해하기는 어렵다. 내 생각에 가끔 아버지는 무슨 낙으로 사실지 걱정이 된다. 대개 아버지들이란 어려운 존재다. 내가 바라기에 아버지는 건강을 잘 챙기셨으면 좋겠다. 아버지와 나는 비슷한 존재다. 그래서 안쓰럽다. 다른 가정과 비교해서 우리 집안은 가족들이 서로에 대해 잘 모르는 것 같다.
해석	가족들이 서로 잘 모른다고 보고하고, 수검자도 부모 모두 이해하기 어려운 존재로 지각하면서 가족 내 심리적 거리를 유지하면서 정서적 친밀감과 상호작용이 부족한 것으로 보인다. 그러나 한편으로 부에 대해서는 연민의 마음을 지니고 있고, 모에 대해서는 정말 좋지만 가끔 버겁고 가깝고도 먼 존재라고 반응한 바, 모와는 상호 대립되거나 모순되는 양가감정을 경험하는 것으로 여겨진다.

검사 결과

검사 결과

▶이성관계 영역

반응	내가 바라는 여인상은 외유내강!
	내 생각에 여자들이란 실기 힘들다.
	남자에 대해서 무엇보다 좋지 않게 생각하는 것은 여자를 소유물로 생각하는 일부 사람들이 있다는 것이다.
	내 생각에 남자들이란 어려운 존재다.
	완전한 남성상(男性像)은 편하고 듬직한 사람
	결혼생활에 대한 나의 생각은 항상 꿈꾸지만 손에 쥐기 어려운 것이다.
	남녀가 같이 있는 것을 볼 때 부럽다.
	나의 성생활은 공허함이다.
	내가 성교를 했다면 상황에 따라 충만함이나 공허감을 느낄 것 같다.
	어리석게도 내가 두려워하는 것은 애정이다.
해석	결혼에 대해 소망하지만 남자들이 여자들을 욕구의 대상이나 소유물로 여긴다고 생각하며 불편감이 있는 것으로 보인다. 내면에는 친밀감과 애정을 주고받고 싶은 욕구가 높으나, 애정에 대해 두려움을 갖는 것을 볼 때, 과거 이성관계나 성 경험에서 이러한 욕구가 충족되지 못했을 가능성이 높다. 따라서 애정에 대한 두려움의 원인을 탐색하고 정서적 결핍을 충족시키기 위해 수검자는 이성관계에서 어떠한 태도를 보이는지 면밀한 탐색이 필요할 것으로 보인다.

▶자기개념 영역

반응	나의 장래는 요즘에는 걱정이 많다.
	내가 늘 원하기는 평온한 삶이다.
	내가 정말 행복할 수 있으려면 나를 잘 알아야 한다.
	내가 다시 젊어진다면 '심리학'을 배울 것이다.
	내가 보는 나의 앞날은 암울하지는 않을 것 같다.
	언젠가 나는 마음의 평안을 찾을 것이다.
	내가 믿고 있는 내 능력은 요즘은 잘 모르겠다.
	다른 친구들이 모르는 나만의 두려움은 내 마음속 불안, 초조이다.
	내가 잊고 싶은 두려움은 잊고 싶기 보다는 맞닥뜨려 원인을 알고 싶다.
	때때로 두려운 생각이 나를 흡쌀 때 잠식당하거나 외면한다.
	어렸을 때 잘못했다고 느끼는 것은 내 삶에 주체가 되지 못한 것이다.
	내가 저지른 가장 큰 잘못은 내 삶에 주체가 되지 못한 것이다.
	무엇보다도 좋지 않게 여기는 것은 나의 감정으로 인해 타인에게 불편감을 주는 것이다.
해석	수검자가 정서적으로 걱정, 불안과 초조함을 자주 경험하는 것으로 보아 그 원인과 내용에 대한 정보가 탐색되어야 하며, 평온한 삶을 소망하지만 이러한 정서적 불안정감을 적절하게 표현하거나 대처하지 못하고 타인에게 불편감을 준다고 지각하는 것으로 보인다. 생각해 볼 수 있는 가설은 대인관계에서 부정적 감정을 적절히 표현하기 어려워할 가능성이 있으며, 그로 인해 친밀한 관계는 유지하지만 피상적일 수 있겠다. 이에 대한 확인은 추후 상담에서 대인관계나 정서조절과 관련하여 질문을 통해 탐색하는 것이 필요하며, '자신의 삶에 주체가 되는 모습'이 반복된 주제로 나타나 수검자에게 중요한 의미라고 생각되므로 그 의미가 무엇인지 확인함으로써 상담에서의 목표를 설정하는 데 도구로 활용할 수 있을 것이라고 생각된다. 다행인 것은 수검자가 '행복하려면 나를 잘 알아야 한다.'라고 하고, '심리학을 배우고 싶다.'라고 하듯이 수검자의 자기이해에 대한 동기가 높아서 상담 목표를 달성하는 데 좋은 내적 자원이 될 것으로 사료된다.

검사 결과	▶대인관계 영역

▶대인관계 영역

반응	내 생각에 참다운 친구는 서로 다르지만 이해할 수 있는 존재다. 내가 싫어하는 사람은 타인의 생각, 감정을 존중하지 않는 사람이다. 내가 제일 좋아하는 사람은 그래도 역시 '나'인 것 같다. 내가 없을 때 친구들은 가끔 옛 생각을 할 것 같다. 우리 윗사람들은 나에게 어려운 존재. 윗사람이 오는 것을 보면 나는 조금 긴장한다.
해석	대인관계에서는 생각이나 감정에 대해 존중과 이해 받는 것을 중요하게 생각하는 것으로 보이는데 윗사람, 남성, 아버지에 대해 어려운 존재라고 보고한 바, 남성 권위자에 대해 존중과 이해 받는 경험을 얼마나 받아 보았는지, 어려운 이유가 무엇인지 탐색할 필요가 있다.

▶전체 요약

　수검자는 부모와 안정된 애착 관계를 이루지 못하고 불안정–양가적 애착 상태를 경험하며 존재 자체로 사랑받는 정서적 안전감을 느끼지 못하는 것으로 보인다. 내면에 애정과 친밀감에 대한 욕구는 높으나 안정된 애착을 형성하지 못하면서 대인관계에서 부정적 감정을 적절하게 표현하지 못하고 걱정, 불안, 초조가 높고, 자신의 감정이 타인에게 불편감을 준다고 지각하며 스스로에 대한 부적절감이 높은 것으로 보인다. 이로 인해 이성관계를 비롯한 전반적인 대인관계에서 자신감을 갖기 어려울 수 있으며, 대인관계 불편감, 소외감으로 내적 갈등이 심화되면 관계 양상이 회피적·수동적으로 반응하며 피상적일 가능성이 높을 것으로 예상된다.

해석상담 요약

- 검사 결과를 고려해 볼 때, 수검자는 성격 및 정서적으로 애정과 친밀감에 대한 욕구가 높고, 스스로에 대한 부적절감이 깊게 내재되어 있으며, 걱정, 불안, 초조감을 자주 경험하는 것이 특징임. 대인관계에서는 수동적·회피적인 양상으로 깊이 있는 관계를 맺지 못하고 소외감, 불편감 등을 느끼는 것으로 보임.
- 해석상담 결과, 수검자는 남자친구와 관계가 깊어지면 스스로 철벽을 치며 정서적으로 단절하는 경향이 있음을 주 호소문제로 나타내고 있음. 어린 시절부터 깊게 내재된 버림받을 것에 대한 두려움으로 인해 자신의 욕구나 감정을 강하게 억압하고 모(母)의 욕구에 맞추는 생존방식으로 살아온 것으로 보임. '상담자도 엄마처럼 혼낼 것 같다.'라고 지각하면서 두려워했으나, 상담자가 신뢰감과 안전감을 보여 주며 모와 다른 새로운 관계 양상을 경험하도록 함.

개입방향

- 자신의 욕구와 감정 수용
  - 어린 시절 모의 욕구대로 살아야 했던 이유를 이해하고, 그때 그 아이가 필요했을 공감과 지지를 통해 자신을 있는 그대로 수용하도록 함.
  - 모의 욕구가 아닌 자신의 욕구가 무엇인지 인식하도록 하여 욕구를 충족시킬 수 있도록 격려
- 스스로에 대한 부적절감, 자기비하적 발언에 맞서기
  - 부적절감과 자기비하의 근원을 탐색하고, 목록을 작성하여 어떤 상황에서 어떤 방식으로 표현되며, 어떻게 멈출 수 있는지 인식하도록 도움.
  - 자신의 긍정성과 성취물을 통해 자기비하적 발언을 무력화하고 스스로 자기격려를 하도록 도움.

	• 균형 있는 친밀한 관계에 대한 행동 실험 　－남자친구와 관계에서 버림받는다고 여길수록 자기 충족적 예언으로 버림받게 되어 버리는 것을 깨달을 수 있도록 도움. 　－일방적으로 헌신하지 않고, 상호교류하며 관계 맺는 연습을 통해 새로운 경험을 격려함.
제언	• 모와의 관계에서 자신의 욕구를 억압하고, 좋은 모습만 보이며 맞춰 주는 방식이 상담자와의 관계에서 동일하게 나타날 가능성이 높으므로 상담 장면에서는 내담자의 감정에 대한 타당화와 공감 및 지지가 우선되어야 할 것으로 보임. • 아동기에 우울감과 자살사고를 경험한 것을 볼 때, 현재 수검자의 성격, 정서, 대인관계의 심각성 수준을 문장완성검사 이외에 객관적·투사적 심리검사를 통해 심도 있게 평가하는 것도 필요할 것으로 판단됨.

(2) 해석상담

상담자 1　안녕하세요, ○○ 님. 오늘은 검사 해석을 하는 시간인데요. 지난 주 문장완성검사를 하셨는데 검사를 하시면서 어려운 점이나 궁금한 점이 있으셨나요?　　*검사에 대한 궁금점, 생각, 감정 확인*

내담자 1　검사하면서 어려운 것은 없었고요. 그냥 제 생각을 쓰라고 해서 솔직하게 쓰려고 했던 것 같아요. 근데 이 검사는 어떤 것들을 알 수 있나요?

상담자 2　네. 솔직하게 응답하신 점 잘하셨습니다. 문장완성검사는 가족관계, 대인관계, 이성관계, 자기개념 등에 대한 ○○ 님의 태도나 생각을 살펴보기 위한 검사입니다. 결과를 보고 ○○ 님에 대한 이해를 돕고자 몇 가지 여쭤 보겠습니다. 여기 5번 문항에서 두려워하는 것이 애정이라고 했는데 좀 더 설명해 주시겠어요?　　*문장완성검사에 대한 설명, 5번 문항에 대한 탐색*

내담자 2　아…… 제가 남자친구를 사귀면 오래가지 못하고 몇 달 안 돼서 헤어지게 되더라고요. 결혼을 하고 싶은데 만남이 길지가 않으니까 그게 좀…… 좋아서 만나다가도 점차 깊은 관계를 갖게 되면 두렵고 제가 철벽을 친다고 해야될까요.

상담자 3　네. 이성관계에서 친밀감이 깊어지면 두려움이 커져서 철벽을 친다고요. 두렵다고 말씀하신 것이 어떤 의미인지 좀 더 구체적으로 말씀해 주시겠어요?　　*요약, 두려움에 대한 명료화*

내담자 3　음…… 제가 그 사람이 좋다가도 그분이 저를 좋아한다고 표현하면 벽이 생긴 것처럼 마음이 잘 안 가요.

상담자 4	본인을 좋아한다고 하면 마음이 안 간다고요.	재진술
내담자 4	네. 아마도 이런 건 이성만큼 심하지 않지만 동성도 비슷한 것 같아요. 저는 초등학교 때 전학을 많이 다니고 적응을 잘 못해서 있는 듯 없는 듯 조용한 애였는데 학교에서 왕따를 당했어요. 중학교 때도 친하게 지낸 친구랑 말다툼을 하다가 갑자기 절교했던 기억이 있고 그래서 그런지 사람들을 대할 때 친해지고 나면 버려질 것 같은 느낌이 드는 것 같네요.	
상담자 5	중학교 때 절교했던 경험에 대해 좀 더 이야기해 주실 수 있을까요?	과거 대인관계 외상 경험 구체적으로 탐색
내담자 5	정확히 기억은 잘 안 나는데 같이 다니던 무리 중 친했던 친구가 저에 대해 이간질을 했고, 안 좋은 소문이 나면서 친구들이 하나씩 떠나갔어요. 그때 누군가에게 마음을 깊게 주면 버려진다는 생각이 들지 않았을까 싶네요. (눈물)	
상담자 6	친했던 친구가 이간질한 것에 대해 배신감과 충격이 컸겠어요. 그때 어떻게 하셨어요?	감정 반영. 문제 해결 능력 및 대처방식 파악
내담자 6	다른 친구들이 있는 무리로 가서 밥만 같이 먹고 조용하게 다녔던 것 같아요. 그래도 다른 친구들이 받아 줘서 학교는 다니긴 했는데 항상 우울하고 힘이 없어 보였죠.	

―중략―

상담자 10	17번과 27번에서 자신이 잘못했다고 느끼는 것에 대해 반복해서 "내 삶에 주체가 되지 못한 것이다."라고 하셨는데요. ○○님에게 굉장히 의미 있는 문장이라는 생각이 드네요. 이것에 대해 좀 더 이야기해 주실 수 있나요?	반복되는 SCT 반응에 대한 탐색
내담자 10	제가 지금까지 살아온 것을 생각하면 진짜 내가 원하는 것이 무엇인지보다는 엄마가 하는 말에만 끌려다니면서 살았던 것 같아요.	
상담자 11	그렇게 생각하신 이유가 있을까요?	구체적인 질문을 통한 탐색
내담자 11	엄마는 연애를 서른 살 이후에 해야 한다고 하시면서 제가 20대에 누군가를 만나는 것을 탐탁지 않게 생각하셨어요. 그때 사람을 많이 만나 봤어야 했는데 지금 결국 결혼해서 행복한 가정을 만들고 싶은데 사람을 만나기도 쉽지 않네요. 그리고 지금 누군가 만나면 엄마는 돈 모아서 대학원 공부해야지 누굴 만나냐면	

서 화를 내요.

상담자 12 그런 엄마에 대해서 어떤 생각이 드시나요?   구체적 생각 탐색

내담자 12 자식이 행복하길 바라는 게 맞나? 30대가 됐는데도 돈 모아서 공부하라는 것이 결혼을 하라는 건가 말라는 건가?

상담자 13 말씀하시면서 얼굴이 빨개지고 좀 격양되어 보이시는데 지금 어떤 감정이 드시나요?   신체와 연결하여 감정 탐색

내담자 13 좀 화가 난달까요. 근데 저는 엄마한테 이런 감정은 절대 표현 못해요. 누군가한테 부정적인 감정 '싫다.' '짜증난다.'라는 말을 잘 못하는데 이것도 엄마랑 연결되어 있는 것 같아요.

상담자 14 자신에 대해서 고민과 생각이 많았던 것으로 보이네요. 엄마와 관련된 문항인 26번에서도 어머니와 나를 가깝고도 먼 존재라고 표현을 하셨는데요. 가까운 것과 먼 존재라고 한 것에 대해 좀 더 이야기해주시겠어요?   26번 문항에 대한 탐색

내담자 14 엄마에 대해서는 복잡한 마음이에요. 잘해 주실 때는 정말 좋지만 가끔 아까같이 결혼이라든지 제가 하고 싶은 것을 할 때 이상하게 못하게 하려는 게 있어요. 그럴 때는 좀 버겁죠. 저는 엄마에 대해 이야기할 때마다 눈물이 나는데 죄송해요.

상담자 15 충분히 그러실 수 있어요. 눈물을 허용해 주세요. 눈물이 나는 것은 그럴만한 이유가 있어서일 거예요. 엄마 이야기를 할 때 눈물이 나는 이유가 뭘까요?   공감, 눈물에 대한 탐색

내담자 15 모르겠어요. 갑자기 생각나는 것은 어렸을 때 제가 울면 엄마가 정말 싫어하셨어요. 그래서 그런지 눈물을 흘리면 저를 싫어하고 미워할 것 같네요. 제가 어릴 때 고등어 조림을 싫어했는데 엄마가 그 반찬을 해 주셔서 먹기 싫다고 했었어요. 그러자마자 엄마가 화를 내면서 안 먹으면 밖에 나가라고 저를 내쫓았어요. 추운 날이었는데 대문 앞에서 옷도 못 입고 울고 있으니까 동네 아저씨가 엄마를 달래서 저를 집에 들여보냈던 기억이 나요.

상담자 16 그런 일들이 있었네요. 아이로서는 정말 무서운 경험이었겠어요.   공감

내담자 16 네. 그리고 계속 눈물이 나서 울었는데 엄마가 운다고 또 뭐라고 혼내고. 그래서 복받쳐서 눈물이 났는데 또 혼나니까 말도 못하고 울지도 못하고. 근데 지금 자꾸 눈물이 나오니까. 멈추지 않네요. (상담자 눈치를 봄)

담자 17 눈물은 내 마음을 알려 주는 소중한 단서일 수 있어요. 혹시 ○○ 전이 감정 탐색

님이 눈물을 흘려서 제가 어떨 것 같았나요?

내담자 17 엄마가 어렸을 때 저를 혼냈던 것처럼 선생님도 혼낼 것 같았어
요. 근데 눈물이 나는 이유가 있고 소중하다고 하시니까 안심이
된 것 같아요.

상담자 18 다행이네요. 추후 상담에서 오늘 이야기한 대인관계와 엄마와 공감, 추후 상담 연계
관련된 이야기들을 하실 수 있는 만큼 하면서 이해하는 시간을
경험하면 좋을 것 같네요.

네담자 18 네. 좋아요. 감사합니다.

학습과제

1. 투사적 검사가 객관적 검사에 비해 검사 자극이 모호하고 애매한 이유에 대해서 설명하시오.

2. HTP 검사의 그리기 단계에서 주의할 점에 대해 기술하시오.

3. HTP 검사 해석 시, 단순화된 해석을 피하기 위해서 무엇을 더 고려해야 하는지 설명하시오.

4. HTP 검사에서 엄격한 해석은 자칫 왜곡된 해석이 될 수 있으므로 조심스럽게 해석할 필요가 있다.
그렇다면 수검자의 성격이나 정서를 이해하는 단서로서 그림에서 의미 있다고 해석하는 기준은
무엇인가 설명하시오.

5. HTP 검사의 해석은 일반적으로 몇 가지로 구분하며, 그 특징을 설명하시오.

6. HTP 검사에서 세운 가설을 검증하거나 확인되지 못한 부분을 파악하기 위해 추가적인 심리검사
를 수행한다면 여러분은 어떤 심리검사를 시행할 것이며, 그 이유는 무엇인지 예를 들어 설명하
시오.

7. KFD 검사를 해석할 때 어떤 특징들을 중심적으로 해석하는지 정리해 보시오.

8. KFD 검사를 지시할 때 지시문에서 중요한 부분은 무엇인가?

9. KFD 검사 해석 시, 일대일 해석을 조심하면서 신중하게 해석하는 것이 매우 중요하다. 일대일 해
석을 조심하면서 어떤 방식으로 수검자의 정보를 파악하고 해석할 수 있는지 설명하시오(예: 축구
하는 가족들을 그리고 축구공을 크게 강조했을 경우).

10. SCT를 통해 수검자의 어떤 정보를 파악할 수 있는지 설명하시오.

11. SCT를 상담 장면에서 활용할 때 장점에 대해 설명하시오.

12. SCT 실시 중, 주의할 점이 무엇인지 설명하시오.

13. SCT 해석 시, 형식적 분석과 내용적 분석을 구분하고 각 특성을 설명하시오.

14. SCT의 네 가지 대표 영역에 관련된 심리적 특성을 파악할 때 해석의 용이성을 위한 영역 구분 방법은 무엇인지 설명하시오.

참고문헌

고요한(2021). 심리학 용어사전. 일문사.

김동연, 공마리아, 최외선(2015). HTP와 KHTP 심리진단법. 동아문화사.

김재환, 오상우, 홍창희, 김지혜, 황순택, 문혜신, 정승아, 이장한, 정은경(2014). 임상심리검사의 이해 (2판). 학지사.

신민섭(2007). 그림을 통한 아동의 진단과 이해. 학지사.

이우경(2018). SCT 문장완성검사의 이해와 활용. 학지사.

이우경, 이원혜(2019). 심리평가의 최신 흐름(2판). 학지사.

Buck, J. N. (1948). The H-T-P technique: A qualitative and quantitative scoring manual. *Journal of Clinical Psychology, 4*, 397-405.

Buck, J. N. (1970). *The House Tree Person Technique, Revised manual.* Western Psychological services.

Burns, R. C., & Kaufman, S. H. (1970). *Kinetic Family Drawing (K-F-D): An introduction to understanding children through kinetic drawiing.* Brunner/Mazel.

Burns, R. C., & Kaufman, S. H. (1972). *Actions, styles, and symbols in Kenetic Family Drawings (K-F-D): An interpretative manual.* Brunner/Mazel.

Carter, H. L. J. (1947). A combined projective and psychogalvanic response technique for investigating certain affective processes. *Journal of Consulting Psychology, 11*(5), 270-275.

Ebbiinghaus, H. (1896). Über eine Neue Methode zur Prüfung Geistiger Fähigkeiten und Ihre Anwendung bei Schulkindern. *Zeitschrift fuer Psychologie und Psychologie der Sinnersorgane, 13*, 401-457.

Goodenough, F. L. (1926). *Measurement of intelligence by drawings.* World Book.

Hammer, E. F. (1958). *The clinical application of projective drawings.* Charles C Thomas.

Hulse, W. C. (1951). The emotionally disturbed child draw his family. *The Quarterly Child Behavior, 3*, 152-174.

Machover, K. (1949). *Personality Projection in the Drawing of the Human Figure: A Method of Personality Investigation.* Charles C Thomas.

Murray, H. A (1981). Psychology and the university. In E. Shneidman (Ed.), *Endeavors in psychology: Selections from the personology of Henry A. Murray.* Harper & Row.

Payne, A. F. (1928). *Sentence Completion.* New York Guidance Clinic.

Rohde, A. (1946). Explorations in Personality by the Sentence Completion Method. *Journal of Applied Psychology, 30*(2), 169–181.

Rotter, J. B., & Willerman, B. (1947). The Incomplete Sentences Test as a method of studying personality. *Journal of Consulting Psychology, 11*(1), 43–48.

Stein, M. I. (1947). The use of a sentence completion test for the diagnosis of personality. *Journal of Clinical Psychology, 3*(1), 47–56.

Symonds, P. M. (1947). The sentence completion test as a projective technique. The *Journal of Abnormal and Social Psychology, 42*(3), 320–329.

Tendler, A. D. (1930). A preliminary report on a test for emotional insight. *Journal of Applied Psychology, 14*(2), 122–136.

투사검사(II):
로르샤흐 검사, TAT

- 로르샤흐 검사의 개발 과정과 역사에 대해 설명할 수 있다.
- 로르샤흐 검사를 실시하는 방법을 구체적으로 이해할 수 있다.
- 로르샤흐 검사의 채점과 해석방법에 대해 익히고 사례에 적용할 수 있다.
- 사례보고서에서 제시된 개입방향과 제언을 참고하여 해석상담에서 활용할 수 있다.
- TAT 검사의 이론적 근거에 대해 설명할 수 있다.
- TAT 검사에서 도판의 특성과 전형적 주제에 대해 설명할 수 있다.
- TAT 검사 결과를 통해 내담자의 대인관계 양상을 이해하고, 해석상담에서 적용할 수 있다.

이 장에서는 다양한 투사검사 중 로르샤흐 검사와 TAT를 살펴보고자 한다. 먼저 로르샤흐 검사는 타당도나 신뢰도 측면에서 논란이 많기도 하고, 상담 현장에서보다는 임상심리전문가가 종합심리평가를 실시할 때 사용하는 경우가 더 많다. 그러나 수검자의 지각뿐만 아니라 성격특징, 정서, 대인관계, 대처 등에 대해 풍부한 정보를 제공하고, 무의식적인 중요한 심리적 특징을 파악할 수 있기 때문에 검사를 잘 활용한다면 수검자를 깊이 있게 이해하는 데 도움이 될 것이다.

TAT는 로르샤흐 검사와 같이 무의식을 들여다본다는 공통점을 지니지만 가장 두드러지는 차이점은 대인관계 역동을 더 잘 설명해 준다는 것이다. 일반적으로 심리검사는 수검자의 언어 능력을 요구하긴 하나, TAT는 그림 카드를 보고 이야기를 만들어 내면서 자신의 무의식적 역동을 투사하기 때문에 언어적 능력이 좋은 수검자에게 실시하면 더욱 풍부한 역동을 파악할 수 있다. 반대로 언어적 능력이 부족하거나 지적 제한이 있는 수검자의 경우 원하는 만큼의 반응 내용을 얻기 쉽지 않으므로 실시 여부를 고민할 필요가 있다.

로르샤흐 검사와 TAT는 다른 투사검사인 HTP, KFD, SCT 보다 채점과 해석을 숙지하는 데 오랜 시간이 걸려서 상담 현장에서 자주 활용되지는 않는 편이다. 그러나 검사가 지닌 다양한 장점을 고려해 볼 때, 실시와 해석 경험을 쌓아간다면 다른 투사검사에서 볼 수 없는 다양한 무의식적 측면을 깊이 있게 이해하는 데 많은 도움이 될 것이다. 이 장에서는 각 검사의 개발 과정과 역사를 살펴보고, 실시, 채점 그리고 해석과 사례를 통해 상담 장면에서 활용하는 방법을 살펴보고자 한다.

1. 로르샤흐 검사

1) 개요

로르샤흐 검사(Rorschach Ink-blot Test)는 잉크 반점을 데칼코마니 형식으로 나타낸 그림으로 자극의 모호한 속성을 통해서 수검자가 경험을 조직화하는 방식뿐만 아니라 그 경험에 부여하는 개인적 의미가 무엇인지 풍부한 정보를 제공한다. 또한 수검자 개인의 심층적인 무의식적 성격 구조와 대인관계를 평가한다는 장점이 있으며, 부정 왜곡이나 긍정 왜곡을 비교적 보완할 수 있다. 일반적으로 수검자들이 같은 증상을 나타낸다고 할지라도 겉으로 드러난 행동이나 증상의 확인을 넘어서 그 내면에 서로 다른 원인이 있음을 탐색할 수 있다. 따라서 수검자에게 적합한 치료 전략과 목표를 결정해야 할 경우, 유용하게 사용될 수 있으며, 그 밖에도 수검자에 대한 가설이나 다른 의사결정이 필요하다고 생각될 때도 다양한 심리적 정보를 제공한다.

한편, 모든 검사가 그렇듯 로르샤흐 검사도 검사의 목적이나 적용될 수 있는 적절한 용도를 알고 사용해야 하며, 검사가 제공하는 잠재된 정보를 활용하는 데 책임을 질 수 있어야 한다. 만약 임상 장면에서 진단적 판단을 위해 실시한다면 진단을 도울 수 있는 객관적 심리검사와 교차검증하여 사용하는 것이 더 효율적일 수 있다. 상담 장면에서는 개인의 증상과 행동을 구성하는 심리적 과정을 비롯하여 성격 구조와 관련된 정보를 얻을 수 있다는 장점을 지녔다.

2) 로르샤흐 검사의 개발 과정과 역사

로르샤흐 검사는 스위스 정신건강의학과 의사인 Hermann Rorschach가 1921년 잉크 반점 검사의 기본 형태를 저술한 심리진단(Psychodiagnostik)을 발표하면서 주목받기 시작하였다. 안타깝게도 검사가 주목받기 시작할 무렵, 갑작스럽게 Hermann Rorschach가 사망하였고, 이후 대표적인 몇몇 학자들이 로르샤흐 검사에 대해 다양한 입장을 갖고 검사를 발전시켜 나갔다.

Beck은 Woodworth의 지도하에 아동을 대상으로 표준화 연구를 수행하였고, 채점과 해석의 표준화, 규준의 설정, 양적 분석의 중요성을 강조하였다. Klopfer는 다양한 반응을 변별할 수 있는 기호나 점수가 부족한 것에 대해 한계를 느끼고 새로운 점수와 공식과 같은 정보를 보급하였다. Hertz는 경험적 연구를 통해 Rorschach가 사용하였던 개념적인 틀에 대한 이해의 폭을 넓히는 데 기여하고 질적 분석을 위한 반응빈도표를 정교화하는 작업을 하였다. Piotrowski는 신경학적인 문제가 로르샤흐 검사와 같이 애매한 자극에 어떻게 반영되는지 관심을 가졌다. Rapaport는 로르샤흐 검사를 포함한 여러 검사를 사용하여 심리진단을 하였고, 심리검사의 효과에 대해 연구하였다. Shafer는 로르샤흐 반응의 내용분석을 독자적으로 발전시켜 나갔다. 이렇듯 다양한 접근방법을 통해 로르샤흐 검사가 발전하기도 했지만 각기 다른 채점 체계와 해석 체계를 갖게 한 계기가 되기도 하였으며 이로 인해 연구 결과의 비교나 반복 연구의 어려움이 발생하기도 했다.

그러나 1960년대 시점에는 미국에서만 이 검사가 공식적으로 시행된 횟수가 수백만 번에 달할 정도로 전 세계 여러 나라에서 선풍적인 인기를 끌었다. 이에 따라 체계적으로 방대한 자료를 근거로 개발된 로르샤흐 검사는 임상 장면이 아닌 대중문화로 진입했고, 온갖 추측이 난무하는 방식으로 사용되기 시작하면서 의학 전문가들 사이에서는 평판이 매우 좋지 않았으며, 점차 임상적 사용에서 제외되었다. 현재까지 로르샤흐 검사는 신뢰도와 타당도에 대해 논쟁이 많다. 그러나 기존의 로르샤흐 연구에 대한 대규모 검토를 통해서 적절하게 검사를 실시할 경우, 타당한 결과를 얻을 수 있으며 이를 통해 정신질환을 진단하거나 수검자의 심리적 개요를 설명하는 데 도움이 된다고 밝혀졌다.

3) 로르샤흐 검사 실시

(1) 검사도구
10장의 카드, 초시계, 반응 기록지, 영역 기록지

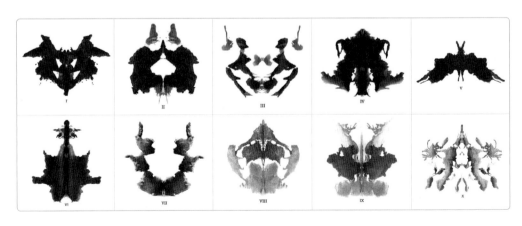

[그림 8-1] 10장의 로르샤흐 카드

Rorschach Record Blank

이름			나이		학력		성별			일시		20 . . .

카드 번호	반응 번호	반응 시간	자유 반응 단계	질문 단계	채점							
					영역 발달질	결정인 형태질	(2)	내용	평범 반응	Z 점수	특수 점수	

[그림 8-2] 반응 기록지

영역 기록지는 A4용지 한 장에 10장의 카드 그림이 제시되어 있으며, 질문 단계에서 그림의 영역을 표시하기 위해 사용된다.

(2) 지시 및 실시방법

① 자유 반응 단계

자유 반응(Response) 단계에서 지시는 "이제 몇 장의 잉크 반점으로 된 카드를 보여 드리겠습니다. 카드를 손으로 들고 보실 거고, 이 카드가 무엇으로 보이는지 보이는 것을 모두 말해 주십시오."라고 설명하고, 카드를 한 장씩 제시한다. 각 카드에서 첫 번째 반응시간을 기록하고, 수검자가 반응한 내용을 비롯하여 의미 있는 행동이나 검사에 대한 반응 이외의 말 등을 꼼꼼하게 기록해야 한다. 양적 분석 시, 구조적 요약을 하려면 전체 반응 수가 최소 14개 이상을 확보해야 하기 때문에 I번 카드에서 반응격려를 하기도 하고, 전체 반응 수가 14개 미만인 경우에는 한계검증을 한다.

I번 카드는 맨 처음 실시하는 카드로 수검자가 이후의 카드에서 반응 방식을 알려 주는 카드라고 할 수 있다. 따라서 수검자가 I번 카드에서 아무것도 보이지 않는다고 하거나 반응 수가 1개밖에 되지 않을 경우, 한 번 정도는 "대부분 사람들은 1개 이상은 보는데 혹시 다른

건 보이지 않나요?"라고 하며 반응을 격려해 줄 필요가 있다. 단, II번 카드에서 반응 수가 1
개여도 반응격려는 하지 않는다. 만약 I번 카드에서 반응 수가 5개 이상이어서 검사자가 반
응을 제한하였는데 II번 카드에서도 5개 이상의 반응을 하려고 한다면 "다음 카드로 넘어갈
게요."라며 제한한다. 그러나 어떤 카드에서는 자발적으로 5개 또는 5개 미만의 반응 수를
한 번이라도 나타냈다면 이후 카드에서 5개 이상의 반응을 보이는 경우 제한하지 않는다.
이와 같이 자유 반응 단계에서 10장의 카드를 차례로 다 실시했다면 I번 카드부터 다시 보여
주면서 질문 단계로 넘어간다.

② 질문 단계

"지금부터는 조금 전에 봤던 카드를 하나씩 다시 한번 보여 드리겠습니다. 아까 이 카드를
보고 △△라고 하였는데 어느 부분에서, 어떤 점에서 그렇게 보았는지 ○○ 씨가 본 것처럼
저도 그렇게 볼 수 있도록 설명해 주세요."라고 말하면서 I번 카드를 수검자 앞에 놓는다.

질문(Inquiry) 단계에서 수검자가 반응한 내용은 기록 용지에만 기록하며, 영역 용지에는
수검자가 반응한 잉크 반점의 위치와 영역만 표기한다. 질문 단계는 채점을 고려해야 하므
로 수검자의 각 반응에서 반응 영역(어디에서 그렇게 보았는지), 결정인(어떤 점을 보고 왜 그
렇게 보았는지), 반응 내용(무엇을 보았는지)에 초점을 두고 파악해야 한다. 일반적으로 질문
단계를 해 나가면서 반응 내용과 반응 영역은 비교적 파악하기가 쉽지만 결정인은 파악하기
쉽지 않을 때가 많다. 따라서 검사자가 결정인의 채점 체계를 잘 파악하고 있어야 질문을 잘
할 수 있다. 만약 질문 단계에서 결정인이 파악되지 않는다면 "(결정인이 나타나지 않는 수검
자의 표현 반복)라고요?" "그림의 특히 어떤 점 때문에 그렇게 보았나요?" "△△의 종류가 다
양한데 왜 하필 □□인가요?" 등과 같이 질문한다. 특히 수검자가 단순히 그림을 본 느낌이
나 인상을 말하는 경우가 있는데, 예를 들면 "너무 예뻐 보이네요." "징그러워 보여요."라는
반응은 결정인이 포함되어 있을 가능성이 높기 때문에 반드시 어떤 점 때문에 예뻐 보였는
지, 징그러워 보였는지 확인할 필요가 있다. 그러나 결정인을 명확히 하기 위해 "색깔 때문
에 그렇게 보았나요?" "모양이 그렇게 보였나요?"라며 직접적으로 질문하는 것은 수검자가
자신의 반응을 설명하는 것에 영향을 미치기 때문에 지양한다. 수검자가 질문을 회피하거
나 거부, 번복, 새로운 반응을 말할 때는 "아까 당신이 보았다고 말했던 것을 내가 기록했습
니다. 당신이 본 것이므로 자세히 보면 찾아보실 수 있을 겁니다. 천천히 살펴보시고 왜 그
렇게 봤었는지 설명해 주십시오." 또는 "아까와 다르게 보이신다고요. 우선, 아까 보신 것에
대해 설명해 주시고 새롭게 본 것은 그 이후에 듣도록 하겠습니다."라고 말한다.

4) 로르샤흐 검사 채점

(1) 기호화

기호화(Coding)란 자유 반응과 질문 단계에서 수검자가 반응한 기술 내용을 양적으로 계산할 수 있도록 기호로 변환하는 과정을 의미한다. 즉, MMPI-2 검사에서 '그렇다' '아니다'를 채점하기 위해 숫자 1과 0으로 변환하여 계산하는 것과 같은 맥락이라고 할 수 있다. 단, 로르샤흐 검사에서의 기호화는 수검자의 반응 종류나 영역이 방대하여 더 복잡하며, 이후 Exner의 구조적 요약을 하기 위해 필요한 과정이다. 로르샤흐 검사의 채점과 해석은 애매하고 복잡하기 때문에 많은 경험과 노력이 필요하다.

이 책에서는 각 기호를 채점하는 정의와 기준에 대해 간략히 제시하며 해석상담에서 활용하는 부분에 초점을 맞추고자 한다. 기호화에 대한 자세한 설명은 『로르샤하 종합체계 워크북』(김영환, 김지혜, 홍상황 공역, 2006)을 참고하길 바란다.

① 반응 영역

반응 영역(Location)은 전체를 보고 반응한 부분(W)과 부분을 보고 반응한 부분(D 또는 Dd), 흰 공백을 보고 반응한 부분(S)으로 구분할 수 있다. 만약 잉크 반점의 전체적 이미지가 아닌 부분적 이미지로 반응을 했어도 반점 전체를 활용했다면 전체 반응(W)으로 채점한다. 공백 반응은 단독으로 공백 영역만 응답하더라도 독립적으로 채점하지 않고 다른 반응 영역과 함께 부가적으로 채점한다.

표 8-1 반응 영역의 기호와 기준

기호	정의	기준
W	전체 반응 (Whole Response)	-반점의 전체를 사용 -한 카드에 있는 그림의 모든 부분이 사용되어야 함
D	일반적인 부분 반응 (Common Detail Response)	-흔히 사용되는 반점 영역을 사용 -D영역이 두 반점 이상 포함된 경우도 D로 기호화함
Dd	특이한 부분 반응 (Unusual Detail Response)	-드물게 사용되는 반점 영역을 사용
S	공백 반응 (Space Response)	-흰 공백 영역을 사용(WS, DS, DdS처럼 다른 반응 영역 기호와 함께 사용)

② 발달질

발달질(Developmental Quality)은 반응 형성에 포함되어 있는 인지적인 처리의 질을 구분하기 위한 기호이다. 즉, 인지적인 처리의 수준을 구분할 수 있도록 기호화한 것이다. 발달질은 +, o, v/+, v 4개로 구분되며, 지각한 대상들에 대해 반응이 얼마나 구체적이고, 어떤 식으로 조직화되어 있는지 평가한다. 가장 인지적 처리 수준이 높은 것은 +이고, 다음으로는 o, v/+, v 순이다.

예를 들어, Ⅱ번 카드에서 [그림 8-3]과 같이 반응했다면 발달질(DQ)은 +로 기호화할 수 있다. 두 가지 대상이 관련되어 있으며, 구체적인 형태 요구가 있기 때문이다.

표 8-2   발달질의 기호와 기준

기호	정의	기준
+	Synthesized Response	분리되어 있는 2개 이상의 대상이 서로 관련이 있는 것으로 기술되며 그중 하나는 구체적인 형태가 있음.
o	Ordinary Response	하나의 대상이 형태를 갖고 있거나 구체적인 형태 요구를 갖도록 기술된 경우
v/+	Synthesized Response	분리되어 있는 2개 이상의 대상이 서로 관련이 있는 것으로 기술되며, 포함된 대상들이 구체적인 형태에 대한 언급이 없어야 함.
v	Vague	구체적인 형태가 없는 하나의 대상으로 보고되고 구체적인 형태 요구에 대한 언급이 없어야 함.

	반응	두 마리의 곰이 서로 코를 맞대고 있어요.
	기호화	+

[그림 8-3] 발달질(+)

[그림 8-4]에서는 Ⅰ번 카드의 한 영역을 박쥐로 지각하였다. 이는 자연적인 형태 요구를 갖고 있는 하나의 대상이고 구체적인 형태 요구를 만들어 낼 수 있도록 반응하였기 때문에 o로 기호화한다.

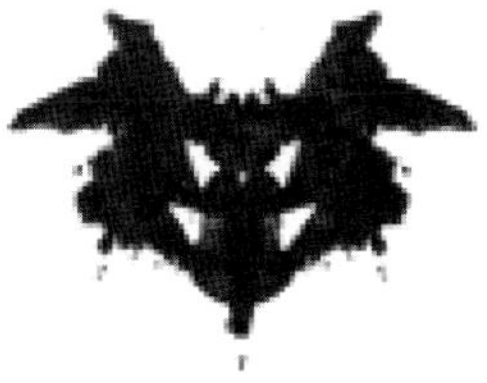

반응	이것은 힘차게 날고 있는 박쥐예요.
기호화	o

[그림 8-4] 발달질(o)

반면, 두 가지 또는 그 이상의 대상이 분리되어 있지만 관련이 있는 것으로 보고된 경우에는 v/+로 기호화할 수 있다. [그림 8-5]에서 IX번 카드에 대해 '한데 뭉치고 있는 구름 같다.'라고 반응하였다. '한데 뭉치고 있는 구름'은 대상이 두 가지 이상이고, 구체적인 형태 요구가 없다.

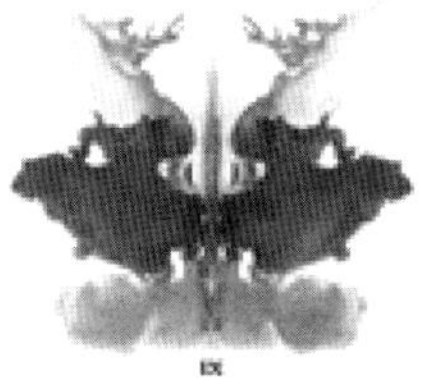

반응	한데 뭉치고 있는 구름 같아요.
기호화	v/+

[그림 8-5] 발달질(v/+)

또한 [그림 8-6]에서 III번 카드를 설명하는데 '피'라고 반응하였다면 이는 구체적인 형태 요구가 없는 하나의 대상으로 언급되었기 때문에 v로 기호화할 수 있다(예: 구름, 하늘, 저녁 노을, 얼음 등). 그러나 '떨어지고 있는 피'라고 반응했다면 하나의 대상에 대해 형태 요구가 부과되었기 때문에 o로 기호화한다.

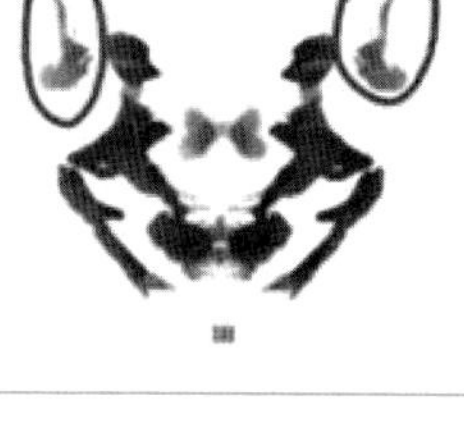

반응	피	떨어지고 있는 피
기호화	v	o

[그림 8-6] 발달질(v)

지금까지 설명한 발달질에 대해 간단히 요약하면 〈표 8-3〉과 같다.

표 8-3 발달질의 기호화 요약

	구체적인 형태 있음	구체적인 형태 없음
2개 이상 대상이 서로 관련 있음	+	v/+
2개 이상 대상이 서로 관련 없음	o	v

③ 결정인

결정인(Determinants)은 잉크 반점의 어떤 특성을 보고 반응하였는지 설명해 주는 기호이다. 질문 단계 시, 결정인에 대한 기호와 기준을 명확히 알고 이를 충실하게 파악해야만 결정인을 채점할 때 수검자의 지각 및 인지 과정에 대한 정보를 정확하게 파악할 수 있다. 결정인은 9개의 범주로 구분되며, 이를 다시 24개로 기호화한다. 대부분 반응은 한 가지 이상의 범주가 사용되고, 다른 범주와 함께 채점되기도 한다.

표 8-4 발달질의 기호와 기준

범주	기호	기준
형태 (Form)	F	형태반응. 전적으로 반점 형태에 근거한 반응
운동 (Movement)	M	인간운동반응. 인간의 움직임 또는 동물이나 가공적 인물이 인간과 같은 활동을 포함한 반응
	FM	동물운동반응. 동물의 움직임을 포함한 반응, 그 동물의 종이 나타내는 움직임과 일치해야 함.
	m	무생물운동반응. 무생물의 움직임을 포함하는 반응
유채색 (Chromatic Color)	C	색채반응. 형태가 포함되지 않고 반점의 유채색에 근거한 반응
	CF	색채-형태반응. 일차적으로 반점의 유채색에 근거해서 반응했으나 이차적 결정인으로 형태 특징이 사용된 경우
	FC	형태-색채반응. 주로 형태 특성에 의해 형성된 반응. 이차적 결정인으로 유채색이 사용된 경우
	Cn	색채명명반응. 반점의 색채 이름이 결정인으로 사용된 경우
무채색 (Achromatic Color)	C′	무채색반응. 전적으로 반점의 회색, 검정색 또는 흰색에 근거해서 반응
	C′F	무채색형태반응. 주로 반점의 검정색, 흰색 또는 회색 특징으로 반응했고, 이차적 결정인으로 형태가 사용된 경우
	FC′	형태무채색반응. 주로 반점의 형태 특징으로 반응했고, 이차적 결정인으로 무채색이 사용된 경우

	T	재질반응. 반점의 형태 특징이 사용되지 않고, 음영 특징을 통해 촉감을 나타낸 반응
음영-재질 (Shading-Texture)	TF	재질형태반응. 반점의 음영 특징이 촉감을 나타내기 위해 사용되고 이차적으로 형태를 사용한 경우
	FT	형태재질반응. 일차적으로 반점의 형태에 근거한 반응이고 이차적 결정인으로 음영이 사용된 경우
	Y	음영반응. 반점의 형태 특징이 사용되지 않고 음영에만 근거한 반응
음영-확산 (Shading-Diffuse)	YF	음영형태반응. 일차적 결정인이 반점의 음영에 근거한 반응이고, 이차적 결정인으로 형태가 사용된 경우
	FY	형태음영반응. 주로 반점의 형태 특징에 근거한 반응이고 이차적 결정인으로 음영이 사용된 경우
	V	차원반응. 음영 특징에 근거한 반응으로 깊이나 차원으로 반응하며 형태 특징이 사용되지 않은 반응
음영 차원 (Shading Dimension)	VF	차원형태반응. 음영 특징을 근거로 깊이나 차원으로 반응하고 이차적 결정인으로 형태가 사용된 경우
	FV	형태차원반응. 주로 반점의 형태 특징에 근거하고 이차적 결정인으로 음영 특징을 깊이나 차원을 나타내기 위해 사용된 경우
형태 차원 (Form Dimension)	FD	형태차원반응. 반점의 크기나 모양에 근거하여 깊이, 거리 또는 차원이 결정된 반응
	(2)	쌍반응. 반점의 대칭에 근거하여 2개의 동일 대상을 보고한 경우이며 반사반응으로 나타난 것이 아님.
반사반응, 쌍반응 (Pairs & Reflections)	rF	반사형태반응. 반점의 대칭성 때문에 반사된 것 또는 거울에 비친 이미지로 보고한 반응. 구름, 경치, 그림자와 같이 일정한 형태를 갖고 있지 않은 대상이어야 함.
	Fr	형태반사반응. 반점의 대칭에 근거하여 반사된 것 또는 거울에 비친 이미지로 보고한 반응. 구체적인 형태 특징에 근거하여 일정한 형태가 있어야 함.

④ 형태질

형태질(Form Quality)은 수검자가 사용한 반응 영역이 수검자가 지각한 대상의 형태적 요소와 얼마나 일치하는지 평가하는 것이다. 즉, 형태의 적합성을 나타내는 것으로 지각의 왜곡이 있는지 현실 검증 능력이나 문제 해결 능력을 나타낸다. 형태반응이 무난하다면 애매모호한 문제 상황에서 적절한 대처를 했다고 볼 수 있고, 상담 장면에서 형태질의 손상은 대부분 스트레스와 관련된다. 형태질은 네 가지(+, o, u, −)로 구분되며, 결정인 옆에 아래첨자로 기호화한다. 결정인은 한 반응에 대부분 한 가지 이상의 범주가 해당되어 여러 개로 표기할 수 있지만 형태질은 1개만 표기하며, 형태질이 여러 개 있을 때는 가장 의미 있는 대상으로 형태질을 기호화한다. 일반적으로 o와 u가 있다면 o로 기호화하고, o와 −가 있으면 −, u와 −가 있다면 −로 기호화한다. 기록 위치는 결정인 기호화의 끝에 기록하며, 만약 반응에 형태가 사용되지 않는 경우(예: C, C′, T, V 등)에는 형태질을 기입하지 않는다. 『로르샤하 종합체계 워크북』(김영환, 김지혜, 홍상황 공역, 2006)에서 〈표 A〉(pp. 146-249)를 참고하여 형태질을 결정할 수 있다.

표 8-5 형태질의 기호와 기준

기호	정의	기준
+	정교한 형태 (Superior-Overelaborated)	형태를 매우 정확하게 기술하거나 형태 사용이 적절해서 반응의 질적 수준이 향상되었을 경우
o	온전한 형태 (Ordinary)	대상을 설명하기 위해 일반적인 형태 특징을 분명하게 사용한 반응
u	특이한 형태 (Unusual)	형태의 윤곽이 크게 벗어나지 않은 저빈도의 반응
−	왜곡된 형태 (Minus)	반점의 형태가 왜곡, 인위적·비현실적인 경우. 반점에 없는 인위적인 선이나 윤곽을 만들어서 반응하는 경우

+와 o반응을 구분하는 것은 어렵지 않다. +는 o로 채점할 수 있는 반응에서 형태를 비일상적으로 자세하게 설명한 경우이다. +반응은 독창적일 필요는 없지만 형태의 부분들을 사용하고 설명하는 방식이 독특해야 한다. 상담 장면에서는 +로 채점되는 경우가 흔치 않은데 대부분 상담을 받으러 온 내담자의 경우, 기능 저하가 주로 나타나기 때문에 정교하고 자발적으로 반응하는 +반응이 잘 나타나지 않는다. o반응은 반응의 질을 향상시키려고 정교화 노력을 하지 않는 경우이며, 일반적인 형태 특징을 쉽게 말한 일상적 반응이다. FQ+로

	반응	중국관박쥐처럼 보여요. 여기가 뒤로 뻗어 있는 다리이고, 갈고리처럼 발톱이 보이고, 날개를 45도 각도로 활짝 펼치고 있어요.	박쥐처럼 보여요.
	기호화	+	o

[그림 8-7] 형태질(+와 o의 구분)

기호화해야 하는 반응의 예는『로르샤하 종합체계 워크북』(김영환, 김지혜, 홍상황 공역, 2006)에서 제10장(pp. 250-252)을 참고하길 바란다.

u반응은 적절한 형태가 사용되었다는 점에서 o반응과 차이가 없다.『로르샤하 종합체계 워크북』(김영환, 김지혜, 홍상황 공역, 2006)에서 〈표 A〉에 제시된 기록을 참고하면 카드별 반응 영역에 따른 형태질 반응이 제시되어 있다. 만약 수검자가 한 반응이 〈표 A〉에 제시되지 않는다면 수검자가 반점을 설명하는 내용이 반점의 형태에서 크게 왜곡되지 않고 납득되는 경우에 u로 채점하지만, 재질문을 하고 아무리 설명을 들어 봐도 도저히 수검자가 본 것처럼 보이지 않을 때는 −로 채점한다.

[그림 8−8]을 보면 수검자가 VI번 카드의 파란 영역을 구름으로 지각하였다. 형태질을 기호화하기 위해『로르샤하 종합체계 워크북』(김영환, 김지혜, 홍상황 공역, 2006)의 〈표 A〉의 195쪽을 살펴보면, 파란 영역은 D4 영역에 해당되므로 200쪽의 D4 영역 중 반응에서 '구름'의 형태질을 확인한다.

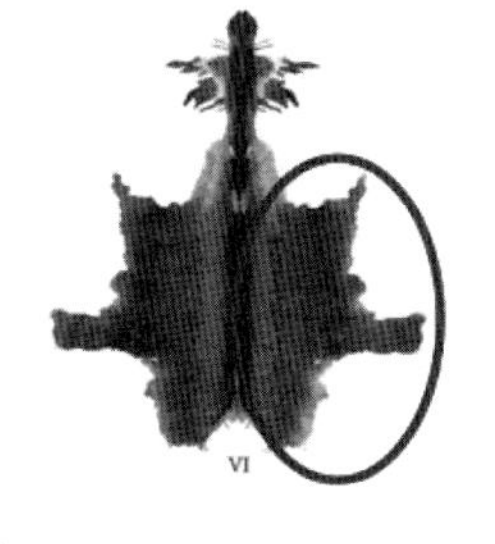

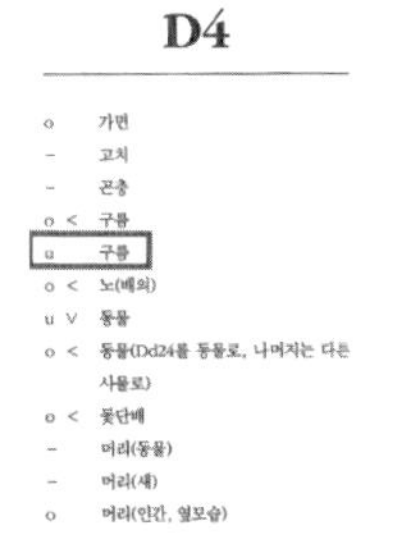
D4

o 가면
− 고치
− 곤충
o < 구름
u 구름
o < 노(배의)
u ∨ 동물
o < 동물(Dd24를 동물로, 나머지는 다른 사물로)
o < 꽃단배
− 머리(동물)
− 머리(새)
o 머리(인간, 옆모습)

반응	여기 부분이 구름으로 보여요.
기호화	u

[그림 8−8] 형태질(u)

수검자가 보고한 반점의 형태적 특징이 왜곡되거나 임의적이고 비현실적으로 반응한 경우 −로 채점한다.

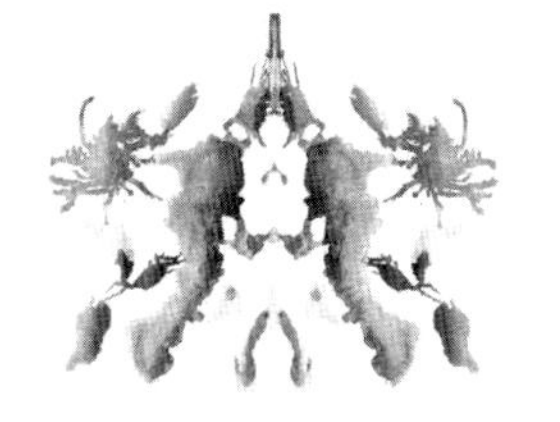

반응	반점 전체가 다 뼈로 보이네요.
기호화	−

[그림 8−9] 형태질(−)

⑤ 반응 내용

반응 내용(Contents)은 수검자가 반응한 대상이 어떤 범주에 해당되는지를 나타내는 것이다. 만약 한 반응에 1개 이상의 대상을 보고한다면 모든 대상에 대해 기호화를 해야 하며, 가장 핵심적인 내용의 기호를 먼저 표기하고 다른 내용은 쉼표(,)로 기호화한다. 〈표 8-6〉에 나타난 반응 내용의 기호와 기준을 보고 채점하며, 만약 수검자가 반응한 대상이 표에 제시되지 않은 반응 내용이라면 Id로 채점한다.

표 8-6 반응 내용의 기호와 기준

분류	기호	분류	기호
인간, 전체(Whole Human)	H	식물(Botany)	Bt
가공의 인간, 전체 (Whole Human, Fictional or Mythological)	(H)	의복(Clothing)	Cg
인간, 부분(Human Detail)	Hd	구름(Clouds)	Cl
가공의 인간, 부분 (Human Detail, Fictional or Mythological)	(Hd)	폭발(Explosion)	Ex
인간 경험(Human Experience)	Hx	불(Fire)	Fi
동물, 전체(Whole Animal)	A	음식(Food)	Fd
가공의 동물, 전체 (Whole Animal, Fictional or Mythological)	(A)	지도(Geography)	Ge
동물, 부분(Animal Detail)	Ad	가정용품(Household)	Hh
가공의 동물, 부분 (Animal Detail, Fictional or Mythological)	(Ad)	풍경(Landscape)	Ls
해부(Anatomy)	An	자연현상(Nature)	Na
예술(Art)	Art	과학(Science)	Sc
인류학(Anthropology)	Ay	성(Sex)	Sx
피(Blood)	Bl	X선(X-ray)	Xy

⑥ 평범 반응

평범 반응(Popular response)은 수검자 집단에서 매우 빈도가 높게 응답되는 13개 반응을 정리한 것이며, P로 기호화한다. 각 카드마다 1개씩 평범 반응을 갖고 있고, I, V, X번 카드는 2개씩 해당된다. 〈표 8-7〉에서 제시한 위치와 기준에 완전히 일치해야만 P로 채점할 수 있다. 또한 인간이나 동물의 머리를 포함한 반응일 경우, 반드시 머리의 위치가 카드를 바로 세웠을 때의 위치와 같아야 한다.

표 8-7　평범 반응의 위치와 기준

카드	위치	기준
I	W	박쥐. 반점의 꼭대기를 박쥐의 상단부로 지각해야 하고 항상 전체 반점 영역을 포함해야 함.
	W	나비. 반점의 꼭대기를 나비의 상단부로 지각해야 하고 항상 전체 반점 영역을 포함해야 함.
II	D1	곰, 개, 코끼리, 양과 같은 구체적인 동물. 전체 동물을 포함하고 있어야 함.
III	D9	인간 모습이나 인형 또는 만화와 같은 것으로 표현. D1을 두 명의 사람 모습이라고 했다면 D7을 인간의 일부분으로 포함시키지 않아야 P로 기호화 가능
IV	W or D7	인간이나 거인, 괴물, 공상과학에서 나오는 생물체와 같은 인간을 닮은 대상
V	W	박쥐. 반점의 꼭대기를 박쥐의 상단부로 지각해야 하고 항상 전체 반점 영역을 포함해야 함.
	W	나비. 반점의 꼭대기를 나비의 상단부로 지각해야 하고 항상 전체 반점 영역을 포함해야 함.
VI	W or D1	동물가죽, 짐승가죽, 융단이나 모피, 흔히 가죽, 융단이나 모피는 자연적이든 인공적이든 고양이, 여우와 같은 동물을 전체적으로 기술하는 데 포함됨. 이러한 반응을 평범 반응으로 채점할 때는 수검자가 동물가죽을 실제로 묘사했는지, 수검자의 반응에 분명히 내포되어 있는지에 근거해서 결정해야 함.
VII	D9	사람의 머리나 얼굴. 여자나 아이, 인디언이라고 말하는 경우도 있으나 성별을 말하지 않는 경우도 있음. 흔히 D1, D2 영역에 대해 평범 반응이 나타남. D1을 사용했다면 윗부분(D5)은 보통 머리나 날개로 지각됨. D2나 Dd22 영역을 포함하는 반응이라면 D9 영역에 한해서 머리나 얼굴이라고 할 때만 P로 기호화함.
VIII	D1	개, 고양이, 다람쥐 같은 종류의 전체 동물 모습. D4 영역과 가까운 부분을 동물의 머리로 지각함.
IX	D3	인간 또는 인간과 유사한 형상. 마녀, 거인, 괴물, 공상과학에 나오는 생명체
X	D1	게. 모든 부속기관이 D1 영역에 한정되어 있어야 함.
	D1	거미. 모든 부속기관이 D1 영역에 한정되어 있어야 함.

⑦ 조직화 활동

조직화 활동(Organization activity)은 수검자가 자극 간에 의미 있는 관계를 형성하려고 인지적으로 얼마나 조직화하였는지를 평가한다. 〈표 8-7〉에 나타난 카드별 Z점수를 통해 조직화 경향과 효율성에 대한 정보를 얻을 수 있다. 일반적으로 Z점수로 기호화하기 위한 조건은 형태를 포함하는 반응이어야 하고, 따라서 페인트 얼룩처럼 발달질이 v인 반응은 C로

표 8-8 각 카드별 조직화 활동 Z점수

카드	조직화 활동 유형			
	전체 (ZW)	인접 부분 (ZA)	비인접 부분 (ZD)	흰 공간 통합 (ZS)
I	1.0	4.0	6.0	3.5
II	4.5	3.0	5.5	4.5
III	5.5	3.0	4.0	4.5
IV	2.0	4.0	3.5	5.0
V	1.0	2.5	5.0	4.0
VI	2.5	2.5	6.0	6.5
VII	2.5	1.0	3.0	4.0
VIII	4.5	3.0	3.0	4.0
IX	5.5	2.5	4.5	5.0
X	5.5	4.0	4.5	6.0

기호화하고 Z점수를 매기지 않는다. 또한 인접한 반점에서 대상을 지각하든지 인접하지 않은 반점에서 서로 의미 있는 관계를 맺는 대상을 지각해야 하며, 흰 공간을 포함하는 반응을 채점할 경우 반점의 다른 영역도 포함하고 있어야 한다. 이 조건이 한 가지 이상으로 적용될 경우 그중 더 높은 값으로 Z값을 부여한다.

⑧ 특수점수

기호화의 마지막 단계로 특수점수(Special score)를 채점해야 하는지 고려해야 한다. 특수점수는 수검자의 특이하거나 부적절한 언어적 반응이 있을 때 기호화한다. 과거에는 질적으로 해석했던 여러 반응 특징들을 특수점수를 사용하여 수량화함으로써 객관적인 해석을 할 수 있다. 총 15개의 특수점수가 있으며, 특이한 언어반응 6개, 보속반응 1개, 특수 내용 4개, 인간표상반응 2개, 개인적 반응 1개, 그리고 특수색채현상 1개로 구성된다. 특이한 언어반응 중 CONTAM과 ALOG를 제외한 4개의 반응은 반응의 기괴성 정도에 따라 수준 1과 2로 구별하여 기호화한다. 반응 내용이 일상적인 수준에서 벗어나는 정도라면 수준 1, 기괴한 반응이라면 수준 2로 구분하여 수검자의 사고장애에 대해 중요한 정보를 얻을 수 있다. 하나 이상의 특수점수가 나타난 반응은 원칙적으로 모든 특수점수를 다 포함시켜서 채점하지만 몇몇 예외적인 경우도 있으므로 자세한 내용은 『로르샤하 종합체계 워크북』(김영환, 김지혜, 홍상황 공역, 2006)을 참고하기 바란다.

표 8-9 형태질의 기호와 기준

기호	종류	개수
특이한 언어반응	일탈된 언어(DV, DR)	2
	부적절한 반응 결합(INCOM, FABCOM, CONTAM)	3
	부적절한 논리(ALOG)	1
보속반응	PSV(카드 내 보속, 내용 보속, 기계적 보속)	1
특수 내용	추상적 내용(AB)	1
	공격적 운동(AG)	1
	병적인 내용(MOR)	1
	협조적 운동(COP)	1
인간표상반응	좋은 인간표상(GHR)	1
	나쁜 인간표상(PHR)	1
개인적 반응	개인적 반응(PER)	1
특수한 색채현상	색채투사(CP)	1

• **특이한 언어반응**

수검자의 반응 중 특이한 언어반응(Unusual verbalization)은 인지적 오류, 즉 인지적 역기능에 대한 정보를 제공한다. 인지적 오류는 일탈된 언어, 부적절한 조합, 부적절한 논리의 세 가지 방식과 6개의 특수점수로 기호화한다.

－일탈된 언어(Deviant Verbalization: DV, DR)

일탈된 언어는 이탈적 언어표현(Deviant Verbalization)과 이탈적 과잉표현(Deviant Response)으로 구분된다.

DV(Deviant Verbalization)는 검사자에게 특이한 인상을 주는 반응, 부적절한 단어를 추가하는 반응(신조어, 불필요한 단어 반복)의 경우 채점한다. 신조어의 경우, 수검자의 언어능력으로 충분히 정확한 표현이 가능함에도 불구하고 부적절한 단어나 신조어를 사용하는 경우를 말한다. '현미경 아래 있는 세포'라는 표현을 '망원경 아래 있는 세포'라고 표현하는 경우가 해당된다. 단어 반복은 수검자가 대상의 성질을 두 번 보고하는 특이한 언어표현이다. '작고 조그만 새' '사람의 죽은 시체' '세 명의 트리오' 등이 이에 속한다.

DR(Deviant Response)는 수검자가 과제에서 일탈되었거나 반응을 왜곡시키는 어휘를 사용하여 반응의 질이 특이할 경우에 해당한다. 부적절한 구는 매우 부적절하거나 아무 관련

없는 구를 사용하여 반응하는 것이다. "박쥐에요. 나는 나비를 보고 싶었는데"라는 반응은 수검자가 적절히 관념통제를 하지 못하는 것을 나타내며 DR2로 그 수준까지 채점할 수 있다. 우회적 반응도 일탈된 반응에 해당되는데, 예를 들면 "이것은 아일랜드의 지도 같아요. 아니면 다른 어떤 곳일 수도 있죠. 그러나 아일랜드 지도라는 생각이 드는군요. 나는 아일랜드에 대해 잘 모르지만 멕시코에 대해서는 많이 알아요."라며 주제를 지나칠 정도로 자세히 묘사하지만 초점이 없고 말하려는 목적에 도달하지 못하는 경우이다. 만약 DV를 포함하는 DR 반응일 경우에는 DR만 기호화한다.

–부적절한 반응결합(Inappropriate Combinations: INCOM, FABCOM, CONTAM)

부적절한 반응결합은 반응에 대한 인상이나 생각이 부적절하게 압축된 것을 말한다. 즉, 대상들이 비현실적인 관계를 맺고 있을 때 채점된다.

INCOM(Incongruous Combination)은 부적절하거나 불가능한 하나 이상의 특징이나 활동들이 한 대상에 합쳐져 있는 경우에 해당된다. 예를 들어, '닭의 머리를 한 여인(INCOM2)' '빨간 박쥐(INCOM1)' '박쥐인데 머리와 날개가 있고 손이 있다(INCOM1)' 등이 있다.

FABCOM(Fabulized Combination)은 두 가지 대상들을 있을 수 없는, 즉 불가능한 방식으로 관계를 맺고 있는 것으로 지각한 경우 채점한다. 예를 들어, '두 마리의 강아지가 춤을 추고 있다(FABCOM1)' '눈에서 연기가 나오고 있는 토끼 머리(FABCOM2)' 등이 있다.

CONTAM(Contamination)은 부적절한 반응결합 중 가장 기괴한 반응으로 두 가지 이상의 대상들을 비현실적으로 하나의 반응에 중첩되게 지각하는 경우이다.

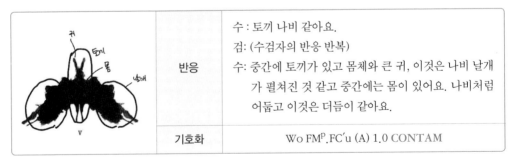

반응	수 : 토끼 나비 같아요. 검: (수검자의 반응 반복) 수: 중간에 토끼가 있고 몸체와 큰 귀, 이것은 나비 날개가 펼쳐진 것 같고 중간에는 몸이 있어요. 나비처럼 어둡고 이것은 더듬이 같아요.
기호화	Wo FM^p.FC'u (A) 1.0 CONTAM

[그림 8-10] 특수점수(CONTAM)

–부적절한 논리(Inappropriate Logic: ALOG)

부적절한 논리는 검사자가 유도하지 않았음에도 불구하고 수검자가 자신의 반응을 정당화하기 위해 대상의 크기, 공간, 색채, 모양을 구체적인 방식으로 표현하지만 이러한 반응은 비합리적 논리인 연상의 이완이나 지나치게 단순한 사고 형태로 결함을 나타내므로 확인이 쉬운 편이다.

반응	검: (수검자의 반응 반복) 수: 이것은 공룡처럼 보여요. 여기가 눈, 입이에요. 검: 공룡 같다고 했지요? 수: 틀림없습니다. 입에서 빨간 불이 나오니까요.

• 보속반응

보속반응(Perseveration: PSV)은 같은 반점에 대해 두 가지 또는 그 이상의 동일한 반응을 보이거나 이전 응답 반응이 다른 반점 부분에 대해서도 반복해서 나타나는 경우를 뜻한다. 인지적 장애나 지나친 심리적 집착 등이 있다는 것을 의미하며 크게 세 가지로 구분된다.

첫째, 카드 내 보속반응이다. 동일한 카드에서 위치, 발달질, 결정인, 형태질, 내용 및 Z점수가 동일한 반응이 연속적으로 나타나는 것을 의미한다. 평범 반응이 반복될 필요는 없으나, 특수점수를 제외한 나머지 다른 기호는 동일해야 하며, 반응이 연속적이어야 한다.

	반응	나비: 날개가 있고, 날고 있네요. 여기 머리, 몸통, 더듬이.	나방: 이것도 좀 전과 비슷한데 다리, 머리 부분이고, 날개를 펼치고 날고 있어요.
	기호화	Wo FM^{P}o A P 1.0	Wo FM^{P}o A P 1.0 PSV

[그림 8-11] 특수점수(PSV)

둘째, 내용 보속반응이다. 내용 보속반응은 동일한 카드에서 반복반응이 나타나지 않고 앞 카드에서 말한 대상이 다음 카드에서 동일하게 반복되는 것을 의미한다. I번 카드에서 "나비를 봤다."라고 했는데 V번 카드에서 "아까 그 나비가 날고 있어요."라고 말할 경우이다.

셋째, 기계적 보속반응이다. 동일한 대상을 기계적으로 반복해서 보고하는 경우이다. 보통 반응이 짧고 간단하며, 지적 또는 신경학적 손상이 있는 수검자들에게 가장 흔히 나타난다. I번 카드에서 박쥐, II번도 박쥐, III번도 박쥐라고 계속 박쥐로 반응하는 경우이다.

• 특수 내용

특수 내용은 수검자의 독특한 인지적 사고, 자아 이미지와 대인관계에서 나타나는 특징과 관련된 반응 내용을 기호화하여 특수점수로 채점하며, 네 가지의 특수한 내용을 포함한다.

−추상적 내용(Abstract content: AB)

추상적 내용은 수검자가 분명한 상징적 표현을 반응했을 때 채점되고 두 가지 유형으로 구분된다. 첫째, 반응 내용 기호가 인간경험(Human Experience: Hx)인 경우로 인간의 정서나 감각적 경험을 나타낸다. "이것은 전체가 우울을 상징한다. 전부 검고 우울한 모습이다." (Wv M^p.C′ Hx, AB)라는 방식으로 형태가 없는 상태로 결정인 M을 갖게 되고 인간의 정서반응을 나타낸다. 둘째, 형태가 있는 대상에 상징적 의미를 부여하는 경우이다. [그림 8−12]에서는 형태가 사용되며 상징적 의미를 나타내기 위해 윤색한 경우로 보인다.

	반응	이 두 사람들은 서로 사랑하고 있다. 가운데 붉은 하트 모양이 사랑을 나타낸다.
	기호화	D+ M^a.Co (2) H,Hx P 4.0 AB

[그림 8−12] 특수점수(AB)

−공격적 운동(Aggressive movement: AG)

운동반응 중 "싸움, 파괴, 논쟁, 매우 화나 있다."와 같이 분명한 공격적 내용이 포함되어 있을 때 채점한다. 반드시 주체적인 공격이 포함되어야 하며, "총 맞은 곰"과 같이 공격을 당하는 피동적인 경우에는 채점하지 않는다. AG 채점은 예컨대, "서로 물건을 가지려고 싸운다." "몸을 관통하는 총알" "노려보는 사람" 등이 있다.

−협조적 운동(Cooperative movement: COP)

협조적 운동반응은 두 가지 또는 그 이상의 대상이 적극적인 또는 협조적인 상호작용을 하는 경우 채점한다. "두 사람이 무언가를 들어올리고 있다." "둘이 정답게 마주본다."와 같은 반응이 이에 해당된다. 반면, "이야기하는 두 사람" "어딘가 처다보는 동물들"과 같이 분명한 상호작용이 나타나지 않을 경우 COP로 채점하지 않는다.

−병적인 내용(Morbid content: MOR)

대상에 대해 첫째, '죽은, 파괴된, 폐허가 된, 오염된, 손상된, 상처 입은 또는 깨어진 대상'

으로 지각한 경우 MOR로 채점한다. "깨진 유리, 죽은 개, 헤어진 장화, 상처 입은 곰, 불탄 코트, 부패한 잎사귀, 실험실 슬라이드로 만들어진 아메바, 땅에서 뜯겨 나온 뿌리, 피난 얼굴, 부서진 집, 다친 나비" 등이 있다. 둘째, 대상에 대해 우울한 감정이나 특징을 부여하는 반응이다. 예컨대, "음울한 집, 슬픈 나무, 불행한 사람, 울고 있는 사람" 등이 있다.

• 인간표상반응

잉크 반점의 대부분은 인간표상의 형태반응이 나타난다. 개인이 타인을 어떻게 인지하고 어떤 방식으로 상호작용하는지 등 다양한 모습을 보이는데 인간표상반응은 사람이 타인을 지각하거나 상호작용하는 모습을 나타내는 경우에 채점한다. 기호화는 '좋은'(GHR) 반응과 '나쁜'(PHR) 반응으로 구분된다.

표 8-10 인간표상반응에 좋은(GHR) 또는 나쁜(PHR) 특수점수를 주기 위한 단계

1. 순수 반응이고, 다음의 조건에 모두 일치할 때 GHR로 기호화함.
   (1) 형태질이 FQ+, FQo 또는 FQu일 것
   (2) DV를 제외한 인지적 특수점수가 없을 것
   (3) AG 또는 MOR 같은 특수점수가 없을 것
2. PHR은 다음의 경우에 채점함.
   (1) FQ 또는 FQ가 없는 반응(형태가 없는 반응) 또는
   (2) FQ+, FQo, FQu 반응이면서 ALOG, CONTAM 또는 수준 2의 인지적 특수점수를 가지고 있는 경우
3. GHR은 인간표상반응 중에 특수점수 COP로 채점한 모든 반응에 채점함. 하지만 AG가 있는 경우는 채점하지 않음.
4. 다음의 인간표상반응은 PHR로 채점함.
   (1) 특수점수가 FABCOM이거나 MOR인 경우 또는
   (2) 내용 채점이 An인 경우
5. 카드 III, IV, VII, IX에서 평범 반응으로 채점되는 인간표상반응이 있는 경우 GHR로 채점함.
6. 다음에 해당하는 경우 모두 PHR로 채점함.
   (1) AG, INCOM, DR과 같은 특수점수에 해당하는 경우
   (2) Hd 채점을 하는 경우(주의할 점은 Hd는 해당되지 않음)
7. 그 외의 인간표상반응에는 모두 GHR로 채점하게 됨.

• 개인적 반응

개인적 반응(Personalized answer: PER)은 수검자가 자신의 반응을 정당화하고 명료화하

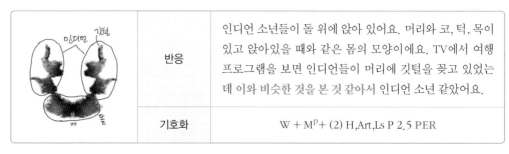

	반응	인디언 소년들이 돌 위에 앉아 있어요. 머리와 코, 턱, 목이 있고 앉아있을 때와 같은 몸의 모양이에요. TV에서 여행 프로그램을 보면 인디언들이 머리에 깃털을 꽂고 있었는데 이와 비슷한 것을 본 것 같아서 인디언 소년 같았어요.
	기호화	W + M^p+ (2) H,Art,Ls P 2.5 PER

[그림 8–13] 특수점수(PER)

는 과정에서 자신의 개인적 지식이나 경험을 언급할 때 채점한다.

• 특수한 색채현상

특수한 색채투사(Color Projection: CP)는 수검자가 무채색 반점이나 반점 영역을 유채색으로 지각하는 경우 채점한다. 이는 매우 드문 경우이나, 주로 카드 IV번과 V번에서 나타난다. 색채명을 잘못 말할 때, 언어적 실수인지, 색맹인지 여부를 확인해야 하며, 언어적 실수라면 DV로 채점한다. "너무 아름다운 나비입니다."라고 반응하여 질문 단계에서 '아름다운'이라는 핵심단어를 다시 사용하여 재질문했을 때 "아름다운 자주색이 보입니다. 노란색과 파란색이 보입니다."라고 반응한다면 CP로 채점한다.

5) 구조적 요약

반응 영역, 발달질, 결정인, 형태질, 반응 내용, 평범 반응, 조직화 활동, 특수점수 등에 대해 기호화를 했다면 채점 프로그램에 채점한 결과를 입력하여 구조적 요약을 자동으로 산출할 수 있다. 구조적 요약은 상단부(반응 영역, 결정인, 형태질, 내용, 접근방식, 특수점수 등)와 하단부(핵심 영역, 관념화 영역, 정서 영역, 중재 영역, 처리 과정 영역, 대인관계 영역, 자기지각 영역, 특수지표 등)로 구분된다. 모든 반응에 대해서 〈표 8–11〉의 표기법에 따라 기호화를 한 후, 각 기호의 개수를 합한 것이 구조적 요약의 상단부에 해당된다. 구조적 요약의 하단부는 각 기호를 해당되는 공식에 적용한 수치를 나타내며 이 하단부의 점수는 해석할 때 사용한다.

　－반응 영역: 피검자가 반점의 어느 부분에서 반응했는가?
　－발달질: 위치반응은 어떤 발달 수준을 나타내는가?
　－결정인: 반응을 결정하는 데 영향을 준 반점의 특징은 무엇인가?

–형태질: 반응된 내용은 자극의 특징에 적절한가?
–쌍반응: 사물을 대칭적으로 지각하고 있는가?
–반응 내용: 반응은 어떤 내용 범주에 속하는가?
–평범 반응: 일반적으로 흔히 일어나는 반응인가?
–조직화 활동: 자극을 조직화하여 응답했는가?
–특수점수: 특이한 언어반응이 일어나고 있는가?

표 8-11 반응 표기 방법 예시

반응 영역	발달질	결정인	형태질	쌍반응	반응 내용	평범 반응	조직화	특수점수
W	+	FMp.CF	–	(2)	A,Hd	P	4.0	MOR

• 구조적 요약의 예(상단부)

[Rorschach] Structual Summary _Upper Section

DQ		
+	=	3
o	=	13
v/+	=	0
v	=	0

Form Quality	FQx		MQual		W+D	
+	=	0	=	0	=	0
o	=	8	=	4	=	8
u	=	5	=	0	=	5
-	=	3	=	0	=	3
none	=	0	=	0	=	0

FV	=	0	Bt	=	0
VF	=	0	Cg	=	0
V	=	0	Cl	=	0
FY	=	0	Ex	=	0
YF	=	0	Fd	=	0
Y	=	0	Fi	=	0
Fr	=	0	Ge	=	0
rF	=	0	Hh	=	1
FD	=	0	Ls	=	1
F	=	10	Na	=	0
			Sc	=	0
			Sx	=	1
(2)	=	7	Xy	=	0
			Id	=	0

DV	=	0	x 1	=	0	x 2
INCOM	=	1	x 2	=	0	x 4
DR	=	0	x 3	=	0	x 6
FABCOM	=	0	x 4	=	0	x 7
ALOG	=	0	x 5			
CONTAM	=	0	x 7			
Sum6	=	1				
WSum6	=	2				

AB	=	0	GHR	=	4
AG	=	0	PHR	=	1
COP	=	0	MOR	=	1
CP	=	0	PER	=	1
			PSV	=	0

• 구조적 요약의 예(하단부)

[Rorschach] Structual Summary _Lower Section

Ratio, Percentages, and Derivations

Core

R	=	16	Lambda	=	1.67	(High Lambda _Avoidant)		
(Exception 2b : massive containment or constriction of affect)								
EB	=	4 : 0.0	EA	=	4.0	EBPer	=	N/A
eb	=	1 : 1	es	=	2	D	=	0
			Adj es	=	2	Adj D	=	0
FM	=	0	SumC'	=	0	SumT	=	1
m	=	1	SumV	=	0	SumY	=	0

Affection			Interpersonal		
FC:CF+C	=	0 : 0	COP	=	0
Pure C	=	0	AG	=	0
SumC':WSumC	=	0 : 0.0	GHR:PHR	=	4 : 1
Afr	=	0.45	a:p	=	1 : 5
S	=	0	Food	=	0
Blends:R	=	0 : 16	SumT	=	1
CP	=	0	Human Cont	=	4
			PureH	=	4
			PER	=	1
			ISO Index	=	0.06

Special Indices			
PTI	=	0	-
DEPI	=	2	NO
CDI	=	4	Positive
S-CON	=	2	NO
HVI	=	1	NO
OBS	=	0	NO

Ideation					
a:p	=	1 : 5	Sum6	=	1
Ma:Mp	=	0 : 4	Lv2	=	0
2AB+Art+Ay	=	0	WSum6	=	2
MOR	=	1	M-	=	0
			Mnone	=	0

Cognitive Mediation			Information Processing			Self-Perception		
XA%	=	0.81	Zf	=	5	3r+(2)/R	=	0.44
WDA%	=	0.81	W:D:Dd	=	3 : 13 : 0	Fr+rF	=	0
X-%	=	0.19	W:M	=	3 : 4	SumV	=	0
S-	=	0	Zd	=	0	FD	=	0
P	=	4	PSV	=	0	An+Xy	=	0
X+%	=	0.50	DQ+	=	3	MOR	=	1
Xu%	=	0.31	DQv	=	0	H:(H)+Hd+(Hd)	=	4 : 0

6) 로르샤흐 검사 해석

(1) 종합체계 탐색전략

Exner는 로르샤흐 종합체계를 개발하여 로르샤흐의 구조적 요약의 많은 기호와 점수에 대한 정보를 체계적으로 해석할 수 있도록 하여 광범위한 정보를 효율적으로 분석할 수 있게 하였다(Exner, 1991, 2003). 1921년에 Rorschach가 로르샤흐 검사를 개발한 후, 많은 학자들로부터 실시, 채점, 해석 등에 차이를 보였는데 Exner가 각 체계의 장점을 통합하여 종합체계 탐색전략을 제시하였다. 종합체계 탐색전략에 따라 해석하는 방법은 다음과 같다.

① R ≥ 14(전체 반응은 14개 이상)

구조적 해석을 위해서는 반응 수가 14개 이상이어야 한다. 구조적 요약은 양적 점수를 바탕으로 해석하기 때문에 전체 반응 수가 적으면 통계적 의미를 도출하는 데 있어서 한계가 있기 때문이다.

② S-CON(자살지표 확인)

자살 위험이 있다면 가장 먼저 개입되어야 할 응급 상황이기 때문에 자살지표인 S-CON을 가장 먼저 확인해야 한다.

③ 핵심 변인 순서에 따른 군집별 해석 순서 확인

〈표 8-12〉를 살펴보면, 왼쪽의 핵심 변인을 하나씩 살펴보면서 군집별 해석 순서를 확인한다. 예컨대, PTI>3을 가장 먼저 확인하는데 PTI가 2라면 다음 핵심 변인인 DEPI>5와 CDI>3에 해당되는지 확인한다. 만약 PTI가 4라면 PTI>3에 해당되므로 PTI>3의 군집 순서에 따라 관념>중재>처리>통제>정서>자기지각>대인지각의 순서에 따라 해석한다.

표 8-12 종합체계 탐색전략: 핵심 변인과 군집계열

PTI>3	관념>중재>처리>통제>정서>자기지각>대인지각
DEPI>5 & CDI>3	대인지각>자기지각>통제>정서>처리>중재>관념
DEPI>5	정서>통제>자기지각>처리>중재>관념
D<AdjD	통제>상황적 스트레스>(뒤에 나오는 정적인 핵심 변인 또는 제3변인 목록에 따라 탐색계열 결정)
CDI>3 & EA<6	통제>정서>자기지각>대인지각>처리>중재>관념

CDI>3	대인지각 > 자기지각 > 통제 > 정서 > 처리 > 중재 > 관념
AdjD<0	통제 > (뒤에 나오는 정적인 핵심 변인 또는 제3변인 목록에 따라 탐색계열 결정)
Lambda>.99	처리 > 중재 > 관념 > 통제 > 정서 > 자기지각 > 대인지각
Fr+rF>0	자기지각 > 대인지각 > 통제 > (뒤에 나오는 정적인 핵심 변인 또는 제3변인 목록에 따라 탐색계열 결정)
내향적 EB	관념 > 처리 > 중재 > 통제 > 정서 > 자기지각 > 대인지각
외향적 EB	정서 > 자기지각 > 대인지각 > 통제 > 처리 > 중재 > 관념
p>a+1	관념 > 처리 > 중재 > 통제 > 자기지각 > 대인지각 > 정서
Positive HVI	관념 > 처리 > 중재 > 통제 > 자기지각 > 대인지각 > 정서

④ 군집 순서에 따라 각 군집의 지표 확인

모든 지표는 8개의 군집으로 구분되며, 각 군집의 세부 지표는 〈표 8-13〉에서 나타난 단계 순서에 맞게 그 의미를 해석한다. 앞의 설명에서와 같이 만약 PTI>3의 핵심 변인에 해당되었을 경우, 관념 군집의 12단계에 맞게 순서대로 그 의미를 해석한다.

표 8-13 7개 군집의 해석 단계와 변인 계열

정보처리	인지적 중재
단계 1: Lambda	단계 1: Lambda
단계 2: OBS & HVI	단계 2: OBS
단계 3: Zd	단계 3: XA% & WDA%
단계 4: Zf, W:D:Dd, W:M	단계 4: FQnone
단계 5: DQ	단계 5: X-%, FQ-frequency, S-frequency
단계 6: PSV	단계 6: Populars
단계 7: Location Sequencing	단계 7: X+% & Xu%
	단계 8: FQ+frequency
	단계 9: Sequence of minus
	단계 10: Homogeneity of minus
	단계 11: Minus distortion levels

관념	통제와 스트레스에 대한 내성
단계 1: PTI	단계 1: Adj D & CDI
단계 2: EB	단계 2: EA
단계 3: EBPer	단계 3: EB & Lambda
단계 4: Left side eb	단계 4: es & Adj es
단계 5: HVI & OBS	단계 5: eb
단계 6: a:p	
단계 7: Ma:Mp	
단계 8: Intellectualization Index	
단계 9: MOR frequency	
단계 10: Sum6 & WSum6	
단계 11: Quality of 6 Spec Scores	
단계 12: Quality of M Scores	

정서적 특징	자기지각
단계 1: DEPI	단계 1: Reflections
단계 2: EB	단계 2: Egocentricity Index
단계 3: EBPer	단계 3: HVI & OBS
단계 4: Right side eb	단계 4: FD & Vista (review history)
단계 5: SumC':WSumC	단계 5: H:Hd+(H)+(Hd)
단계 6: Affective Ratio	단계 6: Hx
단계 7: Intellectualization Index	단계 7: An+Xy
단계 8: FC:CF+C	단계 8: Sum MOR
단계 9: Pure C	단계 9: MOR contents
단계 10: Color Projection	단계 10: Contents of minus responses
단계 11: Space responses	단계 11: Contents of M responses
단계 12: Blends	단계 12: Contents of FM & m responses
단계 13: m & y blends	단계 13: Contents of embellished responses
단계 14: Blend complexity	
단계 15: Color-shading blends	
단계 16: Shading blends	

대인관계 지각	상황과 관련된 스트레스
단계 1: CDI	단계 1: D in relation to es & Adj es
단계 2: HVI	단계 2: D in relation to Adj D
단계 3: a:p ratio	단계 3: m & Y
단계 4: Food responses	단계 4: T, V, and Egocentricity Index in relation to history
단계 5: Sum T	단계 5: Blends
단계 6: Sum human contents & Sum Pure H	단계 6: Color-Shading and shading blends
단계 7: PER	
단계 8: COP & AG	
단계 9: Isolation Index	
단계 10: GHR:PHR	
단계 11: Contents of M & FM responses with pairs	

⑤ 군집계열이 해당되지 않을 때, 제3변인과 군집계열 확인

만약 〈표 8-12〉에서 제시된 군집계열에 해당되지 않는다면 〈표 8-14〉에서 군집계열을 찾아서 해석하면 된다.

표 8-14 종합체계 탐색전략: 제 3변인과 군집계열

Positive OBS	처리＞중재＞관념＞통제＞정서＞자기지각＞대인지각
DEPI=5	정서＞통제＞자기지각＞대인지각＞처리＞중재＞관념
EA＞12	통제＞관념＞처리＞중재＞정서＞자기지각＞대인지각
M-＞0, Mp＞Ma 또는 Sum6 Spec Sc＞5	관념＞중재＞처리＞통제＞정서＞자기지각＞대인지각
Sum Shading＞FM+m, CF+C＞FC+1 또는 Afr＜.46	정서＞통제＞자기지각＞대인지각＞처리＞중재＞관념
X-%＞20, Zd＞+3.0 또는 ＜-3.0	처리＞중재＞관념＞통제＞정서＞자기지각＞대인지각
3r+(2)/R＜.33	자기지각＞대인지각＞정서＞통제＞처리＞중재＞관념
MOR＞2 또는 AG＞2	자기지각＞대인지각＞통제＞관념＞처리＞중재＞정서
T=0 또는 T＞1	자기지각＞대인지각＞정서＞통제＞처리＞중재＞관념

각각의 구조적 변인에 대한 자세한 해석은 『로르샤하 해석의 원리』(김영환, 김지혜, 홍상황, 2005)를 참조하여 해석하도록 한다.

7) 사례보고서 및 해석상담의 예

(1) 사례보고서

이름	이○○
인적사항	25세, 남성, 대학원 1학기, 무교 가족관계: 부, 모, 누나
내방경위	생각이 많고 집중이 어려워 공부가 잘 안되고, 잠이 잘 오지 않아 피곤하여 상담 신청함.
배경정보	내담자는 4개월 전에 모(母)가 근무하는 지역이 아닌 다른 지역에서 모(母)가 어떤 남성분과 함께 차를 마시는 것을 목격함. 2년 전에 모(母)의 외도가 있었던 터라 이에 대해 내담자가 모(母)를 의심하면서 물증은 없고 심증만 있는 상태에서 부모가 이혼할 것에 대한 걱정이 많아지고, 집중 어려움, 수면 곤란 등의 증상이 나타남. 본래 부모와 관계는 겉으로는 친하지도 멀지도 않은 소원한 관계인 것으로 보고하였고, 이번 사건에 대해서 가족 전체가 서로 이야기하기보다는 모른 척하면서 피상적으로 지내는 것으로 보임.
검사태도	▶검사 소요 시간: 40분 ▶행동관찰 자유 반응 단계에서 10장의 카드를 실시했으나, 13개의 반응밖에 나타나지 않아서 2차 실시하였는데도 추가반응은 1개밖에 나타나지 않았음. 카드를 바라보며 고민하는 모습을 보였으나, 대부분 단순하게 반응하였음.
검사 결과	

[Rorschach] Structural Summary _Lower Section

Ratio, Percentages, and Derivations

Core					
R	=	14	Lambda	=	1.80	(High Lambda _Avoidant)

(Exception 1 : can't identify coping style)

EB	=	1 : 0.5	EA	=	1.5	EBPer	=	2.00
eb	=	3 : 2	es	=	5	D	=	-1
			Adj es	=	5	Adj D	=	-1
FM	=	2	SumC	=	0	SumT	=	2
m	=	1	SumV	=	0	SumY	=	0

Affection			
FC:CF+C	=	1 : 0
Pure C	=	0
SumC':WSumC	=	0 : 0.5
Afr	=	0.17
S	=	0
Blends:R	=	2 : 14
CP	=	0

Interpersonal		
COP	=	0
AG	=	0
GHR:PHR	=	2 : 0
a:p	=	2 : 2
Food	=	0
SumT	=	2
Human Cont	=	2
PureH	=	0
PER	=	1
ISO Index	=	0.07

Special Indices		
PTI	= 0	-
DEPI	= 3	NO
CDI	= 5	Positive
S-CON	= 6	NO
HVI	= 0	NO
OBS	= 0	NO

Ideation		
a:p	=	2 : 2
Ma:Mp	=	0 : 1
2AB+Art+Ay	=	0
MOR	=	0

Sum6	=	0
Lv2	=	0
WSum6	=	0
M-	=	0
Mnone	=	0

Cognitive Mediation		
XA%	=	0.71
WDA%	=	0.71
X-%	=	0.29
S-	=	0
P	=	5
X+%	=	0.57
Xu%	=	0.14

Information Processing						
Zf	=	7
W:D:Dd	=	7 : 7 : 0
W:M	=	7 : 1
Zd	=	-4
PSV	=	0
DQ+	=	2
DQv	=	1

Self-Perception		
3r+(2)/R	=	0.14
Fr+rF	=	0
SumV	=	0
FD	=	0
An+Xy	=	0
MOR	=	0
H:(H)+Hd+(Hd)	=	0 : 2

[CDI > 3 그리고 EA < 6에 해당되어 통제 > 정서 > 자기지각 > 대인지각 > 처리 > 중재 > 관념의 순으로 해석]

통제와 스트레스에 대한 내성적 측면을 살펴보면, 수검자는 2회의 시행에도 불구하고 14개의 적은 반응 수를 보이고 있고 대부분 단순한 형태반응들이어서 사고가 경직되고 단순화되어 있어서, 스트레스 상황에서 경직되고 피상적인 대응을 하기 쉬운 것으로 보인다(R: 14, Lambda: 1.80). 현재 상황적 스트레스가 높고, 심리적 자원도 부족한 상태로 일상에서 대처 능력이 상당히 부족한 것으로 보인다(Adj D: -1, EA: 1.5, CDI: Positive).

정서적 측면을 살펴보면, IV번 카드의 반응 내용에서도 볼 수 있듯이 '불을 뿜는 용'으로 보고한 바, 내면에 권위 대상에 대한 분노감이 높은 것으로 여겨진다. 그러나 정서적 상황에 당면할 때 정서적 자원이 빈약하여 불편해하거나 자신의 감정에 대한 적절한 인식과 자발적 표현이 어려워 회피하는 경향이 높을 것으로 보인다(색채 카드에서 색채 반응을 전혀 보이지 못함, Afr: 0.17).

자기지각 측면에서는 전체 반응 수가 적긴 하지만 인간반응을 전혀 하지 않고 인간 부분반응만 나타나며, 자기중심성 지표가 낮은 것을 볼 때, 다른 사람과 비교하여 자기 자신을 평가 시, 자신의 부정적인 면에 초점을 맞추고 자존감이 낮은 편으로 여겨진다(H:Hd+(H)+(Hd)=0:2, 3r+(2)/R: 0.14).

대인지각 측면에서 수검자는 사회적 상황에 대한 불편감이 높고, 대인관계 대처 능력이 부족한 상황으로 깊이 있는 관계를 맺지는 못하는 것으로 보인다(CDI: Positive, 대인관계에 대한 태도를 나타내는 로르샤흐 카드: '대벌레' '전투기').

처리적 측면을 살펴보면, 사고가 단순하고 경직되어 있으며, 매우 피상적인 시각을 가지고 있어서 스트레스가 적을 때는 무난하게 적응하는 모습을 보이지만, 작은 스트레스에도 고통감이 커질 수 있을 것으로 예상된다(Lambda: 1.8, Zd: −4, W:M=7:1).

중재적 측면에서는 평범 반응은 5개로 관습적 지각 능력이 양호하지만(P: 5, Xu%: 0.14), 왜곡된 형태반응이 많이 나타나서 판단이 애매한 스트레스 상황에서는 객관적이고 이성적인 판단을 내리지 못할 가능성이 높은 것으로 보인다(X−%: 0.29).

관념적 측면은 현재 부적응적인 사고 경향이 나타날 정도는 아니지만, 문제 상황에 대응하기 위해 필요한 기본적인 자원을 갖추지 못한 것으로 여겨지는 바, 작은 스트레스에도 급격한 기능 저하를 보일 가능성이 높은 것으로 보인다.

요약하면, 수검자가 호소하는 수면 곤란, 집중 어려움 등의 증상은 스트레스 시, 정서에 대한 회피적 태도와 대인관계 대처 기술의 비효율적인 경향으로 인해 기인하는 것으로 보인다. 스트레스 상황에서 심리적 대처 자원이 부족하여 단순하고 피상적으로 감정을 처리하고 회피하면서 해소되지 않는 부정적 감정이 다양한 증상으로 나타나는 것으로 여겨진다.

검사 결과 (좌측 라벨)

해석상담 요약 (좌측 라벨)

- 검사 결과를 살펴보면 스트레스 대처방식이 단순하고, 정서에 대한 회피적 태도를 지닌 것이 내담자의 현재 증상과 연관이 높은 것으로 보임.

- 해석상담 결과, 내담자는 스트레스 상황에서 복잡한 감정이 현재 증상과 연결되어 있다는 것을 인식하게 되었고, 특히 감정 억압적 대처가 지속되면 증상이 지속될 수 있음을 알게 됨. 객관적으로 상황을 검증해 보면서 단순하게 생각하고 걱정만 높아졌다는 것을 깨닫게 됨. 모에 대한 분노 감정을 탐색하고 감정에 대한 수용을 하면서 다양한 대처방법에 대해 도움받길 원함.

개입방향	• 스트레스 대처방식 점검 및 연습 　−의사소통 기술 연습(경청, 공감, 표현 등) 　−심상유도/긴장이완 연습(점진적 근육이완, 복식호흡 등) 　−마음챙김(Mindfulness) • 객관적인 현실 검증력 증진 　−모의 외도 여부에 대해 객관적 파악 　−자신에 대한 왜곡되고 부정적인 사고를 긍정적이고 현실에 기초에 둔 자기진술로 재구성 • 사건에 대해 깊이 있게 숙고하도록 생각 확장 　−부모의 이혼이 내담자에게 어떤 의미가 있는지? 　−모의 외도가 사실일 때 내담자와 가족에게 어떤 영향을 주는지? 　−그로 인해 가족 구성원들이 어떤 상태를 경험하게 되는지? 　−모의 외도 사건에 대해 다른 시각으로 볼 수 있는 방법이 있는지?
제언	• 현재 모의 외도라는 스트레스 사건에 대해 수검자가 어떤 생각과 감정을 지녔는지 구체적인 탐색이 필요함. • 감정의 인식과 적절한 표현을 하도록 돕고, 현재 스트레스 상황에 적응하기 위해 다양한 대처방식을 습득하도록 하는 것이 도움이 될 것으로 보임.

(2) 해석상담

상담자 1	안녕하세요. 지난 시간에 로르샤흐 검사를 하셨는데 오늘 검사 결과를 살펴볼게요. 검사하시면서 혹시 궁금하셨던 점이 있었나요?	검사에 대한 궁금점, 생각, 감정 확인
내담자 1	음…… 뭘 말해야 할지 몰라서 어렵긴 했는데 그냥 보이는 것을 말했어요. 무엇을 알아보는 검사인가요?	검사에 대한 간단한 설명
상담자 2	네. 그렇게 보이는 것을 말씀하시는 것 맞고요. 잘하셨습니다. 이 검사는 약한 스트레스를 준 다음에 그 사람이 스트레스를 받았을 때 어떻게 행동하는가를 보는 검사입니다.	
내담자 2	저는 스트레스를 받았을 때 걱정이 많아지고 집중이 잘 안 되는 편인데 요즘 통 잠을 못 자고 생각이 많아지네요.	
상담자 3	그러시군요. 밤에 잠을 못 자는 동안 주로 어떤 생각과 행동을 하시는지 궁금합니다.	구체적인 생각과 행동 탐색
내담자 3	그냥 뒤척이다가 새벽 3~4시 정도에 자는데 메시지가 오는지 확인하게 되고 인터넷 검색도 좀 하다가 잠이 안 오면 음악도	

들어요. 생각은…… 글쎄요. 잘 생각 안 해 봤는데…….

상담자 4	늦게까지 잠이 안 오고 뒤척이면 잠을 잔 것 같지도 않고 매우 피곤하시겠네요. 지금 한번 그때 떠오르는 이미지들을 잠시 떠올려 보시겠어요?	공감. 구체적 심상 파악
내담자 4	음…… 2년 전에 엄마가 외도한 것을 알고 제가 화를 엄청 내고 욕을 했어요. 그런 제 모습들이 갑자기 떠오르기도 하고…….	
상담자 5	그런 일이 있었군요. 엄마에게 복잡한 감정이 드실 것 같은데 어떤 마음인가요?	
내담자 5	복잡하죠. 엄마한테 화가 나는데 지금은 아무렇지 않은 척하고 있어요. 제가 엄마를 또 무시하지 않을까…… 하는 생각이 들어요.	
상담자 6	엄마에게 화난 마음을 정작 내색도 못 하니 많이 답답하고 괴로울 것 같네요. 이런 복잡한 감정들이 적절히 해소되지 않고 쌓여 있다면 잠도 안 오고 집중도 안 되는 게 이해되네요. 검사 결과에서도 스트레스에 대한 반응으로 단순하고 피상적으로 처리하는 경향이 있고, 특히 감정을 표현하는 것에 대해 불편감을 많이 느끼는 것으로 나타났어요. 이런 대처를 계속 사용하다 보면 해소되지 못한 감정들이 마음 안에 쌓여서 다양한 증상들로 나타날 수 있어요.	공감. 해결되지 않은 감정과 호소문제를 연결. 검사 결과와 관련하여 증상 설명
내담자 6	맞아요. 저는 원래 진짜 깊은 감정은 잘 말 안 하는 스타일이에요. 초6 때 따돌림을 당했는데 그때도 표현을 잘 안 하고 혼자서 힘들어했어요. 그것 때문에 깊게 관계를 맺는 것이 힘들기도 하고 마음을 확 열지는 않는 것 같아요.	
상담자 7	그러셨군요. 자신에 대해서 이해하려고 많이 생각해 보셨던 것 같네요. 검사 결과에서도 ○○ 님은 현재 스트레스가 매우 높은 상태인 것으로 나타나는데 스트레스를 잘 조절하고 대처하는데 있어서 어려움을 경험하는 것으로 보여지네요. 특히 사회적 상황에서 정서를 표현하기를 꺼리거나 깊이 있는 관계 맺는 것에 대한 갈등이 있는 것 같아요. 이 부분에 대해서 어떻게 생각하시나요?	검사 결과와 호소문제 연결
내담자 7	그런 것 같아요. 저는 진짜 친하다고 생각하는 사람 아니면 제속 이야기를 잘 안 해요. 근데 보통 다 그렇지 않나요?	
상담자 8	다들 정도는 차이가 있겠지만 자신이 꺼내 놓고 싶은 거라면 표	관점 확장

현할 수 있는 상황에서 언제든지 표현할 수 있으면 좋겠지요. ○○ 님이 볼 때 다른 사람들은 어떤 것 같아요?

내담자 8   그렇긴 해요. 저는 그런 생각을 깊이 있게 잘 해 보지 않은 것 같아요.

상담자 9   괜찮아요. 지금 한번 생각해 볼래요? 다양한 관점에서 생각해 보는 것도 대처방법을 확장시키는 데 도움을 줄 수 있어요.   관점 확장 격려

내담자 9   음…… 생각해 보면 제 친구는 저보다 부정적인 감정을 잘 표현하는 것 같고 저한테뿐만 아니라 다른 사람들한테도 편하게 자신의 마음을 쑥 내놓는 것 같네요. 대부분 다 그렇게 아니네요. (웃음)

상담자 10   그렇죠. ○○ 님은 최근 스트레스 상황에서는 혹시 누군가와 이야기해 보셨을까요?   감정 표현과 관련하여 스트레스 대처 탐색

내담자 10   이런 이야기를 말할 수도 없고 어떻게 해야 할지도 모르겠고 혼자 고민만 했는데 제가 내린 결론은 차라리 지금을 그냥 피하고, 아무렇지 않은 척을 하는 게 나을 것 같아요.

상담자 11   지금 어떻게 해야 할지 모르겠고 복잡하고 힘들었을 마음들이 심리검사 결과에도 반영이 된 것 같아요. 특히 p라고 하는 평범반응은 5개로 보통 수준이에요. 이것이 의미하는 바는, 일상적으로 지각하는 방식은 다른 사람들도 지각하는 방식으로 양호한 것으로 보여져요. 그런데 지각하는 방식이 다소 왜곡되어 있는 경우로 나타났네요. 이러한 경우 판단이 애매한 스트레스 상황일 때에는 객관적이고 이성적인 판단을 내리지 못할 가능성이 높을 것으로 예상돼요.   내담자의 대처방식과 검사 결과와 연결

내담자 11   네. 제가 할 수 있는 것은 아무리 생각해도 모르겠어요. 엄마에게 이런 말을 해서 외도라는 사실이 밝혀지면 어떻게 하죠? 그때는 두 분이 이혼할 것 같아요.

상담자 12   우선, 현재 엄마의 외도에 대한 심증은 많지만 이런 부분이 객관적으로 확인되지 않은 것 같은데 미리 걱정을 많이 하는 것 같아요. 이미 아버지도 이 사실을 알고 있고, 이혼에 대해서는 염려하지 말라고 말씀하신 것을 보면 잘 해결해 나가려고 하는 의사가 있어 보이지 않나요? 어때요?   단순하게 사고하여 걱정이 높아지므로 객관적 검증을 위해 질문

내담자 12   그런 것 같아요. 다시 생각해 보면 두 분은 이혼까지 가진 않을 것 같네요. 제가 좀 걱정하는 게 많긴 해요.

상담자 13	주의의 초점이 걱정에만 가 있으면 상황을 객관적으로 보는데 어려움이 나타날 수 있어요. 특히 판단이 애매한 스트레스 상황에서는 더 그럴 수 있고요.

검사 결과에 대한 설명

내담자 13 네, 그랬던 것 같아요.

상담자 14 이혼에 대한 걱정도 물론 들 수 있지만 ○○ 님이 엄마에 대한 마음이 어떤지 궁금해요.

모에 대한 감정 탐색

내담자 14 엄마…… 이해가 안 가죠. 그리고 짜증 나고요. 왜 그런 행동들을 했는지. 지난번에 외도했을 때도 엄마가 외로워서 그랬다는데 제가 참…… 어이가 없었어요. 이번에 만약 외도라는 게 밝혀진다면 진짜 열 받고 화날 것 같네요.

상담자 15 지금 말씀하시면서도 많이 화가 난 것 같아요. 화를 허용하고 잠시 머물러볼래요. 신체 어느 부분에서 화가 느껴지는지 한번 느껴 볼래요.

신체감각을 통한 분노 감정 탐색

내담자 15 가슴, 그리고 얼굴이요. 열 받아서 달아오르네요.

분노 감정에 머무르기

상담자 16 가슴과 얼굴에서 달아오르는 그 화에 잠시 머물러 보시겠어요.

내담자 16 (침묵 15초) 배신감이요. 엄마가 우릴 배신했다는 느낌이에요. 그리고 이제는 믿을 수 없다는 생각이 드네요.

상담자 17 지금 느끼는 배신감, 분노 모두 충분히 느낄 수 있는 감정이지요.

감정에 대한 타당화

내담자 17 네. 배신감이 드니까 엄마를 무시하게 되는 것 같네요. 그리고 감정을 제대로 표현하지 않고 더 화를 내려고 참아 둔 것 같아요. 그러다 보니 더 표현을 안 하게 되고 혼자서 힘들었던 것 같아요.

상담자 18 좋아요. 분노 이면의 마음을 잘 들여다보고 계시네요.

요약

내담자 18 그럼, 이제 제가 어떻게 하면 좋을까요?

상담자 19 현재 스트레스 상황에 대한 관점과 대처를 구체적으로 살펴보면서 현실에서 할 수 있는 것이 무엇인지 더 이야기 나눠 보면 좋을 것 같은데 어떻게 생각하시나요?

추후 상담 이용에 대한 안내

내담자 19 네, 해 보고 싶어요.

2. 주제통각검사(TAT)

1) 개요

주제통각검사(Thematic Apperception Test: TAT)는 그림을 보고 만든 공상적인 이야기를 통해서 의식적·무의식적 경향을 파악하기 위한 목적으로 만들어진 투사적 검사이다. 로르샤흐 검사와 마찬가지로 TAT는 모호한 자극을 지각하는 과정에서 개인 고유의 심리적 과정이 독특한 해석을 도출하게 한다는 입장을 지니고 있다. 그러나 로르샤흐 검사는 인물이 등장하지 않고 잉크 반점이라는 추상적인 자극을 제시하며, TAT는 인물이 등장하는 모호한 그림자극을 제시하고 비교적 구조화되었다는 점에서 다르다.

TAT는 수검자의 대인관계와 성격 역동을 잘 반영하며, 구체적으로 개인의 내적 동기, 정서, 콤플렉스, 갈등, 방어, 환경 지각 방식, 자각하지 못하는 억압된 측면 등에 대한 의미 있는 정보를 얻을 수 있고, 심리적·환경적 갈등을 이해하는 데 도움을 준다. 또한 수검자의 성격, 내적 욕구 및 동기, 환경과의 갈등에 대한 정보를 빠른 시간 안에 제공해 주기 때문에 심리치료나 치료적 면담 이전에 시행한다면 유용한 정보를 얻을 수 있다. 그러나 검사로서의 한계점도 있으므로 단독으로 시행하기보다는 다른 심리검사와 상호 보완적으로 사용하는 것이 더 유용하다.

2) TAT 개발 과정과 역사

1879년 Galton은 자유연상 과정에서 개인의 연상 내용이 어린 시절과 연관되고, 표현되지 않는 개인의 사고 내용에 기초를 이룬다고 제안하였다. 1908년 Libby도 아동·청소년의 연상실험을 통해 연령에 따라 연상의 내용에 유의미한 차이가 있음을 발견하였다. 이후 1926년 Clark은 정신분석 과정에 대한 보조 기법으로 이야기를 도입하였는데 피검자로 하여금 그가 유아라면 그림에서 나타나고 있는 상황에 대해 어떤 감정을 느꼈는가를 상상하도록 하는 것에서 유용함을 발견하였다. 이처럼 이야기를 통한 이해가 시도되어 오다가 1935년 Murray와 Morgan에 의해 TAT가 공상 연구의 방법으로 정식 소개되었고, 1938년 Murray에 의해『Exploration in Personality』가 출판되면서 욕구–압력의 이론적 체계를 갖추게 되었다. 1936년에 하버드 대학의 Psychological Clinic에서 소개된 도판은 개정을 거친 끝에 1943년 Murray에 의해 31개의 도판으로 표준화되었고, TAT 도구로 정식 출판되어 현재까지 사용되고 있다. 최종적인 도판의 선정기준은 '그림이 얼마나 일반적이고 포괄적인 내용을 연상시킬 수 있는가?' '얼마나 모호한가?' '수검자가 동일시할 수 있는 인물이 적어도 한 명은 포함될 수 있어야 함.' '어떤 그림이 가장 큰 자극적 힘을 가지고 있는가?'에 의해 결정되었다. 이후 1949년 Bellak이 '아동용 주제통각검사(CAT)'를 제작했고, 1952년 수정 출판되었다.

3) TAT 이론적 근거

이론적 근거를 이해하면 TAT를 어떤 원리로 해석할 수 있고, 이 검사를 통해 무엇을 보여줄 수 있는지 설명할 수 있다. 옛날부터 전해 내려오는 신화, 민담, 전설, 설화 등의 이야기들은 그 이야기가 말해 주는 내용도 있겠지만 이야기를 만들어 낸 사람의 특성도 영향을 받아 함께 전달된다. 예를 들어, 전래동화 속의 등장인물은 지역에 따라 약간의 차이가 존재한다. 전래동화인『은혜 갚은 까치』는 서울 · 경기 지역에 주로 널리 알려져 있는 반면, 강원도는 '은혜 갚은 꿩'으로 많이 쓰이며, 북한은 '은혜 갚은 올빼미', 남쪽 지방은 '은혜 갚은 두꺼비'로 많이 알려져 있다. 이와 마찬가지로 판소리 버전도 지역별 정서가 반영되어 전해지기 때문에 지역차로 인해 다양한 버전이 존재한다. 즉, 같은 그림을 보고 이야기를 해도 사실적 내용만 전달되는 것에 그치는 게 아니라 전달하는 사람의 태도, 정서 등의 내면 상태가 반영될 수밖에 없다. 따라서 이야기를 만들어 낸 사람의 내적 심리가 어떤지 추론할 수 있는 이론적 근거를 심리학적 용어로 설명한다면 투사, 통각, 심리적 결정론의 세 가지로 이해해 볼 수 있겠다.

(1) 투사

투사는 방어기제 중 하나로 무의식적 또는 받아들여질 수 없는 충동이나 욕망, 가치 등 모든 것을 그 개인 밖에 있는 환경 속의 사람이나 사물에 투입시키는 현상을 의미한다. 주로 편집적 망상 과정을 설명할 때 자주 사용되는 개념인데 Freud는 투사가 반드시 피해망상과 같은 정신병적인 과정에만 국한되어 나타난다거나 경직된 방어기제로만 작동하는 것은 아니라고 주장하였다. 오히려 발생학적으로 인간의 인지가 기능하는 매우 '기본적이면서도 보편적인 방식'이라고 설명하였다. 또한 인류의 종교와 문명이 탄생하고 발전해 나가는 과정에 투사가 기여한 역할이 크다고 하였으며, 아무런 갈등 없는 상황에서도 발생하고, 내적 감정이나 감각을 인식하기 위해 사용하는 불가피하면서도 자연스러운 지각의 한 과정으로 생각하였다.

(2) 통각

통각은 투사와 비슷한 개념이지만 좀 더 포괄적이고 일반적인 심리학적 용어이다. TAT를 이용하여 무의식적 환상에 대한 심리적 주제들을 밝혀낸 Bellak은 통각이란 '지각에 대한 의미 있는 해석'이며, 모든 주관적인 해석은 역동적으로 의미 있는 '통각적 왜곡 과정(apperceptive distortion)'을 거친다고 설명하였다. Murray(1981)는 '지각(perception)'이란 감각 인상에 근거한 인식인 반면, '통각'이란 이 지각에 더하여 의미가 부가되는 것이라 하였다. 왜곡은 꼭 부적응한 것이라고 볼 필요는 없고 있는 그대로가 아니라는 의미로 이해할 수 있다. 예를 들어, 길을 가다가 어떤 이성이 자신과 눈이 마주칠 때 우연히 눈이 마주쳤음에도 불구하고 '내 얼굴에 뭐가 묻었나?'라고 왜곡해서 받아들이기도 하고, '나한테 관심이 있나?'라고 왜곡하기도 한다. 우리는 어느 정도 왜곡을 가진 채 살아간다. 그러나 개인마다 왜곡의 정도와 내용이 다르기 때문에 지각에 대한 의미 있는 왜곡인 통각을 통해 해석해 나갈 때 개인의 내적 심리를 추론해 볼 수 있다.

(3) 심리적 결정론

Bellak은 외적인 자극에 대한 반응으로 이야기되는 모든 것에는 역동적인 의미가 있다고 설명하며 이를 심리적 결정론이라고 설명하였다. Freud도 실언과 실수는 없다고 주장하면서 억압된 무의식이 입 밖으로 표출되는 말실수를 통해 무의식을 해석하고자 하였다. 즉, 수검자의 반응은 우연에 의한 게 아니라 과거의 경험과 내면세계가 역동적으로 작용하여 반영된다고 가정한다. 따라서 TAT에서 수검자의 반응은 도판에 대한 설명만이 아니라 수검자의 동기, 성격 및 갈등이 상징적이고 간접적인 방식으로 반영된다고 볼 수 있다.

4) TAT 실시와 지시 방법

(1) 검사도구

TAT 도판, 반응 기록 용지, 필기구, 녹음기, 반응 분석 용지, 스톱워치

(2) 도판 구성

도판은 흑백의 그림으로 구성된 도판 30장과 백지 도판 1장으로 총 31장의 도판으로 구성되어 있다. 총 31장의 도판 중 수검자의 성별과 연령에 따라 선택하여 20장의 도판을 사용한다. 도판 뒷면에는 숫자만 있는 도판과 숫자에 알파벳이 함께 있는 도판이 있으며, 남자는 M, 여자는 F, 소년은 B, 소녀는 G로 기술되어 있다. 숫자만 있는 도판은 모든 수검자에게 공

통으로 해당되며, 나머지는 수검자의 특성(성별, 연령)에 맞게 구분 표시를 사용한다.

표 8–15 도판 구성

공용도판	1, 2, 4, 5, 10, 11, 14, 15, 16, 19, 20 (11매)
성별	남자 공용 도판: 3BM, 6BM, 7BM, 8BM, 9BM, 17BM, 18BM (7매)
	여자 공용 도판: 3GF, 6GF, 7GF, 8GF, 9GF, 17GF, 18GF (7매)
연령	성인 공용 도판: 13MF (1매)
	미성인 공용 도판: 12BG (1매)
성별+연령	성인 남자 전용 도판: 12M (1매)
	성인 여자 전용 도판: 12F (1매)
	소년 전용 도판: 13B (1매)
	소녀 전용 도판: 13G (1매)

(3) 준비 사항

TAT는 안정감을 느끼고 자유롭게 반응할 수 있는 분위기에서 실시하는 것을 권한다. 검사 반응이 의미 있는 자료가 되기 위해서 라포 형성이 최대로 이루어져야 하는데 만약 반응이 적거나 저항이 강하거나 의심이 있는 환자 또는 수검자는 검사 시행 전, 다른 검사를 먼저 시행하는 것이 자유로운 반응에 도움이 된다.

(4) 실시방법

검사는 성별과 연령을 고려하여 20개의 도판을 선정하는데 일반적으로 1~10번 도판은 첫 회기, 11~20번 도판은 두 번째 회기에 실시된다. 두 번에 걸쳐 시행하는 이유는 수검자의 피로를 줄여서 효율적인 반응을 이끌어 내기 위해서다. 그러나 실제 임상 장면에서는 대부분 검사를 1회만 실시하며, 검사자에 따라 할당 시간, 선호하는 도판 종류, 실시방법, 채점과 해석방법에 차이가 있다. 일반적으로 검사시간은 1회에 30분~1시간 정도 소요되며, 수검자의 특성에 따라 9~12장 정도의 도판을 선별하여 단축검사를 실시하기도 한다. 검사 지시는 1회와 2회 내용이 차이가 있고, 수검자의 연령과 지능 수준에 따라서도 다소 차이가 나기도 한다.

(5) 지시문

표준 절차의 지시 내용은 다음과 같다.

① 1회 검사

"지금부터 당신에게 몇 장의 그림을 한번에 한 장씩 보여 주겠습니다. 그림을 보면서 극적인 이야기를 만들어 보십시오. 그림에 나타난 장면이 있기까지 어떤 일이 있었는지, 현재 무슨 일이 일어나고 있는지, 사람들은 무엇을 느끼고 있고 무엇을 생각하고 있는지를 이야기해 주십시오. 그리고 그 결과에 대해서도 이야기하시기 바랍니다. 생각이 떠오르는 대로 자유롭게 이야기해 주십시오. 각 도판마다 약 5분 정도 이야기할 수 있습니다."

② 2회 검사

2회 검사에서 사용되는 도판은 일상적이지 않고 극적이고 기이한 장면이 제시되어서 더 자유로운 상상을 지시한다.

"오늘도 어제와 같이 하면 됩니다. 단지 더 자유롭게 상상해 보도록 하십시오. 지난번 본 10장의 그림들도 좋은 것이긴 하지만 일상생활에서 마주치는 사실들에 이야기를 제한시켜야 했습니다. 이제 그런 일상적 현실을 무시하고 상상하고 싶은 대로 상상하십시오. 신화, 동화, 우화같이 말입니다."

③ 백지 도판: 16번 도판에 대한 특별 지시문

"이 백지 도판에서 무엇을 볼 수 있는지 한번 봅시다. 이 백지에서 어떤 그림을 상상해 보고 자세하게 얘기해 주십시오." 수검자가 어려움을 느끼는 경우, "자 눈을 감아 보세요. 그리고 무엇인가를 상상해 보십시오." "자, 이제 상상한 것을 토대로 그것에 관해 이야기를 만들어 주세요."

5) 도판의 특성과 전형적 주제

이 책에서는 1~10번 도판이 일반적으로 임상 장면에서 사용되기 때문에 10번 도판까지만 제시하기로 한다.

도판	내용
1	 한 소년이 바이올린 앞에서 무엇인가 골똘히 생각하고 있다.
주제	전체 성격에 대해 말해 주는 도판으로 TAT 도판 중 가장 중요하게 해석되며, 위협적이지 않아서 순조로운 시작과 자유로운 공상을 이끌어 낸다. 일반적으로 이 도판에서는 부모와의 관계가 투사되곤 한다. 부모의 태도가 강압적이고 위협적인가, 아니면 수용적이고 이해적인가를 알 수 있다. 부모의 요구에 대한 주인공의 반응으로 권위에 대한 복종과 자립에 대한 갈등, 혹은 자립에 대한 죄책감을 파악한다. 야망, 희망, 성취동기 등의 주제가 나타나기도 한다.
2	 시골 풍경으로 앞에는 한 젊은 여인이 손에 책을 들고 있고, 그 뒤에는 한 남자가 들에서 일을 하고 있으며 오른쪽 측면에는 한 중년 여인이 나무에 기대어 먼 곳을 응시하고 있다.
주제	주인공이 처한 환경 및 가족관계에 대한 이야기가 주로 언급된다. 이를 통해 피검자의 환경에 대한 지각이나 환경에 대한 반응으로서의 자립, 복종, 야망의 정도를 알아볼 수 있고, 가족에 대한 반응으로는 가족의 이산, 부모의 태도가 잘 나타난다.
3BM	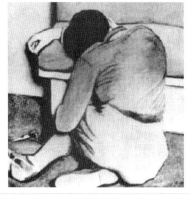 한 소년이 의자에 머리를 기대어 머리를 파묻고 마룻바닥에 주저앉아 있으며 그 옆에는 권총과 비슷한 물건이 놓여 있다.
주제	이야기의 전개 과정에서 주인공이 이러한 곤경을 어떻게 해결해 나가는지를 통해 문제 해결 과정이나 대처방식이 나타난다. 이 도판에서는 옆에 놓인 물체가 어떤 식으로 사용되었다고 지각되는가에 따라 적대감이 어떤 식으로 처리되는가를 알 수 있다.

3GF		젊은 여인이 오른손으로 얼굴을 가리고 왼팔을 문 쪽으로 뻗쳐 머리를 수그린 채 서 있다.
주제	우울감이 표현되는데 부모 관계나 배우자 관계에서 파생되는 어떤 갈등의 일부분으로 묘사되는 경우가 많다.	
4		한 여인이 마치 자기한테서 빠져나가려는 듯한 남자의 어깨를 붙들고 있다.
주제	남자와 여자 사이의 갈등이 많이 언급된다. 이 도판에서는 여성의 남성에 대한, 남성의 여성에 대한 태도가 투사되기 쉽다.	
5		한 중년의 여인이 방문을 열고 방 안을 들여다보고 있다.
주제	중년 여인이 비밀스러운 행동을 하는 사람을 보고 놀라는 장면으로 묘사, 자위행위가 발견되는 것에 대한 공포감이나 성적 호기심이 암시되는 경우도 있다.	

6BM		나이 든 여인과 젊은 남자가 서 있는데, 여인은 남자와 등을 돌리고서 창문을 바라보고 있고 남자는 침울한 표정으로 밑을 내려다보고 있다.
주제	대부분 어머니와 아들 간의 관계를 연상한다. 슬픔에 잠겨 있는 모자 관계로 연상되기도 하며, 모자간의 갈등이 있는 것으로 묘사하기도 하고, 경우에 따라 오이디푸스 콤플렉스가 반영되기도 한다.	
6GF		안락의자에 앉아 있는 여인이 그녀의 어깨너머로 입에 파이프를 물고 이야기를 건네는 나이 든 남자를 바라보고 있다.
주제	남자를 아버지로 보는 경우도 있으나 대부분 이성관계로 지각하며, 남자가 여자를 유혹하는 것으로 표현되는 경우도 많다. 이성관계에 대해 어떤 갈등이 내재되어 있는지를 알아볼 수 있는 중요한 정보가 드러난다.	

7BM		백발의 남자가 젊은 남자와 머리를 맞대고 뭔가 이야기를 하고 있는 듯한 모습이다.
주제	이 그림은 부자간의 관계, 때로는 협력관계에 있는 상하관계로 묘사된다. 음모를 꾸미거나 비밀스런 거래를 하고 있다는 내용에서 반사회적 경향이나 편집증적 경향이 드러난다.	
7GF		한 여인이 책을 들고 앉아서 소녀에게 말을 걸거나 책을 읽어 주고 있으며 인형을 안고 있는 소녀는 딴 곳을 쳐다보고 있다.
주제	어머니와 딸과의 관계 또는 주인집 딸과 하녀로 묘사되는 경우가 많다. 딸이 다른 곳을 쳐다보고 있으므로 어머니에 대한 항의나 거부적인 태도들도 쉽게 보여진다. 따라서 모녀 관계에 내재된 갈등이나 성적인 태도가 투사되기 쉽다.	
8BM		한 젊은 소년이 정면을 응시하고 있으며 한쪽엔 엽총 같은 것이 보이고 뒤에는 수술하는 장면이 흐릿하게 보인다.
주제	'누군가가 총에 맞아 수술을 하고 있는 장면' 혹은 '훌륭한 의사가 되고픈 장면을 상상하고 있는 소년'으로 연상되는 경우가 대부분이다. 피검자의 공격성이 향하고 있는 대상을 밝힐 수 있으며 야망이나 성취동기가 드러나기도 한다.	

8GF		한 젊은 여자가 턱을 고이고 앉아 어딘가를 바라보고 있다.
주제		여자는 주부나 다른 어떤 직업을 가진 여자로 보일 수 있다. 보통 일을 하다가 휴식을 취하며 자신의 현재 생활을 생각하거나 미래에 대한 상상을 하고 있는 것으로 묘사된다. 미래에 대한 태도나 현실의 어떤 어려움 등이 나타나기도 한다.
9BM		네 명의 남자가 풀밭에 누워 휴식을 취하고 있다.
주제		남자들이 힘든 일을 마치고 휴식을 취하며 잠을 자고 있거나 일하러 돌아가기 전에 짧은 휴식을 취하고 있는 것으로 보여진다. 여기서는 일과 동료에 대한 태도, 교우관계, 사회적 태도나 편견이 드러난다.
9GF		해변가를 달려가는 한 여인을 나무 뒤에서 다른 여인이 쳐다보고 있다.
주제		이 그림에서 나타난 두 여성의 나이, 차림새나 외모가 서로 경쟁심을 암시하기 쉽도록 묘사된 것 때문인지 동년배의 여성과 여성 사이의 관계에 포함된 경쟁적 정서가 자주 나타난다.

10		한 여인이 남자의 어깨에 머리를 기대고 있다.
주제		이 두 사람이 서로에게 애정을 표현하고 있는 것으로 간주되는 경우가 많고 사랑하는 사람과의 이별에 대한 주제도 나타난다. 흔히 남녀관계 문제, 부부관계에 대한 태도가 반영되며 때로는 부모상에 대한 의존이나 미래의 결혼생활에 대한 적응 문제가 암시되기도 한다.

6) TAT 해석

TAT는 1943년에 매뉴얼이 출간된 이후 다양한 채점 및 해석방법이 제안되었고, 각 기준마다 장·단점이 내포되어 있지만, 공식적인 채점 체계나 규준자료가 없는 상태이다. 지금까지 연구된 해석방법을 간단히 살펴보면 다음과 같다.

표 8-16 TAT 해석방법

표준화법 (Hartman, 1949)	• 표준화 자료를 근거로 반응을 항목화하여 평면적이고 통계적으로 분석하는 방법 • 수량화된 해석 시도 • 성격 진단보다는 성격 연구에 더욱 적절하게 사용
주인공 중심 분석법: 욕구-압력 분석법 (Murray, 1943)	• 이야기에 나오는 주인공을 중심으로 해석하는 방법 • 주인공의 욕구-압력, 욕구-방어, 다른 사람과의 관계 등에 초점
직관적 해석법 (Bellak, 1971)	• 정신분석에 기초한 접근 • 반응 내용에 기저하는 무의식적 내용에 대해 자유연상을 이용하여 해석 • 검사자의 통찰력, 정신분석 이론에 대한 이해 정도가 중요하게 작용
대인관계법 (Arnold, 1949)	• 이야기에 등장하는 인물 간 대인관계에 초점을 두고 해석하는 방법 • 피검자의 입장에서 본 공격, 친화, 도피 감정을 중심으로 분석

| 지각법 | • 이야기의 내용보다는 형식을 분석
• 검사자료의 지각적 왜곡, 특이한 언어 사용, 특이한 사고나 논리 등에 초점을 두고 해석 |
| 기타 최근 개발된
체계적 채점 방식 | • Cramer의 자아 방어기제 분석법
• Westen의 대상관계 방식 |

대부분 임상가들은 Murray의 욕구–압력 분석법이나 Bellak의 분석 항목 중, 가장 중요한 요소인 주인공의 '욕구'와 '압력' 그리고 '주요 주제' 및 그 주제가 내포하고 있는 등장인물 간의 갈등 내용과 유형을 종합적으로 탐색하고, 중요한 반응에 대해 심층분석을 하는 비공식적인 방법으로 해석한다. 이 책에서는 가장 널리 사용되는 '욕구–압력 분석법'에 대해 소개하고자 한다.

(1) 욕구–압력 분석법

욕구–압력 분석법은 개인의 욕구와 환경이 개인에게 요구하는 압력 사이의 상호작용 결과를 분석함으로써 개인의 심리적 상황을 평가하고자 하는 방식이다. 일반적으로 다음의 단계를 거쳐 해석된다.

표 8-17 욕구–압력 분석법의 단계

1. 주인공을 찾는다.
2. 환경의 압력을 분석한다.
3. 주인공의 반응에서 드러나는 욕구를 분석한다.
4. 주인공이 애착을 표현하는 대상을 분석한다.
5. 주인공의 내적인 심리상태를 분석한다.
6. 주인공의 행동이 표현되는 방식을 분석한다.
7. 일의 결말을 분석한다.

① 주인공

주인공은 이야기에서 수검자가 동일시하는 대상으로 주인공의 소망, 욕구와 압력이 수검자와 동일하다고 가정하기 때문에 이야기의 내용이 누구를 중심으로 이어지고 있는지 살펴본다. 주인공을 찾는 방법은 다음과 같다.

표 8-18   주인공 찾는 방법

- 제일 먼저 이야기에 등장하는 인물
- 이야기 전체에서 수검자가 관심을 집중하는 인물
- 중요한 행동을 주동하는 입장에 있는 인물
- 다른 사람으로부터 행동을 강요받는 인물
- 이야기를 전환시키는 역할을 하는 인물
- 연령, 성, 기타 심리적 특징이 수검자와 유사한 인물

② 환경의 압력

압력(pressure)은 욕구의 충족을 방해하는 또 다른 욕구 혹은 외부의 상황을 의미한다. 환경이 개인에게 요구하는 다양한 크고 작은 압력은 개인에게 추가적으로 요구하는 것이기 때문에 개인의 입장에서 보았을 때는 지키지 않는 것이 더 편할 것이다. 따라서 환경의 압력은 욕구와 언제나 부딪힌다. 환경의 압력은 인적 압력, 환경적 압력, 내적 압력 세 가지로 구분된다.

• 인적 압력

- 착취(acquisition): 주인공을 강탈, 착취
- 친화(affiliation): 주인공과 사교적인 동료관계
- 공격(aggression): 주인공에게 언어적 · 신체적 · 파괴적 공격
- 인지(cognizance): 주인공에 대해 호기심, 알고 싶어 함
- 존경(deference): 주인공에 순응, 혹은 존경
- 지배(dominance): 주인공에게 명령, 강요, 행동 억제, 행동 유인
- 모범(example): 주인공에게 좋거나 나쁜 모델이 됨
- 전달(exposition): 주인공에게 가르쳐 주고 설명해 줌
- 양육(nurturance): 주인공을 양육, 격려, 보호, 돌봐 줌
- 배척(rejection): 주인공을 거부, 경멸, 자존심 손상, 비난, 버림
- 확보(retention): 주인공이 바라는 것을 보유하고 제공해 주지 않음
- 성(sex): 주인공과 사랑에 빠짐
- 구원(succorance): 주인공으로부터 보호와 동정을 바람

- 포상(gratuity): 태어날 때부터 인종, 계급, 경제적으로 남의 숭배를 받음
- 가정불화(family insupport): 가정의 안정과 화목이 결여됨
- 경쟁(rival): 애정의 욕구나 승인의 요구를 좌절시키는 부모나 형제, 타인의 등장
- 동생 출생(birth or sibling): 동생 출생으로 인한 호기심, 경쟁심, 공격심
- 지배-양육(dominance-nurturance): 부모들이 자기가 달성하지 못한 것을 자녀들에게 부가시키는 것
- 공격-지배(aggression-dominance): 벌을 주거나 벌에 대한 위협, 억제, 강압적인 행동, 구타, 구속 등

• 환경적 압력

- 재해(disaster): 자연적 재해, 화재, 교통사고 등 불의의 사고
- 운명(luck): 주인공의 행복이 무엇으로부터 기인하는 것인지 불분명
- 불행(affliction): 주인공 자신이 아닌 환경 내 주변 인물에게 일어난 불행
- 결핍(lack): 물질적으로 빈곤/주인공이 가진 요구 대상을 상실
- 위험(danger): 자연으로부터 오는 물리적 위험이나 불행
- 다양성(variety): 환경에 변화가 없고 생활이 무미건조해서 받는 영향

• 내적 압력

- 죽음(death): 주인공의 죽음
- 질환(illness): 주인공의 질환
- 좌절(frustration): 주인공의 욕구가 좌절
- 죄(guilt): 범법행위나 비행에 대한 죄책감/종교적 · 도덕적 죄의식
- 신체 부전(physical inadequacy): 주인공의 신체적 부적절감
- 심리 부전(mental inadequacy): 주인공의 심리적 부적절감
- 수술(operation): 수술에 대한 불안, 공포
- 열등감(inferiority): 주인공이 느끼는 신체적 · 사회적 · 정신적 열등감

③ 주인공의 반응에서 드러나는 욕구

욕구(need)는 불만족스러운 상황을 만족스러운 상황으로 바꾸기 위해 자신의 지각, 사고, 행위 등을 특정 방향으로 이끄는 힘이다. 주인공의 행동이 곧 욕구를 나타낸다고 가정하므로 주인공의 욕구가 향하는 방향이 무엇인지 살펴본다. 주인공의 욕구는 크게 외적 사상에 대한 욕구, 대인적 욕구, 압력을 배제하려는 욕구로 구분된다.

• **외적 사상에 대한 욕구**

- 성취(achievement): 성취, 지식 및 기술 획득, 승리, 명성 획득, 창조적 활동 수행
- 획득(acquisition): 사회적 · 반사회적 획득, 변화 추구
  - 사회적 획득(social acquisition): 재산 소유, 가치 획득, 이에 대한 선망
  - 반사회적 획득(asocial acquisition): 훔치거나 탈취, 착취, 위조
- 변화, 여행, 모험(change, travel, adventure): 새로운 것, 여행 추구
- 인지(cognizance): 호기심, 관찰, 실험, 지적 탐구, 탐색
- 구성(construction): 정리, 정돈, 배열, 조직화, 건축 등 창조성
- 만회(counteraction): 실패나 장애 극복, 자존심 만회, 열등감 극복
- 흥분(excitance, dissipation): 정서적 흥분, 탕진, 위험한 놀이에 탐닉
- 섭취(nutrience): 음식과 음료 섭취, 즐김
- 수동(passivity): 휴식, 수면, 안락함, 평온, 아무것도 하지 않는 것
- 유희(play): 놀이, 오락, 사교적 모임, 유흥, 흥겨운 생활
- 확보(retention): 물건 수집, 저장, 보존, 절약, 검소
- 관능(sentience): 향락적 · 심미적 쾌락 추구
  - 향락(epicurean): 쾌락, 좋은 음식과 술 탐닉
  - 심미적(aesthetic): 미적 추구, 창작의 즐거움, 자연의 신비
- 이해(understanding): 지식과 지혜 추구, 독서, 경험 추구

• **대인적 욕구**

- 친화(affiliation): 타인과의 집단적 · 정서적 친화 욕구
  - 집단적(associative): 사교적 집단에서 일하고 노는 욕구

−정서적(emotional): 강한 애정, 동정, 결혼

• 공격(aggression): 감정적 · 언어적 · 신체적 공격

• 지배(dominance): 타인의 행동과 생각을 지배, 설득, 지도

• 전달(exposition): 소식 전달, 강의, 보도, 훈계, 교육

• 양육(nurturance): 동정, 위로, 보호, 염려, 간호

• 인정(recognition, exhibition): 타인의 인정, 관심과 주목, 명성

• 거부(rejection): 경멸, 비난, 배척, 무관심, 냉담, 타인 요구 거부

• 성(sex): 이성 교제, 성행동

• 구원(succorance): 타인의 지지와 보호, 충고와 도움을 바람

• 우월(superiority): 성취, 승인 욕구

• 유사(similarity): 타인에 감정이입, 주변 사람들을 모방, 본받기

• 압력을 배제하려는 욕구

• 굴종(abasement): 타인과 우호적 관계를 유지하기 위해 순응, 패배, 사과, 체념, 무저항

• 자율(autonomy): 자율적 행동에 대한 욕구

−자유(freedom): 구속이나 속박 벗어남, 학교/사회/직장/군무이탈, 의무 해방

−저항(resistance): 강요나 권위에 저항, 반대, 과제 거부

−반사회적(asocial): 도덕적 · 사회적 이탈 행동

• 비난 회피(blame−avoidance): 불명예나 비난을 두려워하여 잘못을 삼감

• 존경과 복종(deference): 타인에 복종, 명령에 순응, 암시나 권위에 협조

−복종(compliance): 타인에 복종, 명령에 순응, 암시나 권유에 협조

−존경(respect): 타인을 존경, 칭찬, 타인의 업적 인정

• 재난 회피(harm−avoidance): 파괴나 위험, 죽음을 두려워하고 걱정함

• 방어(defence): 공격, 비난, 비평으로부터 자신을 방어

• 은둔(seclusion): 외부 접촉을 회피, 은둔

• 불가침(inviolacy): 자존심 손상과 박탈을 방어, 좋은 평판을 위해 심리적 거리 유지

• 해독 회피(noxious−avoidance): 불쾌한 감각을 회피함

④ 주인공이 애착을 표현하는 대상

이야기 내용 중 주인공이 관심을 표현하는 정적 감정의 대상은 욕구의 대상일 수 있는 반면, 부적 감정의 대상은 압력을 일으키는 원천으로 생각해 볼 수 있다. 따라서 주인공에게 정적 · 부적 감정을 일으키는 대상이 무엇인지 찾아 분석해 본다.

⑤ 주인공의 내적 심리상태 분석

이야기 속 주인공의 상태가 행복한지, 갈등을 느끼는지, 비관적인지 평가한다. 기쁨, 의기양양, 행복, 흥분, 갈등, 비탄 등 다양한 내적 상태가 나타난다.

⑥ 주인공의 행동이 표현되는 방식

주인공이 행동으로 표현하는 수준을 분석하여, 수검자의 성격 중 어떤 요인이 외현적 수준인지 내재적 수준인지 추론할 수 있다. 주인공의 행동 수준은 공상 수준(백일몽), 행동 전 수준(계획 세우고 심사숙고하며 적절한 때를 기다리는 상태), 외현적 행동 수준(계획을 실행에 옮기는 상태)으로 구분된다.

⑦ 일의 결말

이야기의 결말과 결말에 선행하는 여러 가지 조건에 주의를 기울인다. 이야기의 결말이 행복한지, 불행한지, 욕구가 충족되는지 또는 좌절되는지, 갈등이 지속되는지 등 다양하게 전개되는 결말을 분석한다.

7) 사례보고서 및 해석상담의 예

(1) 사례보고서

이름	이○○
인적사항	25세, 남성, 대학원 1학기, 무교 가족관계: 부, 모, 누나
내방경위	대인관계에서 자기표현을 잘하지 못하여 상담 신청함.

배경정보	내담자는 4개월 전에 모(母)가 근무하는 지역이 아닌 다른 지역에서 모(母)가 어떤 남성분과 함께 차를 마시는 것을 목격함. 2년 전에 모(母)의 외도가 있었던 터라 이에 대해 내담자가 모(母)를 의심하면서 물증은 없고 심증만 있는 상태에서 부모가 이혼할 것에 대한 걱정이 많아지고, 집중 어려움, 수면 곤란 등의 증상이 나타남. 본래 부모와 관계는 겉으로는 친하지도 멀지도 않은 소원한 관계인 것으로 보고하였고, 이번 사건에 대해서 가족 전체가 서로 이야기하기보다는 모른 척하면서 피상적으로 지내는 것으로 보임.
검사태도	▶검사 소요 시간: 45분 ▶행동관찰 도판을 바라본 후 곧바로 반응하였으며, 검사자가 추가 질문을 하자 잠시 생각한 후, 간단히 반응하였음. 그 밖의 특이할 만한 태도는 관찰되지 않음.

<table>
<tr><td colspan="3" style="text-align:center"></td></tr>
</table>

검사 결과	도판	반응
	1	한 소년이 바이올린 쳐다보는 장면이에요. 슬퍼 보여요. 내가 계속하는 게 맞는지 아닌지 고민해요. 이전에는 바이올린 레슨을 받는데 혼났을 것 같아요. (Q. 혼났다고요?) 네. 잘 못 쳐서요. 앞으로는 다시 바이올린을 칠 것 같아요. 여태까지 배운 게 바이올린이라고 생각해서요. 자신도 아니까…….
	2	남자가 농사짓고 있고 옆에 머리 두건을 두른 여자가 남자를 보고 있어요. 서로 아는 사이인데 '왜 웃통을 벗고 일하고 있지?' 남자 몸이 좋아 보여서 기분이 좋아 보여요. 남자는 '오늘 뭔가 할 일을 다 할 수 있을까?' 생각하는데 자기 할 일이 너무 바빠서 주변을 신경 안 쓰고 지쳐 있어요. 앞에 여자(주인공)는 공부하고 걸어가는 길이에요. '오늘 뭘 할지, 공부를 할지…….' '이 여자가 왜 가만히 서 있는지?'라고 생각해요. 서로 잘 모르는 사이예요. 이전에는 집에서 아침을 먹고 책 갖고 나올 준비를 했어요. 앞으로는 도서관 같은 곳 가서 공부해요.
	3	소파에 기대서 술에 취한 사람이 앉아 있는 모습이에요. 외롭고 힘들어 보이네요. 이 상황에서는 아무 생각 안 들 것 같아요. 이전에 술을 많이 마셨고 남친이 헤어지자고 해서 실연에 빠졌어요. 당분간 계속 이런 식으로 술 먹고 쓰러지고 며칠간 지내다 점점 잊혀지면서 자기 할 일을 할 것 같아요.
	4	남자는 무시하고 가려는데 여자는 끝까지 붙잡는 모습이에요. 귀찮다. 이 여자가 떨어졌으면 좋겠다고 생각해요. 여자는 슬프고 이 남자를 꼭 붙잡아야겠다고 생각해요. 아마 연인 사이가 아니었을까? 이전에 둘이 싸웠을 것 같고, 앞으로 이 둘은 이러고 갈라질 것 같아요. (Q. 왜일까요?) 남자가 미련이 없어 보여요. 이 여자가 너무 달라붙어서 귀찮고 잡는 것 같아서 질린 듯해요.
	5	한 여자가 불 켜진 방을 열어 보는 상황이에요. 왜 불이 켜져 있지? 방에 불을 끈 줄 알았는데 켜 있어서 당황스러워하네요. 이전에 불을 껐는지 다른 방을 확인차 다녔고, 다시 불 끄고 나갈 것 같아요.
	6	노인분에게 남자가 부탁하려는 모습 같아요. 둘은 채무 관계 같은데 남자가 주인공이고, 제발 이 여자 노인이 내 부탁을 들어줬으면 하는데 노인은 부탁을 절대 들어줄 수 없다는 단호하고 확실히 결정한 상태예요. 이전에 남자가 말도 안 되는 요구(남자는 살아가는 데 필요한 건데 여자가 보기에는 아닌 거 같아서)를 했을 것 같아요. 앞으로 이 남자는 계속 부탁하며 찾아오지만 못 들어줄 것 같아요.

〈표 계속〉

검사 결과	7	노인이 젊은 남자(주인공)에게 귓속말로 뭔가 말해 주는 거 같아요. (Q. 무슨 이야기일까요?) 별거 아닌 마을 이야기인데 남자가 그만 귓속말 좀 했으면 좋겠다고 생각해요. 짜증 나고 귀찮아 보여요. 이전에는 처음 이 남자가 조용한 곳에서 쉬는데 노인이 다가왔을 것 같아요. 앞으로 남자가 짜증 나서 노인에게 화낼 것 같아요. 이 둘은 동네에서 지나다니면서 인사하는 사이예요.
	8	불법적인 곳에서 장기 적출 하는 안 좋은 장면이에요. 남자(주인공)는 별생각이 없고 아무 기분도 안 드네요. 이 조직의 보스 같은데…… 이전에 주인공이 이 남자를 데리러 오려고 꿰어냈어요. 이 다음에는 장기가 없어지고 주인공이 또 다른 사람을 구하러 다닐 것 같아요.
	9	들판에서 다들 쉬는 모습이네요. 주인공은 딱히 없는 듯한데 '오늘 하루 너무 힘들다.'라고 생각할 듯하네요. 이전에는 사람들이 보물 같은 뭔가 찾으러 다녔을 것 같아요. 계속 찾아다니다가 또 돌아다니는데 결국 보물을 못 찾아요.
	10	이 둘이 연인 사이인데 이마에 입맞춤을 하고 있네요. 사랑한다는 생각을 하고 있고 기분이 좋아 보이네요. 이전에는 둘이 사랑 이야기를 했을 것 같고 앞으로는 이러다가 서로 할 일 하고 잘 지낼 것 같아요.
	16	큰 나무 밑에 캠핑용품이 있고, 남자 한 명이 앉아 있어요. 주변에 사람은 없고 나무, 풀, 참새 정도 있어요. 진짜 아무 생각도 안 하려고 온 거여서 생각이 별로 없어요. 평화로워 보여요. 이전에 자신이 할 일 때문에 힘들었던 것 같아요. 이 일에 대해 어떻게 해야 할지. 막상 일해 보니 생각한 것보다 힘들어서 이 일을 하는 게 맞는지 아닌지 고민해요. 앞으로 쉬었다가 결국 그 일을 다시 할 것 같아요. (Q. 그 이유는요?) 돈 때문에 하기 싫은데 어쩔 수 없으니까요.

주제통각검사(TAT) 결과를 살펴보면, 수검자는 대인관계 상황에서 타인의 지지와 보호, 도움을 바라는 구원의 욕구를 지니고 있으나, 이러한 욕구가 적절히 충족되지 못하고, 거절당하거나 버림받는 배척의 압력을 경험하는 것으로 보인다(예: 6번 도판). 반응 내용상, 결말에 대해서 '하기 싫은데 어쩔 수 없이 함' '보물을 결국 못 찾음' '부탁하지만 안 들어줌' '짜증 나서 화냄'으로 대부분 부정적으로 이루어지는 바, 욕구가 충족되지 못하고 좌절감을 경험하는 것으로 여겨진다. 특히 자신의 욕구가 좌절되거나 방해되는 상황을 경험하며 '이럴까 저럴까? 맞을까 아닐까?' 등의 생각에만 몰두되어 있고, 다양한 정보를 탐색하고 대안을 고려하기보다는 단순하고, 우유부단한 태도를 보이고 있으며, 이에 대한 대처방식은 피상적이거나 의존적·수동적인 경향이 높은 것으로 나타났다.

해석상담 요약	• 검사 결과에서 나타난 내담자는 대인관계 양상에서 의존적·수동적인 경향이 높고, 다양한 대안을 고려하기보다는 단순하고 우유부단하게 대처하는 것으로 보임. 주 호소문제인 자기표현의 어려움은 사회적 대처방식의 부족, 의존적이고 수동적인 특성과 연관되는 것으로 나타남. • 해석상담 결과, 내담자는 자기표현 하는 것이 어려운 원인을 탐색하면서 가족 내 채워지지 못한 지지와 격려, 학창 시절 왕따 경험 등이 관련되어 연결된다는 것을 인식하게 됨. 또한 누군가가 알아주기만을 바라고 정작 자신은 표현하지 않았기 때문에 상대방은 더 자신의 마음을 알 수 없었다는 것을 알게 됨. 전반적인 대인관계 양상에 대한 대처방식이 확장되어 자각하게 되었고, 상담에서 더 구체적으로 탐색 원함.

개입방향	• 대인관계 양상에 대한 이해 　−어린 시절 부모 또는 학창 시절 중요한 대인관계 양상에 대한 탐색 • 사회적 상황에서 다양한 대안 고려 　−타인의 호감과 지지를 얻기 위한 다양한 방법 탐색 　−자기표현을 적극적으로 잘하는 사람을 관찰하면서 긍정적 행동 모델링 • 사회적 대처방식 기술 습득 　−요청하기와 거절하기 연습 　−칭찬하기와 사과하기 연습 　−자신과 타인의 감정과 욕구를 이해하는 연습 　−주장 행동 시, 언어적 · 비언어적 요소에 대해 익힘 • 성공 확률이 높은 노출 선택 　−행동 전략(모델링, 행동연습, 사회적 강화 등)을 사용하여 노출 시도 　−과 회의 시간에 노출 행동 후, 잘한 점과 개선점을 평가
제언	• 사회기술훈련을 통해 표면적으로 행동 변화를 강조하고 연습하는 것에 그치지 않고, 자기표현을 하지 못하는 어린 시절 근원과 연결지어 탐색하고 내담자 스스로 이해할 수 있도록 돕는 것이 필요함.

(2) 해석상담

상담자 1	안녕하세요. 주제통각검사를 하셨는데 이 검사를 신청하신 이유가 있으실까요?	검사 신청 이유 탐색
내담자 1	제가 최근 대인관계가 어렵다는 것을 많이 느끼고 상담을 신청했는데 이 검사를 해 보도록 권하셔서 하게 되었어요.	
상담자 2	네. 대인관계가 어렵다는 생각이 드셨군요. 주제통각검사는 일반적으로 개인의 생각이나 감정, 욕구, 전반적인 대인관계 방식 등에 대해 이해할 수 있는 검사입니다.	주제통각검사에 대한 설명
내담자 2	이 검사가 대인관계도 볼 수 있어요? 잘 몰랐는데 신기하네요.	
상담자 3	평소에 ○○ 님께서는 대인관계를 할 때 어렵다고 느끼셨던 점이 있다면 어떤 것일까요?	대인관계 어려움에 대한 구체적 호소문제 파악
내담자 3	최근 제가 학생회 회장으로 뽑혀서 과에서 MT 가는 것에 대해 임원들과 의논을 했었는데요. 의논하는 과정에서 약간의 갈등이 생겼는데 제가 중재를 잘 못한 것 같고 주장을 잘 못하겠더라고요.	

상담자 4	그러셨군요. 의견 중재를 잘 하고 싶으셨는데 그러질 못한 것 같아서 속상하셨겠어요. 주장을 잘 못하겠다고 하셨는데 좀 더 구체적으로 말씀해 주시겠어요?	공감, 구체화 질문
내담자 4	사실, 제 의견도 제안하고 표현도 해야 하는데 저는 그런 것을 잘 못하는 것 같고, 그러다 보니 사람들이 저를 보고 답답해하는 것 같아요.	
상담자 5	○○ 님은 자기표현을 잘하고 싶은데 그게 잘 안 되신가 보네요.	욕구 반영
내담자 5	네. 그런 것 같아요.	
상담자 6	다른 분들은 그런 ○○ 님을 보고 답답해하는 것 같다고 하셨는데 ○○ 님은 어떠신가요?	자신에 대한 생각, 감정 탐색
내담자 6	저도 답답함을 느껴요. 표현하려고 해도 잘 안 되서 내가 좀 이상한가 하는 생각도 들더라고요.	
상담자 7	그러시군요. 자기표현이 잘 안 된다고 느끼셨던 게 언제부터인가요?	호소문제와 관련된 시기 파악
내담자 7	최근 일은 아니고요. 어렸을 때부터 그랬던 것 같아요. 형은 저보다 공부를 잘해서 칭찬이나 관심 많이 받았는데 저는 성적이 좋지 않아서 별 관심을 못 받았어요. 그러다 보니 제 의견을 말하거나 그런 게 점점 줄어들었던 것 같기도 하고요. 집에서도 저는 그냥 따라가는 식이지 제 주장을 막 하지는 않는 편이에요.	
상담자 8	그렇군요. 어린 시절부터 자기표현을 많이 하진 않았다고 하셨는데 그로 인해 어떤 생각들을 하셨을지 궁금하네요.	자기표현을 안 하는 자신에 대한 생각 탐색
내담자 8	누나는 가족들이나 친척들한테 관심이나 칭찬을 잘 받아서 자기 의견을 잘 말하는 것 같은데 나는 왜 관심을 안 줄까? 내가 잘하는 게 없어서 그런 거겠지. 그냥 이런 생각들을 막연하게 했던 것 같고 그러다 보니 더 위축된 것 같네요.	
상담자 9	자기표현을 잘하지 못하는 것이 관심이나 칭찬을 못 받아서라고 생각하시는군요.	요약, 명료화
내담자 9	그런 것 같아요.	
상담자 10	주제통각검사에서는 사람마다 갖고 있는 욕구가 다른데 주로 사람들과 관계에서 갖는 욕구들이 무엇이고, 이게 좌절될 때 어떻게 반응하는지 설명하고 있어요. 검사 결과에서도 현재 대인관계에서 지지와 보호를 받고 싶지만 잘 충족되지 못하고 혼자서 많은 생각들만 한 채 불만족감을 느끼고 계신 것으로 보여지	주제통각검사 설명, 검사 결과에 대한 해석과 이에 대한 생각 질문

네요. 이 결과에 대해 어떻게 생각하시나요?

내담자 10 아, 정말 그렇게 결과가 나왔어요? 신기하네요. 그런 것 같아요. 가족 안에서 채워지지 못한 지지, 격려. 이런 것들이 항상 대인관계를 할 때 느껴지는 것 같아요. 누군가 내가 하는 것을 칭찬해 주길 바라고, 관심 가져 주길 바라는 마음이요.

상담자 11 네. 대인관계에서는 주로 누구에게 그런 마음을 느끼셨나요?

대인관계에서 욕구
파악

내담자 11 최근에 MT 가는 것에 대해서도 그래요. 저는 임원들 중 누군가가 제 의견을 좀 알아주고 지지해 주길 바라는데 사람들은 서로 의견을 내다가 싸우기만 하고 회장인 저는 안중에도 없는 것 같아요. 근데 사실, 제가 표현하지 않으니까 사람들이 제 속을 모를 것 같기도 하네요.

상담자 12 말씀하시면서 알아차리신 것이 있으신 것 같은데 지금 어떠신가요?

내담자의 알아차림에
대한 생각 탐색

내담자 12 제 생각이나 감정을 잘 표현하지 않고 혼자서 콕 박혀 있었다는 생각이 드네요.

장점 강화

상담자 13 지금 이렇게 바로 알아차리시는 것이 정말 큰 자원이라 생각돼요. 혼자 생각에만 콕 박혀 있으면 해결되지 못한 감정이 많게 되고, 다양하게 정보를 탐색해서 결정하지 못하게 되어서 적응에 어려움을 줄 수 있지요.

내담자 13 그렇네요. 그래서 저는 사람들이 저를 생각해 주고 알아주길 바라는데 그렇지 못하다고 하면서 더 불만만 많았던 것 같고요. 표현을 안 하니까 당연히 그 사람들은 제 속마음을 알 수 없죠.

상담자 14 상대방의 입장에서 생각해 보면서 그들의 입장을 이해하고 계시네요.

요약

내담자 14 저라도 그랬을 것 같아요. 근데 한편으로는 저도 잘 표현하고 싶고 그런데 이게 가족관계에서 영향을 받기도 했지만 학창시절에 또래관계도 영향을 준 것 같아요.

상담자 15 그렇게 생각이 드시는군요. 검사 결과를 살펴보면 거절당하거나 버림받을 것에 대한 두려움이 높아서 깊이 있는 관계를 맺는 것에 어려움을 경험하시는 것으로 나타나는데 실제로 ○○ 님은 어떠신가요?

검사 결과에 대한
해석과 이에 대한 탐색

내담자 15 맞아요. 그 이야기를 들으니 울컥하네요. 사실, 제가 중학교 때 왕따를 당한 적이 있었는데 그때 이후인 것 같아요. 남들 앞에서 제 속마음을 표현하면 왠지 저를 싫어할 것 같고, 떠날 것 같다는 생각이 들었어요.

상담자 16 말씀하신 것처럼 거절당할 것에 대한 두려움이 높으면 자기표현 하는 것이 어려울 수도 있을 것 같네요. 제가 이해한 게 맞을까요?　　　　　　　　　　　　　　　　　　　　　호소문제와 관련한 심리적 상태 설명

내담자 16 그런 것 같아요. 지금도 그런 두려움들이 한 번씩 올라와요. MT 회의 할 때에도 혹시 내가 이런 말을 하면 임원들이 싫어할 것 같다는 생각 때문에 더 말을 못했나 봐요.

상담자 17 누군가 내가 한 말을 싫어할 것 같았다고 생각이 들면 자기표현을 더 못했을 것 같아요.　　　　　　　　　　　　　　　　　공감

내담자 17 사실, 이번에 MT 가는 것에 대해서도 제가 하려던 말은 그렇게 싫어할 말도 아니었는데. 별 이야기 아니었는데. 그냥 장소나 시간과 관련한 이야기였거든요.

상담자 18 그러네요. 별 이야기 아니었는데 그랬네요.　　　　　　　　재진술

내담자 18 거절에 대한 두려움이 정말 크긴 한 것 같아요. 이번 회의 때 말고도 다른 대인관계에서도 그런 모습들이 참 많았던 것 같아요. 저에 대해 더 알고 싶네요.

상담자 19 대인관계와 관련하여 그런 부분에 대해 자신을 이해하고 싶으신가 보네요. 상담에서 그런 부분들을 더 탐색하고 이해해 볼 수 있을 것 같은데 추후 이 부분에 대해 이야기 나눠 볼까요?　　　　　욕구 반영, 추후 상담 연계

내담자 19 네. 좋아요.

학습과제

1. 로르샤흐 검사를 통해 수검자의 어떤 정보를 파악할 수 있는지 설명하시오.
2. 질문 단계에서 질문을 잘하기 위한 방법이 무엇이며, 결정인을 명확히 하기 위한 질문은 무엇인지 설명하시오.
3. 구조적 요약을 위해 반응을 표기하는 순서를 기술하시오.
4. 로르샤흐 검사 해석 시, 종합체계 탐색전략의 방법을 설명하시오.
5. TAT를 통해 수검자의 어떤 정보를 파악할 수 있는지 설명하시오.
6. TAT를 해석할 수 있는 이론적 근거 세 가지를 설명하시오.
7. TAT 해석 시, 욕구-압력 분석법의 단계를 설명하시오.

참고문헌

김영환, 김지혜, 박은영, 홍상황(2008). 로르샤하 해석 입문. 학지사.

김영환, 김지혜, 홍상황(2005). 로르샤하 해석의 원리. 학지사.

김영환, 김지혜, 홍상황 공역(2006). 로르샤하 종합체계 워크북. 학지사.

성태훈(2020). 쉽게 풀어 쓴 로르샤하. 학지사.

오윤선, 정순례(2017). 심리검사의 이해와 활용. 양서원.

이우경, 이원혜(2019). 심리평가의 최신흐름(2판). 학지사.

임영진(2016). 심리검사의 이론과 실제. 대구대학교 출판부.

Arnold, M. B. (1949). A demonstration analysis of the TAT in a clinical setting. *The Journal of Abnormal and Social Psychology, 44*(1), 97-111.

Bellak, L. (1949). The use of oral barbiturates in psychotherapy. *American Journal of Psychiatry, 105*(11), 849-850.

Bellak, L. (1950). The Thematic Apperception Test in Clinical Use. In L. E. Abt & L. Bellak (Eds.), *Projective psychology: Clinical approaches to the total personality* (pp. 185-229). Alfred A. Knopf.

Bellak, L. (1971). *The Thematic Apperception Test and the Children's Apperception Test in Clinical Use* (2nd ed.). Grune & Stratton.

Clark, L. P. (1926). The phantasy method of analyzing narcissistic neuroses. *Medical Journal*

Review, 123, 154-158.

Exner, J. E. (1991). *The Rorschach: A comprehensive system. 2: Current research and advanced interpretation* (2nd ed.). Wiley.

Exner, J. E. (2003). *The Rorschach: A comprehensive system. 1: Basic foundations* (4th ed.). Wiley.

Galton, F. (1879). Psychometric experiments. Brain. *A Journal of Neurology. 2*(2), 149-162.

Hartman, A. A. (1949). An experimental examination of the Thematic Apperception Technique in clinical diagnosis. *Psychological Monographs: General and Applied, 63*(8), i-48.

Libby, W. (1908). The imagination of adolescents. *American Journal of Psychology, 19*(2), 249-252.

Morgan, C. D., & Murray, H. A. (1935). A method for investigating fantasies: the thematic apperception test. *Archives of Neurology & Psychiatry, 34*, 289-306.

Murray, H. A. (1938). *Explorations in personality: a clinical and experimental study of fifty men of college age.* Oxford University Press.

Murray, H. A. (1943). *Thematic Apperception Test: Manual.* Havard University Press.

Murray, H. A. (1981). Psychology and the university. In E. Shneidman (Ed.), *Endeavors in psychology: Selections from the personology of Hery A. Murray.* Harper & Row.

Piotrowski, Z. (1937). The Rorschach inkblot method in organic disturbances of the central nervous system. *The Journal of Nervous and Mental Disease, 86*(5), 525-537.

Rapaport, D., Gill, M., & Schafer, R. (1946). *Diagnostic psychological testing: The theory, statistical evaluation, and diagnostic application of a battery of tests: 2,* The Year Book Publishers.

제 **9** 장

진로검사

● 스트롱 직업흥미검사 및 홀랜드 진로적성검사의 각 척도 구성 및 내용을 이해할 수 있다.

● 각 진로검사를 실시하고, 해석방법을 이해할 수 있다.

● 진로검사의 결과 내용을 사례에 적용하여 해석상담에서 활용할 수 있다.

이 장에서는 진로상담에서 많이 활용되는 진로검사를 실시하고 해석하는 방법을 소개하고자 한다.

진로검사는 개인의 흥미와 적성, 성격 등 다양한 심리적 특성을 측정하여 자신에 대한 이해를 돕고 개인의 특성에 적합한 진로 분야를 탐색할 수 있도록 도와주는 검사이다.

진로상담을 위해서는 흥미, 적성, 성격, 신념, 가치관 등 개인의 다양한 특성을 정확하게 평가하고 이해할 필요가 있다. 이때 진로검사는 상담자와 내담자 모두에게 개인의 특성에 관한 유익한 정보를 제공한다. 내담자는 진로검사를 통해 진로 탐색과 선택을 위한 자신의 특징을 객관적으로 이해할 수 있으며, 상담자는 내담자의 진로문제를 평가하고 진로 선택과 관련한 합리적인 개입방향을 설정할 수 있는 좋은 도구로 활용할 수 있다.

진로검사 중 대표적으로 활용도가 높은 스트롱 직업흥미검사(STRONG Interest Inventory II) 및 홀랜드 진로적성검사(Holland Vocational Personality Inventory)를 소개하고, 각 검사의 특징 및 척도 구성, 해석 시 유의사항을 제시한다. 이를 바탕으로 상담자가 진로상담이나 해석상담에서 검사 결과를 활용하여 면담을 진행하는 과정을 사례를 통해 안내하고자 한다.

1. 스트롱 직업흥미검사

1) 개요

스트롱 직업흥미검사(STRONG Interest Inventory II)는 다양한 직업세계의 특징과 개인 흥미 간의 유의한 자료를 제공해 주는 도구로서 현재 세계 각국에서 활용되는 흥미검사이다. 흥미가 있는 일은 지속적으로 몰두할 수 있고 적성을 개발할 수 있는 기회를 더 많이 접할 수 있게 한다. 따라서 직업흥미(Vocational Interest)는 적성, 성격, 가치관 등과 마찬가지로 직업결정과 그에 따른 행동을 예측하는 유용한 변인이다. 스트롱 직업흥미검사는 1927년에 직업심리학자 E. K. Strong에 의해 개발된 이후 개인의 흥미영역에 따라 직업의 세계를 나누고 미래의 직업가능성을 보다 분명히 하여 구체적인 진로 및 직업 선택과정에 도움을 제공해 주고자 제작되었다. 스트롱 직업흥미검사는 고등학생, 대학생 및 일반 성인용 검사로 제작되었으며 개인의 흥미영역 세분화에 초점을 두고, 보다 구체화된 직업탐색, 직무선택, 진로계획 등에 효과적으로 사용할 수 있도록 구성되어 있다.

2) 검사 실시와 채점

스트롱검사는 보다 구체화된 직업탐색, 직무선택, 진로계획 등에 효과적으로 사용할 수 있도록 구성되어 있다. 미국 스트롱 검사의 291개 전체 문항을 채택하였으며, 한국인을 대상으로 통계적 검증을 거쳐 한국 규준을 체계화하였다. 검사시간은 보통 35~40분 정도이며 문항 수는 291문항으로 이루어져 있다. 각 문항에 대해 매우 싫음, 싫음, 관심 없음, 좋음, 매우 좋음으로 응답할 수 있도록 구성되어 있다.

⑴ 실시방법

• 어세스타 홈페이지(www.career4u.net)에서 STRONG-II 검사지와 온라인 코드를 구매한다. 심리검사 채점 및 결과 확인을 위해서는 온라인 코드를 함께 구매해야 한다. 온라인 코드를 구매하면 심리검사 시 필요한 개인 고유의 인증키를 내담자에게 전송할 수 있다.

(2) 실시 절차

- 내담자가 신청 시 작성한 메일로 인증키를 발송한 후 인증키를 통해 검사 실시 화면으로 접속한다. 본인확인 단계를 통해 이름과 이메일을 입력하면 개인정보를 입력할 수 있는 창이 제시된다.
- 화면으로 검사 오리엔테이션이 진행된다. 내담자에게 온라인으로 제공되는 오리엔테이션을 숙지하도록 사전에 안내한다.
- 한번 검사를 시작하면 중도에 그만두지 않고 끝까지 완료할 수 있도록 독려하며, 자신에게 보다 가깝다고 느껴지는 답을 골라 가능한 모든 문항에 응답할 것을 안내한다.
- 검사를 중단하게 될 때 임시저장을 누르면 검사를 중단한 시점부터 다시 검사할 수 있음을 안내한다.
- 오프라인을 통해 개인 혹은 단체 검사를 실시한다면 다음과 같이 검사 오리엔테이션을 진행할 수 있다.

> -검사에는 다양한 직업이 제시되어 있습니다. 자신이 각자의 일을 하는 것에 대해 어떻게 생각하는지 다음과 같이 표시하여 주십시오. 각 직업에 요구되는 능력이 자신에게 있는지 혹은 그 직업으로부터 얻은 부나 명예가 어느 정도인가를 생각하지 않고 오직 그 일을 하고 싶은지에 따라 응답하시면 됩니다.
> -직업 관련 문항에서는 매우 싫어하면 '매우 싫음'에 응답, 관심 없으면 '관심 없음'에 표시, 매우 좋아하면 '매우 좋아함'에 체크하시면 됩니다.
> -당신의 특성을 묻는 문항에서는 당신이 어떤 유형의 사람인가에 대하여 묻는 문항입니다. 각 문항에 솔직하게 오직 하나만 응답하시면 됩니다.
> -나와 매우 다를 경우 '나와 매우 다름'에 표시, 모르겠으면 '모르겠음'에 표시, 나와 매우 비슷할 경우 '나와 매우 비슷'에 표시하면 됩니다.

(3) 채점

- 온라인 검사는 내담자가 스마트폰이나 PC를 통해 응답을 완료하면 어세스타 홈페이지를 통해 상담자 확인 후 결과를 메일로 발송하게 된다.

3) STRONG-II의 구성

(1) 타당도 지표

타당성 지표는 해석 전 참고할 지표로 피검자가 검사 문항에 올바르고 적절하게 그리고 충분히 반응하였는지에 관한 정보를 제공해 주는 지표이다. TR(총응답지수), TI(일관성지수), 문항반응 요약으로 구성되며 지표별 간단한 설명은 〈표 9-1〉과 같다.

표 9-1 타당도 지표

지표	TR (총 응답지수)	TI (일관성 지수)	문항반응 요약
내용	응답한 검사 문항 수	특정 흥미에 대한 문항 쌍에 일관되게 응답하였는지 알려 주는 지수	문항에 대한 긍정 및 부정 응답률

(2) 일반직업분류

일반직업분류(General Occupational Themes: GOT)는 직업심리학자 John L. Holland의 직업선택이론이 반영된 척도로, 현장형, 탐구형, 예술형, 사회형, 진취형, 사무형의 여섯 가지 흥미유형척도로 구성되어 있으며 내담자의 흥미영역에 대하여 포괄적인 정보를 제공한다. 개인의 흥미 유형을 파악하고 이와 관련된 직업, 직무, 진로 및 진학 정보를 제공하므로 자신의 특성을 이해하고 직업세계를 탐색하는 데 유용한 척도이다.

① 성격특성

일반직업분류 척도의 성격특성에 관한 설명은 〈표 9-2〉와 같다.

표 9-2 일반직업분류의 성격특성

유형	설명
현장형(R)	현장형의 사람들은 자연이나 옥외에서의 활동들을 좋아한다. 기계, 건축, 수선 활동 그리고 군대 활동 등이 이에 포함되며, 그들은 생각보다 행동에 더 흥미를 느낀다. 또한 애매하고 추상적인 문제보다는 구체적인 문제를 더 좋아한다.
탐구형(I)	탐구형의 사람들은 과학적이며 탐구적인 성향이 강하다. 정보를 수집하고, 새로운 사실 또는 이론을 밝히고, 자료를 해석하고 분석하는 것을 즐겨 한다. 업무 수행에 있어 다른 사람에게 의지하기보다는 자기 자신을 더 신뢰하고 의지한다.

예술형(A)	예술형의 사람들은 심미적인 측면에 가치를 두며 자기표현에 대한 욕구가 강하다. 자신이 직접 예술 분야에 참여하기보다는 관람자나 관찰자로서 즐기는 사람들도 이에 포함된다. 직업활동에서뿐만 아니라 여가, 레크레이션 활동에서도 예술적 흥미를 자주 표현한다.
사회형(S)	사회형의 사람들은 사람들과 함께 일하는 것을 좋아한다. 그들은 집단 속에서 일하는 것, 책임을 공유하는 것, 주목 받는 것을 즐긴다. 그리고 사람들과 감정에 대한 토론 및 상호작용을 통해서 문제를 해결하는 것, 다른 사람들을 지도하고, 교육하는 것을 좋아한다.
진취형(E)	진취적인 사람들은 리더십, 권력, 지위를 추구한다. 그들은 조직의 목표 달성과 경제적인 성공을 위해 다른 사람들과 함께 일하고, 이들을 이끄는 것을 좋아한다. 그들은 금전적 측면과 대인관계 측면에서 모험을 시도하기 좋아하고, 경쟁적인 활동에 참여하기를 좋아한다.
사무형(C)	사무형의 사람들은 특히 자료의 조직화가 필요하거나, 세밀하고 정확한 주의가 요구되는 활동을 수행하는 것을 좋아한다. 그들은 진취형의 사람들처럼, 큰 조직에서 일을 잘하지만, 조직 내에서 지도적인 위치에 대해서 특별한 선호를 보이지 않는다.

② 특징적인 활동

일반직업분류 척도의 특징적인 활동에 관한 설명은 〈표 9-3〉과 같다.

표 9-3   일반직업분류의 특징적인 활동

유형	설명
현장형(R)	• 구체적 결과가 있는 업무 수행하기 • 도구나 큰 기계들을 조작하거나 디자인하기 • 정교한 신체 협응이나 손동작을 요구하는 도구 사용하기 • 정밀한 기계 작동하고 고치고 만들고 수선하기
탐구형(I)	• 추상적이고 모호한 일 수행하기 • 생각을 통해 문제 풀기 • 독립적으로 일하기 • 과학적/실험적인 작업 수행하기 • 연구하고 분석하기 • 자료를 수집 및 조직화하기

예술형(A)	• 글쓰기, 작문, 쓰기 • 창조적인 예술활동(회화, 조각, 사진촬영) • 독립적으로 일하기 • 연기하기 • 악기 연주하기 • 장식하고 디자인하기
사회형(S)	• 가르치고 설명하기 • 계몽하기 • 안내하기 • 조력하기 • 선발하기 • 훈련하기 • 정보제공하기 • 조직화하기 • 문제 해결하기 • 토론 진행하기
진취형(E)	• 판매, 구매하기 • 정치적인 토론 및 흥정 • 고객을 대접하기 • 회의, 집단, 조직, 회사를 이끌기 • 연설, 이야기, 발표 • 사람과 프로젝트를 관리하기
사무형(C)	• 재정분석 수행 • 타이핑과 서류 정리, 사무기계 작동시키기 • 사무절차 조직하기 • 회계부와 기록관리, 사업보고서 작성하기 • 그래프와 차트 제작

(3) 기본흥미척도

기본흥미척도(Basic Interest Scales: BIS)는 여섯 가지 흥미유형을 총 30개 세부항목으로 구분한 척도로 일반직업분류(GOT)에 대한 보다 구체적인 정보를 얻을 수 있는 척도이다. 전공과 직업뿐만 아니라 여가생활에 대한 흥미를 탐색하는 데 도움을 줄 수 있으며, 구체적인 직업탐색 및 진학계획, 경력개발 등에 효과적으로 활용할 수 있다. 기본흥미척도 유형별 세부흥미활동 예시는 〈표 9-4〉와 같다.

표 9-4 기본흥미척도 유형별 세부흥미활동

GOT	BIS	세부 흥미 활동
현장형 Realistic	기계, 건설	큰 기계가 작은 도구의 사용을 요하는 활동에 대한 흥미
	컴퓨터, 전자기기	컴퓨터, 하드웨어, 네트워크 설치 및 수리에 대한 흥미
	군사 활동	질서정연하고 위계질서가 명확한 환경에 대한 흥미
	안전서비스	공공안전이나 치안유지 활동에 대한 흥미
	자연, 농업	농업, 자연감상, 신체활동에 대한 흥미
	운동 경기	스포츠를 하거나 보는 것에 대한 흥미
탐구형 Investigative	과학	자연과학에 대한 흥미
	연구조사	연구 및 설계 활동에 대한 흥미
	의학	의학 및 간호학 분야에 대한 흥미
	수학	숫자를 다루거나 통계 분석에 대한 흥미
예술형 Artisric	시각예술, 디자인	시각 및 공간적 예술에 대한 흥미
	공연예술	다양한 공연에 참여하거나 관람하는 것에 대한 흥미
	글쓰기, 언론	문학, 독서, 언어에 대한 흥미
	요리	요리하기, 손님 접대 등에 대한 흥미
사회형 Social	상담, 봉사	사람들과 함께 일하고 돕는 것에 대한 흥미
	교육	아동이나 청소년을 지도하는 것에 대한 흥미
	인적자원개발	교육개발 및 인사관리에 대한 흥미
	사회과학	개인, 집단, 사회, 문화 연구에 대한 흥미
	종교, 영성	조직화된 활동을 통한 영적, 종교적 활동에 대한 흥미
	보건의료서비스	의료 환경에서 사람들에게 도움을 제공하는 것에 대한 흥미
진취형 Enterprising	마케팅, 광고	상품, 서비스 개발이나 광고 마케팅에 대한 흥미
	판매	영업사원과 함께 일하거나 상품서비스를 판매하는 것에 대한 흥미
	관리	사람들을 관리, 지도, 지시하는 권하는 가지는 것에 대한 흥미
	기업운영	새로운 사업기회를 창출하고 관리하는 활동에 대한 흥미
	정치, 대중연설	공공정책, 설득, 의사소통과 관련된 활동에 대한 흥미
	법	법 관련 활동에 대한 흥미
사무형 Conventional	사무관리	사무활동이나 관리에 대한 흥미
	세무, 회계	재정회계 및 세무보고와 관련된 활동에 대한 흥미
	정보시스템	컴퓨터, 정보관리, 소프트웨어 개발과 관련된 흥미
	금융, 투자	재화와 투자 관리에 대한 흥미

출처: https://www.assesta.com/main/main.asp#

(4) 개인특성척도

개인특성척도(Personal Style Scales: PSS)는 일상생활 및 일의 세계와 관련된 광범위한 특성으로, 업무, 학습, 리더십, 위험감수, 팀지향 등에 대한 개인의 선호를 나타낸다. 일반직업분류(GOT)나 기본흥미척도(BIS)의 결과를 뒷받침 및 강조하는 척도로 개인이 직업을 선택할 때 고려해야 할 사항들을 구체화하고, 개인이 가장 편안하게 할 수 있는 직업활동 유형(직무)을 이해하는 데에 도움을 준다. 각 유형별 T점수에 따른 특징은 〈표 9-5〉와 같다.

표 9-5 개인특성척도 유형별 T점수에 따른 특징

유형	T점수 낮을수록	T점수 높을수록
업무 유형 (Work Style)	• 혼자 일하는 것을 선호 • 자료, 아이디어, 사물과 관련된 활동을 선호	• 함께 일하는 것을 선호 • 사람과 관련된 활동을 선호
학습 유형 (Learning Environment)	• 실용적인 학습을 선호 • 경험을 통한 단기간의 훈련 선호	• 학문적인 학습을 선호 • 이론을 통한 장기간의 교육 선호
리더십 유형 (Leadership Style)	• 책임자 역할이 불편함 • 지시보다 스스로 과제를 수행함	• 책임자 역할을 선호 • 지휘·통솔하는 것을 선호
위험감수 유형 (Risk Taking)	• 위험감수를 싫어함 • 의사결정이 신중함	• 위험감수를 좋아함 • 의사결정이 빠름
팀지향 유형 (Team Orientation)	• 독립적 과제를 선호 • 혼자서 문제 해결을 선호	• 팀 과제를 선호 • 팀과 함께 문제 해결을 선호

출처: https://www.assesta.com/main/main.asp#

4) STRONG-II 해석

스트롱 검사의 해석은 일반적으로 내담자 개인의 흥미에 관한 이해를 바탕으로 직업세계와 자신에 대한 정보를 조합하여 자신에게 적합한 진로나 직업을 선택할 수 있는 과정을 거치게 된다. 먼저, 상담자와 내담자가 결과지를 함께 보며, 내담자의 흥미영역에 대한 탐색의 시간을 갖게 된다. 검사 해석상담의 순서는 일반적으로 다음과 같다.

(1) 일반적 해석 지침

진로탐색의 과정에서 단순히 진로검사를 실시하고 해석해 주는 방식, 즉 진단 위주의 검사 활용은 매우 바람직한 방향이 아니다. 검사 결과를 통해 내담자가 특정 유형의 흥미가 발현된 계기, 흥미를 갖게 된 배경, 가족사항과 부모님의 유전과 자원, 그리고 가정환경, 내담

자의 정신건강, 진로가치 및 진로 장벽 등을 고려해 해석할 필요가 있다. 또한 내담자가 스스로 정보를 확인하고 추가적으로 필요한 진로 탐색 및 진로 준비행동을 적극적으로 수행해 가도록 해석상담을 이끌어 갈 필요가 있다.

(2) 해석 순서 및 절차

① 타당도 지표 검토
먼저, 타당도 지표 검토를 통해 해석 가능한 프로파일인지 검토해 볼 수 있다. 해석방법은 다음 〈표 9-6〉과 같다.

표 9-6 타당도 지표 해석

지표	내용	
TR (총 응답지수)	• 276개 미만의 경우 프로파일 미산출 • 낮게 나오는 경우: 너무 많은 문항에 응답하지 않음, 한 페이지나 한 부분(part)을 빼 놓고 응답했을 가능성 있음.	
TI (일관성지수)	• 15점 이상이 정상범위 • 낮게 나오는 경우: 검사 실시 당시 오해나 실수 발생, 지시문 문항의 의미 잘못 이해, 구성별 다른 흥미를 가진 경우 (예: 정치학에는 흥미가 있으나 정치토론활동에는 흥미가 없는 경우)	
문항반응 요약	매우 싫음+싫음 응답률	• 정상범위: 24~68% • 응답비율이 정상범위보다 높은 경우 -특정 분야에 집중적인 흥미를 가진 경우 -모든 일에 그다지 관심이 없는 경우 -가라앉은 프로파일
	관심 없음 응답률	• 정상범위: 9~45% • 응답비율이 정상범위보다 높은 경우 -어떤 직업을 고려해야 할지 혼란을 겪고 있거나 무기력한 경우 -필요시 관심 없음 응답을 최소화하여 재검사 실시 -성격적으로 양극단 값을 주고 싶지 않을 때 -진로지식 정보의 부족 시
	매우 좋음+좋음 응답률	• 정상범위: 9~45% • 응답비율이 정상범위보다 높은 경우 -열성적인, 호기심 많은, 다양한, 에너지가 넘치는 -목적이 불분명한 -실제로 흥미가 다양한

② 일반직업분류(GOT), 기본흥미척도(BIS), 개인특성척도(PSS) 검토 및 해석

먼저, GOT에서 높은 점수를 받은 3개 코드를 확인한다. 다음으로는 BIS에서 높은 점수를 받은 5개 명칭을 확인한다. 마지막으로 PSS의 결과를 확인한다. 코드별 특징은 〈표 9-2〉~〈표 9-5〉를 참조하고, 결과지를 바탕으로 내담자에게 검사 결과를 해석한다.

③ 기타 고려사항 등을 탐색

앞의 척도별 검토 및 해석을 통해 내담자와의 적합도를 확인하는 질문을 한다. 검사 결과와 일치되는 부분, 불일치되는 부분들을 확인하며, 검사 결과 외에도 내담자의 전공, 희망직업, 현실적인 고려사항, 진로장벽 및 진로가치 등을 확인하며 검사 결과를 바탕으로 한 통합적 해석을 위한 정보를 구체적으로 탐색해 나간다.

④ GOT, BIS, PSS, 기타 고려사항 등을 포괄하여 최종 GOT 코드 확정

앞의 ③에서 살펴본 통합적 정보를 통해 내담자에게 가장 적합한 GOT 코드를 확정한다. 이때 내담자에게 다양한 질문과 탐색을 통해 최종 코드 확정에 참여할 수 있도록 하며, 그 과정을 통해 내담자의 자기이해를 촉진할 수 있도록 한다. 만약 진로성숙도가 낮거나 현재 진로장벽으로 인해 혼란감을 겪는 상태라면, 성급하게 최종 GOT 코드를 확정하기보다, 상담 회기 및 탐색 시간을 더 확보할 필요도 있다.

⑤ 코드와 관련된 직업정보 탐색

확정된 일반직업분류(GOT) 코드와 관련된 직업정보를 내담자와 함께 탐색하며(예: www.work.go.kr), 필요시 내담자에게 과제를 제시하여 진로 및 직업정보 탐색을 촉진한다.

⑥ 실천계획 수립

탐색된 정보와 관련하여 내담자의 진로계획을 수립한다. 진로선택에는 흥미뿐 아니라 다양한 요소가 고려되어야 하므로, 내담자가 지속적으로 자신의 진로에 대해 관심을 갖고 관련된 탐색 및 진로 준비를 할 수 있도록 동기를 부여한다.

5) 사례보고서 및 해석상담의 예

(1) 사례보고서

이름	김○○
인적사항	23세, 여성, 대학교 4학년, 취업 준비 중, 체육학과 전공, 학점 평점 2.97
주 호소문제	막상 취업을 준비하려고 하니 뭐부터 시작해야 할지 모르겠다.
내방경위	취업고민을 하다가 학교 내 상담 신청 안내 공고를 보고 자발적으로 신청함.
배경정보	• 집안 형편이 어려워 마트 판매, 키즈카페 아르바이트를 하며 생활비와 용돈을 충당하고 있음. • 운동을 좋아하고 고향집 텃밭에서 나온 작물로 음식 만들기를 좋아함. 앉아서 하는 공부보다 몸을 직접 움직이는 일을 선호함. • 중학교 2학년 때 부모 이혼으로 모와 함께 생활하는 한부모가정. 부모님이 불안정한 일을 하는 것을 보고 본인은 안정적 직장을 갖고 싶어서 1년 6개월 휴학하여 행정직 공무원 시험을 준비하였으나 아르바이트와 병행하여 준비하다 보니 점수가 턱없이 부족하여 포기함. • 편입하여 물리치료사를 하고 싶다는 생각은 있으나 국가고시를 잘 칠 수 있을까 걱정. 빨리 취업을 하고 싶어 다른 일도 알아보고 있음.
검사태도	특이사항 없음
검사 결과	▶타당도 지표: TR(총 응답지수) 291, TI(일관성지수) 23로 정상범위, 프로파일 해석 가능함. ▶문항반응 요약: 매우싫음+싫음=24%, 관심 없음 29%, 매우 좋음+좋음=47%로 매우 좋음+좋음 비율이 정상범위 9~45%로 보다 아주 약간 높은 상태. ▶GOT(일반직업분류): ISR

척 도 명	흥미범주	흥미가 적어짐 30	40	50	흥미가 많아짐 60	70	T점수
현장형(R)	높은 흥미				●		57
탐구형(I)	높은 흥미				●		62
예술형(A)	높은 흥미			●			57
사회형(S)	높은 흥미			●			59
진취형(E)	높은 흥미			●			54
사무형(C)	높은 흥미			●			54

▶BIS(기본흥미척도): 자연농업 > 시각예술디자인/과학 > 교육 > 사무관리, 기계/건설 등의 순

흥미범주	GOT	BIS	전형적인 흥미 분야
매우 높은 흥미	R	자연/농업	농업, 자연감상, 신체활동에 대한 흥미
높은 흥미	A	시각예술/디자인	시각 및 공간적 예술에 대한 흥미
높은 흥미	I	과학	자연과학에 대한 흥미
높은 흥미	S	교육	아동이나 청소년들을 지도하는 것에 대한 흥미
높은 흥미	C	사무관리	사무활동이나 관리에 대한 흥미
높은 흥미	R	기계/건설	큰 기계나 작은 도구의 사용을 요하는 활동에 대한 흥미
높은 흥미	E	관리	사람들을 관리, 감독, 지시하는 권한을 가지는 것에 대한 흥미
높은 흥미	I	수학	숫자를 다루거나 통계 분석에 대한 흥미

▶ PSS(개인특성척도)

검사 결과

척 도 명	투명한 ◀ 중간 ▶ 투명한		T점수
업무 유형 (Work Style)	▸ 혼자 일하는 것을 선호 ▸ 자료, 아이디어, 사물과 관련된 활동을 선호	▸ 함께 일하는 것을 선호 ▸ 사람과 관련된 활동을 선호	57
학습 유형 (Learning Environment)	▸ 실용적인 학습을 선호 ▸ 경험을 통한 단기간의 훈련 선호	▸ 학문적인 학습을 선호 ▸ 이론을 통한 장기간의 교육 선호	47
리더십 유형 (Leadership Style)	▸ 책임자 역할이 불편함 ▸ 지시보다 스스로 과제를 수행함	▸ 책임자 역할을 선호 ▸ 지휘·통솔하는 것을 선호	42
위험감수 유형 (Risk Taking)	▸ 위험감수를 싫어함 ▸ 의사결정이 신중함	▸ 위험감수를 좋아함 ▸ 의사결정이 빠름	56
팀지향 유형 (Team Orientation)	▸ 독립적 과제를 선호 ▸ 혼자서 문제 해결을 선호	▸ 팀 과제를 선호 ▸ 팀과 함께 문제 해결을 선호	55

해석상담 요약

- 검사 타당도에 문제가 없으며 문항반응에서 좋음+매우 좋음이 47%로 어느 정도의 호기심과 열정, 에너지 수준을 유지하고 있는 내담자로 보임.
- GOT에서 I(탐구형)점수가 62점으로 가장 높이 나왔으나 접수면접 내용과 다소 불일치하는 면이 있어 GOT, BIS, PSS의 개인적합도를 확인함.
- GOT에서 확인된 내담자 흥미 특성은 탐구형(I)＞사회형(S)＞현장형(R) 순으로, 높은 흥미를 나타내는 두 유형인 IS유형의 일반적 특성을 살펴보면, 시스템을 분석하거나 이론을 실천하는 분야의 일을 좋아하고, 추상적이고 연구지향적인 방법으로 사람들과 관련된 일을 선호하며, 과업지향적인 경향으로 문제를 해결하기 위해 사람들과 함께 논의하고 토론하는 것을 좋아하며, 긍정적이고 낙관적인 성향, 경쟁적이고 요구가 많은 상황이나 사람들은 좋아하지 않고, 촉진자의 역할을 더 선호할 가능성 있음.
- 면담을 통해 확인한 것은 연구지향적인 면보다는 새로운 일에 대한 도전, 원리에 대한 탐구심으로 인한 점수의 상승이 있었던 것으로 보이며 협업과 사람들과 관련된 일 및 신체활동에는 뚜렷한 선호를 보임.

개입방향	• 검사 결과에 대한 해석을 통해 개인의 흥미와 적성을 내담자 스스로 이해하도록 질문하고, 자신에 대한 이해를 통해 진로결정에 대한 효능감을 갖출 필요가 있도록 함. • 취업을 앞둔 4학년으로 공무원 시험 포기 후 취업처를 찾는 노력을 기울이는 대신, 편입 등으로 다시 진로를 찾으려 하나, 관련된 탐색 활동을 하지 않는 상황, 내담자의 진로에 대한 혼란, 진로 준비행동을 이행하지 못하는 이유에 대한 탐색을 함. • 4학년 졸업을 앞두고, 경제적으로 어려움을 겪는 환경에서 빨리 취업을 해야 한다고 생각하면서도, 부모와 달리 안정적인 직업을 찾아야 한다는 두 가치 사이에서 갈등하고 혼란스러워하는 내담자의 마음을 수용함. • 완벽한 선택은 없지만 최선의 의사결정을 위해서는 추가 정보탐색의 중요성을 알림. • 자신이 어렵게 결정한 공무원 시험 준비라는 결정이 결국 실패로 돌아갔다는 생각으로 인해 시험에 대한 효능감 및 자신감이 저하된 상태일 가능성이 있으며, 수험기간을 실패로만 인식하지 않도록 그 속에서 내담자가 보였던 강점(최선을 다한 점)을 찾아 진로 준비행동의 자원이 될 수 있도록 반영함.
제언	• 이 내담자의 경우 현실적인 문제도 중요한 이슈임. 동생의 대학입학 후 경제적 상황에 대한 현실적 고려도 필요한 상황으로 보임. 추가 정보탐색을 통해 편입하고자 하는 학과의 편입절차, 비용, 커리큘럼, 아르바이트 병행 가능 여부 및 모와의 대화를 통해 내담자에게 지원가능한 부분이 있는지 여부 등에 대한 정보 확보가 필요한 상황임. • 편입 외에 내담자의 흥미, 적성, 가치관을 반영할 수 있는 다른 진로대안이 없는지 스스로 탐색해 갈 수 있도록 조력할 필요가 있음.

(2) 해석상담

상담자 1   지난번 실시했던 검사 결과를 함께 나누고자 합니다. 검사 실시할 때 이야기 드렸던 것처럼, ○○ 님이 어떤 것에 지속적인 흥미를 갖고 좋아하는지 알아보는 검사입니다. 좋아하는 일은 더 오랫동안 할 수 있고 만족감도 커질 수 있다고 보는 것이 이 스트롱 검사입니다. 결과지를 함께 보도록 하지요. 검사해 보시면서 어떠셨어요?   *검사 간략 소개 및 검사 후 소감 확인*

내담자 1   질문일 짧아서 수월하게 했어요

상담자 2   네, 그러셨군요. 다행입니다. 검사 실시하느라 수고하셨습니다. 여기 살펴보면, 일반흥미유형이 있지요. 전반적인 직업흥미를 나타내는 부분인데 I(62)S(59)R(57)유형이 나왔네요. 여기 페이지에 각 유형에 대한 설명이 나와 있으니 한번 읽어 보고 자신을 잘 설명하는 것과 그렇지 않은 문장을 한번 찾아볼까요?   *검사 결과 확인*

내담자 2	네, 탐구형은 좀 의외네요. 분석하고 실험하고 연구하고 이런 건 별로 안 좋아하는데…….
상담자 3	탐구형 점수가 높게 나왔는데 와닿지가 않으신가 보군요. 그럴 수 있습니다. 같은 검사 결과라도 점수를 상승시킨 문항이 무엇이냐에 자기에게 잘 맞는 부분과 아닌 부분이 있을 수 있어요. 높게 나온 세 가지 유형에서 자신을 잘 설명하는 문장에 밑줄을 한번 그어 보실까요?
내담자 3	아, 그런데 탐구형에 있는 호기심은 어릴 때부터 많았어요. 새로운 분야에 도전적인 것, 새로운 사실을 발견하고 그것의 원리를 알아 가는 거, 이 부분은 해당되는 거 같아요. 어릴 때 시골에 살았거든요. 시골에서 놀 거리도 별로 없으니까 한번 개미한테 꽂히면 밥도 안 먹고 개미 구경하고 있고, 집에 포장 상자 같은 거 있으면 뭘 그렇게 만들었다고 엄마가 그러시더라구요. 구슬 굴러가는 롤러코스터 미로를 만든다고 온 집을 난장판으로 만들기도 하구요. 하하.
상담자 4	손재주가 좋고 집중력도 좋으셨나 봐요. 관심 있고 흥미가 가는 부분이 있으면 몰입하는 면도 있구요.
내담자 4	그런 적도 있었네요. 잊고 지냈던 일들인데.
상담자 5	여기 BIS라고 기본흥미척도는 ○○ 님의 흥미패턴에 대한 구체적 정보를 주는 부분이에요. 어떤 활동이나 주제를 좋아하는지 상세한 정보를 제시하고 있는데 높은 흥미를 가진 부분인 윗부분부터 한번 보실까요?
내담자 5	자연 농업 부분이 매우 높은 흥미네요. 시골에서 자란 티가 나네요? 하하. 지금도 고향집 가면 어머니가 키우는 텃밭 가꾸는 걸 좋아해요. 자연을 바라보면 마음도 편해지고. 자연과학에 대한 흥미가 탐구형이네요. 탐구형이 왜 높게 나왔는지 좀 더 이해가 되네요. 시각예술은 왜 높게 나왔는지 잘 모르겠네요. 아이들 지도하고 가르치는 건 높은 흥미 맞아요. 체육강사가 수명만 길다면 아기스포츠단 이런 거 있잖아요. 그런데서 전공 살려서 일해 보는것도 생각해 봤을 것 같아요.
상담자 6	운동이나 신체활동에 대한 흥미가 있고, 사람, 특히 아이들 가르치는 일을 좋아하다 흥미를 생각하면 영유아 체육센터 같은 곳도 진로방향이 될 수 있겠어요. 그렇지만 직업안정성, 현실상

검사 결과에 대한
적합도 탐색

강점 반영

검사 결과
불일치 부분 탐색

진로가치 및 진로장벽
탐색

황을 고려하다 보니 흥미로만 결정할 수 없는 상황인 거네요

내담자 6 네. 저는 한번 들어가면 계속 일할 수 있는 곳으로 직장을 잡고 싶어요. 그래서 공무원 시험을 준비한 건데, 공무원 시험 실패하고 나서는 제가 집중력이 안 좋은 사람이다. 한 가지에 몰입을 못한다 생각을 했거든요. 근데 아까 제 어린 시절 이야기하면서 집중력이 좋고 손재주가 좋다 하셔서 좀 의외였어요.

상담자 7 공무원 시험 준비하면서 스스로에 대해 부정적으로 생각을 많이 하셨나 봐요. 준비하는 과정이 좀 어떠셨나요?

내담자 7 정말 쉽지 않았어요. 일용직, 계약직으로 매번 열심히 해도 일을 오랫동안 할 수 없는 어머니를 보면서, 저는 그렇게 살고 싶지 않았어요. 공부보다는 운동을 좋아하고 몸으로 하는 것을 좋아해서 체육학과로 왔지만 3학년이 돼서 선배를 보니 다들 아이들 학원 같은 데 강사로 가는데 급여도 그렇고, 안정적이지가 않더라구요. 그래서 휴학하고 공무원시험을 준비했는데 친구도 안 만나고, 하루에 8시간 이상씩 공부하면서 알바도 했는데 힘들었어요. 내가 아무리 해도 넘을 수 없는 선이 있는 느낌…… 결국 몸이 다 망가지더라구요. 안 되는 걸 막 하려구 하니까.

상담자 8 수험생활만으로도 힘든데 아르바이트까지 병행했다면 정말 쉽지 않았겠는데요. 몸이 망가질 정도로…… 많이 힘드셨겠다 싶어요.

내담자 8 네, 다시 돌아가도 그렇게는 못할 것 같아요. 제가 할 수 있는 최선이었어요. 두 번 시험 쳐 보고 알았어요. 이렇게 해도 안 되면 그만해야 되는구나. 점수가 턱없이 부족했어요.

상담자 9 ○○ 씨에게 안정적인 일자리가 왜 그렇게 중요했는지 이해도 가네요, 그리고 수험기간 동안 내가 할 수 있는 최선을 다했다는 게 대단합니다. 결과가 없었다고 해서 내가 애쓴 과정까지 의미 없는 것은 아니에요. 목표한 일을 최선을 다해 해낸다는 건 아무나 할 수 있는 일은 아니거든요. 내가 좋아하는 일, 할 수 있는 일과 잘 만나면 좋은 시너지를 낼 수 있는 강점이 될 수 있을 거라 생각이 듭니다.

내담자 9 네, 그래서 다시 처음부터 생각해 보려구 상담 신청을 한 것도 있어요. 내가 잘 할 수 있는게 뭐고, 좋아하는 게 뭔지 알고 싶기도 하구요. 여기 사회형에 있는, 사람들과 함께 하는 일은 정말

제가 좋아하는 일이에요. 판촉알바 친구들은 어렵다고 하는데 저는 정말 재미있었거든요. 사람들한테 이 제품 좋다고 소개하면서 다가가는 것도 재미있고, 또 팀으로 움직여서 같이하는 팀원끼리 모임하고 의논하는 것도 좋아했구요.

상담자 10　사람들과 함께 하는 일을 좋아하네요. 판촉알바가 재미있고 잘한다는 것은 큰 장점입니다. 대인관계 기술도 좋고, 다른 사람을 설득해서 판매라는 결과를 가져온다는 것은 능력이지요. 결과지에 보면 PSS 개인특성척도가 보이지요. 업무 유형을 보면 함께 하는 일을 선호하고 사람과 관련된 활동을 선호한다는 부분, 그리고 팀지향 유형 파트에도 독립적 과제보다 팀과제나 팀과 함께 문제 해결을 해 나가는 것을 선호한다 부분이 ○○ 씨가 지금 이야기한 것을 잘 보여 주고 있네요

결과 해석 및 탐색 질문

내담자 10　네, 그렇네요. 여기 학습 유형도 맞는 거 같아요. 뭘 배울 때도 이론이나 책을 보고 배우기보다 몸으로 부딪쳐서 배우는 것을 좋아하고, 뭘 도전하는것도 좋아해서 위험감수하고 한번 해 보지 뭐, 이런 편이거든요. 검사 결과에 이런 것도 나오는 게 신기하네요

상담자 11　네, 개인의 흥미뿐아니라 업무 유형, 학습 유형, 리더십 유형 등도 확인할 수 있는 것이 이 검사의 특징이에요. 지금까지 해 온 아르바이트도 그렇고 사람을 대하고 함께 하는 일에 대한 선호가 높은데 이쪽으로는 진로를 생각해 본 적이 있는가요?

내담자 11　제가 키즈카페에 일할 때 아이들을 보면 너무 좋아하는 거에요. 아이들한테 알려 주는 것도 재미있고. 귀엽고. 그래서 유아교육학과로 편입을 할까 생각을 하다가, 요즘 아이들이 줄고 있으니 그것도 또 앞으로 어떻게 될지 모른다 싶어 물리치료학과를 생각했거든요. 체육도 재활쪽이랑 연결도 되어 있고 하니까. 다시 편입을 해서라도 바로 취업할 수 있는 걸로. 사람들도 좋아하고 하니까요.

상담자 12　내가 좋아하는 일, 사람을 대하는 일쪽으로 생각해 보면서 물리치료사나 유치원교사 쪽도 생각해 보셨네요. 그런데 다시 편입을 한다는 것은 시간과 비용이 드는일인데. 그것에 대한 고민도 함께 해 보셨나요?

내담자 12　아직 생각만 하고 있는 단계예요. 졸업이 다음 학기라 빨리 결

정을 해야 하는데.

상담자 13 편입방법이나 절차를 알아보신 적이 있나요?

내담자 13 아니요. 없어요. 아르바이트만 열심히 하고 있는 상황이에요.

상담자 14 흥미 있고 좋아하는 일을 발견했지만, 뭔가 적극적으로 준비를 하지 못하는 데에는 뭔가 이유가 있을 것도 같다 싶은데 어떤 이유 때문에 주저하고 있나요?

내담자 14 음…… (침묵 10초) 모르겠어요. 편입을 하면 또 3년. 학비도 더 들고, 내년에 남동생이 대학에 들어와요. 내가 도움이 되지는 못할망정. 새로 대학을 들어간다고 말하기가…… 혼란스러워요. 어디서부터 시작해야 하는 건지. 어디서부터 잘못된 건지 모르겠어요.

상담자 15 혼란스러운 상태군요. 현실적인 것도 고려를 해야 하니 더 결정을 하기가 어렵고.

내담자 15 네. 지금은 아르바이트라도 하니까 제 용돈은 해결하는데…… 물리치료학과나 유아교육학과는 다 수업 시간도 많아서 아르바이트를 병행할 수 있을지도 모르겠고.

상담자 16 안정적인 일자리라 생각하는 공무원이나 유치원교사, 물리치료사와 같이 졸업 후 진로가 명확한 것을 찾아가야 할지, 현실적으로 빨리 취업을 해서 경제적 어려움을 덜어야 할지 사이에서 혼란스럽고 고민이 많이 되고 있네요.

내담자 16 네. 둘 다 포기할 수가 없어서요. 제일 쉽기로는 전공 살려서 체육 학원같은 데 들어가면 되는데…… 체육이 안 맞는 건 아닌데 취업을 그쪽으로 하고 싶지는 않아요. 운동선수들은 수명이 짧으니까요.

상담자 17 충분히 고민이 될 만합니다. 양쪽이 팽팽하게 고민이 될 때는 정보를 더 찾아보는 것도 도움이 됩니다. 예를 들면, 생각해 둔 학교에 편입해서 실제 공부하는 데 드는 학비가 얼마인지, 그 전공을 하고 있는 사람에게 아르바이트와 병행하는 것이 가능한지를 물어본다든지, 아니면 편입 외에 다른 대안을 찾아보는 것도 방법이 될 수 있어요. 지금 전공을 살리면서 좀 더 안정적인 대안적 일자리가 있는지도 찾아볼 필요가 있어 보이구요.

내담자 17 네. 뭘 진득하게 찾아볼 마음은 없었네요. 걱정이 되면서도 한편 피하고 싶었던 마음도 있었던 것 같아요. 답이 안 나오는 문제니까.

상담자 18 진로를 결정한다는 것이 인생에서 중요한 일이다 보니, 오히려 피하고 싶은 마음. 그런 마음이 들 수 있습니다. 그래도 다른 친구들보다 용돈을 스스로 벌어야 했던 환경 때문에 아르바이트 경험이 많네요. 경험을 잘 살펴보는 것도 좋을 것 같아요.

내담자 18 아르바이트는 정말 쉬지 않고 했어요. 일할 때는 제가 밝고 사교성도 좋으니까 사장님들도 다 일 잘한다고 칭찬도 하시고, 키즈카페서 일할 때는 애들이 넘 이쁘고, 판촉알바 할 때는 일 끝나고 동료들하고 함께하는 것도 재밌고. 오히려 앉아서 공부하는 것보다 몸으로 일을 하고 있을 때 마음은 더 편했던 것 같아요.

상담자 19 사람을 상대하고, 협업하는 일에서는 뚜렷한 강점을 보일 수 있으실 걸로 보여요. 아르바이트 하면서 익힌 대인관계 기술, 판매 노하우 등은 다른 친구들보다 내가 갖고 있는 뚜렷한 장점이 있어요.

내담자 19 그런가요? 그리고 보니 내가 잘한다는 이야기를 계속 들어서 아르바이트를 4년 내내 계속할 수 있었던 것도 같네요. 돈이 필요해서라고 생각했는데 잘한다 잘한다 하니까 거기 가면 인정받는 느낌이 많이 들었거든요.

상담자 20 그래요. 잘 안 되고 있는 부분에 집중하기보다 그래도 잘하고 있는 부분에 집중하려고 노력하는 것이 4학년한테는 매우 중요합니다. 수시로 취업불안이 올라오기 때문에 마음관리도 중요한 시기예요. 오늘 해석상담을 듣고 좀 어떠셨어요?
결과 해석 소감 듣기

내담자 20 네, 불안하니까 이것저것 기웃거리고 마음 못 잡고 있었던 것 같아요. 하나를 진득하게 붙잡고 있지 못하고. 지금 하나만 집중해도 모자랄 판에…… 그래도 제가 잘하는 것이 하나가 있다고 생각하니까 다시 마음잡고 좀 알아보고 해야겠다 싶은 마음이 들어요.

상담자 21 흥미가 가고 하고 싶은 일과 현실적인 부분을 어떻게 조율해 갈지는 편입정보, 경제상황에 대한 정확한 이해 등을 추가로 하면서 어느 쪽으로 결정하는 게 좋을지 보일 거예요. 해석상담은 여기서 마치도록 할게요.

2. 홀랜드 직업적성검사

1) 개요

진로상담에 있어 고려해야 할 요소 중에, 내담자의 흥미만큼이나 중요하게 고려하는 요소가 적성이다. 진로적성은 특정 분야의 업무를 수행하는 데에 필요로 하는 능력이나, 그러한 능력을 보일 수 있는 가능성을 뜻한다. 적성은 후천적 학습이나 경험 등에 의해서 변화될 수도 있으나 대체적으로 청소년기까지 형성되고 그 이후는 비교적 변동이 적은 특질이라고 할 수 있다. 진로적성을 측정하는 검사 중 홀랜드 직업적성검사(Holland Vocational Personality Inventory)는 진로상담 현장에서 가장 많이 쓰는 검사 중 하나이다. 우리나라 학생의 경우 입시 위주의 학창시절을 보내며 진로 관련 경험을 충분히 하지 못한 경우가 많고, 학업성적이 낮거나 진로성숙도가 낮은 경우 흥미를 측정한 결과가 불안정하고 환상에 그치는 경우가 많다는 문제점을 개선하고자 제작되었다.

본 검사의 목적은 내담자들이 평소 어떤 능력이 있다고 스스로 생각하는지, 성격을 나타내는 특징들이 무엇인지 알아보고, 직업적성, 능력적성, 성격적성, 직업가치관 및 진로성숙도에 이르기까지 포괄적으로 적성을 측정하기 위해 제작되었다. 따라서 자신의 성격적 특징과 진로적성을 이해하여 진로선택 및 진로탐색을 위한 의사결정을 희망하는 내담자에게 유용할 수 있다.

2) 검사 실시와 채점

홀랜드 진로적성검사 또한 다른 성격검사들과 마찬가지로 시간제한이 없는 자기보고 검사이기 때문에 내담자가 진로성숙도가 낮고 자기 자신을 잘 모르거나 검사 동기가 낮은 경우 검사 결과를 신뢰할 수 없다는 것에 유의해야 한다. 따라서 홀랜드 진로적성검사는 개별적으로 실시하고, 그 결과를 해석해 개별상담의 형태로 해석하는 것이 가장 효과적인 실시 방법이나 학교 등을 통해 단체로 실시하는 경우 몇 가지 조치를 통해 효과적으로 활용할 수 있도록 보완할 필요가 있다.

(1) 실시방법

① 오프라인 검사

• 인싸이트 홈페이지(https://www.inpsyt.co.kr)에서 홀랜드 검사지와 온라인 코드를 구매한다. 심리검사 채점 및 결과 확인을 위해서는 검사지와 함께 온라인 코드를 함께 구매해야 한다. 구입 후 배송된 검사지와 온라인 채점 전용 답안지를 사용하여 검사를 실시한다.

② 온라인 검사

• 인싸이트 홈페이지에서 홀랜드 온라인 코드를 구매하면 인싸이트 홈페이지의 My page를 통해 내담자에게 카카오톡 알림톡(문자)이나 메일로 원격 온라인 코드를 발송할 수 있다. 내담자는 발송된 코드를 클릭하여 스마트폰이나 PC로 검사를 실시할 수 있다.

③ 집단검사

• 먼저, 검사 전에 지시문을 정독하여 익힌 후 내담자들이 지시문의 내용을 충분히 숙지하도록 이해시키고 검사집단이 30명 이상일 때는 검사 실시자 외에 한 명의 스탭이 함께 참여하는 것이 바람직하다. 또한 검사를 수행해 가는 속도를 어느 정도 맞추기 위해서는 내담자들이 주의를 잘 집중시키는 것이 필요하며, 맨 마지막 부분인 능력 평정의 경우는 칠판에 예를 들어 주면서 정확히 설명해 줄 필요도 있다. 집단검사를 실시하였다면 결과 해석을 위한 상담을 해 줄 때 개인면담 시간을 통해 정보를 제공해 주는 것이 좋다.

(2) 실시 절차

• 검사에 대한 불안이나 방어적인 태도를 갖지 않도록 충분한 라포를 형성한 후에 검사를 실시하도록 한다. 다음과 같은 검사 오리엔테이션을 실시할 수 있다. 온라인 검사를 실시하는 내담자의 경우, 검사 실시 전 오리엔테이션을 정독하고 검사를 실시할 것을 안내한다. 검사 전 오리엔테이션을 다음 예시와 같이 할 수 있다.

- 검사 전에 검사를 한번 가볍게 훑어보며 검사 내용이 전체적으로 어떻게 구성되어 있는지 한 번 보세요.
- 지금 여러분은 마음이 안정되고 편안한 상태입니까? 만일 신체적으로나 심리적으로 불편해서 안정된 마음으로 검사를 할 수 없는 사람들은 진로상담실에서 별도로 실시할 수 있습니다.
- 검사시간에는 제한이 없으나 집중해서 검사를 하도록 합니다.
- 검사는 당신의 능력이나 성격을 판정하는 데 목적이 있는 것이 아니라 당신의 진로방향을 알아보기 위한 검사입니다. 따라서 좋고 나쁜 것이 없고 자기 나름대로의 고유한 성격과 직업적 적성을 파악하기 위한 것입니다. 이 검사를 통해 여러분의 직업적 성격적성이 무엇인지 알아보고 진로계획을 세우는 데 도움이 되도록 해 봅시다.

- 검사 중 의문점이 있는 경우 내담자가 손을 들어 표하면 검사자는 친절히 설명해 준다. 내담자가 특정 직업에 대해 잘 모른다고 질문하는 경우 인기도나 감정적인 표현을 하지 않고 객관적으로 직업활동을 설명해 준다.

- **문항에 반응할 때**

- 검사는 당신의 능력이나 성격을 판정하는 데 목적이 있는 것이 아니라 당신의 진로방향을 알아보기 위한 검사입니다. 따라서 좋고 나쁜 것이 없고 자기 나름대로의 고유한 성격과 직업적 적성(흥미)을 파악하기 위한 것입니다.
- 정답과 오답이 없습니다. 오랫동안 생각하지 말고 문항을 바로 체크해 주시면 됩니다.
- 의무적으로 생각하거나 이상적인 것이 아니라 평소 본인의 생각과 적성을 솔직하게 답변하면 됩니다.
- 직업에서 적성에 맞을 것인지를 결정할 때 어떤 종류의 일이나 활동을 하는 직업인지를 생각해 보고 나 자신의 성격적성이나 능력적성에 맞아서 재미있게 직업인으로 행복하게 지낼 수 있을 것인지를 분명히 하려 응답하도록 합니다.

(3) 채점

- 오프라인 검사는 검사지에 검사를 실시한 후에 기재된 답안을 인싸이트 홈페이지의 My page에서 심리검사 실시 항목에서 [답안입력/온라인검사 실시]를 클릭하여 내담자가 기재한 답안을 입력하면 결과 확인 및 출력이 가능하다.

- 온라인 검사는 내담자가 스마트폰이나 PC를 통해 응답을 완료하면 바로 결과 확인 및 출력이 가능하다.
- 단체 검사의 경우, 선택한 방식에 따라 앞의 두 가지 방식 중의 하나로 결과 확인이 가능하다. 검사지와 함께 배송된 OMR 전용 답안지를 활용하여 검사를 실시한 경우, 검사가 완료 후 OMR 답안지를 인싸이트로 송부하면 이를 채점하여 각 개인의 결과를 받아볼 수 있다.
- 채점은 컴퓨터를 통해 이루어지는데 성격, 유능감, 가치, 직업 및 직업분야 평정 등의 영영별 RIASEC 각 척도별로 긍정 응답한 숫자를 각 영영별로 척도별 문항 수로 나누어 백분율 점수로 계산하여 제시한다. 각 문항들은 척도에 따라 중복채점되기 때문에 문항 수와 최대점수 간에는 일치가 이루어지지 않는다. 가장 높은 척도의 점수와 두 번째로 높은 척도의 점수 간의 점수 차이가 백분율로 10점 이내이면 첫 번째 척도와 두 번째 척도 모두 진로코드로 인정한다. 예를 들어, S=69, A=66이면 1차 진로코드는 SA이지만 S와 A 백분율 점수 차이가 3점이기 때문에 2차 진로코드는 AS가 된다. 반면, S=69, A=56, C=55로 첫 번째와 두 번째 코드의 백분율 점수가 10점 이상이라면 S 혹은 SA를 1차 진로코드로 정하는 것이 좋다.

3) 홀랜드 직업적성검사의 구성

Holland 직업적성검사는 직업적 성격유형을 실재형(Realistic), 탐구형(Investigative), 예술형(Artisric), 사회형(Enterprising), 기업형(Enterprising), 관습형(Conventional) 6개 유형[1]으로 구분한다. 홀랜드 진로적성검사는 두 자리의 진로적성 코드를 찾아내는 데 목적이 있다. 이는 내담자들이 평소에 어떤 일이나 활동을 좋아하고 또 하고 싶은지, 어떤 성격특징을 나타내는지, 그리고 스스로 어떤 능력이 있다고 생각하는지를 알아보고자 하는 것이다. 그리고 내담자 자신이 미래에 어떤 직업을 원하는지, 하고 싶은 일은 어떤 일인지 등을 알아봄으로써 각각의 직업적 성격유형을 찾는 데에 그 목적이 있다.

(1) 타당도 지표
홀랜드 진로적성검사를 해석하기 전에 분화도, 긍정응답률, 검사 전후 코드 비교, 검사 영

---

[1] 홀랜드 직업적성 검사 유형은 앞 절의 스트롱 직업흥미검사에서의 유형인 현장형, 탐구형, 예술형, 사회형, 진취형, 사무형과 그 명칭에서의 차이를 보인다. 이 절에서는 검사별 개발 당시 명명된 고유 유형별 명칭을 그대로 사용하고자 한다.

역 간 진로코드 일치도, 진로코드 백분위 등의 부가정보를 살펴보며 검사의 신뢰도와 타당도를 확인할 수 있다. 지표별 내용을 살펴보면 다음과 같다.

① 분화도

분화도 지수는 하나 또는 두 개의 진로코드가 다른 것들보다 뚜렷하게 나타나고 나머지의 진로코드는 상대적으로 낮게 나타나는 정도를 말한다. 이는 얻어진 전체 RIASEC 요약 점수 프로파일에서 척도 간의 차이 정도를 의미한다. 이 지수를 통해 내담자의 진로코드가 얼마나 뚜렷하게 나타나고 있는지를 알 수 있다. 다시 말해, 진로코드가 분명히 나오면 희망하는 진로를 설정하고 결정하는 것이 용이할 수 있지만, 분화도가 낮은 경우 각 유형이 모두 비슷한 점수를 보이며 진로적성이 모호함을 의미한다.

이는 자신에 대한 이해가 부족하거나, 검사를 무선으로 실시했을 가능성이 있으며, 필요 시 재검사를 필요로 할 수도 있다.

② 긍정응답률

긍정응답률은 홀랜드진로적성검사의 전체 문항에 대한 긍정응답률로서 본 검사에서는 실용적인 관점에서 1순위 긍정응답 지수를 사용한다. 1순위 코드의 긍정응답률 지수란 RIASEC 종합 점수 중 가장 점수가 높은 진로코드의 백분율, 즉 1순위 진로코드에서 받을 수 있는 가능 점수 중 긍정응답 해서 채점되는 점수의 백분율을 말한다. 1순위 긍정응답률 지수가 높다는 것은 그렇지 않은 것보다 적성이 더 뚜렷하게 나타나는 것을 의미한다. 예를 들면, 어떤 사람은 1순위 진로코드가 C유형이고 그 백분율이 78%라고 하면 1순위 같은 C유형의 25%를 받은 사람보다 C유형의 적성이 매우 높게 나타날 수 있다.

긍정응답률이 30% 이하인 경우 검사를 신뢰할 수 없기 때문에 재검사를 실시하거나 상담을 통해 진로의식을 높여야 할 필요가 있다.

③ 검사 전후 코드 비교

검사 전후 코드 비교는 검사 실시 전 내담자가 예상한 자신의 유형과 검사 결과를 비교해 보는 것을 뜻한다. 검사 전후 코드의 일치율이 높으면 평소 자신과 적성에 대한 이해도가 높다고 볼 수 있으며, 코드 일치도가 낮으면 자신과 맞지 않는 직업이나 진로환경을 추구할 가능성이 있다.

④ 검사 영역 간 진로코드 일치도

적성검사에서 측정하고 있는 성격적성, 능력적성, 그리고 직업적성과 종합영역 간의 일치도 정도를 나타낸다. 일치도가 높을수록 진로의식과 진로이해 정도가 높다고 할 수 있다.

⑤ 진로코드 백분위

검사 결과 코드를 일순위로 가진 일반화된 집단 100 중 어느 위치에 속하는지를 백분위로 환산하여 표시한 것을 나타낸다.

(2) 성격적성

Holland는 여러 직업인 그룹들이 자신들의 직업생활에서 나타내는 성격적 특징을 조사하여 여섯 가지로 유형화하고, 그 특징을 정리한 것이다. 성격적성은 성격검사의 특징과 유사하고 또한 타고난 기질적 특성과 유사하다고 보고 있으며, 이러한 성격적성은 지능이나 지능에 기반을 둔 언어적성, 수리적성, 기계적성 등으로 기술되는 능력적성보다도 직업적 성공이나 만족을 더 잘 예언해 준다고 알려져 있다.

(3) 능력적성

능력적성은 지능에 기반을 둔 정확성과 속도를 재는 인지적 능력이다. 홀랜드 적성검사에서 능력적성은 직업수행에 필요한 능력으로, 특정 직업을 수행함에 있어 필요한 능력이라 할 수 있다. 예를 들어, 상담자에게는 공감능력, 기업가에게는 리더십 능력 등이 필요함을 의미한다.

4) 홀랜드 직업적성검사 해석

해석에 들어가기에 앞서 해석 전반에 걸친 지침과 순서에 대해서 살펴보면 다음과 같다.

(1) 일반적 해석 지침

검사 결과는 내담자의 교육수준, 지능, 연령, 생활사, 학업성적 등과 같이 종합적으로 통합하는 방식으로 해석되어야 한다. 상담자는 검사 결과에 대한 해석을 함에 있어 내담자에게 질문을 하여 참여를 유도해야 할 필요가 있다. 내담자의 직업적 포부, 흥미, 미래계획, 병력, 가족의 영향, 특이한 프로파일의 원인. 직업 경험 등에 질문하고, 그것이 어떻게 내담자의 삶에 영향을 끼쳐 왔는지 탐색 후, 종합적으로 해석할 필요가 있다.

두 가지 진로코드를 결정하고 나면 그것을 근거로 성격, 흥미, 능력의 측면에서 내담자의 특징을 살펴볼 필요가 있다. 결과 해석지에는 각 두 자리 진로코드의 특징을 요약해서 유형별 설명을 제공하고 있으나 이러한 결과는 충분히 내담자를 기술해 주지 못하는 제한점을 가진다. 따라서 상담자는 보다 면밀한 진로상담 형태의 해석상담이 이루어지도록 해야 한다.

(2) 해석 순서 및 절차

① 타당도 지표 검토

• 분화도와 일관성 검토

진로코드 육각형 모형에서의 분화도와 일관성을 살펴보아야 할 뿐만 아니라 선택된 진로코드와 다른 나머지 코드들의 분포와의 관계도 살펴보아야 한다. 예를 들어, SE 유형이면 반대편 RI 점수가 가장 낮게 나타나는지, 상대적으로 높은지 등을 검토해서 전체적으로 잘 구조화되어 있는 분포인지 확인해 본다.

• 진로코드 간의 점수 차이 검토

진로코드 간의 점수 차이가 10점 이하이면 가능한 코드 조합 모두를 다 고려해 보아야 한다. 이러한 다양한 코드에도 불구하고 잘 구조화되어 있으면 그 결과 해석은 타당할 수 있으나 그렇지 못하면 개인면담에서 진로성숙, 성격적 문제들과 함께 잘 탐색해 보아야 한다.

• 긍정응답률 검토

전체 긍정응답률을 검토해서 너무 낮거나 너무 높은 경우 개인상담이 필요하다. 보통 40% 이상일 때 해석할 수 있다.

- RIASEC 긍정응답률이 모두 낮은 경우(30% 이하): 자아개념이 낮거나 만성적으로 학업부진을 보이는 경우, 무기력감을 나타내고 무엇에도 흥미를 보이지 않는 경우, 성격적으로 지나치게 편협된 사람의 경우 전체 긍정응답률이 낮을 수 있다. 또한 총계 점수가 모두 낮은 경우에는 문화적 경험의 부족, 자기거부, 정체감의 혼란 등을 겪고 있는지 살펴보아야 한다.
- RIASEC 긍정응답률이 모두 낮진 않지만 평평한 경우: 다양한 흥미나 능력을 보여서 자신의 적성을 정할 수 없는 경우(다재 다능한 사람), 특정한 유형의 분야에서 흥미나 진로를 선택적으로 받아들이지 못하는 경우, 매사에 긍정적이고 타인에게 잘 보이려는 사

람, 너무 비현실적 또는 환상적이어서 모두 긍정적으로 응답한 경우 등의 가능성을 생각해 볼 수 있다.

② 검사 결과 육각형 패턴 이해

진로코드에 대한 해석에 앞서, 검사 결과로 나타난 육각형 패턴에 관한 해석을 먼저 할 필요가 있다. 검사 결과로 나타난 육각형의 크기와 모양에 따라 내담자에 대한 부가적인 정보를 제공해 줄 수 있기 때문에 다음과 같은 일관성, 변별성, 정체성, 일치성에 대한 개념을 이해할 필요가 있다.

• 일관성(consistency)

사람과 환경의 상호작용 결과는 성격패턴의 일관성과 환경패턴의 일관성에 따라 다르게 나타날 수 있다. 성격패턴이 일관되게 나타난다는 것은 서로 유사한 흥미, 유능감, 가치, 특성 등을 가지고 있음을 의미한다. 서로 가까운 위치에 있는 유형끼리는 유사한 점이 많고, 먼 유형끼리는 유사한 점이 거의 없다. 따라서 육각형 모형에서 근접해 있는 유형들은 성격적 특성, 흥미, 직무 등에서의 관련성이 높은 반면, 대각선 위치에 있는 유형들은 일관성이 가장 낮고, 성격적 특징이나 직업기능에서 거의 관련이 없다. 중간 정도의 일관성은 육각형에서 서로 하나씩 건너뛰는 유형들이다. 높은 일관성 수준은 경력이나 진로결정 방향 면에서 안정성을 가지는 긍정적 특징이다.

• 변별성(differentiation)

일치성, 일관성, 정체성과 같은 조건들이 동일할 때, 사람과 환경 간의 상호작용은 성격과 환경 간의 변별성에 따라 영향을 받는다. 변별성은 직업적 흥미 특성이 얼마나 뚜렷하게 나타나는가를 의미한다. 변별도는 가장 유사한 성격과 가장 유사하지 않은 성격 간의 점수차 또는 가장 유사한 환경과 가장 유사하지 않은 환경 간의 점수차를 말한다. 여섯 가지 점수의 최고점수와 최저점수의 차이가 클수록 변별도는 커진다. 결국 변별성이 높다는 것은 육각형 모형 중 어느 한 유형에는 유사성이 많이 나타나지만 다른 유형에는 유사성이 그다지 나타나지 않은 것을 의미한다.

• 정체성(identity)

개인과 환경 간의 상호작용은 성격유형의 정체성과 직업상황의 정체성의 영향을 받는다. 정체성은 개인이 자신이나 환경에 대해 갖는 명확성과 안정성에 대한 인식 정도를 의미한다. 분명한 정체성을 가진 사람은 불분명한 정체성을 갖고 있는 사람보다 결과에 대한 예측력과 일관성이 높게 나타난다.

• 일치성(congruence)

사람과 환경의 상호작용은 일치성 또는 양립성의 정도에 따라 평가되는데, 일치도는 성격유형이 환경모형과 일치할 때 가장 높게 나타난다. 일치성은 개인의 직업흥미나 성격 등의 특성이 직무 또는 조직과 일치하는 정도를 의미한다. 일치성이 높은 사람은 직업생활에서 높은 직무수행 능력을 보이고, 만족스러운 직업생활을 할 수 있다. 반면, 일치성이 낮은 경우 직업 적응에 어려움이 있고, 직무 만족도가 낮아 성공 가능성이 떨어진다고 한다.

검사 결과 육각형 크기와 모양에 따른 해석 및 개입방법에 관한 이해를 도울 수 있는 예시를 〈표 9-7〉과 같이 살펴보도록 하겠다.

표 9-7 홀랜드 육각형 크기와 모양에 따른 해석 및 개입방법

유형	내용
서로 상반되는 유형이 동반하여 높은 경우 R(실재형) C(관습형) 69.15 39.38 71.56 I(탐구형) E(기업형) 68.5 46.02 61.34 A(예술형) S(사회형)	• 검사 결과: −I유형, E유형이 동반하여 높음 −C유형, A유형이 동반하여 높음 −Holland가 제시한 일관성, 변별성이 약함 • 특징: −다른 다양한 영역에 두루 관심을 보이고 참여해 봤을 가능성 −특정 분야를 월등하게 좋아하거나 싫어하지 않지만 특별히 선호하는 것이 없음 • 해석: −격려: 여러 영역에 높은 흥미를 가지고 있고 관심과 호기심을 느끼고 있다는 점 설명하기 −객관화: 상반된 영역에 관심 갖다 보면 진로방향 정하는 데 어려움을 겪을 수 있음을 조언 −두 조건을 충족시킬 수 있는 직업 탐색해 볼 것을 독려 −촉진적 질문: 내담자 의견을 묻고 결과가 나오게 된 배경 탐색(그동안의 활동, 학습 내용 등) −개입방향: 좋은 것에 대해 구체적 경험과 노력을 기울여 보고, 더 좋아하는 것과 아닌 것을 구별하는 변별력을 키울 수 있도록 돕기

육각형 모양이 작고 둥근 경우

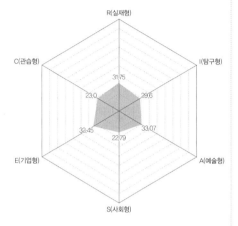

- 검사 결과:
  - 대부분 유형이 20~30점대(하위 1~5%)의 점수분포
  - 전반적으로 모든 유형의 흥미가 낮은 경향
- 특징:
  - 진로에 대한 흥미뿐 아니라 생활 전반에 에너지와 동기수준이 떨어져 있음
  - 진로와 관련된 긍정적 경험과 성취경험의 부족으로 부정적 자아상을 가지고 있을 가능성 검사 시 대부분 문항에 부정적으로 응답했을 가능성
- 해석:
  - 격려: 특정 분야에 대한 흥미가 나타나지 않았다는 것임을 설명하기, 진로에 대해 관련 경험을 할수록 하고 싶은 일이 생길 것이라 격려하기
  - 객관화: 진로에 대해 고민 있는지 확인, 진로 이외의 어려움(심리, 정서, 학업 등)이 없는지 확인하여 상담센터 의뢰
  - 촉진적 질문: 여섯 가지 유형을 설명하고 평소 본인 생각을 비교하여 질문하기
  - 개입방향: 직업카드, 진로심리검사, 각종 활동지를 통해 다각도로 흥미를 탐색할 수 있도록 돕기

육각형 모양이 크고 둥근 경우

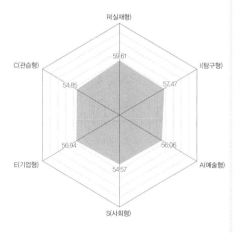

- 검사 결과:
  - 대부분 유형이 50점대 후반(상위 15~20%)의 점수 전반적으로 모든 유형의 높은 경향이 있음
- 특징:
  - 다양한 분야에 비슷하게 흥미를 느낌
  - 특정 분야를 월등하게 좋아하거나 싫어하지 않으며 특별히 선호하는 것이 없음. 거의 모든 문항에 긍정 응답 했을 가능성
- 해석:
  - 격려: 다양한 영역에 흥미 가지는 것, 무언가 흥미 느낀다는 것은 좋은 출발이 될 수 있음을 지지
  - 객관화: 더 좋아하는 것과 그렇지 않은 것을 구분하지 못하는 것을 의미함. 흥미가 분화되지 않아 진로 방향을 정하는 데 어려움 있을 것에 대한 조언
  - 촉진적 질문: 실제 진로선택에 느끼는 어려움을 질문하여 확인
  - 개입방향: 좋은 것에 대해 구체적 경험과 노력을 기울여 보고, 보다 관심 느끼는 것과 덜 중요한 것 제외할 것 안내

③ 진로코드 해석

육각형의 패턴을 전반적으로 살펴본 후, 6개 유형 중 어떤 유형이 두드러지고 강한 적성인지 살펴보아야 한다. 두드러진 적성의 영향력이 전반에 걸쳐서 중요하게 작용하고 있기 때문이다. Holland의 진로이론에서는 직업과 관련하여 성격과 흥미를 실재형, 탐구형, 예술형, 사회형, 기업형, 관습형 등 여섯 가지 유형으로 분류하고 다음 〈표 9-8〉과 같이 그 특징을 제시한다.

표 9-8 홀랜드 진로코드 해석

유형	설명
실재형(R)	• 성격특성: 솔직하고, 성실하며, 검소하고, 지구력이 있고, 신체적으로 건강하며, 소박하고, 말이 적으며, 고집이 있고, 단순함. • 적성능력감: 기계적 · 운동적 능력, 수공, 농업, 전기, 기술적 능력은 있으나 교육적 능력, 대인관계 능력은 부족 • 가치: 특기, 기술, 기능, 전문성, 능력감, 생산성 • 생애목표: 기계나 장치의 발견 및 기술사, 전문인, 운동선수 • 대표직업: 기술자, 자동기계 및 항공기 조종사, 정비사, 농부. 엔지니어, 전기 · 기계기사, 운동선수 • 전공계열: 공학계열, 농학, 해양수산, 이학계열
탐구형(I)	• 성격특성: 탐구심이 많고, 논리적 · 분석적 · 합리적이며, 정확하고, 지적 호기심이 많으며, 비판적 · 내성적이고, 수줍음을 잘 타며 신중함. • 적성능력감: 학구적 · 지적 자부심을 가지고 있으며, 수학적 · 과학적 능력, 연구능력은 높으나 지도력이나 설득력은 부족 • 가치: 탐구, 지식, 학문, 지혜, 합리성 • 생애목표: 사물이나 현상의 발견 및 과학에 대한 이론적 기여 • 대표직업: 과학자, 생물학자, 화학자, 물리학자, 인류학자, 지질학자, 의료기술자, 의사 • 전공계열: 의학, 약학, 이학계열
예술형(A)	• 성격특성: 상상력이 풍부하고, 감수성이 강하며, 자유분방하며, 개방적임. 감정이 풍부하고, 독창적이고, 개성이 강하고, 협동적이지 않음. • 적성능력감: 미술적 · 음악적 능력, 상징적 · 자유적 · 비체계적 능력은 있으나 체계적 · 순서적 능력, 사무적 기술은 부족 • 가치: 예술, 창의성, 재능, 변화, 자유, 개성 • 생애목표: 예술계의 유명인, 독창적인 작품활동 • 대표직업: 예술가, 작곡가, 음악가, 무대감독, 작가, 배우, 소설가, 미술가, 무용가, 디자이너 • 전공계열: 예술, 음악, 미술, 공예, 연극영화, 무용계열, 인문계열

사회형(S)	• 성격특성: 사람들을 좋아하며, 어울리기 좋아하고, 친절하고, 이해심이 많으며, 남을 잘 도와주고, 봉사적·감정적·이상주의적임. • 적성능력감: 사회적·교육적 지도력과 대인관계 능력은 있으나 기계적·과학적·체계적 능력은 부족 • 가치: 사랑, 평등, 헌신, 공익, 용서, 봉사 • 생애목표: 타인들을 돕고 희생, 존경받는 스승, 치료전문가 • 대표직업: 사회복지사, 교육자, 간호사, 유치원교사, 종교지도자, 상담가, 임상치료사, 청소년전문가 • 전공계열: 사회계열, 가정, 간호, 체육, 복지, 사범대, 심리
기업형(E)	• 성격특성: 지배적이고, 통솔력, 지도력이 있으며, 말을 잘하고, 설득적이며, 경쟁적·야심적이며, 외향적·낙관적·열성적임. • 적성능력감: 적극적이고, 사회적이고, 지도력과 언어의 능력, 대인 간 설득능력은 있으나 과학적인 능력, 체계적 능력은 부족 • 가치: 권력, 야망, 명예, 모험, 자유, 보상 • 생애목표: 사회의 영향력 있는 지도자, 금융과 상업분야의 전문가 • 대표직업: 영업사원, 상품구매인, 보험회사원, 판매원, 관리자, 연출가, 광고대행업자, 언론인, 노동조합지도자 • 전공계열: 상경, 법정, 사회, 행정, 정치
관습형(C)	• 성격특성: 정확하고, 빈틈없고, 조심성이 있으며, 세밀하고, 계획성이 있으며, 변화를 좋아하지 않으며, 완고하고, 책임감이 강함. • 적성능력감: 사무적이며, 계산적인 능력, 정확성은 있지만 예술적·상상적 능력, 탐구적·독창적 능력은 부족 • 가치: 능률, 체계, 안전, 안정 • 생애목표: 금융과 회계의 전문가 • 대표직업: 사무행정 전문가, 공인회계사, 경제분석가, 은행원, 세무사, 경리사원, 감사원, 안전관리사, 사서, 법무사 • 전공계열: 법정, 상경, 행정, 회계, 문헌정보

5) 사례보고서 및 해석상담의 예

(1) 사례보고서

인적사항	최○○, 여성, 24세, 대학교 4학년, 언어 전공
내방경위	취업 교과목 수강 중 상담받고 싶은 마음이 생겨 자발적으로 신청함.

배경정보	[성격]하고 싶은 게 많지만 성과가 잘 나지 않음. 평소 충동구매를 자주 하는 편. 주식투자를 하고 있으나 손실이 큰 상태. [진로 준비]화장품 판매점에서 판매 아르바이트 6개월 정도 하고 있음, HSK 5급 현재 만료된 상태이나 다시 신청하기 귀찮아 재신청을 미루고 있음. [희망진로]어릴 때 꿈은 여행가이드, 현재는 항공사 지상직이나 호텔에서 근무하고 싶은 마음은 있으나 다른 자격증과 경험이 없어 막연함. 현재 캐나다 워킹홀리데이 신청 후 합격통보를 받음.
검사태도	특이사항 없음.
검사 결과	• 진로코드의 분화도: 1순위 진로코드의 긍정응답률(55%) • 검사 전후 간 진로코드의 비교: 검사 전 코드 A / 검사 후 코드 CE • 검사 영역 간 진로코드의 일치도 수준: 성격적성(낮음), 능력적성(낮음), 직업적성(높음), 종합(낮음) • 진로코드 확인 결과, 성격적성은 RA, 능력적성 SC, 직업가치CE, 직업적성 EC, 종합적으로 C(55)E(40)으로 확인됨. 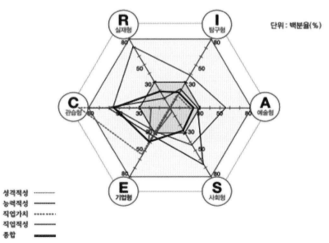

각 영역별 진로코드의 점수 분포도(%)

1차 진로코드	CE	2차 진로코드	CE

단위: 백분율(%)

성격적성 ―――
능력적성 ―――
직업가치 ·········
직업적성 ―――
종합 ―――

· RIASEC 각 영역의 전체 점수

	R 실재형	I 탐구형	A 예술형	S 사회형	E 기업형	C 관습형	진로코드
성격적성	72	39	56	44	28	56	RA
능력적성	11	22	28	67	33	61	SC
직업가치	0	15	20	0	55	90	CE
직업적성	0	0	0	5	41	18	EC
종합	19	18	24	27	40	55	CE

해석상담
요약
	• 분화도는 높으나, 자신에 대한 이해 수준과 진로영역별 일치 수준이 낮음.
	  → 해석에 유의, 자기이해를 촉진할 수 있는 질문 제시
	• 내담자 성격과 검사 결과, C 코드의 불일치 요인 확인, 검사 전 코드에서 A를 체크한 것
	  으로 보아 C의 상승은 내담자의 환경적 요인(부모님, 양육환경, 4학년으로서의 바람직한
	  모습 등)이 반영된 것은 아닌지 검토함.
	• 현재 아르바이트를 하고 있고 워킹홀리데이 및 상담도 즉각 신청하는 등 주도적으로 행
	  동하는 면을 내담자의 자원으로 보고 반영함. 다만, 내담자의 이러한 빠른 행동과 결정은
	  충분한 계획이나 검토 없이 성급하게 선택이나 결정을 하면서 자신의 불안과 불편함을
	  해소하려는 면도 함께 보여 내담자의 깊이 있는 자기이해를 방해할 가능성이 있음을 전
	  달함.

개입방향	• 중단기적인 계획 없이 충동적으로 무언가를 선택하고 결정함으로써, 현재의 어려움(4학
	  년 취업문제)를 회피하고 있는 면에 대해 좀 더 다룰 필요 있음.
	• 워킹홀리데이 경험이 희망하는 직무에 활용될 수 있도록 조력, 외국어 역량 함양 및 자기
	  관리에 대한 동기 부여 필요함.

제언	• 내담자의 강점에도 불구하고 체계적인 진로 준비를 가로막고 있는 진로 방해요인을 심층 적으로 다루어 가면 자기이해를 확장할 필요 있음.

(2) 해석상담

상담자 1	지난번 실시했던 검사 결과를 함께 나누고자 합니다. 어떤 진 로를 선택해야 할지 알고 싶다고 심리검사를 신청하셨는데요. 결과지를 함께 보도록 하지요. 검사해 보시면서 어떠셨어요?	검사목적 및 검사 후 소감 확인
내담자 1	폰으로 검사할 수 있어서 편했어요. 근데 비슷한 질문이 나오기 도 하고, 뭘 선택해야 할지 좀 고민해야 할 때도 있었어요.	
상담자 2	그러셨군요. 검사 실시하느라 수고하셨습니다. 혹시 중고등학 교 때 진로 관련된 검사를 받아 본 적이 있는지요?	이전 검사 실시 여부 확인
내담자 2	네. 고등학교 때인가. 기억이 잘…… A인가 뭐 그런 게 나왔 던 거 같아요. 자유롭고 틀에 박힌 거 안 좋아한다고 뭐 그렇게 들은 거 같아요.	자신의 진로인식에 대한 탐색
상담자 3	오래전 실시한 거라 기억이 잘 나지 않을 수 있지요. 검사 전 자신이 생각하는 진로유형을 A유형 하나로 체크하셨는데 이유 가 있으신가요?	
내담자 3	고등학교 때 전에도 A가 나와서요. 전 자유롭게 여행하며 할 수 있는 직업을 갖고 싶어서요. 어릴 때부터 여행을 좋아하고 많이	

다녔거든요. 설명 중에 저한테 제일 맞다 싶었어요.

상담자 4 네, 그러셨군요. 검사 결과를 같이 살펴볼까요. [홀랜드 각 유형   결과 해석 및
간략하게 설명] 종합적으로 C(55), E(40)가 나왔네요. 검사 결과   탐색 질문
로는, 비교적 정확하고 계획성이 있고 책임감이 강하고, 한편으
로는 사람들을 잘 설득하고 통솔하여 이끌어 가며, 열성적인 특
성이 있을 수 있다라고 되어 있는데, 결과 부분을 보시고 본인
과 어떤 부분이 잘 맞는 거 같나요?

내담자 4 잘 모르겠어요. 좀 안 맞는 거 같기도 하고. 정해진 대로 하고
계획대로 움직이는 것을 좋아하지는 않는데…… 정해진 대로
하는 것을 좋아하지는 않지만 마음이 편하다는 쪽에 가까워요.

상담자 5 자유로운 것을 추구하는 면도 있지만 계획대로 하는 것이 마음   검사 결과와 내담자
이 편한 면도 있네요. 계획대로 하는 게 마음이 편하다는 것은   특성 간의 불일치 탐색
어떤 것일까요? 좀 더 이야기해 주실 수 있나요

내담자 5 어릴 때 부모님이 사업하느라 바빠서 외할머니가 키워 주셨어
요. 할머니는 해야 할 일을 제때 하는 걸 좋아하셨어요. 그러다
보니 계획대로 움직이는게 익숙해서 좀 더 편하게 느껴질 때도
있어요.

상담자 6 그러셨군요. 자유로운 면이 있는데도 할머니의 요구에 따라 일   구체화 및 탐색 질문
정에 맞춰 따르는 것이 불편하거나 힘든 부분은 없으셨나요?

내담자 6 (침묵 5초) 네. 어릴 땐 더 놀고 싶고, 편하게 있고 싶고. 할머니
잔소리 듣기 싫고 그랬죠. 저는 힘든 건 빨리 잊고 다시 현실 사는
편이에요.

상담자 7 힘든 일들을 그냥 잊는 것으로 이겨 내셨네요.

내담자 7 중학교 때 집안이 어려워졌어요. 부모님 사업이 잘 안 돼서. 힘든
거 가지고 있어 봐야 해결도 안 되고. 그 후로는 안 좋은 말을 들
어도 흘려보내고. 힘든 일은 바로 잊어버려요. 그게 사회생활하
는 데도 도움돼요.

상담자 8 아르바이트도 한다고 하셨는데 일하실 때 평소에 관계는 좀 어
떠세요? 검사 결과에 다양한 사람을 만나고 어울리는 것을 좋
아하는 편이며, 자신이 가진 인적자원을 잘 관리하고 활용할 수
있고, 자신의 목표의식이 뚜렷하며, 과제나 과업을 계획하고 추
진하려는 의지가 강하다라고 되어 있는데.

내담자 8 사람들을 잘 설득하고 이끄는 건 모르겠지만, 윗사람을 잘 따

를 수는 있을 꺼 같아요. 잘 지내는 편이에요. 누구와도. 사회
성이나 이런 것은 아무래도 아르바이트 많이 해서. 어디서도 잘
적응할 것 같거든요. 목표의식은 잘 모르겠는데…… 해야겠다
마음먹으면 바로 하는 건 있어요.

상담자 9 그렇군요. 행동력이 있다는 것은 좋은 점이지요. 뭔가 목표가   내담자 강점 반영 1
뚜렷하면 엄청난 추진력을 발휘할 수 있는 면이니까요.

내담자 9 아, 그런가요. 제가 선택하며 살았어야 했어요. 부모님은 여전
히 바쁘시고. 할머니 할아버지랑 상의할 수 없는 것들이 많았으
니까요. 그래서 뭔가 선택하고 결정하는 건 빠르게 잘해요. 그
런 게 좀 주도적인 걸로 나왔으려나요? 요즘도 비슷한 거 같아
요. 워킹홀리데이 합격했다는 통보를 지난주에 받았어요. 일단
갔다 오면 뭐가 되겠지 싶어서요.

상담자 10 먼저, 원하던 것에 합격통보를 받으셨다니 축하드립니다. 혹시
워킹홀리데이를 신청하게 된 다른 이유가 있으신가요?

내담자 10 중학교 때 엄마가 저를 중국 어학연수를 3주 보내 주셨어요.
낯선 곳이라 힘들어하는 애들도 있었는데 저는 재미있었어요.
그때부터 중국어를 좋아하고 대학 전공도 중국어로 정하게 되
었어요. 아이돌 중국 멤버를 좋아해서 HSK도 열심히 해서 5급
도 따구요. 여행 가거나, 새로운 곳에 가는게 전 좋았어요. 새로
운 것을 모험하다 보면 복잡한 생각이 들지 않아서 좋아요. 그
래서 새로운 곳에 가면 뭔가 좋지 않을까 해서요.

상담자 11 낯선 생활에 잘 적응하고 또 좋아하는 일을 열심히 해 본 경험   내담자 강점 반영 2
이 있네요. 어학에 소질도 있어 보이구요. 좋아하는 일에 몰두
할 수 있는 것은 정말 좋은 장점입니다. 4학년으로 타국을 간다
는 것이 쉽지 않은 결정일 수 있을 것 같은데 이후에 어떤 쪽으
로 진로를 정해서 준비하고 싶다라는 계획이 있으신가요?

내담자 11 요즘 자신감이 없어지니 제가 뭘 더 좋아하는지 모르겠어요.
예전에는 분명했는데. 그냥 크게 생각 안 하고 결정했어요.
영어라도 늘겠지라고 막연히 생각하구요

상담자 12 진로는 아직 막연한 상황이지만 뭐라도 도전해 보자라는 마음
으로 신청하셨네요. 도전하고 시도하는 것은 자신을 이해하는
데도 도움이 됩니다. 다만, 뭔가를 빠르게 결정하는 데 비해 계
획을 짜거나 고민하는 것은 적어 보이는데 이 점은 어떻게 생각

하세요?

내담자 12 생각을 해 보지 않았어요. 계획을 좋아하면서도 어떨 댄 그냥 성급하게 막 결정하는 때가 있어요.

상담자 13 보통 어떨 때, 성급하게 결정을 내리시는 거 같은가요?

내담자 13 음…… 코로나 때 주식투자를 시작할때도 그랬구, 4학년되면서…… 좀 힘들거나 불안할 때. 깊이 생각하는 것보다 것보다 뭘 충동적으로 선택해요.

상담자 14 뭔가 불안할 때 다른 것을 선택하고 행동하는 편이네요.

내담자 14 저도 몰랐는데 그런 거 같아요. 뭔가를 하고 있으면 그래도 덜 불안하니까요.

상담자 15 지금 가장 불안하고 염려되는 것이 있나요?

내담자 15 아무래도 취업이죠. 사실, 항공사 지상직을 생각했었는데 4학년 되고 모든 게 점점 자신이 없어지더라구요. 중국어 말고는 딱히 준비한 것도 없어. 취업이 안 되면 백수인데. 걱정도 되고. 뭐라도 하는 게 낫겠다 싶어서, 워킹홀리데이도 신청하고. 그런데 늘 이런 식이에요. 잠시 불안이 잊어지지만, 막상 내가 선택한 게 끝나고 나면 또 찾아와요. 뭘 해야 하지라는 불안.

내담자 진로 준비 행동 패턴 탐색

상담자 16 성급히 결정해서 잠시 불안을 잊지만 다시 반복이 되는군요. 결과표에 육각형의 모양을 보면, 한쪽으로 뾰족하게 튀어나온 부분이 있지만 전반적인 크기가 크지는 않은 형태예요. 백분위점수도 유형별로 40~50 정도구요. 나에 대해 내가 좀 더 이해하려는 노력이 필요하다라는 것을 의미해요.

내담자 16 4학년이 되니 더 혼란스러워요. 정말 내가 어떤 사람인지.

상담자 17 졸업반이라는 중압감이 더 혼란스럽게 만드는군요. 그럴 수 있습니다. 이런 불안이나 혼란감을 어떻게 개선해 보면 좋을까요?

내담자 17 글쎄요. 급하게 하지 말고 생각하고 행동하기?

상담자 18 그것도 좋습니다. 뭔가를 성급하게 결정하고 행동해야겠다라는 생각이 들 때, 내가 정말 하고 싶어서 하는 건지, 방향이 있는 건지 잠시 머물러 생각해 보고, 선택을 잠시 유보하는 것도 방법이 될 것 같아요. 결국 내가 불안해서 그렇구나 알아차리고, 정말 지금 내가 하고 싶은 게 뭔지 물어보구요. 내가 불안하지 않고 평온할 상태일 때 내가 잘하는 것들은 어떤 것인가요?

내담자 18 음…… 검사 결과에 나온 것처럼 다이어리도 쓰면서 하루도 계획도 하고, 동아리나 조모임 같은 것도 리더십 있게 끌어가기도 하고. 아르바이트 할 때도 적극적으로 하고 그런 면도 있어요.

상담자 19 네. 마음이 편안할 때는 검사 결과처럼 체계적이고 또 주도적으로 사는 면도 있네요. 좋습니다. 안정이 되면 좋은 시너지가 날 수 있는 장점이라는 생각이 들어요. 검사 결과가 부분적으로 ○○ 씨를 설명하고 있지만, 전반적으로 자신감이 떨어져 있어 자신의 적성을 다 드러내지 못한 면도 있어 보여요. 또 불안이나 걱정을 성급하게 어떤 행동으로 바꾸면서 ○○ 씨와 불일치하는 면, ○○ 씨가 혼란스러워하는 면도 보이구요. 조금 더 상담을 진행하면서 정리해 보면 좋을 것 같습니다. 오늘 결과 해석 듣고 좀 어떠셨어요?

결과 간 통합해석

내담자 19 다양한 면이 저한테 있구나 싶어요. 내가 뭘 좋아하고 잘하고 편안해하는지조차 혼란스러워하는 저를 알아차린 게 제일 큰 소득이에요. 제가 행동파라고 생각했는데. 그러면서도 또 불안하고. 왜 그런지 몰랐는데 이제 좀 이해가 돼요. 오늘 상담하면서 그래도 좀 정리가 되었어요.

상담자 20 네, 워킹홀리데이 가기 전까지 상담을 통해 내가 뭘 좋아하고, 어떤 일에 소질이 있고, 또 워킹홀리데이 이후 어떤 일을 진로로 삼고 싶은지 좀 더 찾아보고 이야기 나눠 보면 어떨까 싶어요.

결과 해석 소감 듣기

내담자 20 네, 좋습니다. 고맙습니다.

학습과제

1. 진로흥미와 진로적성의 차이에 대해 설명해 보시오.

2. 스트롱 흥미검사의 척도 중 기본흥미척도(BIS)에 대해 설명하시오.

3. 스트롱 흥미검사에서 타당도 지수는 어떤 것들이 있는지 기술하시오.

4. 스트롱 흥미검사의 척도 중 개인특성척도(PSS)에서 위험감수유형을 통해 알 수 있는 정보를 기술하시오.

5. 스트롱 흥미검사 문항반응 요약에서 '매우 싫음+싫음'에 관한 응답률이 70%인 내담자를 상담할 때 고려해야 할 것을 설명하시오.

6. 홀랜드 적성검사 결과에서 상반된 유형인 AC유형이 나온 경우 해석방법에 대해 기술하시오.

7. 홀랜드 적성검사에서 일관성, 정체성, 변별성, 일치성에 대해 설명하시오.

8. 홀랜드 적성검사에서 긍정응답률이 의미하는 것을 설명하시오.

참고문헌

김계현, 황매향, 선혜연, 김영빈(2012). 상담과 심리검사. 학지사.

김동민, 강태훈, 김명식, 박소연, 배주미, 선혜연, 이기정, 이수현, 최정윤(2019). 심리검사와 상담. 학지사.

김명준, 김은주(2019). 스트롱 직업흥미검사II 매뉴얼. 어세스타 심리평가 연구소.

김정택, 김명준, 심혜숙(2004). 한국 스트롱 직업흥미검사 표준화 연구. 한국심리학회지: 상담 및 심리치료, 16(3), 383-405.

안창규, 안현의(2022). 홀랜드 적성검사 해석지침서. 인싸이트.

안창규, 안현의(2023). 홀랜드 적성검사 전문가 지침서. 인싸이트.

어세스타 https://www.assesta.com/main/main.asp#

● MLST-Ⅱ 검사의 특징과 구성을 설명할 수 있다.
● MLST-Ⅱ 검사를 통해 내담자의 다양한 학습 특성을 통합적으로 파악할 수 있다.
● MLST-Ⅱ 검사 결과를 활용한 해석상담을 통해 내담자의 학습과 관련한 어려움을 효과적으로 개입하는 방법을 모색할 수 있다.
● U&I 학습유형검사의 개발 과정과 특징에 대해 설명할 수 있다.
● U&I 학습유형검사를 통해 학습과 관련한 개인의 고유한 성격과 학습의 어려움을 이해할 수 있다.
● U&I 학습유형검사를 활용한 해석상담을 통해 내담자의 성격 및 행동특성에 적합한 학습방법을 찾을 수 있다.

학업은 진학 및 진로와의 높은 연관성으로 청소년의 삶에 매우 큰 비중을 차지한다. 교육열이 높은 우리 사회에서 학업은 많은 어려움과 스트레스를 유발하는데, 실제로 우리나라 13~24세의 청소년들이 가장 고민하는 문제는 공부인 것으로 나타났다(통계청, 2022). 학업은 자존감이나 자기효능감, 자신감을 가지고 원만한 대인관계를 해 나갈 수 있는 사회성 등 발달의 다양한 영역과 긴밀하게 연관되어 있다. 학습은 단순히 학교에서 배우는 공부에 국한되지 않고, 일상의 다양한 상황에서의 문제 해결 및 지속적인 성장을 해 나갈 수 있는 능력이라고 볼 수 있다. 학습의 본질적인 의미에서 생각해 보면 성인 또한 급변하는 사회에 적응하기 위해 평생 학습자로 살아가야 한다는 점에서 학습은 개인의 전 생애에 걸친 발달 과제라고 할 수 있다. 이러한 관점에서 청소년기의 내담자에게 고민과 좌절을 유발하기 쉬운 학업과 관련한 어려움을 효과적으로 해결하고, 최적화된 학습전략을 찾아 개인의 역량을 최대한 발휘할 수 있도록 돕는 것은 매우 중요하다.

학습검사는 개인의 학습 능력이나 학습전략, 학습 준비도 등을 평가하여 각 영역에서 학습자의 상대적인 위치나 보완할 사항 등에 대한 실제적인 정보를 제공한다. 학습검사는 학습과 관련한 어려움을 해결하는 과정에서 효과적인 도구로 활용할 수 있다. 이 장에서는 상담현장에서 학습과 관련하여 가장 활발히 사용되는 학습전략검사(MLST-Ⅱ)와 U&I 학습유형검사를 다루고자 한다.

1. 학습전략검사(MLST-II)

1) 개요

학습전략검사(Multi-dimensional Learning Strategy Test, 이하 MLST)는 학습과정의 습관, 행동, 전략적 효율성을 측정하기 위한 목적으로 2006년에 박동혁이 개발하였다. 이후 2010년에 부분 개정을 거쳐 2014년에 개정판인 MLST-II가 출시되어 현재까지 사용되고 있다. 검사 명칭에서 다차원을 의미하는 'Multi-dimensional'이라는 표현에서 알 수 있듯 MLST는 학습에 영향을 줄 수 있는 다양한 요인을 하나의 검사를 통해 통합적으로 파악할 수 있다는 점에서 활용도가 높다. 이 검사에서는 학업성취에 영향을 미치는 동기, 정서, 성격, 학습량, 학습방법 등과 같은 다양한 비지적인(non-intellectual) 특성을 측정한다. 개인의 학습과 관련한 실제적인 정보를 통해 학습 문제 중 개입의 우선순위와 방향을 정하는 데 유용하다. 이 검사의 기본목적은 학습자의 특성에 대한 이해와 학습전략의 강점 및 약점, 효과성 등에 대한 전반적인 검토를 통해 학습의 취약한 점을 보완하고, 최적화된 학습전략을 수립하여 학습의 효율성을 높이는 데 있다. 학습전략은 학습의 과정 및 결과와 밀접한 관련이 있으며, 효과적인 학습전략을 많이 사용할수록 자기주도적 학습 능력이 향상된다. 학습전략과 자기주도적 학습 능력은 학년이 올라갈수록 학업성취에 더 많은 영향을 미치며, 개인의 노력과 의지에 따라 충분히 변화가 가능하다는 특징이 있다. 따라서 학습전략의 강점 및 약점을 이해하고 부족한 부분을 보완하기 위한 노력을 한다면, 학습 능력은 향상될 수 있다. 학습유형을 분류하는 검사는 해석이 편리한 대신, 개인의 특성이나 정보가 상실될 수 있다는 한계가 있다. MLST-II는 유형분류 검사와 달리, 요인별 점수를 제공함으로써 각 요인별로 개인의 고유한 특성을 구조적 · 통합적으로 이해할 수 있다는 점에서 차별성이 있다.

2) 검사 실시와 채점

검사 실시와 채점에 앞서 검사 대상에 따른 문항 구성 및 검사 소요 시간을 살펴보면 다음과 같다. MLST-II는 초등학교 4~6학년, 청소년(중 · 고등학생), 대학생용이 있다. 초등용은 115문항, 청소년 및 대학생용 검사는 185문항으로 이루어져 있으며, 검사에 소요되는 시간은 30~40분이다. 각 문항은 초등용의 경우, 진위형에 가깝도록(1 전혀 아니다, 2 아니다, 3 그렇다, 4 매우 그렇다) 구성되어 있으며, 청소년 및 대학생용의 경우는 정도를 측정할 수 있도록(1 전혀 아니다, 2 약간 그렇다, 3 그렇다, 4 매우 그렇다) 구성되었다.

(1) 실시 절차

- 검사는 조용하고 방해를 받지 않는 장소에서 내담자가 차분하고 편안한 마음을 유지할 수 있도록 배려한 후, 실시한다.
- 초등학생의 경우 검사 문항에 대한 응답 방식을 이해하고 있는지 확인할 필요가 있다.
- 검사를 실시할 준비를 마치면, 먼저 검사지에 인적사항을 표기하도록 한다.
- 문항을 정확히 이해했다면, 지나치게 오래 생각하지 않고 즉각적으로 응답하도록 안내한다. 일부 문항의 경우, 사회적 바람직성에 영향을 받을 수 있으므로 검사의 목적이 현재 자신의 학습 특성을 알아보기 위한 것이라는 점을 강조하여 솔직한 응답을 유도하도록 한다.

　

-본 검사는 여러분의 자기주도적 학습 능력의 정도를 알아보고 만일 그러한 능력이 부족할 경우 어떠한 점을 보완해야 하는지에 대한 정보를 제공하고자 만들어진 검사입니다. 본 검사에는 정답이나 좋고 나쁜 답이 없습니다. 따라서 각 문항을 잘 읽고, 자신의 생각이나 경험에 일치하는 번호에 체크하시면 됩니다. 각 문항에 대해 너무 오래 생각하지 말고 평소 자신의 모습대로 솔직하게 답하시기 바랍니다.

　

- 검사를 종료하기 전에 성명, 성별, 학력, 연령 등과 같은 핵심적인 개인정보를 빠짐없이 기재하였는지 한 번 더 확인하도록 한다. 무응답 문항이 전체 문항의 10%가 넘으면 신뢰도에 심각한 영향을 주게 되므로 빠뜨리는 문항이 없도록 주의를 주는 것이 좋다.

　

-이제 검사를 마무리하겠습니다. 답안지에 인적사항이 정확히 기록되어 있는지, 모든 문항에 빠짐없이 답을 하였는지 다시 한번 확인하시기 바랍니다.

(2) 채점

- 오프라인 검사는 검사지와 온라인 채점 전용 답안지를 사용하여 검사를 실시한 후에 인싸이트 홈페이지(https://www.inpsyt.co.kr)의 My page-심리검사 실시 항목에서 [답안입력/온라인 검사 실시]를 클릭하여 내담자가 기재한 답안을 입력하면 결과 확인 및 출력이 가능하다.
- 온라인 검사는 내담자가 스마트폰이나 컴퓨터를 통해 응답을 완료하면 바로 결과 확인 및 출력이 가능하다.
- 단체 검사의 경우, 선택한 방식에 따라 위의 두 가지 방식 중의 하나로 결과 확인이 가능하다. 검사지와 함께 배송된 OMR 전용 답안지를 활용하여 검사를 실시한 경우, 검사 완료 후 OMR 답안지를 인싸이트로 송부하면 2주 이내에 결과지를 받아 볼 수 있다.

3) MLST-II의 구성

(1) 해석 전 참고지표

MLST-II는 해석 전 참고할 지표로 신뢰성 지표와 부가정보를 제공한다. 신뢰성 지표는 반응 일관성, 연속 동일반응, 사회적 바람직성, 무응답으로 구성되어 있고, 부가정보는 성적, 학습시간, 성적 만족도, 심리적 불편감으로 구성되어 있다.

(2) 자기주도 학습지수(LQ)

자기주도 학습지수(LQ)는 학습자가 스스로 학습과정을 주도하고 조절하며 학습의 효율성을 높이기 위해 전략적으로 학습하는 정도로 학습자의 현재 자기주도 학습 수준을 단일 지표로 보여 준다. 해당 지표를 통해 개인의 자기주도 학습 능력을 IQ처럼 점수로 확인할 수 있다. 자기주도 학습지수는 높음, 다소 높음, 보통, 다소 낮음, 낮음의 5개 수준으로 제시된다.

(3) 특성차원

MLST-II의 핵심은 성격특성, 동기특성, 정서특성, 행동특성의 네 가지 차원이라고 할 수 있다. 동기특성을 제외한 성격특성, 정서특성, 행동특성은 각 특성별 종합점수가 기재된다. 각 특성의 하위 요인별로 평균 점수를 기준으로 높음, 다소 높음, 보통, 다소 낮음, 낮음의 5개 수준으로 제시되어 내담자의 특성을 보다 명확히 파악할 수 있다.

(4) 학습 강·약점 및 학습전략의 유형

- **학습의 강·약점**
  - 강점: 학습과 관련한 긍정적인 특성 중 점수가 높은 영역
  - 약점: 학습과 관련한 부정적인 특성 중 점수가 높은 영역

- **학습전략의 유형: 성실형, 주도형, 정체형, 잠재형**

4) 해석

(1) 해석 지침

모든 심리검사 해석에서 그러하듯 MLST-II의 해석에서도 매뉴얼의 내용을 기계적으로 단순하게 적용하는 것은 바람직하지 않다. 검사 결과는 내담자와의 면담을 기본으로 생활기록부나 다른 심리 및 학습검사 결과, 학부모나 교사와의 면담 등 활용 가능한 자료와 다양한 정보를 참고하여 통합적으로 해석할 때, 내담자의 학습과 관련한 특징을 보다 정확하게 이해하고 개입방향을 효과적으로 정할 수 있다. 이 과정에서 핵심은 내담자와의 심층적인 면담이다. 학습과 관련한 검사 해석에서 가장 중요한 것은 검사 결과를 활용하여 내담자와의 상호작용을 통해 현재 내담자가 보이는 학습특성을 가지게 된 배경과 과정을 입체적으로 파악하는 것이다. 내담자와의 면담에서 반드시 탐색이 필요한 기본 사항은 다음과 같다.

- 학습과 관련한 히스토리: 초(저학년, 고학년)·중·고·대학교 등으로 구분
  - 인생 그래프 형식 등을 활용한 각 발달단계별 학업성취 및 만족도 파악
  - 각 발달단계별 학업성취 및 만족도에 영향을 미친 주요 사건과 상황 파악
  - 내담자의 현재 학습 패턴 및 특성에 영향을 준 다차원적 요인 파악
- 내담자의 고유한 학습 특성
- 학습의 강점 및 약점

(2) 해석 절차 및 방법

MLST-II의 해석은 검사 결과지의 순서대로 진행하는 것이 일반적이다. 그러나 보다 효과적인 해석을 위한 절차와 방법을 제안하면 다음과 같다. 신뢰성 지표는 수검태도 및 신뢰도에 문제가 있을 경우에 한해 탐색을 진행한다. 특이사항이 없다면, 내담자에게 해당 지표

에 대해 간단한 설명을 하고 다음 순서로 넘어가도록 한다. 부가정보는 단독으로 해석하기보다 관련있는 특성과 연계하여 탐색하는 것이 내담자에 관한 풍성한 정보를 얻는 데 도움이 된다.

중요한 것은 네 가지 특성차원의 순서이다. 성격특성, 동기특성, 정서특성, 행동특성 중 학습의 시작과 관련이 가장 높은 것은 동기특성이다. 동기는 어떠한 일이나 행동을 일으키게 하는 원인이나 계기를 뜻하는 것으로 학습을 가능하게 하는 원동력이라고 볼 수 있다. 학습에 대한 동기를 전제로 긍정적이며, 안정된 정서 상태에서 개인은 자발성을 가지고 자신의 잠재된 능력을 온전히 발휘하여 학습을 할 수 있다. 성격특성은 목표를 이루기 위한 실천력과 관련이 있으며, 행동특성은 효과적인 학습전략은 관련이 있다. 높은 동기수준과 안정된 정서 상태로 자발성을 가지고 학습을 하는 과정에서 효과적인 학습전략이 뒷받침될 때, 가장 효율적인 학습이 이루어질 수 있다. 이와 같은 학습의 과정을 고려하여 특성차원은 동기특성, 정서특성, 성격특성, 행동특성의 순으로 해석을 진행할 필요가 있다. 이후 특성차원의 다양한 요인 중 강점 및 약점과 함께 학습전략의 유형을 살펴보도록 한다. 자기주도 학습지수(LQ)는 학습동기, 성격특성, 학습전략을 통합한 개념으로 해당 지표의 보다 명확한 이해와 파악을 위해서는 모든 항목의 해석을 완료한 후에 마지막으로 확인하는 것이 효과적이다. 이 절에서 제안한 MLST-II 해석의 순서를 정리하면 다음과 같다.

- 신뢰성 지표: 특이사항 여부에 따라 탐색
- 부가정보: 관련 특성과 연계하여 해석
- 특성차원: 동기특성 → 정서특성 → 성격특성 → 행동특성
- 학습의 강 · 약점 및 학습전략의 유형
- 자기주도 학습지수(LQ)

이러한 검사 해석 순서는 내담자의 학습과 관련한 특성과 어려움을 보다 효과적으로 파악하기 위한 방안 중 하나이다. 따라서 해석 순서는 내담자나 호소문제의 특성, 상호작용의 흐름에 따라 얼마든지 유동적으로 바꿀 수 있다. 중요한 것은 검사 결과에 대한 명확한 파악을 기반으로 내담자의 학습과 관련한 문제에 대한 정교한 가설을 세우고, 실질적으로 필요한 개입을 할 수 있는 상담자의 전문성이다.

(3) 표준점수의 해석방법

검사 결과에는 T점수와 백분위가 함께 제시된다. T점수는 원점수를 평균 50, 표준편차

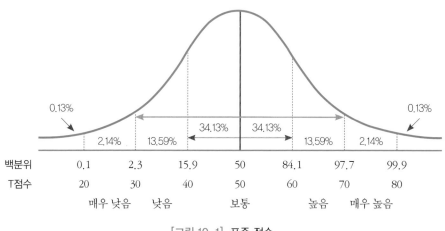

[그림 10-1] 표준 점수

10으로 표준화한 것으로 정상분포상에서 상대적인 위치를 파악하기 용이하다. 40~60T 범위에는 전체 집단의 약 68%가 포함된다. 일반적으로 40T 이하의 점수는 낮은 것으로 보고, 60T 이상의 점수는 높은 것으로 본다. 30~70T 범위에는 전체 집단의 약 95%가 포함된다. 30T 이하 혹은 70T 이상의 점수는 전집의 2.5%에서만 관찰될 수 있는, 통계적으로 매우 예외적인 강점이나 약점에 해당된다고 볼 수 있다. 백분위 점수는 전체를 100으로 볼 때, 한 개인의 점수가 아래에서부터 몇 번째에 해당하는가를 나타내는 수치이다. 따라서 한 개인의 점수가 어느 정도에 위치하는지를 판단할 때 유용한 점수이다. 예를 들어, 백분위 80은 전체를 100으로 보았을 경우 이 점수보다 낮은 사람이 79명, 높은 사람이 20명 있다는 뜻이다. 이 검사의 결과는 특정 요인에서의 절대적 의미가 아닌 상대적인 강점과 약점을 의미하며, 연령의 증가나 학습상황 등의 변화 및 본인의 노력 여부에 따라 변화할 수 있다는 점을 염두에 두고 해석을 해야 한다. 또한 해당 항목이 학습과 관련해서 긍정적인 특성인지 부정적인 특성인지에 따라 점수의 의미가 달라지므로 유의해서 살펴볼 필요가 있다.

(4) 네 가지 특성차원

① 동기특성
동기는 행동을 시작할 수 있도록 하고, 끈기와 강도를 결정하는 힘으로 학습의 전 과정에 핵심적인 역할을 한다. 따라서 동기특성의 결과에 대한 면밀한 탐색을 통해 내담자의 학습에 대한 동기를 향상하도록 하는 것은 매우 중요하다. 동기특성의 하위 요인은 학습동기, 경쟁동기, 회피동기로 학습동기는 긍정적인 특성을 가지고 있고, 회피동기와 경쟁동기는 부정적인 특성을 갖는다. 각 하위 요인은 상관의 방향이 다르고, 이질적인 개념으로 다른 특성과 달리 종합점수가 별도로 산출되지 않는다. 각 동기의 개별 수준과 양상에 따라 내담자의 학습에 미치는 영향이 다르기 때문에 개별 요인의 결과를 이해하고 이를 조합해서 해석해야 한다.

- **학습동기**
  - 학습동기가 높을수록 배움의 과정 자체를 즐기고 도전을 추구하여, 어려움이 있더라도 극복하기 위해 노력한다. 학습동기가 높은 개인은 경쟁하거나 평가받는 상황을 자신이 습득한 기술과 경험을 확인하는 기회로 인식한다. 또한 실패를 학습의 자연스러운 과정으로 받아들여 실패를 하더라도 자기가치감이 손상되지 않고 성장하고 발전할 수 있는 계기로 활용한다. 지능이나 능력은 노력을 통해 향상될 수 있는 것으로 보고, 지속적으로 노력한다. 65T 이상이면 자신만의 분명한 목표를 가지고 즐거운 태도로 학습하고, 학습성취도 좋을 가능성이 높다.
  - 개입방안
  부모와의 관계에서 사랑이나 소속감과 같은 기본적인 욕구 충족을 통해 정서적 안정감을 강화하는 것이 도움이 될 수 있다. 자율적인 학습환경과 같이 긍정정서를 유발하는 학습 분위기를 조성하고, 성공 경험을 통해 효능감이 향상되도록 한다. 학습의 결과가 아닌 과정의 중요성을 인식할 수 있도록 성취감과 같은 내적 보상을 활성화하고, 과정 중심의 피드백을 한다. 대부분의 학습은 외재적 동기에서 시작하므로 내담자가 학습에 대한 자신만의 가치와 의미를 찾아 내재화 해나갈 수 있도록 조력할 필요가 있다.

- **경쟁동기**
  - 경쟁동기가 높을수록 스트레스로 인해 학습의 어려움이 유발될 가능성이 높다. 경쟁동기가 높은 원인이 타고난 성향이나 기질과 같은 개인 내적 요인에 의한 것인지, 경쟁을 유발하는 사회문화적 분위기나 부모의 교육열이나 가치관 등에 의한 것인지를 면밀히 파악하여 개입할 필요가 있다.
  - 경쟁동기의 점수가 상승해도 학습에 대한 실천력인 성격특성의 점수가 함께 상승하고 심리 및 정서적 불안정성이 낮으면 전체적으로 긍정적인 패턴을 보이는 기능적인 상태일 가능성이 높다.

－개입방안

내담자가 적절한 수준의 성취욕구를 기반으로 학습동기를 향상하여 학습 결과의 성공이나 실패보다 과정 자체에 집중할 수 있도록 조력할 필요가 있다.

• 회피동기
－회피동기가 높을수록 학업성취와 무능감에 대한 불안으로부터 자기감을 보호하기 위해 학습 자체를 회피하거나 지연행동을 할 가능성이 높다. 같은 맥락에서 도전적인 상황을 피하고 학습과 관련하여 어려움을 경험하면 쉽게 포기할 수 있다.
－일반적으로 회피동기와 정서특성의 하위 요인인 불안 점수는 동반 상승한다. 회피동기의 점수가 상승해도 정서특성의 불안 점수가 높지 않으면 학습의 실천력에 큰 영향을 주지 않을 수 있다.
－학습동기가 높고 회피동기가 낮을수록 안정적인 학습이 가능하므로 각각의 동기수준을 적절하게 조절할 필요가 있다. 경쟁동기가 지나치게 높은 경우 회피동기가 유발될 가능성이 있으므로 경쟁동기의 조절을 통해 회피동기를 저하시킬 수 있다.
－개입방안

내담자의 학습에 대한 히스토리 탐색을 통해 회피동기에 영향을 미친 사건이나 원인을 파악하여 개입하도록 한다. 내담자의 강점을 찾아 주거나 성공 경험의 기회를 마련해 주는 것이 도움이 될 수 있다.

② 정서특성

정서특성은 학습에 직접적인 영향을 미치기 때문에 동기특성과 함께 해석 초반에 확인할 필요가 있다. 정서특성은 점수가 높을수록 부정적인 정서 상태, 낮을수록 긍정적인 정서 상태를 의미한다. 종합점수가 60T 이상으로 상승한 경우는 스트레스에 취약한 상태로 볼 수 있으며, 70T 이상인 경우에는 보다 불안정한 상태로 후속 검사를 통해 상담 개입 여부를 검토할 필요가 있다. 정서특성의 각 하위 요인 및 종합점수에 대한 해석을 통해 내담자가 기분 저하와 일상생활을 저해하는 심각한 수준의 심리 및 정서적 고통의 연속선상에서 어느 수준에 해당되는지 파악한 뒤에 정서특성이 학업에 미치는 영향을 확인해야 한다.

• 우울
－우울로 인한 저조한 학업성취는 더 깊은 수준의 우울감을 유발할 수 있으므로 주의 깊게 다루어야 한다. 청소년기의 우울은 성인과 달리 과민한 상태나 비행 또는 신체

화 등으로 나타날 수 있음을 유의할 필요가 있다.

- **불안**
  - 적절한 수준의 불안은 학습에 도움이 되지만, 불안 점수가 상승한 경우에는 주변의 자극에 대한 지나친 초점화로 학습에 주의를 기울이지 못할 수 있다. 이러한 경우 적절한 과제 수행에 필요한 단서를 활용하지 못하거나 정보처리 수준이 깊지 못하며, 효과적인 학습전략의 활용이 어려울 수 있다.
  - 불안 점수가 극단적으로 상승한 경우에는 학습동기, 성격특성, 행동특성 점수가 동반 하락하고, 경쟁동기 및 회피동기의 점수가 상승하는 패턴이 나타날 수 있으므로 연계하여 탐색할 필요가 있다.
  - 청소년기의 불안은 신경질이나 자신에 대한 불만족, 자기비난 등의 다양한 양상으로 나타날 수 있음에 유의해야 한다.

- **짜증**
  - 우울감의 일환으로 볼 수 있으나, 이 검사에서는 우울과 분리하여 좌절에 기인한 분노, 공격적 충동, 신경질, 반항심, 적대감, 불만족감, 과민함, 성가심 등과 관련된 특성으로 구성되었다.

- **개입방안**
  - 정서특성의 종합점수가 상승한 경우, 개인은 고통스러운 심리상태를 벗어나기 위한 회피행동으로 즉각적인 재미와 즐거움을 추구할 가능성이 높다. 또한 기억 및 집중력 저하로 학습 내용을 제대로 이해하지 못하는 경우가 많아 학습 시간에 비해 결과가 좋지 않을 가능성이 높다. 이러한 패턴이 반복되면 잠재된 지능이나 능력을 발휘하지 못한 채, 학습에 대한 통제력을 잃고 극단적인 경우 자포자기 상태에 이를 수 있다. 따라서 내담자의 학습 문제를 다루기에 앞서 부정적인 정서의 원인을 명확히 파악하여 전문적인 심리적 개입과 지원을 할 필요가 있다.
  - 특히 부가정보의 심리적 불편감을 확인하여 동반상승한 경우, MMPI, TCI 등과 같은 추가 검사를 진행하여 내담자의 심리 및 정서적 어려움과 심각도를 면밀히 파악하여 개입하도록 한다.

③ 성격특성

성격특성은 학습에 대해 자신감을 가지고, 얼마나 성실하게 노력하는가와 관련된 것으로 원하는 목표를 이루기 위한 실천력을 뜻한다고 볼 수 있다. 실천력은 목표 수행을 위한 노력과 결과에 직접적인 영향을 미치기 때문에 네 가지 특성차원 중 학업성취와 가장 높은 관련성이 있는 것으로 나타났다. 성격특성의 세 가지 하위 요인인 효능감, 결과기대, 성실성은 역동적인 상호작용을 통해 학업성취에 기여한다. 자신의 능력에 대해 확신을 가진 개인은 원하는 목표의 결과에 긍정적인 기대가 있기 때문에 지속적인 노력을 기울여 목표를 달성할 가능성이 높다. 목표 달성은 다시 개인의 효능감과 긍정적 결과기대를 향상시켜 목표 달성 가능성을 높이는 방식으로 선순환을 이룬다. 이와 반대로 자신의 능력에 대한 확신이나 자신감이 없는 개인은 부정적인 결과기대를 예상하면서 실제적인 노력을 하지 않기 때문에 목표 달성에 어려움을 초래하고 이는 다시 효능감, 결과기대, 성실성의 저하를 가져올 가능성이 높다. 종합점수가 40T 미만이면, 학업을 성실하게 하지 않거나 자신감을 잃은 것을 의미하고, 50T가 넘으면 학업에 대한 노력을 꾸준히 하고 있음을 나타내며, 60T 이상은 학업에 대한 실천력이 높은 수준에 속한다고 할 수 있다.

• **효능감**
  - 효능감 점수가 상승한 경우에 개인은 도전적이고 어려운 목표를 선택하고, 효과적인 학습전략을 활용하여 즉각적으로 과제에 몰입하고 어려움에 부딪혀도 지속적으로 노력할 가능성이 높다.
  - 효능감 점수가 낮은 경우에 개인은 도전적인 상황을 피하고 쉬운 과제를 선호하며, 학습의 시작에 곤란을 경험하거나 경직된 학습전략을 사용하고, 상황에 대한 위협적인 인식으로 높은 불안과 무기력을 호소할 가능성이 높다.
  - 효능감의 점수는 상승하고, 결과기대의 점수가 낮은 경우에는 개인이 자신의 학습능력에 대한 믿음이나 자신감은 있으나 성공 경험이 많이 없거나 최근의 좌절경험으로 수행 결과에 대한 확신이 낮아진 상황일 가능성이 있다.
  - 효능감과 성실성의 점수는 낮고, 결과기대의 점수만 상승한 경우에는 사교육을 통한 수동적 학습이나 높은 지능에 의존한 벼락치기 습관 등으로 단기적 성취 경험이 많을 수 있다.
  - 장기적으로 효능감 저하와 실제적인 노력의 부재는 부정적 결과를 초래하므로 결과에 대해 실망한 내담자는 효능감이 더욱 저하되고, 무력감으로 노력을 더욱 하지 않는 악순환을 경험할 가능성이 높다.

－개입방안

학습에 대한 실천은 효능감에서 시작된다고 할 수 있을 만큼 중요하다. 효능감 향상을 위해서는 내담자가 달성 가능한 수준의 과제에서 성공 경험을 쌓을 수 있도록 조력할 필요가 있다. 자신과 유사한 모델의 성공 경험을 관찰하거나 수행 과정의 지속적인 격려와 긍정적인 자기 대화가 도움이 될 수 있다.

• 결과기대

－결과기대의 점수가 상승한 경우에는 결과에 대해 낙관적 기대를 하여 실패할 가능성이 있어도 꾸준히 노력하여 다수의 성취 경험을 했을 가능성이 높다.

－결과기대의 점수가 낮은 경우에는 과거나 최근의 실패 경험으로 결과에 대한 부정적 기대로 실패가 예상되면 학습에 집중하지 못하는 경향이 있을 수 있다.

• 성실성

－성실성 점수가 상승한 경우에는 관찰가능한 행동으로 드러나는지에 대해 확인할 필요가 있다.

－성실성 점수가 낮은 경우에는 즉각적인 보상이 없는 수행에는 관심이 적고, 성취동기가 낮으며, 게으르고 나태하여 지속적인 노력을 하지 않을 가능성이 높다.

－성실성은 학습시간 및 학습동기와 동반 상승하거나 하락하는 경향이 있다. 학습동기가 높은 경우, 최선을 다해 학습에 대한 실제적인 노력을 하기 때문에 자발적인 학습량이 많을 수밖에 없다.

－개입방안

성실성 점수가 높고, 학습시간이 상대적으로 많음에도 불구하고, 성적 만족도나 학업 성취도가 낮은 경우에는 행동특성의 학습전략이나 집중력에 문제가 있을 수 있으므로 이에 대한 탐색 및 개입이 필요하다.

④ 행동특성

학습에 대한 내적 동기와 정서적 안정감을 기반으로 학업에 대한 실제적인 노력을 해 나가는 과정에서 필요한 것은 효과적인 학습전략이다. 학습전략은 학습습관의 총체라고 할 수 있다. 행동은 대부분 습관으로 이루어져 있는데, 습관은 자동화된 특성 때문에 문제점을 인식하기 힘들어 변화하기 어렵다. 학습전략은 학습자가 효과적인 학습을 위해 활용하는 모든 방법적 사고 및 행동을 일컫는 것으로 학습전략에 따라 자기조절 및 자기주도 학습 수

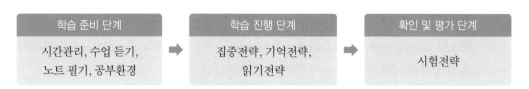

학습 준비 단계	학습 진행 단계	확인 및 평가 단계
시간관리, 수업 듣기, 노트 필기, 공부환경	집중전략, 기억전략, 읽기전략	시험전략

[그림 10–2] 학습 단계에 따른 행동특성의 하위 요인 분류

준과 학업성취 결과가 달라질 수 있다. 이 검사에서는 학습전략을 구성하는 다양한 학습습관 중 대표적인 것을 선별하여 행동특성의 하위 요인을 구성하였다. 8개의 하위 요인은 다음 [그림 10–2]와 같이 학습 준비와 진행, 확인 및 평가 단계에 따라 구분할 수 있다. T점수가 60점 이상일 경우에는 효과적인 학습전략을 활용할 가능성이 높다.

- **학습 준비 단계**
  - 공부환경을 조성하는 간단하면서 중요한 방법은 집중에 방해가 되는 물건이나 자극을 차단하는 것이다. 핸드폰이나 책상 위의 거울 등 개인의 집중력을 방해하는 요인을 찾아 보이지 않는 곳에 두거나 따로 치워두는 것만으로도 도움이 될 수 있다. 자신이 집중할 수 있는 조건을 명확히 파악하여 그러한 환경을 조성하는 것이 중요하다.

- **학습 진행 단계**
  - 공부하는 동안에는 음악이나 게임, SNS 등 다른 일을 하지 않는 것과 한 번에 많은 양을 공부하기보다 적은 양으로 나누어서 하는 분할학습이 효과적이다. 특히 규칙적이고, 충분한 수면 습관을 통해 졸음에 방해받지 않도록 유의할 필요가 있다. 또한 정서적인 안정감이 깨지면 집중력이 저하되기 때문에 마음을 편안하게 하는 것이 무엇보다 중요하다. 기계적이고, 반복적인 암기는 학습시간에 비해 기억이 저하된다. 학습 내용에 대한 정확한 이해를 전제로 이해한 내용의 핵심을 조직화 및 시각화하고 잊어버리기 전에 반복하는 것이 효과적이다.

- **확인 및 평가 단계**
  - 시험을 포함한 평가에 대한 불안을 다루는 것이 중요하다. 내담자가 평가의 본질이 무엇인지 생각해 보고, 평가에 대한 자신의 가치관을 정립할 수 있도록 할 필요가 있다. 이와 함께 결과보다 과정의 중요성을 인식하고, 평가를 본인의 학습이 어느 정도로 이루어졌는지를 확인하는 기회로 활용하는 태도를 함양하는 것이 도움될 수 있다.

대부분의 학습자는 본인의 학습 방법이나 전략을 재고하기보다 해 왔던 방식을 답습하는 경우가 많다. 상담자는 내담자의 학습전략을 검토하여 보완할 사항을 파악하고, 내담자와의 논의를 통해 효과적인 개선방안을 강구할 필요가 있다. 효과적인 학습전략을 알고 있더라도 실제 자신의 학습에 활용하고 있지 않은 경우도 있을 수 있다. 이러한 경우, 적용하는 데 어려움이 무엇인지 파악하여 실제로 활용할 수 있도록 한다. 학습전략은 학년이 높아질수록 학업성취와 밀접한 관련이 있는 것으로 나타났다. 효과적인 학습전략을 알고, 이를 적재적소에 활용할수록 학습의 효율성은 높아진다. 처음부터 완벽한 학습전략을 가진 학습자는 없으므로 학습전략의 부족한 점을 찾아 보완하기 위해 지속적으로 노력하도록 한다.

(5) 학습 강·약점 및 학습전략의 유형

① 학습 강·약점

- 강점 영역: 긍정적인 특성에 속하는 효능감, 결과기대, 성실성, 학습동기, 학습전략의 8개 하위요인에서의 T점수가 60점 이상인 특성이 선별되어 제시된다. 60T 이상인 특성이 없는 경우에 50T 이상의 특성 중 가장 높은 점수에 속하는 1~3위의 세 가지 특성이 제시된다.
- 약점 영역: 부정적 특성에 속하는 경쟁동기, 회피동기, 우울, 불안, 짜증 중 T점수가 60점 이상이거나, 긍정적인 특성 중 40T 이하인 특성이 제시된다. 부정적 특성 중 60T 이상인 특성이 없고, 긍정적 특성 중 40T 이하인 요인이 없다면 50~60T의 부정적 특성 혹은 40~50T의 긍정적 특성이 제시된다.

② 학습전략의 유형: 성실형, 주도형, 정체형, 잠재형

학습전략은 네 가지의 유형으로 분류된다. 학습전략 유형은 투입수준과 전략수준에 따라 결정된다. 투입수준은 내담자가 실질적으로 학습을 하는 양과 학습동기의 수준, 성실성 점수의 총점을 표준화한 점수를 의미하고, 전략수준은 행동특성의 표준점수, 즉 학습전략의 효율성 정도를 말한다. 학습전략 유형은 다른 지표와의 연계 해석을 통해 보다 명확히 파악하고 이해할 수 있다. 학습의 투입수준은 부가정보의 학습시간과 성격특성의 하위 요인인 성실성의 결과와 연계하여 살펴보고, 전략수준은 행동특성의 각 하위 요인 및 종합점수의 결과와 함께 통합적으로 탐색할 필요가 있다. 투입수준과 전략수준 모두 일정 수준 이상 높다는 것은 내담자가 수행 과제의 성격에 따라 적절한 학습전략을 활용하여 충분한 노력을 하고 있다는 것을 의미하므로 효과적인 학습 및 성취를 이룰 가능성이 높다.

학습전략의 네 가지 유형 중 가장 바람직한 유형은 효과적인 학습전략을 사용하여 열심히 노력하는 주도형이다. 성실형은 학습전략과 요령이 다소 부족해 노력한 것에 비해 결과가 좋지 않은 유형으로 학습전략을 개선하면 더 좋은 결과를 얻을 수 있다. 잠재형은 효과적인 학습전략을 알고 있지만 목표가 없어서 노력을 하지 않거나 시간관리가 되지 않아 결과가 좋지 않은 유형으로 학습량을 높이면 성과를 높일 수 있다. 정체형은 노력도 하지 않고, 효과적인 학습전략도 알지 못하는 유형으로 현재 상태를 유지할 경우 더 부정적인 결과를 초래할 수 있다. 따라서 정체형은 학습량과 학습전략을 모두 개선할 필요가 있다.

(6) 자기주도 학습지수

자기주도 학습은 가장 이상적인 형태의 학습유형으로 내담자가 자기주도 학습이 가능하도록 하는 것은 학습상담의 궁극적인 목적이라고 할 수 있다. 자기주도 학습은 학습에 대한 동기, 자기효능감, 성실함, 자신에게 맞는 최적의 학습전략 등의 통합된 결과물이다. 이 검사에서 자기주도 학습지수(LQ)는 자기주도 학습과 가장 관련성이 높은 요인인 학습동기, 성격특성, 학습전략 세 가지 요인의 총점을 표준화시켜 합산한 값을 평균 100, 표준편차 15로 환산한 점수이다. 평균 100점보다 높으면 다른 사람보다 어느 정도 주도적이고 능동적으로 학습을 한다고 볼 수 있고, 110점 이상이면 자기주도 학습이 어느 정도 가능하다고 볼 수 있다. 90점 이하인 경우에는 수동적이고 비효과적인 방법으로 학습을 할 가능성이 높다. 저연령 집단일수록 지능의 영향력이 높아 자기주도 학습지수가 낮아도 학업성취도가 높은 아이들이 쉽게 관찰될 수 있기 때문에 초등학생의 결과를 해석하는 경우에는 지능의 영향력을 고려해야 한다.

내담자의 현재 자기주도 학습 수준을 보다 명확하게 이해하고, 개선 방향을 모색하기 위해서는 자기주도 학습의 기반이 되는 학습동기, 성격특성의 하위 요인 및 종합점수, 학습전략 등을 구체적으로 탐색할 필요가 있다. 이러한 탐색을 통해 세 가지 요인 중 내담자의 자기주도 학습을 가장 저해하는 요인을 파악하여 중점적으로 보완하는 것이 내담자의 자기주도 학습 향상에 실제적인 도움이 될 수 있다.

5) 사례보고서 및 해석상담의 예

(1) 사례보고서

이름	김〇〇
인적사항	20세, 남성, 대학교 1학년. 재수 경험 없음, 기독교
내방경위	학업에 대한 무력감으로 의미 없이 대학생활을 하던 중 친구의 권유로 상담 신청함.
배경정보	집에서는 침대에 누워 아무것도 하지 않고 시간을 보내며, 대인관계 전반에서 타인의 시선이나 평가에 위축감을 느껴 자신을 노출하기 꺼려 함. 학업과 관련해서는 수업 시간에 뒷자리에 앉아 게임이나 인터넷 서핑을 하고, 시험 준비는 벼락치기를 하면서 무의미하게 학기를 보내고 있음. 현재 내담자가 유일하게 열심히 하는 것은 교회 찬양팀에서 드럼을 연주하는 일임.
검사태도	검사 소요 시간은 약 50분으로 평균 30~40분에 비해 다소 오래 걸림, 이외 특이사항 없음.
검사 결과	▶ 신뢰성 지표: 반응 일관성(높음), 연속 동일반응(없음), 사회적 바람직성 31.09, 무응답 0 ▶ 부가정보: 성적(중), 학습시간 42.24, 성적 만족도 62.56, 심리적 불편감 0(없음) ▶ 자기주도 학습지수(LQ): 80.65로 낮음 수준에 해당

척도명	성격특성				동기특성			정서특성			
	효능감	결과기대	성실성	종합	학습	경쟁	회피	우울	불안	짜증	종합
T점수 (백분위)	43.35 (25.14)	53.67 (64.43)	33.85 (5.37)	39.43 (14.46)	41.34 (19.22)	36.44 (8.69)	47.66 (40.90)	45.32 (31.92)	57.45 (77.04)	42.75 (23.58)	47.48 (40.13)
수준	다소 낮음	다소 높음	낮음	낮음	낮음	낮음	다소 낮음	다소 낮음	다소 높음	다소 낮음	다소 낮음

척도명	행동특성								
	시간관리	수업 듣기	노트 필기	공부환경	집중전략	읽기전략	기억전략	시험전략	종합
T점수 (백분위)	30.04 (2.28)	50.68 (52.79)	36.95 (9.51)	31.26 (3.07)	35.19 (6.94)	40.93 (18.14)	38.24 (11.90)	44.00 (27.43)	34.47 (6.06)
수준	낮음	보통	낮음	낮음	낮음	낮음	낮음	다소 낮음	낮음

▶ 학습전략

강점: 결과기대, 수업 듣기

약점: 집중력, 공부환경, 기억전략, 노트 필기, 성실성, 시간관리

▶ 학습전략 유형: 정체형

해석상담 요약	• 검사 결과에서 보이는 내담자의 주요 학습특성은 낮은 자기주도 학습, 학업에 대한 자신감 부족 및 실제적인 노력의 부재, 학습에 대한 내적 동기의 저하, 비효율적인 학습전략 등인 것으로 나타났음.

해석상담 요약	• 해석상담 결과, 어린 시절 내담자는 끈기와 인내심을 가지고 자신이 원하는 것을 이루기 위해 끝까지 포기하지 않고 매달려 완수하는 장점이 있었으나 중·고등학교에서 좋은 성적을 거두지 못하게 되면서 점차 실패에 대한 두려움에 압도되어 제대로 된 수행을 할 수 없게 되었음. 이는 자연스럽게 수행에 대한 실패를 초래하고, 실패는 다시 자신을 깎아내리고 자책하는 것으로 이어졌음. 이러한 일들이 반복되면서 '어차피 못할 텐데, 왜 해야 하나'라는 신념이 형성되었고, 결과적으로 학습에 대한 동기 저하와 무력감으로 어떠한 시도조차 안 하게 되는 상태에 이르게 된 것으로 확인됨.

개입방향	• 실패에 대한 재정립
	  −학습과 관련한 히스토리 탐색을 통해 교회 드럼 연주를 비롯해 실패를 발판 삼아 성장해 왔던 경험들을 확인함.
	  −실패를 통해 발전해 왔다는 것을 통찰하게 되면서 '어차피 해도 안 된다'는 고정 마인드셋에서 '하면 된다'라는 성공 마인드셋으로 생각의 전환이 이루어짐.
	• 학습전략 수정: 수업태도 변화, 시험준비를 벼락치기가 아닌 사전에 여유 있게 준비
	• 행동실험
	  −다른 사람들에게 먼저 다가가 이야기를 해 보거나 매일 운동을 꾸준히 하고, 발표불안을 극복하기 위해 수업 시간에 자발적으로 발표를 하는 등의 여러 도전을 해 나가기 시작함.
	  −성공 경험을 통해 자신이 얼마든지 해낼 수 있는 사람이라는 생각을 견고하게 해 나감.
	• 게으른 습관 다루기
	  −무기력으로 습관이 된 게으름을 인식하고 조절하는 훈련
	  −침대에 누워있는 것이 아니면 뭐든 좋다는 생각으로 일단 움직이기 위한 시도

결과	[상담 종결시점 검사 결과] ▶ 학점: 3.03 → 3.75 ▶ 자기주도 학습지수(LQ): 108.09로 다소 높은 수준에 해당

척도명	성격특성				동기특성			정서특성			
	효능감	결과기대	성실성	종합	학습	경쟁	회피	우울	불안	짜증	종합
T점수 (백분위)	54.20 (66.28)	57.34 (76.73)	50.73 (52.79)	53.52 (63.68)	55.78 (71.90)	36.44 (8.69)	35.61 (7.49)	43.26 (25.14)	42.85 (23.58)	40.33 (16.60)	41.47 (19.77)
수준	다소 높음	다소 높음	보통	다소 높음	다소 높음	낮음	낮음	다소 낮음	다소 낮음	낮음	낮음

척도명	행동특성								
	시간관리	수업 듣기	노트 필기	공부환경	집중전략	읽기전략	기억전략	시험전략	종합
T점수 (백분위)	49.39 (47.61)	63.12 (90.49)	46.55 (36.32)	56.72 (74.86)	56.66 (74.86)	51.99 (57.93)	53.29 (62.93)	64.15 (92.07)	55.26 (70.19)
수준	보통	높음	다소 낮음	다소 높음	다소 높음	보통	다소 높음	높음	다소 높음

▶ 학습전략: 강점−수업 듣기, 시험전략 / 약점−노트 필기, 시간관리
▶ 학습전략 유형: 잠재형
  → 실패에 대한 두려움을 극복하게 되면서 실질적인 의미에서의 학업 수행이 이루어지고, 일상생활에서 다양한 도전과 시도를 해나갈 수 있게 됨.

제언	• 검사 결과를 기반으로 내담자와의 심층적인 면담을 통해 내담자의 학습을 저해하는 근본적인 원인을 파악하는 것이 해석상담의 핵심임. • 무력감으로 형성된 게으른 습관은 지속적인 인식과 노력을 통해 개선해 나갈 필요가 있음.

(2) 해석상담

상담자 1	오늘은 지난주에 실시했던 MLST-II 결과를 함께 살펴보는 시간을 갖도록 할게요. 정서특성 결과를 먼저 살펴보면, 불안이 다소 높은 수준으로 나왔는데 학업과 관련해서 평소에 걱정하는 부분이 있나요?	탐색 질문
내담자 1	뭘 해도 결과가 좋지 않을 것 같아서 겁이 나요.	
상담자 2	결과가 좋지 않아서 힘들었던 경험에 대해 이야기해 줄 수 있을까요?	구체화
내담자 2	중·고등학교 때, 나름대로 열심히 공부했는데 계속 성적이 잘 나오지 않았어요. 어느 순간부터는 '뭘 해도 안되는구나'라는 생각을 하게 되었던 것 같아요.	
상담자 3	노력한 만큼의 결과가 따라오지 않는 경험이 반복되다 보면 그런 생각을 할 수 있지요. 중·고등학교 이전에 ○○는 어떤 아이였나요?	히스토리 탐색
내담자 3	초등학교 때는 끈기랑 인내심이 강해서 한번 마음먹은 일은 끝까지 포기하지 않고 매달려서 해내고야 마는 성격이었어요. 학교나 학원 선생님들한테도 끈기랑 인내심이 있다는 말을 많이 들었구요.	
상담자 4	정말 좋은 장점을 가졌네요. 혹시 선생님들한테 들었던 칭찬 중에 가장 기억에 남는 것이 있나요?	강점 탐색
내담자 4	미술학원에서 선생님이 재활용품을 활용해서 각자 만들고 싶은 것을 만들어 보라고 하셨어요. 저는 로봇을 만들었는데 무게중심에 대한 개념을 배운 적이 없어서 한참 헤매다 3시간 만에 결국 로봇을 세우는 데 성공했어요. 그날 선생님한테 인내심이 강하고, 창의성이 좋다고 칭찬을 받은 기억이 나요.	
상담자 5	초등학생에게 3시간은 정말 긴 시간인데, 끈기가 대단했네요.	

거기다 창의력으로 문제를 해결까지 해냈고요. 이야기를 하는 내내 ○○ 씨의 표정이 밝고, 목소리에 자신감이 느껴졌어요.

내담자 5   오랜만에 제가 잘하는 것을 생각하다 보니 기분이 좋아진 것 같아요.

상담자 6   ○○ 씨의 밝은 모습에 저까지 다 기분이 좋아지네요. 다음으로 성격특성의 하위 요인 중 효능감이 낮은 것으로 나타났는데, ○○ 씨가 이야기한 것처럼 자신의 장점을 잊고 있던 부분이 결과에 반영된 것은 아닌가 싶어요. 이 결과에 대해 어떻게 생각하세요?   *결과 해석 및 탐색 질문*

내담자 6   여러 번 실패를 경험하면서 계속 제 자신을 깎아내리고 자책을 하면서 제 능력이나 장점을 못 믿게 되었던 것 같아요.

상담자 7   자연스럽게 그렇게 되었을 것 같아요. 그렇지만 성공과 실패 여부와 상관없이 ○○ 씨의 장점은 없어지는 것이 아니니 잘 기억해 두고 활용하는 것이 중요한 것 같아요. 이어서 살펴보면, 효능감과 성실성은 낮고 결과기대는 다소 높은 것으로 나타났어요. 학습전략 유형도 정체형으로 노력하는 의지와 실질적인 학습시간이 부족한 것으로 확인되었어요. ○○ 씨의 일상생활과 이 결과를 비교해 보면 어떤가요?   *결과 간 통합해석 및 탐색 질문*

내담자 7   제 일상이랑 결과가 비슷하게 나온 것 같아요. 과제나 시험 준비에 최선을 다하기보다 또 실패할지도 모를까 봐 겁이 나서 회피했던 것 같아요. 그러면서도 은근히 결과가 좋을지도 모른다는 기대를 하면서요. 결과가 안 좋으면 실망하고요. 지금 생각해 보니 노력을 안 했으니까 결과가 나쁜게 당연한데, 노력하지 않으면서 기대를 했네요.

상담자 8   ○○ 씨의 이야기를 들으니, 정서특성의 불안과 성격특성 간의 관계가 전체적으로 이해가 되네요. 다음으로 효과적인 학습 습관이나 전략을 어느 정도 사용하고 있는지를 보여 주는 여덟 가지 행동특성 모두 낮은 것으로 나타났어요. 학습전략 유형에서도 학습전략이 다소 취약한 것으로 나타난 결과와 유사해요. 이러한 결과는 어떻게 이해할 수 있을까요?   *결과 간 통합해석 및 탐색 질문*

내담자 8   제 공부방법이 나름대로 효율적이라고 생각해서 문제가 있다고 생각해 본 적이 없어요. 여기 나와 있는 8개로 나눠서 생각해 보니까 바꿀 필요가 있는 것 같아요.

| 상담자 9 | 그렇다면, 8개의 행동특성 중에서 가장 쉽게 바꿀 수 있는 것은 무엇일까요? | 해결 방안 탐색
변화대화 |

상담자 9 그렇다면, 8개의 행동특성 중에서 가장 쉽게 바꿀 수 있는 것은 무엇일까요?　　　해결 방안 탐색 / 변화대화

내담자 9 수업 듣기요. 수업 시간에 매일 뒷자리에 앉아서 게임이나 인터넷 서핑을 하거든요. 수업 시간에 다른 짓을 못하게 앞자리에 앉는 건 바로 할 수 있을 것 같아요.

상담자 10 좋은 생각이네요. 일주일 동안 실천해 본 후에 같이 이야기 나눠 보도록 해요. 지금까지 결과를 함께 살펴보았는데, 어떤 마음이 들어요?　　　검사 결과 소감

내담자 10 공부와 관련해서 막연히 힘들면서 명확하게 뭐가 문제인지 몰랐는데, 검사 결과에 대해 이야기하면서 따로 놀던 퍼즐 조각들이 하나로 맞춰지는 느낌이 들었어요.

상담자 11 맞춰진 퍼즐 조각에 대해 좀 더 자세하게 이야기해 주겠어요?　　　구체화

내담자 11 실패하면서 점점 제 자신을 못 믿게 되고, 실패할까 봐 겁나서 노력은 하지 않고, 결과가 안 좋으면 또 자책하고 회피했어요. 이런 일이 반복되면서 '어차피 못할 텐데, 왜 해야 하나'라는 생각이 강하게 자리 잡고, 그러다 아예 아무것도 안하게 되는 지금의 상태까지 오게 된 것 같아요.

상담자 12 빙고네요. 저도 ○○ 씨와 같은 생각을 했거든요. 오늘 검사 결과를 같이 살펴보면서 ○○ 씨가 가장 많이 이야기한 단어는 '실패'인데요. 접수면접에서 유일하게 열심히 하고 있는 일이 교회에서 드럼을 치는 거고, 드럼을 꽤 잘 연주한다고 했어요. 드럼을 배우는 과정에서 실패나 어려움은 어떻게 극복할 수 있었어요?　　　예외사항 탐색

내담자 12 처음 드럼을 배울 때 쉬워 보이는 테크닉을 따라 하다 실패한 적이 있었는데, 그때도 기초적인 테크닉도 소화 못하는 제 자신을 몰아세우고 채찍질했어요. 그런데 어느 순간 처음 보는 기술을 듣기만 하고 바로 따라하려는 것 자체가 불가능한 거고 못하는 게 당연하다는 것을 깨닫게 된 것 같아요. 그러면서 테크닉이나 리듬 하나를 쪼개서 조금씩 오랫동안 수백 번 연습했어요. 그 과정에서 되게 많이 실수하고 실패하면서 그걸 바탕으로 계속 배워서 지금 이 정도의 실력을 갖게 된 것 같아요.

상담자 13 드럼을 배우는 과정에서 '실패'는 어떤 역할을 했던 것 같아요?

내담자 13 실패를 하면서 드럼 테크닉이나 리듬을 제대로 배워 나갈 수 있

었던 것 같아요.

상담자 14   드럼을 배우는 과정에서 '어차피 못할 텐데, 왜 해야 하나'라는   해결중심 질문
             생각은 어떻게 극복할 수 있었어요?

내담자 14   '처음부터 잘하는 건 불가능하니까 그냥 해보자'라고 생각한 게
             도움이 된 것 같아요.

상담자 15   그게 비결이었군요. 그 비결을 공부에 적용하면 어떨까요?

내담자 15   결과를 걱정하지 말고, 그냥 해보자?!

상담자 16   드럼의 테크닉이나 리듬 하나를 쪼개서 계속 반복하면서 연습   결과 해석
             했던 것처럼, 공부도 결과를 걱정하기보다 나누어서 그냥 꾸   소감 듣기
             준히 계속 해 보면 좋을 것 같아요. 오늘 검사 해석을 마치면서
             ○○ 씨는 어떤 마음이 들어요?

내담자 16   오랫동안 힘들었는데, 답은 되게 간단한 게 아니었나라는 생각이
             들어요. 이제는 달라질 수 있다는 희망이 생겨서 너무 좋구요.

상담자 17   희망이 생겼다니, 정말 기쁩니다. 반복된 실패로 '어차피 못할   변화대화 시도
             텐데, 왜 해야 하나'라는 생각이 강하게 자리 잡았다고 했는데,
             그 생각을 바꾼다면 어떻게 바꿔 볼 수 있을까요?

내담자 17   '하면 된다'가 좋을 것 같아요.   변화대화

상담자 18   네, '그냥 한번 해 보고, 실패를 통해 배우자'라는 조금 편하고
             가벼운 마음으로 시작하면 될 것 같아요. 이것으로 오늘 해석상
             담을 마칠게요.

(3) 해석상담 절차 요약

다음에서는 검사 해석의 이해를 돕고자 앞의 해석상담 사례를 절차대로 요약하여 제시하고, 각 절차별로 전략 및 해설을 부연하였다. 해당 내용은 〈표 10-1〉과 같다.

표 10-1 해석상담 절차

해석순서	해석상담 사례	전략 및 해설
신뢰성 지표	신뢰성 지표의 특이사항이 발견되지 않아 해석상담에서 별도의 탐색을 진행하지 않음	신뢰성 지표의 특이사항의 여부에 따라 탐색 여부 결정
동기 특성	학습동기, 경쟁동기, 회피동기 모두 낮은 수준으로 나타남. 학습과 관련된 무력감과 부합하는 결과로 볼 수 있음. 별도 탐색하지 않음	호소문제 및 동기특성과 관련성이 높은 정서특성에 초점을 맞춰 탐색 진행

정서 특성	정서특성 중 불안이 유일하게 다소 높은 수준으로 나타났음. 불안은 학습과 관련된 동기와 밀접한 연관이 있으므로 불안에 초점을 맞춰 탐색 진행	• 주요 단서에 대한 다면적이고 입체적인 탐색 필요
		  −학업과 관련된 히스토리 탐색을 통해 불안이 유발된 과정(메커니즘) 파악
		• 문제중심의 관점에서 강점관점 전환
		  −문제가 발생하기 전이나 예외상황 탐색

성격 특성	• 학습의 실천력 상세 탐색 −효능감, 성실성, 결과기대 간의 관계 • 정서특성과 성격특성 간의 통합적 이해	• 강점을 활용한 효능감 향상 촉진 • 성실성: 부가정보의 학습시간, 학습전략 유형의 실제 학습시간 연계 해석
행동 특성	• 학습전략에 대한 내담자 생각 탐색 • 학습전략 유형의 전략 부분 연계 해석	• 효과적인 학습전략 지식 및 활용 여부 확인 • 여덟 가지 특성 중 실천하기 쉬운 특성을 선정하여 실천방안의 구체적 계획 및 실천
학습전략 유형	실제 학습시간과 전략수준에 따라 결정된 학습전략 유형이 일상생활에서 어떻게 드러나는지에 대한 탐색	• 학습전략 유형을 통한 내담자의 학습특성 파악
자기주도 학습지수	• 학습에 대한 동기, 효능감, 성실성, 학습전략의 통합적 차원에서 결과 검토	• 해결중심 관점에서 자기주도 학습 수준을 향상시키기 위한 방안 강구 도움

2. U&I 학습유형검사

1) 개요

사람은 저마다 각기 다른 특성을 타고난다. 사람은 자신의 고유한 특성을 존중하며 살아갈 때, 편안하고 안정되며 균형 잡힌 심리상태를 유지할 수 있다. 이러한 상태에서 개인은 자연스럽게 내적 동기가 발현되는데 이를 기반으로 자신의 특성에 맞는 방식으로 학습을 할때, 가장 효과적인 학습과 성취를 이룰 수 있다. U&I 학습유형검사는 개인의 성격에 맞는 학습유형과 학습을 하는 과정에서 보이는 어려움이 무엇인지를 알아보는 검사이다. 이 검사는 성격 및 행동특성을 기반으로 개인에게 가장 적합한 학습방법을 파악하여 보다 효율적인 학습효과를 얻기 위한 도구로 활용할 수 있다.

2) U&I 학습유형검사의 개발 과정

U&I 학습유형검사는 김만권이 Keirsey의 기질론과 Heacox의 연구를 바탕으로 2001년에 국내 표준화 작업을 거쳐 한국인에게 적합하게 개발한 검사이다. U&I 학습유형검사는 학습성격유형과 학습행동유형으로 이루어져 있다. 각각의 개발 과정은 다음과 같다.

(1) 학습성격유형검사

학습성격유형검사는 Keirsey의 기질론에 따른 성격유형을 기반으로 하고 있다. 성격심리학자인 Keirsey는 임상 경험을 토대로 일상생활에서 관찰가능한 태도와 행동특성에 따라 기질을 네 가지로 분류하였다. 네 가지 유형의 기질은 디오니소스(예술가: Artisan), 에피메테우스(보호자: Guardian), 프로메테우스(합리론자: Rational), 아폴로(이상가: Idealist)이다. Golay는 Keirsey가 분류한 기질을 각 유형별 학습방법의 특징에 따라 실제적-자발적 학습자(Actual-Spontaneous Learner), 실제적-기계적 학습자(Actual-Routine Learner), 개념적-구체적 학습자(Conceptual-Specific Learner), 개념적-포괄적 학습자(Conceptual-Global Learner)로 재구성하였다. U&I 학습유형검사에서는 이를 국내 실정에 맞게 행동형, 규범형, 탐구형, 이상형으로 분류하였다. 이후 김만권은 사람의 성격을 4개의 유형으로 모두 담아낼 수 없다고 판단하여 4개의 기본 유형을 조합한 행동규범형, 행동탐구형, 행동이상형, 규범탐구형, 규범이상형, 탐구이상형, 행동규범탐구형, 행동규범이상형, 행동탐구이상형, 규범탐구이상형의 10개 유형을 추가하여 총 14개의 유형으로 확장했다.

(2) 학습행동유형검사

학습행동유형검사는 Heacox의 연구를 바탕으로 하고 있다. Heacox는 학습에 어려움을 경험하는 유형을 반항형, 적당형, 완벽주의형, 고군분투형, 의존형, 잡념형, 싫증형, 만족형, 외곬형의 9개로 제안하였다. 국내에서 문항 선정을 위한 변량 분석을 실시한 결과, 반항형과 싫증형 집단 간과 만족형과 적당형 잡단 간의 차이가 확인되지 않아, 각각 반항형과 만족형으로 통합하였다. 의존형은 수집된 사례가 적어 문항 선정의 의미가 없으므로 제외되었다. 따라서 학습행동유형은 반항형, 완벽주의형, 고군분투형, 잡념형, 만족형, 외곬형의 6개 유형으로 분류하였다.

3) 검사 실시와 채점

U&I 학습유형검사는 유아 및 아동용 80문항, 학생용(초, 중, 고, 대학생) 164문항, 일반 성인용 106문항으로 구성되어 있다. 유아 및 아동용 검사는 만 4세~초등학교 3학년을 대상으로 하는데, 해당 검사의 경우 학부모가 응답하도록 되어 있다. 검사 소요 시간은 대략 유아 및 아동용의 경우 15분, 학생용은 20~40분, 성인용은 20분이다.

(1) 실시 절차

검사는 내담자가 편안한 상태에서 방해를 받지 않는 장소에서 이루어질 수 있도록 한다. 검사지와 응답지(OMR)가 따로 구분되어 있으므로 응답의 표기는 컴퓨터용 사인펜을 사용해야 한다. 검사는 개별 혹은 집단으로 실시될 수 있으며, 온라인 검사도 가능하다. 참고로 유아 및 아동용 검사는 온라인 검사만 가능하다. 검사는 1부 학습행동, 2부 학습성격에 대한 부분으로 이루어져 있다. 1부 검사는 자신의 학습 습관이나 태도에 대해 1~5점으로 응답하도록 되어 있고, 2부 검사는 학습과 관련한 개인의 성격특성에 대해 각 문항에 ○, ×로 응답하도록 되어 있다. 검사는 시험과 달리 정답과 오답이 없으므로 편안한 마음으로 자신에 대해 솔직하게 응답하도록 안내하고, 답하기 어려운 문항이 있다면 조금이라도 자신과 가깝다고 느끼는 문항에 답을 하도록 한다. 또한 빠뜨리는 문항 없이 모든 문항에 응답하도록 주의를 준다.

–검사를 실시하기 전에 유의사항을 말씀드리겠습니다. 본 검사는 개인의 능력을 평가하는 심리검사가 아니며 학습과 관련된 행동 및 성격 경향을 알아보는 검사입니다. 이 검사에는 정답과 오답이 없습니다. 각 문항을 읽고, 자신에게 해당되는 정도를 5점 점수로 평가하거나 '그렇다' 혹은 '아니다'로 답하면 됩니다. 시간제한은 없으나 한 문항에 대해 너무 깊이 생각하지 마시고 처음 떠오르는 생각대로 응답하시기 바랍니다. 일관성 있게 답을 하기 위해 이미 지나간 응답을 바꿀 필요는 없습니다. 자신의 바람이나 이상적인 모습대로 답하지 마시고, 현재 자신의 모습과 최대한 가까운 모습으로 답하시기 바랍니다.

(2) 채점 및 결과 확인

- 온라인 검사는 내담자가 스마트폰이나 컴퓨터를 통해 응답을 완료하면 연우심리개발원 홈페이지에서 바로 결과 확인 및 출력이 가능하다.
- 단체 검사를 온라인으로 실시한 경우에는 앞의 방식으로 결과지 확인 및 출력이 가능하다. OMR 답안지를 활용하여 오프라인 방식으로 검사를 실시한 경우에는 검사가 완료되는 대로 OMR 답안지를 취합하여 연우심리개발원으로 송부하면 2주 이내에 결과지를 받아 볼 수 있다.

4) U&I 학습유형검사의 구성

U&I 학습유형검사는 학습성격유형, 학습행동유형, 학습기술검사로 이루어져 있다. 유아 및 아동용은 성격유형검사만으로 구성되어 있다. 학습성격유형검사는 학습과 관련한 개인의 성격특성에 따른 장단점을 이해할 수 있어 성격유형에 맞는 학습 목표를 수립하는 데 도움을 줄 수 있다. 학습행동유형검사는 학습자가 학습을 하는 데 어떠한 어려움을 가지고 있는지를 파악하여, 문제 해결을 통해 학습의 효과를 향상시킬 수 있다. 같은 성격유형을 가진 사람이라도 행동하는 양식이 다르게 나타나므로 성격특성과 행동유형을 모두 고려할 필요가 있다. 학습기술검사는 학습을 하는 데 사용하고 있는 학습의 방법을 알아보고 효율성을 측정하는 검사이다. 일반적으로 활용되는 기초진단검사의 경우에는 학습성격유형검사와 학습행동유형검사로 구성되어 있다. 따라서 이 장에서는 두 개의 검사에 초점을 맞추어 다루고자 한다.

(1) 학습성격유형

학습성격유형은 기본적으로 행동형, 규범형, 탐구형, 이상형 네 가지로 구성되어 있다. 기본형은 본질적 특성에 따라 학습태도와 학습동기로 분류할 수 있는데, 학습태도와 관련한 것은 행동형과 규범형이고, 학습동기와 관련한 것은 탐구형과 이상형이다. 학습태도의 경우, 행동형은 학습과 관련하여 자유를 추구하고 규범형은 책임감을 추구한다. 일반적으로 두 가지 유형 중 한 가지가 높은 것으로 나타난다. 학습동기에서 탐구형은 학습 그 자체에 대한 관심과 즐거움에 초점을 두고 이상형은 인정 욕구에 초점을 둔다. 학습성격유형은 행동형, 규범형, 탐구형, 이상형의 기본 4개의 유형과 4개의 기본 유형을 조합한 10개를 포함해 총 14개의 유형으로 이루어져 있다.

학습성격유형에서 가장 중요한 것은 기본욕구이다. 기본욕구는 각 유형의 고유한 자기실현 경향성이자 삶의 핵심적인 가치와 기준이라고 할 수 있다. 개인은 기본욕구가 충족되면 심리적으로 균형과 안정을 유지하는 편안한 상태에서 자신의 타고난 성향을 실현해 나가며 학습에 있어서도 내적으로 동기화되어 자신의 강점을 발휘하게 된다. 이와 반대로 주변의 강압적인 통제나 방임으로 기본욕구가 충족되지 못하거나 좌절되면 심리적으로 불안정한 상태가 되어 학습에 대한 동기와 집중력이 저하되며 자신의 강점을 발휘하지 못하는 등 여러 가지 어려움을 경험할 가능성이 높다. 따라서 상담자는 일차적으로 내담자가 자신의 고유한 유형을 찾고 이후 기본욕구 충족을 통해 학습에서 자신의 강점을 발현할 수 있도록 도와야 한다.

(2) 학습행동유형

학습행동유형은 개인이 학습을 하는 데 있어 어떠한 어려움을 가지고 있는지를 측정하는 검사로 반항형, 고군형, 잡념형, 완벽형, 만족형, 외곬형으로 이루어져 있다.

5) U&I 학습유형검사의 해석

(1) 검사 해석의 일반적 지침

- 상담자는 검사 결과가 내담자의 특성을 잘 반영하고 있는지 확인할 필요가 있다. 따라서 내담자에게 검사 결과를 일방적으로 전달하는 방식이 아니라 해당 결과에 대한 내담자의 생각이나 일상에서의 경험을 근거로 내담자가 자신의 유형이나 특성을 확인하고 찾아가는 과정으로 해석을 진행하는 것이 바람직하다. 이에 대한 일환으로 내담자에게 검사 결과를 보여 주기 전에 각 유형의 특징을 설명하고, 내담자가 자신의 유형을

가늠하도록 한 뒤에 검사 결과와의 일치 여부를 확인하는 방법을 사용할 수도 있다.

• 검사 결과는 개별적으로 해석하기보다 수집 가능한 내담자와 관련된 정보와 자료를 취합하여 통합적으로 해석할 필요가 있다. 내담자의 나이, 성별, 학력과 같은 기본적인 정보를 포함하여 가족배경, 출생순위, 주양육자의 교육수준 및 가치관, 양육태도 등에 대한 탐색이 필요하다. 특히 주양육자의 교육열이나 교육과 관련한 가치관, 양육태도 및 기대가 내담자에게 미친 영향을 면밀히 살펴봐야 한다. 이와 더불어 내담자와의 면담을 통해 내담자의 학습과 관련한 히스토리와 학습과 관련한 고유한 특성, 학습의 장·단점과 학업에 대한 고민, 호소문제 등에 대한 명확한 파악이 해석과정에서 이루어져야 한다. 이와 같이 내담자의 면담과 수집가능한 자료를 기반으로 검사 결과를 통합적으로 해석할 때, 내담자의 학습에 대한 심층적인 이해가 가능하다. 내담자의 학습 특성에 대한 정확한 이해는 효과적인 개입으로 연결되므로 상담자는 전문성을 가지고 해석에 임할 필요가 있다.

(2) 유형별 점수의 해석방법

해석을 하기에 앞서 각 척도별 점수에 대한 정확한 이해가 선행되어야 한다. 특히 점수의 높낮이에 따른 양상을 균형 있게 탐색하는 것이 바람직하다. 성격유형에 대한 파악 후에 행동양식의 결과를 보다 명확하게 이해할 수 있으므로 학습성격유형과 학습행동유형의 순으로 해석하는 것을 추천한다.

① 학습성격유형

학습성격유형검사의 해석은 원점수를 기준으로 하는데, 가장 낮은 점수는 0점이고 가장 높은 점수는 26점이다. 각 유형의 점수가 높을수록 해당 유형의 전형적인 특성을 뚜렷하게 보일 가능성이 높다. 초·중학생의 경우는 14점 이상, 고등학생이나 성인의 경우는 16점 이상을 유의미하게 보고 18점 이상일 경우에는 높은 수준으로 본다. 결과 해석에서 유의할 점은 척도의 점수가 낮은 경우이다. 학습성격유형의 경우, 점수가 16점 미만(초등학생은 14점 미만)으로 나와 성격특성이 뚜렷하지 않은 경우에도 성격유형은 제시된다. 따라서 척도의 점수가 낮은 경우에는 보다 명확한 성격유형의 파악을 위해 관찰, 면담 등 추가적인 탐색을 상세하게 진행할 필요가 있다. 검사 결과 중에는 간혹 성격유형으로 나타난 척도의 점수에 괄호가 표시되어 있을 수 있다. 이러한 경우 역시 해당 척도의 성향적 특성이 분명하지 않다는 의미로 보고, 점수가 낮게 나온 경우와 동일하게 성격 파악을 위한 추가 탐색이 필요하다.

② 학습행동유형

학습행동유형검사의 해석은 T점수를 기준으로 하는데 일반적으로 45점 이하는 낮은 수준으로 보고, 57점 이상은 높은 수준으로 본다. 전체 점수가 낮은 것으로 나타난 경우는 내담자의 자기인식 수준이 낮기 때문일 수 있다. 학습행동유형 결과가 공란으로 되어 있는 경우는 모든 척도의 점수가 낮아 개인의 특성이 명확히 드러나지 않았다는 것을 의미한다. 이러한 경우에는 내담자가 이해받고 싶거나 무기력하고 지친 상태일 수 있다. 따라서 전체 점수가 낮거나 결과가 공란으로 나타났다면, 원인을 면밀하게 탐색하여 내담자에 대해 보다 상세한 이해를 할 필요가 있다.

(3) 학습성격유형의 해석

① 기본형의 점수

- 점수 동반 상승: 4개의 기본형 점수가 모두 18점 이상으로 상승한 경우, 내담자가 성공경험으로 자신감에 차 있는 상태이거나 긍정왜곡(faking-good)을 했을 가능성이 있다.
- 점수 동반 하락: 4개의 기본형 점수가 모두 14점 이하로 낮게 나타난 경우(초등학생은 12점 이하), 내담자가 일을 적당히 대충 처리하는 경향이 있거나 심한 스트레스 상황에 처해 있을 가능성이 있다. 또 다른 경우 자아 정체감이 확립되어 있지 않을 수 있다.

② 낮은 점수의 해석

- 특정 유형의 점수가 8점 이하일 경우, 내담자는 해당 유형의 반대되는 특성을 보일 수 있다. 각 유형별 점수가 8점 이하의 특징을 간략히 제시하면 다음과 같다.

  - 행동형: 다양한 활동에 적극적으로 참여하기보다 차분하고 조용하게 지낼 가능성이 높음
  - 규범형: 지시나 통제받는 것을 매우 싫어하여 규칙이나 규율을 따르지 않을 가능성이 높음
  - 탐구형: 특별히 한 가지 분야나 관심사에 몰입할 가능성이 적고, 논리적이거나 분석적인 것을 선호하지 않을 가능성이 높음
  - 이상형: 타인에 대한 관심이 적어 대인관계에 신경을 쓰지 않거나 영향을 받지 않을 가능성이 높음

③ 조합유형의 해석

- 투 코드 조합유형: 2개의 유형이 동반 상승하면서 유형 간의 점수 차이가 4점 이하인 경우에는 내담자가 2개 유형의 특성을 모두 뚜렷하게 보일 수 있으므로 2개 유형의 특성을 함께 해석한다.
- 쓰리 코드 조합유형: 3개의 유형이 동반 상승하면서, 각 유형 간의 점수 차이가 4점 이하인 경우에는 3개 유형의 특성을 함께 해석한다. 예를 들면, 행동탐구이상형의 점수가 행동형 15점, 탐구형 25점, 이상형 16점으로 나온 경우에는 탐구형만 해석하지만 각각의 점수가 행동형 17점, 탐구형 18점, 이상형 20점으로 나온 경우에는 3개 유형 모두를 해석하는 방식이다.

(4) 학습행동유형의 해석

학습행동유형의 해석에서 개별 유형에 대한 파악과 함께 유형 간의 점수 분포도에 따른 프로파일에 대한 탐색이 함께 이루어지면 내담자에 대해 보다 명확한 이해를 할 수 있다. 이 절에서는 유형 간의 프로파일에서 주목해서 살펴봐야 할 사항을 잡념형과 완벽형을 중심으로 다음과 같이 제시하였다. 제시된 방식을 참고하여 내담자의 고유한 프로파일에 대한 해석에 적용해 보길 바란다.

① 잡념형

- 잡념형 점수만 상승한 경우: 잡념형이 만성화되어 있을 가능성이 높으므로 유의하여 탐색할 필요가 있음
- 잡념형 점수는 상승하고, 만족형 점수는 낮은 경우: 내담자의 정서적 불편감이 매우 크거나 자살사고가 높을 수 있으므로 내담자의 심리적 어려움을 심층적으로 파악하여 개입할 필요 있음
- 잡념형과 만족형 점수가 모두 상승한 경우: 별다른 문제없이 잘 지내고 있을 가능성이 높음
- 잡념형과 고군형 점수가 모두 상승한 경우: 정서적인 안정감이 회복되면 성취도 자연스럽게 향상될 수 있으므로 잡념형의 특성을 완화하는 개입을 먼저 할 필요가 있음

② 완벽형

- 완벽형과 고군형 점수 모두 상승한 경우: 노력한 만큼의 학업성취가 저조한 원인이 높은 완벽주의 때문일 가능성이 있음. 내담자와의 논의를 통해 이러한 가설이 맞는 것으로 확

인된다면, 완벽주의에 대한 완화를 통해 노력한 만큼의 성취를 향상시킬 개입이 필요함
- 완벽형과 만족형 점수 모두 상승하거나 만족형 점수가 완벽형보다 높은 경우: 내담자는 잘 기능하며 건강하게 생활할 가능성이 높음
- 완벽형 점수는 낮고, 만족형 점수만 상승한 경우: 발전과 성장을 위한 노력 여부의 확인이 필요함

(5) 학습성격유형과 학습행동유형의 상호작용 해석

학습성격유형과 학습행동유형 결과 간의 통합적 해석은 내담자에 대한 이해에 도움이 될 수 있다. 따라서 성격유형과 행동유형 각각의 결과에 대한 탐색 후에 성격유형과 행동유형 간의 상호작용에 초점을 맞춰 해석을 진행할 필요가 있다. 다음은 상호작용의 해석에 참고할 사항을 간략히 제시하였다.

① 학습성격유형이 행동형인 경우

학습행동유형이 반항형인 경우는 내담자가 주관적이고 독립적인 성향으로 자신의 생각이 뚜렷하고, 일상생활에서 관계 갈등을 경험할 가능성이 높다. 이와 반대로 반항형 점수가 낮은 경우에는 무기력이나 우울 등의 정서적 문제가 있을 수 있다. 학습행동유형이 완벽형인 경우, 학습에 대한 열의는 있으나 실천능력이 부족하여 학업성취가 낮을 수 있다. 학습행동이 외곬형인 경우에는 학습의 호불호가 굉장히 뚜렷하여 자신이 하고 싶은 것에만 전념할 경향성이 높다.

② 학습성격유형이 규범형인 경우

학습행동유형이 반항형으로 나타난 경우에는 서로 상충하는 특성으로 인해 내적 갈등을 경험할 가능성이 높다. 학습행동유형이 고군형일 경우, 학업에서 노력한 만큼의 결과를 얻지 못하는 원인이 규범형의 지나친 완벽주의성향 때문일 수 있으므로 완벽주의에 대한 조절을 통해 고군형이 갖는 학업적 어려움을 완화시키는 개입을 할 필요가 있다. 학습행동유형이 잡념형일 경우에는 완벽주의 성향의 규범형 내담자가 현재 가정환경이나 경제적인 어려움, 대인관계 등 본인이 통제할 수 없는 상황으로 인해 심리적 고통을 경험할 수 있다. 이런 상황에서는 내담자가 자신이 할 수 있는 것과 없는 것을 분별하여 할 수 있는 것에 집중하도록 함으로써 안정감을 가질 수 있도록 하는 것이 도움이 된다. 규범형 점수가 상승하면 대체로 완벽형 점수도 동반 상승한다. 완벽형 점수가 65점 이상으로 높은 경우에는 평가에 대한 불안이 있을 수 있으므로 적절한 수준으로 조절할 수 있도록 개입해야 한다. 학습행동유형

이 만족형인 경우에 내담자는 자신의 기준에서 해야 할 일들을 제대로 하고 모범적으로 잘 생활하고 있다고 느끼고 있을 수 있다. 규범형은 특정 영역보다 전 영역의 학업성취를 중요하게 생각하기 때문에 규범형이면서 외곬형의 점수가 높게 나온 경우는 거의 없다. 따라서 규범형이면서 외곬형으로 나온 경우, 어떠한 맥락에서 이러한 경향성을 보이는지 상세하게 탐색할 필요가 있다.

③ 학습성격유형이 탐구형인 경우

학습행동유형이 고군형으로 나타난 경우에 내담자는 타인의 요구나 상황에 의해 관심이 없는 일을 어쩔 수 없이 열심히 하지만 자신만의 목표나 내적 동기가 부재하여 성과가 없을 수 있다. 일반적으로 탐구형은 쓸데없는 것으로 고민할 필요가 없다고 생각하기 때문에 고민이 많은 잡념형의 점수가 높게 나오지 않는다. 자신의 관심사나 하고 싶은 것이 따로 있는데 할 수 없을 때, 고군형과 잡념형의 점수가 함께 상승할 수 있다. 또한 탐구이상형의 경우, 대인관계 문제로 잡념형의 점수가 높게 나올 수 있다. 학습행동유형이 만족형인 경우에는 자신이 좋아하고 관심 있는 공부를 열심히 하거나 잘할 수 있다. 성적이 좋지 않아도 본인은 만족할 수 있지만 대체로 성적이 좋을 가능성이 높다. 탐구형과 외곬형은 연관성이 높다. 이 경우에는 관심 분야에 몰입하는 것을 이해해 주되 관심이 없는 것도 해야 할 필요성을 인식시켜 줄 필요가 있다. 논리적이지 않으면 탐구형을 설득할 수 없으므로 이 과정에서 무엇보다 중요한 것은 내담자를 논리적으로 납득시키는 것임을 유의해야 한다.

④ 학습성격유형이 이상형인 경우

이상형은 갈등을 싫어하기 때문에 반항형이 함께 상승하는 경우는 거의 없으나 자신을 인정해 주지 않을 때 수동공격을 할 가능성이 있다. 학습행동유형이 고군형인 경우, 주변 사람이나 상황에 따라 기분이나 감정에 영향을 받고, 마음이 여려 상처를 잘 받고 힘들어하기 때문에 집중력 저하로 학업에서 좋은 성과를 거두기 어려울 수 있다. 이러한 경우에는 마음과 생각을 지키는 훈련과 연습을 통해 안정된 마음으로 학업에 집중할 수 있도록 조력할 필요가 있다. 이상형은 기본적으로 대인관계의 사소한 문제에 연연하는 편이기 때문에 관계에 대한 고민이나 걱정 등의 잡념으로부터 자유로울 수 없다. 이러한 점에서 이상형이면서 잡념형인 경우가 많다. 학습행동유형이 완벽형으로 나타난 경우에는 인정받고 싶은 욕구가 높은 만큼 실패에 대한 불안이 높을 수 있다. 이러한 경우에는 결과보다 내담자가 노력한 과정을 알아줄 때 동기부여가 되어 더 열심히 할 가능성이 높다. 참고로 이상형의 점수가 낮은 경우에는 과정보다 결과를 더 중요하게 생각할 수 있다. 학습행동유형이 만족형으로 나타난 경우에는 학교에 잘 적응해서 친구들과 잘 지내거나 자신을 알아주고 이해해 주는 사람들이 많은 상황일 수 있다. 학습행동유형이 외곬형인 경우, 좋아하는 과목이나 좋아하는 선생님이 있을 때 만족감을 느끼는 경향이 있다.

6) 사례보고서 및 해석상담의 예

(1) 사례보고서

인적사항	박○○, 여성, 21세, 대학교 2학년, 재수 경험 없음, 종교 없음 가족관계: 부, 언니, 오빠
내방경위	잦은 결석과 시험 미응시로 학사 경고 위기, 수강하는 과목 교수의 권유로 상담 신청함.
배경정보	신경성 장염과 불면증으로 컨디션이 나쁘거나 기분이 안 좋으면 결석을 하거나 중간고사나 기말고사를 보지 않음. 모는 질병으로 2021년 사망. 본가는 지방으로, 수도권에 위치해 있는 학교 근처에서 언니와 자취 중
검사태도	특이사항 없음.
검사 결과	▶학습성격유형 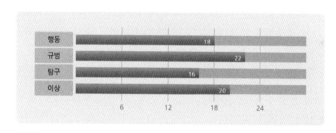 ○○ 님의 **학습성격유형은 행동-규범-이상형**입니다. ▶학습행동유형 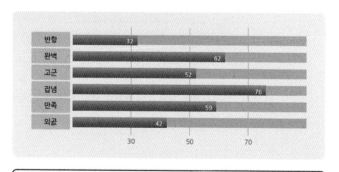 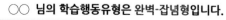 ○○ 님의 **학습행동유형은 완벽-잡념형**입니다.

해석상담 요약	• 내담자는 중학교 재학 중 부모의 방임에 대한 반발심으로 질이 안 좋은 친구들과 어울리며, 술, 담배를 하고, 전교에서 꼴찌를 할 정도로 성적이 좋지 않았음. 이러한 방황은 타인의 관심과 인정이 중요한 이상형인 내담자에게 해당 욕구가 충족되지 않아 행동형의 특성이 부정적인 방향으로 드러난 것으로 볼 수 있음. • 부모님과의 진솔한 대화를 통해 관계를 회복한 이후 꿈이 생기면서 학업에 매진하여 수도권의 대학으로 진학할 수 있었음. 규범형의 계획성 및 추진력을 기반으로 성적 향상과 대학진학이라는 결실을 맺을 수 있었던 것으로 보임. • 현재 학업을 저해하는 요소는 모의 죽음으로 인한 죄책감과 부의 과도한 기대로 인한 압박감인 것으로 확인됨.

개입방향	• 모의 죽음을 객관화하여 살펴봄으로써 모의 죽음에 대한 죄책감과 우울감 경감
	• 정서적 돌봄
	  −이상형의 특성으로 타인의 감정이나 어려움에 과도하게 마음을 쓰면서 자신의 감정을 돌보지 않고 억눌러 왔던 것을 통찰함.
	  −자신의 정서적 돌봄의 중요성을 깨달은 내담자는 부정적인 감정을 글로 적거나 자신과의 대화를 통해 자신을 위로하고 보듬는 연습을 함.
	  −신뢰할 수 있는 친구와의 대화를 통해 위로를 얻는 경험 등 타인과 감정을 교류하는 것의 중요성을 인식함.
	• 완벽주의 성향에 영향을 미치는 학업 부담감 경감
	  −부와의 진솔한 대화를 통해 학업에 대한 과도한 요구를 하지 않겠다는 약속을 받음.
	  −완벽주의의 부정적 영향을 함께 살펴보면서 달성 가능한 목표 및 계획 설정으로 편안한 마음으로 수행을 할 수 있게 됨.
	• 규범형의 강점을 통해 행동형의 충동적이고 절제하지 못하는 생활습관을 통제하게 됨.

결과	[상담 종결 시점 검사 결과] ▶ 학점: 2.44 → 4.08 ▶ 학습성격유형 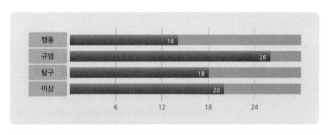 ○○ 님의 학습성격 유형은 규범-탐구-이상형입니다.

▶학습행동유형

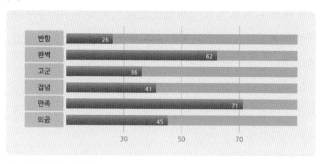

╔══════════════════════════════════╗
　　　○○ **님의 학습행동 유형은 완벽-만족형입니다.**
╚══════════════════════════════════╝

→ 모의 죽음에 대한 죄책감과 우울감의 감소, 자신의 정서적 돌봄, 부와의 대화를 통한 학습에 대한 부담감 경감 등으로 사전검사의 행동유형에서 76점이던 잡념형의 점수가 41점으로 감소되고, 만족형으로 변화함.

→ 학습의 성과가 아닌 과정을 중요하게 생각하고, 학습 자체에 초점을 두게 되면서 사후검사 결과의 성격유형에서 탐구형 변화가 확인됨.

→ 충동적이고 무절제한 생활습관의 수정을 통해 한 학기 동안 결석과 지각을 한 번도 하지 않게 되었음. 이러한 변화는 사후검사의 성격유형 중 행동형의 점수가 18점에서 14점으로 낮아져 최종 유형에서 제외되고, 규범형의 점수가 이전보다 높아진 것으로 확인됨.

제언

• 내담자가 이상형의 장·단점을 명확히 파악하여 단점을 스스로 경계하고 보완할 수 있도록 조력할 필요가 있음.

• 내담자가 완벽형의 긍정적인 특성은 잘 활용하고, 부정적인 특성은 조절할 수 있도록 할 필요가 있음.

(2) 해석상담

상담자 1　지난 일주일 동안 학교생활은 어땠어요?

내담자 1　그냥 비슷했어요. 여섯 과목 수강하는데, 세 과목은 결석했고 두 과목은 과제가 있는데 못 냈어요.

상담자 2　그랬군요. 그러한 어려움을 해결하는 데 도움이 될 U&I 학습유형검사를 지난주에 실시했는데요. 검사를 하면서 힘든 점은 없었나요?　　검사과정　어려움 탐색

내담자 2　네, 특별히 없었어요. 결과가 어떻게 나왔는지 궁금해요.

상담자 3　그럼, 지난 시간에 이야기한 대로 오늘은 검사 결과를 같이 살펴보는 시간을 갖도록 할게요. 먼저, 성격유형 결과를 살펴보면,　　결과 해석 및 탐색　질문

도전을 즐기는 자유롭고 활동적인 특성이 있으면서 한편으로는 예의나 질서, 규칙을 잘 지키는 면도 있는 것 같아요. 또 다른 측면에서는 세심하고, 대인관계를 중요하게 생각하는 경향도 있을 수 있어요. ○○ 씨의 실제 성격과 비교하면 어떤가요?

내담자 3 맞아요. 저는 그런 면들이 다 있는 것 같아요.

상담자 4 평소 일상에서 이러한 특성들이 어떻게 드러나는지 좀 더 구체적으로 이야기해 주겠어요?   구체화 탐색 질문

내담자 4 제가 생각하는 기준을 넘지 않으면 뭐든 다 경험해 보려고 해요. 경험을 통해서 배울 수 있는 게 더 많잖아요. 책임감이 강해서 학교생활, 아르바이트, 친구들과의 모임 모두 놓치지 않으려고 최선을 다해요. 그런데 스트레스 받거나 우울하면 할 일을 다 미루고 친구들하고 술을 마셔요. 사람을 좋아하고 마음이 약해서 부탁을 거절하지 못해서 다 들어주기도 해요.

상담자 5 검사 결과에 평소 ○○ 씨의 성격이 잘 반영되어 있는 것 같아요. 초등학교나 중 · 고등학교 때는 어땠나요?   히스토리 탐색

내담자 5 중학교 때는 질이 안 좋은 친구들과 어울리면서 술, 담배를 하고, 전교에서 꼴찌를 할 정도로 성적이 좋지 않았어요. 부모님이 저한테 아예 관심이 없으셨거든요. 그래서 반발심에 엇나갔던 것 같아요. 중학교 3학년 때, 학교에서 상담을 받으면서 부모님이랑 얘기할 기회가 생겼는데, 그때 관계가 회복되고 상담교사가 되고 싶다는 꿈이 생기면서 열심히 혼자 공부해서 지금 수도권 대학에 올 수 있었어요.

상담자 6 성적을 올리는 것이 쉬운 일이 아닌데, 혼자 공부해서 수도권 대학까지 진학했다니 정말 대단해요. 이전에 해낸 성취에 대해서 이야기를 하고 난 기분이 어때요?   강점관점 지지제공

내담자 6 요즘 모든 게 엉망인 것 같아서 힘들었는데, 뭔가를 해냈던 그때를 생각하니까 기분이 좀 나아져요.

상담자 7 그 힘으로 지금의 어려움도 ○○ 씨답게 해결해 나갈 수 있을 거예요. 다음으로 살펴볼 행동유형은 현재 ○○ 씨가 경험하는 어려움을 이해하는 데 도움이 될 수 있어요. 검사 결과 ○○ 씨는 완벽주의가 있고, 고민이나 걱정 때문에 공부에 온전히 집중하기 어려운 상황일 가능성이 높은 것으로 나타났어요. 이러한 결과에 대해서 어떻게 생각하세요?   결과 해석 및 탐색 질문

내담자 7	저를 낳고 엄마가 갑자기 희귀질환에 걸리셨는데, 그것 때문에 작년에 돌아가셨어요. 다 저 때문인 것 같아서 가족들한테 너무 미안했어요. 거기다 갑자기 아빠가 저한테 집착하시면서 장학금을 꼭 타야 한다고 엄청 부담을 주셨어요. 집에서 저만 대학에 갔거든요. 원래 완벽주의 성향이 강한데, 장학금에 대한 부담감 때문에 스트레스성 장염이랑 불면증이 생겼어요. 그 뒤로는 학교생활이 엉망이 됐어요.	
상담자 8	그랬군요. 학교생활에 어려움을 겪을 수밖에 없을 만큼 많이 힘들었을 것 같아요. 특히 이상형의 특성을 가진 ○○ 씨에게 가족들의 슬픔이나 아버지의 기대에 대한 부담감은 정말 컸을 거예요. 그러한 어려움이 잡념형의 높은 점수로 나타난 것 같아요. 스트레스에 압도되면, 행동형의 충동적인 특징이 발현되어서 결석을 하거나 시험을 보지 않는 상황으로 이어졌다고도 볼 수 있지요.	성격유형과 행동유형의 상호작용 해석
내담자 8	맞아요. 선생님 말씀을 들으니, 그런 특징들이 다 연결되어 있는 것 같아요.	
상담자 9	검사 해석을 진행한 결과, 제가 생각하기에 ○○ 씨가 현재 경험하고 있는 학업의 어려움의 원인은 어머니가 돌아가신 것에 대한 죄책감과 아버지의 과도한 기대로 인한 압박감인 것 같아요. ○○ 씨는 제 가설에 대해서 어떻게 생각하세요?	검사 해석 가설 제시
내담자 9	제 생각에도 그런 것 같아요.	
상담자 10	가족들에게 어머니의 죽음으로 느끼는 미안함에 대해 이야기해 보거나 아버지한테 학업에 대한 부담감에 대해 말해 본 적이 있나요?	개입 위한 탐색 질문
내담자 10	가족끼리 대화를 많이 하는 편이 아니라 그런 얘기를 할 생각을 아예 못했어요.	행동실험 제안
상담자 11	중학교 때의 어려움도 부모님과 진솔한 이야기를 통해 잘 해결했던 경험이 있잖아요. 그때처럼 가족들이나 아버지와 함께 ○○ 씨의 어려움에 대해서 같이 이야기해 보면 어떨까요?	
내담자 11	용기가 안 나지만, 방법에 대해서 알려 주시면 좋을 것 같아요.	
상담자 12	네, 다음 상담에서 어떻게 이야기를 하면 좋을지 함께 고민해 봐요. ○○ 씨는 오늘 검사 해석상담을 마치면서 어떤 마음이 들어요?	해석상담 소감질문
내담자 12	다 엉망인 것 같았는데, 뭔가 정리된 것 같아서 안심이 돼요. 아무한테도 얘기를 못했는데, 속 이야기를 한 것만으로도 좀 편해졌어요.	

상담자 13 안심이 되고 편해졌다니, 다행이에요. 앞으로 상담에서 하나씩
　　　　　같이 풀어 나가 보아요.

(3) 해석상담 절차 요약

다음에서는 검사 해석의 이해를 돕고자 앞의 해석상담 사례를 절차대로 요약하여 제시하고, 각 절차별로 전략 및 해설을 부연하였다. 해당 내용은 〈표 10-2〉와 같다.

표 10-2 해석상담 절차

해석순서	해석상담 사례	전략 및 해설
사전 탐색	• 검사 해석 전, 가장 최근의 문제 양상 파악 • 검사과정의 어려움 및 태도 파악	호소문제의 최근 상황에 대한 파악은 내담자의 현 상황을 기반으로 보다 실제적인 해석에 도움
학습성격 유형	• 검사 결과 해석 제공 　-성격유형의 특징 설명 • 일상생활에서 성격유형이 드러나는 양상 구체적인 탐색 • 히스토리 탐색을 통한 성격유형 특성 파악 • 강점관점에 입각한 성격유형 탐색	• 학습성격유형에 대한 통합적 탐색 　-성격유형의 특징을 단순히 전달하는 것이 아닌 과거, 현재, 강점관점에서의 다각적이고 심층적인 탐색은 문제로부터 벗어나 내담자에 대한 전체적인 이해와 통찰에 도움
학습행동 유형	• 검사 결과 해석 제공 　-행동유형의 대략적인 특징 설명 • 일상생활에서 행동유형이 드러나는 양상 구체적인 탐색 통해 촉발사건 확인	• 내담자가 현재 신경성 장염과 불면증이 있음을 감안하여 잡념형에 초점을 맞춰, 탐색 진행
학습성격 유형 및 학습행동유형 상호작용	• 성격유형과 행동유형 간의 관련성 탐색 　-성격유형(이상형)과 행동유형(잡념형) 　-성격유형(행동형)과 행동유형(잡념형)	• 성격유형과 행동유형 간의 통합적 해석은 내담자의 특성과 호소문제에 대한 심층적 이해에 도움이 됨
가설 제시 및 행동실험 제안	• 현재 학업문제를 유발하는 주요 원인에 대한 가설 제시 및 내담자와의 검증 작업 • 문제를 해결하기 위한 방법 제안	• 해당 순서는 상담자의 파악, 내담자의 준비도 및 사례의 특성에 따라 생략 가능함
검사 해석 마무리	• 해석상담을 마친 후의 내담자 소감 질문 • 해석상담 종결	

학습과제

1. MLST-Ⅱ의 네 가지 특성차원의 하위 요인과 각각의 특징에 대해서 설명하시오.

2. 학습전략의 유형을 나누는 두 가지 기준에 대해 설명하시오.

3. 자기주도 학습지수와 관련성이 높은 요인에 대해 설명하시오.

4. U&I 학습유형검사의 네 가지 성격유형을 학습태도와 학습동기로 나누어 설명하시오.

5. U&I 학습유형검사의 네 가지 성격유형이 모두 동반 상승한 경우와 하락한 경우의 특징에 대해 기술하시오.

6. 학습성격유형과 학습행동유형 각각의 점수 해석방법에 대해 기술하시오.

참고문헌

강훈, 한상훈, 구주형(2014). 청소년의 학습성격유형과 학습행동유형 및 자기결정성 학습동기에 관한 연구. 한국산학기술학회 논문지, 15(8), 4919-4929.

김만권(2002). U&I 학습 및 진로상담전문가 활용가이드 Ⅰ. 연우심리연구소.

김만권 한종철(2001). U&I 학습유형검사의 실시 및 해석요강. 연우심리연구소.

김만권, 한종철, 이기학(2013). 학습상담전문가 활용가이드 Ⅰ. 연우심리연구소.

김아영, 김성일, 봉미미, 조윤정(2022). 학습동기 이론 및 연구와 적용. 학지사.

박동혁(2014). MLST-Ⅱ 학습전략검사 전문가 지침서. 인싸이트.

이호선, 김영애(2023). 부모코칭사전. 서울: 북코리아.

통계청(2022). 사회조사. https://www.kostat.go.kr/board.es?mid=a10301010000&bid=219&act=view&list_no=421772에서 2023. 3. 22. 자료 얻음.

제**11**장

정신건강영역

학습목표 ?

● 정신건강의 확장된 의미를 이해하고 정신건강 유지와 예방의 필요성을 이해한다.
● 스트레스를 측정할 수 있는 검사도구의 특징과 검사 실시 과정을 이해하고 검사의 활용 예를 학습한다.
● 우울을 측정할 수 있는 검사도구의 특징과 검사 실시 과정을 이해하고 검사의 활용 예를 학습한다.
● 불안을 측정할 수 있는 검사도구의 특징과 검사 실시 과정을 이해하고 검사의 활용 예를 학습한다.
● 자살경향성을 측정할 수 있는 검사도구의 특징과 검사 실시 과정을 이해하고 검사의 활용 예를 학습한다.

학습개요

이 장에서는 정신건강을 '정신건강의학과적 질병이 없는 상태'라고 바라보던 좁은 의미에서의 정신건강이 아니라 '만족스러운 인간관계와 그것을 유지해 나갈 수 있는 능력'으로까지 확장된 개념의 정신건강 관점에서 검사도구를 이해해 보고자 한다. 정신건강을 측정할 수 있는 다양한 도구 중 일반인들에게서 자주 호소되고 있는 스트레스, 불안, 우울의 정도를 확인해 볼 수 있는 검사도구를 살펴볼 것이다. 그리고 최근 들어 심각한 사회문제가 되고 있는 자살과 관련하여 간명하게 자살 경향을 살펴볼 있는 자살경향성 척도를 소개하고자 한다. 마지막으로, 각각의 검사도구를 활용한 해석상담 사례보고서를 통해 검사를 활용한 상담의 예를 제시해 보고자 한다.

먼저, 스트레스를 측정할 수 있는 검사도구를 시작으로 스트레스로 인해 나타나는 우울이나 불안과 같은 정서적인 측면을 확인하기 위한 도구와 이러한 어려움으로 나타날 수 있는 정서·행동의 변화와 자살경향성을 확인하기 위한 도구를 살펴볼 것이다. 그리고 검사 실시 후 결과 해석상담의 예를 통해 내담자의 호소문제와 검사 결과의 활용을 학습할 것이다.

1. 통합스트레스검사

스트레스(stress)란 용어는 라틴어의 'stringer'의 '팽팽하게 죄다'라는 뜻에서 유래된 것으로, 사건 또는 요구되는 것들이 개인이 가진 대처 능력을 넘어설 때 생기는 불안한 상태로 환경과 대처 자원에 대한 주관적인 평가를 스트레스의 핵심요인(Folkman & Lazarus, 1986)으로 본다. 현대에도 스트레스라는 용어는 신체 및 정신 건강과 관련하여 널리 사용되고 있으나 인간에 관한 다양한 관점에 근거하여 많은 정의와 함축적 의미를 가지고 있어 명확하고 일관되게 정의되지 못하나 일반적으로 다음의 세 가지 방식으로 정의될 수 있다.

첫째, 스트레스를 인간에게 영향을 미치는 사건 혹은 자극으로 보는 것으로 중요한 시험이나 사랑하는 사람의 죽음, 전쟁, 천재지변 등의 자극이 스트레스에 포함된다. 둘째, 스트레스를 반응으로 보는 것으로 스트레스 상태에서의 유기체의 반응이나 스트레스 경험으로 인한 생리적 반응을 의미한다. 셋째, 스트레스에 대해 인간과 환경 간의 역동적인 상호관계성과 심리적 과정을 강조하는 입장으로 스트레스를 결정하는 것은 자극 혹은 반응 자체가 아니라 자극을 어떻게 평가하고 해석하고 대처하는지를 중요하게 생각한다. 이 입장에 의하면, 어떤 자극이 개인의 안녕을 위협하거나 자신이 가진 대처 자원을 초과할 때 스트레스를 받게 된다고 본다(이동훈 외, 2013).

대부분의 사람들은 가벼운 스트레스 요인들에는 적응할 수 있지만 스트레스 요인이 심각하거나 만성적 혹은 반복적일 경우 삶에 주는 후유증은 상당히 파괴적이다. 이러한 스트레스는 질병의 가능성을 증가시키고 생리적 노화를 촉진하며 대인관계에서의 어려움과 업무에 대한 통제력을 상실하게 하여 건강한 삶을 위협할 수 있다.

1) 개요

통합스트레스검사(Integrated Evaluation of Stress and Stress Vulnerability: IESS)는 스트레스와 관련된 다면적 요소들을 포괄적으로 평가하기 위해 개발된 것으로 스트레스에 대한 개인의 인지적·정서적 반응과 개인의 스트레스 취약성 및 스트레스 요인(생활사건)을 통합적으로 측정하는 데 목적을 두고 있다. 이 검사는 총 3부로 1부 스트레스 수준에서는 스트레스로 인해 개인이 경험하는 고통 수준을 반영하는 스트레스 지각과 스트레스로 인한 신체화, 우울, 불안, 자기조절 실패라는 다섯 가지 스트레스 반응 영역을 평가한다. 2부 스트레스 취약성은 감정억제, 신경증적 경향, 완벽주의, 회피(수용전념 실패)를 측정할 수 있도록 구성되어 있다. 마지막으로, 3부 생활 스트레스 사건은 개인이 일상생활을 하면서 경험하게 되는 스트레스의 영역을 표시하고 구체적인 사건을 자유롭게 기술하도록 되어 있다.

통합스트레스검사는 스트레스의 다면적 개념을 포괄하여 통합적으로 측정하는 검사도구로 스트레스에 대해 개인이 나타내는 인지-정서-행동적 반응과 개인의 스트레스 취약성을 포괄적으로 평가할 수 있고, 경험한 스트레스 사건을 구체적으로 기술하고 범주화할 수 있다. 스트레스 검사는 스트레스로 인해 정신병리가 발현되기 이전에 스트레스를 적절히 평가하여 예방적 개입을 하는 것이 중요하기 때문에 환자군보다 정상인군에서 이들이 경험하고 있는 스트레스와 그에 따른 고통을 평가하는 것은 특히 중요하다. 이러한 의미에서 통합스트레스검사는 검사의 규준을 정상인을 대상으로 구축하여, 정상인군에서의 스트레스 수준과 그들이 가진 스트레스 취약성 수준을 객관적으로 비교, 평가할 수 있다는 점이 장점이라 할 수 있다.

2) 발달과정과 역사

전통적으로도 스트레스에 관한 연구들은 거의 대부분 스트레스 요인(stressor)의 특성과 빈도, 반복성 그리고 생활에서의 유의미한 변화 단위를 측정해 왔다. 하지만 스트레스 요인을 측정하는 것만으로는 개인이 경험하는 스트레스의 수준(심리적 괴로움과 주관적 고통 또는 행동적 변화 등)을 적절하게 평가하기는 어렵다. 이러한 이유로 최근에는 스트레스에 적응적으로 대처하지 못하게 만드는 개인의 취약성과 효과적으로 대처할 수 있게 만드는 개인의 강점을 평가하는 검사도구들이 소개되고 있다. 그리고 스트레스에 대한 부정적 반응을 평가하기 위해 SCL-90과 MMPI 등의 검사도구들이 개발되었으나 이러한 도구들은 스트레스로 인해 유발되는 정신병리를 측정해 왔다는 한계가 있다.

스트레스로 인해 유발되는 개인적 고통과 정신병리는 스트레스에 노출된 개인이 그것을 적절히 통제할 수 있다고 인식하느냐, 그렇지 못하느냐에서 시작된다. 스트레스를 스스로 통제할 수 없다는 지각은 다양한 스트레스 반응으로 나타나는데, 대표적인 것이 신체화, 우울, 불안, 자기조절 실패이다. 통합스트레스검사는 개인의 지각된 스트레스 통제감과 그에 따르는 신체화, 우울, 불안 및 자기조절 실패라는 정서-행동 반응을 평가할 수 있도록 구성하였다. 그리고 스트레스가 누적되면 감정, 충동, 욕구를 조절하는 자기조절 능력이 저하된다. 자기조절을 하기 위해서는 자아 에너지가 지속적으로 소모되어야 하는데, 스트레스를 통제하고 대처하기 위해서 정신적 에너지를 과도하게 소모하게 되면 자기조절의 실패로 성욕과 식욕 조절, 분노를 비롯한 감정 조절의 문제 등으로 나타난다. 그리고 장기간 지속되는 스트레스가 아니라도, 단발적으로 발생하는 충격적인 스트레스는 외상후 스트레스 장애와 유사한 방식으로 감정 조절 문제를 발생시킨다. 그러므로 통합스트레스검사에서는 자기조절 실패를 하위척도로 포함시켜 측정함으로써 주관적으로 경험하고 있는 스트레스 수준도 측정할 수 있도록 하였다.

스트레스의 측정이 스트레스로 인해 나타날 수 있는 개인의 통제지각-인지-정서-행동 반응을 측정하는 것만으로는 완성될 수 없다. 여기에 추가적으로 스트레스에 대한 개인의 취약성을 평가함으로써 스트레스로 인한 질환의 예방과 관리에도 도움을 줄 수 있어야 한다. 이러한 점에 근거해서 통합스트레스검사는 스트레스 취약성 요인으로 감정억제, 신경증적 경향, 완벽주의, 회피(수용전념 실패)를 측정할 수 있도록 구성하였다. 또한 일하고 가족을 돌보는 일상적 사건이라 하더라도 그것이 개인에게 스트레스 요인이라고 인식된다면 모두 기록하도록 하여, 스트레스 관리에서 이런 요인들을 놓치지 않도록 하였다. 통합스트레스검사는 먼저 개인이 자각하고 있는 스트레스 요인이 어떤 범주에 속하는지를 체크하고 이에 대해 기술하도록 한다. 그리고 수검자가 인식하는 스트레스 사건을 기억나는 대로 모두 기록하도록 하여 측정의 포괄성과 편이성을 높였다.

검사를 실시할 때 스트레스 요인에 대한 평가를 먼저 하게 되면, 수검자가 그 스트레스 요인에 국한해서 자신의 인지-정서-행동 반응을 평정할 가능성이 클 수 있다. 이러한 이유로 통합스트레스검사에서는 스트레스 요인을 가장 마지막에 측정하도록 하였다. 그리고 수검자가 특정 스트레스 사건과 자신의 주관적 인지-정서-행동 반응 사이의 연관성에 지나치게 주목하여 매달리게 되면 정확한 스트레스에 대한 평가가 이뤄질 수 없다. 이러한 점을 고려하여 통합스트레스검사에서는 수검자가 경험하고 있는 인지-정서-행동 변화들을 먼저 평가하고 이후에 스트레스 요인을 확인하도록 하였다.

스트레스 측정이 중요한 이유는 정신병리에 대한 예방적 개입을 위해서다. 따라서 임상적 관점에서 보면 정상인들을 대상으로 하는 스트레스 검사가 중요하고 그것이 실제적인 의미를 가질 수 있다. 이에 통합스트레스검사는 일반인을 대상으로 획득한 자료에 근거하여 규준을 작성하여, 정상인 내에서 스트레스 수준과 이에 대한 반응을 표준화함으로써 일반인에서 나타날 수 있는 보편적인 스트레스 수준을 객관적으로 측정할 수 있다는 장점이 있다.

3) 검사의 구성

통합스트레스검사는 스트레스로 인한 주관적 고통, 우울 및 불안과 같은 정서 증상, 스트레스로 유발된 신체 증상 및 스트레스 지속 시 발생할 수 있는 자기조절 실패(감정 및 충동 조절의 문제)의 양상을 단일한 검사도구 내에서 측정할 수 있도록 구성하였다. 그리고 감정억제, 완벽주의, 신경증적 경향, 회피와 같이 개인이 갖고 있는 스트레스 취약성 요인들도 단일한 검사도구 내에서 함께 측정할 수 있도록 다음과 같이 구성되어 있다.

표 11-1 　1부 스트레스 수준의 척도 구성

척도	문항수	해석적 의미
스트레스 지각	5	스트레스를 스스로 통제할 수 없다고 지각함으로써 유발되는 개인적 괴로움
신체화	13	스트레스로 인해 유발되는 신체 증상과 그 수준
우울	9	스트레스로 인한 우울 반응과 그 수준
불안	9	스트레스로 인한 불안 반응과 그 수준
자기조절 실패	9	스트레스로 인한 감정, 충동 및 욕구 조절의 실패와 그 수준

표 11-2 　2부 스트레스 취약성의 척도 구성

척도	문항수	해석적 의미
감정억제	10	스트레스 상황에서 부정적 감정을 적절히 표현하거나 다루지 못하고 억제하는 성향
신경증적 경향	10	환경 변화와 불확실한 상황에서 자기효능감이 저하되고 분노, 우울, 불안과 같은 부정적 정서를 쉽게 느끼는 성향
완벽주의	10	과도하게 높은 기준을 설정하거나, 외부에서 제시하는 기준을 자기 행동목표로 설정하는 완벽주의 성향
회피(수용전념 실패)	10	회피 행동으로 스트레스에 대응하는 성향

표 11-3 　3부 생활 스트레스 사건(주관식 응답 포함)

개인이 일상에서 가장 스트레스 받는 영역들과 구체적인 스트레스 사건을 확인한다.

4) 실시와 채점

(1) 검사 대상

통합스트레스검사는 일반 성인이 경험하는 스트레스 수준과 스트레스에 대한 반응 및 스트레스 취약성을 객관적으로 측정할 수 있도록 개발되었고, 만 18세 이상에 속하는 대학생과 성인을 대상으로 규준이 작성되어 있다. 검사를 실시하기 전에 수검자가 검사의 지시와 문항을 제대로 이해할 수 있는지, 그리고 수검자가 자기보고형 검사를 실시하는 데 필요한

신체적 · 정서적 요건을 갖추고 있는지를 확인해야 한다.

(2) 검사 실시

이 검사는 일반인들이 일상생활에서 경험하는 스트레스를 통합적으로 측정하기 위해 3부로 구성되어 있다. 검사지를 펴서 각 부마다 각각의 지시문과 평정 방식에 다소 차이가 있다는 점을 설명해 주어야 한다.

• 검사 실시 전 유의점 안내

이 검사는 일반인들이 일상생활에서 경험하는 스트레스를 통합적으로 측정하기 위해 3부로 구성되어 있습니다. 각 부마다 각각의 지시문과 평정 방식에 다소 차이가 있으므로 반드시 확인하신 후 검사를 실시해 주시기 바랍니다.

• 전반적 지시문

이 검사는 1, 2, 3부로 구성되어 있습니다. 모든 문항들을 하나하나 읽어 가면서 자신을 가장 잘 나타내 주는 응답을 하나 골라서 해당하는 번호에 표시하여 주십시오. 옳고 그른 답은 없습니다. 시간제한은 없으나 너무 오래 생각하지 마시고 한 문항도 빠짐없이 대답하여 주십시오.

• 1부는 스트레스 수준을 알아보기 위한 것으로 스트레스 지각, 신체화, 우울, 불안, 자기 조절의 실패를 묻는 45문항으로 구성되어 있고 지시문과 평정 방식은 다음과 같다.

스트레스 영역

지금 당신이 가장 스트레스 받는 것이 어느 영역에 속하는지 해당하는 모든 영역에 표시하여 주십시오. (※ 중복 응답 가능)

이 검사는 당신이 일상생활에서 경험하는 스트레스와 그 수준을 알아보기 위한 것입니다. 지난 한 달 동안 각 문항이 나타내는 느낌이나 감정 또는 생각이 있었던 날을 헤아려서 해당하는 것에 표시하여 주십시오.

◎: 전혀 그렇지 않다

①: 가끔 그렇다 (한 달 동안 7일 미만)

②: 종종 그렇다 (한 달 동안 14일 미만)

③: 자주 그렇다 (한 달의 절반 이상)

④: 항상 그렇다 (한 달 동안 거의 매일)

- 2부는 스트레스 취약성을 알아보기 위한 것으로 감정억제, 신경증적 경향, 완벽주의, 회피(수용전념 실패)를 알아보기 위한 40문항으로 구성되어 있고 지시문과 응답 방식은 다음과 같다.

다음은 스트레스와 관련 있는 개인의 특성을 알아보기 위한 것입니다. 각 문항을 읽고 평소 자기 자신의 모습을 가장 잘 나타내 주는 것을 하나 골라서 표시하여 주십시오.

◎: 전혀 그렇지 않다

①: 대체로 그렇지 않다

②: 보통이다

③: 대체로 그렇다

④: 매우 그렇다

- 3부는 일상생활에서 경험하는 스트레스 요인을 알아보기 위한 것으로 해당되는 생활 스트레스 영역을 표시하고 구체적인 스트레스 사건을 자유롭게 기술하도록 되어 있다. 스트레스 영역과 구체적인 스트레스 사건에 대한 지시문은 다음과 같다.

3부 생활 스트레스 사건 결과

스트레스 영역

☐ 직업	☐ 학업	☐ 대인관계(예: 직장 동료, 친구, 연인 등)
☐ 경제(재정 상태)	☐ 스트레스 없음	☐ 건강
☐ 사고(예: 교통 사고)	☐ 가족	☐ 기타

구체적인 스트레스 사건 아래에 제시되어 있는 스트레스 생활사건은 수검자가 직접 작성한 예시 내용입니다.

자녀들의 출가로 외롭다는 감정을 느끼고 있으며, 이를 해결하기 위해서 다양한 활동을 시도하려고 노력합니다. 하지만 활동 이후, 집으로 돌아왔을 때의 공허함으로 힘들어하고 있습니다.

• **구체적인 스트레스 사건**

지금 당신이 가장 스트레스를 받는 사건들이 무엇인지 다음에 기재해 주십시오. 개인적으로 고통스러운 사건 또는 문제, 일상에서 경험하는 중대한 변화도 스트레스에 해당합니다. 스트레스 사건이 없거나 작성하는 데 어려움이 있을 경우 작성하지 않으셔도 되며, 칸을 모두 채우지 않으셔도 됩니다.

(3) 채점

검사를 채점하기 전에 먼저 수검자가 검사지에 무응답하거나 이중으로 응답한 문항이 있는지를 살펴보아야 한다. 응답하지 않은 문항이 있으면 수검자에게 다시 한번 해당 문항에 응답하도록 권유해야 하고 이중으로 응답했을 경우 하나의 응답을 고르도록 권유하는 것이 필요하다. 이러한 과정을 거친 후에 검사 결과를 채점하기 위해서는 인싸이트(https://www.inpsyt.co.kr)의 온라인 채점 프로그램을 이용해서 진행하면 되고, 단체 검사의 채점과 결과 처리는 인싸이트에서 제공하는 OMR 답안지를 사용하면 된다.

이 검사에서는 대학생과 성인을 구분하여 규준을 도출하였으므로 수검자가 현재 대학생인 경우 '대학생 규준과 성인 성별 규준', 대학생이 아닌 18세 이상의 성인에 해당될 경우 '성인 규준과 연령대 규준'을 적용하여 결과가 산출된다.

• 유의점: 검사자는 채점 프로그램에서 적용할 규준을 선택할 때 대학생일 경우 18세 이상의 성인 연령에 속하더라도 대학생 규준이 적용되고, 대학교 재학생이 아닌 경우에는 성인 규준이 적용되어 결과가 제시된다는 점을 알고 있어야 한다.

(4) 검사 결과

검사 결과는 전체적으로 스트레스 수준과 스트레스 취약성에 대한 안내 후 1부와 2부는 총점에 대한 평가, 하위 영역 프로파일, 영역별 해석, (규준별) 총점에 대한 평가, (규준별) 하위 영역 프로파일을 제시한다. 3부 생활 스트레스 사건 결과에서는 수검자가 체크한 스트레스 영역과 구체적인 스트레스 사건에 따른 스트레스 대처방안으로 스트레스 상황에서의 자기관리 방법과 스트레스 면역을 기르는 방법을 제시해 준다. 예시는 [그림 11-1]과 같다.

스트레스 수준

스트레스 수준 총점은 스트레스 지각, 신체화, 우울, 불안, 자기조절 실패라는 다섯 가지 척도의 T점수를 평균하여 계산하는 것으로, 이 점수는 개인이 일상생활에서 경험하는 스트레스 수준을 나타냅니다.

스트레스 지각	스트레스에 대한 주관적인 지각을 의미하며, 이는 개인이 통제할 수 없다는 인식에서 비롯되는 고통을 반영합니다. 스트레스를 스스로 통제할 수 있다고 생각하느냐 아니냐에 따라서 개인적인 고통과 정신병리가 시작되고 있어 해당 결과를 통하여 현재 느끼는 정신적 괴로움을 파악합니다.

스트레스 취약성

스트레스 취약성 총점은 감정억제, 신경증적 경향, 완벽주의, 회피와 같은 성격특성을 의미하는 네 가지 하위 척도의 T점수를 평균한 값입니다. 이 점수가 높을수록 일상생활에서 스트레스를 잘 받고, 그 결과 스트레스 수준이 높아지고 업무소진과 같은 부정적 결과가 초래될 수 있습니다.

감정 억제	스트레스 상황에서 우울, 불안, 분노 등과 같은 부정적 정서를 표현하지 못하고 억제하는 특성을 측정하기 위한 것으로 점수가 높을수록 스트레스 상황에서 자기주장을 하지 못하고 감정을 억제하는 경향이 크다는 것을 의미합니다. 이러한 상태가 지속될 경우, 우울, 불안, 스트레스성 신체 증상을 경험하게 될 가능성이 커지며, 자기조절력이 약해지고 폭발적인 감정 표출이 나타날 수도 있습니다.

1부 스트레스 수준

스트레스 수준 총점에 대한 평가

스트레스 수준 총점	
성인 규준	
T점수	백분위
80	99.2

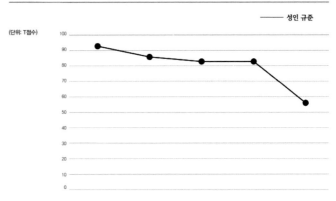

스트레스 수준 하위 영역 프로파일

구분		스트레스 지각	신체화	우울	불안	자기조절 실패
성인 규준	T점수	93	86	83	83	56
	백분위	99.7	99.4	99.3	98.6	79.5
	수준	매우 높음	매우 높음	매우 높음	매우 높음	보통

※ 각 척도 결과에 대한 수준별 백분위 범위는 약 0~20은 '매우 낮음', 약 21~40은 '낮음', 약 41~80은 '보통', 약 81~90
은 '높음', 약 91 이상은 '매우 높음'으로 볼 수 있습니다.

영역별 해석

적용 규준	성인 규준

상위척도	T점수	백분위	수준
스트레스 수준 총점	80	99.2	매우 높음
해석	자신이 느끼는 스트레스와 그로 인한 정서-행동적 괴로움이 99.2%로 평균에 비해 매우 높은 수준입니다. 스트레스와 관련된 유의미한 증상이 의심될 경우 전문가 상담이 필요하고, 유의미한 증상이 없다고 여겨질 경우 적극적인 자기관리가 필요합니다.		

하위척도	T점수	백분위	수준
스트레스 지각	93	99.7	매우 높음
해석	스트레스로 인한 심리적 괴로움이 99.7%로 평균에 비해 매우 높은 수준입니다. 이 점수가 높을수록 스트레스를 스스로 통제하고 조절할 수 없다는 인식이 강하다는 의미입니다. 또한 이 점수가 높을수록 스트레스를 많이 느끼고, 정신적 괴로움이 심하다는 것을 반영합니다. 스트레스와 관련된 유의미한 증상이 의심될 경우 전문가 상담이 필요하고, 유의미한 증상이 없다고 여겨질 경우 적극적인 자기관리가 필요합니다.		

스트레스 수준 총점에 대한 평가(규준별)

스트레스 수준 총점			
성인 규준		60대 규준	
T점수	백분위	T점수	백분위
80	99.2	82	99.4

구분		스트레스 지각	신체화	우울	불안	자기조절 실패
성인 규준	T점수	93	86	83	83	56
	백분위	99.7	99.4	99.3	98.6	79.5
60대 규준	T점수	91	87	85	85	60
	백분위	99.5	99	99.5	98.6	86.5

특정 성별이나 연령대에 따른 규준을 보조적으로 제공하였으니 참고하시기 바랍니다(스트레스 수준과 취약성은 대
학생과 성인 그리고 성별과 연령대에 따라 차이가 있을 수 있습니다).

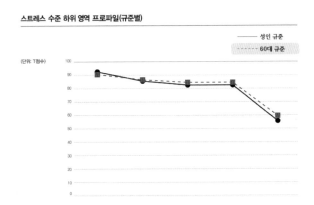

스트레스 수준 하위 영역 프로파일(규준별)

─── 성인 규준
------ 60대 규준

(단위: T점수)

3부 생활 스트레스 사건 결과

스트레스 영역

☐ 직업　　　　　　☐ 학업　　　　　　☐ 대인관계(예: 직장 동료, 친구, 연인 등)
☐ 경제(재정 상태)　☐ 스트레스 없음　☐ 건강
☐ 사고(예: 교통 사고)　✓ 가족　　　　☐ 기타

구체적인 스트레스 사건　다음에 제시되어 있는 스트레스 생활사건은 수검자가 직접 작성한 내용입니다.

자녀들의 출가로 외롭다는 감정을 느끼고 있으며, 이를 해결하기 위해서 다양한 활동을 시도하려고 노력합니다. 하지만 활동 이후, 집으로 돌아왔을 때의 공허함으로 힘들어하고 있습니다.

스트레스 대처방안

스트레스 상황에서 자기관리

1. 스트레스 상황에서 나 자신에게 물어보아야 할 질문들
   (1) 스트레스를 받게 하는 지금 이 문제가 정말 내게 중요한 것인가?
   (2) 스트레스 상황에서 느끼고 있는 나의 감정은 상황에 비추어 보아 적절한 것인가?
   (3) 스트레스 받을 때의 내가 보인 행동이 나에게 도움이 되는 것인가?
▶ 중요하지 않고, 적절하지 않은 감정 반응을 보이며, 도움이 되지 않는 행동을 한다면 잠시 멈추어라.

스트레스 면역력 기르기

완벽주의 수준 높은 사람들은	달성 불가능한 높은 기준을 세우고, 그 목표에 도달하지 못하면 죄책감을 느낀다. 최선을 다하고도 만족감을 느끼지 못하고 '이것 밖에 못 했나' 하며 자신을 비난한다. 다른 사람과 비교하며 타인의 평가에 민감하게 반응한다. 역기능적 완벽주의적 성향이 강한 사람은 실수나 실패에 대한 과도한 공포를 갖고 있다. '한번 실수하면 완전히 망한 것이다.'라는 극단적 신념을 갖고 있다. '실수하면 인정받지 못할 것이다. 다른 사람이 나를 거부할 것이다.'라는 왜곡된 믿음을 내면에 품고 있다.
	(1) 현실적으로 도달 가능한 목표를 세운다. (2) 설령 목표에 도달하지 못했더라도 자기를 비난하기보다 '그럴 수도 있다. 다음에 더 잘하도록 노력하자.'라고 자신을 다독여야 한다. (3) 타인에게 인정받기 위해서가 아니라 자신이 원하는 일을 한다. (4) '완벽하지 않으면 아무런 소용이 없어.'라는 극단적 사고에서 벗어난다. (5) 현실 세상에 완전무결한 것은 없다는 사실을 받아들인다.

[그림 11-1] 통합스트레스 검사 결과 부분별 예시

5) 해석방법

스트레스로 인한 고통 수준을 반영하는 스트레스 수준을 스트레스 지각, 신체화, 우울, 불안, 자기조절 실패라는 다섯 가지 영역으로 평가할 수 있도록 되어 있다. 다섯 가지 척도의 해석적 의미는 다음과 같다.

① 스트레스 지각

스트레스 지각이란 스트레스에 대한 주관적 지각으로 스트레스를 개인이 통제할 수 없다는 인식에서 비롯되는 고통을 반영한다. 개인이 스트레스에 대한 통제 소재를 갖고 있다고 지각하면 스트레스 수준이 낮아지고 스트레스로 인한 부정적 결과가 발생할 가능성 또한 낮지만, 반대의 경우 스트레스 수준은 높아지고, 스트레스 강도가 약하더라도 부정적 결과가 발생할 가능성이 높다. 스트레스를 스스로 통제할 수 없다는 지각은 다양한 스트레스 반응으로 나타나는데, 대표적인 것이 우울, 불안, 신체화 및 자기조절 실패이다. 즉, 이 점수가 높을수록 스트레스를 통제할 수 없다는 인식이 강하며, 스트레스를 많이 느끼고 정신적 괴로움이 심하다는 것을 반영한다.

② 신체화

이 척도는 스트레스로 인한 대표적인 신체 증상과 정도를 평가하기 위한 것으로 이 점수가 높을수록 신체 증상으로 주관적 괴로움이 크다는 것을 반영한다.

③ 우울

이 척도는 스트레스로 인한 우울 반응의 수준을 평가하기 위한 것으로 이 점수가 높을수록 스트레스로 인한 우울감, 흥미 감소, 피로, 활력 상실, 자존감 저하, 주의집중력 감소 등의 우울 증상을 많이 보인다는 것을 의미한다.

④ 불안

이 척도는 스트레스로 인한 개인의 불안 반응을 평가하기 위한 것으로 이 점수가 높을수록 스트레스로 인한 긴장, 불안, 공포, 걱정 등의 불안 증상을 많이 보인다는 것을 의미한다.

⑤ 자기조절 실패

스트레스가 누적되면 감정, 충동, 욕구를 조절하는 자기조절능력이 저하된다. 자기조절을 하기 위해서는 자아 에너지가 지속적으로 소모되어야 하는데, 스트레스를 통제하고 스트레스에 대처하기 위해서 정신적 에너지를 과도하게 소모하게 되면 자기조절 실패가 초래된다. 그러므로 스트레스 지속 기간과 상관없이, 자기조절 실패는 스트레스에 의해 유발되는 문제의 중심적인 증상이라고 할 수 있다. 자기조절 실패 점수가 높을수록 스트레스가 지속되면서 욕구와 충동을 억제하는 힘이 약해진 상태가 되어 감정 조절의 어려움, 욕구(식욕/성욕) 조절 실패 등의 행동 양상이 나타날 가능성이 크다.

⑥ 스트레스 수준 총점

스트레스 수준 총점은 1부에 포함되어 있는 스트레스 지각, 신체화, 우울, 불안, 자기조절 실패 척도의 점수를 더하여 평균으로 나타내고 그에 상응하는 백분위를 산출한 것이다. 이 점수가 높다는 것은 개인이 스트레스로 인해 경험하고 있는 고통 수준이 높고 신체화, 우울, 불안, 자기조절 실패와 같은 스트레스 반응을 경험하고 있을 가능성이 높다는 것을 의미한다. 그러므로 유의미할 경우 전문가의 상담이 필요하며, 스트레스로 인한 증상들이 유의미하지 않을 경우에는 적극적인 자기관리가 필요하다.

(2) 2부 스트레스 취약성 척도의 해석

스트레스를 평가할 때는 스트레스에 대처하는 개인의 특성, 즉 외부의 스트레스를 개인이 어떻게 해석하고 받아들이며, 그에 따른 역기능적 대처 패턴을 확인하는 것이 중요하다. 똑같은 스트레스 요인이라 하더라도 개인의 성격−기질 혹은 인지적 습관 등에 의해서 과도하게 위협적으로 해석되거나, 그것에 대한 민감한 반응이 쉽게 유발되기도 한다. 뿐만 아니라 과도한 통제와 회피를 통해서 스트레스에 효율적으로 대처하는 데 어려움을 겪기도 한다. 이에 스트레스에 대한 개인의 취약성을 평가함으로써 스트레스로 인한 질환의 예방과 관리에도 도움을 줄 수 있다. 이러한 측면에서 2부는 스트레스 취약성을 측정하기 위해 **감정억제, 신경증적 경향, 완벽주의, 회피(수용전념 실패)를 측정한다.**

① 감정억제

임상적으로 스트레스와 관련되어 유의미한 문제가 발생하는 데에는 감정억제의 기전이 중요하게 작용한다. 특히 갈등이나 스트레스 상황에서 부정적 감정을 적절히 표현하거나 다루지 못하고 그것을 억제할 때 다양한 정신병리 및 고통과 장애로 발현된다. 부정적 감정의 억제는 불안, 우울, 신체화를 유발할 뿐만 아니라, 과도하게 감정을 통제함으로써 자아고갈에 쉽게 빠지게 되고 이것은 궁극적으로 자기조절 실패와도 연결된다.

감정억제 척도는 스트레스 상황에서 짜증, 분노 등과 같은 부정적 정서를 표현하지 못하고 억제하는 경향을 측정하기 위한 것으로 이 점수가 높을수록 스트레스 상황에서 자기주장을 하지 못하고 감정을 억제하는 경향이 크다는 것을 의미한다.

② 신경증적 경향

신경증적 경향은 환경변화와 불확실성이 증가된 상황에서 분노, 우울함, 불안감과 같은 불쾌한 정서를 쉽게 느끼는 것과 낮은 자기효능감을 포함하는 개념으로 스트레스 상황에서 비효율적인 대처를 유발하고 이로 인해 스트레스를 가중시킨다. 같은 스트레스라 하더라도 신경증적 경향이 강한 사람은 스트레스에 대한 주관적 반응이 커지고 이로 인한 고통과 장애를 빈번하고 강하게 경험한다. 신경증적 경향은 스트레스의 개념과도 잘 부합할 뿐만 아니라, 스트레스로 인한 부정적 증상 반응을 기저에서 매개하는 요인이므로 스트레스 취약성을 확인하기 위한 검사에 반드시 포함되어야 하는 영역이다. 이 척도의 점수가 높을수록 스트레스에 노출될 경우 걱정, 염려, 불안, 우울, 슬픔과 같은 감정을 강하게 경험하고, 자기 힘으로 스트레스를 적절하게 대처할 수 없다고 믿는다. 또한 부정적으로 자신을 평가하는 경향이 있어, 자신감이 결여되어 있고 쉽게 낙담하며 열등감을 느낀다.

③ 완벽주의

스트레스에 대해 과도한 통제 성향을 보이는 것도 문제가 된다. 특히 역기능적 완벽주의는 스트레스에 대해 비효율적이고 과도한 통제를 일으키는 요인으로 과도하게 높은 기준을 설정하거나, 외부에서 제시하는 기준을 자신의 행동 목표로 그대로 설정한다. 이로 인해 스트레스 상황에서 과도하게 자신을 통제하며 에너지를 투입하고, 적절하지 않은 목표를 달성하고자 애쓰는 양상이 초래되어 만족감을 느끼기 어려워진다. 스트레스 대처 목표 또한 높게 설정하여 긴장과 불안을 과도하게 경험하며, 빈번하게 좌절감을 느낄 가능성이 높다. 이 척도는 **역기능적 완벽주의**를 평가하기 위한 것으로 이 점수가 높을수록 사람들은 자신에게 매우 높은 기준을 설정하거나 외부에서 제시하는 실현 불가능한 목표를 그대로 받아들여 이를 충족시키고자 한다. 이들은 그 기준을 충족시키지 못할 것에 대한 두려움이 크고, 너무 높은 목표를 설정함으로써 긴장 및 불안을 과도하게 경험하며 좌절감과 자기비난, 우울을 경험할 가능성이 높다.

④ 회피(수용전념 실패)

인간이 경험하는 고통의 필연성과 이것에 대한 회피가 심리적 문제를 야기한다고 보고, 회피 성향을 치료 과정에서 주된 문제로 다룬다. 삶에서 일어나는 다양한 스트레스의 대처에서도 이러한 회피 성향을 조절하는 것이 중요하다. 인생에서 영원히 사라지지 않는 스트레스에 대한 회피에 몰두하게 되면 개인이 경험하는 괴로움은 더 커진다. 또한 스트레스를 회피하려는 시도로 음주나 약물 남용, 폭식과 같은 부적절한 행동 양상이 빈번하게 나타나는데, 이러한 행동 패턴 또한 스트레스와 밀접하게 연관되어 있으며, 기저에는 회피 기제가 작동하고 있는 것이다. 이에 회피 수준을 측정함으로써 개인이 가진 스트레스 취약성을 측정할 수 있다. 이 척도의 점수가 높을수록 현재의 상황을 수용하지 못하고, 부적절한 회피 행동(과도한 수면, 음주, 약물 남용, 폭식, 사회적 위축)을 나타낼 가능성이 크다.

⑤ 스트레스 취약성 총점

스트레스 취약성 총점은 2부에 포함되어 있는 감정억제, 신경증적 경향, 완벽주의, 회피(수용 전념 실패) 척도의 점수를 더하여 평균으로 나타내고, 그에 상응하는 백분위를 산출한 것이다. 이 점수가 높다는 것은 개인의 스트레스에 대한 취약성이 높다는 것을 의미하므로, 스트레스에 취약한 성격적·인지적 특징이나 대처방법을 변화시키기 위한 노력이 필요하다.

(3) 3부 생활 스트레스 사건의 해석

3부에서는 스트레스 요인을 확인할 수 있도록 다음에 제시되는 영역 중 가장 스트레스 받는 영역에 표시하도록 하고 구체적인 생활 스트레스 사건을 자유롭게 적도록 한다.

- 직업/ · 가족/ · 경제(재정 상태)/ · 대인관계(예: 직장 동료, 친구, 연인 등)/
- 사고(예: 교통 사고)/ · 건강/ · 학업/ · 기타/ · 스트레스 없음

이처럼 일상생활에서 경험하는 일상적 사건이나 급격한 변화를 포함해서 개인에게 스트레스로 인식되는 모든 것들을 기록하도록 하는 것은 스트레스를 포괄적으로 측정할 수 있다는 장점이 된다. 스트레스 생활사건과 스트레스 취약성 및 스트레스 수준을 같이 검토하면 개인이 경험하는 스트레스를 통합적으로 평가하는 데 도움이 된다. 따라서 검사자는 수검자가 검사를 완료한 후, 검사지 3부에 수검자가 표시한 스트레스 영역과 자유롭게 기술한 스트레스 사건을 참고로 추가적인 질문을 하는 것이 바람직하다.

6) 사례보고서 및 해석상담의 예

(1) 사례 1: 통합스트레스검사를 활용한 신체화가 심한 중년여성 사례

① 사례보고서

이름	정○○
인적사항	50세, 여성, 대학원 다님, 사회복지사, 무교
내방경위	학교와 직장을 함께 병행하면서 허리가 지속적으로 아파 병원에 갔으나 병원에서는 병명이 나오지 않자 의사의 권유로 상담 신청함.
배경정보	학교에 가면 직장에서 하지 않았던 일, 놓쳤던 일이 생각나 짜증이 나고, 이것밖에 못하는 자신에 대해 비난함. 집에 들어가면 집안이 정리되지 않은 모습에 남편과 딸에게 신경질을 내고, 대인관계 전반에서 타인의 시선이나 평가에 위축감을 느껴 자신을 노출하기를 꺼려함. 학업과 관련해서 계속 다른 생각이 떠올라 집중하지 못하고 학기를 보내고 있음. 1년 전부터 허리가 지속적으로 아파 앉지도 서지도 못하는 생활이 1개월에 한 번 정도 반복이 되고 있어 세 차례 병원에 가서 MRI 촬영을 두 번이나 했으나 병명이 나오지 않음.
검사태도	검사 소요 시간 약 20분정도 걸림. 검사 실시 시 계속 한숨을 쉼. 이 외 특이사항 없음.
검사 결과	▶ 스트레스 수준 총점이 82점으로 매우 높음. ▶ 스트레스 수준 하위 영역에서 스트레스 지각(79), 신체화(87), 우울(77), 불안(86), 자기조절 실패(80)로 매우 높음.

구분		스트레스 지각	신체화	우울	불안	자기조절 실패
성인 규준	T점수	79	87	77	86	80
	백분위	98	99.4	98.1	99	98.9
	수준	매우 높음**	매우 높음**	매우 높음**	매우 높음**	매우 높음**

▶ 스트레스 취약성 총점이 75점으로 매우 높음.
▶ 스트레스 취약성 하위 영역에서 감정억제(75), 신경증적 경향(75), 완벽주의(75), 회피(수용·전념 실패: 75)로 매우 높음.

구분		감정억제	신경증적 경향	완벽주의	회피(수용전념 실패)
성인 규준	T점수	75	75	75	75
	백분위	99.6	100	99.2	99.5
	수준	매우 높음**	매우 높음**	매우 높음**	매우 높음**

※ 각 척도 결과에 대한 수준별 백분위 범위는 약 0~20은 '매우 낮음', 약 21~40은 '낮음', 약 41~80은 '보통', 약 81~90은 '높음', 약 91이상은 '매우 높음'으로 볼 수 있습니다.

해석상담 요약	• 검사 결과에서 보이는 내담자의 주요한 스트레스 수준 특성은 스트레스 지각, 신체화, 우울, 불안, 자기조절 실패 등으로 나타났음. 스트레스 취약성 특성은 감정억제, 신경증적 경향, 완벽주의, 회피(수용-전념 실패) 등에서 모두 높게 나타남. • 해석상담 결과, 어린 시절 내담자는 완벽함을 추구하며 자신이 원하는 것을 이루기 위해 끝까지 포기하지 않고 매달려 완수하는 장점이 있었음. 아이를 낳은 후 경력단절이 되어 새로운 일을 찾기 위해 자격증을 따서 취업함. 딸이 대학을 나온 후 집에만 있고 알 수 없는 이유로 자신과 대화가 단절되어 너무 답답하다고 함. 직장에서도 일이 밀리다 보니 '이러다 직장에서 짤리면 어쩌나'라는 불안으로 자신의 장점을 발휘하여 포기하지 않고 완벽하기 위해 안간힘을 쓰기 시작했다고 함. 그리고 대학원을 다녀 자신의 스팩을 만들려고 했으나 집안일, 시댁, 학교 과제 등이 한꺼번에 몰리면 무엇 하나 제대로 되는 것이 없다는 생각에 자신이 실패자가 될 거라는 불안과 두려움이 커지며 모든 일이 제대로 수행되지 않고 있음. 직장 내 대인관계, 가족관계에서 불화가 반복되고 시댁 문제로 부부싸움을 하면서 남편이 시모가 자주 했던 '너가 욕심이 많아서'라는 말에 화가 나면서도 '정말 그런가'라는 생각에 가족에게 죄책감을 느꼈다고 함. 결과적으로 내담자는 쌓여 가는 스트레스를 제대로 풀지 못하고 잘못을 자신에게 귀인시켜 신체화를 겪고 있는 것으로 확인됨.
개입방향	• 스트레스 상황에서 자기관리 재정립 −스트레스 상황에서의 대처방법 탐색을 통해 완벽함을 추구하는 자신의 대처가 적절하지 않으며 자녀의 문제를 자신의 문제로 가지고 오는 대처방법이 건강하지 않음을 확인시킴. −스트레스 받고 화가 난 상태일 때 긍정적으로 표현할 행동 대처 요령(호흡하기, 걷기, 따뜻한 차 마시기, 자신의 감정 노트 적기, 소통 방법 다양화하기 등)을 연습함.
결과	• 상담 종결시점 사후 검사 결과 • 스트레스 수준 총점과 하위 영역별 점수가 현저하게 낮아졌음. • 특히 스트레스 지각과 신체화, 회피(수용-전념 실패)가 낮아졌고 허리통증도 완화됨. • 딸과의 소통 노력이 조금씩 효과가 드러나 퇴근하고 집에 들어가면 딸이 아직은 말을 하지는 않지만 자기 방으로 바로 들어가지는 않는다고 함.
제언	• 스트레스 상황에서 잠시 멍해지는 경우가 있어 잠시 멈추는 연습을 지속할 필요가 있고 문제의 원인을 확인하기 위해 심리상담을 받을 필요가 있음. • 스트레스의 원인이 되는 자기비난을 없애기 위해 꾸준히 자신의 강점을 잘 활용할 수 있도록 도울 필요가 있음.

② 해석상담

상담자 1	오늘은 지난주에 실시했던 통합스트레스검사 결과를 함께 살펴보는 시간을 갖도록 할게요. 스트레스 수준 검사 결과를 먼저 살펴보면, 신체화, 불안이 매우 높은 수준으로 나왔는데 평소에 걱정하는 부분이 있나요?	검사 결과의 원인 파악을 위한 탐색 질문
내담자 1	잘못되면 제 탓이라고 생각해요. 그리고 몸이 계속 아파 병원에 가도 병명이 나오지 않으니 엄살부린다고 이야기할 것 같아서 겁이 나고 답답해요.	
상담자 2	답답한 마음이 크시겠어요. 요즘 가장 스트레스 받는 상황을 이야기해 줄 수 있을까요?	공감 및 호소 문제 구체화
내담자 2:	답답하지만 허리 아픈 거 외에 큰 문제는 없어요.	
상담자 3	허리가 아프기 시작한 건 언제부터였나요?	발병시기 탐색
내담자 3	한 1년 정도 되었어요.	
상담자 4	힘드신데도 어떻게 그렇게 참으셨어요?	강점 탐색
내담자 4	참는 건 잘해요. 어릴 때부터 어른들이 '니 같은 애만 있으면 걱정이 없다'고 할 정도로 완벽했어요. 저는 원하는 것이 있으면 끝까지 포기하지 않고 해내었어요. 결혼하기 전까지 공부하며 회사 다녔고 목표를 달성하기 위해 꾹 참고 견뎠어요. 그래서 회사에서 인정도 많이 받았어요.	
상담자 5	○○ 씨가 얼마나 열심히 살아왔는지가 느껴져요. 지금 이렇게 아픈 가운데서도 무언가 계속 하고 있는 ○○ 씨가 대단하다고 느껴지면서 안쓰러운 마음도 드네요. 1년 전에 무슨 일이 있었나요?	촉발요인 탐색
내담자 5	큰 일은 없었어요. 그냥 다른 사람처럼 열심히 살았어요. 제가 사회복지사로 일하고 있는데 밀리지 않으려면 학위가 필요할 것 같아 대학원을 다니기 시작한 지 1년 6개월 정도가 되었어요. 그런데 딸이 대학을 나오고도 아무런 일도 하지 않아 '뭔가 목표를 세우고 해야 하지 않냐'고 말했더니 문을 쾅 닫고 들어가더니 지금까지 저랑 말을 안 해요.	
상담자 6	직장, 가정의 일, 게다가 대학원까지 다니시고 있다니 대단하세요. ○○ 씨 딸이 1년 동안 말을 안 하고 있을 때 어떤 생각이나 마음이 드셨나요?	공감 및 스트레스 탐색
내담자 6	답답하고, 내가 뭘 잘못해서 그런 건지 모르겠어요. 나는 그저	

열심히 살았을 뿐인데 내가 잘못 살고 있다는 생각이 들어요.

상담자 7   따님과의 관계가 이렇게 된 것이 ○○ 씨 잘못이라 생각되셨다   귀인에 영향을 미친
면 많이 힘드시겠어요. ○○ 씨는 나름대로 열심히 살고 계신 것   히스토리 탐색
같은데 누군가 ○○ 씨에게 잘못 살고 있다고 말한 사람이 있었
나요?

내담자 7   며칠 전 시댁에 행사가 있었는데 일이 많아 도저히 참석할 수가
없어 못 간다고 했더니 남편이 '니가 욕심이 많아 그렇다'고 하
며 화를 내더라구요. 그말은 시어머니가 자주 하던 말인데 남편
까지 그러니 정말 너무 섭섭하고 억울했어요. 남편이 내 속도
몰라주고, 조금 도와도 주고 내 편을 들어줘야지 하는 마음이
들어 눈물만 계속 났어요. 나는 정말 집안일, 학교, 회사일 모
두 잘 하고 싶은데 허리는 계속 아프고 화는 나고 어떻게 해야
할지 막막하기만 해요. 퇴근하고 들어오면 집은 엉망진창이 되
어 있고, 내가 들어오면 딸은 문을 닫고 들어가고, 직장에서 함
께 일했던 동료가 그만두고 나가 그 일도 제가 해야 하고, 대학
원 과제는 밀려 있어요. 모두가 나한테 '니가 욕심이 많아서, 잘
못해서, 이렇게 되었다'고 말하는 것 같아요. 그러면 '내가 이것
밖에 못하나? 이것밖에 안 되는 사람인가?' 하는 생각에 화가 나
고, 짜증이 올라와요. 실패하고 싶지 않은데 실패자가 될까 봐
두려워요.

상담자 8   정말 속상하셨겠어요. 그러면 ○○ 씨도 상황이 이렇게 된 것이   비합리적 신념 탐색
정말로 자신이 욕심이 많아서라고 생각하나요?

내담자 8   꼭 그렇지만은 않죠. 정말 억울하지만 식구들에게는 얘기할 수
가 없어요.

상담자 9   얘기조차 하지 못하고 스트레스만 받고 있으시네요. 그럼 가장   스트레스 중요도
큰 스트레스가 되는 일부터 순서를 정해 볼 수 있을까요?   탐색

내담자 9   무엇보다 딸과 말 안 하고 있는 것이 제일 크죠. 제가 어떻게 할
수 없으니까요. 그리고 허리 아픈 이유라도 알고 싶어요. 또 집
에 왔을 때 내가 손을 대지 않아도 될 정도는 아니라도 자기들
이 먹은 설거지는 해 놓은 상태였으면 좋겠어요. 직장에서 다른
사람 일까지 해야 하는데 연말까지 끝내야 해서 더 힘들어요.
학교는 졸업하고 싶은데 과제를 제시간에 제출하지 못해 함께
공부하는 사람들에 비해 뒤처지는 건 아닐까 걱정돼요.

상담자 10	이런 스트레스 상황들이 지금 내게 얼마나 중요한지를 구체적으로 얘기해 볼 수 있을까요? 딸문제, 가정일, 직장일, 학교를 하나 하나 생각해 볼 때 1이 중요하지 않다, 10이 너무 중요하다라고 한다면 ○○ 씨에게는 어떻게 느껴지나요?	스트레스원의 중요도 탐색
내담자 10	딸과 이야기하지 않는 건 제게 너무 크죠. 10이에요. 가정일은 8 정도, 직장일은 8 아니 7 정도 돼요. 연말이 지나면 끝날 테니까요. 학교일은 6 정도 되는 것 같아요.	
상담자 11	그렇군요. ○○ 씨가 남편과 싸운 후 울었다고 했는데, 보통 스트레스 받고 화가 날 때 어떻게 행동하나요?	스트레스 상황에서의 대처행동 탐색
내담자 11	별로 할 수 있는 게 없어요. 남편한테 '나 대신 당신이 시댁에 가서 좀 도와주면 안 되냐'고 짜증을 냈어요. 그리고 방에 들어가 한참을 울었어요. 그러고는 가슴이 답답하고 허리가 다시 아파서 누워만 있었어요. 할 일은 너무 많은데…….	
상담자 12	○○ 씨가 **짜증 내고 우는 것**이 스트레스 해소에는 어느 정도 도움이 된다고 생각하나요?	대처행동 효과탐색
내담자 12	그리 도움이 되진 않았어요. 그런데 제가 할 수 있는 게 없어요.	
상담자 13	그럼 직장이나 학교에서 스트레스 상황이 되면 평소에 어떻게 하나요?	대처행동 탐색
내담자 13	직장에서는 표현을 하면 안 되죠. 잘 표현하지 않는 편이에요. 그런데 요즘 들어 너무 바쁘니까 별일 아닌데도 욱하고 올라와서 큰 소리를 낸 적이 있어요. 짜증이 많이 나요. 그 이후로 직장동료들이 저랑 말을 잘하지 않으려고 해요. 그래서 오히려 눈치가 보여요. 학교에서는 스트레스 상황이 오면 말을 안 하고 책만 보고 있어요.	
상담자 14	○○ 씨가 직장에서 큰 소리 낸 후 다시 눈치가 보인다니 많이 힘들었겠어요. 그렇게 하는 것이 자신에게 도움이 되었나요?	대처행동 효과탐색
내담자 14	전혀 도움이 안 되죠. 직장에서 동료들과 잘 지내고 싶어요. 사실, 제가 친구도 별로 없고, 식구, 학교 동기, 직장동료밖에 만나는 사람이 별로 없어요. 이 사람들마저 없으면 어떡하나 걱정이 많이 되죠.	
상담자 15	○○ 씨가 학교에서 스트레스 상황이 오면 말을 안 하고 책만 보고 있다고 하는데 그렇게 하는 것이 자신에게 도움이 되었나요?	대처행동 효과탐색
내담자 15	아니요. 점점 학교 친구들과 사이가 멀어지는 것 같아 두려워	

요. 저도 이제는 행복해지고 싶어요.

상담자 16   만약 잠자는 사이에 ○○ 씨에게 기적이 일어나서 아침에 눈을   원형을 구체화하기
떴는데 행복하다고 느끼게 되어요. 무슨 일이 일어나면 행복해졌   위한 기적질문
다고 느낄 수 있을까요?

내담자 16   딸이 '엄마 벌써 일어났어?'라고 물어봐 주면 행복할 것 같아요.

상담자 17   아하! 그렇군요. 또 무슨 일이 일어나면 행복해졌다고 느낄까요?

내담자 17   그리고 내가 밥을 차리면 가족들이 숟가락을 놓고 냉장고에서 반
찬을 꺼내놓으면 좋겠어요. 그리고 출근했는데 동료들이 '○○
씨 오늘 얼굴이 좋네'라고 말을 걸었으면 좋겠어요. 학교 갈 때
눈치 보고 가는 게 아니라 '공부 열심히 해'라고 말해 줬으면 좋
겠어요. 또 학교에서 수업 끝나고 동기들이 커피 한잔하자고 해
서 수다를 떨 수 있으면 행복하다고 느낄 것 같아요.

상담자 18   이야기를 하는 내내 ○○ 씨의 표정이 밝고, 목소리에 자신감이   행동변화 관찰
느껴졌어요.

내담자 18   오랜만에 제가 행복해진 것을 상상하다 보니 기분이 좋아진 것   결과 해석 및
같아요.   탐색 질문

상담자 19   ○○ 씨의 밝은 모습에 저까지 다 기분이 좋아지네요. ○○ 씨가
이렇게 스트레스가 높은 상황 속에서 자신이 원하는 것을 표현하
지 못하고 감정을 억제하고, 모든 걸 다 잘 해내겠다는 마음이 앞
서다 보니 스트레스 수준과 스트레스 취약성으로 나타난 것 같아
요. 이 결과에 대해 어떻게 생각하세요?

내담자 19   스트레스들이 한꺼번에 덮친 것 같아 아무런 생각이 없어지고
제 탓인 것 같아요.

상담자 20   스트레스 상황이 되면 스스로 해결할 수 없다는 생각에 압도되   결과 간 통합해석 및
어 버리는 것 같네요. 그래서 ○○ 씨가 가지고 있는 무언가 하   일상생활과의 관련성
겠다는 의지와, 그것을 해내는 끈기와 용기, 일의 중요도를 찾   탐색 질문
아 나가는 지혜 등이 제 기능을 발휘하지 못하는 것 같아요. 그
래서 스트레스 상황이 되면 ○○ 씨의 강점을 잘 기억해 두고 활
용하는 것이 중요할 것 같아요. 이어서 스트레스 취약성을 좀
더 살펴보면 ○○ 씨는 스트레스 상황에서 이를 회피하거나 감
정을 지나치게 억제하고 모든 일을 완벽하게 처리하려 하다 보
니 소진상태라 일상생활에서 경험하는 여러 가지 스트레스에
대해 매우 취약해진 것 같아요. ○○ 씨의 일상생활과 이 결과를

비교해 보면 어떠세요?

내담자 20 제 일상이랑 결과가 비슷한 것 같아요. 감정을 지나치게 억제하고 완벽하려고 노력했어요. 그러지 않으면 내가 실패한 사람이 되는 것 같아서요. 지금 생각해 보니 도와달라는 말을 조금 부드럽게 해도 되었을 건데 몰라준다는 마음에 말은 안 하고 짜증만 부리고 혼자서 울었던 것 같아요.

상담자 21 ○○ 씨의 이야기를 들으니, 스트레스 취약성 요인의 감정억제, 신경증적 경향, 완벽주의, 회피가 전체적으로 이해가 되네요. 그렇다면 스트레스를 해소하기 위해서 가장 쉽게 해 볼 수 있는 것은 무엇일까요?

> 결과 확인 및 스트레스 해소를 위한 방안 탐색

내담자 21 제가 기적이 일어났다고 가정했을 때를 생각해 보면서 생각이 든 건데요. 스트레스 상황일 때 어느 정도의 스트레스인지 분명하게 알 필요가 있을 것 같아요. 그리고 내가 화를 낼 때 상황에 맞게 적절하게 하고 있는지, 나에게 도움되게 할 수 있는 방안이 무엇인지 누군가에게 물어보는 것이 필요할 것 같아요.

상담자 22 네, 스트레스에 압도되기보다 어느 정도인지, 어떤 대처방법이 좋을지 생각하고 때로는 도움을 청해 보는 방법이 도움이 되겠네요. 만약 주변에 ○○ 씨의 이야기를 들어 줄 사람이 없다면 호흡을 잠시 고르고 먼저 진정하는 시간을 가지시는 것이 좋을 것 같아요. 그리고 감정노트를 준비해서 그럴 때 느껴지는 감정이나 하고 싶은 말들을 글로 적어 보는 것도 좋을 것 같아요. ○○ 씨가 스트레스에 취약하고 자신의 잘못으로 생각하는 패턴이 있으므로 그 원인을 이해하는 것도 도움이 되므로 추가적인 심리상담을 받아 보는 것도 도움이 될 것 같아요.

> 내담자의 의견지지 및 도움 방안 제시와 심리상담 권유

내담자 22 네, 저도 잘 대처하고 싶고 제가 왜 그런지도 알고 싶어요.

상담자 23 그럼, 먼저 ○○ 씨의 바람이 현실이 되기 위해 일주일 동안 무엇을 연습해보면 좋을까요?

> 구체적인 대처행동 계획

내담자 23 화가 막 올라올 때는 제가 어떻게 해야 할지 모르겠어요.

상담자 24 그럼, 같이 연습을 한번 해 볼까요? 그럴 때 화를 조절하기 위해 잠시 정지신호를 줄 수 있어요. 스스로에게 '일단 정지'라고 말하고, 깊은 심호흡을 3회 한 후 '잠시만 쉬자'라고 마음속으로 말해 보는 거예요. 숨을 들이쉬면서, 고개를 우측으로 돌렸다고 숨을 내쉬면서 바로 하고, 숨을 들이쉬면서 고개를 좌측으로 돌

> 대처행동 훈련

렸다고 숨을 내쉬면서 바로 하고 마지막으로 천천히 숨을 들이쉬고 내쉬면서 긴장을 푸는 방법이에요. 한번 해 볼까요?

내담자 24 같이 연습하니 혼자서도 해 볼 수 있을 것 같아요. '일단 정지'

상담자 25 ○○ 씨는 잘 해내실 것 같아요. 그리고 또 따님과 갈등이 있을 때 어떤 연습을 해 볼 수 있을까요?

스트레스 핵심원인에 대한 대처방법 탐색

내담자 25 그건 정말 모르겠어요. 저에게 왜 그러는지를 모르니…….

상담자 26 따님에게 짜증 내는 대신 따님이 마음을 열 수 있게 ○○ 씨의 마음을 잘 표현하는 이모티콘이나 카톡으로 마음을 보내는 것은 어떨까요? 구체적인 방법들을 상담을 통해 배우고 연습해 보는 것도 도움이 될 것 같아요.

해결 방안 제시와 스트레스 핵심원 탐색을 위한 심리상담 권유

내담자 26 네, 좋은 방법인 것 같아요. 왜 그 생각을 못했을까요? 예전에는 카톡으로 얘기도 잘했었는데. 그리고 이런 생각도 드네요. 남편에게 짜증 내지 않고 진정시키기 위해 차를 한잔 마시는 것도 같을 것 같아요.

상담자 27 네, 너무 좋은 생각입니다. 긴장을 푸시니 점점 좋은 아이디어가 나오는 것 같네요. 오늘 검사 해석을 했는데 해석상담을 받고 나니 어떠신가요?

격려 및 결과 해석 소감듣기

내담자 27 오랫동안 답답하고 힘들었는데 내가 할 수 있는 일부터 한번 시작해 볼 수 있겠다는 희망이 생긴 것 같아요.

상담자 28 희망이 생겼다니, 정말 기뻐. 편하게 가벼운 마음으로 시작하면 좋겠어요. 다른 도움이 필요하면 언제든지 연락 주시구요. 이것으로 오늘 해석상담을 마칠게요.

내담자 28 네, 너무 감사합니다. 시간을 내어 상담도 받아 보고 싶어요. 감사합니다.

(2) 사례 2: 통합스트레스검사를 활용한 취업준비생 사례

① 사례보고서

이름	유○○
인적사항	26세, 여성, 대학 졸업 후 공무원 시험 준비, 무교
내방경위	아침에 일어나는 것이 힘들고 도서관 가기 위해 집 밖으로 나가기가 두렵다고 함. 가장 친한 친구는 공무원 시험에 합격하고 자신은 계속해서 학원에 다니는 모습이 친구들 사이에서 안 좋은 얘기로 이어질까 겁이 난다고 함. 요즘 시험만 치면 식은땀이 나고 숨이 가빠지고 시험에 집중할 수 없어 힘들어하자 언니의 권유로 상담을 신청함.
배경정보	중·고등학교까지 모범생으로 학교에서 주목을 받고 선생님들의 기대를 한 몸에 받아 왔으나 대학에 들어간 이후 자신은 너무 평범한 아이고, 다른 친구들은 부모들의 지원을 충분히 받는데 자신만 그렇지 못하다고 느낌. 그러면서 '이러다 나만 뒤처지고 실패자가 될 것 같다'는 느낌이 들면 한없이 우울해지고, 의기소침해짐. 같은 과 친구들은 대학 졸업 전부터 취업이 되었고 자신은 서류를 냈으나 서류면접조차 통과되지 못하자 '필요없는 사람'같이 느껴져 우울하고 위축감을 느껴 사람 만나기를 꺼려 하게 됨. 졸업 후 공무원 시험을 치고 있으나 계속 떨어지고, 엄마가 이번에는 시험에 붙을 수 있는지, 언제까지 시험을 칠 것인지 자꾸 묻자, 다른 엄마 아빠는 공부만 하라고 뒷바라지하는데 나는 이제 공부한 지 2년밖에 안 되었는데 아무도 나를 이해해 주지 않고 혼자인 듯해 외로워지면서 엄마와 잦은 싸움이 일어난다고 함. 공무원 시험치기 전 식은땀이 나고 숨이 막힌 경험을 하였고, 학원에서 시험을 칠 때 계속해서 식은땀이 나고 숨이 가빠져 시험에 집중하지 못하여 시험을 망치기도 함. 최근에는 학원에 가기 위해 현관문을 나설 때마다 빠진 물건들이 생각나 계속 들어왔다 나갔다를 반복하고 문 밖을 나설 때면 답답함이 올라와 힘이 듦. 얼마 전 가장 친한 친구는 공무원 시험에 합격이 되고 난 이후로 점점 관계가 소원해지며 위축감이 올라옴. 친구들이 만나자고 전화가 오면 자신에 대해 안 좋은 얘기를 할 것 같아 만나는 것도 힘들고 안 만나는 것도 힘들다고 함.
검사태도	검사 소요 시간 약 30분 정도 걸림. 검사 실시 시 계속 손을 주무르고 문제를 반복적으로 읽음. 이 외 특이사항 없음.
검사 결과	▶스트레스 수준 총점이 73점. ▶스트레스 수준 하위 영역에서 스트레스 지각(79), 우울(71), 불안(78), 자기조절 실패(75)로 매우 높은 편이며 신체화(62)로 높음.

구분		스트레스 지각	신체화	우울	불안	자기조절 실패
성인 규준	T점수	79	62	71	78	75
	백분위	98	88.7	95.5	97.5	97.3
	수준	매우 높음**	높음*	매우 높음**	매우 높음**	매우 높음**

검사 결과	▶스트레스 취약성 총점이 68점. ▶스트레스 취약성 하위 영역에서 감정억제(68), 신경증적 경향(69), 완벽주의(66), 회피 (수용전념 실패: 70)로 매우 높음.

구분		스트레스 지각	신체화	우울	불안	자기조절 실패
성인 규준	T점수	79	62	71	78	75
	백분위	98	88.7	95.5	97.5	97.3
20대 규준	T점수	74	60	67	74	70
	백분위	95.8	85.4	93.6	95.4	95.4

특정 성별이나 연령대에 따른 규준을 보조적으로 제공하였으니 참고하시기 바랍니다(스트레스 수준과 취약성은 대학생과 성인 그리고 성별과 연령대에 따라 차이가 있을 수 있습니다).

해석상담 요약	• 검사 결과에서 보이는 내담자의 주요한 스트레스 수준 특성은 스트레스 지각, 불안, 자기조절 실패, 우울 등으로 나타났음. 스트레스 취약성 특성은 회피(수용전념 실패), 신경증적 경향, 감정억제, 완벽주의 등으로 나타났음. • 해석상담 결과, 어린 시절 내담자는 언니처럼 완벽함을 추구하며 열심히 노력하였고, 표현력이 좋고, 창의성이 좋은 장점이 있었음. 그러나 친구들은 취업을 하고 특히 함께 공무원 시험 공부를 한 친한 친구는 시험에 합격했지만 자신은 떨어지자 '남들보다 뒤처지면 어떡하지' '인생에 실패하면 어떡하지'라는 불안과 두려움이 커지면서 시험 얘기만 들어도 식은땀이 나고 불안해졌다고 함. 특히 이렇게 스트레스 상황이 발생하면 스트레스를 풀지 못하고 습관적 음주 등으로 회피하는 것으로 확인됨.
개입방향	• 스트레스 상황에서 자기관리 재정립 –스트레스 상황에서의 대처방법 탐색을 통해 완벽함을 추구하는 자신의 대처가 적절하지 않으며 관계회피 반응은 스트레스 해소에 오히려 도움되지 않고 있음을 확인함. –스트레스 상태일 때 긍정적으로 표현할 행동 대처 요령(호흡하기, 음악 듣기, 술 대신 따뜻한 차 마시기, 그림 그리기 등)을 학인함. –서류면접에 통과하지 못한 원인을 확인하고 취업관련으로 받고 있는 스트레스와 추가 준비 사항 구체화하기. –맥주에 의존하지 않도록 자시만의 수면 유도 방법을 찾도록 함.
결과	• 상담 종결시점 사후 검사 결과 • 스트레스 수준 총점과 하위 영역별 점수가 현저하게 낮아졌음. • 특히 불안이 낮아졌으며 음주량이 현저하게 줄었음. • 시험을 볼 때 신체화 증상이 완화됨.
제언	• 스트레스 상황에서 대처할 수 잇는 다양한 대처방법 익혀 둠. • 취업관련으로 방향성이 뚜렷하지 않으므로 추후 진로상담으로 연결시킬 필요가 있음.

② 해석상담

상담자 1 　오늘은 지난주에 실시했던 통합스트레스검사 결과를 함께 살 　탐색 질문
펴보는 시간을 갖도록 할게요. 스트레스 수준 검사 결과를 먼저
살펴보면, 스트레스 지각, 불안이 매우 높은 수준으로 나왔어
요. 요즘 특별히 스트레스 받는 사건이 있었나요?

내담자 1 　며칠 전 엄마랑 한바탕 했어요. 아침부터 돈 많이 들어간다며
내년에는 시험에 합격할 수 있냐고 말하길래 '다른 부모들은 공
무원 시험 공부하라며 서울에 학원, 방을 잡아 주며 아무 생각
하지 말고 공부하라'고 하는데 왜 나는 아무것도 해 주지 않으면
서 닦달하냐고 소리치고 너무 외로워서 방으로 들어갔어요. 안
그래도 남들에게 뒤처지고 실패할까 두려운데 엄마가 나를 코
너에 모는 것 같아요.

상담자 2 　외롭고 두려운 마음이 큰 것 같네요. ○○ 씨가 경험한 남들에게 　탐색 질문 구체화
뒤처지고 실패할까 두려웠던 상황을 좀 더 이야기해 줄 수 있을
까요?

내담자 2 　대학에 올라오기 전까지는 한번도 남들에게 뒤처져 실패할까라
는 생각을 해 본 적이 없어요. 공부도 곧잘 했고, 선생님들도 저
를 귀여워해 주셔서 ○○이는 뭐가 돼도 된다고 할 정도였어요.
그런데 대학에 들어가 첫 중간고사 시험을 쳤는데 너무 성적이
안 나와서 깜짝 놀랐어요. 다른 애들은 곧잘 하는 것 같은데 나
만 이런 것 같고, 그때부터 실패하면 어쩌지 하는 생각이 들었
어요. 휴학을 할까 고민하다 친한 친구가 생겨 그냥 그냥 학교
에 다녔고 졸업할 수 있었어요.

상담자 3 　중·고등학교 때와 대학교에서의 성적 차이에 많이 놀라셨겠어 　강점 탐색
요. 그런데도 휴학하지 않고 졸업까지 할 수 있었던 건 ○○ 씨
의 어떤 힘이 가능하게 했을까요?

내담자 3 　저는 한번 하겠다고 생각하면 끝까지 해내고 말아요. 대학 때
첫 성적이 잘 안 나오고 나서 휴학을 고민했다고 했지만 친구
덕분에 마음을 고쳐먹고 아침에 도서관에 가서 꼭 2시간 이상
은 공부를 했어요. 그러니까 졸업할 때는 학점이 꽤 괜찮게 받
게 되었어요. 지금은 이렇지만.

상담자 4 　대학에서도 ○○ 씨는 노력한 결과를 보였다고 하는데 지금 이 　구체화

렇지만이라고 하는 이유가 있을 것 같아요. 지금은 어떤 상황이라고 생각하시나요?

내담자 4   그렇잖아요. 다들 취업하고, 시험에 합격했는데 나만 이렇게 혼자 남아 엄마한테 구박이나 받고, 돈도 없고, 공부하는데 집중도 안 되고, 시험 친다는 말만 들어도 식은땀이 흐르고 있는 내가 한심하고 실패자처럼 느껴져요.

상담자 5   현재 무엇 하나도 제대로 되는 것이 없다고 느끼는 것처럼 들려요. 그럼에도 불구하고 이렇게 상담에 오신 이유가 있을 것 같아요. 어떻게 상담에 올 용기를 내셨나요?   상담동기 탐색

내담자 5   제가 친구들과의 약속을 잡고도 나갈지 말지 고민하다 공부한다고 해 놓고 친구들이나 만나면 '니가 그래서 시험에 떨어지지' 할까 봐 두려워져 사람을 잘 만나지 않고 있어요. 그리고 시험을 친다는 말만 들어도 식은땀이 나고 답답하고 숨이 가빠지고 힘들어 하니까, 언니가 상담 한번 받아 보자고 해서요. 언니가 약간 이런 쪽을 잘 알거든요.

상담자 6   언니랑 관계가 좋으신가 봐요. 어려운 일이 있으면 언니하고는 이야기를 하나 보네요!   가족관계 탐색

내담자 6   엄마하고는 계속 저를 닦달하니까 요즘 계속 싸우기만 하고 말을 잘하지 않아요. 딱 필요한 말만 하고, 아빠는 매일 늦으니 서로 얼굴 본 지도 오래 되었고 같이 밥을 먹어도 별말이 없구요. 그래도 언니는 밤에 공부하고 있으면 오늘 무슨 일이 있었는지, 저를 유일하게 챙겨 줘요. 언니는 항상 공부도 잘하고, 사람들과 관계도 좋고, 직장에서도 인정받고 모든 사람들이 언니한테만 잘해 줘요. 엄마도 저한테는 막 야단을 쳐도 언니가 늦게 들어오면 일이 많아서 그런가 보다고 걱정하고⋯⋯.

상담자 7   어머니가 차별한다고 느끼는 것 같은데 어릴 때는 언니하고는 사이가 어땠나요?   히스토리 탐색

내담자 7   언니랑 싸울 수가 없었어요. 언니랑 싸우면 언니한테 덤벼든다고 야단맞는 걸요. 언니는 항상 1등. 성격도 좋고, 무엇하나 못하는 게 없었어요. 나도 언니처럼 되고 싶어 공부도 열심히 했고, 그래서 학교에서 선생님들이 저를 좋아했어요. 그런데도 언니를 따라잡지는 못했어요. 그래도 그림은 제가 더 잘 그려요. 상도 여러 번 받고, 엄마가 미술학원에 보내 줬으면 좋았을 건

데 그때 집 형편이 안 좋기도 했고, 미술해서 뭐 하냐고 취직도
안 된다고 해서 공부만 했어요.

상담자 8　미술을 포기하면서 ○○ 씨가 많이 속상했을 것 같아요. 엄마가　　대처행동 탐색
포기하라고 했을 때 ○○ 씨는 어떻게 행동했나요?

내담자 8　화가 나니까 계속 먹어서 몸무게가 5kg이나 늘었어요. 그러니
까 선생님은 무슨 일 있냐고 계속 물어보는데 엄마는 화를 내면
서 살을 빼라고 야단을 쳤어요. 다이어트 하라고. 그러면 나는
다시 엄마한테 신경질 내고 밥 안먹고 들어가고. 그래도 내 편
은 언니밖에 없어요. 언니가 엄마한테 그만하라고 말하고 빵 같
은 거 사다주고…….

상담자 9　그래도 다행히 언니는 ○○ 씨를 챙겨 주었네요. 상담도 권유하　　진로 탐색
고…… 그럼 ○○ 씨가 공무원 시험을 친다고 했는데 공무원 시
험은 어떻게 준비하게 된 건가요?

내담자 9　처음에는 일반 회사에 원서를 냈는데 서류심사에서 떨어졌는지
면접에 오라는 말이 없고, 다른 친구들은 회사에 합격했다는 말
이 들려오니까 초조해지더라구요. 필요없는 사람이 된 것 같고.
안정적인 직장을 갖고 싶어지더라구요. 그때 친한 친구가 공무
원 시험을 준비한다고 해서 같이 공부를 시작했는데 계속 저는
떨어지고 친구는 얼마 전에 합격했어요.

상담자 10　마음이 힘들었겠어요. 시험 친다는 말만 들어도 식은땀이 나고　　시기 탐색
숨이 가빠진 것은 언제부터 였나요?

내담자 10　이번에 정말 공부를 열심히 했거든요. 시험장 가기 전날부터 꿈
을 꿨는데 정답 칸을 하나씩 밀려 쓴 거예요. 그러더니 시험장
에 갔는데 식은땀이 나고 숨이 가빠서 시험에 집중할 수가 없었
어요. 결국 저는 떨어졌구요. 다시 공부한다고 학원 수업을 듣
는데 시험을 친다는 말만 들어도 두근거려서 숨쉬기가 힘이 들
었어요. 그래서 그런지 요즘 학원을 가려고 나오다 보면 계속
지갑을 놔둬서 다시 방에 들어가고, 휴대폰도 다시 가지러 가
고, 나가려고 해도 뭔가 안심이 안 되고 두려운 마음까지 들어
너무 스트레스예요.

상담자 11　갑자기 스트레스가 심해졌네요. 그럴 때 ○○ 씨는 어떤 생각이　　반응 탐색
드나요?

내담자 11　이러다 계속해서 시험에 떨어지면 어쩌지? 나는 실패한 사람이

되는 건가? 나는 세상에서 필요없는 사람이 되면 어쩌지?

상담자 12   그런 생각이 들면 ○○ 씨는 어때요?

내담자 12   막막하죠. 사람들이 나를 손가락질 하는 것 같고, 아무도 나를 이해해 주지 못하는 것 같고, 혼자가 돼 버린 듯 하고 두려운 마음이죠.

상담자 13   네, 들어 보니 어려움이 많았을 것 같네요. 시험 불안, 취업, 친구관계, 엄마와의 다툼을 하나하나 생각해 볼 때 이런 스트레스 상황들이 지금 내게 얼마나 중요한지를 구체적으로 얘기해 볼 수 있을까요?   중요도 탐색 구체화

내담자 13   취업만 되면 모든 일들이 풀릴 수 있을 것 같아요. 그런데 취업하려면 시험을 쳐야 하니까 식은땀 나고 숨이 가빠지는 불안함이 없어지면 공부에도 집중할 수 있을 것 같아요.

상담자 14   갑자기 나타난 신체 증상이 ○○ 씨를 더 힘들게 하네요. ○○ 씨는 보통 불안하면 어떻게 대처하나요?   행동 탐색

내담자 14   별로 할 수 있는 게 없어요. 그냥 손수건으로 땀 닦고, 들키지 않으려고 화장실 가거나, 짜증을 내거나 볼펜을 돌리든지 뭐 다르게 할 수 있는 게 없어요. 아, 요즘은 계속 밤에 몰래 맥주를 마셔요. 안 그러면 잠도 안 오고 계속 '실패'한다는 생각만 들고.

상담자 15   언제부터 맥주를 먹었나요? ○○ 씨가 그렇게 행동하는 것이 불안을 줄이는 데 도움이 되었나요?

내담자 15   한 달 정도 지난 것 같은데 처음에는 조금 편하게 잠이 들었는데 지금은 그렇지도 않아요. 그리 도움이 되지는 않지만 제가 할 수 있는 게 없어요.

상담자 16   네. 다른 방법을 모르니 어떻게 해 보기가 싫지 않았을 것 같아요. ○○ 씨가 크면서 불안을 느낀 적이 있었나요?   공감 및 히스토리 탐색

내담자 16   불안하다는 걸 안 느끼는 사람이 어디 있겠어요. 그리고 보니 고1 때 첫 시험에서 공부를 많이 했었는데도 시험지를 받고 아무것도 보이지 않아 굉장히 불안했던 적이 있었어요.

상담자 17   그때는 어떻게 했나요?   대처방법 확인

내담자 17   선생님께서 제 상태가 이상하다고 생각하셨는지 저한테 오셔서 숨을 크게 내쉬라고 해서 들이마시고 내쉬기를 몇 번 반복하고 났더니 조금 가라앉아서 시험을 쳤어요. 다행히 성적도 좋았어요.

상담자 18	선생님께서 적절하게 잘 대처할 수 있게 도와주셨네요. 시험과 관련해 실패하면 안 된다는 생각에 두려워져 불안이 높아지고 자기조절이 어려웠을 것 같아요. 우울한 마음도 들었을 것 같은데 이 결과에 대해 어떻게 생각하세요?	결과 해석 및 탐색 질문
내담자 18	그런 것 같아요. 친구들이 다 잘 되고 있는데 나만 뒤처진 것 같고, 실패할까 두려웠던 게 컸던 것 같아요. 그러면 우울해지고…….	
상담자 19	그럴 수 있을 것 같아요. 하지만 스트레스 요인들이 많다고 하여도 이를 잘 대처한다면 어려움을 잘 극복할 수 있을 것 같거든요. ○○ 씨는 무언가 하겠다는 의지가 높고, 스트레스 중요도를 잘 찾아 나가는 지혜가 있으니 그런 희망도 크죠. 이어서 스트레스 취약성을 좀 더 살펴보면, ○○ 씨는 스트레스 상황에서 이를 음식으로 회피하고, 또 해결이 안 되면 음주를 하는 것 같네요. 그리고 위축감과 계속되는 염려로 부정적 감정을 경험하게 되고 자기 자신을 비난하는 것 같아요. 그리고 자신의 힘으로 문제를 해결하거나 이겨 내지 못한다는 생각에 빠져 있는 것 같아요. ○○ 씨의 일상생활과 이 결과를 비교해 보면 어떠세요?	결과 간 통합해석 및 탐색 질문
내담자 19	제 일상이랑 결과가 너무 비슷해요. 계속 도망가고 싶지만 안 되고 그러니 술을 마시고 그러면 다시 죄책감에 시달리고, 친구들 만나는 것도 남들이 비난할 것 같아 위축감이 느껴져요. 자꾸 실패할까 봐 두려웠던 것 같아요.	
상담자 20	○○ 씨의 이야기를 들으니, 스트레스 취약성 요인이 전체적으로 이해가 되네요. ○○ 씨는 평소 스트레스 받으면 푸는 방법이 있나요?	해결 방안 탐색
내담자 20	요즘 딱히 하는 게 없어요.	
상담자 21	예전에는 어떻게 했나요?	
내담자 21	고등학교 때까지는 음악을 들으면서 그림을 그렸죠. 제가 좋아하는 연예인 얼굴 스케치 하다 보면 마음이 안정돼요. 물론 그리다가 잘 안 돼서 실패하기도 하지만요.	
상담자 22	그림을 그리는 과정에서 '실패'하면 어떤 마음이 들었을까요?	탐색 질문
내담자 22	그거야 다시 그리면 되지 하는 마음이 들죠.	
상담자 23	네, 긍정적으로 대처하는 힘도 있었네요. 그것을 공무원 시험에 적용하면 어떨까요?	강점 인식 및 해결 방안

내담자 23 그림 그리는 실패와 공무원 시험 실패는 다르긴 하지만 스트레스 받을 때 잠시 잠시 그림을 그린다거나 시험 때 심호흡을 하는 것은 해 볼 수 있을 것 같아요.

상담자 24 네, 이전 경험이 있으니 ○○ 씨는 잘 해내실 것 같아요. 술과 관련해서는 어떤 대체방법이 있을까요? *탐색 질문*

내담자 24 잠을 잘 잘 수 있으면 술을 덜 마실 것 같아요.

상담자 25 그럼, 잠을 좀 편안하게 잘 수 있는 방법을 찾아보면 좋겠네요. 잠을 좀 잘잤던 때가 있었나요? *탐색 질문*

내담자 25 생각해 보니 좋아하는 음악을 들으면 잠이 잘 왔던 것 같아요. 잔잔한 음악을 좋아하거든요.

상담자 26 네, 그럼 잠이 오지 않으면 음악을 들어 보면서 어떤지 한번 살펴보면 좋겠네요. 그래도 좀 더 도움이 필요하다고 생각되면 상담을 받아 보는 것도 좋을 것 같아요. 취업의 방향도 좀 더 확인해 볼 필요도 있어 보입니다. *행동 격려 및 심리상담 권유*

내담자 26 네, 저도 취업 관련으로도 도움을 받고 싶어요. 생각해 볼게요.

상담자 27 오늘 검사 해석을 받고 나니 ○○ 씨는 어떤 마음이 들어요? *결과 해석 소감듣기*

내담자 27 오랫동안 답답하고 힘들었는데 내가 할 수 있는 일부터 한번 시작해 볼 수 있겠다는 희망이 생긴 것 같아요.

상담자 28 희망이 생겼다니, 정말 기뻐요. 편하게 가벼운 마음으로 시작하면 좋겠어요. 이것으로 오늘 해석상담을 마칠게요.

2. 우울관련 검사

살아가면서 누구나 희로애락을 경험하고 평상시와는 다른 기분의 변화를 경험할 수 있으며 하루에도 여러 가지 기분 상태를 경험하는 것은 흔한 일이라 우울 증상은 일상생활에서 흔히 나타나는 보편적인 양상이다. 그래서 우울은 심리적인 감기라고 표현되기도 한다.

그렇다면 '정상적인 기분 변화와 비정상적인 또는 병적인 기분 변화'는 어떻게 구별할 수 있을까? 첫 번째 기준은 기분 변화가 얼마나 지속되고 얼마나 강한가, 그리고 특정한 자극 또는 사건과 밀접한 연관성이 있는가이다. 즉, 의기소침한 기분을 유발시킨 특정 스트레스 사건의 영향이 사라졌음에도 불구하고, 그런 기분이 쉽게 가라앉지 않고 계속 악화될 때는 '비정상적인 상태', 즉 우울증으로 발전하고 있다고 볼 수 있다. 두 번째 기준은 우울한 기분만이 아니라 인지적 · 행동적 및 신체적 · 생리적 변화가 동반되고 있는가이다. 우울한 기분뿐 아니라 자신감 상실, 비관적인 태도, 자살사고, 의욕 저하, 느린 행동, 불면증, 식욕감퇴 등을 함께 드러낸다면 이는 비정상적인 상태로, 즉 우울증으로 간주된다. 세 번째 기준은 그러한 기분 변화로 인해 일상생활에 적응하는 데 얼마나 지장을 받고 있는가이다. 우울한 기분으로 공부나 업무에 집중하지 못하고, 성과가 계속 떨어지며, 타인과 만나는 것을 회피하는 사람들은 우울증일 가능성을 확인할 필요가 있다.

우울 증상이 있는 사람들은 비주관적이라 어떤 것도 전혀 나아지지 않을 것이라고 확신하며 삶의 어떤 것도 변하지 않을 것이라는 무력을 느낀다. 이러한 무력감과 무망감으로 인해 특히 자살사고에 취약하고 때로는 지적 능력이 빈약해지고 쉽게 주의가 분산되어 아주 작은 문제조차도 해결할 수 없다고 느낀다. 그리고 신체적으로도 우울한 사람들은 종종 두통, 소화불량, 변비, 현기증, 일반적인 통증과 같은 신체적인 질병을 갖고 있어 처음에 의학적인 문제로 많이 오진되기도 한다. 식욕과 수면의 장애가 특히 흔하고 대부분의 우울한 사람들은 우울하기 전에 비해 덜 먹고 덜 자고 더 피곤하게 느낀다고 한다. 그러나 일부는 지나치게 먹거나 자는 상반된 반응을 보이기도 한다.

최근 우리 사회에 우울은 만연하다. 우리나라의 우울증 유병률은 OECD 국가들 가운데 가장 높은 36.8%이며, 20대 우울증 환자의 비율은 전 연령대에서 가장 높다(건강보험심사평가원, 2021)고 한다. 뿐만 아니라 점점 더 심각해지는 청소년 자해 및 자살문제와 우울은 밀접한 관련이 있고 고령화 사회로 접어들면서 노인층의 우울 또한 심각한 문제로 나타나고 있다. 따라서 사회 전반에서 정확한 우울 진단과 치료 및 예방에 대한 요구가 증가하고 있으므로 우리나라 특성을 반영한, 대상에 따른 우울 측정 도구 몇 가지를 소개하고자 한다.

1) 한국형 정신건강 선별 도구: 우울(MHS:D)-만 18세 이상

국내 임상 및 지역사회, 연구 현장에서 이미 널리 쓰이고 있는 우울장애 평가 도구가 여럿 있으나 외국에서 쓰이는 검사도구를 단순 번역하여 타당화 과정 없이 활용하고 있는 경우가 많다. 또한 국외에서 개발된 도구는 문화적 차이로 인해 한국인들이 경험하는 우울 증상의 특성을 제대로 반영하지 못한다는 한계도 존재한다. 그리고 일부 검사도구는 『Diagnostic and Statistical Manual of Mental Disorders(DSM-5)』의 주요우울장애의 전체 진단 기준을 포괄하지 못하여 선별 도구로서의 한계를 가진다. 이러한 문제점을 개선하여 **주요우울장애 환자를 일차 의료 장면에서 조기에 선별하여 적절한 개입을 제공하기 위한** 목적으로 '한국형 정신건강 선별 도구: 우울(Mental Health Screening Tool for Depressive Disorders: MHS:D)'을 개발하였다.

(1) 개요

　주요우울장애는 일상생활에 대한 흥미 저하 및 우울한 기분을 주요 증상으로 하는 정신질환으로, 최소 2주간 지속되는 정동, 인지, 생각 기능의 변화가 개인의 기능 및 수행 능력에 영향을 줄 때 진단이 내려진다(APA, 2013). 주요우울장애는 전 세계에서 두 번째로 흔한 질병으로 조사되고 있는데(Ferrari et al., 2013), 2030년에는 우울증이 세계 질병 부담률 1위를 기록할 것으로 예측되고 있다. 우울증을 조기에 발견하면 약물치료 및 심리치료의 효과가 높지만 치료 개입이 없을 경우, 우울증 발생 후 1년이 지난 시점에 주요우울장애의 진단 기준을 충족한 환자의 비율은 40% 이상을 기록하는 것으로 조사된다(Keller, 1994). 특히 우리나라는 높은 자살률을 보이고 있어 자살에 영향을 미치는 우울증에 대한 신속한 진단 및 적절한 치료가 매우 필요하다.

　MHS:D는 DSM-5의 주요우울장애 아홉 가지 핵심 진단 기준을 모두 포괄하며 그외 한국인의 불안 증상 선별에 최적화된 문항을 포함하면서도 간결하게 실시할 수 있는 선별 도구라는 장점이 있다. 그리고 MHS:D는 일차 의료 현장, 상담기관, 학교나 기업 등의 다양한 장면에서 주요우울삽화를 경험하는 사람을 조기에 선별하여 최적의 시기에 효과적인 개입을 제공하기 위한 목적으로 한국인의 문화와 한국어를 기반으로 개발되었다.

(2) 발달과정과 역사

　우울장애는 개인의 정신건강뿐만 아니라 신체건강에도 직결되는 장애인 점을 고려해, 임상 현장에서 정확한 진단, 효과적인 치료, 추적이 가능한 체계를 통해 우울증 환자를 판별하고 적절한 치료 기회를 제공하는 것이 필요하며, 그 첫 단계로 일차 의료 장면부터 우울증 선별이 권장되고 있다(Pignone et al., 2002). 그러나 실제 우울증 환자의 상담 및 치료 경험은 적은 것으로 나타나는데, 국내 우울증 환자 중 18.2%만이 상담 또는 치료 경험이 있다고 보고하였다. 이는 일차 진료 의사들이 다양한 증상을 호소하는 환자에게 많은 시간을 할애하기 어려운 구조적 한계와 관련이 있다. 그리고 우울증을 진단하기 위한 지식이 부족하거나 정신적 문제를 신체적 문제로 판단하기도 하며, 개인마다 나타나는 증상이 다양해 우울증 판별이 쉽지 않기 때문이다. 그러므로 우울증 선별 도구의 경우 다양한 영역에서 나타나는 증상을 광범위하게 측정할 수 있는지의 여부가 중요하다.

　하지만 기존의 우울장애 평가 도구는 대부분 주요우울장애의 핵심 증상만을 측정할 뿐, 그 진단 기준을 모두 포함하면서 진단적 타당도를 확보한 경우는 소수에 그친다(Jung et al.,

2017). 또한 Russell(1994)은 효과적인 선별 도구의 요건인 진단적 타당도, 비용 및 간결성 등을 갖춘 기존의 우울증 선별 도구는 한계가 있다고 하였다. 예를 들어,『Beck 우울검사 2판 (Beck Depression Inventory-Ⅱ)』(Beck, Steer, & Brown, 1996)은 항목 수가 많아 실시 시간이 길고, 비용 부담의 제한이 있다. 'The Patient Health Qustionnaire-9(PHQ-9)'(Kroenke, Spitzer, & Williams, 2001)는 적은 문항 수로 간단하게 우울증 선별과 심각도 평가가 유용하나, 타당화 연구가 좀 더 필요하다.

그러므로 주요우울장애가 개인의 삶에 미치는 부정적인 영향과 그에 수반되는 다양한 고통과 어려움을 고려해 볼 때, 주요우울장애의 아홉 가지 핵심 진단 기준(우울 기분, 흥미 저하, 식욕 또는 체중 변화, 수면 변화, 정신운동성 초조 혹은 지연, 피로, 무가치감 혹은 죄책감, 집중 곤란 또는 우유부단함, 자살사고 및 시도) 영역을 모두 포괄하면서, 간결하고 임상 현장에서 신뢰 있게 적용될 수 있는 우울장애 선별 도구를 개발할 필요성을 가지고 '한국형 정신건강 선별 도구: 우울(MHS:D)'이 개발되었다.

(3) 검사의 구성

'한국형 정신건강 선별 도구: 우울(MHS:D)'은 12문항으로 구성되어 있는 자기보고형 검사로, 수검자는 지난 2주간 각 문항에 해당하는 증상을 어느 정도로 경험하였는지 떠올리며

표 11-4　MHS:D 우울의 문항과 문항별 DSM-5 해당 영역

No.	문항	DSM-5 진단영역
1	(지난 2주간) 하루 중 대부분의 시간 동안 울적했다.	우울 기분
2	(지난 2주간) 즐겁게 생활하지 못했다.	흥미 저하
3	(지난 2주간) 불안하거나 과민했다.	정신운동성 초조/지연
4	(지난 2주간) 말하거나 움직이기조차 싫었다.	피로
5	(지난 2주간) 내 삶은 가치가 없다고 느꼈다.	무가치감/죄책감
6	(지난 2주간) 이전보다 집중력이나 의사결정 능력이 떨어졌다.	집중 곤란/우유부단
7	(지난 2주간) 살기가 귀찮고 죽어 버리고 싶다고 느꼈다.	자살사고 및 시도
8	(지난 2주간) 덫에 걸려 빠져나올 수 없을 것 같은 기분이 들었다.	무력감
9	(지난 2주간) 앞날에 대해 더는 기대할 것이 없다고 느꼈다.	무망감
10	(지난 2주간) 평소보다 식욕이 줄었다.	식욕/체중 변화
11	(지난 2주간) 평소보다 식욕이 늘었다.	식욕/체중 변화
12	(지난 2주간) 잠드는 게 어렵거나 자주 깼다.	수면 변화

직접 문항에 답하게 되어 있다. 총 12개의 문항에 대해 각각 '결코 그렇지 않다'(0점)에서 '매우 그렇다'(4점)로 구성된 5개의 선택지 중 하나에 표시하면 된다.

MHS:D는 주요우울장애의 아홉 가지 핵심 진단 기준과 불안 증상, 무망감 등의 총 열한 가지를 포함하고 있다. 각 문항에 대응되는 진단영역은 〈표 11-4〉와 같다.

(4) 실시와 채점

MHS:D는 컴퓨터 기반의 평가 시스템을 도입하여 대면으로 지필 검사를 실시하기 어려운 상황에서 비대면으로 평가를 제공하고, 개인 점수별 맞춤형 보고서를 함께 제공한다.

① 검사 대상

MHS:D는 우울장애를 선별하기 위한 검사로 만 18세 이상에 속하는 성인을 대상으로 규준이 작성되어 있다. 검사 실시를 위한 특별한 자격요건의 제한은 없으나 수검자에게 적절한 검사 환경을 제공하고 검사를 해석함에 있어 어려움이 없어야 하므로 정신건강에 대한 기본적인 지식을 갖춘 인력이 실시하는 것이 권고된다.

② 검사 실시 및 유의점

MHS:D는 12문항으로 일반적으로 검사를 마치는 데 긴 시간이 필요하지는 않으나, 검사를 수행하는 동안 수검자가 방해받지 않아야 한다. 수검자가 글씨를 읽는 데 어려움이 있는 경우 문항을 소리 내어 읽어 줄 수 있지만, 각 문항을 소리 내어 읽어 주기 전에 수검자에게 검사에서 지시하는 요구사항, 기간(지난 2주), 5개의 선택지 등에 대해 충분히 숙지시킨 후 시행한다.

③ 채점 시 유의점

MHS:D는 문항별로 고유한 '가중치'를 가지는 검사로 오프라인 검사지나 온라인 검사상 개별 문항의 점수를 단순히 합산하여 점수를 내는 것은 불가능하며, 단순 합산 점수와 본 검사가 제안하는 절단점이나 난이도 점수와 비교해서는 사용할 수 없다. 반드시 인싸이트에서 제공하는 온라인 채점 시스템을 활용하여 채점하여야 한다.

검사 실시자는 수검자의 응답 결과가 온라인 채점 프로그램을 통해 채점될 수 있도록 인싸이트 홈페이지(https://www.inpsyt.co.kr)에 접속하여 My page의 [심리검사 실시]에서 [답안 입력/온라인 검사 실시]를 누르고, [답안입력형]을 선택해야 한다. [답안입력형] 실시에서 검사지에 표시된 문항별 응답을 문항 번호에 따라 클릭하거나 키보드 숫자판을 이용하여 입력한 후 My page의 [심리검사 결과]에서 실시한 검사의 결과를 확인할 수 있다.

④ 검사 결과 및 해석

MHS:D 검사를 실시하면 [그림 11-2]과 같은 결과표가 제공된다. A는 수검자의 우울 점수이며, 앞에서 언급한 대로 가중치를 적용하여 산출된 값이다. B는 해당 점수의 백분위 값을 나타내며, 100%는 전체 응답한 사람 중 우울이 가장 심각하다는 것을 의미한다. C에서는 해당 점수가 주요우울장애의 절단점(17점)을 넘었는지 여부를 나타내며, D에서는 BDI-Ⅱ와의 동등화 작업을 통해 산출된 심각도 수준을 제안하며 해당 점수는 F에서 시각화되어 제시된다. E에서는 해당 점수에 대한 설명과 주의해야 하는 영역, 그리고 각 점수대에서 실제로 어느 정도로 우울 및 기타 정신장애에 진단되었는지를 보여 준다. 해당 메시지는 BDI-Ⅱ와의 동등화를 통한 심각도 수치와 MHS:D의 절단점을 모두 고려하여 작성되었다. 점수대별 진단 비율을 추가한 것은, 절단점이 절대적인 선이 될 수는 없다는 것을 주지하기 위함이다. 예를 들어, MHS:D의 점수가 16점이 나왔다고 해도 주요우울장애(MDD)로 진단을 내릴 수 있는 사례가 있고, 18점이어도 주요우울장애(MDD) 진단이 내려지지 않은 경우가 상당히 많이 존재함을 확인할 수 있다. 따라서 임상가는 점수를 해석함에 있어 신중을 기할 필요가 있다.

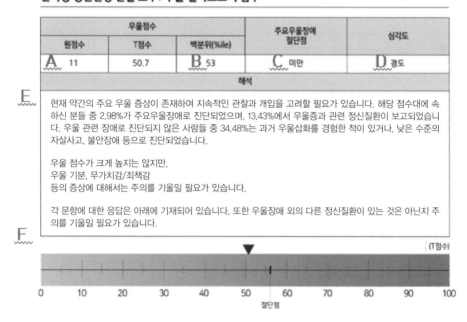

한국형 정신건강 선별 도구: 우울 결과보고서 점수

우울점수			주요우울장애 절단점	심각도
원점수	T점수	백분위(%ile)		
A 11	50.7	B 53	C 미만	D 경도
해석				

E 현재 약간의 주요 우울 증상이 존재하여 지속적인 관찰과 개입을 고려할 필요가 있습니다. 해당 점수대에 속하신 분들 중 2.98%가 주요우울장애로 진단되었으며, 13.43%에서 우울증과 관련 정신질환이 보고되었습니다. 우울 관련 장애로 진단되지 않은 사람들 중 34.48%는 과거 우울삽화를 경험한 적이 있거나, 낮은 수준의 자살사고, 불안장애 등으로 진단되었습니다.

우울 점수가 크게 높지는 않지만,
우울 기분, 무가치감/죄책감
등의 증상에 대해서는 주의를 기울일 필요가 있습니다.

각 문항에 대한 응답은 아래에 기재되어 있습니다. 또한 우울장애 외의 다른 정신질환이 있는 것은 아닌지 주의를 기울일 필요가 있습니다.

F (T점수)

0　10　20　30　40　50　60　70　80　90　100

절단점

G에서는 수검자가 실제로 응답한 응답 내용을 보여 주며, 임상가가 필요에 따라 활용할 수 있도록 하였다.

G　응답 문항(지난 2주간)

No.	문항	결코 그렇지 않다	약간 그렇다	그렇다	상당히 그렇다	매우 그렇다
1	★ ░░░░░░░░░░░░	0	1	②	3	4
2	░░░░░░░░░	0	①	2	3	4
3	░░░░░░░	⓪	1	2	3	4
4	░░░░░░░░	0	①	2	3	4
5	★ ░░░░░░░░░	0	1	②	3	4
6	░░░░░░░░░░░	⓪	1	2	3	4
7	░░░░░░░░░░░	0	①	2	3	4
8	░░░░░░░░░░░	⓪	1	2	3	4
9	░░░░░░░░	0	①	2	3	4
10	░░░░░░░	0	①	2	3	4
11	░░░░░░░	0	①	2	3	4
12	░░░░░░░░	⓪	1	2	3	4

　　마지막으로, H는 수검자가 복수의 횟수만큼 검사를 진행했다면 그간의 추이를 나타내는 데 활용된다. MHS:D는 선별 도구로 개발되었지만, DSM-5의 모든 영역을 포괄하고 있는 만큼, 일정 기간 동안의 변화를 파악하는 데에도 효과적으로 활용할 수 있다. 본 기능을 통해 매 회기마다의 변화를 추적할 수도 있고, 오래간만에 다시 기관을 방문했을 때도 쉽게 이전의

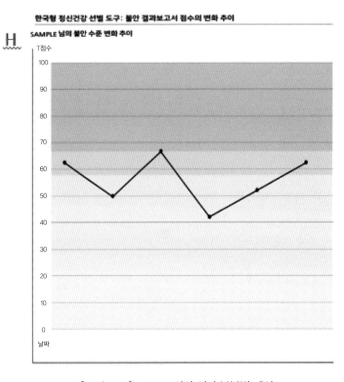

[그림 11-2] MHS:D 검사 결과 부분별 예시

기록을 열람하고 비교하는 것이 가능하다는 장점이 있다.

(5) 사례보고서 및 해석상담의 예

① 사례 1: MHS:D를 활용한 우울한 성인 여성 사례

• **사례보고서**

이름	유○○
인적사항	만 27세, 여성, 무직, 무교
내방경위	대학교 졸업 후 연속된 취업 실패로 인한 우울감으로 상담 신청함.
배경정보	○○대학교 졸업 후 3년간 취업을 시도하였으나 입사 원서를 넣은 모든 회사에서 1차 서류 탈락을 하였음. 지난 달 초에는 처음으로 1차 서류 전형에 통과하였으나 이후 진행한 2차 면접에서 탈락한 뒤 지속적인 우울감을 느껴 상담 신청함.
검사태도	검사 소요 시간 약 20분으로 상당히 오래 걸림. 검사 응답을 어려워하는 모습 보임.

	우울 점수			주요우울장애 절단점	심각도
	원점수	T점수	백분위(%ile)		
	40	76.72	99.6	이상	고도

검사 결과	▶ 검사가 제안하는 주요우울장애의 절단점을 크게 상회함. 우울 증상으로 인해 일상생활에 상당한 지장이 초래되고 있을 가능성이 높으며, 주요우울장애 혹은 기타 우울 관련 진단을 고려할 필요가 있음. ▶ 즉각적인 치료 개입이 필수적이며, 특히 우울 기분, 흥미 저하, 정신운동성 초조/지연, 무가치감/죄책감, 무망감 등의 증상에 대해서 더 많은 주의를 기울일 필요가 있음.
해석상담 요약	• MHS:D 검사 결과, 원점수 40점(76.72T, 99.6%ile) 심각도 고도에 해당함. • 면담 결과, 주요우울장애 가능성이 높은 것으로 보이며, 증상 지속 기간은 약 2주 이상 된 것으로 보임. • 해석상담 결과, 부분적으로 병식이 형성되었음. 또한 정신건강의학과 진료나 심리상담 치료와 관련한 사회적 낙인에 대한 불안감을 해소하여 치료 장면에 집중할 수 있도록 동기 강화함.

개입방향	• 주요우울장애 증상 확인 －주요우울장애의 증상 특성과 관련하여 진단 기준에 따른 면담 실시 • 치료적 개입에 대한 주요우울장애 증상 요인 확인 및 처치 －정신건강의학과 진료 및 심리상담 치료에 대한 사회적 낙인에 대한 불안감 확인 후 비밀 유지의 원칙을 설명하여 불안감 해소함. • 치료적 개입 유지 －정신건강의학과 진료 및 심리상담 치료를 동시에 진행하여 치료적 효과 상승을 위한 안내 진행
결과	• 정신건강의학과 진료 및 심리상담 치료에 대한 사회적 낙인에 대한 불안감 해소 • 정신건강의학과 병의원 진료 및 약물치료 예정 • 정신건강의학과 병의원 진료 후 심리상담 치료 예정
제언	• 정신건강의학과 병의원 진료 후 약물치료 유지 －주요우울장애의 증상 특성과 관련하여 약물치료를 유지하며 예후 관찰할 필요 있음. • 주요우울장애와 관련한 스트레스 사건 세부 파악 및 해소 －주요우울장애 증상과 관련한 취업 실패 스트레스 등에 대해 보다 세부적인 접근으로 내담자가 실생활에서 느끼는 스트레스를 해소할 필요 있음.

• 해석상담

상담자 1 방금 실시하신 '한국형 정신건강 선별 도구: 우울' 검사 결과를 살펴보는 시간을 갖도록 하겠습니다. 검사 결과를 살펴보면 우울 점수가 높게 나왔는데, 언제부터 이렇게 우울감을 느끼셨나요? *주요우울장애 증상 및 기간 확인 질문*

내담자 1 지난달 초에 1차 서류 전형에 합격한 회사에서 면접을 보고 일주일 뒤에 탈락이라고 문자로 연락을 받았어요. 그때부터 지금까지 계속 우울한 기분만 들어요. 뭘 해도 즐겁지도 않고 그냥 우울하기만 해요. 취업 준비하면서 처음으로 1차 합격한 회사인데, 면접에서 떨어졌어요.

상담자 2 기대하는 마음이 있었을 텐데 실망스러웠겠어요. 그럼, 오늘까지 해서 3주는 계속 우울한 기분이 계속되고 있으신 거네요. 식사랑 수면은 좀 어떠신가요? *주요우울장애 진단 기준 A 확인 질문*

내담자 2 밥은 그때부터 계속 거의 못 먹고 있어요. 하루에 한 끼 먹거나 아예 안 먹었어요. 별로 먹고 싶은 생각도 안 나기도 하고, 밥을 먹으면 '내가 밥을 먹을 가치가 있을까?' 하는 생각이 들면서 슬퍼져서 더 안 먹게 돼요. 잠은 자긴 하는데 계속 깨요. 무슨 꿈을 꾸긴 하는데 기억은 안 나요. 기억은 안 나는데 잠에서 깨면 슬픈 기분만 느껴져요.

상담자 3	힘든 시간을 보내고 있으시군요. 유○○ 님이 응답하신 검사지를 살펴보면 '하루 대부분의 시간이 울적했다' '즐겁게 생활하지 못했다' '불안하거나 과민했다' '내 삶은 가치가 없다고 느껴졌다' '앞날에 대해 더는 기대할 것이 없다고 느꼈다'에 매우 그렇다고 응답을 하셨습니다. 이 응답만 보아도 유○○ 님께서 얼마나 힘든 시간을 보내고 있는지 조금이나마 알 수 있는 것 같습니다. 그런데 '살기가 귀찮고 죽어 버리고 싶다고 느꼈다' 문항에도 약간 그렇다는 응답을 하였어요. 유○○ 님께서는 죽고 싶다는 생각을 하고 계신가요?	주요우울장애 진단기준 A 확인 및 자살사고 질문
내담자 3	음, 네. 지금 4년째 부모님이랑 언니가 지원해 주는 돈으로 취업 준비를 하고 있는데 아직까지도 아무것도 이룬 것이 없으니까요. 이런 인생이면 차라리 죽어 버리고 싶다는 생각을 해요.	
상담자 4	**자살을 하기 위해 준비하신 계획이 있으실까요?**	자살계획 질문
내담자 4	음, 아직은 어디서 어떻게 죽어야겠다는 생각은 구체적으로 해 보진 않았어요. 그냥 죽고 싶다 정도로만…….	
상담자 5	그렇군요. 구체적인 계획은 없지만 죽고 싶다는 생각은 하고 계신 상황이라는 말씀으로 이해가 됩니다. 그렇다면 유○○ 님은 죽고 싶은 생각이 있음에도 불구하고 이렇게 살아갈 수 있는 것은 무엇 때문일까요?	자살 보호요인 질문
내담자 5	엄마랑 언니요. 그리고 우리 강아지. 제가 죽으면 누가 밥을 줄까 걱정돼요. 그리고 제가 죽어 버리면 엄마랑 언니가 많이 슬퍼할 것 같구요.	자살 보호요인 질문
상담자 6	가족 중에 유○○ 님이 이렇게 힘들고 죽고 싶다는 생각을 하고 있는 사실을 알고 있는 분이 계실까요?	
내담자 6	언니는 잘 알아요. 지금 언니랑 같이 살면서 이런저런 이야기 많이 하거든요. 사실, 여기 상담도 언니가 추천해서 온 거고요.	
상담자 7	알겠습니다. 언니 분께서 유○○ 님을 많이 아끼고 생각해 주시는 것 같습니다. 이렇게 상담도 받아 보라고 권유할 정도라면 언니께서 유○○ 님을 많이 생각하고 있는 것 같습니다.	
내담자 7	네, (울음) 언니는 제가 너무 걱정이 된대요. 그런데 저를 걱정	

해 주는 언니한테 너무 미안해요. 언니가 걱정을 해 주는 것도 너무 미안하고 죄책감이 들어요.

상담자 8   유○○ 님은 언니에게 어떤 점이 미안하고 죄책감이 드시나요?　　　주요우울장애

내담자 8   취업 못하고 계속 집에만 있으면서 언니한테 용돈 타는 거, 제　　　진단 기준 A 질문
가 계속 서류 탈락해서 실패만 하는 거, 제가 실패하는 거 전부
다요. 저는 언니한테 짐만 되는 사람이에요.

상담자 9   유○○ 님이 취업에 실패를 하는 것으로 인해 언니에게 미안한　　　우울감 유지요인
마음이 있으시군요. 하지만 유○○ 님이 실패를 원해서 탈락을　　　확인
하는 것이 아닙니다. 아직까지 유○○ 님이 취업을 할 회사가 정
해지지 않은 것일 뿐이지요. 유○○ 님이 취업을 하지 못한 것
때문에 언니가 화를 낸 적이 있나요?

내담자 9   아니요. 언니는 항상 응원만 해 줘요. 그래서 더 미안해요.

상담자 10 지금 유○○ 님께서 주신 말씀과 심리검사 결과를 종합해 보면　　　결과 및 면담 간
주요우울장애의 가능성이 상당히 높아 보입니다. MHS:D 결과　　　통합해석
점수의 심각도는 고도 수준으로 응답되었습니다. 지금 유○○
님께서 경험하고 있는 2주 이상 지속되는 우울한 기분, 불면, 흥
미 저하, 정신운동성 초조/지연, 무가치감/죄책감, 무망감 등이
주요우울장애의 증상과 관련됩니다. 쉽게 말씀 드리자면 우울
증을 경험하시는 많은 분들께서는 흔히 말하는 비관적 생각을
지속하게 되는 경우가 많습니다. 지금 유○○ 님께서 생각하시
는 부정적인 혹은 비관적인 생각이 바로 그것에 해당합니다.

내담자 10 우울증일 것 같다는 이야기는 언니한테도 들었어요. 저도 그럴
지도 모른다는 생각은 하고 있었는데 제가 진짜 우울증이 맞나
보네요. 상담 받으면 나을 수 있나요?

상담자 11 물론입니다. 우울증은 마음의 병입니다. 병은 치료를 받으면 나　　　약물치료에 대한
을 수 있습니다. 다만, 우울증의 치료는 심리상담 외에도 약물치료　　　제안
를 병행하는 것이 더 효과적입니다.

내담자 11 그럼 병원에 가야 한다는 말씀이신가요?

상담자 12 우울증이 단지 의지의 문제만이 아니기 때문입니다. 가장 효과　　　정확한 정보 제공
적인 치료는 정신건강의학과 병의원에서 진료를 받으시고 약물
치료와 심리상담 치료를 병행하는 것이 좋습니다.

내담자 12 그런데 정신병이 있으면 나중에 취직이 힘들잖아요. 지금도 힘든
데 정신병까지 있으면 저는 진짜 아무것도 안 되는 거 아닌가요?

상담자 13	정신병이 있으면 어떤 점 때문에 취직이 힘들다고 생각하시나요?	치료 기피 이유
내담자 13	회사에서 정신병이 있다는 것을 알게 되면 탈락시키거나 해고 한다고 들었어요.	구체화
상담자 14	심리상담과 마찬가지로 정신건강의학과 병의원 진료 또한 비밀 유지의 원칙을 지키고 있습니다. 취업 준비를 하시면서 회사에 서 병원 기록 열람을 요구한 적이 있지는 않으셨을 겁니다. 개인 의 의무기록은 본인 동의가 없다면 특별한 사유 없이 열람을 하거나 요청을 하는 것이 불법입니다.	치료에 대한 비밀보장 안내
내담자 14	그래도 정신건강의학과에 가서 진료를 받는다는 게 꺼려져요. 혹시라도 나중에 정신병자라는게 알려지고 사람들이 손가락질 할까 봐 두려워요.	
상담자 15	그런 마음 드실 수 있습니다. 하지만 우울증은 아주 흔한 마음 의 병입니다. 유병률만 살펴보아도 4~5명 중 1명은 걸릴 수 있 을 정도로 흔한 질환입니다. 이렇게 흔한 우울증이 위험한 이유 는 첫 번째가 지금 유○○ 님께서도 생각하고 계시는 자살이고, 그다음으로는 여러 가지 이유가 있는데 유○○ 님처럼 취업을 준비하시는 분들이나 사회인들에게는 인지 기능 저하로 업무 역량을 제대로 펼칠 수 없게 된다는 점입니다. 실제로 유○○ 님 께서는 지난 3주간 글을 읽고 정리하거나 생각을 하시는 것에 어려움이 있으셨을 겁니다. 치료를 하지 않고 이대로 두시게 되 면 앞으로의 취업 준비에 더 어려움을 느끼실 수 있습니다.	내담자 마음 공감과 치료의 필요성 안내
내담자 15	그건 맞는 말씀이네요. 사실, 지난 3주간 글을 쓰거나 읽는 것도 잘 안 되고 생각이 정리가 잘 안 되었거든요. 그런데 정말로 정 신건강의학과 기록을 회사에서는 볼 수 없나요?	
상담자 16	심리상담 기록도 그렇지만 정신건강의학과 진료 기록도 본인 동의 없이는 타인이 함부로 열람할 수 없습니다. 다시 한번 말 씀드리지만 사기업이나 타인이 특정인의 진료 기록을 본인 동 의 없이 열람할 수는 없습니다.	
내담자 16	정말 그렇다면 병원 진료도 받아 보고 싶어요. 나을 수만 있다 면요.	
상담자 17	우울증은 치료를 하면 나을 수 있는 마음의 병입니다. 정신건강 의학과 진료를 보시고 약물치료를 받으시면서 심리상담 치료를 병 행하시면 더욱 효과가 좋습니다.	치료 동기 제공

내담자 17	네, 그럼 병원도 가고 상담도 계속 받아 볼게요.	치료의지 격려 및
상담자 18	좋습니다. 유○○ 님께서 치료 의지를 가지신 점에 대해 매우 환영합니다. 다만, 한 가지 주의해야 할 사항에 대해서 안내를 드리겠습니다. 우울증과 관련해서 자살사고가 더 커지거나 자살에 대한 생각을 멈추기 힘든 경우가 생길 수 있습니다. 그런 경우에는 가급적 저희 상담실에 전화를 주시거나, 저희 업무 시간 외에 그런 일이 발생한다면 24시간 자살 상담 전화(1393)를 이용하시는 것이 좋겠습니다.	자살 보호요인 정보 제공
내담자 18	네, 그렇게 할게요. 24시간 자살 상담 전화는 밤에도 받아 주나요?	
상담자 19	네, 그렇습니다. 24시간 운영을 하니 언제든 필요하실 때 전화를 해서 상담을 받으시면 됩니다. 오늘 해석상담은 여기에서 마무리 하겠습니다. 오늘 검사를 통해 자신의 마음 상태를 알게 되어 어떠신가요?	결과 해석 소감 듣기
내담자 19	아무래도 우울증인 것 같긴 했는데 검사 결과를 보니 정말 제가 우울증이었네요. 선생님 덕분에 병원에 가 봐도 될 것 같다는 생각도 들고, 나을 수 있다고 이야기하시니 희망이 생긴 것 같아요.	
상담자 20	네, 오늘 유○○ 님과의 첫 만남이 앞으로도 치료적 관계로서 좋은 의미를 이어 나갔으면 좋겠습니다. 이것으로 오늘 심리검사와 해석상담은 마치겠습니다. 또 뵙겠습니다.	

② 사례 2: MHS:D를 활용한 우울한 성인 남성 사례

• **사례보고서**

이름	김○○
인적사항	만 48세, 남성, 연구직 회사원, 불교
내방경위	회사 생활을 하며 가족과 함께 수도권 생활 중 지방 발령으로 가족과 떨어져 혼자 지방 생활을 하던 중 딸과의 전화 통화 후 지속적인 우울감과 고독감을 느껴 상담 신청함.

배경정보	○○기업 연구원으로 10년간 수도권에서 직장 생활을 하면서 가족과 함께 생활하였으나 2년 전부터 지방 발령을 받아 내담자 혼자 지방 생활을 하며 한 달에 한두 번은 자신이 올라가고, 한두 번은 가족들이 내려와서 가족들과 함께 만난다고 함. 자녀가 고등학생이 된 뒤 입시 준비에 집중을 하면서 가족과 만나는 시간이 줄어들면서 올해 들어 우울감과 고독감을 더 느끼고 있다고 함.
검사태도	검사 소요 시간 약 1분으로 검사 응답에 어려워하는 모습은 없음.

검사 결과	<table><tr><th colspan="3">우울 점수</th><th rowspan="2">주요우울장애 절단점</th><th rowspan="2">심각도</th></tr><tr><th>원점수</th><th>T점수</th><th>백분위(%ile)</th></tr><tr><td>19</td><td>58.05</td><td>78.9</td><td>이상</td><td>중등도</td></tr></table> ▶ 검사가 제안하는 주요우울장애의 절단점을 상회함. 우울 증상으로 인해 일상생활에 지장이 초래되고 있을 가능성이 있으며, 주요우울장애의 가능성을 고려할 필요가 있음. ▶ 치료적 개입이 필요할 수 있으며, 전체적인 우울 증상 자체도 주의를 기울일 필요가 있지만 특히 우울 기분, 흥미 저하, 무력감 등의 증상에 대해서 더 많은 주의를 기울일 필요가 있음.
해석상담 요약	• MHS:D 검사 결과, 원점수 19점(58.05T, 78.9%ile), 심각도 중등도에 해당함. • 면담 결과, 주요우울장애 가능성은 낮은 것으로 보이나, 지속적인 경과 관찰이 필요해 보임. • 해석상담 결과, 현재 점수상으로는 중등도 심각도이나 주요우울장애 가능성은 낮아 보임. 지방 발령으로 가족과 분리되어 주말 가족 생활을 하던 중 딸의 공부와 관련하여 가족들과 만나는 시간을 줄여야겠다는 의견으로 인해 일시적 우울감을 경험하고 있는 것으로 보이는 바, 이에 대한 대처가 필요해 보임.
개입방향	• 주요우울장애 증상에 해당하지 않음 확인 　－주요우울장애의 증상 특성과 관련하여 진단 기준에 따른 면담을 실시하였으나 호소하는 우울 증상의 기간이 2주가 되지 않고 주요우울장애 증상에 해당하지 않음. • 스트레스 요인 확인 및 처치 　－지방 발령으로 가족과 분리되어 생활하던 중 딸의 공부를 위해 가족들과 만나는 시간을 줄여야겠다는 딸의 의견을 듣고 일시적 우울감을 경험하고 있는 것으로 보이는 바, 이에 대한 대처로 가족회의를 통한 대화를 하여 내담자의 마음을 직접 표현하고 논의해 볼 것을 안내함. • 경과 관찰 유지 　－2주 이상의 진단 기준 경과 확인을 위해 재 내방 안내함.
결과	• 우울 기분 등 증상 기간 3일로 주요우울장애 증상 기간에 해당하지 않음 확인. • 2주 이상의 진단 기준 경과 확인을 위해 재 내방 안내함. • 2주 뒤에도 우울감 지속 시 상담실 재 내방 예정.
제언	• 추후 재 내방 시, 재평가 실시 　－주요우울장애의 증상 특성과 관련 재평가 진행할 필요 있음.

• 해석상담

상담자 1	방금 실시하신 '한국형 정신건강 선별 도구: 우울' 검사 결과를 살펴보는 시간을 갖도록 하겠습니다. 검사 결과를 살펴보면 우울 점수가 높게 나왔는데, 언제부터 이렇게 우울감을 느끼셨나요?	탐색 질문: 주요우울장애 증상 기간 확인 질문
내담자 1	한 사흘 정도 된 것 같습니다. 아무래도 가족들이랑 떨어져서 생활을 하면서 혼자 지내다 보니 쓸쓸함이랄까요 외로움을 느끼는 건 2년 정도 되었는데, 우울감을 느낀 지는 오늘로 3일째네요.	
상담자 2	그렇군요. 가족들과 떨어져서 생활하시는 이유가 무엇일까요?	
내담자 2	원래 수도권에서 일을 하다가 2년 전쯤에 본사에서 연구원을 지방으로 이전하면서 저도 내려오게 되었습니다. 제가 팀장이라 거부를 할 수도 없고 해서 그냥 이렇게 되었네요. 월급쟁이 인생이 다 그렇지요. 위에서 시키는 대로 해야 하는 거지요.	
상담자 3	가족들과 떨어져서 2년을 보내셨다니 참 외롭고 힘든 생활을 하시고 계신 것 같습니다. 그런데 3일 전부터 우울감을 느끼셨다고 하셨는데 최근에 어떤 일이 있으셨을까요?	촉발요인 확인
내담자 3	음, 사흘 전에 딸애랑 전화로 대화를 나누고 나서부터입니다. 딸이 이제 고3인데 자기 공부하느라 저랑 만나는 시간을 좀 줄여야겠답니다. 저로서는 한 달에 많이 봐야 두 번 보는 건데 딸이 그렇게 이야기를 하니 너무 섭섭하더라고요. 그 말을 듣고 나니 내가 딸애한테 어떤 사람일까, 아버지로서 뭔가 부족했나 반성도 하게 되고.	
상담자 4	여러 가지 마음이 드셨겠네요. 반성이라면 어떤 반성을 하셨을까요?	공감 및 구체화 반응
내담자 4	공부하느라 스트레스 받는 딸의 마음을 배려하지 못했나 하는 마음입니다.	
상담자 5	아버지로서의 딸을 위하는 마음으로 반성을 하셨다는 말씀인 것 같습니다. 따님께서 이제 고등학교 3학년이면 중요한 시기이니 많이 예민하고 마음이 촉박해질 수 있겠군요. 김○○ 님 입장에서는 따님의 말이 이해도 되지만 한편으로는 우울한 마음을 들게 할 수도 있었겠습니다.	
내담자 5	그러니깐요, 선생님께서는 자녀가 있으신지 모르겠지만 애들	

마음은 정말 알다가도 모르겠어요. 작년까지만 해도 '아빠! 빨리 보고 싶다!'라면서 전화도 자주 하고 그랬는데 말이지요. 갑자기 자기 공부한다고 저보고 자주 보지 말자 하니까 혹시 남자친구라도 생긴 건가 싶어서 와이프한테 물어보니까 그런 건 아니고 정말로 애가 공부를 하느라 주말에도 학원에 가서 공부를 한데요. 공부 열심히 해서 저처럼 연구원이 될 거랍니다.

상담자 6 참 기특한 따님이네요. 아빠처럼 연구원이 되겠다고 하는 말을 들으면 아버지로서 뿌듯하시겠어요.   보호요인 확인

내담자 6 그렇죠. 그런데 저처럼 되고 싶은데 저를 못 만나겠다고 하니까 이건 뭔가 모순이 아닌가 하는 생각이 든 거지요. 아까 검사지 문항에 응답을 할 때에 '덫에 걸려 빠져나올 수 없을 것 같은 기분이 들었다'라는 문항에서 딱 지금 제 처지가 떠오르더라구요. 지금 근무지에 걸려서 빠져나갈 수 없는 기분처럼 말입니다.

상담자 7 그렇군요. 지금 근무하시는 곳에서 다른 스트레스나 우울감을 느끼는 경우는 없으신가요?   유지요인 확인

내담자 7 딱히 스트레스는 없어요. 직장에서 취미 활동이나 동아리 모임 활동 같은 것도 잘 지원해 주기도 하구요. 아직 어린 팀원들은 여전히 수도권 생활을 그리워하거나 이직을 하는 경우도 많긴 한데, 저는 지금 회사에서 지원받은 것도 많고, 이 회사와 함께해 온 시간이 길어서 그런지 나름 애사심도 있는 편이라 지금 근무 상황에 불만이 있거나 하진 않아요. 특별히 스트레스인 점을 꼽으라면 가족과 떨어져 지내는 것인데, 이때까지는 제가 한 달에 한두 번 올라가거나 와이프가 딸애를 데리고 한 달에 한두 번은 내려오니까 사실상 거의 매주 보는 주말 가족이었지요. 그런데 이제는 딸애는 한 달에 한 번은 보려나 모르겠네요. 이런 점은 우울하네요.

상담자 8 검사 문항 중 '평소보다 식욕이 줄었다'에는 '그렇다'로 응답하셨고, '평소보다 식욕이 늘었다'에는 '약간 그렇다'라고 응답하셨습니다. 실제로 식사는 좀 어떠신가요?   주요우울장애 증상 확인 질문

내담자 8 하하, 사실 지방 발령 나고 혼자 살면서 저녁에 뭘 자꾸 시켜 먹고 하니까 체중이 좀 늘고 배도 나오고 해서 다이어트를 해 보려 하고 있습니다. 배 나온 아빠는 딸애도 싫어하니까요. 그런데 아직도 저녁이 되면 이것저것 시켜 먹고 싶어지기도 하고 그

래서 그렇게 응답했습니다.

상담자 9   그렇군요. 따님을 위해 몸매 관리를 하는 김○○ 님의 마음이 참 멋지게 느껴집니다. 그럼 '잠드는 게 어렵거나 자주 깼다'는 응답에 대해서는 '약간 그렇다'고 응답을 하셨는데 수면에 어려움이 있으신가요?   주요우울장애 증상 확인 질문

내담자 9   혼자 자다 보면 아무래도 조금 예민해지는 부분은 있는 것 같습니다. 회사에서 잡아 준 오피스텔에서 생활을 하는데, 같은 층에 있는 다른 팀 사람이 술에 취해서 노래를 부르거나 친구를 불러 한밤중에 큰 소리로 떠드는 경우가 있습니다. 그럴 땐 자다가 깨는 경우가 있어요.

상담자 10   한밤중에 큰 소리를 낸다니 참 곤욕이겠습니다. 모쪼록 잘 이야기하셔서 서로 건강하게 잘 지내는 것이 필요한 것 같습니다. 김○○ 님께서 검사지에서 응답하신 우울한 기분이나 흥미가 저하됨을 응답하신 부분에 대해서 다시 한번 더 여쭙겠습니다. 따님과 전화를 하기 사흘 전에는 그런 기분을 느껴 보신 적이 없으셨을까요?   주요우울장애 증상 확인 질문

내담자 10   음, 그전에는 딱히 우울감을 느끼거나 하진 않았습니다. 업무가 밀려서 스트레스를 받은 적은 있는데, 그게 우울감은 아닙니다.

상담자 11   알겠습니다. 오늘 김○○ 님께서 실시하신 검사 결과와 면담 내용을 종합하면 우울증일 가능성은 낮아 보입니다. 다만, 원점수 19점으로 사흘간의 우울 기분이나 흥미 저하와 관련한 중등도의 심각도를 보이고 있는 만큼, 조금 더 시간을 두고 주의를 기울일 필요는 있겠습니다.   결과 및 면담 간 통합해석

내담자 11   그럼 우울증은 아니라는 말씀이시지요? 다행이네요.

상담자 12   꼭 그렇지는 않습니다. 더 정확한 진단을 위해서는 정신건강의학과 병의원에 방문하시어 전문의에게 진료를 받아 보시는 것이 더 정확합니다. 다만, 아직까지 우울감을 느끼신 기간이 사흘 정도로 짧기 때문에 조금 더 시간을 두고 주의를 기울일 필요가 있겠다는 말씀을 드리는 겁니다.

내담자 12   그렇군요. 잘 알겠습니다. 그럼, 지금 이 우울감을 해결하려면 어떻게 하는게 좋을까요?   결과 및 면담 간 통합해석

상담자 13   가족분들에게 서운한 마음을 건강하게 표현하시고 가족 간 만남의 횟수와 방법을 논의하셔서 적절한 방법을 찾으시는 게 도

움이 될 것입니다. 따님을 사랑하시는 만큼 서로 배려하며 적절한 선을 찾으시는 게 필요해 보입니다.

내담자 13 네. 어쩌면 이 마음을 가만히 놔두면 정말 우울증에 걸려 버릴지도 모르겠습니다. 딸애한테 쓴소리를 하는 게 아니라 서운함에 대해서 솔직히 표현해 보고 절충할 수 있는 선을 찾아봐야겠습니다. 가족회의를 열어 봐야겠네요.

상담자 14 네, 맞습니다. 가족 간에 열린 대화를 하는 것이 도움이 되실 겁니다.

내담자 14 감사합니다, 선생님. 역시 혼자 고민하고 있어 봐야 아무것도 해결되는 건 없네요. 오늘 선생님과 대화를 한 것처럼 가족들하고도 솔직한 대화를 해 봐야겠습니다.

상담자 15 아주 좋습니다. 그럼, 오늘 해석상담은 여기에서 마무리하겠습니다. 오늘 검사를 통해 자신의 마음 상태를 알게 되어 어떠하신가요?

결과 해석
소감 듣기

내담자 15 음, '가만히 혼자 고민해 봐야 병만 생긴다!'라는 생각이 들었습니다. 딸애가 그런 말을 한 게 저에게는 얼마나 큰 충격이었는지도 알게 되었고요. 혼자 우울해하지 말고 딸애랑 와이프한테 솔직하게 이야기하고 풀어 봐야겠습니다. 오늘 상담 감사합니다.

상담자 16 모쪼록 건강한 가족회의가 되길 바랍니다. 가족회의 후에도 상담을 유지하시면서 경과를 관찰하는 것이 도움이 되실 수 있습니다. 혹시 바빠서 가족회의 후에 상담실로 찾아오시기 힘드실 수도 있겠습니다. 혹여나 상담실로 찾아오기 힘드시더라도 지금 느끼시는 우울감이 2주 이상 지속된다면 그때에는 꼭 다시 찾아와 주십시오.

2주 증상 경과 관찰
안내

내담자 16 네, 알겠습니다. 감사합니다.

2) 한국어판 아동우울척도 2판(K-CDI 2)

우울(depression)이라는 단어는 감정, 기분, 증후군 혹은 정신건강의학과적인 장애를 지칭할 때 사용되어 왔다. 임상적으로 볼 때, 증후군이라는 것은 정신병질적인 증상이나 징후의 특별한 조합이다. 정신건강의학과 장애는 진단 조건에 적합한 일련의 특성들이 존재함을 의미한다. 이러한 특성은 잘 정의된 임상(증상)으로 인해 2차적으로 발생하는 명백한 능력의 손상, 발병과 경과에서의 특정한 양상, 동일하거나 유사한 장애의 가족력, 심리적 연관성 등을 포함한다(Feighner et al., 1972).

수십 년 전만 해도 정신건강 전문가들은 어린이들이 진단 가능한 우울장애를 앓을 수 있다는 사실을 믿지 않았다. 특히 전통적인 정신분석가들은 임상적 우울은 분화된 자아(ego)와 강력하고 기능적인 초자아(superego)가 존재해야 나타날 수 있다고 보았다. 그래서 우울은 발달적으로 완성되는 시기인 청소년 후기에나 발생 가능하다고 보았다(Kovacs & Beck, 1977).

그러나 1960년대 후반기에서 1970년대 초반기에 이르면서 일부 정신건강 전문가들은 여러 가지 면에서 우울한 성인처럼 보이고, 행동하고, 말하는 어린 환자들이 있음을 알게 되면서 '소아청소년기 우울은 어떻게 나타나고 어떻게 치료해야 하는가?'라는 질문을 하기 시작했다. 즉, 아동의 우울은 성인의 우울과 전혀 다른 현상이므로, 성인에게 사용되었던 우울증의 정의를 아동에게는 적용할 수 없다는 견해 중 아동들이 '가면성 우울(masked depression)'을 갖고 있다는 주장이 관심받기 시작했다. 아동기와 청소년기에 나타나는 우울은 무단결석, 가출, 반사회적 행동, 발작적 분노 등으로 위장되기 때문에, 전형적인 우울에서 나타나는 증상과 다르다고 보았다.

최근에는 DSM-5 우울장애에서는 아동 양극성 장애의 잠재적인 과잉 진단 및 과잉 치료에 대한 우려로 인해, 극단적인 행동 조절곤란 삽화 및 지속적인 과민성을 보이는 18세까지의 아동에게는 새로운 진단인 파괴적 기분조절장애를 진단할 수 있도록 하였다.

소아청소년기에 우울장애가 일찍 발병할 경우 다양한 발달과정에 손상을 준다. 교육이나 사회적 상황에서의 발달과정의 중단은 특히 부정적이고 지속적인 영향을 미칠 수 있다(Kovacs & Goldston, 1991; Reinemann & Schnoebelen, 2008). 이러한 결과는 우울증으로 고통받는 아동에 대한 초기 진단 및 개입의 중요성이 간과되어 왔음을 시사한다. 그리고 소아 및 청소년이기에 우울 증상이 있다는 것은 아동의 기능과 적응 상태에 대하여 보다 주의 깊게 살펴보아야 함을 의미하므로 아동기 우울을 측정할 수 있는 도구를 살펴보고자 한다.

(1) 개요

한국어판 아동우울척도 2판(Korean Children's Depression Inventory 2nd Edition K-CDI 2)은 CDI 2를 한국소아청소년을 대상으로 표준화하여 타당화 과정을 거친 검사도구로 7세부터 17세까지 소아 및 청소년들의 우울 증상을 평가하기 위한 척도이며, 다양한 평정자들이 아동을 종합적으로 평가하도록 구성되어 있다. 이 척도는 전체 문항을 모두 포함하는 표준형 척도, 일부 문항을 줄인 단축형 척도, 부모(혹은 다른 주양육자)용 척도, 교사용 척도로 구성되어 있어 현재 우울증을 겪고 있는 소아 및 청소년을 선별하는 데 도움이 된다. K-CDI 2 는 우울 증상의 정도 및 범위에 대한 지표를 제시하여 줌으로써 우울증을 임상적으로 진단하는 데 유용한 정보를 제공한다. K-CDI 2에서 얻은 정보와 다른 타당한 정보들을 종합하면, 우울증의 가능성이 있는 소아 및 청소년을 조기에 선별해 내는 데 도움이 될 뿐 아니라 치료 효과도 모니터할 수 있다.

K-CDI 2는 자기 평정이나 부모 혹은 교사 평정 척도를 통해 우울 증상을 정량화시킬 수 있으며, 이를 통해 우울증의 현재 정도와 범위를 알 수 있으며 척도에서 높은 점수가 나왔다면 해당 아동이 임상적으로 우울함을 시사한다. 그러나 척도만으로 우울증을 진단하는 데는 한계가 있기 때문에 추가적으로 유의미한 개인적 임상 경험 그리고 과거 혹은 현재의 기능 등을 고려해야 하며, 동시에 현재 나타나고 있는 우울 증상과 연관성이 있는 다양한 비정신건강의학과적인 요소들이 존재하는지 여부도 고려해야 한다.

K-CDI 2는 우울 증상의 집합체, 즉 우울 증후군을 평가하는 도구이다. 증상의 범위를 평정하는 형태이기 때문에, 최종 점수는 우울 증상의 현재/최근의 심각도 혹은 정도를 반영한다. K-CDI 2 점수가 높다는 것(즉, 높은 수준의 우울 증상)이 의학적 질병의 영향 때문일 수도 있지만, 때로는 특정 약물의 부작용이거나 일시적 정서 상태일 수 있다. 또한 높은 K-CDI 2 점수는 우울 외에 다른 정서적 어려움 때문일 수도 있다(즉, 어떤 불안장애 혹은 성격장애는 우울한 특성과 연관되어 나타날 수 있으며, 수면장애나 피로와 같은 증상들은 다양한 장애에서 공통적으로 나타날 수 있다). 그러므로 K-CDI 2 점수가 높고, 그 자체만으로는 우울장애를 확진할 수 없다. 그러나 K-CDI 2는 우울 증상의 심각도에 대한 양적 지표를 제공함으로써, 임상적인 진단 과정에 매우 주요한 보조 역할을 한다.

(2) 검사의 특징

① K-CDI 2의 주요 특성
K-CDI 2는 아동이 스스로 작성하는 자기보고형 검사로 28개 문항으로 구성된 **표준형**과 12개 문항으로 구성된 **단축형**이 있다. 그리고 해당 아동에 대해 성인 응답자가 작성하는 **부모용**과 **교사용**이 있으며 각 척도는 모두 지난 **2주간의 상태에 대해 평가**하도록 정해져 있다.

K-CDI 2는 소아청소년기 우울증의 감정적·기능적 특성을 다양한 관점에서 종합적으로 평가해 주는 것으로 지필검사 형식과 컴퓨터(온라인) 기반 형식으로 제공되고 있다. K-CDI 2의 핵심인 자기보고형 K-CDI 2: 표준형은 DSM-IV에서 조작적으로 정의하고 있는 주요우울장애와 기분부전장애의 증상 특성을 모두 포함하고 있으며, 구성은 〈표 11-5〉와 같다.

표 11-5 만 7~17세 아동을 대상으로 하는 K-CDI 2의 특징

특징	자기보고형		K-CDI 2: 부모형	K-CDI 2: 교사용
	K-CDI 2: 표준형	K-CDI 2: 단축형		
읽기 수준	1.7학년	1.5학년	2학년	2.2학년
문항 수	28	12	17	12
실시 시간	15분	5분	10분	5분
점수의 유형	총점	총점	총점	총점
	척도 점수: • 정서적 문제 • 기능적 문제		척도 점수: • 정서적 문제 • 기능적 문제	척도 점수: • 정서적 문제 • 기능적 문제
	하위척도 점수: • 부정적 기분/신체적 증상 • 부정적 자존감 • 비효율성 • 대인관계 문제			

• **K-CDI 2: 표준형**

K-CDI 2: 표준형은 총 28문항으로 구성되어 있으며 우울의 감정적, 인지적, 동기적 그리고 자율신경계 증상을 측정하고 동시에 이 증상에 의해 이차적으로 발생하는 기능적 손상을 평가하고 주요우울장애와 기분부전장애의 준거 증상들을 모두 포함하고 있다. 그리고 〈표 11-6〉과 같이 DSM-IV에서 제시한 주요우울장애와 기분부전장애에 대한 준거 증상에 상응하는 K-CDI 2: 표준형 문항들을 제시하고 있다.

표 11-6 DSM-IV 준거 증상과 그에 상응하는 K-CDI 2: 표준형 문항

DSM-IV 준거 증상	우울장애	K-CDI 2: 표준형 문항	증상을 가장 잘 나타내는 문항
우울한 기분	주요우울장애, 기분부전장애	1	나는 항상 슬프다.
		9	매일 울고 싶다.
		19	항상 외롭다.
		24	아무도 나를 진심으로 좋아하지 않는다.
과민한 기분	주요우울장애, 기분부전장애	10	항상 짜증이 난다.
		25	친구들과 항상 다툰다.

흥미나 즐거움의 현저한 상실	주요우울장애	4	재미있는 일이 전혀 없다.
		20	학교생활이 즐거울 때가 전혀 없다.
의미 있는 체중 감소나 체중 증가, 혹은 식욕 감소와 식욕 증가	주요우울장애, 기분부전장애 (식욕만)	17	항상 입맛이 없다.
		27	식욕을 참기가 늘 어렵다.
불면이나 과다수면	주요우울장애, 기분부전장애	15	잠들기가 늘 힘들다.
		26	늘 낮잠을 잔다.
정신운동성 초조나 지체	주요우울장애	14	학교 숙제를 하는 것이 항상 힘들다.
거의 매일 나타나는 피로와 활력 상실	주요우울장애, 기분부전장애	16	항상 피곤하다.
거의 매일 나타나는 무가치감 혹은 과도한 죄책감	주요우울장애	5	우리 가족에게 나는 없는 게 더 낫다.
		6	나는 내가 너무 싫다.
		7	나쁜 일은 모두 내 잘못이다.
사고력이나 집중력의 감소, 우유부단함	주요우울장애, 기분부전장애	12	늘 결정을 내리지 못한다.
		28	기억을 잘하지 못한다.
반복되는 죽음에 대한 생각, 자살 생각 혹은 자살 기도	주요우울장애	8	죽고 싶다.
낮은 자존감	기분부전장애	3	나는 잘하는 일이 전혀 없다.
		13	나는 못 생겼다.
		21	친구가 거의 없다.
절망감	기분부전장애	2	내가 하는 일이 잘될 리가 없다.
		23	나는 다른 아이들처럼 착하지 않다.

• K-CDI 2: 부모용(K-CDI 2: P)과 K-CDI 2: 교사용(K-CDI 2: T) 척도

17문항의 부모 평정 도구와 12문항의 교사 평정 도구는 K-CDI 2와 함께 실시할 수 있고 아동의 증상과 기능에 대한 중요한 추가 정보를 제공해 준다. 하지만 이들 도구는 우울한 아동이 외현적으로 발현한 혹은 언어적으로 표현한 증상에만 초점을 맞추기 때문에 좀 더 제한적일 수밖에 없다. 부모 평정 척도의 문항 수가 교사 평정 척도보다 많은 것은 부모가 좀 더 넓은 영역에서 아동 행동을 관찰할 수 있기 때문이다.

(3) 실시와 채점

K-CDI 2는 독립적인 4개의 척도로 구성되어 있다. 그중 어떤 척도를 사용할지는 평가의 목적과 응답자가 응답 가능한지에 따라 결정된다. 예를 들어, K-CDI 2: 표준형은 아동의 우울 증상

을 전반적으로 평가할 필요가 있을 경우 사용한다. K-CDI 2: 단축형은 시간적인 제약이 있을 때, 선별 검사 시나 시간 경과에 따른 임상적 변화 추이를 살펴보는 데 가장 유용하다.

K-CDI 2: 부모용은 가능하다면, 해당 아동의 부모나 1차 양육자에게 실시해 줄 것을 권하는 것이 좋다. K-CDI 2: 부모용은 평가자가 아동의 모습을 좀 더 전체적으로 파악하는 데 필요한 정보를 줄 수 있다. K-CDI 2: 교사용은 아동을 잘 아는 교사가 작성해 준다면 매우 중요한 정보가 될 수 있다.

① 검사 대상

K-CDI 2는 만 7세부터 17세까지의 소아 및 청소년을 대상으로 개발되었고 해당 연령 외에는 규준 점수(T점수와 백분위 점수)가 제공되지 않으므로 이 연령을 벗어난 대상자에게는 사용하지 말아야 한다.

CDI 2는 자기보고식 검사이므로, 해당 증상을 제대로 평가할 수 있도록 검사에서 요구되는 읽기 능력의 수준이 낮다. 읽기 수준은 학년 점수로 표현된다(즉, 읽기 수준 점수가 6이라는 것은 평균적인 6학년 학생이면 읽을 수 있음을 의미한다). 한국어판 K-CD1 2의 경우 미국에서 개발된 것과 거의 유사한 읽기 난이도를 가지고 있는 것으로 판단되며, 초등학교 2학년 수준의 평균적인 읽기 능력을 가지고 있는 아동이라면 실시에 큰 어려움은 없을 것으로 생각된다.

② 검사 실시 및 유의사항

실시 시간은 K-CDI 2: 표준형은 15분, K-CDI 2: 단축형은 5분, K-CDI 2: 부모용은 10분, K-CDI 2: 교사용은 5분이 필요하다.

K-CDI 2: 표준형은 개인적으로 실시할 수도 있고 집단으로 실시할 수도 있으며, 직접 만나서 할 수도 있고 원격으로 실시할 수도 있다. 부모용과 교사용 척도는 주로 개인적으로 실시된다. 응답자들은 K-CDI 2를 독립적으로, 다른 사람의 도움 없이 정해진 시간 내에 제출해야 한다. 검사가 끝날 때까지 질문은 자제해 줄 것을 요청해야 하며 10명 이상의 사람에게 K-CDI 2를 실시하는 경우, 실시자가 2명 이상이 요구된다. 그리고 다음과 같은 사항에 유의해야 한다.

* 큰 소리로 K-CDI 2를 읽어 주어야 하는 상황

• 응답자가 너무 어린(7~8세) 경우

• 시력이 나쁘거나 다른 시각적인 문제가 있는 경우

• 한글을 읽는 데 어려움이 있는 경우

• 읽기 능력에 문제가 있는 경우(나이와 무관하게)

* 표준화된 실시 절차에 더하여 주의해야 할 사항

• 어떤 반응에 대해서도 강화를 주지 않아야 한다. 즉, 어떤 반응에 대해서도 '적절한 대답'이라고 말해
  서는 안 된다.

• 특정 문항의 중요성을 강조해서는 안 된다.

• 응답자는 다른 사람의 영향 없이 독립적으로 문항을 완성해야 함을 확실히 일러 두어야 한다.

③ 실시 절차

실시 절차는 모든 K-CDI 2에 공통으로 해당되며 지필 검사, 온라인 검사 모두에 적용할
수 있다. 지필 검사의 경우 적절한 K-CDI 2 검사지를 제공해야 한다.

• 준비
　－아동의 부모 혹은 법적 보호자로부터 사전 동의를 받는지 그리고 아동으로부터 찬성을
　　받았는지 확인한다. 이 과정에서 비밀보장에 대하여 설명한다.
　－응답자에게 검사 목적을 설명해 주고 지난 2주간의 기분 상태에 대한 정보를 얻는다.
　　응답자의 반응이 왜곡되는 것을 막기 위해 일상적 언어(진단적 용어가 아닌)를 사용하
　　여야 한다.
　－응답자에게 정답이 있는 검사가 아니며, 응답자 자신의 의견을 표현하면 된다고 설
　　명해 준다.
　－지필 검사에서 자신이 한 반응을 고치고 싶으면, × 표시를 하고 새로운 답에 표시를
　　하면 된다. 응답자에게 용지를 찢지 않도록 조심해 줄 것을 부탁한다.

- 실시
  - 필요하다면 응답자가 인적 사항에 대한 정보를 기록하도록 한다: 이름/ID(평가자들은 아동의 이름을 사용하기보다는 특정한 식별 번호를 부여하는 것을 선호한다), 검사일, 생년월일, 학교/소속, 만 나이
  - 응답자의 행동에 주의를 기울여야 한다: 응답자가 질문지를 제대로 읽고 이해하는 것처럼 보이는가? 응답자가 너무 빠르게 응답해 나가는 것처럼 보인다면 다음과 같이 말할 수 있다. "천천히 하세요. 각 질문에 대하여 충분히 생각해서 확실한 답에 표시해야 합니다."
  - 응답자가 특정 문항에 대해 여러 개의 답을 표시한다면, 다음과 같이 말할 수 있다. "각 문항에 1개의 답만 표시해야 합니다. 가장 맞는다고 생각되는 하나의 답에만 표시하십시오."
  - 응답자가 자신에게 맞는 답이 없다고 말하면, 다음과 같이 말할 수 있다. "네, 어떤 답도 완전히 적합하지 않을 수 있습니다. 그럴 경우 가장 적합한 것 하나를 고르시면 됩니다."
  - 꼭 필요한 경우가 아니라면, 문항에 대해 해석을 하거나 설명을 해 주지 않는다. 응답자의 반응을 왜곡시킬 수 있기 때문이다. 부득이하게 해석이나 설명을 해 주었다면, 그 사실을 기록해 두어야 한다.
  - 실시한 후에는 인적 사항에 대한 기록을 점검하는 동시에 빠르게 자료를 검토해 보고 응답자에게 누락 문항 혹은 분명하지 않은 문항에 대하여 정확히 응답하도록 요구해야 한다.
  - K-CDI 2는 인싸이트 홈페이지(https://www.inpsyt.co.kr)에서 채점 프로그램을 이용하여 채점할 수 있다. 컴퓨터로 채점할 경우, 특정 척도에서 누락 문항이 최대 수치를 초과하면 채점이 되지 않으며 경고를 해 주도록 되어 있다.

(4) 단계별 해석 지침

① 1단계: 척도 점수를 해석하기
K-CDI 2의 전체 점수, 척도 점수, 하위척도 점수 각각의 수준에서 해석이 이루어질 수 있다. 척도 점수의 이름에 따른 해석, T점수에 따른 분류는 중요한 해석 지침이 될 수는 있으나 절대적인 것은 아니라는 점을 유의해야 한다. 의미 있는 해석이 되려면 검사 상황, 응답자의 다양한 환경적 맥락을 고려해야 하고 또한 문항 수준의 분석도 도움이 될 수 있다.

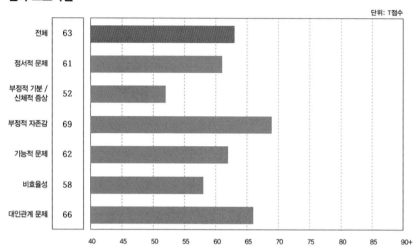

결과 프로파일

단위: T점수

전체	63
정서적 문제	61
부정적 기분 / 신체적 증상	52
부정적 자존감	69
기능적 문제	62
비효율성	58
대인관계 문제	66

• K-CDI 2: SR 척도와 하위척도 점수의 해석 지침: T점수 65점 이상인 경우 흔히 나타나는 특징들

척도/하위척도	특징
전체	아동은 다양한 우울 증상을 경험하고 있을 수 있음. 어떤 요인이 우울 증상에 영향을 미치는지 알아보기 위하여 척도와 하위척도를 살펴볼 필요가 있음
정서적 문제	아동은 부정적 기분, 신체 증상, 부정적 자존감을 경험하고 있을 수 있음. 어떠한 정서적 어려움을 경험하고 있는지 알아보기 위하여 하위척도를 살펴볼 필요가 있음
부정적 기분/신체적 증상	아동은 우울 증상으로 인하여 슬퍼 보이거나 짜증 나 있을 수 있음. 또한 수면, 식욕, 피로, 통증과 같은 다양한 신체 증상을 보일 수 있음
부정적 자존감	아동은 낮은 자존감, 자기혐오, 사랑받지 못하는 느낌을 가지고 있을 수 있음
기능적 문제	아동은 비효율성과 대인관계 문제를 경험하고 있을 수 있음. 어떤 기능상의 문제가 가장 뚜렷한지 알기 위하여 하위척도를 살펴볼 필요가 있음
비효율성	아동은 자신의 능력, 학업 수행을 부정적으로 평가하고 있고 학교생활을 비롯해 다양한 활동을 수행하는 능력에 문제가 있다고 느낌
대인관계 문제	아동은 또래와 상호작용하는 데 어려움을 가지고 있을 수 있으며, 외로워하고, 자신이 가족에게 중요한 존재가 아니라고 느낄 수 있음

척도 점수 종합표

다음 표는 SAMPLE 의 표준형 척도의 종합 결과이며, 아동의 결과를 규준집단과 비교했을 때의 일반적인 정보를 제시합니다. 이 척도 결과의 이해를 위한 더 많은 정보는 K–CDI 2 전문가 지침서를 참고하시길 바랍니다.

척도/하위척도	원점수	T점수	(95%) 신뢰구간	백분위	수준 분류
전체	19	63	55 ~ 71	88	평균보다 높음
정서적 문제	10	61	52 ~ 70	85	평균보다 높음
부정적 기분 / 신체적 증상	4	52	40 ~ 64	64	평균
부정적 자존감	6	69	59 ~ 79	95	상승
기능적 문제	9	62	52 ~ 72	88	평균보다 높음
비효율성	6	58	46 ~ 70	81	평균
대인관계 문제	3	66	53 ~ 79	92	상승

※ T점수: 평균 50, 표준편차 10인 점수로서, 50점을 기준으로 이보다 위의 점수는 평균 점수보다 높고, 아래의 점수는 평균 점수보다 낮은 것을 의미합니다.

※ 신뢰구간: 신뢰구간은 측정 오차를 고려하여 구체적인 확률 수준에서 실제 진점수(true score)가 위치하게 되는 범위를 알려 줍니다.

※ 백분위 점수: 백분위 점수는 규준집단에서 해당 점수와 같거나 낮은 점수를 받은 사람의 비율을 반영합니다. 예를 들어, 90백분위에 해당하는 점수는 규준집단에서 아동의 90%가 같거나 그보다 낮은 원점수를 받았다는 것을 의미합니다.

표 11-7 T점수와 백분위 점수의 의미

T점수	백분위 점수	수준 분류
70점 이상	98%ile 이상	매우 상승된 점수 또는 백분위 순위(평균보다 훨씬 많은 관심이 필요함)
65~69	93~97	상승된 점수 또는 백분위 순위(평균보다 많은 관심이 필요함)
60~64	84~92	평균보다 높은 점수 또는 백분위 순위(평균보다 어느 정도 관심이 필요함)
40~59	16~83	평균 점수 또는 백분위 순위(평균적인 수준임)
40점 미만	16%ile 미만	낮은 점수 또는 백분위 순위(평균보다 낮은 수준임)

※문항반응

한국어판 아동우울척도 2판 표준형에 대한 응답은 아래와 같습니다.

문항 번호	문항 응답	문항 번호	문항 응답
1	0	15	2
2	0	16	1
3	0	17	2
4	0	18	2
5	1	19	1
6	2	20	0
7	1	21	0
8	1	22	1
9	2	23	1
10	2	24	2
11	0	25	1
12	1	26	?
13	2	27	?
14	2	28	?

문항 응답 :
0 = 첫 번째 반응에 답함
1 = 두 번째 반응에 답함
2 = 세 번째 반응에 답함
? = 무응답

② 1-1단계: 전체 점수

전체 점수는 우울 증상의 심각도에 대한 지표가 된다. 전체 점수의 T점수가 65점 이상이면 아동은 상당한 우울 증상을 경험하고 있고, 부모나 교사도 아동의 우울 증상을 뚜렷이 관찰할 수 있다. 모든 하위척도 점수가 함께 상승할 수도 있지만, 특정 하위척도 점수만 상승한 경우 전체 점수의 상승을 해석하는 것보다는 특정 하위척도에 해당하는 증상을 좀 더 집중하여 해석하는 것이 좋다.

③ 1-2단계: 척도 및 하위척도 점수

전체 T점수가 평균 수준인 경우에도 척도나 하위척도의 T점수가 상승되어 있다면 이에 대한 해석이 필요하다. 하위척도에서 T점수 65점 이상을 보인 척도가 있다면 응답자는 해당 영역에서 증상을 경험하고 있을 수 있다. 부모나 교사의 평정 자료만 있다면 평가자는 전반적인 프로파일(2단계)과 문항 수준의 반응(3단계)을 살펴보아야 한다.

④ 2단계: 전체 프로파일을 살펴보기

프로파일에서 각 척도 점수의 T점수 위치는 아동의 우울 증상의 양상을 보여 준다. 만약 모든 척도 점수가 높게 상승되어 있다면 다양한 평가 영역에 걸쳐서 광범위한 문제가 있음을 의미한다. 또한 K-CDI 2의 척도 점수를 서로 연관 지어 고려해 보아야 한다. 하나 이상의 T점수가 상승되어 있다면 그러한 점수들의 상승이 동일한 핵심적인 문제를 반영하는지 그렇지 않은 것인지 생각해 볼 필요가 있다. 이 경우 문항 수준의 반응을 살펴보는 것도 도움이 될 수 있다.

⑤ 3단계: 문항반응을 살펴보기

T점수의 상승에 영향을 미치는 개별 문항들을 검토하는 것이 도움이 될 수 있다. 그리고 임상적인 평가를 할 때, 응답자와 함께 K-CDI 2를 검토하는 것도 유용할 수 있다.

"이 항목에서는, 여기에 응답했네요. 이것에 대해서 좀 더 이야기해 줄 수 있을까요?"
"기분을 나아지게 하려면 어떤 것이 가능할까요? 어떻게 해야 할까요?"

평가자는 K-CDI 2: 표준형에서 특별히 8번 문항('죽고 싶다')에 관심을 두어야 한다. 이 문항은 자살사고와 관련된 질문을 하고 있다. 이 문항에서 1점이나 2점에 응답하였다면 면밀한 탐색이 필요하다.

> ※ 결정 문항
> SAMPLE의 자살사고와 관련된 문항(8번)에 "죽음에 대해 생각하지만, 행동으로 옮기진 않을 것이다."라고 했다면 신속한 후속 조치가 권장된다.

⑥ 4단계: 다양한 평가 정보를 통합하기

응답자가 여러 명이면 해당 아동에 대해 서로 다른 다양한 정보를 제공할 수 있으므로, 가능하다면 다양한 응답자로부터 K-CDI 2 평정 결과를 얻는 것이 바람직하다. K-CDI 2 결과를 다른 정보들과 통합하면, 좀 더 완벽한 평가를 할 수 있다. 임상적 면담, 학교생활기록부, 행동관찰 등이 여기에 해당한다. 다양한 출처로부터 얻은 정보를 통합해야만 K-CDI 2 결과를 풍부하게 해석할 수 있고 감별 진단에 도움이 될 수 있다.

⑦ 5단계: 결과 보고하기

평가 상황에 따라서 결과 보고 방법은 다양해질 수 있다.

• 보고서 작성

　대부분의 임상 평가나 학교상담 평가 장면에서는 검사 점수, 해석, 제안으로 이루어진 보고서를 작성한다. 다양한 응답으로부터 얻은 평가 결과를 표로 제시하는 것이 도움이 될 수 있다. 가능하다면, T점수를 이해하기 위한 해석 지침을 보고서에 포함시키는 것이 좋다 (〈표 11-7〉 참조). 또한 특정 척도에서 높은 점수를 보이는 경우, 아동의 특징을 추가적으로 제시할 수 있다(〈표 11-8〉 참조).

표 11-8 K-CDI 2 척도와 하위척도 점수의 해석 지침: T점수 65점 이상인 경우 흔히 나타나는 특징들

척도/하위척도		K-CDI 2: 표준형	K-CDI 2: 부모용	K-CDI 2: 교사용
전체 점수		아동은 다양한 우울 증상을 경험하고 있을 수 있음. 어떤 요인이 우울 증상에 영향을 미치는지 알아보기 위하여 척도와 하위척도를 살펴볼 필요가 있음.	아동은 다양한 우울 증상을 경험하고 있을 수 있음. 어떤 요인이 우울 증상에 영향을 미치는지 알아보기 위하여 척도를 살펴볼 필요가 있음.	아동은 다양한 우울 증상을 경험하고 있을 수 있음. 어떤 요인이 우울 증상에 영향을 미치는지 알아보기 위하여 척도를 살펴볼 필요가 있음.
척도 점수	정서적 문제	아동은 부정적 기분, 신체 증상, 부정적 자존감을 경험하고 있을 수 있음. 어떠한 정서적 어려움을 경험하고 있는지 알아보기 위하여 하위척도를 살펴볼 필요가 있음.	아동은 부정적 기분, 수면 문제 그리고 부정적 자존감을 경험하고 있을 수 있음. 아동은 슬퍼 보이거나 짜증 나 있거나 피곤하거나 외로워 보일 수 있음.	아동은 부정적 기분, 수면 문제 그리고 부정적 자존감을 경험하고 있을 수 있음. 아동은 슬퍼 보이거나, 짜증 나 있거나 피곤하거나 외로워 보일 수 있음.
	기능적 문제	아동은 비효율성과 대인관계 문제를 경험하고 있을 수 있음. 어떤 기능상의 문제가 가장 뚜렷한지 알기 위하여 하위척도를 살펴볼 필요가 있음.	아동은 비효율성과 대인관계 문제를 경험하고 있을 수 있음. 특히 아동은 또래와 상호작용, 혹은 학업 수행에 어려움을 느낄 수 있음. 아동은 다른 사람과 협력하고 즐겁게 학교 활동을 하는 데 어려움이 있을 수 있음.	아동은 비효율성과 대인 문제를 경험하고 있을 수 있음. 특히 아동은 또래와 상호작용, 혹은 학업 수행에 어려움을 느낄 수 있음. 아동은 다른 사람과 협력하고 즐겁게 학교 활동을 하는 데 어려움이 있을 수 있음.

• **결과지 제시**

전산화된 평가 결과 보고서에는 K-CDI 2 점수에 익숙하지 않은 일반인들을 위한 결과 해석지가 포함되어 있다. 이 결과지는 일반적인 용어로 검사 결과를 설명하고 있으며, 요약 부분에서는 문제가 될 수 있는 영역들을 기술할 수 있다.

(5) 검사 결과의 활용

• 개인 아동에 대한 평가: 본 검사는 종합적인 평가 도구 중 하나로 사용될 수 있다. 표준화된 점수를 통해 한 아동의 규준집단 내에서의 위치를 객관적이고 신뢰할 수 있는 방식으로 평가할 수 있고 여기서 얻은 점수와 다른 정보들을 통합하면 아동을 좀 더 완벽하게 이해할 수 있다.

• 선별: 대규모 집단의 아동들을 대상으로 우울 증상의 선별 작업을 해 달라는 요청을 받을 경우 단축형을 사용하는 것이 바람직하다. 단축형은 선별 목적으로 개발되었으며, 신뢰도와 타당도가 매우 높은 평가 도구이다.

• 치료적 개입 평가: 이 검사를 통해 얻은 결과는 치료적 개입 후에 해당 소아청소년 혹은 소아청소년 집단의 우울 증상에 효과가 있었는지를 평가하는 데 활용할 수 있다.

• 연구 상황: K-CDI 2의 표준형은 지원자가 포함/배제 준거에 적합한 정도의 증상을 갖고 있는지를 결정해야 하는 임상 연구에 사용될 수 있을 것이다. 부모 혹은 교사 평정 점수는 소아 정신병리의 다면적 평가에 초점을 맞춘 연구에서 특히 유용하게 활용될 수 있고 단축형은 지역사회 기반 연구에서의 선별작업에 유용할 것이다.

(6) 사례보고서 및 해석상담의 예

① K-CDI 2를 활용한 불안이 높아 집중이 어려운 아동 사례-관찰자인 부모용과 교사용 응답 활용사례

• **사례보고서**

이름	김○○
인적사항	15세, 여학생, 중학교 3학년
내방경위	시험에 대한 불안이 높고, 무엇을 해도 잘 못할 것 같다는 생각이 들어 힘들어하는 자녀를 보며 엄마의 권유로 상담 신청함.

배경정보	혼자 있는 것을 좋아하며, 활발하게 친구들과 교류하지 않음. 자신을 드러내는 것에 부끄러움을 느낌. 학업 관련하여 전반적인 수업태도는 좋음. 모둠활동 하는 데 어려움을 느끼고, 발표하는 데 어려움이 있음. 내담자는 특정 과목을 제외하고 학업성적이 우수하지만 학업에 대한 스트레스 또한 높음. 남의 평가를 두려워하며 의기소침할 때가 많음.
검사태도	검사 소요 시간 약 10분으로 표준시간 15분에 비해 시간이 적게 걸림. 특이사항 없음.
검사 결과	▶ 전체 T점수 61점으로 평균보다 높으며 하위척도별 정서적 문제 중 부정적 자존감(70)은 평균보다 훨씬 상승된 점수로 주의 깊은 탐색이 필요함. 기능적 문제 중 대인관계 문제(64)도 평균보다 높게 나타나므로 탐색이 필요함. ▶ 부모용 검사 결과, 전체 T점수 68점, 정서적 문제 71점, 기능적 문제 60점으로 아동의 검사 결과보다 전체 점수가 7점 높게 나옴. 정서적 문제에서 높은 점수가 나타나는 것은 아동의 검사 결과와 일치함. ▶ 교사용 검사 결과, 전체 T점수 57점, 정서적 문제 59점, 기능적 문제 54점으로 학교에서 관찰된 아동의 모습은 평균적인 수준으로 나타남. 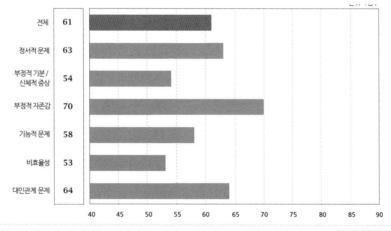
해석상담 요약	• 검사 결과에서 보여지는 내담자는 전체 T점수 61로 평균보다 높게 나타남. 하위 요인 중 부정적 자존감, 대인관계 문제에서 각각 T점수 70, 64로 평균보다 높으며, 부정적 자존감은 수치가 매우 상승해 있는 것으로 나타남. 특히 결정 문항인 자살사고와 관련된 문항(8번)에 대해 "죽음에 대해 생각하지만, 행동으로 옮기진 않을 것이다"로 체크되어 있어, 신속한 후속 조치가 필요한 것으로 보임. • 해석상담 결과, 내담자는 가족에게서 사랑을 많이 받고 자랐다고 보고하고 있으며, 초등학교 저학년 때는 공부도 잘해서 부모님에게 칭찬을 많이 받았다고 함. 하지만 초등학교 고학년이 되어 학습과 관련한 결과에 부모로부터 부정적 피드백을 받았던 경험이 쌓이게 되면서, '열심히 해도 잘 못할 거야' '잘하고 싶은데 항상 내가 원하는 만큼의 결과가 나오지 않아' '역시 난 잘 못해'라는 생각과 함께 학습에 대한 무기력감을 느끼고 있음이 확인됨. 이러한 점이 친구들과의 상호작용에서도 위축으로 나타나고 모든 관계에서 잘못을 자신에게로 귀인하는 패턴을 보여 친구들과의 관계에서도 어려움이 있는 것으로 확인됨.

개입방향	• 스트레스 대처행동 습득
	  −학습과 관련하여 예상되는 스트레스를 알아차리고, 이를 해소할 수 있는 프로그램에
	   참여하여 스트레스 상황에서도 자신을 조절하는 능력을 키우도록 돕기
	• 긍정적 자기개념
	  −느껴지는 다양한 감정을 인식하고, 표현해 보는 경험 가지기
	  −긍정적인 기억들을 떠올려 보며, 자신의 강점과 자원을 찾고, 자신이 실천할 수 있는 긍
	   정적 행동 만들어 실천해 보기
	  −내가 꿈꾸는 미래를 떠올려 보며 목표 인식하기
	• 학습습관 형성
	  −시간을 효율적으로 관리할 수 있도록 세분화하고, 실천 가능한 공부 계획 짜기
	  −학습의 효율성을 높이기 위한 주변환경 조성하기
	  −실패를 배움의 기반으로 생각할 수 있도록 돕고, 학습과정에서 어려움이 있어도 긍정
	   적인 태도를 유지하는 연습하기
	• 부모−자녀 의사소통
	  −아동, 교사, 부모 K−CDI 2 검사 결과를 비교해 볼 때, ○○이는 부모님과의 관계에서 영향을
	   많이 받고 있는 것으로 보임. 특히 ○○이는 학업에 대한 엄마의 부정적 피드백에 영향
	   을 받으므로 부모−자녀 간 개방적인 대화 기술과 소통 능력 기르기

결과	▶상담 종결시점 사후 검사 결과
	• K−CDI 2 사후 결과(자기보고형), (부모형), (교사형):
	  → 스트레스에 대처하는 방법을 습득하고, 긍정적 자기 인식, 새로운 학습전략을 통해 도
	   전하고자 하는 의지를 키움. 또한 억압받지 않고 자유롭게 사실 또는 감정을 표현할
	   수 있는 개방적인 의사소통 기회를 가지며 부모가 ○○이를 격려하는 관계를 형성함.

제언	• 학습이 주된 우울의 원인으로 나타나기 때문에, 적합한 학습전략을 계획하여 효과적인 학습 이 이루어질 수 있도록 도움을 줄 필요가 있음. • 자살 관련 문항에서 높은 점수가 나왔기 때문에, 계속적인 관심이 필요하며, 자신을 돌보 고 정서를 조절할 수 있도록 도와줄 필요가 있음. • 교사의 관찰 보고에 따르면 ○○이는 학교생활에서는 특별한 징후가 나타나지 않는 것으 로 보임. 반면, 가정에서 나타나는 ○○이의 모습은 검사 결과 전체 점수에서 교사 보고 와 차이가 나타나므로 가정에서 받는 자극에 더 민감하게 반응하는 것으로 보임. 따라서 부 모−자녀 간의 관계를 면밀히 살펴보고 정서적 지원, 부모와의 소통에 관심을 기울이고 지 속적인 지원을 유지할 필요가 있음.

• 해석상담

상담자 1   잘 지내셨어요? 오늘 기분은 어때요? 지난번 ○○이가 검사했던 '한국어판 아동우울척도 2판' 검사 결과를 함께 살펴보도록 할게요.

내담자 1   좀 떨리긴 하지만, 어떤 결과가 나와도 상관없어요.

상담자 2   담담하게 들리는데 지난번 검사하면서 힘든 점은 없었나요?

내담자 2   네. 힘든 점은 없었는데, 저를 보여 준다는 것이 좀 부끄럽고, 싫기도 해요.

상담자 3   그런 마음이 들 수도 있지요. 오늘 보여 주는 결과에서 수치가 높게 나오는 것들이 있더라도 해당 부분에 대한 평가일 뿐이니 ○○이에 대한 평가로 생각하지 않았으면 좋겠어요. 그럼 검사 결과지를 함께 보면서 이야기 나누어 볼까요?   정서적인 안정화 작업

내담자 3   네. 알겠습니다.

상담자 4   우선, 전체 점수가 61점으로 평균보다 조금 높은 점수가 나왔네요. 평소 우울한 기분이 들어 생활하는 데 어려움이 있을 때가 있었나요?   평소 우울감에 대한 탐색 질문

내담자 4   하는 일마다 귀찮기도 하고, 매일매일 울고 싶다는 생각이 들 때가 많아요. 특히 시험 기간이 되면 초조한 마음이 생기기도 하고, 그러다 깊은 생각에 빠져들면 눈물이 나기도 해요.

상담자 5   많이 힘들었군요. 비슷한 경험이 있어 그 마음이 이해가 되네요. 혹시 중학교 이전에도 시험 기간이 되면 초조하고 불안한 마음이 들었나요?   공감과 우울감에 대한 이전 히스토리 탐색

내담자 6   원래는 안 그랬던 것 같아요. 유치원 때 기억은 굉장히 활발했던 것 같아요. 운동도 잘하고, 특히 수영을 잘해서 대회에서 상도 받곤 했어요. 기억해 보면 똑똑하다는 소리도 많이 듣고 자란 것 같아요. 초등학교 들어가면서 계속 반장도 하고, 친구들을 리드하는 활동을 좋아했어요.

상담자 6   어릴 때는 운동도 잘하고, 공부도 잘하는 모범생이었군요. 친구들 사이에서도 리더도 잘하는 그런 친구였네요. 초등학교 고학년이 되면 공부가 조금씩 어려워지는데 혹시 그때는 어땠을까요?   시험 불안에 대한 원인 탐색을 위해 공부에서의 어려움 탐색

내담자 6   제가 책 읽기를 좋아해서 국어는 잘했는데 수학이 점점 어렵더라구요. 수학 점수가 생각보다 안 나오다 보니 엄마한테 혼나는 일이 많았어요. 사실, 학원에 다니기 싫었는데, 엄마가 저를

끌고 가다시피 해서 학원을 가게 되었어요. 그렇다고 성적이 더 오르진 않았어요.

상담자 7 책 읽기도 좋아해서 국어를 잘했군요! 꼭 수학이 아니더라도 잘 하는 것들도 있었는데 수학으로 자신을 평가받는 것이 어땠어요? 촉발요인 탐색

내담자 7 수학 점수만 아니면 다 잘할 수 있다는 자심감이 있는데, 수학 이 힘들었어요. 성적이 떨어지니 더 공부도 하기 싫어지고, 반 장이 왜 저렇게 공부도 못하지? 그렇게 쳐다보는 것 같고, 친구 들이 저를 어떻게 볼까 생각하니 점점 어울리는 것도 쉽지 않았 어요.

상담자 8 성적 때문에도 힘든데 친구관계까지 어려움을 겪었네요. 그래 서인지 위축된 마음들이 검사 결과에 반영된 것 같아요. 정서적인 문 제를 확인하는 내용 중 부정적 자존감 점수가 매우 높아요. 여 기서 부정적 자존감이라는 것은 낮은 자존감, 자기혐오, 사랑받 지 못하는 느낌 같은 것이에요. ○○이 생각해 봤을 때 좀 어땠 던 것 같아요? 결과 해석

내담자 8 저는 뭐든 잘못하고 있는 제가 싫어요. 원래부터 잘못했다면 그 런 생각이 오히려 들지 않을 것 같은데, 잘하다가 이러니 속상 하고 사실 죽고 싶은 생각도 들어요. 엄마, 아빠가 잘해 주는 것 이 더 미안할 때도 있고요.

상담자 9 속상하고 자신에게 실망스런 마음도 있고, 부모님께 미안한 마 음도 있으니 죽고 싶은 마음이 들 때도 있었을 것 같아요. 그래 서인지 검사 결과를 문항별로 살펴보았을 때 조금 걱정되는 부분이 있었어요. 8번 문항에서 '죽음에 대해 생각하지만, 행동으로 옮기진 않을 것이다'라고 체크를 했네요. 혹시 최근에 죽음에 대한 생각을 해 본 적이 있나요? 공감과 탐색 질문

내담자 9 기말 시험 준비하면서, 또 성적이 잘 안 나오면 어떻게 해야 될 지 불안이 올라오더라고요. 그런 생각이 들다가 갑자기 죽어 버 리면 이런 걱정을 안해도 되지 않을까 라는 생각이 스쳤어요. 하지만 죽진 않을 거에요. 엄마한테 미안해서 그렇게 하면 안 된다는 건 알고 있어요.

상담자 10 다행이네요. 이렇게 상담을 와서 어떤 어려움이 있는지 확인하 고 해결 방법을 찾으면 지금보다 훨씬 편안해질 수 있을 거에 요. 혹시라도 죽음에 대한 생각이나 행동을 하고 싶어진다면 잠시 멈 상담에 대한 기대감 부여와 안전에 대한 확인 및 연습

추고 깊은 호흡을 세 번 한 후 부모님이나 상담선생님께 도움을 요청
했으면 좋겠어요. 한번 연습해 볼까요? 힘들 땐 이야기하고 함께
이겨 내 보아요. 약속해 줄 수 있죠? 그럼, 호흡 연습 한번 해 볼
까요? 하고 나니 좀 어때요?

내담자 10   마음이 조마조마 했었는데 조금 편안해졌어요. 그리고 한번 이
겨 내 볼게요. 약속할 수 있어요.

상담자 11   친구들과의 관계는 어떤지 궁금해요. 문항 21에서 친구가 거의
없다고 체크를 하셨네요.

친구관계 탐색 질문

내담자 11   친구들이 있긴 해요. 하지만 제가 친구들과 어울리는 것을 별로
좋아하지 않는 것 같아요. 집에 혼자 있는 게 더 편하고, 혼자
있는 게 익숙해져서 그런지 친구들이 다가오는 것이 이제는 불
편할 때가 더 많아요.

상담자 12   결과에서 보면 기능적 문제 중 대인관계 문제에서 평균보다 높
은 점수가 나타났어요. 원래부터 어울려 지내는 것을 힘들어하
진 않은 듯한데, 혹시 어떤 계기가 있었나요?

*검사 결과와
히스토리의 차이에
대한 탐색 질문*

내담자 12   잘은 모르겠지만 그냥 수학 성적이 떨어지면서부터 모든 것이
부정적으로 바뀐 것 같아요. 친구들과 놀다가도 수학 성적이 떠
오르고, 그러면 불안한 마음이 들어 우선 집으로 가 있는 것이
마음이 편했어요.

상담자 13   이해가 되네요. 노는 것도 마음이 편해야 놀 수 있는데, 불안한
마음이 생기니 노는 것에도 집중을 못하는 상황이 되었겠네요.

내담자 13   결과를 들어 보니, 저의 마음이 그대로 나타난 것 같아 신기하
기도 하고, 걱정이 되기도 해요.

상담자 14   걱정이 된다는 것은 어떤 이유인 거죠?

내담자 14   그냥 우울한 정도로만 생각했는데, 제가 생각했던 것보다 심각
한 것 같아 걱정도 되고, 노력해서 바꿔야겠다는 생각도 했어요.

상담자 15   여러 가지 마음이네요. 그래도 노력해서 바꿔야겠다는 생각이
들었다니 ○○이는 참 힘이 있는 친구라는 생각이 드네요. 그럼,
어떤 노력을 하면 우울함에서 좀 벗어날 수 있을지 한 가지씩 생각해
볼까요?

*강점 인식과 우울감
해소를 위한
방안 탐색*

내담자 15   저에게 가장 고민되는 것은 성적인 것 같아요. 수학에 대한 자신
감이 생기면, 시험 칠 때 조마조마한 마음도 사라질 것 같고요.
이것만 해결되면 친구랑 지내는 것도 자신 있을 것 같아요. 엄마

한테 드는 미안한 마음까지도요.

상담자 16 ○○이는 성적을 높이고 싶다는 의지도 있고, 또 이것이 해결되면 친구관계에서도 좀 자신감이 생길 수 있을 것 같아요. 그래서 상담에서 수학에 대한 학습전략을 함께 짜 보는 것도 도움이 되겠다는 생각이 들어요.   동기유발과 우울감 완화를 위한 학습상담 제안

내담자 16 저도 누군가 함께해 준다면 좀 더 자신이 생길 것 같아요. 제가 공부계획을 한번 짜 볼게요. 하기 싫다는 마음이 커서 사실 안 한 것도 있거든요. 실천할 수 있는 계획을 짜서 다음에 점검받아 볼게요.

상담자 17 다음 주에 어떤 계획을 하고 실천해 보았는지 이야기해 보면 좋겠네요. 지금까지 검사했던 결과를 함께 살펴보았는데, 나누어 보니 어땠어요?   결과 해석에 대한 소감나누기

내담자 17 막연한 우울감이 저를 힘들게 할 때가 많았어요. 밝았던 저를 찾고 싶다는 생각은 있었지만 어떻게 해야 될지 막막했어요. 오히려 검사 결과를 듣고 나니 속이 후련해지면서 제가 어떻게 하면 될지 생각도 떠올라요.

상담자 18 밝았던 자신을 찾겠다는 생각을 했다니 저도 기분이 좋습니다. 그럼, 어떻게 하면 될지 생각이 떠올랐다고 했는데, 먼저 무엇부터 해보겠다는 생각이 들었는지 이야기해 볼까요?   변화 대화 시도 구체화하기

내담자 19 저는 원래 잘하는 게 많은 아이였는데, 자신이 없으니 공부가 하기 싫었던 마음이 컸던 것 같아요. 그러다 보니 그냥 '나는 못해'라고 생각하며 열심히 해 보려는 노력조차 하지 않았던 것이 사실이에요. 그래서 제가 할 수 있는 만큼 계획을 세우고 열심히 노력해 보고 싶어요.   변화 대화

상담자 19 그 이야기를 들으니 저도 힘이 나는데요! 노력하겠다는 마음가짐이 중요한 거 같아요. 어려울 수 있을 텐데 마음을 잘 잡아 줘서 고맙네요. 그럼, 이것으로 해석상담은 마칠게요.   변화의지에 힘 실어주기

3. 불안관련 검사

불안이란 누구나 생활 속에서 흔히 경험하는 불쾌하고 고통스러운 감정으로 적절한 수준일 경우 삶을 더욱 안전하고 평화롭게 지낼 수 있도록 도와 삶의 활력이 될 수 있다. 그리고 **정상적 불안**(normal anxiety)은 실제적 위험에 의해 촉발되는 것으로 위험이 더 이상 존재하지 않으면 사라지게 된다. 하지만 현실적인 위험의 정도에 비해 과도하게 심한 불안을 느끼거나 불안 유발 대상이 사라졌음에도 불구하고 불안이 과도하게 지속된다면 불안반응의 부적응적인 양상으로 **병적인 불안**(pathological anxiety)이라 할 수 있고 이러한 불안은 일상생활에도 어려움을 초래한다.

일반적으로 불안은 신체적 특성, 행동적 특성, 인지적 특성으로 나누어 살펴볼 수 있다. 불안한 상황에서는 **신체적으로** 흠칫함, 안절부절, 떨림, 긴장, 복부와 가슴의 압박감, 심한 발한, 땀에 젖은 손바닥, 약한 현기증, 구강 건조증, 호흡곤란, 두근거림, 식은땀, 배탈 혹은 구토와 같은 증상을 나타낸다. **행동적으로는** 회피행동, 매달리거나 의존적인 행동, 불안한 행동 등으로 나타나고 **인지적으로는** 근심, 계속되는 미래에 대한 걱정이나 두려움, 신체감각에 대한 몰두, 통제력 상실에 대한 두려움, 불안을 유발하는 사고에 대한 반추, 무질서하고 혼란스러운 생각, 생각에 집중하는 것에 대한 어려움, 통제할 수 없는 것에 대한 생각 등의 상태를 보인다. 병적인 불안으로 인하여 과도한 심리적 고통을 느끼거나 현실적 적응에 심각한 어려움을 겪을 경우 불안장애로 진단하는데 이때는 불안과 공포가 주된 증상으로 병적인 불안이 나타나는 양상, 불안을 느끼는 대상/상황에 따라 여러 하위 유형으로 구분된다.

불안장애는 전 세계적으로 가장 만연한 정신건강 장애로 우리나라에서도 정신건강 장애 중 가장 높은 비율을 나타낸다고 하며 다른 정신장애를 가진 사람들에게서도 흔히 나타나는 증상이다. 그러므로 불안장애 증상이 있을 경우 조기에 선별하여 적절한 개입을 제공하는 것이 필요하다. 따라서 불안에 대한 정확한 진단과 치료 및 예방에 대한 요구가 증가하고 있으므로 우리나라 특성을 반영한 대상에 따른 불안 측정 도구 몇 가지를 소개하고자 한다.

1) 한국형 정신건강 선별 도구: 불안(MHS:A)-만 18세 이상

(1) 개요

우리나라에서 현재 사용되고 있는 검사도구들은 외국에서 쓰이는 검사도구를 단순 번역하여 타당화 과정 없이 활용되고 있는 경우가 많고, 주로 국외에서 개발된 도구를 번안 과정을 거쳐 사용하고 있기 때문에 문화적 차이로 인해 한국인들이 경험하는 불안 증상의 특성을 제대로 반영하지 못한다는 한계도 존재한다. 그리고 현재 사용되고 있는 검사도구 중 일부는 『Diagnostic and Statistical Manual of Mental Disorders(DSM-5)』의 범불안장애의 전체 진단 기준을 포괄하지 못하고 있다는 점에서 선별 도구로서의 한계를 가진다. 이러한 한계점을 보완하여 일차 의료 장면에서 비교적 높은 정확도로 범불안장애 환자를 조기에 선별, 적절한 개입을 제공하기 위한 목적으로 '한국형 정신건강 선별 도구: 불안(Mental Health Screening Tool for Anxiety Disorders: MHS:A)'이 개발되었고 간편한 시행으로 비전문가도 사용이 가능한 동시에 높은 진단적 타당성, 민감도 및 특이도를 확보했다는 장점이 있다.

(2) 발달과정과 역사

범불안장애는 수많은 주제에 대한 과도한 불안과 걱정을 주된 증상으로 하는 불안장애의 하위 유형 중 하나로, 통제 불가능하고 지속적인 걱정과 이에 수반하는 심리적·신체적 각성 반응이 동반되는 장애이다(APA, 2013). 범불안장애의 유병률은 점차 증가하는 추세이지만 불안장애 치료를 위해 정신건강 서비스를 이용하는 비율은 27.3%에 불과하고, 이 중 정신건강의학과를 방문한 비율은 19.3%로 더욱 낮은 수준에 그치는 것으로 보고되었다(보건복지부, 삼성서울병원, 2016). 이는 우리나라의 경우, 일상생활 내 지장을 초래할 만한 불안을 경험하면서도 정신질환에 대한 낙인을 두려워하여 직접적인 치료를 받지 않는 경우가 많다고 알려져 있다.

최근 수년간 임상 장면에서 시간과 노력, 비용을 절감하면서도 정신질환의 유무를 확인할 수 있는 선별 도구들이 많이 개발되고 있으나 불안을 측정하는 선별 도구 개발 및 관련 연구는 상대적으로 저조한 수준에 그친다. 이는 '불안'이라는 개념에 대한 조작적 정의나 관점에는 학자마다 차이가 있어 불안 평가 도구에서 무엇을 잴 것인지에 대해서 의견이 다양하기 때문이기도 하다. 범불안장애는 DSM-III에서 처음 소개되었으나 당시에는 다른 불안장애의 진단 기준을 만족하지 않을 때 내리는 일종의 잔류 진단으로 분류되었고(APA, 1980), DSM-III-R부터 걱정이 범불안장애의 핵심 증상으로 부각되면서 독립적인 장애군으로 고려되기 시작했다(APA, 1987). 이후 DSM-IV부터는 현재 사용하고 있는 진단 준거의 범불안장애로 알려지게 되었다(APA, 1994).

2000년대 이후 범불안장애 선별 도구가 더욱 본격적으로 개발되기 시작하였으나 국내에서는 범불안장애를 선별하기 위한 목적을 가진 도구가 아직 개발된 바 없다. 그러므로 범불안장애의 아홉 가지 핵심 진단 기준(과도한 걱정, 걱정 조절의 어려움, 안절부절못함, 피로, 주의집중 곤란, 과민성, 근육 긴장, 수면 교란, 기능 손상) 영역을 아우르면서 범불안장애를 효율적으로 선별해 낼 수 있는 새로운 도구의 개발이 요구되었다.

　선별 검사의 정확도는 검사 개발 단계에서 중점적으로 고려하는 요인으로, 민감도와 특이도라는 지표로 판단할 수 있다. 민감도(sensitivity)는 실제 질병이 있는 환자를 임상군으로 분류할 수 있는 능력 정도를 수치화한 것이다. 특이도(specificity)는 실제로 질환이 없는 대상자를 비임상군으로 분류할 수 있는 능력을 수치화한 것이며, 민감도와 특이도가 모두 1.0에 가까울수록 진단적 능력이 높은 평가 도구로 판단된다. '한국형 정신건강 선별 도구: 불안(MHS:A)'은 근거 중심의 평가 도구 설계 체계를 적용하고, 문항의 민감도와 특이도가 확보된 검사도구이다.

(3) 검사의 구성

　'한국형 정신건강 선별 도구: 불안(MHS:A)'은 11문항으로 구성되어 있는 자기보고형 검사로, 수검자는 지난 2주간 각 문항에 해당하는 증상을 얼마나 자주 경험하였는지 떠올리며 직접 문항에 답하게 된다. 총 11개의 문항에 대해 각각 '결코 그렇지 않다'(0점)에서 '항상 그렇다'(4점)로 구성된 5개의 선택지 중 하나에 표시한다.

　MHS:A는 DSM-5에서 제시하는 불안장애 환자들의 진단적 특징인 과도한 걱정, 걱정 조절의 어려움, 안절부절못함, 피로, 주의집중 곤란, 과민성, 근육 긴장, 수면 교란, 기능 손상, 기타 신체증상 등의 총 열 가지 범불안장애 진단영역을 포함하고 있다. '과민성' 두 문항을 제외하면 각각의 문항은 서로 다른 진단 기준을 아우른다. '주의집중 곤란' '수면 교란' '기능 손상'의

표 11-9　MHS:A의 문항과 문항별 DSM-5 해당 영역

No.	문항	DSM-5 진단영역
1	(지난 2주간) 이성적으로 참아 보려고 해서 불안을 견디기 힘들었다.	과도한 걱정
2	(지난 2주간) 걱정하는 것을 조절하거나 멈출 수가 없었다.	걱정 조절의 어려움
3	(지난 2주간) 초조하고 안절부절못했다.	안절부절못함
4	(지난 2주간) 피곤하여 다른 생각을 할 수 없었다.	피로
5	(지난 2주간) 어떤 것에도 도무지 집중할 수 없었다.	주의집중 곤란
6	(지난 2주간) 주변에서 오는 모든 자극에 신경이 쓰였다.	과민성
7	(지난 2주간) 머리가 무겁고 목이 뻣뻣했다.	근육 긴장
8	(지난 2주간) 잠을 잘 자지 못해서 오전 내내 피곤했다.	수면 교란
9	(지난 2주간) 불안하고 초조해서 직장생활과 사회생활에 어려움이 있었다.	기능 손상
10	(지난 2주간) 갑자기 가슴이 답답해진 적이 있었다.	기타 신체 증상
11	(지난 2주간) 긴장되거나 신경이 곤두섰다.	과민성

경우 MHS:A가 추가적으로 포괄하고 있는 영역이다. 〈표 11-9〉에 각 문항에 대응되는 진단
영역을 표기하였다.

(4) 실시와 채점

① 검사 대상

MHS:A는 18세 이상 성인을 대상으로 하는 검사로 불안장애를 선별해 내기 위해 일차 의
료기관, 학교 혹은 상담기관 등에서 유용하게 사용될 목적을 가지고 개발되었으므로 검사의
실시를 위한 특별한 자격요건의 제한은 없다.

② 검사 실시 및 유의점

수검자가 글씨를 읽는 데 어려움이 있는 경우 문항을 소리 내어 읽어 줄 수 있지만, 읽어
주기 전에 수검자에게 검사에서 지시하는 요구사항, 기간(지난 2주), 5개의 선택지 등에 대
해 충분히 숙지시킨 후 시행한다.

③ 채점 시 유의점

이 검사는 문항별로 고유한 '가중치'를 가지는 검사로 오프라인 검사지나 온라인 검사상 개별
문항의 점수를 단순히 합산하여 점수를 내는 것은 불가능하다. 그리고 단순 합산 점수와 본 검
사가 제안하는 절단점이나 난이도 점수와 비교해서는 사용할 수 없다. 반드시 인싸이트에
서 제공하는 온라인 채점 시스템을 활용하여 채점하여야 한다.

검사 실시자는 수검자의 응답 결과가 온라인 채점 프로그램을 통해 채점될 수 있도록 인싸
이트 홈페이지(https://www.inpsyt.co.kr)에 접속하여 My page의 [심리검사 실시]에서 [답안
입력/온라인 검사 실시]를 누르고, [답안입력형]을 선택해야 한다. [답안입력형] 실시에서 검
사지에 표시된 문항별 응답을 문항 번호에 따라 클릭하거나 키보드 숫자판을 이용하여 입력
한 후 My page의 [심리검사 결과]에서 실시한 검사의 결과를 확인할 수 있다.

④ 검사 결과 및 해석

MHS:A 검사를 실시하면 [그림 11-3]과 같은 결과표가 제공된다. A는 수검자의 불안 점
수이며, 앞에서 언급한 대로 가중치를 적용하여 산출된 값이다. B는 해당 점수의 백분위 값
을 나타내며, 100%는 전체 응답한 사람 중 불안이 가장 심각하다는 것을 의미한다. C에서는
해당 점수가 범불안장애의 절단점(15점)을 넘었는지 여부를 나타내며, D에서는 범불안장애

(GAD-7)와의 동등화 작업을 통해 산출된 심각도 수준을 제안하며 해당 점수는 F에서 시각화되어 제시된다.

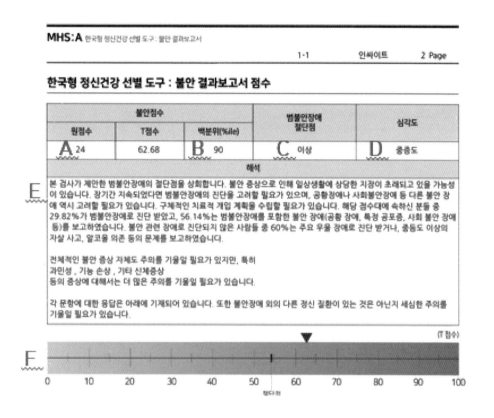

E에서는 해당 점수에 대한 설명과 주의해야 하는 영역, 그리고 각 점수대에서 실제로 어느 정도로 불안 및 기타 정신장애에 진단되었는지를 보여 준다. 해당 메시지는 심각도 수치와 MHS:A의 절단점을 모두 고려하여 작성되었다. 점수대별 진단 비율을 추가한 것은, 절단점이 절대적인 선이 될 수는 없다는 것을 주지하기 위함이다. 예를 들어, MHS:A의 점수가 14점이 나왔다고 해도 범불안장애(GAD)로 진단을 내릴 수 있는 사례가 있고, 16점이어도 범불안장애(GAD) 진단이 내려지지 않은 경우가 상당히 많이 존재함을 확인할 수 있다. 따라서 임상가는 점수를 해석함에 있어 신중을 기할 필요가 있다. G에서는 수검자가 실제로 응답한 응답 내용을 보여 주며, 임상가가 필요에 따라 활용할 수 있도록 하였다. 마지막으로, H는 수검자가 복수의 횟수만큼 검사를 진행했다면 그간의 추이를 나타내는 데 활용된다.

G 응답 문항(지난 2주간)

No.	문항	결코 그렇지 않다	드물게 그렇다	때때로 그렇다	자주 그렇다	항상 그렇다
1		0	1	②	3	4
2		0	1	②	3	4
3		0	①	2	3	4
4		0	1	②	3	4
5		0	①	2	3	4
6		0	①	2	3	4
7		0	1	②	3	4
8		0	1	②	3	4
9	★	0	1	2	3	④
10	★	0	1	2	③	4
11	★	0	1	2	③	4

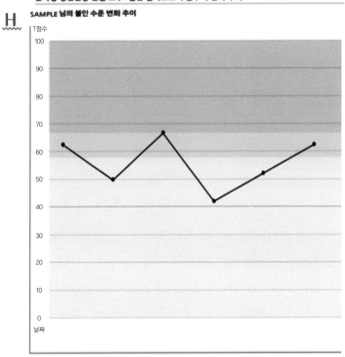

한국형 정신건강 선별 도구: 불안 결과보고서 점수의 변화 추이

H SAMPLE 님의 불안 수준 변화 추이

[그림 11-3] MHS: A 검사 결과 부분별 예시

이 검사는 선별 도구로 개발되었지만, DSM-5의 모든 영역을 포괄하고 있는 만큼, 일정 기간 동안의 변화를 파악하는 데에도 효과적으로 활용할 수 있다. 본 기능을 통해 매 회기마다의 변화를 추적할 수도 있고, 오래간만에 다시 기관을 방문했을 때도 쉽게 이전의 기록을 열람하고 비교하는 것이 가능하다.

(5) 사례보고서 및 해석상담의 예

① 사례 1: MHS:A를 활용한 불안이 높은 여성 사례

• **사례보고서**

이름	최○○
인적사항	만 43세, 여성, 서비스직(○○○ 고객센터), 무교
내방경위	고객센터 전화상담 업종에 종사하며 높은 직무 스트레스로 상담 신청함.
배경정보	○○○ 고객센터 전화상담원 3년차로, 통신사 고객의 불만이나 기타 사항에 대한 전화 응대 및 안내 업무를 담당하고 있음. 출퇴근 시간이 일정하고 연차 사용이 비교적 자유로워 육아를 위해 전에 다니던 회사를 그만두고 이직하였으나, 악성 고객 민원을 반복 경험하면서 불면, 불안 등의 증상을 지속적으로 느껴 왔음. 집에서는 초등생 자녀 양육에 상당한 스트레스 있음을 보고함.
검사태도	검사 소요 시간 약 8분으로 상당히 오래 걸림. 검사 응답을 하고 수차례 수정하는 모습 보임.

불안 점수			범불안장애 절단점	심각도
원점수	T점수	백분위(%ile)		
33	73.3	99.0	이상	고도

검사 결과	▶ 검사가 제안하는 범불안장애의 절단점을 크게 상회함. 불안 증상으로 인해 일상생활에 상당한 지장이 초래되고 있을 가능성이 매우 높으며, 범불안장애 혹은 기타 불안 관련 진단을 고려할 필요가 있음. ▶ 즉각적인 치료 개입이 뒤따라야 하며, 특히 과민성 등의 증상에 대해서 더 많은 주의를 기울일 필요가 있음.
해석상담 요약	• MHS:A 검사 결과, 원점수 33점(73.3T, 99.0%ile) 심각도 고도에 해당함. • 면담 결과, 범불안장애 가능성이 높은 것으로 보이며, 증상 지속 기간은 약 6개월 이상 지속된 것으로 보임. • 해석상담 결과, 부분적으로 병식이 형성되었음. 또한 정신건강의학과 진료나 심리상담 치료와 관련한 내담자의 사회적 불편감을 해소하여 치료에 집중할 수 있도록 동기를 강화함.

개입방향	• 불안에 대한 증상 확인 　-범불안장애의 증상 특성과 관련하여 진단 기준에 따른 면담 실시 • 치료적 개입에 대한 불안 요인 확인 및 처치 　-정신건강의학과 진료 및 심리상담 치료에 대한 사회적 불편감 확인 후 비밀 유지의 원 　　칙을 설명하여 불안감을 해소 • 치료적 개입 유지 　-정신건강의학과 진료 및 심리상담 치료를 동시에 권유하여 치료적 효과 상승을 볼 수 　　있도록 안내
결과	• 정신건강의학과 진료 및 심리상담 치료에 대한 사회적 불편감 해소 • 정신건강의학과 병의원 진료 및 약물치료 예정 • 정신건강의학과 병의원 진료 후 심리상담 치료 예정
제언	• 정신건강의학과 병의원 진료 후 약물치료 유지 　-범불안장애의 증상 특성과 관련하여 약물치료를 유지하며 예후 관찰할 필요 있음. • 불안 증상과 관련한 스트레스 사건 세부 파악 및 해소 　-범불안장애 증상과 관련한 직무 스트레스, 양육 스트레스 등에 대해 보다 세부적인 접 　　근으로 내담자가 실생활에서 느끼는 스트레스를 해소할 필요 있음.

• 해석상담

상담자 1 　조금 전에 실시하신 '한국형 정신건강 선별 도구: 불안' 검사 결　　　탐색 질문
　　　　　과를 살펴보는 시간을 갖도록 하겠습니다. 검사 결과를 살펴보
　　　　　면 불안 점수가 높게 나왔는데, 평소에 스트레스를 받는 것이
　　　　　있으신가요?

내담자 1 　3년 전쯤에 원래 하던 일을 그만두고 ○○○ 고객센터로 이직을
　　　　　했어요. 월차도 보장되고 근무시간도 이전 회사랑 비교하면 애
　　　　　키우는 데 더 낫겠다 싶어서 직장을 옮겼는데, 생각보다 일이
　　　　　저한테 잘 맞지도 않고 사람을 대하는 일이 너무 힘들어요.

상담자 2 　사람을 대하는 일이 힘들었던 경험에 대해 더 이야기해 줄 수　　　구체화
　　　　　있을까요?

내담자 2 　불만이 많은 고객들한테서 전화가 와서 상담을 하다 보면, "당
　　　　　장 해지를 안 해주면 찾아가서 멱살을 잡겠다." "불을 질러 버린
　　　　　다." 등등 협박을 하는 사람이 너무 많아요. 간혹 성희롱이나 추
　　　　　행 같은 말을 하는 사람들도 있어요. 그런 전화를 받고 나면 하

루 종일 예민해지고 며칠 동안 계속 그 말을 생각하면서 '진짜 찾아오면 어쩌나……' 하는 걱정을 하게 돼요.

상담자 3	그런 걱정을 언제부터 하셨나요?	범불안장애 진단 기준 A 확인 질문
내담자 3	입사하고 2년 정도는 고객들에게 어떤 말을 들어도 그러려니 하고 그냥 참을 수 있었어요. 그런데 올해 초부터는 그냥 참아지지 않고 계속 걱정이 되더라구요. 혹시 직장으로 찾아와서 난동을 부리면 어쩌나, 집으로 찾아와서 애한테 해코지하면 어쩌나 하는 생각이 들면서 걱정이 멈추지 않았어요.	범불안장애 진단 기준 A, B 확인
상담자 4	올해 초부터 지금까지면 벌써 1년이 거의 다 되어 가네요. 올 한 해 동안 정말 많이 힘드셨겠어요. 최○○ 님에게 올 한 해 동안 힘든 일 중에서 또 어떤 일들이 있었나요?	범불안장애 진단 기준 C 확인 질문
내담자 4	말도 마세요. 애한테 더 잘해 주려고 이직을 한 건데 올해는 애 학교 행사에도 못 가고 뭔가 거꾸로 된 것 같아요. 가만히 있어도 벼랑 끝에 있는 느낌이고 하루 종일 걱정하다 보니까 피곤해서 그런지 밤에 잠도 잘 못 자요. 눈은 감고 있어도 잠이 안 와요. 잠을 못 자니까 회사에 지각도 자주 해서 팀장님한테 혼나는 일도 많았어요. 안 그래도 일 때문에 스트레스를 받는데 팀장님한테도 안 좋은 소리를 반복해서 들으니까 이게 정말 내가 해야 하는 일이 맞나 싶어요. 하루 종일 일하고 헤드셋을 머리에서 벗고 나면 목이랑 어깨가 천근만근이에요. 항상 목이 뻣뻣하고 어깨에 통증이 심해요. 그래서 더 잠을 못 자기도 하구요. 잠이 안 오면 또 걱정을 계속하고, 그게 반복되고 있어요. 아침에 출근은 해야 하니까 자기는 자는데 결국 간신히 잠이 들어도 아침에 늦게 일어나고 지각하는 경우가 많아요.	범불안장애 진단 기준 C 중 1, 2, 5, 6번 증상 확인
상담자 5	회사 근태 관리 기준에 영향을 줄 정도로 지각을 자주 하셨나요?	진단 기준 D 확인 질문
내담자 5	사실, 팀장님이 몇 번 봐 주셔서 그렇지 원래 대로라면 인사평가에서 감점이 될 정도로 지각을 자주 했어요. 사실은 올해에는 결근도 몇 번 있었어요.	진단 기준 D 확인
상담자 6	그럼, 오늘은 어떻게 업무 시간을 비우고 상담실로 오셨나요?	
내담자 6	연차는 자유롭게 쓸 수 있어서 오늘은 하루 연차를 내고 나왔어요. 회사에는 그냥 개인 사유로 연차를 쓴다고 했는데, 혹시 오늘 상담한 내용을 회사에서 알 수도 있나요? 여기 오려고 생각	

은 오래전부터 했었는데 혹시라도 제가 심리상담을 받는다는
것을 회사에서 알면 어쩌나 계속 고민했어요. 뭘 하려고 해도
고민하고 걱정하기만 반복하다 지쳐서 오늘 오긴 했는데, 이렇
게 막상 상담을 받으면서도 걱정이 떨쳐지지가 않아요.

상담자 7   거의 1년이라는 시간 동안 많은 걱정과 불안을 하신 것으로 보   비밀보장 안내 및
이는데 상담을 오기까지 걱정이 많이 되셨나 보네요. 상담 내용   상담의 동기 고취
이 회사에 전달되거나 할 일은 전혀 없으니 안심하셔도 됩니다.
지금 이 시간과 장소에서 진행하는 심리상담은 비밀을 지키는
것이 저의 의무입니다. 안심하시고 편하게 말씀하셔도 됩니다.

내담자 7   네, 감사합니다. 선생님, 그런데 제가 진짜 이상이 있는 걸까요?
다른 직원들은 힘들어하긴 해도 저만큼이나 걱정하거나 힘들어
하진 않더라구요. 저만 이런 것 같아서 남들한테 제가 혹시 이
상한 사람으로 보일까 봐 걱정돼요.

상담자 8   누구나 마음속에 문제를 한두 가지 가지고 있습니다. 최○○ 님   정서적 안정 돕기
께서 일을 하는 곳은 제가 듣기에도 스트레스가 심한 곳이라 어
쩌면 최○○ 님의 동료분들도 표가 잘 나지는 않지만 마음은 힘
든 사람도 있을 것입니다. 어쩌면 최○○ 님도 누군가에겐 문제
없어 보이기도 할 겁니다. 지금 가장 중요한 사실은 남들에게
내가 어떻게 보일까 봐 걱정하는 것이 먼저가 아니라 최○○ 님
의 마음속에 있는 불안을 치료하는 것이 최우선입니다.

내담자 8   선생님께서 그렇게 말씀해 주시니 사무실에서 친한 동생이 생
각나요. 항상 웃으면서 괜찮다고 하는 친구인데, 퇴근할 때 표
정을 보면 무표정에 영혼이 빠져나간 것 같거든요.

상담자 9   그렇군요. 최○○ 님과 같은 일을 하시는 분이라면 그분도 스트   진단 기준 E
레스가 아주 클 것 같습니다. 혹시 최○○ 님은 평소에 드시는   확인 질문
약이 있다거나 원래 앓고 계시는 지병은 없으신가요?

내담자 9   종합영양제는 계속 먹고 있고, 올해 들어서는 눈 밑에 근육이   진단 기준 E
떨리는 일이 많은데 마그네슘이 도움이 된다는 말을 들어 가끔   확인
먹어요. 어릴 때 장이 안 좋아서 한약을 먹은 적은 있는데 성인
이 된 이후로는 딱히 병원에서 약을 처방받아 먹거나 한 적은
없어요.

상담자 10   그렇군요. 알겠습니다. 그렇다면 지금 가장 힘든 점은 어떤 것
일까요?

내담자 10　예민한 생각도 그만하고 안 해도 될 걱정은 이제 좀 그만하고 잠을 좀 푹 잤으면 좋겠어요. 잠만 푹 잘 수 있으면 회사 지각 걱정도 안 할 거고, 안 피곤하면 퇴근하고 집에서 애랑 같이 편하게 보낼 수 있는 시간도 더 늘어날 것 같아요. 지금은 우리 애한테 가장 미안해요. 저도 모르게 애한테 괜히 과민하게 짜증 내는 경우가 있어요. 애는 좋아서 저한테 말도 걸고 하는 건데 저는 짜증만 내는 일이 많거든요.

상담자 11　지금 느끼는 불안 중 과민함이 가장 힘든 점이시군요. 방금 실시한 불안 검사에서 고도의 심각도로 응답이 되었고, 실제로 가장 높은 응답을 하신 요인이 '과민성'입니다. 지금까지의 면담 내용과 검사 결과를 종합해 보면 최○○ 님께서는 정신건강의학과의 진료가 필요한 경우에 해당합니다. 진단적으로는 불안장애에 해당할 가능성이 있는데, 정확한 진단은 정신건강의학과 병의원에서 전문의 선생님에게 도움을 받아야 하겠습니다.　결과 및 면담 간 통합해석

내담자 11　이 정도면 꼭 병원에 가야 할 정도인가요? 누구나 이 정도 불안이나 과민함은 가지고 있지 않을까요?

상담자 12　방금 하신 검사에서 응답하신 원점수가 33점인데, 이것을 백분위로 계산하면 99%ile입니다. 100명 중 1% 안에 속한다는 의미입니다.　결과 및 면담 간 통합해석

내담자 12　아, 제가 좀 심하긴 해도 그 정도일 줄은 몰랐어요. 다른 사람들은 보통 몇점씩 응답을 하나요?

상담자 13　최○○ 님 처럼 높은 응답을 하는 사람은 100명 중 1명입니다. 대부분의 사람들은 최○○ 님 보다 낮은 점수로 응답을 한다는 이야기이지요.

내담자 13　선생님, 제가 정말 병원을 꼭 가야 할까요? 회사에서 제가 정신병원에 다닌다는 것을 알게 되면 어쩌죠?

상담자 14　그 부분은 걱정하지 않으셔도 됩니다. 심리상담과 마찬가지로 정신건강의학과에서 진료를 받고 약물 처방을 받는다는 것 또한 비밀 유지의 원칙이 있습니다. 회사에서는 최○○ 님이 심리상담을 받는다거나 정신건강의학과 진료를 본다는 것에 대한 확인을 직접 할 수는 없습니다.　정서적 안정 돕기

내담자 14　선생님께서 그렇게 말씀하시니 정말 병원에 가 봐야 할 것 같아요. 그런데 이제 연차를 거의 다 써서 병원에 갈 시간을 내기가 어

러운데 어떻게 해야 할까요? 혹시 주말에 하는 병원도 있을까요?

상담자 15   개인 병의원 중에 토요일 진료를 보는 병원도 많습니다. 편하게 토요일 진료를 볼 수 있는 병의원을 찾아보시는 것을 추천합니다.

내담자 15   네, 아무래도 토요일에 가는 게 좋을 것 같아요. 그런데 병원에 가서 뭐라고 해야 할까요? 혹시 병원에 가서 괜한 말을 했다가 또 다른 일이 생기는 것은 아닐지 걱정이 돼요.

상담자 16   이곳에 오셔서 이야기를 하신 것처럼 편하게 있는 그대로 이야기하시면 됩니다. 오늘 받으신 검사 결과에 대해 알려 드리는 것도 좋겠습니다. 필요하시다면 오늘 진행하신 '한국형 정신건강 선별도구: 불안' 검사 결과 보고서를 출력해 드리겠습니다.

내담자 16   감사합니다, 선생님. 아무래도 정신건강의학과 병원에 가는 것이 처음이다 보니 뭘 어떻게 준비해서 가야 할지도 걱정이 돼요. 갔다가 머리가 새하얗게 돼서 아무 말도 못하면 어쩌나 하는 걱정까지 되네요.

상담자 17   지금 말씀 주신 그러한 점 또한 불안 증상과 관련한 것일 수 있겠습니다. 하지만 오늘 이렇게 상담실로 찾아와 주신 최○○ 님의 마음이야말로 치료를 시작하는 힘입니다. 약물치료를 하면 지금보다는 마음이 더 편해지실 겁니다. 그리고 약물치료와 심리상담 치료는 병행하여 함께하는 것이 좋습니다. 병원에서 진료를 보시고 약물 처방을 받으신 뒤, 다시 이곳으로 방문해 주시면 좋겠습니다. 오늘 검사를 통해 자신의 마음 상태를 알게 되니 어떠신가요?   결과 해석 소감 듣기

내담자 17   그렇게 할게요. 저도 그게 더 마음이 편할 것 같아요. 이왕 치료를 결심했으면 같이 하는 게 좋을 것 같아요. 오늘 해석해 주신 검사 결과 내용대로라면 제가 치료가 필요하다는 것을 알겠어요. 다른 사람들도 다 저처럼 불안하고 예민할 거라 생각했는데, 선생님께서 숫자로 이야기해 주시니 그게 아니라 내가 치료가 필요하구나라는 생각을 가지게 되네요.

상담자 18   네, 오늘 최○○ 님을 만나서 저에게도 여러모로 의미 있는 시간이었습니다. 앞으로도 치료적 관계로서 의미를 이어 나갔으면 좋겠습니다. 이것으로 오늘 심리검사와 해석상담은 마치겠습니다. 또 뵙겠습니다.

① 사례 2: MHS:A를 활용한 불안이 높은 남성 사례

• 사례보고서

이름	강○○
인적사항	만 44세, 남성, 운수업(○○화물 운전기사), 무교
내방경위	이따금 불안한 생각이 들 때가 있고, 밤에 잠을 자지 못하는 일이 있어 상담 신청함.
배경정보	○○화물 운전기사로 현재 10년차 일을 하고 있음. 화물 운전기사 직무 특성상, 밤에 잠을 자지 않고 야간에 운전을 할 때가 많다고 함. 비번인 날에는 집에 혼자 있다 보면 문득 불안한 생각이 들 때가 있고, 잠이 잘 오지 않는 경우가 많음을 보고함. 내담자는 현재 미혼으로 결혼에 대한 스트레스가 있다고 하며, 회사에서는 자신이 젊은 나이에 속해 나이가 많은 동료들로부터 일방적인 업무 시간 조정 등으로 스트레스가 있음을 보고함.
검사태도	검사 소요 시간은 약 30초로 빠르게 응답함. 검사 응답 후 결과 해석을 재촉하는 모습을 보임.

검사 결과	불안 점수			범불안장애 절단점	심각도
	원점수	T점수	백분위(%ile)		
	17	57.46	77.2	이상	경도

검사 결과	▶검사가 제안하는 범불안장애의 절단점을 상회함. 불안 증상으로 인해 일상생활에 지장이 초래되고 있을 가능성이 있음. ▶장기간 지속되었다면 치료 개입이 고려할 필요가 있으며, 불안장애 외에 주요우울장애, 자살사고, 알코올 의존 등의 문제를 살필 필요 있음.
해석상담 요약	• MHS:A 검사 결과, 원점수 17점(57.46T, 77.2%ile) 심각도는 경도에 해당함. • 면담 결과, 불안장애 가능성은 낮은 것으로 보이며, 알코올 의존 문제가 있는 것으로 보임. • 해석상담 결과, 부분적으로 병식이 형성되었음. 정신건강의학과 진료와 심리상담 치료와 병행하여 치료 장면에 집중할 수 있도록 동기 강화함.
개입방향	• 알코올 의존에 대한 증상 확인 　-알코올 의존 특성과 관련하여 알코올 사용장애 진단 기준에 따른 면담 실시 • 치료적 개입에 대한 거부적 요인 확인 및 처치 　-알코올 사용장애 진단에 대한 거부감 확인 후 이와 관련한 해소 • 치료적 개입 유지 　-정신건강의학과 진료 및 심리상담 치료를 동시에 진행하여 치료적 효과 상승을 위한 안내 진행
결과	• 알코올 사용장애 진단에 대한 거부감 해소 • 정신건강의학과 병의원 진료 및 약물치료 예정 • 정신건강의학과 병의원 진료 후 심리상담 치료 예정

제언	• 정신건강의학과 병의원 진료 후 약물치료 유지 　－알코올 사용장애 증상 특성과 관련하여 약물치료 유지하며 예후 관찰할 필요 있음. • 알코올 사용장애 증상 외 스트레스 세부 파악 및 해소 　－내담자의 근무 형태가 주야간 시간 중 일정하지 않은 점을 고려하여 수면 위생 관리를 　　실시할 필요 있음. 　－내담자는 방어기제를 주로 부인, 부정을 사용하므로 이에 대한 적절한 대응이 요구됨.

• 해석상담

상담자 1　방금 실시하신 '한국형 정신건강 선별 도구: 불안' 검사 결과를 　　불안에 영향을 주는
　　　　　살펴보는 시간을 갖도록 하겠습니다. 검사 결과를 살펴보면 불　　스트레스에 대한
　　　　　안 점수가 비교적 높게 나왔는데, 평소에 스트레스를 받는 것이 있　　탐색 질문
　　　　　으신가요?

내담자 1　제 불안 점수가 높다고요? 얼마나 높은 겁니까? 심각한 건가요?
　　　　　그냥 빨리 다 이야기해 주십시오.

상담자 2　매우 심각한 수준은 아닙니다. 다만, 충분히 주의를 기울여 보
　　　　　아야 할 점수입니다. 정확히 말씀드리면 심각도는 경도로 응답
　　　　　되었습니다.

내담자 2　아! 그렇군요. 혹시나 해서 심각한 건지 물어봤습니다. 경도라
　　　　　면 경미한 수준이라는 거지요?

상담자 3　경미하다고 볼 수도 있지만, 그렇다고 해서 가벼이 여길 수 있는　　현재 불편한 점
　　　　　문제는 아닐 수도 있습니다. 강○○ 님께서는 지금 가장 불편한 점　　탐색 질문
　　　　　이 어떤 점이실까요?

내담자 3　음, 마음에 불안함은 있는데, 사실 이게 좀 개인적인 거라 말하
　　　　　기는 부끄럽습니다.

상담자 4　괜찮습니다. 이곳에서 말씀하시는 모든 내용은 비밀 유지의 원　　비밀보장 안내 및
　　　　　칙을 적용합니다. 불편한 점에 대해서 편안하게 말씀주시면 됩　　정서적 안정 돕기
　　　　　니다.

내담자 4　사실은 제가 아직 결혼을 못 해 가지고 이러다가 노총각으로 늙
　　　　　어 죽으면 어쩌나 하는 불안함이 있습니다. 요새 들어서 몸도
　　　　　여기저기 안 좋고, 불면증도 좀 있고 한데, 나중에 나이 더 들어
　　　　　아프면 누가 나를 챙겨 주나 그런 생각도 들고요.

상담자 5	그렇군요. 아직 미혼이시고 요즘 몸도 여기저기 안 좋으시니 그런 생각이 드셨군요. 몸은 어디가 안 좋으실까요?	내담자 상태 공감 및 구체화 질문
내담자 5	화물 기사 일을 하다 보니까 그냥 직업병이지요. 하루 종일 운전대를 잡다 보니까 허리도 쑤시고 목도 아프고, 어떤 날은 어깨도 쑤십니다. 병원 가니까 그냥 전기로 물리치료 해 주고 파스 붙이라고 하대요.	
상담자 6	물리치료를 받으실 정도로 통증이 있으시군요. 그리고 불면증도 있다고 하셨는데, 잠은 하루에 얼마나 주무시나요?	불면에 대한 구체적 탐색 질문
내담자 6	주간에 운전 있는 날은 새벽 2시쯤 자서 아침에 8시에 일어납니다. 그런데 이것도 좀 그런 게 술을 마셔야 잠을 잡니다. 술을 안 마시면 잠이 안 와요. 야간에 일 있는 날은 그냥 밤새고 점심 때쯤에 자고 밤에 일어나는데 회사 형님들하고 같이 밤새서 술 마시고 다음 날 아침에 또 자고 하루 종일 자다가 일어나면 일 나가고 그럽니다.	
상담자 7	술을 드셔야 잠이 오신다니 수면의 질이 좋지 않아 보입니다. 술을 자주 드시는 것 같은데 한 달에 몇 번 정도 술을 드시나요?	가. 알코올 사용장애 진단 기준 A 탐색 질문
내담자 7	한 15일, 아니다. 20일 정도? 어떤 때는 거의 매일?	나. 알코올 사용장애 진단 기준 A 확인
상담자 8	술을 한번 드실 때에 얼마나 드시나요?	가.
내담자 8	보통은 소주 2병에 맥주 2병씩은 합니다. 기분 좋을 때는 좀 더 마시기도 하고요.	나.
상담자 9	술 때문에 일상생활에 지장이 생기셨던 경험은 있을까요?	가.
내담자 9	술 마시다가 일 빵꾸 나면 큰일나죠. 그래서 같은 회사 형님들이 저한테 대신 좀 해 달라고 한 적은 많은데, 제가 형님들한테 그런 적은 없습니다. 제가 주량이 좀 쎄거든요. 같이 마신 형님들 다 쓰러져도 저는 끝까지 갑니다. 그런데 이전에 사귀던 여자친구랑 헤어진 게 술 때문이긴 했었어요. 제가 술 마시고 자기한테 뭐라고 했다고는 하는데 저는 기억도 하나도 안 나는데 헤어지자고 해서 그렇게 그냥 끝났어요.	나.
상담자 10	필름이 끊어질 때까지 술을 마셨던 경험이 있으시군요. 술을 마시고 다음 날에 기억이 없었던 경험이 지난 1년간 얼마나 있었나요?	가.

내담자 10	아무리 기억이 없어도 집에는 항상 똑바로 찾아갔습니다.	나.	
상담자 11	그렇군요. 그럼, 눈을 떠 보니 집이었던 경험은 지난 1년간 얼마나 있었을까요?	가.	
내담자 11	음, 올 한 해 동안은 한 세 번 정도였던 것 같네요.	나.	
상담자 12	방금 응답하신 검사지에서 '머리가 무겁고 목이 뻣뻣하다' '갑자기 가슴이 답답해진 적이 있다' '잠을 자지 못해 오전 내내 피곤했다'라는 문항에 자주 혹은 항상 그렇다고 응답을 하신 부분이 있습니다. 혹시 이러한 증상을 주로 느끼는 경우는 음주 다음 날일까요? 혹은 음주와는 상관없이 이런 증상이 있는 날도 있으셨을까요?	가.	
내담자 12	아, 제가 이렇게 술을 마신 지 한 5년 되어 가는데, 한 4년 전부터 그런 증상이 있었습니다. 5년 전에는 그런 증상이 없었어요. 그러고 보니까 그렇네요. 딱 술 마시고 1년 지나서부터네요.	나.	
상담자 13	그렇군요. 그렇다면 강○○ 님께서 지금 느끼는 불안감은 알코올 의존과 관련한 증상일 가능성이 높아 보입니다.	결과 및 알코올 의존 관련 면담 간	
내담자 13	알코올 중독이요? 제가요? 저는 술이 진짜 쎈데요?	통합해석	
상담자 14	술이 쎄고 약하고는 알코올 의존과 상관이 없습니다. 지금 문제는 강○○ 님께서 잠을 자기 위해 술을 찾으신다는 사실과 음주 기간과 드시는 양이 오히려 상관이 있습니다.	알코올 의존에 대한 정확한 이해 돕기	
내담자 14	제가 알코올 의존이면 저랑 같이 마시는 우리 회사 형님들도 전부 다 알코올 중독자라는 이야기 같은데요. 대한민국 남자라면 다들 이 정도는 마시는 것 아닙니까? 선생님은 술 안 마셔요?		
상담자 15	우리나라 남성의 알코올 사용장애 유병율은 상당히 높습니다. 당사자는 자신이 마시는 정도가 누구나 마시는 정도라고 생각하지만, 실제로는 그렇지 않습니다. 술을 마시지 않고 잠을 자기 어렵다고 생각하신 시점부터 이미 알코올 의존일 가능성이 있습니다.	결과 및 알코올 의존 관련 면담 간 통합해석	
내담자 15	그렇다고 말씀하시면 제가 할 말이 없는데, 그럼 제가 불안한 게 노총각으로 늙어 죽을까 봐 불안한 게 아니라 술을 마셔서 불안한 거라는 말씀입니까?		
상담자 16	지금 경험하시고 있는 불안 증상은 음주 후 증상과 관련한 것일 가능성이 더 높아 보입니다. 강○○ 님 본인께서도 방금 하신 말씀이 5년 전에는 그런 증상이 없었고 술을 마시기 시작한 지 1년 지나서부터 그런 증상이 있었다고 하지 않으셨나요?	결과 및 알코올 의존 관련 면담 간 통합해석	
내담자 16	음, 그렇긴 하네요. 사실, 술 마시고 회사 형님들하고 싸운 적도		

있고, 술 때문에 여자 친구하고 헤어지기도 했고요.

상담자 17 술을 마시고 남들과 다투신 경험도 있으시군요. 이전에 교제하
였던 분과 술을 마시고 난 뒤 본인이 기억하지 못하는 말을 한
것이 계기가 되어 헤어지셨다고 하셨지요? 그렇다면 앞으로는
새로이 교제하실 분이 생겼을 때에는 음주 후 같은 문제가 되풀
이되어서는 안 되겠습니다. 무엇보다 알코올 의존을 치료하는
것이 도움이 되겠습니다.

내담자 17 확실히 그건 그런데요. 이게 치료가 되는 겁니까?

상담자 18 알코올 의존은 치료할 수 있습니다. 다만, 적절한 진료와 치료   치료에 대한 희망 고취
가 병행되어야 합니다. 먼저, 정신건강의학과 병의원에서 진료를   및 구체적인 치료
받아 보시고 필요하다면 약물치료를 받는 것이 도움이 됩니다. 그리   절차 안내
고 심리상담 치료를 병행하는 것이 더욱 도움이 됩니다.

내담자 18 불안한 마음 때문에 상담받으러 왔다가 알코올 중독자라는 이
야기를 들으니까 좀 충격적이네요. 저는 그냥 남들 마시는 만큼
만 마신다고 생각했거든요. 잠 안 올 때 한잔씩 하고 남들 다 하
는 그런 거니까요.

상담자 19 강○○ 님께서 느끼신 불안감은 결국 알코올 의존과 관련한 증   치료 후 증상 완화에
상과 관련이 있습니다. 이를 치료하면 지금 느끼시는 피로나 신   대한 희망 고취 및
체 증상을 포함한 불안감은 한결 나아지실 겁니다. 다만, 수면과   직업적 특수성과
관련해서는 불규칙한 주야간 근무 시간에 대한 고려는 더 필요할 것   관련한 추가 문제점
같습니다. 수면을 위해 술을 마시는 것보다는 필요시에는 정신   언급
건강의학과 전문의 처방을 통한 수면유도제나 수면제가 더
도움이 될 수도 있겠습니다. 오늘 검사와 면담을 통해 자신의
마음 상태를 알게 되니 어떠신가요?

내담자 19 알겠습니다, 선생님. 일단 오늘은 불안 때문에 상담받으러 왔다   결과 해석
가 알고 보니 술 문제라고 하니까 제가 뭔가 좀 문제가 있긴 한   소감
가 보다 하는 생각이 들어요. 일단 병원에 한번 가서 진료받아
보겠습니다. 술 안 마시고 형님들하고 어떻게 친하게 지낼지
좀 더 고민해 봐야겠는데, 앞으로 생길 여자친구한테 또 전처럼
실수를 하면 안 되는 거니까요.

상담자 20 네, 불안감으로 찾아오셨지만, 사실 술과 관련한 증상이라고 생   내담자의 강점 인정과
각하시는 것을 받아들이기에 쉽지만은 않겠습니다. 다만, 오늘   치료 동기 고취
이렇게 상담실로 찾아와 주신 강○○ 님의 행동과 결단이야말로 치료

를 시작하는 첫 번째 발걸음입니다. 약물치료와 심리상담 치료를
지속적으로 병행하시는 것이 강○○ 님의 알코올 의존을 치료
하는 것에 도움이 되겠습니다.

내담자 20 네, 선생님. 그럼, 병원에 한번 가 보고 나서 다시 여기 예약하
고 오도록 하겠습니다. 다시 뵙도록 하겠습니다.

2) 한국어판 아동불안척도 2판(K · RCMAS-2)

우리는 평생 동안 불안을 느끼며, 또 어느 정도의 불안은 동기를 제공하기도 한다. 하지만 Akiskal(1985)은 지나친 정도로 불안을 반복적으로 경험하게 되면 결국에는 불안이 부적응적인 행동을 초래할 수 있다고 주장하였다. 이러한 불안 수준은 개인에 따라 차이가 있었다. 따라서 학업 및 여러 다른 분야에서 최상의 성취를 하는 데 방해가 될 수 있는 불안 수준을 아동에 따라 개인별로 점검하는 것은 매우 중요하다. 불안은 어떤 사람에게는 성격특질로 지속적으로 나타나기도 한다. 상태 불안은 특정 상황이나 특정 촉발 자극에 따라서 유발되는 것이다. 반면, 특성 불안은 자주 불안을 경험하는 사람의 성격을 기술하는 것으로 어떤 사람에게는 매우 드문 반면, 다른 사람에게는 지속적으로 나타나는 것으로 특정한 기간이나 특정한 상황에만 나타나는 것이 아니다.

이러한 불안 수준이 지나치게 높아지면 의사결정을 하지 못하고, 문제 해결을 위하여 필요하고 적절한 행동을 하기 힘들 수 있다. 또한 높은 불안 수준은 이성적이고 논리적인 사고 과정을 방해할 수 있다. 이런 수준의 불안은 학령기 아동의 심리적 안녕에 방해가 되므로 반드시 개선되어야 한다. 또한 청소년기 무렵이 되면, 아동은 부모보다는 또래에게 더 많은 영향을 받기 마련인데, 이때 불안 수준은 사회적 경험 및 집 밖의 경험과 좀 더 밀접하게 연관되어 나타난다. 가정은 아동의 초기 행동 억제 성향에 매우 중요한데, 아동의 행동 억제 성향은 이후 불안장애, 특히 사회불안장애와 연관이 있다. 행동 억제는 친숙하지 않은 장소, 장난감, 또래, 어른과 같이 새로운 상황이나 사건에 마주할 때 두려움을 보이는 성향이다(Hirshfeld-Becker, Biederman, & Rosenbaum, 2004). 아동에게 있어 행동 억제 성향은 학교에 들어갈 때 강한 분리 불안으로 나타날 수 있어 아동기 불안을 이해하는 것은 적응적인 면을 돕는 상담자들에게는 중요한 일이다. 그러므로 아동기 불안을 측정할 수 있는 도구를 살펴보고자 한다.

(1) 개요

한국어판 아동불안척도 2판(Korean Revised Children's Manifest Anxiety Scale, Second

Edition: K · RCMAS−2)는 RCMAS−2를 한국 초 · 중 · 고등학생을 대상으로 표준화하여 타당화 과정을 거친 도구로 초등학교 3학년에서 고등학교 3학년까지 아동 · 청소년의 불안의 수준과 특성을 평가하는 자기보고식 설문지이다. Taylor(1951)는 불안을 측정하는 미네소타 다면적 인성검사(MMPI; Hathaway & McKinley, 1943)로부터 문항을 선별하여 발현불안척도(Manifest Anxiety Scale: MAS)를 제작하였다. 수년 뒤에, Castaneda, McCandless와 Palermo(1956)는 MAS의 아동용을 발표하였고, 이름을 아동발현불안척도(Children's Manifest Anxiety Scale: CMAS)라고 명명하였다. CMAS는 기본적으로 MAS의 문항을 활용하였지만, 아동에게 좀 더 적합하도록 문항을 다시 구성하여 아동이 경험하는 불안의 속성과 그 정도를 확인하는 데 유용하였다. 하지만 CMAS를 사용하는 교사들은 이 척도가 아동에게서 나타나는 다양한 불안 영역을 충분히 평가하지 못하고 저학년이거나, 학습 속도가 느리거나, 지적장애 학생에게는 몇몇 단어가 너무 어렵다고 불만을 제기하였다. 이러한 이유로 발현 불안 수준에 대한 잠재적인 치료 효과를 파악하기 위해 초등학교부터 고등학교까지 사용이 가능한 도구가 필요하여 아동불안척도(RCMAS)가 개발되었다. 이후 학령기 아동이 경험할 수 있는 사회 불안과 수행 불안의 측면을 반영할 수 있는 RCMAS−2가 개발되었고, 이를 한국어판으로 번안 타당화하여 K · RCMAS−2가 개발되었다.

(2) 검사의 특징

K · RCMAS−2는 첫째, 다차원적 불안 측정이 가능하다. 즉, 불안에 대해 신체적 불안, 걱정, 사회적 불안, 수행 불안으로 나누어 측정하여, 정보를 제공함으로써 개입의 필요성 여부와 방향을 좀 더 세부적으로 설정할 수 있다. 둘째, 타당도 척도가 구성되어 있다. 타당도 척도를 통해 불일치 반응과 방어성을 제시하여, 아동이 문항에 타당하지 않거나 왜곡된 응답을 했는지 평가할 수 있다. 셋째, 문항 응답 확인이 가능하다. 결과지를 통해 검사 대상자의 개별 문항 응답을 모두 확인할 수 있어 아동이 처한 여러 가지 상황을 이해하는 데 유용한 정보를 제공해 준다.

* 아동 · 청소년이 직접 응답하는 자기보고형(단축형, 표준형)과 부모가 아동 · 청소년에 대해 평가하는 부모용, 교사가 아동 · 청소년에 대해 평가하는 교사용으로 구분되어 있다.

(3) 척도 구성

척도	하위척도	약호	측정 내용
타당도 척도	불일치 반응	INC	문항에 얼마나 주의를 기울여 일관성 있게 응답했는가를 알아보기 위한 척도
	방어성	DEF	일상적인 생활에서 완벽하지 않음을 스스로 수용할 수 있는지를 평가하는 척도
불안	신체적 불안	PHY	신체적 증상으로 나타나는 불안 수준을 파악할 수 있는 척도
	걱정	WOR	강박적인 염려 수준을 파악할 수 있는 척도로서, 모호하고 정의하기 힘든 것에 대한 두려움을 느끼는 정도를 측정
	사회적 불안	SOC	대인관계 시 사람들 앞에서 느끼는 불안의 정도를 파악하기 위한 척도
	수행 불안	PER	시험, 음악연주, 공개적인 발표 등 특정 과제를 수행할 때 느끼는 불안의 정도를 파악하기 위한 척도

(4) 실시와 채점

① 검사 대상 및 검사자

K · RCMAS-2는 초등학교 3학년에서 고등학교 3학년까지 아동 · 청소년의 불안의 수준과 특성을 평가하는 자기보고식 설문지다. 검사지는 초등 · 청소년용이 공용이며, 온라인 코드는 구분되어 있으며 개별적으로 혹은 집단으로 실시할 수 있다. 응답자는 각 질문에 '예' 혹은 '아니요'로 대답하게 된다. 문항이 응답자의 기분이나 행동을 잘 기술하고 있는 경우에는 '예'에 표시를 하고, 해당 문항이 응답자의 생각을 제대로 기술하지 못하였으면 '아니요'에 응답을 하면 되고 인싸이트 홈페이지에서 온라인으로 실시가 가능하다. K · RCMAS-2를 실시하고 채점하고 해석하는 사람은 심리검사와 측정에 대한 기본적인 강의를 들어, 심리검사의 사용과 개발에 대한 기본적인 지식이 있으며 임상적인 검사를 실시하고 해석하는 데 훈련을 받은 사람이거나, 그러한 사람으로부터 지도를 받아야 한다.

② 검사 실시

K · RCMAS-2는 초등학교 2학년 정도의 읽기 능력을 가진 아동 · 청소년이라면 수행이 가능한 자기보고식 검사이다. 실시 시간은 10~15분 정도이며 개인 혹은 집단으로 실시할 수 있고 채점 결과는 적합한 표준점수로 환산되어 제시된다. 문항을 빠트리지 않고 반응하

도록 하며 누락 문항이 많을 경우, 채점 결과가 산출되지 않을 수 있음을 알려 준다. 아동·청소년이 지시문을 잘 읽고 문항에 반응하도록 격려한다. 문항 내용에 대해 아동이 질문할 수는 있으나 가능하면 간결하게 대답해 주고 이에 대하여 길게 논의하는 것은 바람직하지 않다.

아동·청소년이 질문지 작성을 완료하였다고 하면 답지를 확인하여, 제대로 표시하였는지 점검하는 것이 좋다. 또한 빠트린 문항이 있다면 추가적으로 반응할 의향이 있는지를 점검해 본다. 5~6문항(약 12%) 이상 누락 문항이 발생할 경우, K·RCMAS-2의 정확도는 저하될 수 있으므로 해석에 상당한 주의를 기울여야 한다.

③ 채점

이 검사를 채점하기 전에 먼저 수검자가 검사지에 무응답과 이중응답 문항이 있는지를 살펴보아야 한다. 무응답한 문항이 있으면 수검자에게 다시 한번 해당 문항에 응답하도록 권유해야 하고 이중으로 응답했을 경우에도 하나의 응답을 고르도록 권유하는 것이 필요하다. 이러한 과정을 거친 후에 검사 결과를 채점하기 위해서는 인싸이트의 온라인 채점 프로그램을 이용해서 진행하면 된다. 그리고 단체 검사의 채점과 결과 처리는 인싸이트에서 제공하는 OMR 답안지를 사용하면 된다.

(5) 결과 해석 및 임상적 활용

K·RCMAS-2의 해석은 몇 가지 단계를 거치게 된다. 첫째, 응답자 반응의 타당도를 평가해야 한다. 다음으로 전체 불안 점수(Total Anxiety Score)를 살펴보고 이어서 척도 점수들을 검토한다. 마지막으로, 각 개별 문항의 내용을 검토한다. 산출된 결과는 각 사례별로 개인 과거력, 응답자와의 면담, 주변의 중요한 사람과의 면담, 추가적인 심리평가 자료들과 통합하여 해석해야 한다.

① 타당도 점수

K·RCMAS-2에서는 두 개의 타당도 척도, 즉 불일치 반응(Inconsistent Responding: INC) 척도, 방어성(Defensiveness: DEF) 척도를 통하여 응답자가 문항에 타당하지 않거나 왜곡된 반응을 했는지를 평가한다. INC 척도는 문항에 무작위적으로 반응한 경우, 혹은 문항 내용을 고려하지 않고 반응한 경우를 가려내게 된다. 즉, 비협조적이고 부주의한 경우, 혹은 시력에 문제가 있거나 문항 내용을 제대로 이해하지 못한 경우 등이 반영된다. DEF 척도는 방어적인 태도를 선별해 내는 것으로, 주로 현재 응답자의 상태와 맞지 않거나 비현실적인 자신을 긍정적으로 나타내는 성향을 평가한다.

K·RCMAS-2 단축형에서는 타당도 점수가 제시되지 않으므로, 행동관찰이 더욱 중요하다. 검사 결과는 〈표 11-10〉과 같이 제시된다.

표 11-10 타당도 척도

척도	원점수	T점수	참고
불일치 반응	1	–	6점 이상일 경우 문항 응답에 대하여 주의 깊은 검토가 필요합니다.
무응답	0	–	무응답이 많아질수록, 그 결과는 덜 정확하고 덜 의미를 갖기 때문에 해석할 때 신중해야 합니다.
방어성	4	55	T점수가 60점 이상일 경우 결과 해석에 대하여 주의 깊은 검토가 필요합니다.

• 불일치 반응 지표점수

불일치 반응(INC) 지표는 9개 문항의 쌍으로 이루어져 있으며 처음 8쌍의 문항들은 일반적으로 유사한 반응을 하게 된다. 예를 들어, 첫 쌍인 문항 2 "나는 예민하다"와 문항 8 "사람들 앞에서 긴장을 잘한다"에서는 같은 방향으로 반응을 하게 된다. 반면, 마지막 쌍인 문항 38 "나는 항상 진실만을 말한다"와 문항 48 "거짓말을 한 적이 있다"는 서로 반대 방향의 반응을 하게 된다. INC 지표점수는 주어진 반응 쌍에서 적절하지 않은 응답을 한 경우를 세어서 평가하게 된다. 문항 쌍 중 6개에서 부적절한 응답을 한 경우(INC 점수가 6인 경우) 응답자가 문항 내용이 의미하는 바를 충분히 고려하여 그 문항이 자신의 상태를 제대로 기술하고 있는지를 고려하지 않고 반응하였을 가능성이 81% 정도 있다. INC 점수가 7인 경우, 부주의하고 무작위적인 반응을 했을 가능성이 약 89%이며, INC 점수가 8인 경우, 무작위적인 반응을 했을 가능성이 92%까지 증가한다.

INC 점수가 높은 경우는 검사를 실시하는 상황이 부적절하여 나타날 수도 있다. 이 경우 검사 결과에 이러한 상황을 기술해 주어야 한다. 또한 검사 실시 상황에서 일시적으로 주의가 분산되어 이러한 결과가 나타난 것으로 생각된다면, RCMAS-2를 좀 더 적절한 환경에서 다시 실시할 수도 있다. 때로는 INC 점수의 상승이 언어적인 문제나 읽기 능력상의 문제와 관련하여 나타날 수도 있으므로 해석에 더 많은 주의가 필요하다.

• 방어성 지표점수

점수는 9개 문항으로 이루어져 있으며 응답자가 일상적인 매일의 생활에서 완벽하지 않음을 스스로 수용할 수 있는지를 평가한다. 방어성(DEF)에서 높은 점수를 보이는 경우는 응답자가 스스로 완벽하지 않음을 인정하지 않으려고 하는 경우, 혹은 단순하고 미성숙한 방식으로 자기 자신을 매우 긍정적으로 나타내려는 경우 등이다. 응답자가 높은 점수를 보인 경우, 라포 증진에 관심 가져야 하고, 결과 해석을 신뢰 있게 하기 위해 추가적으로 문항에 대한 명료화를 해야만 한다.

높은 DEF에서 나타나는 자기 자신에 대한 이상적인 관점은, 다른 사람을 속이기 위한 것이기보다는 자기 자신을 정확하게 파악하지 못하는 데에서 기인한다. 아동·청소년이 사회적으로 바람직한 모습에 과도하게 집착하고 있거나 부모의 비현실적으로 높은 기준이 DEF 점수를 상승시켰을 수도 있다. 어떤 경우에는 아동·청소년의 사회적 고립감과 소외감과 관련되어 있을 수도 있다. 높은 DEF 점수가 자기노출에 대한 혐오, 혹은 자기관찰 능력의 결여를 나타낸다면, 추가적인 점수에 대한 해석이 매우 조심스럽게 이루어져야만 한다. 자기노출에 대한 두려움이 있는 경우, K·RCMAS-2는 축소 보고될 가능성이 있으므로, 두려움을 다루는 적절한 단계를 밟은 후에 K·RCMAS-2를 다시 실시하는 것이 바람직할 수 있다.

② 척도 점수

K·RCMAS-2는 표준화된 T점수로 제시된다. T점수는 평균이 50이며 표준편차가 10이다. 표준화되었다는 것은 각각의 T점수가 시사하는 백분위가 동일하다는 것을 의미한다. 백분위 순위는 한 질문에서 특정 집단이 얻은 점수보다 낮은 점수를 얻은 백분율을 나타내 준다. T점수가 57인 경우, 백분위 순위는 76이 되는데, 이는 규준집단의 76%가 57T보다 낮은 점수를 얻었음을 시사한다. 검사 결과는 다음과 같이 제시된다.

※ 불안척도

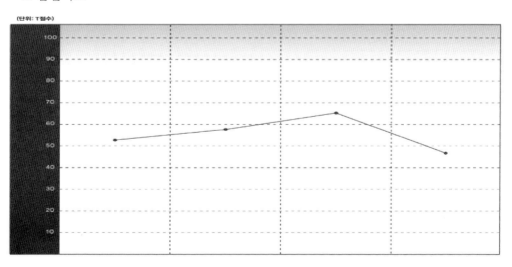

척도	전체 불안	신체적 불안	걱정	사회적 불안
원점수	14	5	8	1
T점수	51	58	65	47
백분위	54	79	93	38
수준	정상	정상	불안	정상

※ 보통 척도 문항반응

타당도 척도		불안 척도						보충 척도	
방어성		신체적 불안		걱정		사회적 불안		수행 불안	
번호	응답	번호	응답	번호	응답	번호	응답	번호	응답
14	1	1	0	2	1	4	0	4	0
19	0	5	0	3	0	9	0	8	0
24	1	7	1	6	1	10	0	10	0
29	1	11	0	8	0	13	0	13	0
33	0	15	0	12	0	22	0	23	0
38	1	20	0	16	1	23	0	26	1
40	0	25	0	17	1	27	0	32	1
44	0	31	0	18	1	28	0	37	0
48	0	34	1	21	0	36	0	41	1
		39	1	26	1	37	0	49	0
		43	1	30	0	41	1		
		46	1	32	1				
				35	1				
				42	0				
				45	0				
				49	0				

응답반응	예	아니요	무응답
	1	0	–

• 전체 불안(Total Anxiety: TOT)

K·RCMAS-2의 전체 불안(TOT) 점수는 신체적 불안, 걱정, 사회적 불안을 질문하는 40문항의 총점으로 구성되어 있다. 여기에는 방어성(DEF) 척도에서 채점되었던 문항은 포함되지 않는다. K·RCMAS-2는 아동·청소년의 전반적인 불안 수준을 가늠하기 위하여 고안된 검사이지 불안장애의 하위집단을 분류하기 위하여 고안된 검사는 아니다. 그러므로 하위척도 및 개별적인 문항에 대한 반응을 검토하는 것이 아동에게 불안을 야기한 원인과 속성을 이해하는 데 도움을 줄 수는 있으나, 이에 기초하여 불안의 하위 유형에 대한 진단분류를 하는 것은 바람직하지 않다.

높은 수준의 불안은 불안장애나 우울장애와 연관되어 있을 수 있음을 기억해야 한다. 또한 높은 TOT 점수에서 시사하는 전반적으로 높은 수준의 불안감은 아동·청소년에서 나타나는 학력 저하, 학교 거부, 학교 이탈 등의 학업문제 및 광범위한 문제들의 주요한 요인이 될 수 있다. 더욱이 불안은 다른 문제들과도 상호작용을 일으켜 낮은 수행, 가정에서의 문제, 부모들의 문제, 약물 남용, 섭식문제, 자해 등 아동·청소년 문제의 역기능을 더욱 심하게 드러낼 수도 있다. 이러한 역기능을 야기하는 데 높은 수준의 불안이 기여하고 있음을 명시해 줌으로써, 가장 효과적인 치료법을 찾아 나갈 수 있을 것이다.

－신체적 불안(Physiological Anxiety: PHY) 척도

12개의 문항으로 신체 증상으로 나타나는 불안에 대한 질문으로 구성되어 있다. 소화불량("배가 자주 아프다"), 수면장애("가끔 무서워서 잠을 깰 때가 있다"), 두통("머리가 자주 아프다") 등 신체 증상에 대한 걱정을 평가하는 것으로 이 척도에서 높은 점수를 보이는 아동은 불안을 경험할 때 신체적 반응을 경험할 가능성이 높다.

－걱정(Worry: WOR) 척도

16개의 문항으로 구성되어 있으며 강박적인 염려("나는 예민하다" "나에게 무슨 일이 일어날까 봐 걱정된다" "다른 사람들이 나를 싫어할까 봐 걱정한다")에 대하여 질문한다. 이 척도는 모호하고, 잘 정의되어 있지 않으며, 상처받는 것 그리고 정서적으로 고립되는 것에 대한 두려움을 포함하고 있다. WOR에서 높은 점수를 보이는 경우, 겁이 많고, 예민하며, 환경의 압력에 과도하게 예민해지는 면을 보일 수 있다. 그리고 자신이 경험하는 불안을 상당히 내면화하고 있으며 이러한 상태에서 벗어나려고 애쓰고 있음에도 불구하고 과도하게 압도되어 있음을 시사한다. 그러므로 감정을 좀 더 공개적으로 다루어 아동이 불안을 다루고 대처하는 방식을 배우도록 도울 필요가 있다.

-사회적 불안(Social Anxiety: SOC) 척도

12개의 문항으로 구성되어 있으며 사회적 상황에서 그리고 수행 상황에서 느끼는 불안("우리 반 친구들이 나를 비웃을까 봐 두렵다" "다른 사람들은 내가 일하는 방식을 좋아하지 않는 것 같다")에 대해 질문한다. 이는 학교에서 문제가 있는 아동을 평가할 때 특히 유용하다. SOC에서 높은 점수를 보이는 아동들은 다른 사람들과 얼굴을 맞대고 있는 상황에 대한 우려, 중요한 타인의 기대에 부응하지 못하는 것에 대한 불안감, 다른 사람들처럼 효율적이고 능력 있어 보이지 않는 것에 대한 불안감 등을 보인다. 예를 들어, 선택적 함구증은 사회적 불안이 비정상적으로 높은 상태로 SOC 척도에서 높은 점수를 보이게 된다. 이들은 집에서는 말을 하지만 학교에서는 말을 하지 않는다. 학교 거부는 사회적 불안이 확장되어 나타난 것일 수 있으며, 결과적으로 규칙적인 등교를 하지 못하거나 아예 학교에 가는 것을 거부할 수 있는데 SOC 문항은 이러한 문제를 보이는 아동이 겪는 어려움을 파악할 수 있게 해 준다.

• **개별 문항 내용**

개별 문항에 대한 반응은 신뢰 있는 검사 점수를 얻기 위하여 산출되지만, 특정 문항 내용을 검토하는 것이 때로는 응답자를 이해하는 데 상당한 도움을 줄 수 있다. 또한 문항들은 문장완성검사처럼 사용되기도 하고, 아동·청소년이 처한 여러 가지 상황을 이해하는 데 도움을 주기도 한다. K·RCMAS-2는 아동에 대하여 추가적인 질문을 위한 자료로 사용될 수 있다. "나에게 나쁜 일이 일어나지 않을까 걱정할 때가 많다"에 "예"라고 대답한 경우 이것은 또래관계에 대한 실질적인 걱정을 표현한 것일 수 있지만 추가적인 질문을 통해 확인해 보아야 한다.

나에게 나쁜 일이 일어나지 않을까 걱정할 때가 많다고 했는데 주로 어떤 것들이 걱정되니?

A: 다른 친구와 싸워 다치게 될 것 같아 두려워요.

B: 할머니가 돌아가실 것 같아 걱정이에요. 저는 엄마, 아빠가 바빠서 할머니가 키워 주시거든요.

C: 아빠가 저를 때릴 것 같아 무서워요.

세 명의 아동이 이 문항에서 "예"라고 동일한 방식으로 반응하였지만 추가적인 탐색을 통해 아동이 이전에는 결코 말한 적이 없는 공포를 다룰 수 있다. 이러한 방식으로 K·RCMAS-2는

객관적이고, 자기보고 형식으로 불안을 측정할 뿐 아니라 추가적인 정보를 주는 임상 도구로서의 기능을 한다.

• **수행 불안**(Performance Anxiety: PER)

K · RCMAS-2 문항 중 일부는 특정 영역을 평가하기도 하는데, SOC 점수에서 반영되는 사회적 상황에 대한 일반적인 불안과 달리, 음악 연주, 공개적인 연설 등에 참여하는 응답자 중에는 **사회적 상황에서 역할을 수행할 때마다 심한 불안을 경험**할 수도 있다. K · RCMAS-2에서 수행 불안에 대한 질문에서 높은 점수를 보이는 응답자는 마비되는 듯한 불안감, 즉 수행을 방해하는 불안감을 경험할 가능성이 높다.

(6) 검사 결과의 활용

K · RCMAS-2는 아동 및 청소년의 불안 수준을 다차원적으로 측정할 수 있는 신뢰 있고 타당한 척도로서 학교 및 상담 현장에서 활용도가 높을 것이다. 특히 후기 아동기에서는 불안의 주요 원인이 학교와 연관되어 있을 가능성이 크다. 사회적 고립, 예를 들어 놀림이나 따돌림으로 인한 트라우마, 혹은 더 심각한 폭력으로 인하여 불안이 야기될 수 있다. 이러한 조건에서 야기된 불안에 접근하는 방법은 우선 학교 환경을 개선하고 치료 프로그램을 제공하는 것으로 불안 수준에 대한 다차원적 측정이 도움이 될 것이다. 어린 아동일 경우 가족 내에서, 주로 부모의 행동 때문에 불안을 경험하는 확률이 높기 때문에 교사나 상담자는 부모가 이를 인지할 수 있도록 정보를 제공해 주어야 한다.

불안에 대처하는 방법 중 가장 나쁜 방법은 걱정만 하고 아무것도 하지 않는 것이기 때문에, 신체적 활동, 운동, 이완 혹은 명상, 사회적 활동 유도 등으로 주의를 환기해 경감시킬 필요가 있다. 불안이 경감되지 않는 아동 및 청소년이라면 심리치료 혹은 약물치료가 도움이 될 수 있다. 인지행동치료는 불안장애 아동에게 특히 효과적인 치료방법이며 불안의 원인과 속성을 이해함과 동시에 불안에 효과적으로 대처하는 방법을 가르쳐 주는 치료법이다. 사회 불안이 심한 아동의 경우, 위협적이지 않으면서도 긍정적 강화를 줄 수 있는 사회적 활동에 참여하게 하는 것도 도움이 되므로 이에 대한 안내도 함께 이루어질 필요가 있다.

(7) 사례보고서 및 해석상담의 예

① 사례 1: 아동불안척도 2판을 활용한 불안이 높아 집중이 어려운 아동 사례

• **사례보고서**

이름	박○○
인적사항	12세 남자, 초등학교 5학년, 부모의 이혼으로 현재 모와 누나와 함께 생활
내방경위	학습할 때 집중을 하지 못하고 학교생활에 어려움이 있어 상담 신청함.
배경정보	신경정신과에서 ADHD로 진단받고 2년간 약물치료와 놀이치료를 받았으나 효과는 전혀 없었음. 학습에 집중이 어렵고 속도가 느리며 또래관계에 어려움을 보임. 현재 친구 없이 학교생활을 하고 있음. 학교에서 멍하니 앉아 있는 시간이 많다고 함.
검사태도	검사 소요 시간은 20분 내외 정도로 다소 긴장한 상태에서 응답함.
검사 결과	▶타당도 척도: 불일치 반응(3), 무응답(없음), 방어성(75T) ▶불안 척도: 전체 불안(63T), 신체적 불안(64T), 걱정(64T), 사회적 불안(59T) ▶보충 척도: 수행 불안 척도(61T)

척도	전체 불안	신체적 불안	걱정	사회적 불안
원점수	24	7	12	5
T점수	63	64	64	59
백분위	90	92	92	82
수준	불안	불안	불안	정상

해석상담 요약	• 검사 결과에서 보이는 내담자의 불안의 주요한 특성은 겁이 많고 환경적 스트레스에 예민하여 불안을 경험할 때 신체적 반응으로 나타날 가능성이 높고, 특정 과제 수행 시 높은 불안을 경험하며 이것이 수행 능력과 자기효능감의 저하로 이어지는 것으로 보임. • 해석상담 결과, 내담자는 어린 시절부터 언어적 이해의 어려움으로 상대방의 말을 이해하는 데 어려움이 있었으며, 자신의 생각과 감정을 말로 표현하는 데 다소 어려움이 있었음. 가정 내 불화와 부모의 이혼으로 정서적 긴장감이 높았고, 애정 욕구와 관련된 상실감과 우울감을 경험했을 것으로 보임. 스트레스 상황에 처하게 되면 쉽게 불안해지고 위축되는 경향으로 나타날 것으로 생각됨. • 내적 갈등과 심리적 어려움이 있을 때 표현하기보다는 억누르고 회피하려는 경향이 있음. 감정을 표현하는 데 불안하고 자신이 없으며 사회적 상황이나 감정적 교류 상황에 위축되고 회피하려는 경향이 신체적 증상으로 나타나는 것으로 보임.

개입방향	• 자기표현에 대한 긍정적 경험
	  −자신의 생각과 감정을 말로 표현하는 것에 어려움이 있고, 특히 학교에서 발표할 때 실수로 인해 놀림받았던 경험이 있어 긴장하고 발표 상황을 회피해 온 것이 확인됨.
	  −특정 과제를 수행할 때나 타인 앞에서 이야기할 때 불안반응이 나타나며, 이를 표현하기보다는 억누르고 회피하거나 신체반응으로 나타남.
	  −상담에서 내담자가 자신의 생각과 감정을 표현하고 그것을 수용받는 경험을 통해서 자기표현의 긍정적 경험을 쌓아 감.
	• 불안 완화
	  −내담자가 불안을 느낄 때 비언어적 방법인 그림으로 불안을 표현하고, 언어적으로 다시 표현하도록 함.
	• 수준에 맞는 학습
	  −내담자의 수준에 맞는 학습을 통해서 학습 상황에서 집중력을 유지할 수 있도록 훈련
	  −규칙적으로 책 읽기 연습(매일 일정 분량을 읽고 점점 분량을 늘여 나감)
	• 가정 내에서 어머니와 대화 화기
	  −저녁 시간 일정 시간 동안 내담자와 어머니가 하루 동안 있었던 일이나 하고 싶은 이야기를 함께 나누며 대화 기술 연습

결과	• 상담 종결시점 사후 검사 결과 • 전체 불안: 63(불안) → 54(정상) • 신체적 불안: 64(불안) → 50(정상) • 걱정: 64(불안) → 55(정상)
결과	• 수행 불안 척도: 61(불안) → 56(정상) → 불안을 표현하지 않고 억제하고 회피하던 것에서 비언어적·언어적 방법으로 표현하고, 자신의 생각과 감정을 말로 표현했을 때 수용받는 경험을 하면서 불안이 완화되었고, 자기표현이 좀 더 확장됨.
제언	• 학습 상황에서 집중력을 좀 더 높이고 학습 능력을 향상시키고, 대인관계에서 자신의 생각과 감정을 잘 표현할 수 있도록 조력할 필요가 있음.

• 해석상담

상담자 1	오늘은 지난번에 실시했던 불안검사 결과를 함께 살펴보도록 할게. 결과를 보면 전체적으로 불안이 높은 편으로 나왔는데, 요즘 걱정되는 게 있니?	불안에 영향을 주는 요인 탐색 질문
내담자 1	음…… 공부하기가 힘들고 학교생활도 힘들어요.	
상담자 2	공부 때문에 걱정이 되는구나. 구체적으로 공부의 어떤 점이 너를 힘들게 하니?	불안의 원인을 구체화하기
내담자 2	수업 시간에 선생님이 설명해도 이해하기가 힘들고, 학원에서 공부할 때도 집중하기가 힘들어요.	
상담자 3	공부 시간에 힘들었겠구나. 공부에 집중하는 것이 언제부터 힘들었던 거 같니? 구체적인 경험을 이야기해 줄 수 있어?	공감 및 불안 발생 시기 구체화하기
내담자 3	어릴 때부터 집중하는 게 힘들었던 거 같아요. 몇 년 전에 병원에서 ADHD로 진단받고 약도 먹고 치료도 받았거든요. 병원에 가기 전에 집중 못한다고 학교에서나 엄마한테 많이 혼났어요.	
상담자 4	집중 못한다고 혼났으면 공부하는 게 더 힘들게 느껴질 수 있겠구나. 병원에서 진단받기 전 좀 더 어릴 때는 어땠니?	집중이 어려웠던 구체적인 히스토리 탐색
내담자 4	그때는 별로…… 별 생각 없었어요. 그냥 지냈던 거 같은데. 저는 그림 그리는 거 좋아하거든요. 그래서 그림도 그리고 혼자서도 잘 놀았어요. 그림 잘 그린다고 칭찬도 받은 적도 있고.	
상담자 5	그림 그리기를 걸 좋아하는구나. 혹시 주변에서 받았던 칭찬 중에 기억에 남는 것이 있니?	내담자의 강점 탐색
내담자 5	예전에 학교에서 제가 그림을 그렸는데, 물감으로 그렸거든요. 물감이 번져서 망칠 뻔 했는데 그래도 선생님이 잘 그렸다고 교실 뒤에 붙여 주셨거든요. 애들도 잘 그렸다고 그러고…… 칭찬받아서 진짜 기분이 좋았어요.	
상담자 6	물감이 잘 번져서 다루기가 쉽지 않은데, 중간에 포기 안 하고 끝까지 완성했구나.	강점 인정하며
내담자 6	네. 그런데 그때 말고는 별로 칭찬받은 적 없어요.	
상담자 7	검사 결과를 보면 수업 시간에 발표를 하는 게 겁난다, 사람들 앞에서 실수할까 봐 걱정한다, 여러 사람 앞에서 말하는 게 두렵다고 응답했는데, 어떤 상황이 일어날 거 같아 두려운 거야?	자신감을 돋우어 주기
내담자 7	제가 발표할 때 말을 잘 못해요. 그래서 발표하다가 실수할까	

봐 걱정되고 애들이 다 쳐다보고 그러니까. 예전에 발표했는데 애들이 놀린 적이 있어요. 그래서 발표하라고 하면 가슴이 두근 두근거려요.

상담자 8　그럴 수 있겠다. 그래서 결과를 보면 수행 불안이 높게 나왔는데, 네가 어떤 과제를 할 때 초조해지고 가슴이 두근거리는 반응이 나타나면서 불안해질 수 있다는 것을 의미해. ○○의 일상생활과 이 결과를 비교해 보면 어떤 것 같아?

　　　　불안상황에 대한 구체적인 탐색 질문

내담자 8　맞는 거 같아요. 특히 학교에서 발표할 때나 사람들 앞에서 말할 때 긴장되고 식은땀이 나면서 불안해져요. 그래서 수업 시간에 손 안 들고 가만히 있어요.

상담자 9　네 이야기를 들으니 수행 불안이 높은 것과 학교생활이 힘든 것이 관계가 있어 보여. 다음으로 신체적 불안과 걱정도 비슷하게 높게 나타났어. 평소에 긴장하거나 불안할 때 몸에서 반응이 어떻게 나타나니?

　　　　불안이 나타나는 신체 증상에 대한 안내 및 일상생활 탐색 질문

내담자 9　음…… 긴장을 잘하고, 몸이 굳는 느낌이 나기도 하고. 배도 살살 아프고 머리가 아플 때도 있어요. 평소에도 머리나 배가 자주 아픈 편이에요. 그래서 걱정도 돼요. 아플까 봐.

상담자 10　발표할 때뿐만 아니라 그렇지 않은 상황에서도 머리나 배가 자주 아프구나. 너에게 무슨 일이 일어날까 봐 걱정한다고 했는데, 평소에 어떤 걱정을 주로 하니?

　　　　결과 간 통합해석 및 신체 반응에 대한 구체적인 탐색 질문

내담자 10　누가 비웃을까 봐 걱정되기도 하고, 집중 못한다고 혼날까 봐 걱정되기도 해요. 집중 못한다고 꾸중 많이 들었거든요. 선생님도 그렇고 부모님한테도 그렇고.

상담자 11　네가 집중을 잘 못하고 과제를 잘할 수 없을까 봐 걱정되고, 그래서 다른 사람들이 너를 싫어할까 봐 걱정되는구나. 그 과정에서 다른 사람들이 네가 하는 방식을 좋아하지 않는다고 느껴졌을 것 같아. 그래서 부모님이 너에게 무슨 말을 할지 걱정되는구나. 부모님이 너에게 뭐라고 하실 거 같아?

　　　　걱정 반응에 대한 구체적 탐색 질문

내담자 11　평소에 책 읽는 것도 힘들고, 집중도 잘 못하고, 공부를 잘 못하니까 잔소리를 많이 들었어요. 병원 가서 ADHD로 진단받고 나서는 잔소리가 덜했는데, 그래도 막연히 혼날 거 같아요. 엄마, 아빠가 이혼하셨는데, 그때도 많이 불안했고, 나 때문인 거 같기도 하고.

상담자 12	그랬구나. 혹시라도 부모님이 헤어지는 게 나 때문은 아닐까 생각했다면 굉장히 마음이 힘들고 불안해졌을 것 같아. 아마도 이런 상황이 너를 더 불안하게 만들지 않았을까 싶어. 불안할 때 너는 어떻게 불안한 마음을 해소하니? 주변 사람에게 불안한 마음을 표현하니?

결과 간 통합해석 및 걱정을 유발시키는 자극에 대한 탐색 질문

내담자 12	아니요. 말할 데가 없어요. 누나는 공부하느라 바쁘고, 엄마는 일하느라 바쁘니까. 아빠는 같이 안 살고…… 친구가 없어서 이야기할 데가 없어요. 그냥…… 혼자 시간 보내요.

상담자 13	네가 긴장을 하거나 불안을 느낄 때 그것을 표현하기보다는 꾹 참다 보면 불안이 줄어들거나 없어지지 않고 점점 더 커질 것 같아. 또 네가 다른 사람들에게 네 생각을 표현하는 게 두렵고 실수할까 봐 걱정하다 보니 더더욱 표현하기가 어려울 것 같다는 생각이 들어. 그럼, 불안을 조금이라도 줄이기 위해서 어떤 것을 해 볼 수 있을까?

내담자 반응에 대한 공감 및 불안 해소 방법에 대한 탐색 질문

내담자 13	그런데 지금 선생님한테 이야기하니까 마음이 조금 후련한 거 같아요. 그래서 불안할 때 선생님한테 이렇게 이야기하면 불안이 조금 없어지지 않을까요.

불안을 줄이기 위한 구체적인 대안 탐색하기

상담자 14	좋은 생각이구나. 그럼 매주 이렇게 상담에 와서 네가 걱정되거나 불안한 것에 대해서 이야기 나눠 보자. 지금까지 검사 결과를 함께 살펴보았는데, 어떤 마음이 들어?

변화대화

내담자 14	내 마음이 이렇구나. 내가 불안이 많구나…… 걱정을 하면서도 이야기를 못하는구나. 공부가 힘들고 학교생활이 힘든 것만 생각했는데, 왜 그런지 조금 이해되었어요.

상담자 15	네가 이해된 것에 대해 이야기해 줄 수 있니?

상담에 대한 동기고취와 검사 결과에 대한 소감질문

내담자 15	제가 남들 앞에서 말도 잘 못하고 그래서 실수할까 봐 더 말을 안 하고, 발표할 때도 불안하고 스트레스를 받는다는 걸 알았어요. 그래서 더 말을 안 하게 되고. 또 집중을 못한다고 혼나니까 공부도 하기 싫고 공부할 때마다 걱정도 되고. 무슨 말을 들을까 봐 불안하기도 하고. 부모님은 나한테 뭐라고 말을 할까…… 무슨 일을 하든 초조해지고 못할 것 같고. 그래서 걱정되고 불안한데 표현을 못하니까 더 불안해지고 몸도 아프다는 걸 알게 되었어요.

상담자 16	잘 이해했구나. 평소에 다른 사람 앞에서 말하는 게 두렵고 실

심리검사 결과에 대한

수할까 봐 걱정된다고 했는데 지금은 말을 꽤 잘하는데.　　내담자 이해

내담자 16: 그러네요. 저도 제가 이렇게 말해 본 적은 처음이에요.　　구체화하기

상담자 17: 이렇게 말하고 나니 기분이 어떠니?　　내담자의 강점

내담자 17: 어…… 신기해요. 그리고 말을 잘한 거 같아서 뿌듯해요. 평소
에 말을 하면 친구들이 무시하거나 반응이 안 좋았거든요. 대부
분 무시했죠. 그런데 선생님이 잘 들어 주니까.　　발견으로 변화의지 / 고취시키기

상담자 18: 그렇구나. 상담하면서 방금 했던 것처럼 이렇게 꾸준하게 네 생
각과 감정을 표현하다 보면 마음속의 불안도 줄어들 거라 생각
해. 오늘 검사 해석을 마치면서 ○○이는 어떤 마음이 드니?　　상담에 대한 희망고취와 결과 해석 / 소감듣기

내담자 18: 음…… 답답하고 걱정도 되고 그랬는데, 마음이 조금 편안해졌
어요.

상담자 19: 그래. 이렇게 시작하면 앞으로 좀 더 편안해질 거라 생각해. 이
것으로 오늘 해석상담을 마치자.

4. 자살관련 검사

　자살(suicide)은 전 세계적으로 중요한 문제이다. 세계보건기구(World Health Organization: WHO)에서 발간한 보고서에 따르면 한 해 동안 평균적으로 80만 명이 자살로 생을 마감한다. 한국은 OECD 국가 중 자살률 1위로 2021년 통계 자료에 의하면 하루 평균 37명의 자살로 사망한다고 한다. 자살은 극단적이고 위협적이며 치명적인 행동으로서 한 개인이 고통에서 벗어나기 위해 선택하는 치명적인 방법 중에 하나이며 장애나 진단명이 아닌, 여러 요인의 상호작용에 의해 결정되는 다차원적인 행동으로 자살생각, 자살계획, 자살시도 그리고 자살완결(사망)을 포함하는 과정적인 개념이다. 자살 분야의 선구자인 Edwin Shneidman(1993, 2005)은 자살을 의도적 죽음이라고 정의했다. 의도적 죽음이란 의도적이고 직접적이며, 의식적으로 자신의 삶을 끝내려고 노력하는 것으로 '스스로 자초한 죽음'을 말한다. WHO는 자살을 '치명적인 결과를 초래하는 자해행위'로 정의하였다. 학자들마다 자살에 대한 정의는 조금씩 다르지만, 공통적으로 언급하는 것은 자살의도이다. 자살의도가 있다는 것은 생명을 끝내고자 하는 소망이나 욕구를 의식적으로 경험하고, 행동이 초래할 수 있는 위험성에 대한 지식을 가지고 있으며, 원하는 목적을 달성하기 위한 수단이나 방법에 대한 지각이 있고, 그 수단이나 방법의 사용방법에 대한 지식을 보유하고 있다는 의미이다.

자살행동은 개인의 삶에서 일어난 최근 사건이나 현재의 조건과 관련 있을 수 있다. 비록 이러한 요인이 자살의 기본 동기가 아니더라도 자살을 촉발할 수 있다. 공통된 촉발요인들은 스트레스 사건, 기분과 사고의 변화, 알코올과 기타 다른 약물의 사용, 정신장애 및 모델링을 포함한다. 반면, 자살을 보호하는 **보호요인**으로는 크게 개인의 측면에는 **자아존중감**, 가족과 학교의 측면으로는 청소년기 자살을 효과적으로 보호할 수 있는 가족의 지지와 교사의 지지가 있으며, **사회환경적 측면**으로는 지역사회에 대한 결속력을 들 수 있다.

자살 예방을 위해서는 정신건강 전문기관이 아닌 곳에서도 자살경향성을 보이는 사람들을 조기에 찾아내 놓치지 않는 것이 중요하다. 간편하면서도 정확한 선별 도구는 자살경향성을 보이는 사람들을 찾아내기 위하여 사용할 수 있으며, 정신건강 전문기관이 아닌 곳에서도 자살경향성을 보이는 사람들을 찾아내는 데 유용한 도구가 된다. 자살로 생을 마감한 사람 중 적어도 3분의 1은 자살하기 한 달 전에 도움을 얻기 위해 의료기관을 방문하는 것으로 알려져 있다(Pirkis & Burgess, 1998). 따라서 이들에게 적절한 도움을 주기 위해서는 이들의 심리적 고통과 자살경향성을 놓치지 않고 찾아낼 수 있어야 하므로 자살경향성을 평가할 수 있는 도구를 소개하고자 한다.

1) 한국형 정신건강 선별 도구: 자살경향성(MHS:S)-만 18세 이상

국내 병원 및 지역사회 정신건강 기관, 연구 현장에서는 내담자 및 환자의 심리적 어려움을 평가하기 위해 여러 평가 도구를 사용하고 있다. 그러나 자살경향성을 평가하는 자기보고식 척도는 우울 혹은 불안장애 평가 도구에 비해 현저하게 적게 사용되고 있다. 그 이유는 대체로 자살경향성 평가가 정신건강 전문가 면담에 전적으로 의존하고 있고, 기존의 자살경향성 평가 도구는 평정에 상대적으로 시간이 오래 걸려 전문가와 면담하는 시간이 아니면 활용하기 어렵기 때문이다.

이러한 문제점을 해결하여 한국형 정신건강 선별 도구: 자살경향성(MHS:S)은 일차 의료기관, 지역사회 정신건강기관, 심리상담센터, 학교 상담기관 등에서 자살행동의 가능성에 노출되어 있는 내담자들을 짧은 시간 안에 정확하게 선별해, 조기에 정신건강 전문가의 적절한 평가와 개입을 제공하는 것을 목적으로 한다. 우리나라에서 자체적으로 개발하였다.

(1) 개요

기존의 자살경향성 평가 도구는 대체로 외국에서 쓰이는 도구를 번안한 것으로 한국인에게도 적합한지 타당도 연구가 엄격히 이루어지지 않았거나 적용에 한계가 있다. MHS:S는 한국보건산업진흥원과 보건복지부 산하 정신건강기술개발사업단의 지원으로 한국인의 문화와 한국어를 기반으로 문항을 개발하였고 철저한 과학적 검증 과정을 거쳐 규준을 마련하여 검사의 타당성과 신뢰도를 인정받았다. MHS:S는 간편한 실시 및 채점이 강점이며, 정신건강 전문가뿐 아니라 전문상담교사나 사회복지사 등도 다양한 현장에서 자살경향성을 선별할 수 있도록 하고 전문가와 연계하는 데 편리하게 쓸 수 있다. 그러나 MHS:S는 '선별 도구'이므로 진단을 포함하여 자살경향성을 심층적으로 평가하고 개입 여부 결정에는 반드시 정신건강 전문가(예: 임상심리전문가, 정신건강의학과 의사 등)의 면밀한 평정이 따라야 한다.

(2) 구성과 내용

MHS:S는 자기보고형 검사로, 수검자는 1번부터 3번 문항까지는 각 문항에서 제시하는 내용을 지난 2주간 어느 정도로 경험하였는지 떠올려 직접 답하게 된다. 총 네 문항에 대해 각각 '결코 그렇지 않다'(0점)에서 '항상 그렇다'(4점)로 구성된 5개 선택지 중 하나에 표시한다. 선별 도구는 자살 위험 행동의 연속선상에 있는 자살생각, 자살계획, 자살시도 경험에 대해 물어보지만 각각의 문항에 대해 가중치를 두지는 않았다. 문항반응이론을 통해 각 문항의 평균적인 난이도를 살펴보았을 때 1번 문항이 상대적으로 가장 쉽고 4번 문항으로 갈수록 조금씩 어려워진다. 그러나 선별 도구의 일차적 목적이 자살경향성을 선별하여 정신건강 전문가의 자세한 평가 및 개입을 받게 하는 것에 있으므로 개발 단계에서는 문항 난도에 따라 가중치를 부여하기보다는 동일한 가중치를 두고 선별해 내는 것에 초점을 두었다.

표 11-11 MHS:S의 구성

* 다음의 문항은 귀하의 기분을 묻는 질문입니다. 지난 2주간 각 문항에 해당하는 증상을 얼마나 자주 경험하였는지 0(결코 그렇지 않다)에서 4(항상 그렇다) 중 해당하는 번호에 표시하여 주십시오.

No.	문항	결코 그렇지 않다	드물게 그렇다	때때로 그렇다	자주 그렇다	항상 그렇다
1	(지난 2주간) 살고 싶은 마음이 없었다.	0	1	2	3	4
2	(지난 2주간) 자살을 생각했다.	0	1	2	3	4
3	(지난 2주간) 자살에 대해 깊게 생각했으며 구체적인 방향까지 계획했다.	0	1	2	3	4
4	과거에 자살시도를 한 적이 있었다.	0	1	2	3	4

(3) 실시 및 채점

MHS:S는 총 4문항으로 구성되어 있으며, 오프라인 버전과 온라인 버전으로 실시 가능한 간단한 검사로, 검사에는 평균적으로 50초가량이 소요되며, 오프라인 버전의 경우 수검자가 설문지를 받아, 문항 내용 및 명시된 기간에 유의하여 자신에게 해당되는 정도를 필기구를 이용해 동그라미나 체크로 표시한다. 온라인 버전의 경우 가장 적절한 설명을 마우스로 클릭하면 된다.

온라인 검사 실시

1. 인싸이트 홈페이지(https://www.inpsyt.co.kr)에 접속하여 회원가입 후 로그인
2. 본 검사의 온라인 코드를 구매
3. My page의 [심리검사 실시]에서 [원격온라인 검사코드 발송]을 클릭하여 수검자에게 코드 및 검사 링크를 발송
4. 수검자가 수령한 코드 및 검사링크를 활용하여 온라인 검사지에 응답하면 온라인 채점 프로그램을 통한 채점 실시
5. 검사 실시자가 My page의 [심리검사 결과]에서 검사 결과를 확인

오프라인 검사 실시

1. 인싸이트 홈페이지(https://www.inpsyt.co.kr)에 접속하여 회원가입 후 로그인
2. 본 검사의 검사지 및 온라인 코드를 구매
3. 수검자를 대상으로 검사지를 배포하여 오프라인으로 검사를 실시하여 수검자가 응답하도록 한 후 My page의 [심리검사 실시]에서 [답안입력/온라인 검사 실시]를 누르고, [답안입력형]을 선택
4. [답안입력형] 실시에서 검사지에 표시된 문항별 응답을 문항 번호에 따라 클릭하거나 키보드 숫자판을 이용하여 입력
5. My page의 [심리검사 결과]에서 실시한 검사의 결과를 확인

① 검사 실시자의 자격요건

MHS:S는 자살경향성을 간단하게 선별해 내기 위해 일차 의료기관, 학교, 상담기관 등에서 유용하게 사용될 목적을 가지고 개발되었으므로 검사의 실시에 특별한 제한은 없다. 그러나 수검자에게 적절한 검사 환경을 제공하고, 검사를 진행함에 있어 어려움이 없어야 하므로 정신건강에 대한 기본 지식을 갖춘 인력이 실시할 것을 권고한다.

② 검사 시행 및 채점 시 유의사항

검사자는 수검자에 대한 비밀을 보장해야 하고, 오프라인 검사일 경우 수검자가 글씨를 읽는 데 어려움이 있으면 문항을 소리 내어 읽어 줄 수 있지만, 문항을 읽어 주기 전에 기간 (예: 지난 2주), 선택지 등에 대해 충분히 숙지시킨 후 시행해야 한다. 검사자는 자살경향성이 없는 대부분의 사람들이 검사에서 0점을 받는다는 것에 유의할 필요가 있어 검사 총점 16점 중 1점만 받더라도 자살경향성이 있는 집단으로 해석해야 한다. 수검자가 1점 이상의 점수를 받아 자살 경향성이 있거나 높은 상태로 나타날 경우, 검사를 실시한 검사자는 정신건강에 대한 지식을 갖춘 인력에게 적절한 수준의 자문 및 개입에 대한 도움을 구해야 한다.

현재로서는 온라인과 오프라인 평가의 채점이 동일하지만, 온라인 버전의 경우 검사 시행 누적에 따라 검사 규준을 업데이트하며 남성, 여성 혹은 연령별로 각 문항에 적용되는 가중평균 치가 달라질 것이다. 이에 보다 업데이트된 규준 정보를 바탕으로 개인에게 최적화된 정확한 채점 결과를 얻기 위해서는 오프라인 평가로 시행하더라도 온라인 플랫폼에 접속하여 수검 자의 반응을 입력하고 채점하기를 권한다.

(4) 검사의 해석

① 점수가 0점인 경우

내담자 혹은 환자의 자살경향성이 없거나 문제가 되지 않는 수준으로 볼 수 있다. 현재 자살경향성이 문제가 되지 않는 수준이지만, 만약 0점이라 하더라도 내담자 혹은 환자가 정신 질환 과거력이 있거나 현재 심리적 어려움을 겪고 있다면 정기적으로 자살경향성의 변화를 파악할 필요가 있다.

② 점수가 1점에서 2점 사이에 있을 경우

자살경향성이 존재한다고 봐야 하며 지속적인 관찰과 심리적 개입을 고려할 필요가 있다. 현재 자살경향성이 아주 높지는 않으나, 2점 이상 체크한 문항의 영역에 대해서는 주의 깊게 살필 필요가 있다. 특히 문항 3에 체크를 하였는데 1~2점인 경우, 내담자 혹은 환자가 문항 1과 2에 해당하는 자살에 대한 사고 없이 계획만 하고 있을 가능성은 극히 낮으므로 자살경향성의 과소보고 가능성을 반드시 염두에 두어야 한다. 문항 4에만 체크하고 문항 1부터 3에 해당하는 지난 2주간의 자살경향성은 없다고 보고한 경우, 과거 자살시도 경험은 미래의 자살을 예측하는 가장 중요한 요인이므로 심리상태나 주변 상황이 악화될 경우 자살경향성을 재평가하여 면밀히 관찰할 필요가 있다.

③ 점수가 3점 이상일 경우

이 검사가 제시하는 자살경향성 고위험군의 절단점을 상회한다. 정신건강 전문가의 도움을 구하는 것을 강력하게 권하며, 즉각적인 위기 개입 및 치료계획 수립이 필요할 수 있다. 전체적인 자살경향성 자체도 주의를 기울일 필요가 있으나 2점 이상 체크한 문항에 대해서는 더 많은 주의를 기울여 탐색해야 한다. 최대한 빠른 시간 내에 정신건강 전문가에게 자문 혹은 도움을 구하고 심층적으로 자살경향성을 평가할 것을 권한다. 특히 문항 3에 체크한 경우 자살시도가 임박하였을 수 있으므로 주의하여야 한다. 그리고 자살경향성 외에 정신질환 유무에 대해서도 반드시 살펴볼 필요가 있음을 권하고 있다. 자살경향성 검사의 전문가용 해석 예시를 〈표 11-12〉에 제시한다.

표 11-12 MHS:S 검사의 전문가용 해석 예시

점수	상태	해석
0점	자살경향성 징후 없음	현재 자살경향성의 징후가 없으며 큰 문제가 없습니다. 그렇지만 우울감이나 불안감과 같은 심리적 어려움을 계속해서 겪고 있다면 자살경향성도 변화할 수 있으므로 한 번의 평가로는 충분하지 않을 수 있습니다. 정기적인 평가를 하는 것이 바람직합니다.
1점	경미한 위험성	현재 경미하지만 자살경향성의 징후가 나타납니다. 주의를 기울여서 내담자의 변화를 살펴볼 필요가 있습니다. 본 한국형 정신건강 선별 도구에서 1점을 받은 분들 중 약 10%는 주요우울장애 진단을 받은 경험이 있으며, 25%는 우울감과 관련된 어려움을 보고한 바 있습니다. 반드시 내담자가 체크한 응답의 내용을 참고하실 것을 권합니다. 본 검사 결과는 선별 도구의 결과이므로, 심층적인 자살위험성 평가는 반드시 정신건강 전문가(예: 임상심리전문가, 정신건강임상심리사, 정신건강의학과 전문의 등)에 의해 정확하게 이루어져야 합니다.

* 〈표 11-12〉의 내용은 전문가에게 제공하는 해석의 예시 일부이며, 수검자에게 전달하거나 보고서에 내용을 직접 출력하는 것은 권장하지 않습니다.

(5) 사례보고서 및 해석상담의 예

① 사례 1: 한국형 정신건강 선별 도구를 활용한 자살경향성 1수준 여성 사례

• **사례보고서**

이름	배○○
인적사항	만 34세, 여성, 교사, 무교
내방경위	과거 주요 우울 증상이 재발할 것 같은 불안감이 있어 현재 자신의 마음 상태를 점검하기 위해 심리검사 및 상담 신청함.
배경정보	대학교 졸업 후 5년간 임용고시를 준비하였으나 탈락한 경험과 관련하여 임용고시 준비 3년 차에 주요우울장애 진단을 받고 약물치료 및 심리상담 치료 받은 경험 있음. 현재 교직 4년 차로 최근 교사 간의 관계와 학부모와의 관계에서 스트레스를 느끼면서 과거 주요 우울 증상이 재발할 것 같은 불안감이 있어 심리검사 신청함.
검사태도	검사 소요 시간 약 30초로 검사 응답에 어려움은 없는 모습 보임.
검사 결과	<p>| 점수	실제 점수 기준 누적 백분위(%ile)	심각도
1	77.4	자살경향성 징후 있음	</p> ▶ 죽음에 대한 생각(문항 1)은 있으나 자살에 대한 생각(문항 2)과 계획(문항 3)은 없다고 응답하며 과거 자살시도 경험(문항 4)도 없다고 응답을 보이는 바, 현재 간헐적으로 죽음을 생각하고 있으나 구체적 자살 생각이나 계획은 없는 것으로 판단됨. ▶ 경미한 정도이지만 자살경향성의 변화 추이를 주의 깊게 살필 필요 있음.
해석상담 요약	• MHS:S 검사 결과, 점수 1점(77.4%ile) 심각도는 자살경향성 징후 있음에 해당함. • 면담 결과, 과거 경험한 주요우울장애의 재발 가능성이 높은 것으로 보이며, 증상 지속 기간은 약 2주 이상인 것으로 보임. • 해석상담 결과, 완전한 병식이 형성되었음. 정신건강의학과 진료나 심리상담 치료와 관련한 사회적 낙인에 대한 불안감을 해소하며 자살위험 보호요인과 함께 치료 장면에 집중할 수 있도록 치료 동기 강화함.
개입방향	• 주요우울장애 증상 확인 − 주요우울장애의 증상 특성과 관련하여 진단 기준에 따른 면담 실시 • 치료적 개입에 대한 주요우울장애 증상 요인 확인 및 처치 − 정신건강의학과 진료 및 심리상담 치료와 사회적 낙인에 대한 불안감 확인 후 비밀 유지의 원칙을 설명하여 불안감을 해소 • 치료적 개입 유지 − 정신건강의학과 진료 및 심리상담 치료를 동시에 진행하여 치료적 효과 상승을 위한 안내 진행

결과	• 정신건강의학과 진료 및 심리상담 치료의 사회적 낙인에 대한 불안감 해소 • 정신건강의학과 병의원 진료 및 약물치료 예정 • 정신건강의학과 병의원 진료 후 심리상담 치료 예정
제언	• 정신건강의학과 병의원 진료 후 약물치료 유지 　–주요우울장애의 증상 특성과 관련하여 약물치료를 유지하며 예후 관찰할 필요 있음. • 주요우울장애와 관련한 스트레스 사건 세부 파악 및 해소 　–주요우울장애 증상과 관련한 스트레스(직장 내외 갈등)에 대해 보다 세부적인 접근으로 내담자가 실생활에서 느끼는 스트레스를 해소할 필요 있음.

• 해석상담

상담자 1 방금 실시하신 '한국형 정신건강 선별 도구: 자살경향성' 검사 결과를 살펴보는 시간을 갖도록 하겠습니다. 검사 결과를 살펴보면 자살경향성 징후가 있다는 결과가 나왔습니다. **언제부터 이렇게 죽음을 생각하셨나요?**　　　　　　　　　　　　자살경향성 징후에 대한 구체적인 시기 탐색 질문

내담자 1 음, 사실은 이번이 처음은 아니에요. 한 6년 전인가 임용고시 준비하면서 3년 차쯤에 우울증 진단을 받고 치료를 받았던 적이 있거든요. 그때에도 지금처럼 살고 싶은 마음이 없다는 생각을 했어요.

상담자 2 6년 전에 치료는 어떻게 받으셨었나요?　　　　　　　　　　　과거 치료 히스토리 탐색

내담자 2 정신건강복지센터에서 해 주는 무료 상담을 받고 정신건강의학과 병원에 가 보는 게 좋겠다고 해서 집 가까운 정신건강의학과 의원에 갔어요. 그때 원장님이 우울증 약을 처방해 주셨는데, 한 2년 조금 넘게 약을 먹었어요. 약 먹기 시작하고 1년 이따가 제가 다녔던 대학교 상담센터에서 1년 정도 심리상담을 받았었구요.

상담자 3 약물치료와 심리상담 치료를 함께 진행하셨었군요.

내담자 3 네, 약만 먹는 걸로는 우울한 생각이 계속 나는 것이 멈춰지지 않아서 심리상담도 받았었는데 그게 도움이 많이 되었어요. 사실, 약물치료만 할 때에 죽고 싶다는 생각을 문득 하곤 했었거든요.

상담자 4 그렇군요. 그때 받았던 심리상담을 통해서 도움이 된 것이 있었나요?　　　이전 상담에서의

내담자 4 내 속마음을 남한테 말할 수 있다는 거? 그것만으로도 좋았어요. 그리고 상담사님이 좋은 말을 많이 해 주시고 지지를 잘 해　　　긍정적 요인 탐색

주셨는데, 그 덕분에 이 세상에 나 혼자가 아니구나 하는 걸 느꼈던 게 제일 도움이 되었어요.

상담자 5	좋은 상담사님에게 좋은 상담을 받으셨던 것 같습니다. 그렇다면 지금 배○○ 님께서 살고 싶은 마음이 없다는 생각은 언제부터 시작이 되셨을까요?	최근 우울 증상 발병 시기 탐색 질문
내담자 5	한 달쯤 된 것 같아요. 우리 반에 참 말썽꾸러기인 친구가 있는데, 그 애 어머님께서 저한테 조금 지나친 말씀을 많이 하시거든요. 그 애가 한 달쯤 전에 반에서 다른 친구랑 다툼이 있었는데 그날부터 어머님이 개인 연락이 자주 와요. 심지어 퇴근하고 밤에도 연락을 하실 때도 있구요.	
상담자 6	학부모님이 지나친 말씀을 늦은 밤에도 전화로 하신다는 말씀이시군요? 밤에 그런 전화를 받으면 잠들기가 어려울 수 있겠습니다. 요즘은 잠은 잘 주무시고 계신가요?	가. 주요우울장애 증상 확인 질문
내담자 6	사실, 제대로 못 잔 지 한 달이 다 되어 가요. 혹시 전화 벨소리가 울리거나 문자가 오지 않을까 전화기만 보면 되게 예민해져서 폰을 끄고 자는데도 꺼진 폰이 울리면 어쩌지라는 생각을 하기도 하구요. 참 말도 안 되는 걱정이지요. 그렇게 자는 둥 마는 둥 하다 보면 날이 밝아 오고, 출근하면 하루 종일 피곤해요.	나. 주요우울장애 증상 확인
상담자 7	그렇군요. 식사는 제대로 하고 계신가요?	가.
내담자 7	아니요. 밥을 먹고 싶다는 생각이 잘 들지가 않아서 직장에서는 대충 우유나 한잔하거나 빵을 먹어요. 퇴근하면 아무것도 먹지 않고 있어요.	나.
상담자 8	식사를 제대로 하지 않은 것은 언제 부터인가요?	가.
내담자 8	한 3주 정도 되어 가네요. 일에서 스트레스도 많이 받는데, 다른 선생님들과도 이번 일로 사이가 소원해져서 같이 밥을 먹는 것도 힘들어요. 원래 친한 선생님이 있어서 같이 밥을 자주 먹고는 했는데 그 반 친구랑 저희 반 애가 싸운 거라 그 선생님이랑 같이 대화를 하기 뭔가 어렵더라구요. 그나마 학교에서 편한 선생님이었는데 이렇게 되어 버려서 참 힘드네요. 한 달 동안은 학교에 출근하는 게 재미도 없고 의미도 없다고 느껴졌어요. 학교 뿐만이 아니라 거의 모든 일에서 그렇기도 하구요.	나.
상담자 9	잠도 제대로 못 주무시고, 식사도 제대로 하지 못하고 계시군요. 배○○ 님께서는 이번 검사에서 1점으로 현재 경미하지만	결과 및 면담 간 통합해석을 통해

자살경향성 징후가 있으므로 결과가 나왔습니다. 그리고 과거에 우울증 진단을 받고 치료를 받으신 경험과 관련해서는 이번 검사 결과와 면담 내용을 종합하면, 어쩌면 우울증이 재발하였을 가능성도 있습니다.

우울증이 재발할 수 있음을 알림

내담자 9 그럼, 이제 어쩌죠? 지금은 직장이 있는데 병원에 갈 시간이 없어요.

상담자 10 토요일에 진료를 보는 병원도 있습니다.

내담자 10 음, 사실 지금 이렇게 직장을 다니면서 정신건강의학과 병원에 다시 다닌다면 주변 사람들이 뭐라고 할지 걱정이 돼요. 교장 선생님이나 학부모님들 눈치도 보이구요.

상담자 11 이미 전에 병원을 다녀 보셨고, 심리상담을 받으셨던 경험도 있으시니 잘 아실 겁니다. 심리상담과 정신건강의학과 진료는 비밀보장의 원칙을 따릅니다. 배○○ 님 본인이 동의하지 않는 이상 타인이나 학교에 알려질 일은 없습니다.

이전 경험을 떠올릴 수 있게 하여 비밀보장의 원리를 안내하고 안심시킴

내담자 11 알긴 아는데, 힘들게 치료한 우울증이 다시 재발했다는 걸 받아들이기가 쉽지 않아요. 임용고시도 통과하고 이제 다시는 우울증에 걸릴 일은 없을 거라 생각했거든요.

상담자 12 네, 그런 마음 드실 수 있지요. 배○○ 님께서도 잘 아시다시피 우울증은 꾸준한 관리가 없으면 재발하기 쉬운 질환입니다. 어쩌면 이전에 치료했던 경험이 이번 우울증의 더 빠른 호전을 위한 경험이 될 수도 있습니다. 이번 검사에서는 자살에 대한 약간의 생각만 있는 것으로 응답을 하셨는데, 혹시 계획을 세우신 경험은 없으실까요?

우울증 재발에 대한 걱정 공감과 치료 동기 강화

내담자 12 전에도 그렇고, 지금도 그렇고 '그냥 죽고 싶다'라는 생각만 가끔 했어요. 계획을 세우거나 하진 않았어요. 제가 죽어 버리면 우리 반 아이들이 충격이 클 테니까요.

상담자 13 지금 학생들은 배○○ 님에게 어떤 의미가 있나요?

자살 보호요인에 대한 의미 탐색 질문

내담자 13 제 교직 생활에서 모든 아이들이 다 너무 소중하죠. 특히 지금 맡은 아이들은 정말 소중해요. 너무 이쁘고, 말도 잘 듣고요

상담자 14 그렇군요. 그렇다면 소중한 학생들을 위해서라도 선생님의 마음 건강 관리가 아주 중요하겠습니다.

자살 보호요인 확인 및 치료 동기 강화

내담자 14 선생님 말씀처럼 정말 그렇겠네요. 제가 마음이 건강해야 아이들한테도 건강한 마음을 교육할 수 있겠지요. 그럼, 지금 제가

우울증이 재발한 거니까 병원으로 바로 가 봐야 한다는 말씀이신 거지요?

상담자 15 오늘 진행한 검사와 면담만으로는 우울증이 확실히 재발했다고 단연하여 말씀드리기는 어렵습니다. 다만, 우울증이 재발했을 가능성이 있고, 어쩌면 다른 진단이 될 수도 있겠습니다. 자세한 것은 정신건강의학과 전문의에게 진료를 받아 보시는 것이 좋겠습니다.

내담자 15 네, 알겠습니다. 그럼, 이전에 다녔던 병원에 다시 가 봐야겠어요.

상담자 16 네, 좋습니다. 이렇게 다시금 치료에 대한 의지를 가지게 된 배○○ 님의 모습을 보니 앞으로도 치료 예후가 좋을 것이라 생각이 듭니다. 오늘 검사를 통해 자신의 마음 상태를 알게 되어 어떠하신가요? · 치료 동기강화 및 결과 해석

내담자 16 '혹시나?' 했는데 '역시나!'라는 생각이 들어요. 이전에 병원에 다닌 경험이 있는데도 이제는 선생님이라는 사회적 입장이 있으니까 뭔가 더 두려운 마음이 생겼던 것 같아요. 선생님이 말씀해 주신 것처럼 제가 먼저 건강해야 아이들에게도 건강하게 다가갈 수 있을 것 같아요. 오늘 선생님하고 이야기를 나누니까 조금은 마음이 편해진 것 같아요. 다음 주에 한 번 더 상담받으러 와도 될까요? · 소감듣기

상담자 17 좋습니다. 앞으로도 배○○ 님과 치료적 관계로서 좋은 의미를 이어 나갔으면 좋겠습니다. 물론 다음 주에 다시 뵙고 상담을 더 이어 나가는 것이 배○○ 님의 치료에 도움이 될 것입니다. 오늘은 심리검사와 해석상담을 이쯤에서 마치겠습니다. 정신건강의학과에서 진료를 받고 오시면 치료에 더 도움이 될 것입니다. 그럼, 다음 주에 다시 뵙겠습니다.

내담자 17 네, 감사합니다.

② 사례 2: 한국형 정신건강 선별 도구를 활용한 자살경향성 3수준 남성 사례

• 사례보고서

이름	윤○○
인적사항	만 44세, 남성, 공무원, 천주교
내방경위	불안한 마음과 함께 죽고 싶다는 생각이 지속적으로 들면서 자살을 생각하고 자살에 대한 계획을 하는 경험도 있었다고 함. 이에 심리검사 및 상담을 신청함.
배경정보	사회복지직 공무원으로 근무하며 지속적으로 민원 관련 스트레스를 경험함. 민원인을 대할 때 매사에 불안한 마음이 있었다고 하며, 어느 순간부터는 민원인을 대하고 있지 않음에도 불안한 마음이 들었다고 함. 현재 부인, 첫째 딸, 둘째 아들과 함께 동거 중이며, 부인은 같은 공무원이라고 하며 가족들과 함께 같은 성당을 다니고 있다고 함.
검사태도	검사 소요 시간 약 50초로 검사 응답에 어려움은 없는 모습을 보임.
검사 결과	<table><tr><th>점수</th><th>실제 점수 기준 누적 백분위(%ile)</th><th>심각도</th></tr><tr><td>3</td><td>88.2</td><td>자살경향성 징후 있음</td></tr></table> ▶ 자살에 대한 생각(문항 1, 2)과 계획(문항 3)이 있는 것으로 응답된 바, 주의 깊은 확인 필요함. ▶ 정신건강 전문가의 심층적인 위험성 평가 필요함.
해석상담 요약	• MHS:S 검사 결과, 점수 3점(88.2%ile), 심각도는 자살경향성 징후 있음에 해당함. • 면담 결과, 범불안장애 가능성 높은 것으로 보이며, 증상 지속 기간은 약 6개월 이상인 것으로 보임. • 해석상담 결과, 부분적으로 병식이 형성되었음. 또한 정신건강의학과 진료나 심리상담 치료와 관련한 불편감을 해소하여 치료 장면에 집중할 수 있도록 동기 강화함.
개입방향	• 불안에 대한 증상 확인 −범불안장애의 증상 특성과 관련하여 진단 기준에 따른 면담 실시. • 치료적 개입에 대한 불안 요인 확인 및 처치 −정신건강의학과 진료 및 약물치료에 대한 사회적 불편감 확인 후 자살위험 보호요인 및 치료 동기 강화로 불편감 경감함. • 치료적 개입 유지 −정신건강의학과 진료 및 심리상담 치료를 동시에 진행하여 치료적 효과 상승을 위한 안내 진행
결과	• 정신건강의학과 진료 및 약물치료에 대한 거부감 해소 • 정신건강의학과 병의원 진료 및 약물치료 예정 • 심리상담 치료 예정

제언	• 정신건강의학과 병의원 진료 후 약물치료 유지 　　－범불안장애의 증상 특성과 관련하여 약물치료를 유지하며 예후 관찰할 필요 있음. • 불안증상과 관련한 스트레스 사건 세부 파악 및 해소 　　－범불안장애 증상과 관련한 직무 스트레스 등에 대해 보다 세부적인 접근으로 내담자가 　　　실생활에서 느끼는 스트레스를 해소할 필요 있음.

• 해석상담

상담자 1　방금 실시하신 '한국형 정신건강 선별 도구: 자살경향성' 검사　　자살에 대한 구체적
　　　　결과를 살펴보는 시간을 갖도록 하겠습니다. 검사 결과를 살펴　　시기 탐색 질문
　　　　보면 자살경향성 징후가 있다는 결과가 나왔습니다. 언제부터
　　　　이렇게 자살을 생각하셨나요?

내담자 1　한 3년은 된 것 같습니다. 직무 특성상 민원을 직접 상대하는 일　　범불안장애
　　　　이 많은데, 아무래도 민원 중에 거친 분들이 많습니다. 예전에　　진단 기준
　　　　는 무슨 말을 들어도 참으면서 그러려니 했는데, 언제부턴가 불　　C 확인
　　　　안감이나 걱정이 계속 머릿속에 떠돕니다. 불안감이 심해지면
　　　　서 일을 할 때에 긴장되거나 신경이 곤두선 느낌을 받았는데,
　　　　언젠가부터는 일을 하고 있는 날이 아닌 주말에도 그런 느낌을
　　　　받을 때가 있습니다. 그러다 보면 차라리 죽는 게 낫다는 생각
　　　　을 하면서 어떻게 죽어야 할지를 생각한 적이 몇 번 있습니다.

상담자 2　**구체적으로 어떻게 죽어야겠다는 계획을 미리 생각해 보셨을까요?**　　구체적 자살계획에

내담자 2　일하다 보면 자주 접하는 것들을 제가 하는 상상을 하곤 했습니　　대한 탐색
　　　　다. 뭐 목을 메단다던가, 그런 거죠.

상담자 3　**실제로 자살을 시도한 적이 있었나요?**　　자살시도에 대한

내담자 3　아니요. 없습니다.　　과거력 탐색

상담자 4　**앞으로도 미리 생각하거나 계획하신 방법을 실제로 해 볼 생각**　　자살 가능성 탐색
　　　　은 있으실까요?

내담자 4　음, 딱히 실제로는…… 그럴 것 같지는 않습니다. 힘들 때면 '죽
　　　　고 싶다'라는 생각보다는 '죽을 것 같다'라는 생각에 더 가까운
　　　　데, '이렇게 힘들 거면 이러이러한 방식으로 차라리 죽는 게 편
　　　　하겠다.'라는 생각으로 죽는 상상을 하기는 합니다만, 실제로
　　　　죽을 수는 없습니다.

상담자 5	윤○○ 님께서는 죽을 수는 없다고 하셨습니다. 이렇게 힘든데 앞으로 살아갈 수 있는 힘이 무엇인가요?	자살을 방지하는 보호요인 탐색
내담자 5	애들하고 아내가 있습니다. 가족을 생각하면 죽을래야 죽을 수가 없습니다. 그리고 저나 아내나 크리스천이라서 자살은 죄악입니다.	보호요인 확인
상담자 6	윤○○ 님께는 가족이 아주 소중한 존재로군요. 그리고 신앙도 있으시구요.	
내담자 6	네, 그렇지요. 둘째가 태어난 지 얼마 되지 않아서 제가 더 열심히 살아야 합니다. 아내도 같은 공무원인데, 둘이 같이 벌지만 우리 식구 먹고 살기가 넉넉하진 않고 빠듯합니다.	
상담자 7	윤○○ 님과 아내 분 모두 업무나 육아에서도 고충이 많으시겠습니다. 특히 업무를 하시면서 민원을 상대하면서 힘든 일이 많으셨던 것 같습니다. 잠은 제대로 주무시고 계신가요?	범불안장애 진단 기준 C를 확인하기 위한 추가 질문
내담자 7	제대로 못 자고 있는 지 한참 되었습니다. 3년 전부터는 밤에 자다 깨다를 반복하고, 제대로 못 자서 그런지 너무 쉽게 피곤합니다.	범불안장애 진단 기준 C 확인
상담자 8	그렇군요. 수면도 장기간 곤란할 정도라니 정말 힘든 시간을 경험하고 계신 것 같습니다. 윤○○ 님께서는 최근에 우울감을 느끼신 적은 있으실까요?	정확한 진단을 위해 우울 기분 탐색
내담자 8	불안감은 계속 느끼고 있는데, 딱히 우울감은 잘 모르겠습니다. 눈물이 나오기보다는 땀이 나는 느낌입니다. 항상 긴장하고 있으니까요,	
상담자 9	눈물보다는 땀이 나온다. 그 말씀은 슬픈 감정보다는 불안감이 더 크게 느껴진다는 의미인 것 같습니다만 맞습니까?	우울감보다 불안감이 더 큰 부분에 대한 확인 질문
내담자 9	네, 그렇습니다. 집에 가서 애기들이랑 부인 얼굴을 보면 슬픈 감정이 들 틈은 없는 것 같습니다.	
상담자 10	알겠습니다. 그럼, 업무 중에 특별히 긴장되거나 신경이 곤두서는 것 외에도 다른 불편감이 있으실까요?	증상에 대한 구체적 확인 질문
내담자 10	음. 민원인에게 짜증이 나는 경우가 너무 잦습니다. 좋은 말을 해 주시는 민원인에게도 짜증이 나고, 심지어 민원인이 아닌 옆자리 동료에게도 짜증이 나는 경우가 많습니다. 사무실 자리에 앉아서 컴퓨터로 공문 작업을 할 때에는 집중하기 어렵거나 멍한 느낌이 계속 들어서 업무 효율이 영 좋지 않습니다.	범불안장애 진단 기준 C 확인

상담자 11 그렇군요. 그렇다면 지금까지의 면담 내용과 검사 결과를 종합
해 보면 윤○○ 님께서는 정신건강의학과의 진료가 필요한 경
우에 해당하는 것으로 보입니다. 진단적으로는 불안장애에 해
당할 가능성이 있는데, 정확한 진단은 정신건강의학과 병의원
에서 전문의 선생님에게 도움을 받아야 하겠습니다.

면담 간 통합해석으로
자살경향성이
불안장애에 의한
것으로 예측됨을
설명함

내담자 11 꼭 병원에 가야 하는 것입니까? 그냥 상담만 받고 싶은데요.

상담자 12 병원을 꼭 가서야 한다고 명령을 하는 것이 아니라 권유를 드리
는 겁니다. 불안장애는 정신건강의학과 병의원에서 전문의에게
진료를 받고 약물치료를 하면서 심리상담 치료를 병행하는 것이
가장 효과적이기 때문입니다.

내담자 12 약까지 먹으면서 치료를 하는 건 아무래도 남들이나 가족들한
테도 눈치가 보입니다.

상담자 13 소중한 가족들을 위해서라도 건강한 마음으로 지내시는 것이
중요합니다. 직장에서 짜증을 내거나 예민한 경험이 많다고 하
셨는데, 집에서는 어떠하신가요?

보호요인을 활용한
치료 동기강화

내담자 13 음, 집에서는 아이들에게는 짜증을 낸 적은 거의 없는데 부인한
테는 자주 짜증을 냅니다. 아무래도 육아 스트레스 때문에 요즘
에 다투는 일이 부쩍 늘었어요.

상담자 14 집에서도 짜증을 내시거나 예민한 부분이 어쩌면 불안 증상과
관련되어 있을 가능성도 있습니다.

내담자 14 약을 먹으면 정말로 나아지나요?

상담자 15 물론입니다. 다시 한번 말씀드리자면 불안장애는 정신건강의학과
병의원에서 전문의에게 진료를 받고 약물치료를 하면서 심리상담 치
료를 병행하는 것이 가장 효과적입니다. 마음이 안정되면 지금 경
험하고 계시는 수면 곤란이나 예민함 같은 문제도 점차 좋아지
실 겁니다.

치료의 긍정적 예후
안내로 치료 동기를
고취시킴

내담자 15 음, 그럼 일단 치료는 어떻게 하면 좋을지 좀 더 생각해 보도록
하겠습니다.

상담자 16 네, 좋습니다. 오늘 이렇게 상담실로 찾아와 주신 윤○○ 님의
마음과 행동이야말로 치료를 시작하는 첫걸음입니다. 약물치
료를 하면 지금보다는 마음이 더 편해지실 겁니다. 그리고 재차
말씀드리지만 약물치료와 심리상담 치료는 병행하여 함께 하는
것이 좋습니다. 오늘 검사를 통해 자신의 마음 상태를 알게 되

약물치료를 꺼리는
내담자에게 치료의
필요성을 재차
강조하며 결과 해석
소감 듣기

니 어떠신가요?

내담자 16   그냥 단순히 업무 스트레스가 아니라 불안장애일지도 모른다고 하니까 참 여러 가지 생각이 듭니다. 단순한 스트레스인 줄 알았는데 말이지요. 그런데 차라리 이렇게 검사 점수를 보고 상담을 받으면서 제가 어떤 문제가 있는지 좀 더 자세히 알게 되니 뭔가 머릿속에 명료한 길이 보이는 것 같습니다. 약물치료도 받고 상담도 받아 보겠습니다.

상담자 17   네, 좋습니다. 앞으로도 저와 윤○○ 님 간에 서로의 관계가 치료적 관계로서 건강한 의미를 이어 나갔으면 좋겠습니다. 이것으로 오늘 심리검사와 해석상담은 마치겠습니다. 또 뵙겠습니다.   *신뢰로운 치료관계에 대한 희망 제시*

내담자 17   네, 감사합니다.

학습과제

1. IESS 통합스트레스검사의 장점과 3부로 나누어진 검사의 구성에 대해 설명하시오.

2. 한국형 정신건강 선별 도구: 우울(MHS:D)에 포함되어 있는 아홉 가지 주요우울장애 진단 기준을 제시하고, 채점과 해석 시 유의사항에 대해 설명하시오.

3. 한국어판 아동우울척도 2판(K-CDI 2)의 단축형과 표준형의 특징을 제시하고, 단계별 해석 지침에 대해 설명하시오.

4. 한국형 정신건강 선별 도구: 불안(MHS:A)에 포함되어 있는 불안장애 환자들의 진단적 특징 열 가지를 제시하고, 채점과 해석 시 유의사항에 대해 설명하시오.

5. 한국어판 아동불안척도 2판(K · RCMAS-2) 검사의 특징을 제시하고, 타당도 점수에 대한 결과 해석 및 임상적 활용에 대해 설명하시오.

6. 한국형 정신건강 선별 도구: 자살경향성(MHS:S) 검사의 해석 시 점수별 유의사항에 대해 설명하시오.

참고문헌

건강보험심사평가원(2021). 국민관심질병통계. 건강보험심사평가원. http: //opendata.hira.or.kr

국립국어원 표준국어대사전 우리말샘(2021. 10. 28.). 정신건강. https: //opendict.korean.go.kr/dictionary/view?sense_no=739392&viewType=confirm

김병수, 홍상황(2021). IESS 통합스트레스검사 전문가 지침서. 인싸이트.

김춘경, 이수연, 이윤주, 정종진, 최웅용(2016). 상담학 사전– 정신건강. 학지사.

보건복지부, 삼성서울병원(2016). 2016년도 정신질환실태 역학조사.

신현영(2020). 2018년 사망원인통계. 대한의사협회지, 63, 286-297.

이동훈, 고영건, 권해수 외 16명 공저(2013). 정신건강과 상담–상담학 총서 시리즈. 학지사.

정상수, 권준수, 2006 한국인의 불안 리서치 그룹(2006). 2006 한국인의 불안: 불안 리서치 결과보고. Anxiety and Mood, 2(2),115-121.

천성문, 박은아, 안세지, 문정희, 선혜민, 전은주, 윤정훈, 박선우(2019). 인간관계와 정신건강. 학지사.

최기홍, 윤서원, 박기호(2021). MHS: S 한국형 정신건강 선별도구: 자살경향성 전문가 지침서. 인싸이트.

최기홍, 이승환, 최윤영, 박기호, 이원혜(2021). MHS: A 한국형 정신건강 선별 도구: 불안 전문가 지침서. 인싸이트.

최기홍, 이승환, 최윤영, 박기호, 이원혜(2021). MHS: D 한국형 정신건강 선별 도구: 우울 전문가 지침서. 인싸이트.

최송식, 최말옥, 김경미, 이미경, 박은주, 최윤정(2014). 정신건강론, 학지사.

Akiskal, H. S. (1985). Anxiety: Definition, relationships to depression, and proposal for an interrogative model. In A. H. Tuma & J. Maser (Eds.), *Anxeity and the anxiety disorders* (pp. 787-797). Erlbaum.

American Psychiatric Association. (1980). *Diagnostic and statistical manual of mental disorders* (3rd ed.). (*DSM-III*). American Psychiatric Press.

American Psychiatric Association. (1987). *Diagnostic and statistical manual of mental disorders*. (3rd ed. rev). American Psychiatric Press.

American Psychiatric Association. (1994). *Diagnostic and statistical manual of mental disorders*. (4th ed.). American Psychiatric Press.

American Psychiatric Association. (2013). *Diagnostic and statistical manual of mental disorders* (*DSM-5*). American Psychiatric Pub.

Beck, A. T., Steer, R. A., & Brown, G. (1996). *Beck Depression Inventory-II(BDI-II)*. APA PsycTests.

Borowsky, I. W., Ireland, M., & Resnick, M. D. (2001). Adolescent suicide attempts: Risks and protectors. *Pediatrics, 107*, 485-493.

Castaneda, A., McCandless, B. R., & Palermo, D. S. (1956). The children's form of the manifest anxiety scale. *Child Development*, 317-326.

Derogatis, L. R., Lipman, R. S., Covi, L., & Rickels, K. (1971). Neurotic symptom dimensions: As perceived by psychiatrists and patients of various social classes. *Archives of General Psychiatry, 24*(5), 454-464.

Dupuy, H. J. (1978). *Self-representations of general psychological well-being of American adults.* Paper presented at American Public.

Feighner, J. P., Robins, E., Guze, S. B., Woodruff, R. A., Jr., Winokur, G., & Munoz, R. (1972). Diagnostic criteria for use in psychiatric research. *Archives of General Psychiatry, 26*, 57-63.

Ferrari, A. J., Somerville, A. J., Baxter, A. J., Norman, R., Patten, S. B., Vos, T., & Whiteford, H. A. (2013). Global variation in the prevalence and incidence of major depressive disorder: A systematic review of the epidemiological literature. *Psychological Medicine, 43*(03), 471-481.

Folkman, S., & Lazarus, R. S. (1986). Stress processes and depressive symptomatology. *Journal of Abnormal Psychology, 95*(2), 107-113.

Glaser, K. (1963). Masked depression in children and adolescents. *Annual Progeress in Child Psychiatry and Child Development, 1*, 345-355.

Goldberg, D. P. (1972). *The detection of psychiatric illness by questionnaire.* Oxford University Press, Maudsley monograph, 21.

Hathaway, S. R., & McKinley, J. C. (1943). *The Minnesota Multiphasic Personality Inventory (MMPI).* University of Minnesota Press.

Herrman, H., Saxena, S., & Moodie, R. (2018). 정신건강증진: 개념, 증거, 실천 (*Promoting mental health: concepts, emerging evidence, practice*). (김민석, 박희정, 배은미, 안성희, 이은진, 전채현 외 공역). 포널스출판사. (원저는 2005년에 출판).

Hirshfeld-Becker, D. R., Biederman, J., & Rosenbaum, J. F. (2004). *Behavior inhibition in anxiety disorders in children and adolecents* (2nd ed.). Guilford Press.

Holmes, T. H., & Rahe, R. H. (1967). The social readjustment rating scale. *Journal of Psychosomatic Research.*

Jung, S. Y., Kim, S. H., Park, K. H., Jackal, E. J., Lee, S. W., Choi, Y. Y., Lee, W. H., & Choi, K. H. (2017). A systematic review of validation studies on depression rating scales in Korea, with a focus on diagnostic validity information: Preliminary study for development of Korean Screening tool for Depression. *Anxiety and Mood, 13*, 1-7.

Keller, R. (1994). *On language change: The invisible hand in language.* Psychology Press.

Kovacs, M., & Beck, A. T. (1977). The wish to die and the wish to live in attempted suicides. Journal of Clinical Psychology, 33(2), 361-365.

Kovacs, M., & Goldston, D. (1991). Cognitive and social cognitive development of depressed children and adolescents. *Journal of the American Academy of Child and Adolescent Psychiatry, 30*, 388-392.

Kroenke, K., Spitzer, R. L., & Williams, J. B. (2001). The PHQ-9: validity of a brief depression severity measure. *Journal of General Internal Medicine, 16*(9), 606-613.

Litman, R. E., Curphey, T., Shneidman, E. S., Farberow, N. L., & Tabachnick, N. (1963). Investigations of equivocal suicides. *Jama, 184*(12), 924-929.

McQuaid, J. R., Stein, M. B., McCahill, M., Laffaye, C., & Ramel, W. (2000). Use of brief psychiatric screening measures in a primary care sample. *Depression and Anxiety, 12*(1), 21-29.

Park, H. J., Kim, J. H., Lee, J. H., Heo, J. Y., & Yu, B. H. (2014). Development of the Korean Screening Tool for Anxiety Disorders: Review of Current Anxiety Scales and Development of Preliminary Item Pools. *Korean Journal of Clinical Psychology, 35*(3), 630-644.

Pignone, M. P., Gaynes, B. N., Rushton, J. L., Burchell, C. M., Orleans, C. T, Mulrow, C. D., & Lohr, K. N. (2002). Screening for depression in adults: A summary of the evidence for the US Preventive Services Task Force. *Annals of Internal Medicine, 136*(10), 765-776.

Pirkis, J., & Burgess, P. (1998). Suicide and recency of health care contacts: a systematic review. *The British Journal of Psychiatry, 173*(6), 462-474.

Reinemann, D. H. S., & Schnoebelen, S. (2008). Depression and related difficulties. In R. J. Morris & N. Mather (Eds.), *Evidence- based interventions for students with learning and behavioral challenges* (pp. 103-132). New York, NY: Routledge.

Russell, L. B. (1994). *Educated guesses: Making policy about medical screening tests.* Univ of California Press.

Shneidman, E. S. (1993). Commentary: Suicide as psychache. *Journal of Nervous and Mental Disease.*

Shneidman, E. S. (2005). Prediction of suicide revisited: A brief methodological note. *Suicide & Life-Threatening Behavior, 35*(1), 1.

Siu, A. L., Bibbins-Domingo, K., Grossman, D. C., Baumann, L. C., Davidson, K. W., Ebell, M., ······ & Krist, A. H. (2016). Screening for depression in adults: US Preventive Services Task Force recommendation statement. *Jama, 315*(4), 380-387.

Taylor, J. A. (1951). The relationship of anxiety to the conditioned eyelid response. *Journal of Experimental Psychology, 41*, 81-92.

Taylor, S. E. (2016). 건강심리학 [*Health psychology* (9th ed.).]. (서수연, 박준호, 심은정, 조성근, 한경훈 공역). 시그마프레스. (원저는 2015년에 출판).

WHO (2018. 4. 17.). Suicide rate estimates, crude estimates by country. https://apps.who.int/gho/data/view.main.MHSUICIDEREGv?lang=en

제 **12** 장

정서 · 행동 · 적응 검사

학습목표 ❓💡

- KPRC의 종류와 세부 척도별 의미를 찾을 수 있다.
- KPRC 검사를 실시하고, 해석 과정을 설명할 수 있다.
- 사례보고서에 작성된 KPRC 결과를 보고 해석상담에 활용할 수 있다.
- 한국판 ASEBA의 종류와 세부 척도별 의미를 찾을 수 있다.
- 한국판 ASEBA 검사를 실시하고, 해석 과정을 설명할 수 있다.
- 사례보고서에 작성된 한국판 아동·청소년 행동평가척도 결과를 보고 해석상담에 활용할 수 있다.
- MindFit의 검사 개발의 목적과 세부 척도별 의미를 찾을 수 있다.
- MindFit 검사를 실시하고, 해석 과정을 설명할 수 있다.
- 사례보고서에 작성된 MindFit 결과를 보고 해석상담에 활용할 수 있다.

학습개요 🧩

　　이 장에서는 한국 아동 인성평정척도, 한국판 아동·청소년 행동평가척도, 마인드핏 적응역량검사의 발달과정, 검사의 구성, 해석방법과 사례를 배우고자 한다. 학습자는 아동과 청소년, 대학생 정서·행동·적응 영역에서 발달 수준이 어느 정도이며 어떤 부분에서 어려움을 겪는지 파악하여 구체적인 상담 계획을 세우는 데 도움이 될 것이다.

1. 한국 아동 인성평정척도(KPRC)

1) 개요

한국 아동 인성평정척도(The Korean Personality Rating Scale for Children: KPRC)는 아동의 적응에 어려움을 주는 문제를 선별하고 진단하는 데 필요한 정보를 제공하고자 개발되었다. KPRC는 '한국 아동 인성평정척도(KPRC) 부모평정용' '한국 아동·청소년 인성평정척도 교사평정용(The Korean Personality Rating Scale for Children & Adolescents, Teacher-report)' '한국 아동·청소년 인성평정척도 자기보고용(The Korean Personality Rating Scale for Children & Adolescents, Self-report)'으로 구성되어 있다([그림 12-1] 참조). KPRC 부모평정용은 3세에서 17세 사이 아동의 부모, 교사평정용은 초등학생 교사, 자기보고용은 초등학교 4학년부터 고등학생을 대상으로 실시가 가능하다. KPRC는 아동을 대상으로 한 국내에서 제작된 종합적인 심리검사로서 아동의 인지와 정서 및 행동특성을 다차원적으로 살펴보는 데 유용하다.

한국 아동 인성평정척도(KPRC)			
부모평정용	교사평정용		자기보고용
	표준형 / 단축형		표준형 / 단축형
		초등 고학년용 / 청소년용	초등 고학년용 / 청소년용

[그림 12-1] KPRC 분류

2) 발달과정과 역사

(1) KPRC 부모평정용

KPRC 부모평정용은 김승태, 김지혜, 송동호, 이효경, 주영희, 홍창희, 황순택(1997)이 개발한 한국아동인성검사(The Korean Personality Inventory for Children: KPI-C)의 문항과 응답 방식, 하위척도의 구성 등을 부분적으로 수정 및 보완하여 김지혜, 조선미, 홍창희, 황순택(2006)이 개발하였다. KPI-C는 1990년대 중반에 아동의 성격과 부적응 및 정신병리를 포괄적으로 평가하고자 우리나라 임상 장면에서 아동과 보호자의 주 호소문제와 임상 사례, 미국의 아동인성검사(Personality Inventory for Children), 아동 문제행동 평가척도(Children Behavior Checklist: CBCL), 사회성숙도 검사,『정신장애 진단 및 통계 편람 4판(Diagnostic and Statistical Manual of Mental Disorders-IV: DSM-IV)』,『국제 질병 분류 10판(International Classification of Diseases-10: ICD-10)』등의 각종 검사를 참고하여 예비 문항을 만든 후 표준화 과정을 거쳐 총 255문항, 16개의 척도로 제작하였다. KPI-C는 우리나라 아동의 소아정신건강의학과 임상 자료를 반영하였기 때문에 외국에서 만들어 번안한 검사에 비해 생태학적 타당도가 높고 실용적이라고 할 수 있으나, 사용과정에서 검사의 문항 수가 많고, '예' '아니요'로 판단하기 어렵거나 의미가 불분명한 질문이 포함되어 있다는 등의 문제가 보고되었다. 이를 보완하기 위해 2점 척도가 아닌 4점 척도로 변경하고, 해석적 의미가 불분명한 문항과 부적응 영역의 측정이 모호한 문항들을 삭제 및 수정하여 177문항으로 개정하였다.

(2) KPRC 교사평정용

KPRC 교사평정용은 홍상황, 김지혜, 안이환, 조선미, 홍창희, 황순택, 한태희(2009)가 개발하였다. KPRC 교사평정용은 부모평정용 척도의 구성과 문항을 가져왔으며, KPRC 부모평정용에서 L척도와 통계적 검증을 통해 부적절한 문항을 제외하였다. KPRC 교사평정용은 구조화된 학교 장면에서 교사가 아동의 행동을 관찰할 수 있다.

(3) KPRC 자기보고용

KPRC 자기보고용은 황순택, 김지혜, 조선미, 홍창희, 안이환, 한태희, 홍상황(2020)이 개발하였다. KPRC 자기보고용은 KPRC 부모평정용 문항을 가져왔으며, 아동이 자신의 경험과 상태를 정확하게 보고할 수 있도록 문항을 이해하기 쉽게 수정하였다. KPRC 자기보고용은 부모 및 교사의 관점이 반영되지 않고, 자신 내면의 감정과 정서, 지각, 판단을 평가할 수 있다.

3) 검사의 구성

KPRC는 타당도 척도(T-R 척도/ICN 척도, L 척도, F 척도)와 자아탄력성 척도(ERS 척도), 10개의 임상척도(언어발달 척도, 운동발달 척도, 불안 척도, 우울 척도, 신체화 척도, 비행 척도, 과잉행동 척도, 가족관계 척도, 사회관계 척도, 정신증 척도)로 구성되어 있다([그림 12-2] 참조). KPRC 부모평정용은 177문항, KPRC 교사평정용은 152문항(단축형 81문항), KPRC 자기보고용 표

[그림 12-2] KPRC 하위척도 분류

타당도 척도			자아 탄력성 척도	임상척도									
부모 평정용	교사 평정용	자기 보고용	ERS 척도	언어 발달 척도 (VDL)	운동 발달 척도 (PDL)	불안 척도 (ANX)	우울 척도 (DEP)	신체화 척도 (SOM)	비행 척도 (DLQ)	과잉 행동 척도 (HPR)	가족 관계 척도 (FAM)	사회 관계 척도 (SOC)	정신증 척도 (PSY)
검사- 재검사 척도 (T-R 척도)	비일관성 척도 (ICN 척도)	비일관성 척도 (ICN 척도)											
허위척도 (L)	-	허위척도 (L)											
저빈도 척도 (F)	저빈도 척도 (F)	저빈도 척도 (F)											

준형은 164문항(단축형 89문항)으로 이루어져 있다.

4) 실시와 채점

(1) 실시 대상

① KPRC 부모평정용
3세에서 17세에 해당하는 검사 대상자와 친숙한 성인이 평정해야 하며, 가장 유용한 정보 제공자는 부모이며, 최소한 6개월 동안 검사 대상자와 긴밀한 관계를 맺고 있는 성인도 가능하다.

② KPRC 교사평정용
초등학생을 대상으로 30일 이상 담임을 맡은 교사가 평정할 수 있다.

③ KPRC 자기보고용
초등학교 4학년부터 고등학교 3학년까지의 학생은 직접 실시할 수 있다.

(2) 실시 과정

검사자는 피검사자에게 KPRC의 실시 목적과 수행 방법을 설명한다. 검사를 끝내고 나면 검사자는 빠지거나 중복으로 표기된 문항이 있는지를 확인한다. 다음은 상담자가 피검자에게 KPRC 교사평정용을 실시하기 전에 검사를 안내하는 예시이다.

상담자: KPRC 검사는 아동의 적응에 어려움을 주는 문제를 찾고자 실시합니다. 본 검사의 문항은 아동과 가족관계에 대한 내용으로 구성되어 있습니다. 각 문항은 옳고 그르고의 정답이 없습니다. 각 문항을 읽고 아동에게 해당하는 정도에 따라서 '전혀 아니다 0점' '약간 그렇다 1점' '대체로 그렇다 2점' '매우 그렇다 3점' 중 하나에 답하면 됩니다. 검사와 관련해 더 궁금한 점 있으신가요?

교　사: 없습니다.

상담자: 그럼, 시작해 볼까요?

교　사: 네.

---

(3) 채점

학교나 상담 현장에서 KPRC를 사용하는 상담자는 아동 및 청소년의 발달과 정신병리, 성격심리, 심리측정 및 평가에 대한 기본적인 지식을 갖추고, 전문가 지침서에 포함된 검사의 구성과 제작과정, 실시 및 채점 방법, 해석 절차를 충분히 숙지해야 한다. 또한 임상심리전문가나 임상심리전문가의 지도 감독하에 있는 임상심리 수련생이 사용하는 것이 바람직하다.

상담자는 답안지를 회수할 때 상담자는 검사지에서 모든 문항을 정확하게 빠짐없이 표기하였는지 확인하고 빠진 문항은 다시 응답하도록 한다. 채점과정에서 임상척도별로 순서대로 답한 문항들만 합산되고 무응답은 채점에 포함되지 않으므로 무응답이 많아질수록 척도의 점수는 낮아진다. 상담자는 채점하기 전에도 응답하지 않았거나 이중으로 표기한 문항이 없는지 살펴봐야 한다.

5) 해석방법

KPRC 결과는 내담자의 임상적 문제를 비교적 쉽게 선별할 수 있으며, 프로파일 전체에 대한 통합적인 해석이 제공되므로 비교적 결과를 타당하게 해석할 수 있다. KPRC는 모든 척도에 대한 평균 50, 표준편차 10인 T점수가 제공된다. KPRC를 해석할 때 프로파일을 타

| 프로파일 타당성 평가 | ➡ | 각 척도별 내용 분석 | ➡ | 프로파일 특성 분석 |

[그림 12-3] KPRC 해석 과정

당성을 평가하고, 척도별로 내용을 분석한 다음, 프로파일의 특성을 살펴보아야 한다([그림 12-3] 참조).

(1) 타당도 척도

타당도 척도는 자아탄력성 척도 및 임상척도 결과를 신뢰할 수 있는지에 대한 판단을 내리기 위한 중요한 지표이다. 타당도 척도의 T점수가 70 이상으로 상승한 경우, 자아탄력성 척도 및 임상척도 점수의 타당성을 매우 심각하게 의심해 볼 수 있으며, 점수의 해석을 보류하거나 신중하게 해석해야 한다(〈표 12-1〉 참조).

표 12-1　타당도 척도

T-R 척도 / ICN 척도	• 각 문항에 얼마나 주의를 기울여 일관성 있게 응답했는지를 측정함(검사-재검사 신뢰도).
L 척도	• 문제행동을 부정하고 아주 바람직한 모습으로 기술하려는 보호자의 방어적인 태도를 측정함(긍정왜곡).
F 척도	• 현재 경험하려는 부적응 문제를 의도적으로 과장하려 하거나, 실제로는 있지 않은 증상을 있는 것처럼 호소하는 것과 관련된 척도임(증상의 과장이나 무선반응).

(2) 임상척도

임상척도는 발달, 정서, 행동, 대인관계, 현실접촉의 순으로 척도의 결과가 제시되어 있다. 임상척도의 점수가 70T 이상 상승한 경우 해석을 신중히 해야 하며, 상승한 개별 척도들을 직선적으로 살펴보면 대략적인 아동 문제가 드러난다. 임상척도에서 현재 문제가 되는 주요 영역을 파악하고, 자아탄력성 척도에서 문제에 대처할 수 있는 아동의 적응잠재력을 평가한다.

마지막에는 척도 간의 상관관계나 T점수의 범위, 척도 간의 유기적 관계를 살펴보면서 해석해야 한다. 프로파일을 분석할 때에는 함께 상승하는 척도나 프로파일의 유사성에 따라 유형화시키면 개별 척도의 해석에서 발견되지 못한 정보나 공통된 심리적 속성을 발견할 수 있다.

표 12-2 자아탄력성 및 임상척도

자아탄력성 척도(ERS)	• 아동과 청소년의 대처능력이나 적응잠재력을 측정함.
언어발달 척도(VDL)	• 아동과 청소년의 언어발달이 연령에 맞게 이루어지고 있는가를 측정함.
운동발달 척도(PDL)	• 정신운동 능력이나 동작성 능력에서 발달의 지체나 기능의 손상 정도를 측정함.
불안 척도 (ANX)	• 자연현상이나 동물, 대인관계 혹은 사회관계에서의 두려움이나 불안, 공포를 측정함.
우울 척도 (DEP)	• 아동과 청소년기의 우울증을 측정함.
신체화 척도(SOM)	• 신체적 피로감 및 건강과 관련된 호소의 정도를 측정함. 이 척도는 실제 존재하는 신체적 취약성을 반영하기도 하지만, 때로는 신체 증상을 통하여 책임감을 피하고 불편한 상황으로부터 도피하려는 태도를 반영하는 것이기도 함.
비행 척도(DLQ)	• 아동과 청소년의 비행 성향을 측정하고, 품행장애가 있는 아동과 청소년을 가려내기 위하여 만들어졌음.
과잉행동 척도(HPR)	• 아동과 청소년에게 보이는 주의력결핍 과잉행동장애의 특징을 살펴보기 위해 만들어짐.
가족관계 척도(FAM)	• 가족 구성원들 간의 갈등, 부모가 자녀를 대하는 태도, 부모의 부적응 여부를 알아보기 위해 만들어진 척도임. 가족 구성원의 관계나 분위기는 아동과 청소년의 부적응과 정신병리에 영향을 미치는 주요한 척도이므로 치료계획 수립 시 면밀하게 살펴봐야 함.
사회관계 척도(SOC)	• 아동과 청소년의 사회관계에서의 어려움을 측정하기 위해 만들어짐. 아동과 청소년이 사회관계에서 어려움을 경험하는 원인이 다양하므로 다른 임상척도와 참고하여 해석해야 함.
정신증 척도(PSY)	• 발달상의 일탈이나 망각과 환각, 비현실감, 상동적인 행동 등 정신병 상태에서 주로 드러나는 증상을 보이는 아동과 청소년을 가려내기 위한 척도임.

(3) 해석 시 주의점

KPRC 부모 및 교사 평정용은 아동이 검사에 기술된 문장을 제대로 이해하거나 자신의 감정, 지각, 행동을 정확하게 인식하고 판단하는 데 발생하는 문제를 예방할 수 있으나, 피검자의 지각과 왜곡이 결과에 반영될 수 있다. KPRC 자기보고용은 불안과 우울과 같은 주관적인 내면화 증상을 확인하는 데 도움이 될 수 있다. 따라서 상담자는 부모와 교사의 관찰, 자기의 보고, 상담자의 관찰 등 다양한 정보를 수집하는 것이 바람직하며, KPRC 해석 결과

를 피검자가 관찰한 아동이나 피검자에 대한 정확한 정보로 단정하기보다 다른 검사 자료와
면담 자료 등을 비교하는 과정을 거쳐 통합적으로 해석해야 한다.

6) 사례보고서 및 해석상담의 예

(1) 사례보고서

이름	박○○
의뢰인	김○○(담임교사)
인적사항	초등학교 5학년, 12세, 남아, 2남 중 둘째, 부모와 거주, 형은 타 지역 대학으로 진학함.
내방경위	담임교사가 자신의 반 학생이 학기 초부터 전반적으로 무기력하고, 수업 시간에 소극적이고, 친구들과 어울리지 않고, 혼자 지내는 모습이 자주 발견되어 교내 상담실에 의뢰함.
배경정보	담임교사가 학급 학생이 학기 초부터 두 달이 지난 현재까지 활력이 거의 없고, 친구들과 어울리지 않고, 표정이 어두워서 아동의 학교생활이 걱정되어 상담교사와 상담을 신청하였다고 함. 담임교사에게 아동의 학교적응과 심리상태를 확인하고자 KPRC 교사평정용 검사를 권유하여 실시함.
검사태도	온라인 검사 실시

T점수 프로파일

척도	ICN	F	ERS	VDL	PDL	ANX	DEP	SOM	DLQ	HPR	FAM	SOC	PSY
	비일관성	저빈도	자아탄력성	언어발달	운동발달	불안	우울	신체화	비행	과잉행동	가족관계	사회관계	정신증
	타당도척도		척도	임상척도									
원점수	6	21	9	16	12	9	30	10	12	39	38	25	20
T점수	52	76	31	68	59	50	75	53	54	66	76	68	62

해석상담 요약	• 검사 결과, 현재 아동은 학교생활에서 일어나는 일들을 대처하지 못할 가능성이 높음. • 아동은 겉보기도 우울하고 기분이 저조하고 반항적인 모습, 감정기복이 있고, 가족관계에 문제가 있는 것으로 보임. • 친구들과 의사소통하는 데 어려움이 있고, 주의가 부족하고 충동적이고 행동량이 많을 수 있으며, 친구들과 관계가 좋지 못할 것으로 보임. • 담임교사와 상담과정에서 아동은 학교에서 친구들과 어울리지 못하고 학업에 흥미가 없고 학업성취 수준이 낮은 것으로 확인되었으며, 가정에서는 친밀했던 형의 부재와 아버지의 경제적 어려움이 있는 것으로 드러났음.
개입방향	• 검사를 통해 아동의 학교생활 적응문제가 확인되었으므로 담임교사에게 검사 결과를 설명하고 학급에서 아동을 돕는 방법을 논의해야 할 것으로 보임. • 아동의 부모와 면담을 하여 개인상담 및 추가 심리검사에 대한 방향을 논의해야 할 것으로 보임. • 아동이 학교에서 보이는 심리적 문제가 가족관계 어려움과 어떤 관련성이 있는지 검토해야 할 것임.
제언	• 아동에게 드러난 부주의성과 충동성, 친구들과의 의사소통 문제가 아동의 기질적 특성인지 확인하고 발달적 측면에서 어떤 어려움이 있는지 살펴보기 위해서 추가로 인지검사 및 종합심리검사가 필요해 보임.

(2) 해석상담

(다음은 담임교사가 학생 문제로 상담실을 방문하여 KPRC 검사를 하였고, 다음날 상담교사가 검사 결과를 담임교사에게 설명하면서 아동의 문제를 살펴본 사례임)

상담자 1	선생님, 안녕하세요? ○○이의 KPRC 결과가 나왔습니다. 검사를 해 보시니까 어떠셨어요?	검사에 대한 생각 확인
내담자 1	○○이가 무기력하고 힘든 모습만 생각했는데, 검사 문항을 읽으면서 여러 면으로 ○○이의 어려움을 생각할 수 있었던 것 같아요.	
상담자 2	○○이에 대해서 걱정이 많으시겠어요.	공감
내담자 2	네. 신경이 많이 쓰이네요.	
상담자 3	그러셨군요. 검사 결과 살펴보면서 더 얘기할게요. ○○이의 자아탄력성 점수가 낮구요. ○○이가 학교생활에서 일어나는 일	검사 결과 전달 및 학교생활 문제에

들을 잘 대처하기 힘들어할 것 같아요. 여기 임상척도를 살펴보면, 우울과 가족관계 척도의 상승이 뚜렷해요. 아동은 겉으로 보기에도 기분이 축 처져 있고 우울해 보일 수 있겠네요. 예전보다 감정기복이 심해지거나 반항적인 모습도 보일 수 있어요. 요즘 ○○이가 학교생활은 어떤가요?

내담자 3　네. ○○이가 학교생활에 흥미도 없어 보이고, 친구들이랑도 잘 못 어울리는 것 같구요. 공부에도 관심이 없어 보이구요. 시간이 지날수록 말수도 너무 적고, 활력도 없고, 친구들이 같이 뭔가를 하자고 얘기해도 거의 안 하려고 하네요.

상담자 4　언제부터 ○○이가 이런 모습을 보였나요?

내담자 4　글쎄. 학기 초부터 그랬던 것 같아요. 제가 혹시나 해서 작년 담임 선생님과 얘기를 해 봤어요. ○○이가 조용한 편이었지만 무기력해 보이지는 않았다고 하시네요. 가끔 친구들의 질문에 엉뚱한 답을 한 적이 있기는 한데. 대체로 학급 생활에서 특별한 문제가 없다고 하셨어요.

상담자 5　○○이의 행동이 작년보다 올해 초에 달라진 것 같네요.

내담자 5　네. 그렇네요.

상담자 6　검사 결과에 보면 가족관계에도 문제가 있는 것으로도 나타났는데, 요즘 ○○이의 집에 무슨 일이 있나요?

내담자 6　지난주에는 ○○이가 표정도 어둡고 많이 힘들어하는 것 같더라구요. 쉬는 시간에 잠시 불러서 집에 무슨 일이 있는지, 몸이 아픈 데가 있는지 따로 이것저것 물어봤어요. 그런데 물어봐도 그냥 괜찮다고 하더라구요. ○○이와 면담하고 난 후 어머니에게 전화를 했는데, ○○이 형이 올해 대학을 가서 집을 떠났는데, ○○이가 형을 많이 따르고 좋아했다고 하더라구요. 그것 때문에 ○○이가 힘들 수 있겠다고 얘기를 하셨어요. 그리고 큰애를 대학 보내고 돈도 많이 드는데 최근 아버님 사업도 어려워져서 경제적으로 힘들다고 하셨어요. 어머니는 ○○이가 학교생활을 잘하는 줄 알고 계시구요. 집에서는 ○○이가 평소랑 비슷하다고 하시네요.

상담자 7　○○이 가정에는 형이 대학에 가서 집에 없다는 점과 경제적 어려움이라는 문제가 있네요.

내담자 7　네. 맞아요.

관한 구체적 탐색

호소문제와 관련한 시기 파악

재진술

검사 결과 전달 및 가족관계 어려움에 대한 구체적 탐색

재진술

상담자 8	여기 이 척도들을 한번 살펴볼게요. 언어발달, 과잉행동, 사회관계 척도가 경미하게 상승했는데, 친구들 사이에서 의사소통이 어렵고, 주의가 부족할 수도 있고, 친구들과 못 어울릴 수도 있겠어요. ○○이가 친구들이랑 있을 때나 수업 시간 모습은 어떤가요?	검사 결과 전달 및 교우관계와 학급생활 대한 구체적 탐색
내담자 8	친구들이 뭘 물어보면 대답은 잘 안 하고 피하구요. 하더라도 짧게 하죠. 수업 시간에도 자주 멍해 보이기도 하구요. 단원평가 할 때도 또래보다 답안을 잘 적어 내지 못했어요. 반에서 많이 못하는 편에 속해요.	
상담자 9	○○이가 수업할 때 집중이 어렵고, 학업 수행에 어려움 있다고 보고 계시네요.	재진술
내담자 9	네. 그러고 보니 수학 시간에 더 힘들어하는 것 같아요. 고개를 푹 숙이거나 다른 곳을 보는 것 같기도 하고.	
상담자 10	그렇군요. 선생님의 얘기를 정리하면 요즘 ○○이는 무기력하고 친구들과 잘 어울리지 못하고 말도 거의 하지 않고, 집중도 잘 안 되고, 기본적인 학업 수행에 힘든 점이 있는 것 같습니다. 올해 초 ○○이 형의 부재와 경제적인 어려움이 ○○이에게 영향을 미친 것 같기는 합니다.	요약하기
내담자 10	얘기하다 보니 ○○이의 문제를 더 이해하게 된 것 같습니다.	
상담자 11	추가로 현재 ○○의 학습 수준을 정확하게 알고 싶은데, 확인할 수 있는 자료가 있을까요?	상담에 필요한 자료 요청
내담자 11	제가 바로 찾아보고 다시 연락드릴게요.	
상담자 12	네. 감사합니다. 저는 어머니께 연락해서 개인상담 진행과 추가 검사 진행 여부를 정하도록 하겠습니다. 일정이 확정되면 선생님께 알려드리겠습니다. 이후에 학급 차원에서 ○○이에게 도움이 될 방법을 함께 찾아봤으면 합니다.	후속 상담 계획 안내
내담자 12	네, 좋습니다.	

2. 한국판 아동·청소년 행동평가척도(ASEBA)

1) 개요

한국판 아동·청소년 행동평가척도(Korean Achenbach System of Empirically Based Assessment School-Age Forms)는 오경자와 김영아(2010)가 Achenbach와 Rescorla(2001)가 개발한 전 연령대에 걸쳐 행동문제를 평가하는 ASEBA(Achenbach System of Empirically Based Assessment) 시스템 중에서 학령기용을 한국판으로 표준화한 것이다. 한국판 아동·청소년 행동평가척도는 '아동·청소년 행동평가척도 부모용(Korean Child Behavior Checklist 6-18: K-CBCL 6-18)' '청소년 행동평가척도 자기보고용(Korean Youth Self Report: K-YSR)' '아동·청소년 행동평가척도 교사용(Korean Teacher's Report Form: K-TRF)'으로 구성되어 있다. 한국판 아동·청소년 행동평가척도는 아동·청소년의 정신건강 문제를 다루는 모든 임상 기관에서 문제행동의 유무를 선별하는 검사로 유용하게 사용된다. 한국판 아동·청소년 행동평가척도는 아동·청소년의 행동문제를 평가하기 위해 개발된 검사군으로 동일한 대상에게 다각적 평가를 도입하여 아동·청소년의 행동문제의 원인과 정서 및 적응에서의 어려움을 탐색하는 데 폭넓은 이해를 제공한다.

2) 발달과정과 역사

Achenbach와 Rescorla는 연구문헌 검토와 전문가 자문을 거쳐 CBCL의 척도를 구성하였다. 표준화 작업을 거쳐 1983년에 첫 번째 CBCL 4-18이 제작되었다. 이후 1991년에 CBCL을 구성하는 문항을 수정하여 문제행동증후군 척도를 단일화하였고, 규준은 연령과 성별에 따라 조정하여 CBCL 4-18 개정판이 출시되었다. 이 무렵 5세에서 18세를 대상으로 하는 TRF가 출시되었다. 2000년대에 들어서 Achenbach 연구팀은 행동평가 평가 대상 연령대 및 전반적인 검사군 구성을 조정하고, 문항 및 요인 등의 검사 내용을 수정하여 ASEBA 시스템을 새롭게 구축하였다. CBCL과 TRF의 대상연령을 6~18세로 조정하고, 유아기 검사군과 구분하였다. 오랜 개발 과정을 거친 ASEBA는 다양한 문화권에서 표준화되어 사용되면서 타당성이 검증되어 오면서 효과적인 선별 도구로 자리매김하고 있다.

국내에서는 1991년에 개발한 미국판 CBCL 4-18과 YSR을 표준화한 K-CBCL(오경자, 이혜련, 홍강의, 하은혜, 1997)과 K-YSR(오경자, 하은혜, 이혜련, 홍강의, 2007)이 사용되어 왔다.

이후 2007년부터 2008년까지 대규모 국내 표준화 작업을 거쳐 2010년에 K-CBCL, K-TRF, K-YSR이 출시되었다(오경자, 김영아, 2010).

3) 검사의 구성

한국판 아동 · 청소년 행동평가척도는 문제행동증후군 척도, DSM 진단척도, 문제행동 특수척도, 적응척도로 구분된다(〈표 12-3〉 참조).

(1) 문제행동증후군 척도, DSM 진단척도, 문제행동 특수척도

① 문제행동증후군 척도

문제행동증후군 척도에는 내재화 요인인 불안/우울, 위축/우울, 신체 증상, 외현화 요인인 규칙위반과 공격행동, 이외에도 사회적 미성숙, 사고문제, 주의집중문제, 기타 문제의 10개 하위 영역으로 구성되어 있다.

② DSM 진단척도

DSM 진단척도는 정신장애 진단 및 통계 편람(Diagnostic and Statistical Manual of Mental Disorders: DSM)의 진단 기준에 맞춰 문제행동을 분류한 6개의 척도(DSM 정서문제, DSM 불안문제, DSM 신체화 문제, DSM ADHD, DSM 반항행동문제, DSM 품행문제)를 포함하고 있다.

③ 문제행동 특수척도

2007년에는 아동 · 청소년 행동평가척도를 기반으로 한 연구 결과를 바탕으로 3개의 특수척도(강박증상, 외상후 스트레스 문제, 인지속도부진)가 추가되었다.

표 12-3 문제행동증후군 척도, DSM 진단척도, 문제행동 특수척도의 구성과 내용

척도	하위척도		내용	비고
문제행동 증후군 척도	내재화	① 불안/우울	정서적으로 우울하고 지나치게 걱정이 많거나 불안한 정도를 측정함.	
		② 위축/우울	위축되고 소극적인 태도, 주변에 대한 흥미를 보이지 않는 것 등을 측정함.	
		③ 신체 증상	다양한 신체 증상을 호소하는 정도를 측정함.	

	⑩ 내재화 총점		소극적이고 위축된 행동과 같이 지나치게 통제된 행동을 함.	①+②+③
	외현화	④ 규칙위반	규칙위반이나 사회적 규범에 어긋나는 문제행동 정도를 측정함.	
		⑤ 공격행동	언어적 · 신체적으로 파괴적이고 공격적인 행동이나 적대적인 태도 정도를 측정함.	
	⑪ 외현화 총점		겉으로 문제가 뚜렷하게 드러나지만 통제가 부족함.	④+⑤
	⑥ 사회적 미성숙		나이에 비해 어리고 미성숙한 사회적 발달 정도를 측정함.	
	⑦ 사고문제		특정 행동과 생각을 지나치게 반복하거나, 비현실적이고 기이한 사고 및 행동 정도를 측정함.	
	⑧ 주의집중문제		주의력 부족, 과잉행동 양상, 과제 완성의 곤란 등을 측정함.	
	⑨ 기타 문제		8개의 증후군에는 포함되지 않지만 유의미한 수준의 빈도로 나타나는 문제행동과 관련된 문항들로 구성됨.	
	⑫ 문제행동 총점		전체 문제행동 문항을 합함.	⑥+⑦+⑧+⑨+⑩+⑪
DSM 진단 척도	DSM 정서문제		정서문제로 드러나는 여러 가지 증상을 측정함.	
	DSM 불안문제		전반적인 혹은 특정 상황에서의 불안을 측정함.	
	DSM 신체화 문제		의학적인 질병이 없으나 심리적인 불안과 긴장이 해소되지 않아 나타날 수 있는 신체적 불편감과 통증 정도를 측정함.	
	DSM ADHD		행동의 비일관성, 산만함, 집중의 어려움 정도를 측정함.	
	DSM 반항행동문제		폭력적이고 비협조적인 행동의 정도를 측정함.	
	DSM 품행문제		사회적으로 용납되지 않는 행동을 반복적으로 하는 정도를 측정함.	
문제행동 특수척도	강박증상		특정 사고나 행동을 반복적으로 하는 정도를 측정함.	
	외상후 스트레스 문제		외상 사건에 직면한 후 나타날 수 있는 문제행동을 측정함	
	인지속도부진		정신 및 신체적인 수동성과 활동 저하 등을 측정함.	

(2) 적응척도

적응척도는 아동과 청소년이 가정과 학교 등에서 가족 및 친구와 관계를 유지하고 학업을 수행하는 과정에서 드러나는 적응 수준을 평가한다. K-CBCL 6-18, K-YSR, K-TRF에 제시된 적응척도의 구체적인 세부 내용을 〈표 12-4〉에 제시하였다. K-YSR에만 긍정자원 척도가 포함되어 있다.

표 12-4 적응척도의 구성과 내용

척도	하위척도		내용
적응 척도	K-CBCL 6-18	사회성	친구 수와 어울리는 횟수, 대인관계를 측정함.
		학업 수행	성적(4과목 평균 산출 후 0.25단위로 반올림함), 특수학급 소속 여부, 휴학 여부, 기타 학업 관련 문제를 측정함.
		적응척도 총점	사회성과 학업 수행의 합임.
	K-YSR	사회성	친구 수와 어울리는 횟수, 대인관계를 측정함.
		성적	학업 수행 문항에서 성적 점수만을 산출함.
		적응척도 총점	사회성과 성적의 합임.
		긍정자원 척도	문제행동척도 구성 문항 중 사회적으로 바람직하고 적절한 행동의 수행 정도를 측정함.
	K-TRF	성적	학업 수행 문항에서 성적 점수만을 산출함.
		학교적응	성실, 행동 적절성, 학습, 밝은 정서 수준 정도를 측정함.

4) 실시와 채점

(1) 실시 대상

한국판 아동 · 청소년 행동평가척도는 하위 검사마다 검사 실시 대상과 평가자가 다르다. 한국판 아동 · 청소년 행동평가척도를 실시하기 위해서는 초등학교 5학년 수준 이상의 읽기 능력이 요구된다.

① K-CBCL 6-18

초등학교 1학년부터 고등학교 3학년에 이르는 학령기 아동을 대상으로 평가한다. 아동과 청소년이 생활하는 집에서 이들을 가까이에서 관찰할 수 있는 위치에 있는 사람은 누구나 실시할 수 있으며, 대체로 어머니가 작성한다.

② K-YSR

중학교 1학년부터 고등학교 3학년 청소년을 평가 대상으로 한다. 청소년 스스로 행동문제를 평가하여 측정하는 자기보고식 검사이다.

③ K-TRF

초등학교 1학년부터 고등학교 3학년에 이르는 학령기 아동을 대상으로 평가한다. 교육기관에서 아동과 청소년을 지도하는 교사나 친밀한 관계를 맺고 있는 상담자 등의 학교 관계자가 평정한다.

(2) 실시 과정

한국판 아동 · 청소년 행동평가척도는 완성하는 데 보통 15분에서 25분 정도 소요된다. 검사 실시자에게 본 검사의 목적과 방법을 설명하는 것이 바람직하다. K-CBCL 6-18과 K-TRF는 아동과 청소년의 행동에 대해 검사자가 관찰한 내용을 토대로 행동문제를 보고하라고 설명한다. K-YSR의 경우 청소년에게 보일 수 있는 행동을 기술한 항목으로 구성되어 있으며, 피검사자에게 어떻게 행동하는지 생각하고 있는 그대로 보고해야 한다고 알려 준다. 검사자는 피검사자에게 검사의 실시 목적과 수행 방법을 설명하고, 모든 문항을 빠짐없이 표기하였는지 확인하도록 안내한다.

다음은 상담자가 피검사자에게 K-CBCL 6-18을 실시하기 전에 검사를 안내하는 예시이다.

상담자: K-CBCL 6-18 검사는 자녀의 문제행동을 구체적으로 살펴보고자 실시합니다. 어머니께서 평소 최소 6개월부터 자녀를 관찰한 모습을 바탕으로 문제행동 및 적응과 관련된 행동이 얼마나 일어나는지를 평가하면 됩니다. '전혀 해당되지 않는다 0점' '가끔 그렇거나 그런 편이다 1점' '자주 그런 일이 있거나 많이 그렇다 2점' 중에서 하나에 답하면 됩니다. 검사와 관련해 더 궁금한 점 있으신가요?

어머니: 혹시 잘 모르겠으면 어떻게 하죠?

상담자: 가능하면 생각해 보시고 빠짐없이 표기해 주시면 됩니다. 그럼, 시작해 볼까요?

어머니: 네. 한번 해 보겠습니다.

---

(3) 채점

검사 실시 후 한국 ASEBA 홈페이지(https://aseba.co.kr)에서 검사 결과를 입력하면 결과를 확인할 수 있다. ASEBA의 검사 결과는 적합한 자격을 갖추고 임상 경험이 있는 전문가가 실시와 해석을 하는 것이 바람직하다.

5) 해석방법

한국판 아동·청소년 행동평가척도의 첫 번째 결과지에는 문제행동증후군 척도, 문제행동증후군 하위척도, DSM 진단척도가 제시되어 있다. 두 번째 결과지에는 문제행동증후군 척도와 DSM 진단척도의 점수를 상승시킨 개별 문항을 직접 확인할 수 있다. 세 번째 결과지에는 문제행동 특수척도와 적응척도의 점수 그래프가 제시된다.

(1) 임상범위 기준

한국판 아동·청소년 행동평가척도의 결과는 척도별 그래프와 함께 원점수, 백분위, T점수가 제시되어 있다. 원점수는 문항별로 응답한 점수를 하위척도별로 합친 점수의 합이다. 백분위 점수는 전체 집단 내에서 원점수 분포에 대응하는 점수로 %ile 단위로 표시된다. 백분위 50은 T점수 50에, 백분위 98은 T점수 70에 대응된다. T점수는 전체 집단 내에서 백분위 분포의 평균과 표준편차를 사용하여 환산한 점수이다. 주로 T점수를 사용하여 문제의 정도를 분류하며 정상범위, 준임상범위, 임상범위의 세 가지로 구분한다. 해석 시 임상범위는

표 12-5 한국판 아동·청소년 행동평가척도의 임상범위 기준

	하위척도	정상범위	준임상범위	임상범위
문제행동증후군 척도	모든 하위척도(①~⑨)	T점수 65 미만	T점수 65 이상~ 70 미만	T점수 70 이상
	내재화 총점	T점수 60 미만	T점수 60 이상~ 64 미만	T점수 64 이상
	외현화 총점			
	총 문제행동			
DSM 진단척도	모든 하위척도	T점수 65 미만	T점수 65 이상~ 70 미만	T점수 70 이상
문제행동 특수척도	모든 하위척도			
적응척도	적응척도 총점	T점수 41 이상	T점수 36 초과~ T점수 40 이하	T점수 36 이하
	사회성	T점수 36 이상	T점수 30 초과~ T점수 35 이하	T점수 30 이하
	학업 수행			

해당 척도에서 고위험 수준에 속하고, 준임상범위는 해당 척도에서 주의요망 수준에 있다는 것을 의미한다. 임상진단을 위한 분류 기준은 〈표 12-5〉와 같다.

(2) 해석 시 주의점

무응답 문항 수가 8개 이상이면 재검사가 권고된다. 검사 결과와 내담자의 행동관찰 결과가 일치하지 않거나 검사의 타당도가 의심되는 상황일 경우 전문가의 임상적 판단을 거쳐 그 이유를 확인하거나 추가 검사가 필요하다. 만약 문제행동증후군 척도의 개별 문항에서 자살 이야기가 언급된다면 반드시 아동의 상황을 확인해야 한다. 한국판 아동 · 청소년 행동평가척도의 해석 시 평가척도의 결과만으로 특정 진단이나 결론을 내리려는 것에 주의가 필요하며, 다른 심리검사 자료나 면담에 근거하여 피검자에 대한 종합적인 판단을 내리는 데 사용되어야 한다.

6) 사례보고서 및 해석상담의 예

K-CBCL 6-18 부모용은 결과지가 전문가용과 부모용 두 가지 버전으로 제공된다. 사례보고서에 제시된 결과지는 K-CBCL 6-18 부모용 결과지이다.

(1) 사례보고서

이름	박○○
의뢰인	윤○○(어머니)
인적사항	중학교 2학년, 14세, 남아, 외동, 부모와 거주
내방경위	중학교 2학년 아들을 둔 어머니가 집에서 자기 방 안에만 있고, 대화를 시도해도 답을 하지도 않고, 식사도 거의 하지 않아서 걱정되어 상담센터를 방문함.
배경정보	어머니는 카페를 직접 운영하시고, 부는 회사원으로 야근이 잦아 두 분 모두 일 때문에 바쁜 상황임. 현재 아들과 보내는 시간이 부족함. 모가 중학생이 된 자녀의 학교생활이나 교우 관계에 대해 아는 바가 거의 없음.
검사태도	특이사항 없음. 온라인 검사. 검사시간은 15분 정도 소요됨.

검사 결과	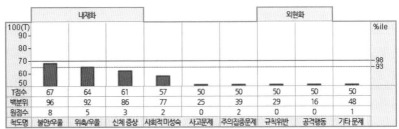

결과 해석

문제행동 총점은 T점수=56으로 **정상범위**이며,

내재화 척도는 T점수=66으로 **임상범위**,

외현화 척도는 T점수=39로 **정상범위**입니다.

현재 임상범위에 해당하는 것으로 보이는 문제행동증후군은 (없음)이며 준임상범위에 해당하는 문제행동증후군은 (불안/우울)으로 나타나고 있습니다.

내재화						외현화		
T점수	67	64	61	57	50	50	50	50	50
백분위	96	92	86	77	25	39	29	16	48
원점수	8	5	3	2	0	2	0	0	1
척도명	불안/우울	위축/우울	신체 증상	사회적미성숙	사고문제	주의집중문제	규칙위반	공격행동	기타 문제

* 막대그래프가 점선 위로 올라오면 해당 영역에서 문제가 있을 가능성을 고려해야 하는 '준임상범위'이며, 실선 위로 올라오면 좀 더 어려움이 있을 가능성이 높은 '임상범위'라고 볼 수 있습니다. 척도명이 의미하는 바는 다음 페이지에 제시되어 있습니다.

해석상담 요약	• 검사 결과, 아동은 불안/우울, 위축/우울과 같은 내재화와 관련된 정서문제가 있을 가능성이 있으며, 학교 및 일상생활 적응, 사회성 영역에서 어려움이 있는 것으로 보임. • 상담과정에서 모에게 검사 결과(내면화 문제)를 보고하였고, 증상의 원인을 가정이나 학교, 개인 기질 측면에서 탐색하여 살펴보았음. 아동은 중2 때부터(약 3개월 전) 집에서 말을 거의 하지 않았고, 부모의 일이 바빠서 아동과의 교류가 현저하게 줄었고, 어릴 때부터 내성적인 성향이었음을 확인함.
개입방향	• 모의 보고를 통해 아동의 내재화 문제가 확인되었으므로, 아동이 실제 느끼는 걱정과 불안, 우울의 정도를 확인하고, 문제가 시작된 시점에 아동에게 어떤 변화가 있었는지 살펴봐야 함. • 여러 가지 투사검사나 아동이 관심을 가질 만한 교구를 활용하여 상담 초기에 라포를 형성해야 하는 데 주의해야 함. • 모의 자녀 양육 방식이나 심리적 상태를 알아보고 자녀와의 관계를 개선하는 데 도움이 되는 의사소통 방식 등에 관한 교육이 필요할 것으로 보임.
제언	• 아동의 사회성 점수가 다소 낮은데 정서문제와 관련된 것인지 다른 이유가 있는 것인지 확인해 볼 필요가 있음.

(2) 해석상담

(다음은 전화로 상담 신청을 한 어머니가 상담센터를 내방하여 K-CBCL
6-18 부모용 검사를 실시한 후 상담자가 해석상담을 하면서 어머니로부
터 아동에 관한 정보를 수집하고 있는 사례임)

상담자 1	어머니, 안녕하세요? ○○이의 검사 결과를 살펴보려고 합니다. 검사를 해 보시니까 어떠셨어요?	검사에 대한 생각 확인
내담자 1	검사하면서 우리 ○○이에게 해당하는 내용이 많은 것 같기도 하고, 많이 아플까 걱정도 되구요.	
상담자 2	염려가 많으시지요?	공감
내담자 2	네, 그렇죠.	
상담자 3	검사 결과를 보면서 더 얘기할게요. 여기 결과지에 제시된 유의사항 같이 살펴볼게요. (유의사항 살펴봄). 유의사항과 관련해서 궁금하신 점 있으세요?	
내담자 3	없습니다.	
상담자 4	그럼, 아래 그래프 보이시죠? 내재화 문제가 높은 편이네요. ○○이가 불안, 우울, 위축, 걱정이 많다는 뜻입니다. 아동은 학교나 생활 속에서 어려움이 많을 것 같아요. 어머니 보시기에 요즘 ○○이가 어떤가요?	검사 결과 전달 및 현재 어려움에 대한 구체적 탐색
내담자 4	(한숨) 그렇죠. 집에서도 말을 걸어도 대답도 안 하고, 밥을 차려 줘도 잘 안 먹네요. 제가 이런 적이 없어서요.	
상담자 5	조금 더 구체적으로 ○○이 상황을 이야기해 주시겠어요?	호소 문제의 구체화를 위한 질문
내담자 5	네. 학교 갔다 오면 방에 들어가서 잘 나오지도 않고, 제가 궁금해서 방에 가서 보면 침대에 드러누워 있는 경우도 많고, 자는 건 아닌데, 말을 걸어보면 대답도 안 하고, 핸드폰을 보는 것 같아요. 주말에 저녁에 밥을 같이 먹자고 해도 혼자 집에서 컵라면 먹을 때도 많고.	
상담자 6	그럼, 언제부터 ○○이한테 이런 모습이 나타난 것 같으세요?	호소문제와 관련한 시기 및 부모요인 탐색
내담자 6	중학교 2학년 올라오면서 그런 것 같아요. 이전에는 이런 적은 없었어요.	
상담자 7	평소 ○○이는 부모님이랑 어떻게 지내나요?	

내담자 7	잘 지내죠. 별로 문제가 없죠. 근데 저희가 둘 다 일을 하구요. 남편은 회사 다니는데 야근할 때가 많아요. 저는 작은 카페를 해요. ○○이가 중학교 오면서 카페를 시작했는데, 9시에 문 열어서 8시에 마감하고 집에 오면 9시쯤 되고. ○○이가 학교 갔다가 학원 다녀오고 나면 저녁에 혼자 있어요. 주말에는 남편도 가게 일을 도와주거든요. 요즘 ○○이랑 함께하는 시간이 적기는 하죠. 그래도 자주 메시지를 보냈거든요. 애가 답도 잘했는데, 중2 되면서 답을 거의 안 하네요.	
상담자 8	○○이가 중학생이 되면서는 부모님과 교류가 부쩍 적어진 상황으로 보이네요.	재진술
내담자 8	맞아요.	
상담자 9	그럼, ○○이 학교생활이나 교우관계에 대해서 아는 대로 얘기해 주시겠어요?	호소문제와 관련한 학교 요인 탐색
내담자 9	학교에서는 별일 없는 것 같아 보여요. 지금까지 문제 일으킨 적이 한 번도 없어요. 공부는 중간 정도했는데, 지난 시험 성적표 보니까 25등 했던데, 이전보다 좀 떨어졌어요. 그리고 3개월 전에 카페를 일찍 마친 날 학원 가서 보니까 애들이랑 쉬는 시간에 얘기하고 있던데. 그냥 잘 어울리는가 보다 생각했죠.	
상담자 10	○○이 문제를 개선하려고 하신 행동들이 있으세요?	어머니의 문제
내담자 10	아. 자주 애랑 얘기해 보려고 했어요. 그 정도죠 뭐. 평소에 잔소리도 거의 안 했거든요. 그리고 학교생활도 궁금해서 담임 선생님한테 연락하고 싶기는 했는데 전화하기 어렵더라구요. 괜히 학교에서 잘 지낼 수도 있잖아요. 또 제가 바쁘기도 했어요.	해결 방식 확인 질문
상담자 11	네. 그럼 ○○이는 평소 성격이 어떤 편인가요?	호소문제와 관련한
내담자 11	착하고, 자기 일도 척척 잘하고, 말수는 좀 적구요. 성실하고 유순했어요.	개인 요인 탐색 질문
상담자 12	얘기하시는 거 들어 보면, 착하고 성실한 아들이었던 것 같아요. ○○이는 어린 시절에 어떤 모습이었어요?	재진술 및 호소문제와 관련한 개인 요인
내담자 12	우리 애가 이쁨을 많이 받고 자랐어요. 저희가 결혼 5년 만에 생긴 아이라서요. 어릴 때는 가족끼리 주말에 공원도 매일 가고 시간도 많이 보냈어요. 그때는 작은 회사를 다녔는데, 회사가 힘들어져서 그만뒀어요. 카페 열기 전까지 다녔구요. 애 놓고 육아 휴직을 1년 정도 쓰고 복직했구요. 우리 애가 참 순했어	탐색 질문

요. 유치원 선생님이 애가 착하고 순하다고 얘기했어요. 초등학

교 때도 무던하게 잘 컸어요. 속도 별로 안 썩이고.

상담자 13 어머니 얘기를 들어 보니 ○○가 성품이 순하고 반듯한 아이로 재진술

보이네요.

내담자 13 네네. 맞아요. 참 착한 아들이었는데. 요즘 너무 말도 안 하고

답답하네요.

상담자 14 오늘 ○○이가 검사에서 최근 불안, 우울이 높은 걸로 확인되었 요약 및 후속 상담

고, ○○이가 어떻게 자랐고 어떻게 생활하는지 살펴봤어요. 그 계획 관련 질문

런데 왜 중2 되면서 이런 증상이 나타났는지는 명확하지 않네

요. 그러면 ○○이는 상담을 받으러 올 의사가 있던가요?

내담자 14 여기 오기 전에 주말에 남편이랑 아들이랑 같이 얘기를 했어요.

상담을 권유해 보니까 처음에 말도 안 하더니 그날 저녁에 하겠

다고 문자를 보냈더라구요.

상담자 15 다행이네요.

(추후 상담 일정을 약속하고, 상담 신청서 작성함)

3. 마인드핏 적응역량검사(MindFit)

1) 개요

적응이란 개인이 속한 사회공동체의 기준에 따라 일상생활의 다양한 요구에 적절하게 대
처할 수 있는지를 의미한다. 적응력이 높고 심리적 자원이 풍부한 개인은 건강한 정신건강
을 유지할 수 있다. 아동기에서 성인 초기에 이르는 시기의 개인은 현실적인 도전과 다양한
요구에 직면하면서 적응과 정신건강 문제가 나타나는 상황에 쉽게 놓이므로 이를 예방하고
촉진하기 위한 노력이 필요하다. 마인드핏 적응역량검사(MindFit Adaptation Capacity Scale:
MindFit)는 학생의 학교적응과 정신건강 수준을 측정하고 적응으로 인한 문제를 예방하기
위한 목적으로 박동혁(2019)이 개발하였다. MindFit은 초등용, 청소년용, 대학생용으로 구
성되어 있다. MindFit은 적응 수준의 유형별로 적응역량 수준과 적응패턴에 대한 정보를 제
공하고, 학교적응의 잠재적인 위험 여부를 변별할 수 있으며, 적응을 돕기 위한 상담 방향을
계획하는 데 유용한 정보를 제공한다.

2) 발달과정과 역사

MindFit은 2019년에 박동혁이 개발하였고, 2023년에 개정판이 출시되었다. MindFit은 개정되면서 기존의 6점 척도에서 4점 척도로 변환하였으며, 새로운 규준의 수립을 위해 타당화 작업을 진행하였다. 또한 대학생에게 적합한 요인과 문항을 선발하여 MindFit 대학생용을 신규로 출시하였다. 기존의 검사에서 '정신건강검사'라는 명칭을 '학교적응'의 개념으로 용어를 정리하여 학생들의 이해와 활용 가능성을 높였다.

3) 검사의 구성

MindFit은 적응도 지수, 적응역량, 스트레스의 세 가지로 구성되어 있다. 적응도 지수는 현재 적응도 지수(Temporal MindFit Quotient: TMQ)와 미래 적응도 지수(Futural MindFit Quotient: FMQ)로 제시된다. 적응역량은 목표지향성, 자존감, 친사회성, 사회적 기술, 자기 통제력, 가정 내 지지, 친밀한 대인관계의 일곱 가지로 나누며, 스트레스는 사회적 갈등, 가정 내 갈등, 학업적 부담의 세 가지로 구분된다. MindFit의 하위척도와 세부 내용을 〈표 12-6〉에 제시하였다.

표 12-6 MindFit의 구성과 세부 내용

척도			내용
적응도 지수	현재 적응도 지수	심리적 안녕감	• 현재 자신의 삶이 얼마나 즐겁고 만족스러운지 정도를 측정함. • 심리적 안녕감 정도가 높을수록 대인관계나 공부에서 더욱 생산적인 사람이 됨.
		심리적 불편감	• 현재 자신의 삶에서 일어나고 있는 힘들고 어렵고 고통스러운 경험의 정도를 측정함. • 심리적 불편감 정도가 높을수록 전체적인 정신건강 수준은 감소하며, 공부에서도 집중력의 어려움을 경험할 수 있음.
	미래 적응도 지수		• 한 개인이 가질 수 있는 대략의 적응도 수준을 측정함. • 현재 적응역량의 수준으로 미래의 적응도 수준을 예측함. • 미래 적응도 지수가 현재 적응도 지수보다 낮게 나왔다면 그 개인은 적응역량을 개발하기 위해 노력해야 함.

적응역량	목표 지향성	• 공부나 일을 할 때 인내심과 끈기를 갖고 지속적으로 노력할 수 있 는가를 측정함. • 목표지향성이 높을수록 성실한 사람으로 평가되고, 실패나 어려움 이 닥쳐도 쉽게 포기하지 않는 편임.
	자존감	• 자기 스스로 얼마나 긍정적으로 생각하고 있는지를 측정함. • 자존감이 높을수록 여유롭고 자신감 있는 사람으로 평가되며, 실 패나 어려움에 민감하게 반응하지 않고 우울한 기분을 이겨 낼 수 있는 힘을 가지고 있는 편임.
	친사회성	• 보상이 주어지지 않아도 다른 사람을 돕고 배려하려는 태도의 정 도를 측정함. • 친사회성이 높을수록 착하고 친절한 사람으로 평가되며, 대인관계 를 비교적 잘하는 편임.
	사회적 기술	• 다른 사람들과 친밀한 관계를 유지하는 데 필요하며, 사회적 상황 에 맞게 행동할 수 있는 능력 정도를 측정함. • 사회적 기술 정도가 높을수록 자기 자신을 잘 표현하고 타인과 의 사소통을 잘하는 사람으로 평가받는 편임.
	자기 통제력	• 스스로 부적절한 충동이나 욕구를 조절할 수 있는 정도를 측정함. • 자기통제력이 높을수록 참을성이 많고 자신을 잘 다스리는 사람이 라고 평가받는 편임.
	가정내 지지	• 가족 구성원과 친밀하고 원만한 관계 정도를 측정함. • 가정 내 지지 정도가 높을수록 부모님의 믿음과 사랑을 받는다는 느낌을 받음.
	친밀한 대인관계	• 주변 사람들과 깊이 있고 서로 신뢰할 수 있는 관계를 맺고 있는 정 도를 측정함. • 친밀한 대인관계 정도가 높을수록 좋은 친구가 많고 인기가 많은 사람으로 평가되고, 힘든 상황에서 도움을 줄 수 있는 사람이 많아 스트레스를 잘 이겨 낼 수 있는 편임.
스트레스	사회적 갈등	• 대인관계에서 일어나는 스트레스 정도를 측정함. • 사회적 갈등 정도가 높을수록 학교적응에 어려움이 있거나 대인관 계에서 소외감, 분노감, 무력감을 느낄 가능성이 있음.
	가정 내 갈등	• 가정에서 경험하는 스트레스 정도를 측정함. • 가정 내 갈등 정도가 높을수록 가정생활을 불편하게 느끼고 가족 의 지지가 적은 편임.
	학업적 부담	• 학업에서 경험하는 스트레스 정도를 측정함. • 학업적 부담이 높을수록 시험 불안과 스트레스가 높은 경향이 있음.

4) 실시와 채점

MindFit은 초등학교 3학년부터 6학년, 중 · 고등학교 청소년, 대학생을 대상으로 실시한다. 검사자는 피검사자에게 본 검사가 본인의 적응역량 수준을 확인하기 위한 검사이며, 현재 생활에서의 불편감과 만족감 등에 대한 정보를 알 수 있다고 안내한다. 검사자는 피검사자에게 검사의 실시 목적과 수행 방법을 설명하고, 모든 문항을 정확하게 빠짐없이 표기하였는지 확인한다.

다음은 상담자가 피검사자에게 MindFit을 실시하기 전에 검사를 안내하는 예시이다.

> 상담자: 안녕하세요? MindFit 검사를 하려고 합니다. 이 검사는 내담자께서 현재 생활에 불편함은 없는지, 얼마나 즐겁고 만족스러운지, 어떤 점 때문에 그러한지 등에 대한 정보를 제공합니다. 본 검사는 정답이 따로 없고 좋고 나쁜 답도 없습니다. 각 문항을 잘 읽고 가능한 솔직하게 응답해야 합니다. 문항을 읽고 자신의 모습과 일치하는 곳에 '전혀 아니다 1점' '아니다 2점' '그렇다 3점' '매우 그렇다 4점' 중 하나에 표시하면 됩니다. 검사와 관련해 더 궁금한 점 있으신가요?
> 내담자: 없어요. 시간은 얼마나 걸리죠?
> 상담자: 보통 20분 정도 걸리구요, 개인마다 차이는 있습니다.
> 내담자: 네. 시작해 볼게요.

5) 해석방법

MindFit의 결과는 신뢰성 지표, 전문가 지표, 적응도 지수와 적응역량 및 스트레스 수준으로 제시된다. MindFit을 해석할 때 먼저 신뢰성 지표에서 수검자의 반응을 먼저 확인한다.

(1) 신뢰성 지표

신뢰성 지표는 반응일관성, 연속동일반응, 사회적 바람직성, 무응답 수가 있으며, 신뢰성 지표를 확인하여 수검자의 태도를 확인할 수 있다. 반응일관성은 문항 내용이 유사하거나 상관이 높은 문항에서 같은 방향으로 응답을 하는 정도를 나타내며, 연속동일반응은 11개 이상 문항을 같은 번호로 표기했을 때 부주의, 시간 부족, 낮은 동기를 반영한다. 사회적 바람직성은 의도적으로 자신을 좋게 보이려는 의도를 측정하고, T점수가 65점 이상일 경우 해석 시 주의해야 하며, 무응답 수가 10개 이상일 경우 신뢰도에 문제가 있다.

(2) 전문가 지표

전문가 지표는 일종의 참고지표로 9개의 문항으로 되어 있다. 공통 문항에는 행복감(HP), 스트레스 만성도(CS), 성적(GR), 친구의 수(FR), 자살가능성(SC)이 있다. 초ㆍ중등용에는 비행가능성(DQ), 가출가능성(RA), 왕따가능성(BL), ADHD 가능성(AD) 있고, 대학생용에는 알코올 의존 가능성(AL), 게임중독 가능성(GA), 사회적 소외감(SI), 대학부적응(CM)이 추가된다. 일부 민감한 지표가 포함되어 있어서 학생이 보는 결과표에는 일부 내용만 제시되고, 온라인 결과표는 약어로 표시된다.

전문가 지표의 결과는 T점수가 65점 이상이면 '*'로 표시되며 '준위험'으로 해석된다. T점수가 70점 이상이면 '**'로 표시되며 '고위험'으로 해석한다. 상담자는 참고지표에서 특정 영역에서의 어려움이 관찰되면 선급하게 임상적 판단을 내리기보다 후속 검사나 심층 면담의 필요성을 인지해야 한다.

(3) 적응도 지수와 적응역량 및 스트레스

적응도 지수와 적응역량 및 스트레스의 결과는 T점수와 백분위로 제공된다. 질적 해석은 백분위와 T점수를 기준으로 5수준으로 구분되며, 구체적인 내용은 〈표 12-7〉과 같다.

표 12-7 MindFit에서 적응도 지수와 적응역량 및 스트레스의 질적 분석

백분위	0~20	21~40	41~60	61~80	81~100
T점수	약 0~41.7T	약 41.8~47T	약 48~52T	약 53~58T	약 59T 이상
질적 분석	낮음	다소 낮음	보통	다소 높음	높음

① 적응도 지수

적응도 지수에서 심리적 불편감은 최근에 경험하고 있는 스트레스가 높아질수록 함께 증가하는 경향이 있으며, 점수가 높다면 심리적 어려움의 여부를 구체적으로 확인하기 위해 추가적인 심리검사와 면담이 필요하다. 적응도 지수에서 심리적 안녕감과 심리적 불편감의 수준에 따라 적응도 유형이 '적응도 높음' '일시적 불편' '잠재적 취약' '적응도 낮음'의 네 가지로 분류된다. '적응도 높음'은 안녕감이 높고 심리적 불편감이 낮은 집단, '일시적 불편'은 심리적 안녕감과 심리적 불편감이 모두 높은 집단, '잠재적 취약' 집단은 심리적 안녕감과 심리적 불편감이 모두 낮은 집단, '적응도 낮음'은 심리적 안녕감이 낮고 심리적 불편감이 높은

집단을 의미한다.

적응도 지수 중 현재 적응도 지수(TMQ)와 미래 적응도 지수(FMQ)의 결과에는 평균 100, 표준편차 15인 Q점수가 제공된다. 미래 적응도 지수가 현재 적응도 지수와 비교하여 높으면 현재보다 앞으로 더 적응도가 향상될 수 있다는 의미이며, 두 지수가 같다면 앞으로도 지금 정도의 적응도가 유지되라는 의미이다. 만일 미래 적응도 지수가 현재 적응도 지수보다 낮다면 적응도가 떨어질 수 있으므로 신경을 써야 한다는 의미로 해석된다.

② 적응역량

적응역량 영역에서는 일곱 가지 하위척도(목표지향성, 자존감, 친사회성, 사회적 기술, 자기통제력, 가정 내 지지, 친밀한 대인관계)에 제시된 수준과 설명 내용을 살펴보고, 종합점수에 제시된 적응역량 수준을 확인한다.

③ 스트레스

스트레스 영역에서는 세 가지 하위척도(사회적 갈등, 가정 내 갈등, 학업적 부담)에 제시된 수준과 설명 내용을 살펴보고, 종합점수에 제시된 스트레스 수준을 확인한다.

(4) 해석 시 유의점

MindFit의 하위척도별 결과는 상대적인 약점과 강점을 의미하는 것이며, 연령의 증가나 상황, 본인의 노력에 따라 달라질 수 있다. 적응도 지수와 적응역량 및 스트레스 수준을 살펴본 후 상담자는 내담자의 현재 상태를 점검하고, 개인의 적응을 높기 위해 어떤 영역의 적응역량을 높이는 게 도움이 될지 고려하여 상담 계획을 세워야 한다.

6) 사례보고서 및 해석상담의 예

(1) 사례보고서

이름	오○○
인적사항	대학교 1학년 보건계열 여학생, 2녀 중 둘째, 기숙사 거주
내방경위	자신이 기대한 대학 생활과 달라 스트레스가 많아져 대학상담센터를 방문하였다고 함.
배경정보	내담자의 부모는 같은 직장에 다니는 회사원으로 출장이 많아 바쁘고, 2살 차이 나는 언니는 현재 자격증 시험을 앞두고 있다고 함. 어렸을 적부터 언니가 공부를 잘했다고 함.

검사태도 · 온라인 검사 실시

참고지표

HP	CS	GR	FR	SC	AL	GA	SI	CM
-1	61.9	2	1.5	50.7	40.1	42.9	51.2	69.4•

검사의 통계 처리과정에 대한 이해를 돕기 위해 제공해 드리는 부가정보입니다.

적응도 지수와 유형 설명

척도	T점수 (백분위)	수준	설명	척도	Q점수 (백분위)	수준	설명
심리적 안녕감	35.4 (7)	낮음	현재 자신의 삶이 얼마나 즐겁고 만족스러운지의 정도를 나타냅니다.	현재 적응도 지수 (TMQ)	80 (11)	낮음	적응수준을 구성하고 있는 심리적 안녕감과 심리적 불편감의 비율을 나타냅니다. 100보다 점수가 높을수록 심리적 불편감보다 심리적 안녕감이 크다는 것을 의미합니다.
심리적 불편감	58.0 (79)	다소 높음	현재 자신의 삶에서 일어나고 있는 힘들고 어렵고 고통스러운 경험의 정도를 의미하며, 적응도의 부정적 측면을 반영합니다.	미래 적응도 지수 (FMQ)	91 (29)	다소 낮음	현재 적응역량의 수준으로 예측한 향후의 적응도 지수입니다. 만일 FMQ가 TMQ보다 낮게 나왔다면 그 개인은 적응역량의 개발을 위해 더욱 노력해야 합니다.

김OO님의 심리적 안녕감은 35.4점으로 닻음 '수준에 해당되며, 다른 사람에 비해 생활 속에서 즐거움이나 만족감을 적게 경험하는 사람입니다. 그리고 심리적 불편감은 58.0점으로 다소 높음 '수준에 해당됩니다. 다른 사람들에 비해 힘들고 어렵거나 불편한 느낌을 약간 더 경험하는 것으로 보입니다.
이상의 결과를 종합할 때, 김OO님은 적응도 낮음 '상태(수준 4)에 가까운 것으로 판단됩니다. 일부의 경우, 현재 심각한 심리적 갈등을 겪고 있을 가능성도 생각해 볼 수 있습니다. 그렇지 않더라도 현재의 삶 속에서 즐거움과 만족감이 부족하기 때문에 행복하다고 느끼기 어려운 상태입니다. 스트레스가 될 만한 일들이 있다면 보다 적극적으로 대처해야 하며, 적응역량을 높이기 위한 노력이 병행되어야 합니다. 만일 스스로의 힘만으로 해결하기 어려운 문제가 있다면 주변 사람들(부모님, 교수님, 전문가)의 도움을 구해 볼 것을 권합니다.
적응역량의 크기로 예측해 본 김OO님의 미래 적응도 지수(FMQ)는 91점 입니다. 현재적응도지수(TMQ)와 비교해서 높다면 '현재보다 앞으로 더 적응도가 향상될 수 있다는 의미이고, 같다면 앞으로도 지금 정도의 적응도가 유지되리라는 것입니다. 만일 낮다면 '현재보다 더 적응도가 떨어질 수 있으므로 더욱 신경써야 합니다. 다음 페이지를 토대로 적응역량은 늘리고 스트레스는 줄이기 위해 노력해 봅시다.

검사 결과

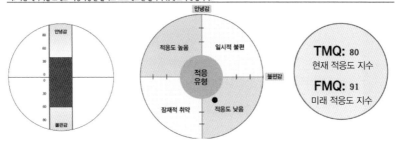

TMQ: 80
현재 적응도 지수

FMQ: 91
미래 적응도 지수

적응역량

요인	T점수 (백분위)	수준	설명	요인	T점수 (백분위)	수준	설명
목표 지향성	54.5 (67)	다소 높음	공부나 일을 하는 데 있어 얼마나 인내심과 끈기를 가지고 지속적으로 노력할 수 있는지의 정도를 나타냅니다.	가정 내 지지	42.1 (22)	다소 낮음	가족 구성원들과의 친밀하고 원만한 관계의 정도를 나타냅니다.
자존감	31.4 (3)	낮음	자신에 대해 얼마나 긍정적으로 생각하고 있는지의 정도를 나타냅니다.	친밀한 대인 관계	40.2 (16)	낮음	주변 사람들과 깊이 있고 서로 신뢰할 수 있는 관계를 맺고 있는지의 정도를 나타냅니다.
친사회성	48.7 (45)	보통	보상이 주어지지 않아도 다른 사람을 돕고 배려하려는 태도의 정도를 나타냅니다.	종합점수 :	45(31)	수준 :	다소 낮음
사회적 기술	37.4 (10)	낮음	다른 사람들과의 친밀한 관계를 유지하는 데 필요하며 주어진 사회적 상황에 적합한 행동을 할 수 있는 능력의 정도를 나타냅니다.				전반적인 적응역량이 '다소 낮음'에 해당합니다. 이 수준이라면 스트레스에 다소 취약한 상태로 볼 수 있습니다. 스트레스가 늘어나는 상황에서는 남들보다 더 과민하고 힘들게 느껴질 수 있습니다. 또한 대인관계 문제로 인해 답답하고 속상한 느낌도 자주 경험할 수 있습니다. 장점을 개발하고 단점은 더 적극적으로 보완하기 바랍니다.
자기 통제력	62.9 (90)	높음	부적절한 충동이나 욕구를 스스로의 힘으로 조절할 수 있는지의 정도를 나타냅니다.				

검사 결과	**스트레스**			

요인	T점수 (백분위)	수준	설명
사회적 갈등	57.1 (76)	다소 높음	대인관계(또래관계) 속에서 일어날 수 있는 스트레스 사건을 의미합니다.
가정 내 갈등	49.7 (49)	보통	가정 내에서 경험할 수 있는 스트레스 사건의 정도를 의미합니다.
학업적 부담	62.4 (89)	높음	학습 영역에서 경험하고 있는 스트레스의 정도를 나타냅니다.

종합점수: 56(73)   수준: 다소 높음

해석상담 요약

- 내담자는 대학생활 적응의 어려움이 있고, 만성적인 스트레스와 심리적 불편감을 드러냄.
- 내담자는 학업 부담감이 높고, 스스로 부정적으로 인식하는 경향이 있으며, 친밀한 관계를 맺고 유지하는 데 어려움이 있을 가능성이 있음.
- 미래 적응도 지수가 현재 적응도 지수보다 높으므로 앞으로 적응도가 향상될 수 있음.
- 내담자는 대학생활에서 어려운 전공 수업과 잦은 시험의 반복, 동기들과 교류할 시간의 부족으로 스트레스가 쌓인 상태였으며, 경쟁심이 강한 내담자가 시험성적이 자꾸 떨어지면서 심리적으로 더욱 위축되었던 것으로 보임.

개입방향

- 심리적 불편감 줄이기
  - 내담자가 느끼는 학업 부담을 솔직하게 표현하도록 돕기
  - 성취 좌절과 시험 스트레스에 유연하게 사고하고 대처하도록 돕는 인지적 수정 작업하기
  - 내담자의 강점을 명료화하기
  - 자기 격려 연습하기
- 스트레스 대처법 찾기
  - 호흡법, 명상, 이완기술, 심상 떠올리기 등을 연습하기
  - 동기들과 보내는 시간을 확보하여 짧게라도 소통해 보기
- 진로 목표 설정하기(강점 활용)
  - 현재 전공과 자신의 진로 특성의 일치 정도, 전공 분야와 관련된 직업을 탐색하기
  - 진로 목표, 진로 비전 설정하기

제언

- 내담자가 가진 언니에 대한 경쟁심, 부모님의 양육 태도가 내담자의 삶에 어떤 영향을 미쳤는지 살펴보면 내담자가 가진 경쟁심과 학업 부담을 줄이는 데 도움이 될 것으로 보임.

(2) 해석상담

(다음은 내담자가 학생상담센터를 내방하여 MindFit 검사를 하고, 그 다음 주에 해석상담을 한 사례임)

상담자 1	오늘은 지난주에 실시했던 MindFit 결과를 살펴볼게요. 여기 보면, 대학생활 스트레스가 높다고 나왔어요. 평소에 대학생활에서 어떤 어려움이 있나요?	검사 결과에 대한 탐색 질문
내담자 1	아…… 생각한 것보다 대학생활이 잘 맞지 않네요. 수업도 그냥 저냥 그렇고, 그래서인지 새로운 친구들 만나도 재미가 없구요.	
상담자 2	요즘 많이 힘든 것 같아요. 대학생활에서 뭐가 힘든지 더 구체적으로 얘기해 줄래요?	공감 및 구체화
내담자 2	과목마다 시험이랑 과제도 많고, 고등학생인가 싶을 정도로 다들 공부를 하더라구요. 어렵기도 하고. 첫 학기에는 공부에 매달려서 했는데, 등수가 12등 했어요. 기대보다 너무 낮았어요. 워낙 공부만 하는 학생들이 많아요. 속상했어요. 1학기에는 성적이 그런 대로 나왔고, 근데 2학기 때는 그것보다 더 떨어졌어요. 23등 했어요. 학과에 50명 있어요. 조금만 신경을 안 쓰면 등수가 확 떨어지네요. 그렇다고 아예 공부를 안 한 것은 아닌데, 전공이 나한테 맞나 자꾸 고민도 되고. 딴 생각이 많아지네요.	
상담자 3	공부를 열심히 했는데 성적이 기대에 못 미치니까 실망스러웠을 것 같아요. 언제부터 성적이나 학업을 잘해야 한다는 압박이 있었나요?	반영 및 문제 관련 시기 탐색 질문
내담자 3	음, 생각하니 항상 그랬네요. 어릴 때부터 잘해야 한다는 생각이 많았어요. 승부에 민감하고 친구들이랑 게임 하면 꼭 이겨야 하고. 이기면 기분이 좋았어요. 그게 고등학교 때 심했던 것 같아요. 원하는 등수에 들려고 열심히 공부했어요.	
상담자 4	어릴 때부터 성적에 압박감이 컸던 것 같아요. 그럼, 지거나 원하는 등수에 들지 못하면 어땠어요?	재진술, 문제 관련 탐색 질문
내담자 4	음, 잠깐 멍하기도 하고, 나 자신한테 실망스럽고 뭐가 문제였는지 생각하느라 시간을 보내고, 화도 나고.	
상담자 5	자책을 많이 했네요. 이렇게 학업 스트레스가 심해지면 해소하는 방법이 있었는지 궁금하네요.	재신술, 호소 문제와 관련된 탐색 질문

내담자 5	음, 친구들이랑 노래방에 갔어요. 소리 지르면 기분이 좀 나아 지더라구요. 음악 듣는 걸 좋아하구요.	
상담자 6	친구와 노래 부르면서 스트레스를 해소하는 방법이 좋네요. 그럼, 대학 와서도 그렇게 스트레스를 해소했나요?	스트레스 해소법 확인
내담자 6	아니요. 지금 기숙사에 사는데, 수업하고 점심 때 밥 먹으러 기숙사 오고, 오후에 수업하고 마치면 다시 기숙사 가서 저녁 먹고 나면 하루가 끝나요. 쪽지 시험도 많아서 틈틈이 공부해야 하고. 과 친구들이 있는데 다들 공부하느라 바쁜지 놀자 얘기를 거의 안 하더라구요. 저도 괜히 나섰다가 노는 애로 보이기는 싫고. 혼자 이어폰 꼽고 음악 듣는 게 다죠. 답답해요.	
상담자 7	학과 친구들과 친해지고 싶은데 그럴 기회가 부족하고, 학업 스트레스는 자꾸 늘어 가는 데 해소할 수 없어서 힘든 상황에 있어 보여요.	재진술과 반영
내담자 7	네네. 그래서 힘든 거 맞아요.	
상담자 8	그럼, 전공은 어떻게 선택하게 되었나요?	전공 선택 동기 탐색
내담자 8	고등학교 때부터 보건계열을 선호하잖아요. 취업도 잘 되고. 저도 안정적인 직업이 좋았어요. 그래서 선택했어요.	
상담자 9	취업과 안정성 때문에 선택을 했군요. 그랬군요. 지금 힘든 상황에 대해서 가족들과 얘기 해 봤나요?	재진술과 부모와의 상호작용 탐색
내담자 9	성적표를 보셨으니까. 아마 타지에서 공부하니까 나름대로 힘든가 보다 이렇게 생각하시는 것 같아요. 정확하게는 잘 모르세요. 부모님이 같은 식품 회사를 다니시는 데 교육하러 출장을 많이 다니세요. 바쁘세요. 그리고 이제 저도 성인인데 내 일은 알아서 하고 싶은 마음이 있어요.	
상담자 10	언니가 있던데, 언니한테는 얘기하나요?	언니와의 상호작용
내담자 10	요즘 언니가 국가 고시 시험 준비하느라 바빠요. 공부하느라 정말 바빠요. 언니가 저보다 심해요. 공부밖에 몰라요. 항상 공부를 저보다 잘했어요.	탐색
상담자 11	나보다 공부를 잘하는 언니를 보면 어떤 마음이 들어요?	언니에 대한 탐색 질문
내담자 11	언니가 문제 물어보면 잘 가르쳐 주었어요. 참 좋죠. 그런데 꼭한 번은 내가 이긴다! 속으로 이렇게 생각했던 것 같아요. 미운건 아닌데 경쟁 상대 같기도 하고. 언니는 나를 별로 그렇게 생각 안 하는 것 같고. 나만 혼자 주눅 들었던 것 같아요.	

상담자 12	언니에 대해 여러 마음을 가지고 있네요. 그럼, 평소에도 힘든 상황일 때 어떻게 하셨어요?	재진술 및 문제 해결 방식 탐색
내담자 12	가능하면 혼자 해결하려고 해요. 다른 사람 도움받으면 괜히 지는 것 같고. 못하는 것 같아요.	
상담자 13	누군가에게 도움을 받으면 진다는 마음이 있었네요.	반영과 해석상담
내담자 13	네. 그러고 싶진 않았어요. 민폐니까요.	
상담자 14	○○ 씨, 오늘 해석상담을 했는데 어떤 마음이 들어요?	상담 소감 질문
내담자 14	내가 왜 이렇게 힘들어하는지 정리가 되니까 기분이 좀 나아지네요.	
상담자 15	기분이 나아졌다고 하니 다행이네요. 앞으로 현재 본인의 상황에 맞게 스트레스를 줄여 가는 방법을 찾으면 도움이 될 것 같아요. 이번에는 혼자 하지 말고 함께 찾아볼까요?	상담 목표 제시
내담자 15	네네, 선생님. 그러고 싶어요.	

학습과제

1. KPRC에서 부모평정용, 교사평정용, 자기보고용을 별도로 제작한 이유와 결과 해석 시 유의해야 할 점을 설명해 보시오.

2. KPRC의 임상척도 중 자아탄력성은 무엇이며, 아동·청소년기에 적절한 자아탄력성을 갖는 것이 중요한 이유가 무엇인지 설명해 보시오.

3. KPRC의 임상척도 하위 유형을 나열해 보고 각각 설명해 보시오.

4. KPRC의 임상척도 중 아동의 대인관계와 연관된 척도를 찾고, 해석상담을 할 때 주의해야 할 점이 무엇인지 설명해 보시오.

5. KPRC의 해석 과정을 설명해 보시오.

6. K-CBCL 6-18, K-YSR, K-TRF의 평가 대상자와 검사 실시자가 누구인지 각각 설명해 보시오.

7. 한국판 ASEBA를 구성하는 하위 유형을 설명해 보시오.

8. 한국판 ASEBA에서 임상범위를 판단하는 기준 세 가지를 설명해 보시오.

9. 한국판 ASEBA에서 문제행동증후군 척도에 해당하는 하위척도를 찾고 각각 설명해 보시오.

10. 한국판 ASEBA에서 특수척도에 해당하는 하위척도를 찾고 각각 설명해 보시오.

11. K-YSR 검사에만 있는 적응척도가 무엇인지 찾고 설명해 보시오.

12. MindFit의 개발 목적은 무엇이고, 학생들의 적응 수준을 높이기 위해 다양한 심리적 자원이 필요한 이유를 설명해 보시오.

13. MindFit의 현재 적응도 지수에서 심리적 안녕감과 심리적 불편감의 수준에 따라 적응도 유형이 어떻게 분류되는지 살펴보고, 수준별로 어떤 상태인지 설명해 보시오.

14. MindFit의 현재 적응도 지수와 미래 적응도 지수의 점수 차이에 따른 해석을 설명해 보시오.

15. MindFit의 적응역량에서 제시한 일곱 가지 하위척도의 유형과 그 의미를 설명해 보시오.

16. MindFit의 전문가 지표에서 해석 시 주의해야 점을 설명해 보시오.

참고문헌

김승태, 김지혜, 송동호, 이효경, 주영희, 홍창희, 황순택(1997). 한국아동인성검사. 한국가이던스.

김지혜, 조선미, 홍창희, 황순택(2006). 한국아동인성평정척도. 한국가이던스.

박동혁(2023). MindFit 적응역량검사(2판). 인싸이트.

오경자, 김영아(2010). ASEBA 아동 · 청소년 행동평가척도 매뉴얼. (주)휴노.

오경자, 이혜련, 홍강의, 하은혜(1997). K-CBCL 아동행동평가 척도. 중앙적성출판사.

오경자, 하은혜, 이혜련, 홍강의(2007). K-YSR 청소년 자기행동 평가척도. 중앙적성연구소.

홍상황, 김지혜, 안이환, 조선미, 홍창희, 황순택, 한태희(2009). KPRC 한국 아동 · 청소년 인성평정척도 교사평정용 전문가 지침서. 인싸이트.

황순택, 김지혜, 조선미, 홍창희, 안이환, 한태희, 홍상황(2020). KPRC 한국 아동 · 청소년 인성평정척도 자기보고용 전문가 지침서. 인싸이트.

Achenbach, T. M., & Rescorla, L. A. (2001). *Manual for the ASEBA School-Age Forms and Profiles.* University of Vermont Research Center for Children, Youth, & Families.

한국 ASEB https://aseba.co.kr

● 심리평가 보고서 목적에 대해 알아본다.

● 심리평가 보고서를 작성하기 위해 평가하는 절차를 알아본다.

● 심리평가 보고서가 갖추어야 할 요건에 관해 알아본다.

● 심려평가 보고서를 작성할 때 유의점에 대해 알아본다.

이 장에서는 개인의 특성을 이해하기 위해 전문가가 심리평가를 수행하고 이를 보고서로 작성하는 과정과 평가 절차를 살펴본다. 심리평가 보고서에 포함되는 세부 요소들과 심리평가 보고서 작성 시 유의할 점을 살펴본다.

1. 심리평가 보고서 목적

심리평가는 내담자의 특성을 이해하기 위해 전문가가 심리검사와 행동관찰, 면접 등에서 얻은 여러 정보를 종합하여 기술, 추론, 예측하는 과정을 뜻한다. 내담자는 현재 겪고 있는 어려움을 해소하거나 도움을 얻기 위해 상담실을 찾아온다. 내담자가 호소하는 문제는 내담자의 특성과 관련 있고, 문제가 발생한 배경과 대처방략에 상호적인 영향을 미친다. 가령, 어떤 사람이 직장에서 실수를 자주 범하여 업무 평가에서 불이익을 받고, 상사와 동료들과 원만히 지내는데 어려움을 겪고 있다. 그는 상담자에게 다음과 같은 질문을 하였다. "왜 내가 직장에서 실수를 자주 하는 걸까요?" 상담자는 내담자의 질문(주 호소)에 대답하기 위해 내담자의 특성을 이해하고자 노력하고, 그 과정에서 심리평가를 도구로 사용할 수 있다. 대부분 심리평가 결과는 보고서와 같은 문서 형태를 갖춘다. 상담자는 이를 토대로 검사를 의뢰한 사람이나 수검자와 결과를 소통하게 된다. 따라서 검사 결과를 잘 소통할 수 있는 보고서를 작성하는 일이 심리평가의 핵심이다.

Weiss, Saklofske, Prifitera와 Holdnack(2012)은 심리평가의 목적을 여섯 가지로 기술하였다(〈표 13-1〉). 이를 살펴보면, 의뢰인에 따라 심리평가 목적이 변화함을 알 수 있다. 교사가 의뢰인일 경우, 아동/청소년이 낮은 학업성취를 보이는 이유를 파악하고 교실에서 제공할 수 있는 도움의 종류와 교육적 개입, 중재 방법을 질문한다. 교통사고 환자를 치료하는 의사는 환자가 사고 전후로 인지 기능의 변화를 겪는지 알고자 심리평가를 의뢰한다. 소아정신과 의사는 자살시도를 했다고 보고하는 청소년의 자살위험성과 우울 증상이 얼마나 심각한지 알고자 평가를 요청한다. 사회복지사는 청소년이 복지관 프로그램에 참여하고 재정을 지원받을 만한 인지 능력을 갖추고 있는지 자문받고자 한다. 법원에서는 아동이 부모 쪽 누구와 함께 사는 일이 유익할지 검사자의 의견과 근거를 요구한다. 「형법」상 사면, 감형, 가석방의 결정이 필요한 경우, 의뢰인은 수검자가 사회에 다시 복귀할 수 있는 상태인지, 재범의 위험은 어느 정도인지 정보를 요청한다. 형사법에 관련된 경우에는 수검자가 범행 당시 정신장애 진단을 받을 만한 상황이었는지, 특정한 정신병리적 사고나 성격특성이 수검자 행동과 연관되는지 여부를 확인하고자 한다. 부모가 의뢰자인 경우, 학습 능력이 부족한 자녀의 원인을 파악하고 가정에서 제공할 수 있는 도움을 알고 싶어 한다. 성인이나 청소년은 대인관계에서 어려움을 겪는 이유나 자신이 경험하는 심리적 고통이 정신장애로 진단될 만한 수준인지, 만약 그렇다면 병의 원인과 발생이 어떻게 되는지 질문한다. 이처럼 심리평가 장면과 의뢰인, 의뢰 목적은 다양하다.

표 13-1 심리평가 보고서의 목적

목적	내용
의뢰 사유에 대답하기	평가 장면과 의뢰인에 따라, 의뢰 사유가 서로 다르다. 검사자는 특정한 의뢰 사유에 맞추어 평가를 실시하고 보고서를 작성한다.
교육하기	수검자가 아동·청소년인 경우, 양육자와 교사들을 교육하기 위한 목적으로 보고서를 사용할 수 있다. 보고서는 아동의 행동, 정서, 사회적 관계, 학습태도에 대해 이해하고 심리적 개입과 중재할 수 있는 근거가 된다.
정보 통합하기	검사자는 기존 자료, 면담, 관찰, 검사와 같이 다양한 정보 출처를 통해 얻은 정보들을 조직화하고 통합한다.
법적 자료 제공하기	보고서가 법적 자료로서 기능할 수 있다.
명확하게 소통하기	심리평가가 성공적이려면, 검사를 의뢰한 사람과 검사를 수행한 사람이 보고서를 통해 효과적이고 명확하게 의사소통할 수 있어야 한다.
수검자에 대해 기술하기	평가의 목적은 심리검사에서 얻은 숫자가 아니라 수검자이므로, 보고서 역시 수검자에게 초점 맞춰져야 한다. 검사자는 보고서에서 수검자가 어떤 사람인지 기술함으로써, 수검자의 발달, 성격, 현재 상태, 호소문제, 추후 개입에 대한 이해를 제공한다.

모든 상황과 목적에 적합한 형식의 보고서 구성은 존재하지 않는다. 따라서 효과적인 심리평가 보고서는 검사 목적과 의뢰인, 의뢰 사유, 검사 종류에 따라 유연한 형식을 취하는 것이 좋다.

2. 상담 장면에서 심리평가 보고서의 활용

상담에서 내담자의 호소문제를 구체화하여 달성 가능한 목표를 설정하는 일이 필수적이다. 일부 내담자들은 '갑자기 우울해요' '짜증이 나요' '의욕이 없어요'와 같은 모호한 어려움을 호소한다. 상담자는 문제를 구체화하기 위한 목적으로 심리평가를 제안하고, 그 결과를 내담자에게 전달하여 내담자가 문제와 자신에 대해 명료하게 이해하도록 조력한다. 내담자가 검사 결과를 적절하게 전달받는다면, 내담자는 자존감이 상승되고 고립감이 감소하며, 상담에 대한 긍정적 기대를 얻는다. 가령, 어머니가 양육의 어려움을 호소할 때, 검사자는 어머니와 자녀의 기질과 성격을 평가할 수 있는 검사 도구를 사용하여, 서로의 기질과 성격 차이로 인해 양육하기 어려웠음을 공감적으로 전달하는 것이 좋다. 또한 어머니가 자녀에게 했던 행동이 효과적이지 않았던 이유를 검사 결과를 토대로 설명하고, 자녀의 기질과 성격을 고려하여 효과적인 양육 행동을 시도하는 것을 상담 목표로 삼을 수 있다.

내담자가 '나를 알고 싶다'고 보고하며 심리평가를 요청하는 경우가 있다. 검사자는 수검 자에게 자신의 어떤 면을 알고 싶은지, 나를 알면 일상에서 구체적으로 어떻게 도움이 될 것 같은지, 언제부터/어떤 계기로 나를 알고 싶다고 여겼는지 등을 구체적으로 질문함으로써 심리평가에 대한 욕구와 기대를 파악할 필요가 있다. 가령, '내 성격을 알고 싶다'고 심리평 가를 신청한 수검자의 경우, 면담 결과 수검자가 최근 연인과 다투는 중에 자신의 성격에 문 제가 있다는 말을 듣고 심리평가를 신청했다고 보고하였다. 이 경우 검사자는 보고서에 수 검자가 '나를 알고 싶다'는 호소로 내원하였고, 자신의 성격이 연인과 갈등에 미치는 영향, 해결 방안을 찾기 위해 검사를 신청했다고 기술할 수 있다.

상담자는 상담을 계획하는 단계에서, 적합한 개입방법을 찾고자 심리평가를 활용할 수 있다. Whiston(2013)은 효과적인 상담 계획을 수립하기 위해 다음 사항에 대해 평가할 것을 제안하였다. 현재 심리적 문제가 내담자에게 어느 수준으로 영향을 미치고 있는가? 어떠한 환경적, 사회적 요인이 내담자 문제에 기여하는가? 내담자는 어떠한 강점과 약점을 갖고 있 는가? 상담에서 어떠한 문화적 요인을 고려해야 하는가? 내담자는 어떠한 경과를 보일 것인 가? 심리평가는 개인이 호소하는 문제의 촉발요인, 유지요인, 문화적 요인, 이후 상담에서 예상되는 어려움을 이해하고 예측하는 기초 자료가 될 수 있다. 따라서 현재 내담자나 상담 받기를 고려하는 개인이 심리평가를 받을 경우, 검사자는 추후 상담에 심리평가 결과가 사 용된다는 점을 고려하여 보고서를 작성하는 것이 좋다. 주 호소문제의 촉발요인과 유지요 인을 명료하게 기술함으로써, 추후 상담자가 촉발요인을 탐색하고 내담자가 유지요인을 통 찰하여 변화하는 개입을 계획하도록 조력할 수 있다. 예시로, 학교에서 또래관계 어려움을 겪는 다문화가정 청소년의 경우, 지능검사에서는 언어 이해와 표현 능력에 특별한 문제를 보이지 않았다. 그러나 모와 면담한 결과, 모의 한국어 표현 능력이 매우 낮고 청소년이 모 와 언어적으로 소통하기 어렵다는 사실이 드러났다. 이 경우 청소년과 어머니의 관계에 언 어적 장벽이 중요한 역할을 하고 있으며, 친밀한 관계에서의 상호작용 부족과 다문화적 배 경에서 느끼는 정체성 혼란이 또래관계를 저해하는 요인으로 기능하며, 부모-자녀 관계 증 진을 위해 언어 문제에 대한 해결 방안이 필요함을 보고서에 기술할 수 있다.

심리평가 보고서는 의사결정 과정에 조력하는 도구로써, 진로 선택, 수강할 과목의 종류 나 개수를 결정하는 것, 자신에게 효과적인 학습방법을 찾는 것 등에서 효과적인 결정을 내 리는 데 도움을 줄 수 있다. 마지막으로, 검사자는 내담자의 현 상태를 기록하고 상담 후 변화와 성과를 확인하기 위한 목적으로도 동일한 심리검사를 반복적으로 시행할 수 있다 (Hays, 2013). 상담자에게는 법적 자료를 제공하거나 진단을 감별하기 위한 목적으로 심리평가를 하는 일이 드물다. 하지만 상담자가 간혹 약물치료가 필요한 내담자를 정신건강의학과 의사에게 의뢰하는 등 전문가와 소통하기 위해 보고서를 작성하기도 한다. 상담자가 내담자를 위해 작성하는 심리평가 보고서와 병원 장면에서 의사와 소통하는 보고서는 목적과 형태에서 서로 달라야 하므로, 의뢰인이 수검자 자신이 경우와 그렇지 않은 경우에 따라 보고서를 유연하게 변화시키는 일이 중요하겠다. 검사자가 누가 보고서를 읽고 제언을 이행할 것이며, 어떤 보고서 양식이 수검자에게 도움을 줄지 고려한다면, 의뢰인과 보다 효과적으로 의사소통하는 보고서를 작성할 수 있다.

3. 평가 절차와 가설 중심 평가

1) 평가 절차

좋은 심리평가 보고서를 작성하기 위해서는 심리평가 절차를 따르는 일이 중요하다. 심리평가의 목적은 수검자를 잘 설명할 수 있는 가설들을 찾고, 논리적 근거에 따라 가장 타당한 가설을 선택하여 제시하는 것이다. 이를 위해 평가 절차는 세 가지 단계를 따른다([그림 13-1] 참조). 첫 번째 단계에서 검사자는 능동적이고 공감적인 청취 기술을 사용하여 수검자, 의뢰인과 의사소통하고, 평가 목적을 구체화한다. 두 번째 단계에서 검사자는 자료들을 수집하고 관찰과 면담 자료를 통합하며, 내용을 체계적으로 종합한다. 이로써 평가 목적에 적합한 가설을 찾는다. 세 번째 단계에서 검사자는 가설을 설득력 있게 전달할 수 있는 보고서를 작성하고, 이를 수검자/의뢰인과 소통한다. 더불어 수검자가 결과에 공감하고 문제를 해결할 수 있다는 희망을 품고 주도적인 행동을 취하도록 격려한다.

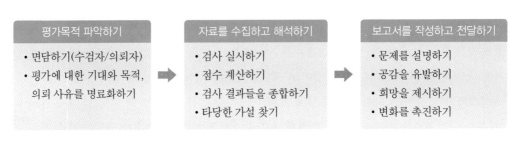

[그림 13-1] 평가의 3단계

2) 가설 중심 평가

심리평가는 자료 중심적인 동시에 가설 중심적이다. 의뢰 사유는 수검자의 행동을 설명할 수 있는 여러 가설들을 내포하므로, 검사자는 이 중에서 가장 설득력 있는 가설이 무엇인지 검사 결과를 근거로 설명한다. [그림 13-2]는 가설 중심 평가의 절차를 보여 준다.

예를 들어, 초등학교에 입학 후 수업 시간에 돌아다니고 친구를 자주 때리는 아동이 내원하였다. 검사자는 첫 번째 가설로 ADHD를 고려하였고, 두 번째 가설로 권위에 순응하고 규칙을 따르는 능력이 부족할 가능성을 염두에 두었다. 세 번째 가설로 공격성과 분노조절 문제를 고려하였고, 네 번째 가설로 사회성 문제를 생각하였다. 가설들을 확인하기 위해, 인지기능과 성격, 대인관계, 정서를 전반적으로 평가할 수 있는 종합심리평가를 실시하였고, 검사 결과에 따라 가설의 타당성을 비교하였다. 그 결과, 아동은 규칙 엄수가 강조되는 환경변화와 자신은 칭찬해 주지 않는다는 교사에 대한 불만으로 인해 초등학교 적응에 어려움을 겪는 것으로 평가되었다. 아동은 교사로부터 칭찬받지 못하는 데 대한 불만으로 학급 활동을 거부하고 교실을 돌아다니는 행동으로 반응하였다. 또한 다른 친구들과는 무난하게 관계를 유지하지만, 교사로부터 칭찬을 들은 친구를 괴롭히고 때리기 시작하였다. 검사자는

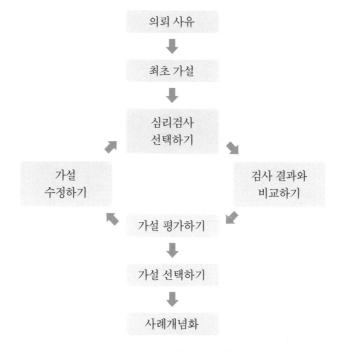

[그림 13-2] 가설 중심 평가의 절차

출처: Schneider et al. (2021), p. 193 그림을 수정하여 제시함.

검사 결과와 면담상 ADHD가 의심되지 않고 아동이 특정 친구를 자주 때린다고 하며, '학교 선생님이 나를 미워한다, 친구만 칭찬한다'고 말한 결과를 토대로 새로운 가설을 수립하였다. 이같이 검사자는 가설들을 세우고 모든 자료를 검토하여 가설을 지지하거나 지지하지 않는 증거를 찾으며, 최종적으로 검사 결과들과 행동관찰, 배경정보를 일관되게 설명하는 가설을 채택한다.

4. 심리평가 보고서의 주요 요소

1) 제목

만약 상담자가 내담자에게 다면적 인성검사-II와 문장완성검사를 실시했다면, 보고서 제목을 어떻게 명명해야 할까? 홀랜드 검사를 단독으로 실시했다면, 'Holland 검사보고서'라고 이름 붙여야 할까? 심리평가는 개별 심리검사 결과들과 면담과 같은 다양한 원천의 자료를 종합한 임상적 판단을 포함한다. 상담자가 심리검사 결과를 통해 수검자에 대한 정보를 얻고 임상적 판단을 내리므로 보고서 제목은 '심리평가 보고서'나 '심리학적 평가 보고서'가 적절하다.

2) 수검자 인적사항

수검자의 이름, 출생일, 나이, 성별, 교육 수준, 직업, 결혼상태, 검사 실시일 등에 대한 정보로 이루어져 있다.

3) 실시된 검사명

실시한 심리검사 명칭을 기록한다. 수검자와 의뢰인이 심리검사 약어를 이해하기 어려울 수 있으므로, 약어와 전체 명칭을 함께 포함한다(K-WAIS-IV: 웩슬러 성인용 지능검사-4판).

4) 의뢰 사유

심리평가를 실시한 경로와 목적을 간략하고 명료하게 설명한다. 보고서를 읽는 사람은

〈의뢰 사유와 주 호소는 어떻게 다른가?〉

청소년이 수업 시간에 큰 소리로 말하거나 친구들과 웃는 행동으로 인해, 심리평가에 의뢰되었다. 청소년은 교사로부터 꾸지람을 듣고 학교 상담자에게 상담과 교육을 받았음에도 불구하고, 몇 달째 동일한 행동을 반복하였다. 교사는 청소년의 문제를 이해하고 적합한 교육적 개입방안을 얻기 위한 목적으로 심리평가를 의뢰했다.

검사자와 면담에서 청소년은 쾌활한 표정으로 학교생활이 즐거워 만족하고 있다고 답했다. 검사자가 현재 생활에서 제일 힘든 점을 묻자 공부하기 싫고 어떤 진로를 선택할지 결정하기 어렵다고 답했다. 이 사례에서 의뢰 사유와 주 호소는 어떤 것이며, 서로 어떻게 다른가?

의뢰 사유는 의뢰인이 심리평가를 의뢰한 이유이다. 수검자의 공격적 행동, 학업 부진, 뚜렷한 불안감, 우울감, 자해, 자살시도, 알코올 중독, 또래관계 어려움, 부부갈등, 이혼위기, 학대피해와 같은 다양한 문제가 의뢰 사유가 된다. 의뢰인은 검사를 받는 당사자이거나 상담자, 의사, 교사, 사회복지사, 법원 관계자(판사, 검사, 변호사 등), 회사 등 다양하다. 대다수 수검자들은 평가를 받게 된 사유를 자신의 주요한 문제로 호소한다. 하지만 일부 수검자들은 의뢰 사유와 상이한 어려움을 호소한다. 가령, 양육자로부터 학대를 받아 쉼터에 입소한 청소년의 경우, 사회복지사는 학대가 청소년에게 미친 영향을 알고 싶어했으나, 청소년은 현재 이성친구와 관계에서 겪는 어려움을 호소하였다. 이 경우 검사자는 의뢰인의 목적과 청소년의 어려움 두 가지 모두 고려하여 보고서를 작성함으로써, 수검자에 대한 종합적 이해를 전달할 필요가 있다. 의뢰 사유와 주 호소문제를 구별하는 이유는 두 가지가 불일치하는 경우가 상당 수 있으며, 일치 여부가 수검자를 이해할 수 있는 주요한 정보이기 때문이다. 이전 사례 청소년은 교실에서 수업을 방해하거나 교사의 지시를 이행하지 않는 자신의 행동에 문제의식이 적다. 따라서 충동조절의 어려움과 함께 객관적인 자기 인식의 부족, 자신의 행동을 타인이나 사회적 관점에서 고려하기 어려운 대인관계 특성을 갖고 있음을 알 수 있다.

의뢰 사유를 통해 보고서의 내용과 방향성을 미리 짐작하고 읽을 수 있다. 의뢰 사유를 분명하고 간결하게 기술하기 위해서는, 검사자가 의뢰 사유를 명확히 파악한 이후에 검사를 실시하는 것이 좋다(김재환 외, 2020). 의뢰 목적이나 의뢰된 경로, 의뢰인의 특성, 수검자가 현재 처한 상황 및 이해관계에 놓인 가족들이나 주변 인물들에 대한 정보 등을 포괄적으로 파악하는 일이 중요하다.

의뢰 사유를 찾기 위한 방법으로 Finn(2015)의 제안을 따를 수 있다. Finn은 검사자와 수검자가 함께 평가질문을 만들도록 제안한다. 평가질문은 내담자가 자신의 어려움을 구체적인 질문으로 바꾼 것으로, 개별화된 질문이자 심리평가의 초점이 된다. 평가 초기에 수검자

표 13-2 평가질문 예시

"우리 아이는 ADHD인가요? 만약 그렇다면, 부모로서 아이를 어떻게 도울 수 있을까요?

"어떻게 하면 소통을 잘하는 사람이 될까요?"

"학교 가기 싫고, 계속 자고 싶어요. 다 귀찮아요. 내가 게으른가요?"

"좋아하는 일을 진로로 선택하고 싶은데, 무엇을 좋아하는지 모르겠어요."

"사람들 앞에서 말하는 게 어려운데, 왜 그럴까요?"

"나는 학교나 직장에서 왜 능력을 충분히 발휘하지 못할까요?"

"어떻게 하면 집중해서 공부할 수 있나요?"

"나는 왜 사람들이 하는 말을 가볍게 넘기지 못할까요? 사람들 말에 왜 상처받을까요?"

"나는 왜 연인과 관계를 오래 맺지 못할까요?"

가 스스로에 대해 궁금했던 질문을 만들면, 평가 과정 전반에서 검사자와 개방적으로 소통하고 심리평가 결과와 해석을 보다 유연하게 받아들일 수 있다. 〈표 13-2〉에 수검자들이 자주 묻는 평가질문들을 제시하였다.

5) 배경정보

수검자가 호소하는 문제와 관련된 배경정보를 요약하여 기술한다. 수검자의 가족 배경, 초기부터 현재까지의 성장사, 현재 문제가 나타난 시점과 전개 양상 등이 포함된다. 아동·청소년의 경우 수검자와 양육자 모두에게서 정보를 얻으므로, 정보의 출처를 알 수 있도록 표현한다. 아동·청소년을 심리평가하는 경우, 부모와 자녀, 부모 각각 역시 문제에 대해 서로 다른 관점을 갖고 있는 일이 빈번하다. 이러한 정보는 가족 관계와 문제에 영향을 미치는 가족 요인을 이해하는 데 기여한다.

6) 행동관찰 및 수검태도

행동관찰을 기술할 때 〈표 13-3〉에 기술한 사항들을 고려하여 작성하는 것이 좋다 (Schneider et al., 2021). 모든 사항들을 빠짐없이 기재할 필요는 없으나, 수검자를 이해하는 데 특징적인 사항들을 기록하는 것이 도움 된다.

수검자 행동관찰을 작성할 때 원칙은 생생하고 구체적으로 행동을 기술하고, 판단을 직접적으로 내리지 않고 판단의 근거가 되는 행동을 전달하는 것이다. 예를 들어, "수검자는

표 13-3 행동관찰에 포함할 수 있는 내용

- 신체적 외양
- 라포 형성 및 유지의 용이성
- 의사소통
- 실패에 대한 반응
- 피드백에 대한 반응
- 주의력
- 문제 해결 전략
- 자기에 대한 태도
- 습관이나 특이한 행동

머리를 빗지 않은 듯 부스스하고 뒷머리가 눌린 모습이었고, 목이 늘어나고 구겨진 티셔츠를 입고 있었다"라고 기술하는 것이 좋다. 수검자가 몹시 불안하고 자신감이 부족해 보였다면, "수검자는 몸을 긴장한 채 의자 앞쪽에 걸터앉아 있었고, 검사 내내 다리를 심하게 떨었다. 검사 지시를 들으면 '나는 잘 못 할 것 같다'는 말을 자주 하였다."는 내용을 기술할 수 있다. 의뢰 시 질문이 특정 장애와 관련되어 있다면, 연관된 행동이 나타나는지 구체적으로 기록해야 한다. 또한 학대, 방치의 가능성이 있는 아동·청소년의 경우, 멍, 흉터, 영양상태의 징후를 기록하는 것이 필요하다. 수검자와 라포가 잘 형성되지 않았을 경우 검사 결과를 정확하게 산출하기 어렵다. 가령, 지능검사에서 아동이 '하기 싫어요'라고 하거나 검사 도중 딴짓을 한다면, 이러한 행동을 기술함으로써 보고서를 읽는 사람에게 현재 지능검사 수치에 아동의 거부적인 태도와 낮은 동기가 반영되었음을 알린다. 또한 수검자의 억양, 문법, 다른 언어적 특징들(속도, 음색, 크기, 리듬)을 묘사하여, 의사소통 양상이나 언어 장애, 특이점을 전달할 수 있다.

실패에 대한 행동은 개인마다 다르다. 어떤 사람들은 무능함에 대한 불편한 느낌 없이 '모른다'고 말하는 반면, 다른 사람들은 불안해하고 자신을 비난한다. 어려운 문제를 접할 때 답을 찾고자 의욕을 보이는 사람이 있는 반면, 금세 포기하고 심지어 수행을 거부하는 사람도 있다. 검사 도중 실패에 대한 반응은 개인이 스트레스 사건에 반응하는 방식과 밀접하게 연결되므로, 수검자가 특징적인 행동을 보인다면 기술하는 것이 좋다. 문제 해결 전략에도 개인차가 존재한다. 연속적으로 제시되는 숫자를 암기하기 위해, 초반부터 되뇌기와 같은 전략을 사용하는 사람이 있는 반면, 초반에 실수를 범하다가 새로운 기법을 사용하면서부터 향상된 수행을 보이는 사람도 있다. 제시된 그림에 따라 토막을 구성하는 과제에서 그림을

표 13-4 행동관찰 예시

수검자는 깔끔한 메이크업과 정돈된 헤어스타일, 원색 원피스를 착용하였고, 세련된 인상을 주었다. 당당한 자세로 검사실에 들어왔고, 자리에 앉자마자 "검사를 해 보고 싶었어요. 내 성격을 알 수 있나요?"라고 질문했다. 검사를 시작하자 경직된 표정을 보이고 심호흡을 자주 하면서 주먹을 쥐었다 펴었다. 제한 시간 동안 도형을 모사하는 과제에서는 "끝까지 못했네요"라며 한숨을 쉬었고, "다른 사람들은 끝까지 하나요?"라고 물었다. 그림에 관해 설명할 때 검사자가 보기 좋은 방향으로 종이를 보여 주고 검사 도구를 스스로 정리하는 등 검사자를 배려하는 인상을 주었다. 하지만 검사자로부터 검사 도구를 정리하지 않아도 된다고 들었음에도 정리하는 행동을 반복하였다. 면담에서는 검사자 질문에 답하다가 금방 다른 주제로 자주 넘어갔으며 도중에 "질문이 뭐였죠?"라고 질문했다.

머릿속으로 분석한 후에 토막을 맞추는 사람이 있고, 바로 착수하여 시행착오적으로 맞추는 사람도 있다. 또한 어떤 수검자들은 특정 전략을 사용하다가 효과적이지 않다고 판단하면, 다른 전략으로 바꿀 수 있지만, 다른 수검자들은 기존 방식을 고수하며 당혹감을 표현하기도 한다. 따라서, 문제 해결 전략의 종류와 유연성, 효과성 역시 검사자가 주의 깊게 살펴볼 수 있다. 〈표 13-4〉는 행동관찰 예시로, 수검자는 수행에 대한 높은 불안과 실패에 대한 좌절감, 타인에 대한 비교의식, 자신에 대한 부정적 태도, 상호작용과 의사소통의 어려움을 보이고 있다.

7) 검사 결과에 대한 기술 및 해석

(1) 지적 영역

지능검사와 같은 전반적인 지적 능력을 평가하는 검사를 실시한 경우, 인지 기능을 요약하는 수치와 이에 대한 통합적 기술과 해석을 제시한다. 현재의 전반적인 지적 능력과 병전 기능, 두 기능 수준의 차이와 의미, 전반적인 지적 능력과 학업 및 직업에서의 적응 수준 사이에 차이가 있는지, 있다면 어떤 요인에 의한 것인지 기술한다. 인지 기능과 관련해 특정한 문제를 호소하는 수검자라면, 호소하는 문제가 실제 검사 결과와 어떻게 관련되는지 제시한다. 예를 들어, 연령에 비해 어려운 어휘를 능숙하게 사용하나 미디어에서 본 말투를 모방하고 사회적 의사소통에 미숙한 아동의 경우, 지능검사 결과를 통해 아동의 언어학습 수준과 발달 정도, 의사소통 특성을 기술할 수 있다. 또한 인지 기능 평가를 통해 진로 선택에 정보를 얻으려는 수검자라면, 검사자가 수검자의 인지적 강점과 약점이 향후 진로나 현실 적응에 어떻게 도움이 되거나 부적응의 요인이 될 수 있는지를 기술할 수 있다. 예를 들어, 청각적 주의력에 결함을 가진 사람이 소음이 많고 다수와 의사소통하는 직장에서 일한다면, 업무 처리에 실수를 자주 범할 것이다. 반대로 청각적 주의력이 덜 요구되는 환경에서 근무한다면, 보다 능숙하게 업무를 처리할 수 있을 것이다. 이같이 수검자가 자신의 강점과 약점을 인식함으로써, 자신의 능력을 보다 잘 발휘할 수 있는 업무 환경과 종류를 선택할 수 있고, 약점을 보완할 수 있는 방법들을 주도적으로 모색할 수 있다. 만약 진단적 평가가 검사 목적이라면, 사고기능의 장애나 현실 검증력의 손상과 같은 특징을 기술할 수 있다. 조현병을 가진 사람은 지능검사에서 검사자 질문에 우원적으로 답하거나 신조어(neologism)나 과도하게 구체화된 사고를 특징으로 나타낼 수 있다. 심한 우울증을 앓는 사람은 지능검사에서조차 우울하고 비관적인 생각을 통제하지 못한다. 예를 들어, 희망의 뜻을 질문 받으면, "불가능한 것. 결국 실망할 수밖에 없거든요"라고 답할 수 있다.

(2) 정서적 영역

수검자가 현재 경험하는 정서 종류와 강도, 그것이 현재 수검자의 생활환경과 관련된 일시적인 것인지 아니면 지속적인 성격경향인지 기술한다. 예를 들어, 우울감을 경험하는 20대 수검자에 관해 '수검자는 현재 심한 우울감과 무망감, 자살사고를 경험하고 있고, 고등학교 때 따돌림을 경험한 후부터 우울감을 겪기 시작했다고 보고한다'로 기술할 수 있다. 이는 우울감이 특정 사건과 관련되었으며, 몇 년간 지속되었음을 제시한다. 또한 외적으로 뚜렷하게 표현되는 정서와 함께 다른 종류의 정서를 경험하는 경우도 있다. 예를 들어, 아버지를 잃고 슬픔과 우울함을 경험하는 수검자가 문장완성검사에서는 생전에 자신에게 관심을 충분히 주지 않았다는 아버지에 대한 원망과 불만을 표현했을 수 있다. 이때 보고서에서 '수검자는 외적으로 슬픔을 뚜렷하게 표현하고 있으나, 내면에는 원망과 불만을 억압하고 있다. 그는 아버지에게 원망감을 경험하면 이를 억압하고, 아버지와 좋았던 기억을 떠올리며 슬퍼하는 것으로 대처한다'와 같이 수검자가 경험하는 여러 종류의 정서와 그 관계, 정서에 대한 태도, 내적 갈등을 기술할 수 있다.

(3) 성격 및 대인관계 영역

수검자의 성격이 구체적인 생활환경 내에서 어떤 방식으로 표현 되는지, 수검자만의 독특한 측면에 초점을 맞추어 기술한다. 대인관계를 맺는 방식과 갈등요소, 자신과 타인을 지각하는 방식, 대인관계에서 유발될 수 있는 갈등구조와 갈등을 해결해 나가는 수검자만의 독특한 방식, 수검자가 타인들에게 주로 품고 있는 기대 및 그 내용과 적절성의 정도 등을 기술해 준다. 예를 들어, '초등학교 고학년 학생은 현재 또래들과 무난한 관계를 유지하고 있지만, 작년처럼 친구들과 다투고 고립될까 봐 매우 두려워한다. 그로 인해 친구들의 요구를 거절하지 못하고, 자신의 욕구를 희생하여 맞추어 주는 행동을 보이고 있다. 자신이 친구들에게 인기가 많다고 자부심을 표현하지만, 갈등이 잃어날까 봐 두려워하고 상당히 눈치를 보는 상태이다'라고 기술할 수 있다.

(4) 요약 및 제언

이 부분은 평가 보고서의 핵심을 요약 정리하는 것이다. 검사자는 의뢰질문과 평가 목적에 대해 어떠한 결론을 내렸는지 분명하고 논리적으로 제시한다. 예를 들어, 친구에게 '죽고 싶다'는 카톡을 보낸 청소년을 평가했다면, 검사자는 당시 사건에서 청소년이 죽고 싶다고 말한 이유가 무엇인지, 우울감을 어느 수준으로 경험하는지, 어떤 요인으로 인해 우울감이 촉발, 유지되는지, 자살시도 가능성이 있는지 명시한다.

제언은 문제 해결을 위한 해결책이다. 분명하고, 실천 가능하며 현실적인 것이어야 한다. 상담이 필요하다면, 어떤 형태나 주제를 핵심으로 하는 상담이 어느 기간 정도 필요하고 현실적으로 어디까지 개선이 가능할지 제안한다. 수검자가 상담에서 겪을 수 있는 어려움이나 방해물을 기술하는 것도 도움이 된다. 예를 들어, 알코올 문제를 가진 수검자에 대한 보고서에서 알코올을 스스로 조절할 수 있다는 신념으로 인해 알코올 문제가 재발하고 있으며 상담에서 이러한 신념을 다뤄야 재발을 방지할 수 있음을 제언할 수 있다.

(5) 진단적 인상

평가 목적이 진단적 감별이라면, 검사자는 평가 보고서 말미에 DSM-5(Diagnostic and Statistical Manual of Mental disorders-5)에 근거하여 가능한 진단을 열거한다. 주의할 점은 독자가 진단적 인상을 읽기 전에 이미 진단명을 유추할 수 있을 정도로, 전체 보고서를 해당 진단과 관련된 주 호소와 증상을 포함하여 일관되게 작성해야 한다는 것이다.

(6) 검사 점수 및 요약표

세부적인 검사 결과를 평가 보고서 본문에서 나열하듯 기술하면, 독자가 보고서를 읽기 어려울 수 있다. 가독성을 위해 검사 점수를 보고서 맨 마지막에 첨부할 수 있다.

5. 심리평가 보고서 작성 시 유의점

1) 개별화된 보고서

검사자는 개별화된 심리평가 보고서 작성을 목표로 삼는다. 검사자는 보고서에 수검자에 대한 구체적이고 세부적인 정보를 포함해야 하며, Barnum 효과(보편적으로 적용되는 성격특성을 자신의 성격과 일치한다고 믿으려는 현상)와 같은 모호한 표현을 피해야 한다. 예를 들어, '스트레스에 취약성을 갖고 있다'는 보고서 기술은 수검자를 다른 사람들과 구별하는 데 유용하지 않다. 대신, '수검자는 자신의 능력을 평가받는 상황이나 비판받는 상황에 매우 취약하다. 몇 달간 구직활동 하였으나 성공하지 못하여, 대인관계에 자신감을 잃고 정서적으로 예민해진 상태이다'라고 기술하는 일이 수검자의 현 상태와 문제를 이해하는 데 도움이 된다. 또 다른 예로, 가족들에게 분노를 자주 폭발하여 심리평가를 받은 수검자에 대해 '분노조절에 어려움을 갖고 있다'고 말하는 것 역시 개인을 이해하는 데 충분하지 않다. '수검자의 분노 문제는 몇 년 전부터 시작된 아내와 갈등에서 비롯되었고, 가족으로부터 소외되었다는 느낌을 경험하는 상황에서 뚜렷하게 나타난다'와 같은 표현이 보고서 내용으로 적합하다.

2) 임상적 판단과 해석을 향상시키기

검사자는 심리평가 보고서로서 임상적 판단과 해석을 제시한다. 신뢰할 만하고 타당한 임상적 판단을 내리기 위해, 검사자는 다음 사항들을 고려할 수 있다(Trull, 2009). 첫째, 모든 가능한 정보를 고려하고, 비일관적인 자료를 무시하지 않는다. 과도하게 단순화시키는 경향을 경계하고, 본래부터 복잡한 인간에게서 생기는 모호함과 복잡함을 인내해야 한다. 둘째, 병리적 특징, 역기능과 함께 수검자의 장점과 강점을 고려한다. 검사자가 수검자의 부정적인 특성을 강조한 나머지 장점과 자원을 경시할 수 있다. 셋째, 모든 예측을 기록하고, 예측의 정확성을 평가하기 위해 노력하며, 피드백으로 이 정보를 사용한다. 예를 들어, 청소년의 부진한 학업성적을 설명하기 위해 여러 가지 가설을 고려할 수 있다. 청소년이 또래에 비해 낮은 인지적 잠재력을 갖고 있거나, 학습에 필수적인 기술을 충분히 습득하지 못했거나 ADHD와 같은 특정한 인지장애를 갖고 있을 수 있다. 또는 우울감으로 인해 학업에 집중하는 데 어려움을 겪고 있거나, 지적 능력을 비판하고 학습에 의욕을 보이지 않기 때문일 수도 있다. 이같이 검사자는 수검자를 설명하고 예측할 수 있는 다양한 가설을 고려하고, 최종적으로 특정 가설을 선택한 논리적 근거와 다른 가설들을 채택하지 않은 이유를 명료하게 정리해 둘 필요가 있다. 넷째, 자료 수집을 위해 타당하고 신뢰할 수 있는 심리검사들을 사용한다. 널리 사용되고 공인된 심리검사들을 사용함으로써, 수검자에 대해 믿을 만하고 정확한 정보를 얻을 수 있다. 다섯 번째, 수검자의 상황이나 환경을 고려하고, 검사자의 평가 보고서가 수검자와 환경에 미칠 영향을 생각한다. 수검자 부모가 자살시도를 한 자녀가 심각한 위기에 처해 있음을 인지하지 못한다면, 검사자는 보고서를 통해 부모의 이해와 세심한 관찰이 중요하고 자살 가능성이 있는 상황임을 강조할 필요가 있다. 여섯 번째, 검사자들은 심리검사를 여러 개 시행할수록 단일 검사를 시행할 때에 비해 추론에 더 강한 자신감을 보인다. 하지만 추론의 타당도가 실시한 검사의 개수와 반드시 관계가 있지는 않다. 일곱 번째, 전형화된 신념이나 고정관념에 주의해야 한다. 때때로 검사자는 자신의 선입견이나 전형적인 신념에 근거하여 자료를 해석하여, 다른 방식으로 해석할 수 있는 기회를 놓칠 수 있다.

3) 수검자 중심 보고서

보고서에서 수치 중심으로 통계적인 사실을 나열하듯 기술하면, 독자들은 수치의 의미를 정확하게 파악하지 못하여 보고서를 이해하기 어렵다. 〈표 13-5〉에 있는 두 보고서를 비교해 보라.

보고서 A는 자료를 중심으로 결과를 기술한 반면, 보고서 B는 수검자와 그의 독특한 특성을 중심으로 결과를 기술하였다. 수검자 중심 보고서는 수검자 자체를 설명하기 때문에, 보고서를 읽는 독자가 수검자를 한 인간으로 생생하게 경험할 수 있고, 수검자 역시 검사 대상이나 어떤 수치가 아닌 인간으로 존중받는다고 느낄 수 있다.

표 13-5 자료 중심 보고서와 수검자 중심 보고서

보고서 A(자료 중심)	보고서 B(수검자 중심)
홍길동은 언어이해에서 80점, 시공간에서 100점을 받았다. 언어이해와 시공간의 20점 점수 차이는 통계적으로 유의미하고, 이 정도의 점수 차이는 표본의 12.3%에서 나타난다.	홍길동의 비언어적인 추론 능력은 언어추론 능력에 비해 더 잘 발달되어 있다. 청소년은 수학과 미술에는 흥미를 갖지만 국어 수업을 어려워한다. 즉, 비언어적인 추론 능력이 청소년의 강점이고, 언어적 추론이 약점이다. 이러한 경향이 학습과 추후 진로 선택에 영향을 미칠 것이다.

6. 심리평가 보고서 전달 시 유의점

1) Finn의 3개 수준 전달방식

검사자가 심리검사 결과들을 체계적으로 통합하여 수검자와 그가 겪는 문제에 대해 타당한 설명을 마련하였을지라도, 수검자가 검사자의 설명을 받아들이지 않는다면 검사자는 평가 정보를 결코 유용하게 사용할 수 없다. 따라서 심리평가 내용만큼이나 내용을 해석하고 전달하는 방식이 중요하다. Finn(2015)은 검사자가 심리평가 결과를 수준에 따라 분류하여 순서대로 수검자에게 제시하는 방식을 제안하였다. 심리평가 결과는 총 3개의 수준으로 구성된다. 수준 1은 수검자가 이미 알고 있는 것이다. 예를 들어, 자신이 내향적이라고 생각하는 사람에게 MMPI-2에서 0번 척도가 높은 것은 새로운 사람과 만나는 것을 싫어하고 혼자 있기를 좋아하는 사람이라는 것을 나타낸다고 설명한다. 수준 2는 수검자가 과거에 명확하게 알지 못했으나, 평소 자신에 대해 생각하는 방식과 일치되는 내용이다. 수준 2 결과를 듣는 수검자는 "이런 식으로 생각해 본 적은 없지만, 들어 보니 그럴 수도 있겠네요"라고 반응할 수 있다. 우울감을 몇 년간 느껴 온 수검자가 자신의 낮은 성취를 '게으른 성격'으로 귀인한다면, 검사자는 수검자가 중학교 때까지 게으르지 않고 고등학교 때부터 게을러지기 시작했으므로 '게으름'을 수검자의 성격으로 여기기 어려움을 제안할 수 있다. 수준 3은 수검자의 일상적인 사고방식과 불일치하는 결과이다. 수검자는 수준 3의 결과를 듣고 불안을 경험하여, 방어기제를 나타내거나 결과를 거부하거나 회피할 수 있다. 앞선 예에서, 수검자가 자신의 낮은 성취를 '게으름'으로 귀인했지만, 검사자는 수검자의 우울장애가 학업에 지속적인 어려움을 야기했음을 고려해 보도록 권유할 수 있다. 사람들은 자신과 불일치하는 정보를 거부하고, 자신에 대한 현재 도식을 유지하려는 경향을 갖고 있다. 검사자가 수검자에게 자신에 대해 전혀 생각해 보지 않은 정보를 처음부터 전달한다면, 수검자가 평가 내용 전체에 대해 거부감이나 회의적 태도를 보일 수 있다. 따라서 검사자가 평가를 전달할 때 수검자가 받아들이기 쉬운 정보부터 어려운 정보의 순서로 제시함으로써, 결과를 개방적으로 논의할 수 있는 분위기와 신뢰감을 조성할 수 있다.

2) 양육자와 자녀의 심리평가 결과 소통하기

검사자는 정신건강전문가보다 양육자와 심리평가 결과를 소통하는 데 더욱 어려움을 겪는다. 그 이유는 양육자가 심리평가와 심리검사, 심리적 개념, 정신장애에 대한 지식을 부족하게 갖고 있기 때문이다. 따라서 양육자와 자녀의 심리평가 결과를 소통할 때, 양육자가 결과를 적절히 이해하도록 돕는 일이 중요하다.

Sattler와 Hoge(2006: Drummond, Sheperis, & Kones, 2015에서 재인용)는 심리평가 결과를 양육자와 소통하는 4단계 모델을 제시하였다. 첫 번째, 라포를 형성한다. 검사자는 양육자와 만남을 계획하고, 가능한 부모 모두와 면담한다. 면담에서 양육자가 편안함을 느끼고 자유롭게 말하며 질문하도록 격려한다. 두 번째, 검사 결과를 소통한다. 명료하고 직접적으로, 자세히 결과를 제시한다. 검사자는 전달한 정보로 인해 양육자가 흥분하거나 적개심을 느끼거나 불안해할 수 있음을 인지하고, 그들이 경험하는 감정을 검사자에게 표현할 수 있는 환경을 조성한다. 세 번째, 제언을 소통한다. 검사자는 양육자가 결과를 받아들일 만한 시간을 제공하고, 치료계획을 세우도록 돕는다. 네 번째, 면담을 끝마친다. 검사자는 결과와 제언을 요약하고, 양육자로부터 마지막으로 궁금한 사항을 질문 받는다. 추후에 질문하고 싶은 내용이 있다면, 다시 시간을 잡을 수 있음을 알린다. 〈표 13-6〉은 양육자들이 자주 묻는 질문이다.

유아, 아동, 청소년이 심리평가를 받은 경우, 검사자는 이들이 검사 결과를 이해하기에는 너무 어리므로 설명할 필요가 없다고 생각하기도 한다. 하지만 이들이 유치원이나 학교에서 적응 문제로 심리평가를 받았고 추후 상담을 하게 된다면, 실시 목적과 검사 결과를 알리는 일이 필수적이다. 유아, 아동, 청소년이 발달 수준에 따라 자신이 이해할 수 있는 언어로 검사 결과를 전달받는다면, 상담에 대한 동기와 전문가에 대한 신뢰를 얻을 수 있다. 초등학생이 등교를 거부하여 심리평가를 받았고 상담을 받을 예정이라면, "네가 학교에 가는 게 무

표 13-6 부모들이 자주 하는 질문들

"아이가 무슨 검사를 받은 건가요?"

"왜 이 검사를 한 건가요?"

"어떻게 검사를 하시나요? 이 검사에서 어떤 질문을 하나요?"

"검사 결과가 무엇을 의미하나요?"

"같은 연령대 아이와 비교하면 내 아이 검사 결과가 어떤가요?"

"왜 아이가 학교에서 친구들보다 낮은 성적을 얻을까요?"

"선생님은 이 점수를 가지고 앞으로 무엇을 하시는 거죠?"

"아이가 교육을 받으면, 점수가 좋아지나요?"

"이 점수가 아이 미래에 어떤 영향을 미치나요?"

섭고 힘들다고 했지. 검사를 해 보니, 네 마음이 자주 불안하다는 사실을 알게 됐어. 특히 갑자기 네 의견을 발표하거나 질문에 답해야 할 때 더 많이 불안했던 것 같아. 그래서 올해 학교 가는 게 힘들어졌던 것 같은데, 네 생각은 어떠니?"와 같은 방식으로 검사 결과를 전달할 수 있다.

3) 정신건강전문가와 심리평가 결과 소통하기

정신건강전문가들 간에 소통할 때 보고서를 작성하는 일이 필수적이다. 보고서를 작성할 때 검사를 의뢰한 정신건강전문가가 결과에서 기대하는 바를 구체적으로 파악해야 한다. 이는 의뢰 사유에 해당하고, 진단적 평가나 자살위험성 수준 혹은 증상에 영향을 미치는 성격요인에 대한 평가일 수도 있다. 의뢰 사유를 명백하게 파악한 후에는, Gehart(2019)가 제안하는 네 가지 원리에 따라 언어를 사용하여 보고서를 작성한다. 첫 번째, DSM-5(Diagnostic and Statistical Manual of Mental Disorders-5) 증상 언어를 사용한다. 수검자가 검사자와 면담에서 '최근 계속 기분이 가라앉는다'고 표현한다면, 검사자는 기분 상태가 우울감과 유사한지 확인한 후 보고서에서 '수검자가 우울감을 경험함'이라고 작성한다. 두 번째, 증상과 밀접하게 관련된 수검자 행동을 기술한다. 수검자가 평가 당일 머리가 헝클어진 채 구겨진 옷을 입고 내원하였고, 검사 내내 시선을 바닥으로 향하고 검사자와 눈을 마주치지 않았다면, '위생상태가 불량하며, 눈맞춤을 회피함'이라고 기술한다. 청소년 수검자가 '컴퓨터 게임도 재미없다'고 말한다면, 보고서에 '취미에 대한 흥미를 상실하였음'이라고 적는다. 세 번째, 보고서에 증상의 지속 기간을 포함한다. 우울한 기분을 몇 달간 경험하고 있는지, 환청이 언제 시작되었는지 기술한다. 네 번째, 특정 정신장애와 관련된 증상이라면, 진단 기준에 해당하는지 확인할 수 있도록 증상의 빈도를 기술한다. 예를 들어, 지난 6개월 동안 한 주에 2회씩 폭식과 구토를 하였다고 보고한다. 검사자가 DSM 증상 언어와 행동관찰, 증상의 지속 기간과 빈도를 기술함으로써, 정신건강전문가가 보고서를 통해 가능한 진단명을 고려할 수 있다. 즉, 정신건강전문가를 위한 심리평가 보고서는 검사자가 고려하는 정신장애와 이를 뒷받침하는 근거를 포함한다.

7. 심리평가 보고서 및 해석상담의 예

다음은 작년 여름부터 눈을 깜박거리는 틱 증상을 보이는 만 6세 여아가 받은 심리평가

보고서와 해석상담 내용이다.

> 아동은 작년 여름부터 시작된 틱 증상으로 인해 병원에 내원하였고, 의사로부터 틱 증상과 강박사고가 의심되니 심리평가 결과지를 받아 오라는 요청을 받았다. 검사자는 틱 증상과 강박장애를 감별하기 위해 심리평가가 의뢰되었다고 판단하였다. 또한 틱 장애는 아동이 경험하는 스트레스가 증가하면 증상이 심해지는 경향을 보이므로, 가정, 기관, 또래관계 등 적응 전반에서 스트레스 요인을 파악하는 것이 중요하다. 검사자는 아동 어머니에게 종합심리평가의 목적과 심리검사 종류에 관해 설명했고, 심리검사를 통해 무엇을 얻고 싶은지, 자녀에 대해 어떤 것을 알면 검사를 받기를 잘했다는 생각이 들지 질문하였다. 어머니는 어떻게 해야 틱 증상이 좋아질 수 있을지, 가정에서 어떻게 자녀를 도와줄 수 있을지 두 가지를 알고 싶다고 하였다. 따라서 검사자는 아동이 보이는 증상의 악화와 호전에 기여하는 요인을 탐색하고, 부모가 자녀를 양육할 때 개선하거나 변화할 수 있는 점을 찾는 데 심리평가의 초점을 맞췄다.

1) 원자료와 개별 검사 해석

다음으로 원자료와 그에 대한 개별 해석을 제시하였고, 개별 심리검사들을 통합하여 해석한 내용과 심리평가 보고서를 기술하였다.

(1) 한국 웩슬러 아동지능검사 5판(K-WISC-V)

이 사례에서는 인지 기능의 편차가 크다는 점이 중요하다. 언어이해와 시공간 능력은 양호한 반면, 작업기억기능과 처리속도가 크게 부족하게 나타난다. 전체 지능이 아동의 인지기능을 대표하기 어려우므로, 개별 지표를 살펴봐야 한다고 설명해야 한다. 아동은 인지효율성을 낮게 보이는데(CPI=75), 이를 설명할 수 있는 가설을 기술할 필요가 있다. 우선, 행동관찰과 HTP에서 세부 요소를 강조하여 그렸던 점을 종합하면 아동이 꼼꼼하게 수행을 하려는 특성 때문에 인지효율성이 낮아졌을 가능성을 고려해야겠다. 또한 아동이 불안과 관련된 특정 사고(경찰이 잡아 갈 것 같다)로 인해, 인지 기능을 원활하게 발휘하기 어려운 상태일 수도 있으므로, 정서문제가 호전된 후 지능을 재평가 하는 것이 인지 기능을 정확히 아는데 도움 된다는 점을 명시할 필요가 있다.

전체 지능
87
[평균 하]

언어이해	시공간	유동추론	작업기억	처리속도
95	108	89	80	79
[평균]	[평균]	[평균 하]	[평균 하]	[낮음]

기본지표 소검사		
언어이해	공통성	어휘
	8	10
시공간	토막짜기	퍼즐
	12	11
유동추론	행렬추리	무게비교
	8	8
작업기억	숫자	그림기억
	5	8
처리속도	기호쓰기	동형찾기
	6	6

K-WISC-V 지표점수 점수 분류		K-WISC-V 소검사 점수 분류	
130이상	매우 우수	16~19	매우 우수
120~129	우수	13~15	평균 상
110~119	평균 상	8~12	평균
90~109	평균	5~7	평균 하
80~89	평균 하	4이하	매우 낮음
70~79	낮음		
69이하	매우 낮음		

[그림 13-3] K-WISC-V 점수 분류

(2) 문장완성검사

표 13-7 문장완성검사 반응 내용

영역	내용
가족에 대한 태도	1. 우리 가족은 / 평범해요.
	6. 우리 아빠와 엄마는 / 좋아.
	17. 우리 아빠는 / 좋아. 라면 끓여 주고 프린트 해 줘서.
	24. 우리 언니/오빠/누나/형/동생은 / 놀아 줄 때 엉뚱한 점이 있어서 재밌다.
	25. 우리 엄마는 / 좋아.
나에 대한 태도	5. 나는 / 귀여워.
	7. 내가 제일 잘하는 것은 / 톡톡블럭, 그림.
	15. 내가 제일 못하는 것은 / 게임
	22. 내가 좋아하는 놀이는 / 만들어서 놀이하기.
	2. 내가 가장 행복할 때는 / 장난감 사 줄 때.
	20. 고치고 싶은 나쁜 습관은 / 있어. 아이스크림 먹을 때 안 맛있는 건 나오면 먹기 싫은 거.
또래관계에 대한 태도	3. 내가 가장 좋아하는 친구는 / ○○○, □□□, 왜냐하면 ○○이는 재미있고 □□이도 재미있다.
	4. 여자애들은 / 없어.
	10. 남자애들은 / ○○○.
	16. 내가 가장 싫어하는 친구는 / 없어.
	28. 내가 가장 좋아하는 사람은 / 엄마. 왜냐하면 목소리 좋고 얼굴 예뻐 눈 입술 코 적당, 눈썹 적당.
교사/학교생활에 대한 태도	9. 내가 가장 좋아하는 선생님은 / ○○○, □□□. 왜냐하면 재미있다(방학 끝나고부터)
	11. 담임 선생님은 / 없다. 모르겠다.
	14. 학교생활은 / 재밌다. 1학기 때는 좀 부끄러웠다.
	19. 공부하는 것은 / 싫어!!!*3번
	26. 아침에 학교에 갈 때 / 좋아.
감정에 관한 태도	12. 나를 슬프게 하는 것은 / 킨더조이 중복.
	13. 가장 걱정되는 것은 / 어디 갈까 봐 경찰서.
	8. 나를 가장 화나게 하는 것 / 티비에서 장난치고 누가 화날 때, 같이 화가 난다.
	23. 기분이 나쁠 때 나는 / 킨더조이. 중복.
	18. 내가 가장 무서워하는 것은 / 귀신.

미래에 대한 태도	21. 내가 만일 / 승무원이 된다면.
	27. 내가 이루고 싶은 소원은 / 방망이로 뚝딱하면 이루어지고 싶은 거 나오는 거(티니핑, 킨더조이)
	29. 가장 갖고 싶은 것은 / 티니핑 병원.
	30. 이 다음에 크면 / 승무원이 되고 싶다. 왜냐하면 예쁜 옷을 입어서.

(3) 집–나무–사람 그림검사(HTP)와 동적 가족화 검사(KFD)

집–나무–사람 그림검사의 구조적 측면을 살펴보면, 아동은 집 그림에서 지붕에 기와를 그려 넣어 정교하게 표현하려고 하였다. 이는 강박적인 경향을 나타내고, 아동이 내적인 불안감을 강박적 방식을 통해 통제하려는 것으로 짐작된다. 나무 그림의 뾰족뾰족한 가지 끝은 아동 내면에 적대감과 불만감이 내재되어 있음을 시사한다. 인물화에서는 머리가 큰 편인데 이는 공상 활동에 과도하게 몰두하는 경향과 관련될 수 있고, 아동이 아직 어리기 때문에 또래 아동들처럼 몸에 비해 머리를 크게 그렸을 가능성도 있어 보인다. 아동이 타인과 정서적 교류를 하는 데 지나치게 예민하고, 사회적 상호작용에서 불안하고 긴장감을 느끼고 있는 것으로 짐작된다(강조된 눈). 또한 아동이 떠오르는 생각이나 신체적 반응을 통제하여 표현하기 어렵고, 과도하게 억제하고 위축된 상태로 생각된다(생략된 목).

HTP에서 보고한 내용을 살펴보면, 아동이 생각이나 기분을 묻는 검사자 질문에 대부분 '모른다'고 하여, 정서적으로 위축되어 있고 타인의 생각이나 기분을 짐작하고 추론하는 능력의 발달이 부족한 것으로 생각된다. 집 그림에서 '모르는 사람이 사는 집'을 연상한 점에서 미루어 보면, 친밀한 관계를 맺기 어렵고 대인관계에서 심리적 거리감을 크게 경험하는 것으로 짐작된다.

동적 가족화에서 아동은 가족 구성원들이 제각기 활동하는 모습을 그렸다. 그림에서 가족들이 서로 상호작용을 전혀 하지 않는다는 점에서, 가족 내 상호작용이 빈약하고 심리적 거리감이 큰 것으로 짐작된다. 모를 제일 먼저 그렸고 자신을 모에게 가장 가깝게 그려서, 모가 아동에게 정서적·심리적으로 중요한 대상임을 알 수 있다. 그러나 모가 뒷모습으로 그려진 점에서 미루어 보면, 아동이 모에게 의존하면서 불만감을 억압하고 있을 것으로 짐작된다. 모는 뒷모습, 부는 옆모습으로 그린 점에서 미루어 보면, 부모 간 대화 부족과 관계 갈등이 암시된다.

집 그림

나무 그림

사람(여성)

사람(남성)

KFD

[그림 13-4] 사례의 HTP와 KFD

표 13-8 HTP와 KFD 질문과 응답 내용

그림	응답 내용
집	그냥 집이에요. (누가 살까?) 모르는 사람이 살아요. (집에 들어가면 어떤 모습일 것 같아?) 기본일 거 같아요. 밖에 마당 있을 거 같아요. 이건 지붕 벽돌. (집에 필요한 게 있다면, 어떤 게 필요할까?) 마당. (이런 집에 살고 싶니?) 모르겠어요. (마음에 드니?) 네. (그림에서 마음에 들지 않거나 다시 그리고 싶은 부분 있니?) 없어요.
나무	이 나무는 사과나무예요. (나이는?) 스무 살. (건강이 어떨까?) 좋은 거 같아요. (어디에 살까?) 어디 언덕 위에. (나무 주변에 뭐가 있을까?) 풀밭. (나무가 만약에 생각을 할 수 있다면 무슨 생각을 할까?) 모르겠어요. (나무가 만약에 기분을 느낀다면, 어떤 기분을 느낄까?) 모르겠어요. (나무가 소원이 있다면?) 모르겠어요. (나무에게 필요한 것이 있다면?) 모르겠어요. (시간이 10년 정도 지나면 나무는 어떻게 될까?) 죽을 거 같아요.
인물화 (여성)	엄마. (뭐하고 있나?) 그냥 있는 거예요. (엄마가 무슨 생각을 할까?) 모르겠어요. (엄마 기분은 어때 보이니?) 좋아 보여요. (어떤 게 좋을 것 같아?) 모르겠어요. (엄마는 언제 행복할 것 같아?) 무언가 잘했을 때. (엄마는 언제 슬플 것 같아?) 뭐 망했을 때. (엄마는 어떤 소원을 갖고 있을까?) 사장님 되는 거. (시간이 10년 정도 지나면?) 엄마가 할머니가 될 거 같아요. 엄마가 할머니가 되면 슬플 것 같아요. (너는 언제 엄마가 좋으니?) 맨날. (너는 언제 엄마가 싫어?) 화낼 때. (언제 엄마가 화를 내니?) 내가 말 안 들을 때. (그럴 때 네 마음이 어떠니?) 슬퍼요. 울어요. 유치원에서 안 울고 집에서 울어요.
인물화 (남성)	아빠. (아빠는 뭐하고 있을까?) 몰라요. (아빠는 어떤 사람이야?) 회사 다녀요. (아빠는 무슨 생각을 할까?) 몰라요. (아빠 기분이 어떤 것 같아?) 좋아 보여요. (아빠가 좋을 때는?) 프린트 해 줄 때, 재밌는 거. (아빠가 싫거나 미울 때는 언제야?) 그런 적은 없는데요. (아빠에게 바라는 게 있니?) 아니요.
동적 가족화	그린 순서: 엄마, 언니, 아빠, 나 아빠는 옷 갈아입으러 가고, 엄마는 요리하고 언니는 숙제하고 저는 그림 그려요. (분위기가?) 좋아 보여요. (이 다음에 어떤 일이 있을까?) 밥 먹을 거 같아요.

(4) 로르샤흐 검사

[CDI > 3 & EA < 6에 해당되어 통제 > 정서 > 자기지각 > 대인지각 > 처리 > 중재 > 관념의 순으로 해석]

아동은 스트레스 상황에 대처하기 위해 필요한 심리적 자원이 부족하다. 사고 능력과 정서 능력과 같은 심리적 자원의 부족이 대인관계에도 부정적 영향을 미치는 것으로 생각된다. 사회적 대처에 현저한 결함이 나타나므로(CDI=positive), 아동에게 상황에 따라 행동할 수 있는 여러 방안을 교육하고 훈련함으로써 대처 능력을 증진시키는 것이 중요하겠다. 감정을 인식하고 표현하는 능력 역시 매우 빈약하다(Afr=0.36, WSumC=0). 또한 자아상이 부정적이고(자기중심성 지표=0.20), 즐겁고 유쾌한 대인관계 경험이 부족하다. 아동은 대다수 인간을 보고할 수 있는 III카드와 VII카드에서 인간을 보지 못했고, '악마' '아기'를 보고한 점을 고려하면, 대인관계에서 불편감을 경험하며 타인을 부정적이거나 다소 왜곡하여 지각하는 것으로 생각된다. VII카드에서 나타나는 의복 반응 역시, 아동이 타인과 부드럽고 친밀하게 접촉하고 교류하기 어려움을 시사하는 것으로 생각된다. 자기주장능력이 부족하고 수동성을 강하게 보일 것으로 생각된다(COP=1, AG=1). 아동은 사고가 단순하고 회피적인 편이다. 융통성이 낮아서 모호하거나 복잡한 상황에서는 즉각 행동하기 어려워하고 부적절한 행동을 하기 쉽겠다.

표 13-9 로르샤흐 검사 반응

카드	시간	반응 단계	질문 단계	채점
I	42	뭐가 보여요? 모르겠어요. ① 늑대가 보여요.	① 늑대가 보여요. 울음 소리 하는 거 같아요. (어떻게?) 얼굴이 보여요.	① Wo FMao Ad 1.0
II	47	② 닭 같은 거 ③ 나비가 보여요	② 다리 같고 엉덩이 같아요. ③ 양쪽에 날개 같아서.	② Do2 Fu A ③ Do3 Fo A
III	46	④ 리본 ⑤ 다람쥐 ⑥ 개미	④ 양쪽에 하트가 있고 앞에 길쭉한 네모가 있어서. ⑤ 꼬리고 귀고 손이고 얼굴 같아서. ⑥ 손(D5)이고 입이고 눈(D7) 같아서.	④ Do3 Fo Art ⑤ Do2 Fo A ⑥ Ddo99 F–Ad INCOM1
IV	9	⑦ 곤충 얼굴이 보여요.	⑦ 눈이고 입 같아요.	⑦ Do1 Fo Ad
V	7	⑧ 악마 같아요.	⑧ 이게 날개고 발이고 이게 뿔(Dd34)이고 얼굴 같아요. (악마?) 날개가 있어서.	⑧ Wo Fo (H) 1.0 GHR
VI	4	⑨ 별 같아요.	⑨ 삐죽삐죽 튀어나와 있어서.	⑨ Do1 F–Na
VII	8	⑩ 바지랑 ⑪ 토끼 같아요.	⑩ 바지 같고. ⑪ 토끼 같아요, 귀고 발이고 얼굴.	⑩ Do4 F–Cg ⑪ Do2 Fo A
VIII	13	⑫ 가슴이랑 치마가 보여요.	⑫ 가슴(D5) (가슴?) 네. (속옷을 얘기하나?) 네. (치마?) 치마(D2)처럼 길쭉해서. (한꺼번에 봤나? 각각 봤나?) 한꺼번에.	⑫ Dd+99 Fu Cg 3.0

| IX | 12 | ⑬ 아기 두 명이 누워 있는 거 같아요. | ⑬ 이게 머리(D4)고 손이고 이게 엉덩이고 다리 같아요. | ⑬ Do6 Mpo 2 H GHR |
| X | 11 | ⑭ 유니콘 두 마리, 유니콘이랑. ⑮ 또 말이 어디를 타고 있는 거 같아요 | ⑭ 이거, 말 같아서 유니콘 같아요. ⑮ 말(D1)이 얘(D12)를 타고 어디를 가는 거 같아요. (얘?) 뭔지 모르겠어요. | ⑭ Do7 FMao 2 (A) ⑮ D+Ma−A,(A) 4.0 FABCOM1,PHR |

가장 좋아하는 카드: V (이유?) 몰라요/가장 싫어하는 카드: 마음에 안 드는 거 없어요.

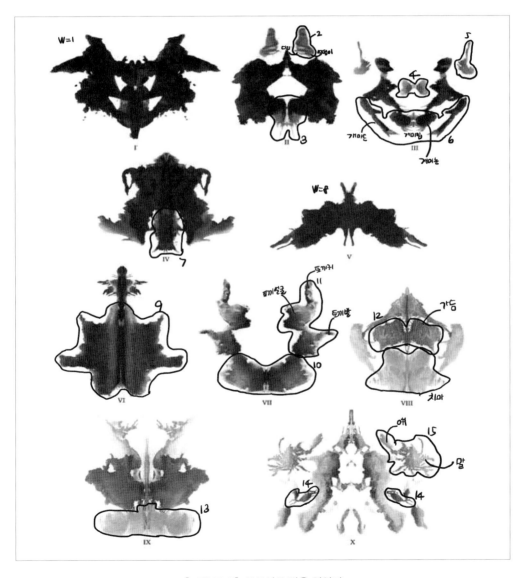

[그림 13–5] 로르샤흐 반응 영역지

표 13–10 로르샤흐 지표

S – CON(Suicide Constellation) 자살 지표	PTI(Perceptual – Thinking Index) 지각 – 사고 지표
☐ 아래 조건 중 8개 이상에 해당되면 유의미 　(주의: 14세 이상에만 적용) ☐ FV+VF+V+FD＞2 ☐ Color-Shading Blends＞0 　(색채반응과 음영반응이 함께 있는 반응) ☐ (3r+(2)/R ＜.31) or (3r+(2)/R＞.44) ☐ MOR＞3 ☐ (Zd＞+3.5) or (Zd ＜–3.5) ☐ es＞EA ☐ CF + C＞FC ☐ X+% ＜.70 ☐ S＞3 ☐ (P＜3) or (P＞8) ☐ Pure H＜2 ☐ R＜17	☐ PTI 지수는 절단점이 없는 연속적 척도임. Ideation, 　Mediation, Processing의 세 가지 인지 영역 점수를 고려 　하여 지각과 사고장애를 판단함 ☐ XA%＜.70 & WDA%＜.75 ☐ X–%＞.29 ☐ LV 2＞2 & FAB 2＞0 *☐ (R＜17 & WSum6＞12) or (R＞16 & WSum6＞16) ☐ (M–＞1) or (X–%＞.40) Sum of PTI=0

DEPI(Depression Index) 우울 지표	CDI(Coping Deficit Index) 대처 결함/ 손상 지표
☐ 아래 조건 중 5개 이상인 경우 유의미 ☐ FV+VF+V+FD＞0 or (FD＞2) ☐ (Color-Shading Blend＞0) or (S＞2) ☑ (3r+(2)/R＞.44 & Fr+rF=0) or (3r+(2)/ R＜.33) ☑ (Afr ＜.46) or (Blends＜4) ☐ (SumShading＞FM+m) or (SumC'＞2) ☐ (MOR＞2) or (2AB+Art +Ay＞3) ☑ COP＜2) or (Bt+2Cl+Ge+Ls+2Na/R＞.24)	☑ 아래 조건 중 4개 이상이면 유의미 ☑ (EA＜6) or (AdjD＜0) ☑ (COP＜2) & (AG＜2) ☑ (WSumC＜. 25) or *(Afr＜.46) ☑ (passive＞active+1) or (Pur H＜2) ☐ (Sum T＞1) or (Isolate/R＞.24) or (Food＞0)

HVI(Hyper vigilance Index) 과잉경계 지표	OBS(Obsessive Style Index) 강박 지표
☐(1)번을 만족하고, (2)~(7) 중에서 4가 해당되면 유 　의미 ☑ (1) FT+TF+T=0 ☐ (2) Zf＞12 ☐ (3) Zd＞+3.5 ☐ (4) S＞3 ☐ (5) H+(H)+Hd+(Hd)＞6 ☐ (6) (H)+(A)+(Hd)+(Ad)＞3 ☑ (7) H+A: Hd+Ad＜4:1 ☐ (8) Cg＞3	☐ (1) Dd＞3 ☐ (2) Zf＞12 ☐ (3) Zd＞+3.0 ☐ (4) Popular＞7 ☐ (5) FQ+＞1 ☐ 아래 중 1개 이상을 충족하면 유의미 ☐ (1)부터 (5)까지 모두 만족 ☐ (1)부터 (4)까지 항목 중 2개 이상 만족하고 FQ+＞3 ☐ (1)부터 (5)까지 항목 중 3개 이상 만족하고 X+%＞.89 ☐ FQ+＞3 & X+%＞.89

반응 영역 LOCATION FEATURES			
조직화 활동			
Zf	= 4		
Zsum	= 9.0		
ZEst	= 10.0		
반응영역의 빈도			
W	= 2		
D	= 11		
W+D	= 13		
Dd	= 2		
S	= 0		
발달질(DQ)			
+	= 2		
o	= 13		
v/+	= 0		
v	= 0		

결정인 DETERMINANTS 혼합 BLENDS 단일 SINGLE	
M	= 2
FM	= 2
m	= 0
FC	= 0
CF	= 0
C	= 0
Cn	= 0
FC'	= 0
C'F	= 0
C'	= 0
FT	= 0
TF	= 0
T	= 0
FV	= 0
VF	= 0
V	= 0
FY	= 0
YF	= 0
Y	= 0
Fr	= 0
rF	= 0
FD	= 0
F	= 11
(2)	= 3

반응 내용 CONTENTS	
H	= 1
(H)	= 1
Hd	= 0
(Hd)	= 0
Hx	= 0
A	= 5
(A)	= 2
Ad	= 3
(Ad)	= 0
An	= 0
Art	= 1
Ay	= 0
Bl	= 0
Bt	= 0
Cg	= 2
Cl	= 0
Ex	= 0
Fi	= 0
Fd	= 0
Ge	= 0
Hh	= 0
Ls	= 0
Na	= 1
Sc	= 0
Sx	= 0
Xy	= 0
Id	= 0

접근방식 SEQUENCE OF SCORE	
I	= Wo
II	= Do, Do
III	= Do, Do, Ddo
IV	= Do
V	= Wo
VI	= Do
VII	= Do, Do
VIII	= Dd+
IX	= Do
X	= Do, D+

특수점수 SPECIAL SCORINGS		
	LV1	LV2
DV	= 0 × 1	0 × 2
INC	= 1 × 2	0 × 4
DR	= 0 × 3	0 × 6
FAB	= 1 × 4	0 × 7
ALOG	= 0 × 5	
CON	= 0 × 7	
Raw Score 6	= 2	
Wgtd Sum 6	= 6	
AB	= 0	GHR = 2
AG	= 0	PHR = 1
COP	= 0	PER = 0
MOR	= 0	CP = 0
		PSV = 0

형태질 FORM QUALITY			
	FQx	MQual	W+D
+	= 0	= 0	= 0
o	= 9	= 1	= 9
u	= 2	= 0	= 1
−	= 4	= 1	= 3
none	= 0	= 0	= 0

비율 RATIOS, 백분율 PERCENTAGES, 산출한 점수 DERIVATIONS

핵심 영역 CORE

R = 15		L = 2.75	
EB = 2:0.0	EA = 2.0	EBPer = N/A	
eb = 2:0	es = 2	D = 0	
	Adj es = 2	Adj D = 0	
FM = 2	All C' = 0	All T = 0	
m = 0	Al V = 0	All Y = 0	

정서 영역 AFFECT

FC: CF+C	= 0 : 0
Pure C	= 0
SumC': WSumC	= 0 : 0.0
Afr	= 0.36
S	= 0
Blends: R	= 0 : 15 (0%)
CP	= 0

대인관계 영역 INTERPERSONAL

COP = 0	AG = 0	
GHR: PHR	= 2 : 1	
a : p	= 3 : 1	
Food	= 0	
SumT	= 0	
Human Cont	= 2	
Pure H	= 1	
PER	= 0	
소외지수	= 0.13	

관념 영역 IDEATION

a : p	= 3 : 1	Sum6	= 6
Ma : Mp	= 1 : 1	Lv 2	= 0
2AB+	= 1	WSum6	= 6
(Art+Ay)		M−	= 1
MOR	= 0	Mnone	= 0

중재 영역 MEDIATION

XA%	= 0.73
WDA%	= 0.77
X−%	= 0.27
S	− = 0
Popular	= 0
X+%	= 0.60
Xu%	= 0.13

처리 영역 PROCESSING

Zf	= 4
W : D : Dd	= 2 : 11 : 2
W : M	= 2 : 2
Zd	= −1.0
PSV	= 0
DQ+	= 2
DQv	= 0

자기지각 영역 SELF-PERCEPTION

3r+(2)/R	= 0.20
Fr+rF	= 0
SumV	= 0
FD	= 0
An+Xy	= 0
MOR	= 0
H:(H)+Hd+(Hd)	= 1 : 1

PTI = NO(0)   DEPI = NO(3)   CDI = YES(4)   S-CON = N/A   HVI = NO   OBS = NO

(5) 아동청소년 행동평가척도-부모용(Child Behavior Checklist: CBCL)

표 13-11　아동청소년 행동평가척도(부모용)

척도/지표	T점수	백분위 순위
문제행동척도		
문제행동 총점	81**	99
내재화	87**	99
외현화	62	89
문제행동척도 소척도		
불안/우울	82**	100
위축/우울	73**	99
신체증상	61	87
사회적 미성숙	70**	98
사고문제	75**	100
주의집중문제	58	79
규칙위반	66*	94
공격행동	60	84
기타 문제	75**	100
DSM 진단척도		
정서문제	72**	99
불안문제	87**	100
신체화문제	62	88
ADHD	57	76
반항행동문제	51	53
품행문제	61	87
문제행동 특수척도		
강박증상	87**	100
외상후 스트레스 문제	79**	100
인지속도부진	65*	93

T점수는 평균이 50, 표준편차가 10입니다.
T점수가 70(백분위 98)이상일 때 '임상범위'에 해당합니다(**표시는 '임상범위').
T점수가 65(백분위 93)이상, T점수 70미만일 때 '준임상범위'에 해당합니다(*표시는 '준임상범위').

적응척도		
적응척도 총점	32**	3
사회성	30**	2
학업 수행	44	26

적응척도는 T점수가 36 이하일 때 '임상범위'에 해당합니다(**표시는 '임상범위').
적응척도는 T점수가 37~40일 때 '준임상범위'에 해당합니다(*표시는 '준임상범위').

아동청소년 행동평가 결과, 내재화 문제가 높게 나타난다. 하위척도를 살펴보면, 불안/우울이 80T 이상으로 높게 나타나고, 위축/우울 역시 높은 편이다. 외적으로 드러나는 문제행동은 뚜렷하지 않으나, 아동의 불안과 위축된 정서가 부적응을 야기하는 것으로 생각된다. 사고문제 척도도 유의미하게 상승하였는데, 이는 아동이 경찰, 코로나에 대해 불안해하고 강박적 사고를 하는 면과 관련된 것으로 평가된다. 전반적으로 적응에 어려움을 겪는 상태이고, 사회성이 또래에 비해 상당히 부족한 것으로 생각된다.

2) 검사 결과 종합하기

개별 검사 결과들은 의뢰 사유에 초점 맞춰 배경정보, 행동관찰과 통합된다. 공통적으로 등장하는 내용이 수검자를 이해하는 데 중요한 정보이다. 예시를 〈표 13-12〉에 제시하였다. 이 사례에서 아동이 가정과 유치원에서 상당한 불안을 경험하고 있고, 그 원인은 예민한 기질과 함께 주변 사람들을 위협적으로 느끼고 스스로를 취약하게 인식하며 사회기술이 부족하여 친밀한 관계를 맺는 데 어려움을 겪기 때문이라는 점이 중요하였다.

표 13-12　검사 결과 종합하기

출처	내용
의뢰 사유	• 틱 증상이 심해졌어요. 어떻게 하면 틱 증상이 좋아질까요? • 코로나에 걸려서 경찰이 잡아갈까 봐 불안해해요. • (의사) 강박장애인 것 같아요.
배경정보	• 예민한 아이 • 틱 증상이 작년부터 시작되었고 올해 심해짐. • 코로나 당시 코로나에 걸릴까 봐 불안함. • 올해 모가 일을 시작했고, 부부가 불화한 상태가 몇 년 지속됨. • 유치원에서 친한 친구와 다른 반이 되어, 혼자 놀았음.
행동관찰	• 다소 멍해 보이는 인상이고, 면담에서 매우 짧게 응답하였음. • 검사 당시 1시간 이상 긴장해 있다가 점차 편안해짐.
검사 결과 지능검사	• 전체 지능은 [평균 하], 일반 능력은 [평균], 인지효율성은 [평균 하]임. 느린 처리속도와 주의력 부족이 나타남.
문장완성검사	• 경찰에 잡혀 갈까 봐 불안해함. • (가장 걱정되는 것은 / 어디 갈까 봐 경찰서) • 부정적 감정을 장난감과 연관 지어서만 설명할 수 있음. 유치원 생활을 과도하게 긍정적으로 보고함.

HTP	• 과도하게 눈이 강조됨.
KFD	• 동적 가족화에서 상호작용이 부재함.
로르샤흐 검사	• 날카로운 대상과 부정적 인물(악마)가 나타남.
아동청소년 행동평가	• 불안, 우울 수치가 높게 나타남.

종합해석

- 검사 결과와 행동관찰, 일상생활에서 불안이 뚜렷하게 나타남.
- 낯선 환경에 쉽게 적응하지 못하고, 불안이 낮아질 때까지 상당한 시간이 걸림.
- 촉발요인으로 어머니의 직업 활동, 친한 친구와 다른 반이 된 일을 고려할 수 있음.
- 부부불화도 아동의 불안에 기여하는 것으로 생각됨.
- 외부 대상을 무섭고 위협적으로 지각하고(예: 경찰), 자신을 무력하게 여김.
- 자신이 피해를 줄까 봐 염려하고, 주변 눈치를 보느라 매우 긴장한 상태임.
- 유치원에서 친구들에게 다가가지 못하고 혼자 노는 것을 선택함.
- 부정적 감정을 표현하지 못하고 자기주장과 표현을 어려워함. 사회기술이 부족함.
- 경찰이 잡아갈까 봐 불안을 표현하지만, 일상생활에 심한 어려움이 있는 상태는 아님.

3) 심리평가 보고서

이름	김○○
인적사항	6세, 여아, 유치원생
시행한 검사	웩슬러 아동지능검사(K-WISC-V), 집-나무-사람-그림검사(HTP), 동적 가족화 검사 (KFD), 로르샤흐 검사, 아동용 주제통각검사(CAT), 아동청소년 행동평가(CBCL)
내방경위	작년 여름부터 눈을 깜박거리는 틱 증상을 보였다는 아동으로, 올해 초부터 증상을 잦은 빈도와 강한 강도로 보인다고 한다. 현재의 전반적인 심리적 상태를 평가하고자 아동종합심리평가가 의뢰되었다.
배경정보	wanted baby로 출생하였고, 어머니로부터 주양육을 받았으며 낯가림이 심하여 오직 어머니만 찾았다고 한다. 어린이집과 유치원에 등원할 때는 분리불안은 보이지 않았다고 한다. 언어와 운동발달이 빠른 편이었다. 유치원에서 울거나 떼를 전혀 쓰지 않으며 말을 거의하지 않는다고 한다. 하지만 집에 오면 유치원에서 힘들었던 이야기를 어머니에게 '라디오'처럼 쉴새없이 털어놓는다고 한다. 한편, 유치원 생활 2년간 친한 친구와 단둘이 놀았는데, 올해 그 친구와 다른 반에 배정받으면서, '친구가 없어서 힘들다'고 호소하기 시작했다고 한다. 자유놀이 시간에 반 친구들과 어울리지 못하고 혼자서 놀았다고 한다. 틱 증상은 작년 여름부터 시작되었는데 당시는 부모가 알아차리지 못할 정도로 행동이 눈에 크게 띄지 않았다고 한다.

배경정보	하지만 올해 여름부터 아동의 틱 증상이 강하고 빈번해져서, 주변 사람들이 쉽게 알아볼 수 있을 만한 수준에 이르렀다고 한다. 최근 병원에 내원했을 당시, 의사에게 '침이 튀면 경찰에 잡혀 간다' '거짓말하면 경찰에 잡혀 간다'고 하며 코로나 감염과 경찰에 대한 두려움을 호소하였다고 한다.
검사태도	마른 체구에 머리를 양 갈래로 땋고 분홍색 원피스를 입은 여아로, 부모와 함께 내원하였다. 전반적인 위생상태가 양호했고, 초반에는 검사자와 눈맞춤을 잘 하지 않다가 점차 자연스럽게 마주치기 시작했다. 검사를 시작하기 위해 부모가 검사실에서 나가려고 하자, 모를 안고 쉽게 놔주지 않았다. 하지만 헤어진 후 자리에 차분히 앉아서 검사를 수행하였고, 미동 없이 착석을 유지하여 상당히 집중한 인상을 주었다. 다만, 검사 도중 눈알을 한쪽으로 치켜뜨는 틱 증상을 종종 보였다. 표정 변화를 크게 보이지 않았고, 초반에는 입을 살짝 벌리고 있어서 다소 멍해 보였으며 한 시간 이상 긴장되고 위축되어 있었다. 하지만 지능검사 후에 그림검사를 수행하면서는 노래를 흥얼거리는 등 한결 편안한 인상을 주었다. 질문에는 단답식으로 답했고, 면담에서도 매우 짧게 답했다. 검사를 마친 후 아동은 부와 크고 즐거운 목소리로 장난감 놀이를 하였다.
검사 결과	**■ 지적 영역** 　K-WISC-V로 평가한 전체 지능은 87로 [평균 하] 수준에 해당한다. 인지 기능의 편차가 큰 편으로, 언어이해와 시공간 능력은 양호한 반면, 작업기억기능과 처리속도가 크게 부족하게 나타난다. 아동의 인지적 잠재력은 [평균] 수준으로 추정되고(GAI=95), 인지효율성이 낮아서(CPI=75) 전체 지능이 잠재력에 미치지 못한 것으로 판단된다. 정확하게 정보처리를 하려는 경향으로 인해 속도가 느려졌을 가능성이 있으나, 혹여 아동이 경험하는 불안과 같은 정서적 어려움도 관련되었을 수 있으므로, 정서 문제가 호전된 후 지능을 재평가하는 것이 도움되겠다. 한편, 동연령대 기준으로 인지 기능이 낮은 순서에서 높은 순서로 1부터 100까지 배열했을 때, 아동은 18번째에 해당하고, 95% 신뢰구간은 [81~93]으로 나타난다. 　아동의 인지적 강점은 시공간기능이다. 아동은 시각 자극을 분석하고, 2차원 시각 자극을 3차원으로 재현하는 등 시공간 능력을 양호하게 보유하고 있다. 또한 어휘의 의미를 또래에 비교해 무난한 수준으로 설명하고 언어적 개념 간 공통점 역시 적절하게 유추하여 기술할 수 있었다. 다만, 검사 장면에서 목소리가 작고 말하는 데 자신감이 부족하여, 실제 의사소통에서 자신의 의견을 또렷하고 유창하게 표현하는 데는 어려움을 겪을 수 있겠다. 낯선 상황에서 문제 해결 능력과 양적 추론 능력의 발달도 또래와 비교해 부족하지 않은 것으로 평가된다. 하지만 작업기억과 처리속도 소검사들은 대부분 [평균 하] 수준으로, 여타 인지 능력에 비해 약점으로 평가된다. 작업기억 소검사를 살펴보면, 시각 자극을 입력하고 저장하여 인출하는 능력은 [평균] 수준이나 청각 자극을 입력하고 인출하는 능력, 정신적 조작 능력이 [평균 하] 수준으로 떨어진다. 특히 숫자 소검사 수행에서 제시된 자극과 다른 정보를 엉뚱하게 회상한 점을 고려하면, 청각적으로 부주의하고 또래에 비해 청각적 주의력이 부족한 것으로 생각된다. 처리속도 소검사 수행은 모두 [평균 하] 수준으로, 정보처리가 느리고 판단을 신속정확하게 내리는 능력에 약점이 있는 것으로 평가된다. 자신의 판단에 자신감이 부족하고 정확하고 꼼꼼하게 수행하려는 경향으로 인해 속도가 저하되는 것으로 짐작된다. 다만, 현재 불안을 높게 경험하는 상태여서, 정서적 어려움이 처리속도를 낮출 가능성도 배제할 수는 없다.

HTP에서는 정교하게 그림을 그릴 수 있었던 점을 고려하면, 시간을 충분히 제공하면 잠재력을 발휘할 수 있으나, 신속정확하게 완료해야 하는 단순반복적 과제에서는 또래에 비해 느린 수행을 보일 것으로 생각된다.

종합하면, 지적 잠재력은 [평균] 수준이나, 주의력과 처리속도와 같은 인지효율성이 저하되어 전체 지능이 [평균 하] 수준으로 산출되었다. 인지효율성 문제가 현재 아동이 경험하는 정서적 어려움과 강박사고와 관련되었을 가능성을 배제할 수 없는 바, 증상이 호전된 후에 인지 기능을 재평가하는 일이 아동의 실제 능력을 확인하는 데 도움 되겠다.

■ 정서적 영역

작년 여름부터 틱 증상을 경험하기 시작했고 올해부터 타인의 침 때문에 자신이 코로나에 걸리면 경찰이 잡아갈 것 같다는 강박사고를 호소하기 시작했다는 아동으로, 행동관찰에서 틱 증상이 관찰되고, 검사 결과에서 위축되고 불안한 정서 상태가 뚜렷하게 나타난다. 아동은 검사자에게 현재 코로나와 경찰에 대한 걱정(강박사고)을 하지 않는다고 보고했으나 검사 결과에서 관련된 내용이 나타나는 점을 고려하면, 일상 적응에 심각한 어려움을 초래하지는 않으나 강박사고 역시 지속되는 것으로 보인다(#13. 가장 걱정되는 것은 / 어디 갈까 봐 경찰서).

올해 아동이 불안감과 강박사고를 호소한 원인으로 여러 상황적 스트레스를 고려할 수 있다. 유치원에서 단짝 친구와만 놀던 아동이 올해부터 친구와 다른 반에 배정되면서, 놀이 친구를 전혀 갖지 못하여 고립감을 느꼈던 점이 상당한 스트레스로 작용했을 것 같다. 게다가 모가 바쁘게 일하면서 모와 아동 간 상호작용마저 줄어들어, 아동이 정서를 교류하는 경험이 극히 제한되었던 것으로 짐작된다. 또한 코로나 바이러스 전파에 대한 사회적 불안이 몇 년간 지속되었고, 부가 TV 범죄 드라마를 자주 시청했던 점 역시, 아동의 불안감을 가중시켰던 것으로 보인다. 또한 아동이 유아기일 때부터 시작되어 지속된 부모 간 불화와 냉랭한 집안 분위기도 아동이 불안감을 느끼는 원인이었던 것으로 생각된다. 그로 인해 예민한 기질을 가진 아동이 여러 상황적 요인으로 인해 불안감을 높게 경험하면서, 강박사고 양상을 보인 것으로 생각된다. 아동이 '침 튀면 경찰에 잡혀 간다'고 불안해했다고 하는데, 이는 아동이 주변 세계와 스스로에 대해 경험하는 느낌을 반영하는 것으로 보인다. 경찰을 힘 있고 자신을 보호하는 대상이 아닌, 자신에게 피해 줄 것 같은 나쁜 대상으로 인식하고, 스스로를 힘이 없는 무력한 존재로 여겼던 것 같다. 자신이 잘못을 저지르면 심각한 결과를 받을 것 같은 죄책감을 느끼고, 사소한 실수라도 범할까 봐 걱정하고 혹여 실수한 경우에는 일어난 결과에 상당히 몰두했던 것으로 보인다. 즉, 외부 세계를 안전하게 느끼지 못하고, 공격받거나 피해받을 것 같이 극도로 위축되어 있었던 것으로 생각된다. 집 밖에서 떼를 쓰지 않고 전혀 울지 않는다는 보고 역시, 누구나 경험할 수 있는 감정과 공격성의 표현을 극도로 억제하고, 외부 세계와 원활히 소통하기 어려운 모습을 반영하는 것으로 보인다. 그로 인해 또래관계 역시 친밀하고 자연스럽게 맺기 어려웠을 것으로 생각된다.

검사 결과

현재 아동의 틱 증상과 강박사고가 다소 호전된 상태라고 하는데, 이는 부모가 아동의 증상을 인지한 후, 아동에게 TV 범죄 드라마를 전혀 노출시키지 않고 모가 아동과 놀이시간을 증가시켰기 때문으로 보고된다. 기질적으로 예민한 아동에게 범죄 프로그램과 같은 강한 부적 정서 자극을 처리하는 일은 큰 정서적 부담이었겠는 바, 자극을 감소시킨 점이 아동의 적응에 긍정적 영향을 미친 것으로 짐작된다. 또한 최근 모 주도로 아동이 동네 언니, 오빠들과 노는 시간이 생겼고 모녀간에도 긍정적인 상호작용이 증가하면서, 아동의 불안감이 크게 완화된 것으로 보인다.

아동은 평소 정서적으로 크게 위축되어 있으며, 경험하는 감정을 다른 사람에게 표현하고 교류하는 데 어려움을 크게 겪는 것으로 생각된다(로르샤흐 WSumC=0). 이러한 특징은 특히 감정을 경험하는 상황에서 아동이 당황하고 위축되며 어찌할 바를 몰라서 거리를 두거나 회피하는 행동 양상을 반영하는 것 같다. 어린이집과 유치원에서 울거나 떼를 쓰지 않는다고 보고되는데, 아동 연령에 적합한 수준이나 방식으로 자연스럽게 감정을 인식하고 표현하며 소통하기 어려운 것으로 생각된다. 외적으로는 정서를 전혀 표현하지 않으나, 내적으로는 또래들이 일상적으로 지나칠 수 있는 상황에도 아동은 크게 영향받고 불안과 같은 부정적 감정에 압도되기 쉬운 것으로 생각된다.

■ 성격과 대인관계 영역

아동은 외부 세계를 위험하고 부정적인 것으로 인식한다. 외부 세계로부터 불안감을 느끼고 자신을 보호하려는 욕구를 크게 경험하는 것으로 보인다(로르샤흐: '바지' '가슴(속옷)' '치마'), 예민한 기질을 가진 아동이 세상을 위험하다고 여기면서 경계심을 곤두세우고 있는 것으로 생각된다(로르샤흐: '뿔' '삐죽삐죽 튀어나온 별' '유니콘' "악마").

가족관계를 살펴보면, 아동은 가족 전반에 대해 긍정적으로 보고하였다. 다만, 모에게 관심이 집중된 상태이며 모로부터 상당한 영향을 받고 있는데, 강한 애정을 느끼면서도 눈치를 보는 것으로 판단된다(여성화에서 엄마를 연상하였고, 가족화에서도 엄마의 뒷모습을 가장 중앙에 그렸음, #28. 내가 가장 좋아하는 사람은 / 엄마. 왜냐하면 목소리 좋고 얼굴 예뻐 눈 입술 코 적당 눈썹 적당). 혹여 모와 관계에서 화가 나더라도, 자신이 잘못했다고 여기며 자책하는 것으로 보인다(엄마가 미울 때? "엄마가 화낼 때, 내가 말 안 들어서"). 모는 아동과 안정된 애착을 맺고자 함께 충분한 시간을 보내려고 노력해 왔고 최근에는 수면시간을 줄이면서까지 아동과 놀아 주는 등 육아에 상당한 에너지를 기울여 왔으나, 모가 성격적으로 감정기복과 불안감을 크게 느낀다고 하고 최근 새로운 일을 시작하느라 스트레스를 높게 겪으며 몇 년 이상 부부간 불화를 겪고 있기 때문에 모의 심리적 상태가 불안정한 것으로 판단된다. 앞으로 부모가 예민한 아동의 불안을 충분히 담아 주고 지속적으로 견뎌 주도록 부모를 지지하고 부부관계를 개선하는 일이 필요하겠다.

아동의 강점은 그림 그리기, 만들기를 좋아하고, 그림에서 세부 묘사를 훌륭하게 하는 등 관찰력이 뛰어나고 시각 이미지를 매체로 표현하는 능력 역시 유능하게 보유하였다는 점이다(#22. 내가 좋아하는 놀이는 / 만들어서 놀이하기). 아동이 가정 밖에서는 위축되고 불안해하나, 가정에서는 활발하고 자신감 있게 행동할 수 있는 점 역시 강점으로 보인다.

검사 결과

요약 및 제언	전체 지능은 [평균 하] 수준으로, 지적 잠재력은 [평균] 수준이나, 작업기억 기능과 정보처리 속도가 느려서 전체 지능이 잠재력에 미치지 못하였다. 인지적 효율성이 또래에 비해 낮게 평가되는데 꼼꼼하게 수행하려는 성격특성과 관련되었을 수도 있고 현재 경험하는 불안감이 수행을 느리게 할 가능성도 있다. 정서 문제가 호전된 후에 인지 기능을 재평가하는 일이 아동의 실제 인지 능력을 확인하는 데 도움이 될 것으로 판단된다. 틱 증상과 강박사고가 심했던 시기에 비해 호전된 상태라고 하나, 전반적으로 예민하고 불안감이 높으며 스트레스에 취약한 아동이므로 증상의 추이를 유심히 지켜봐야 할 것으로 생각된다. 아동이 강박사고를 보고하지만, 심한 고통과 일상생활, 사회적 적응에 심각한 지장을 초래하는 상태에 처해 있는 것은 아닌 것으로 판단된다. 아동의 강박사고는 외부 세계 전반에 느끼는 불안과 관련되겠고, 피해당하는 것 같은 무력한 자신의 느낌을 반영하는 것으로 보인다. 아동의 불안감, 무력감, 죄책감을 다루고 상담자와 안전한 관계를 맺으며, 자기주장과 정서표현, 공격성을 다루는 능력과 같은 사회기술을 증진시키기 위한 놀이치료적 개입이 중요하겠다. 모가 아동의 적응을 돕고자 최근 몇 달 수면을 줄이는 등 고군분투해 왔으므로 그에 대한 격려도 필요하겠다. 모가 성격적으로 불안이 높고 아동이 모의 감정에 상당한 영향을 받으며 부부간 불화가 심한 상태이므로, 아동에 대한 심리치료와 함께 부모 역시 부부상담을 받는 일이 아동의 적응에 긍정적인 영향을 미칠 것으로 생각된다.
정신건강 의학과적 진단	• Tic disorder • r/o obsessive-compulsive disorder • child affected by parental conflict
해석상담 내용	어머니가 아동의 심리장애에 관해 죄책감을 느끼고 있어서, 검사 결과를 객관적으로 수용할 준비가 되지 않았다. 검사자는 어머니가 스스로를 비난하는 것을 낮추고, 질병과 현 상황, 아이를 보다 객관적인 시각으로 볼 수 있도록 돕는 데 목표를 두었다. 해석상담의 구조와 내용 {표}

해석상담의 구조와 내용

구조	세부 내용
기술	"아이가 불안하고 위축된 상태예요"
설명	"가정 내에서는 부모 간 갈등으로 불안이 높아요. 그리고 사회적 상황에서 어떻게 행동할지 모르고 상대를 위협적으로 느껴서, 거리를 두거나 고립되고 있어요"
예측	"아이가 경험하는 불안에 대해 소통할 수 있도록 놀이치료가 필요해요. 자기주장 훈련이나 감정 표현과 같은 사회성을 증진시킬 수 있는 심리적 개입이 필요해요. 부모 간 관계를 개선하면, 아이가 가정에서 안정감을 느낄 거예요."

4) 모와 해석상담 예시

검사자 1	안녕하세요, 어머니. 심리평가를 통해서 자녀에 대해 어떤 부분을 알면, 자녀와 어머니에게 도움이 되실 것 같으세요?

검사에서 내담자
어머니가 원하는 바를
확인함

어머니 1 틱이 왜 생겼을까, 어떻게 하면 좋아질까 그게 제일 알고 싶어요.

검사자 2 틱 증상이 어떤 것 때문에 생겼는지 알고 싶다는 말씀이시죠? 일반적으로 다양한 요인이 작용한다고 알려져 있거든요. 유전적인 요인이 작용하지만, 가족에게 틱 장애가 없더라도 아이에게 틱 장애가 생기기도 해요. 다만, 틱 장애가 스트레스와 관련이 있어서, 아이가 스트레스를 크게 받으면 틱 증상이 심해지는 경향이 있어요. 그래서 틱 장애 원인을 찾는 것보다는 스트레스를 줄여 주는 것이 필요해요. 어머니 보시기에 언제 틱 증상이 심해지거나 적게 나타나는 것 같으세요?

틱 장애의 원인에 대해
파악하기 어렵다는
점과 심리평가 목적을
설명함
틱 장애에 대한
심리교육을 제공함

어머니 2 작년에도 눈 깜박거리는 게 있었는데 심하진 않았거든요. 심해진 건 올해부터예요. 아이가 올해 스트레스를 많이 받았을 것 같아요. 유치원에서 혼자 놀면서 틱 장애가 심해진 건 아닐까 생각하거든요. 저도 일을 시작하느라 집에서 아이와 못 놀아 줬거든요. 유치원에서 혼자 놀더라도 집에서 제가 아이와 놀아 줬다면, 틱 장애가 심해지지 않았을 텐데라는 생각이 들어요. 그리고 유치원에서 혼자 노는 걸 제가 일찍 알아챘다면, 이렇게 심해지지 않았을 것 같아요.

검사자 3 틱 증상이 심해지지 않을 수 있는 방법이 있었을 텐데, 어머니가 미처 하지 못하셨다는 생각을 하시는 것 같은데, 제 말이 맞나요?

어머니 말을
명료화함

어머니 3 네. 맞아요. 그때는 제가 몰랐어요. 심해질 거란 것도 몰랐고, 혼자 노는 것도 몰랐어요.

검사자 4 저도 어머니 말씀에 동의합니다. 틱 증상이 심해질 거란 걸 알았다면, 혼자 노는 걸 알았다면, 어머니가 다르게 행동할 수 있으셨을 텐데요. 그때는 전혀 모르는 상황이라 다르게 행동할 수 없었겠어요.

어머니 말을 요약함

어머니 4 (눈물 흘림) 정말 그랬어요.

검사자 5 아이가 장애를 진단받으면, '과거에 내가 이렇게 행동했더라면'이라고 생각하시면서 후회하시는 부모님들이 많아요. 하지만

틱 장애 원인에 대한
검사자 소견을

전문가들은 부모의 특정한 육아방식이나 행동 때문에 틱 장애가 발생한다고 생각하지 않아요. 중요한 건 앞으로 아이를 어떻게 대할 것인지예요. 과거 일을 생각하다가 정작 오늘 아이를 잘 키우는 일에는 주의를 기울이기 어려울 수 있거든요. 어머니는 어떻게 생각하시나요?

전달함. 어머니의 관심의 초점을 과거에서 현재로 전환함

어머니 5   그러면 제가 어떻게 아이한테 도움을 줄 수 있을까요? 틱 장애에 대해 말하지 말라고 해서 무시하고 있거든요. 다른 것으로도 도움을 줄 수 있을까요?

검사자 6   아이를 이해하는 것이 부모님과 아이에게 도움이 될 수 있어요. 저는 심리검사 결과를 통해 어머니가 아이를 이해할 수 있도록 도우려고 합니다. 결과를 들으실 준비가 되셨나요?
(심리평가 결과를 설명함)

심리검사의 효용성을 설명함

검사자 7   아까 말씀드렸던 것처럼, 또래들 평균에 비해서는 속도가 느려요. 꼼꼼하게 수행하려는 특성이 영향을 주었을 수도 있고, 현재 경험하는 불안이 영향을 주었을 수도 있어요. 평소에 집에서 생활은 어떤가요? 시간 안에 해야 하는 과제를 끝마치지 못하거나 속도가 느리다고 생각하신 적은 없나요?

인지적 효율성이 저하된 이유를 탐색함

어머니 6   느리다고 생각한 적은 없어요. 해야 하는 일은 시간 안에 꼭 마치거든요. 그런데 해야 하니까 불안해서 더 빨리 시작하는 것 같아요. 다 끝내야 아이가 마음을 놓는 것 같아요.

검사자 8   일을 확실하게 하려고 확인을 여러 차례 하는 일도 있을까요?

인지적 효율성이 저하된 이유를 탐색함

어머니 7   제가 볼 때는 그렇지는 않아요.

검사자 9   그러면 지금은 이유가 뚜렷하지 않아 보여요. 불안한 상태가 좋아지고 나서, 지능검사를 다시 하면, 원래 아이가 느린 건지, 아니면 현재만 그런 건지 파악할 수 있을 거예요. 지금 상태로는 또래들보다는 속도가 느려서, 충분한 시간이 있으면 또래들처럼 수행할 수 있는데 시간이 촉박하면 시간 안에 못 마치는 일도 있을 것 같아요.

어머니 8   그게 아이에게 문제가 될까요?

검사자 10   유치원에서 특별한 문제가 없기 때문에, 지켜보시면 좋을 것 같아요. 시간이 충분히 주어지면, 그림을 정교하게 그릴 수 있고, 관찰력도 좋은 편입니다.

어머니를 안심시키고 기다리도록 권유함

어머니 9   그러면 지켜볼게요.

검사자 11 제가 주목해서 본 부분은 아이 정서 상태예요. 불안하고 위축된 상태라, 인지 기능을 원활하게 발휘할 수 있는 최적의 상태는 아닐 거라고 생각해요. 그리고 아이가 경험하는 불안이 다른 영역에도 영향을 미치는데, 특히 대인관계에 영향을 미치고 있어요. 아이는 긴장되고 위축되어 있고, 다른 사람과 같이 있으면 불편하고 불안한 마음을 경험해요. 아이는 사람들과 함께 있는 상황을 걱정해요. 실수를 할까 봐, 사람들이 싫어하는 일을 할까 봐, 자신이 피해를 입힐까 봐 염려해요. 아마도 실수를 하거나 잘못 행동하면, 다른 사람들이 자신을 봐주지 않을 거라고 생각하는 것 같아요. 아이가 유치원 생활을 잘하는 이유는 선생님들이나 친구들이 싫어하는 행동을 하지 않으려고 노력하기 때문이에요. 그만큼 아이가 감정이나 욕구에 따라 자유롭게 행동하기 어려워요.

(우측 주석) 아동의 현재 정서와 행동, 그 이유에 대해 설명함

어머니 10 선생님, 우리 애는 왜 그럴까요? 저랑 안 떨어지려고 해서 어린이집에도 늦게 보내고, 아이와 같이 있으려고 하고, 제가 일 시작하기 전까지는 잘해 주려고 정말 노력했거든요.

검사자 12 어머니가 아이가 불안하지 않도록 노력하셨다는 말씀으로 들려요. 그래도 아이가 불안하다고 하면, 다른 짐작되는 이유가 있으신가요?

(우측 주석) 아동이 불안한 원인에 관해 다른 요인을 탐색함

어머니 11 아이가 어릴 때 남편과 제가 많이 싸웠어요.

검사자 13 검사 결과 중에 아이가 부모님 관계에 대해 염려하는 내용이 있어요. 부부상담이 부모님께 도움이 될 것 같고, 아이도 부모님 사이가 좋아지면 덜 불안해질 것 같은데, 어머니 생각에 어떠세요?

(우측 주석) 부부상담을 권유함

○ ○ ○   ⬒ ◻ ☒

학습과제 🔍

1. 평가의 3단계를 기술하시오.
2. 심리평가 보고서에서 의뢰 사유가 중요한 이유를 설명하시오.
3. 심리평가 보고서를 기술할 때 주의해야 하는 점을 설명하시오.
4. 해석상담 내용이 전달 대상에 따라 달라져야 하는 이유를 설명하시오.

> **참고문헌**

김재환, 오상우, 홍창희, 김지혜, 황순택, 문혜신, 정승아, 이장한, 정은경(2020). 임상심리검사의 이해. 학지사.

Drummond, R. J., Sheperis, C. J., & Kones, K. D. (2015). *Assessment procedures for counselors and helping professionals* (8th ed.). Pearson.

Finn, S. E. (2015). 내담자의 눈으로: 심리평가로 심리치료하기 (*In our clients' shoes : theory and techniques of therapeutic assessment*). (최성진 역). 박영사. (원저는 2007년에 출판).

Gehart, D. R. (2019). 상담 및 심리치료 사례개념화: 이론 기반의 사례개념화 훈련 (*Case documentation in counseling and psychotherapy: a theory-informed, competency-based approach*). (이동훈 역). Cengage. (원저는 2015년에 출판).

Hays, D. G. (2013). *Assessment in counseling: A guide to the use of psychological assessment procedures.* John Wiley & Sons.

Schneider, W. J., Lichtenberger, E. O., Mather, N., & Kaufman, N. L. (2021). 심리평가 보고서 작성의 핵심 [*Essentials of assessment report writing* (2nd ed.).]. (이준득 역). 학지사. (원저는 2018년에 출판).

Trull, T. J. (2009). 임상심리학 (*Clinical psychology*). (권정혜, 강연욱, 이훈진, 김은정, 정경미 공역). 시그마프레스. (원저는 2004년에 출판).

Weiss, L. G., Saklofske, D. H., Prifitera, A., & Holdnack, J. A. (2012). WISC-IV 임상 해석 (*WISC-IV advanced clinical interpretation*). (신민섭, 도례미, 최지윤, 안현선 공역). 시그마프레스. (원저는 2006년에 출판).

Whiston, S. C. (2013). *Principles and applications of assessment in counseling.* Cengage Learning.

✔ 찾아보기

저자 소개

천성문(Cheon Seong Moon)

현 국립부경대학교 평생교육상담학과 교수
　　한국청소년상담복지개발원 이사
　　문화체육관광부 영상물등급위원회 위원
전 서울대학교 객원교수
　　Stanford University 연구 및 방문교수
　　(사)한국상담학회 회장
　　한국동서정신과학회 회장 등
저서 상담심리학의 이론과 실제(4판, 공저, 학지사, 2021) 등
자격증 상담심리사 1급, 전문상담사 1급, 정신건강임상심리사 등

이영순(Lee Young Soon)

현 전북대학교 심리학과 교수
전 한양대학교병원 임상심리수련과정 수료
　　한국대학상담학회 및 한국교육치료학회 학회장
　　전북대학교 행복드림센터 센터장
　　전북도박중독예방센터 운영위원장
저서 상담심리학의 이론과 실제(4판, 공저, 학지사, 2021) 등
자격증 상담심리사 1급, 전문상담사 1급, 정신건강임상심리사 등

강문선(Kang Moon Sun)

현 한일장신대학교 심리상담학과 교수
전 예수병원 임상심리수련과정 수료
　　조우심리상담센터 전문상담사
　　전북대학교 심리학과 외래교수
　　한국교육치료학회 자격관리위원장
저서 상담심리 연구방법의 실제(공저, 학지사, 2022)
자격증 임상심리전문가, 정신건강임상심리사 2급, 상담심리사 2급 등

김지윤(Kim Ji Yun)

현 협성대학교 웨슬리창의융합대학 교수

　　경기도 화성 베이비부머 행복 캠퍼스 센터장

전 성균관대학교 카운슬링센터 전임연구원

　　성균관대학교 외상심리연구소 연구원

　　한동대학교 학생상담센터 전임연구원

역서 가족상담 및 심리치료 사례개념화(공역, 학지사, 2021)

자격증 전문상담사 1급, 교육치료사 1급 등

김해리(Kim Hae Lee)

현 민들레꿈심리상담센터 소장

전 서울아산병원 소아정신과 임상심리사

　　서울아산병원 임상심리수련과정 수료

　　전북대학교 심리코칭연구소 연구원

　　SM심리상담센터 책임상담원

자격증 임상심리전문가, 정신건강임상심리사 1급 등

박은아(Park Eun A)

현 데이브레이크대학교 교수

　　한국부모교육코칭학회 학회장

　　성균관대학교 외상심리연구소 연구원

　　한국부부가족상담협회 및 한국교육상담협회 회장

전 국립부경대학교 대학원 겸임교수

저서 초심상담자를 위한 상담 기술의 실제(공저, 학지사, 2023) 등

자격증 가족상담전문가 수련감독, 전문상담사 수련감독 등

윤정훈(Yun Jung Hun)

현 부산외국어대학교 글로벌인재융합전공/학생진로처 교수

전 경성대학교 학생상담센터 전임연구원

　　국립부경대학교 학생상담센터 객원상담원

　　SM심리상담센터 부센터장

　　한국교육상담협회 자문교수

저서 초심상담자를 위한 상담 기술의 실제(공저, 학지사, 2023) 등

자격증 전문상담사 1급, 교육치료사 1급 등

이상일(Lee Sang Il)

현 서울사이버대학교 특별학과 특임교수

　　울산과학기술원(UNIST) 연구원

　　한국임상심리학회 이사

전 영남대학교병원 임상심리수련과정 수료

　　동명대학교 상담심리학과 초빙교수

　　경북대학교 심리학과 외래교수

역서 직업건강심리학(공역, 학지사, 2019), 영화와 심리학(공역, 학지사, 2012)

자격증 임상심리전문가, 정신건강임상심리사 2급, 동기면담훈련가 등

정세영(Jeong Se Young)

현 고신대학교 재활상담학과 교수

전 부산대학교 특수교육지원센터 박사후연구원

　　국립부경대학교 미래융합대학 심리상담센터 상담원

　　한국교육상담협회 자문교수 등

저서 초심상담자를 위한 상담 기술의 실제(공저, 학지사, 2023) 등

자격증 부모코칭전문가 1급, 교육치료사 1급 등

상담 및 교육 장면에서

심리검사의 이해와 활용

Psychological Tests: A Guide for Counseling and Education

2024년 8월 25일 1판 1쇄 인쇄
2024년 8월 30일 1판 1쇄 발행

지은이 • 천성문 · 이영순 · 강문선 · 김지윤 · 김해리
　　　　박은아 · 윤정훈 · 이상일 · 정세영
펴낸이 • 김진환
펴낸곳 • ㈜ **학 지 사**
　　　　04031 서울특별시 마포구 양화로 15길 20 마인드월드빌딩
대표전화 • 02-330-5114　　팩스 • 02-324-2345
등록번호 • 제313-2006-000265호

홈페이지 • http://www.hakjisa.co.kr
인스타그램 • https://www.instagram.com/hakjisabook

ISBN 978-89-997-3214-0　93180

정가 28,000원

출판미디어기업 **학 지 사**

간호보건의학출판 **학지사메디컬** www.hakjisamd.co.kr
심리검사연구소 **인싸이트** www.inpsyt.co.kr
학술논문서비스 **뉴논문** www.newnonmun.com
교육연수원 **카운피아** www.counpia.com
대학교재전자책플랫폼 **캠퍼스북** www.campusbook.co.kr